U0810316

长寿年鉴

CHANGSHOU YEARBOOK

2018

重庆市长寿区人民政府 编

方志出版社
Publishing House of Local Records

图书在版编目（CIP）数据

长寿年鉴. 2018/重庆市长寿区人民政府编. --北京：方志出版社，2018.12
ISBN 978-7-5144-3554-2

Ⅰ. ①长… Ⅱ. ①重… Ⅲ. ①长寿区—2018—年鉴
Ⅳ. ①Z527.193

中国版本图书馆CIP数据核字（2019）第045547号

长寿年鉴（2018）

编　　者：	重庆市长寿区人民政府
责任编辑：	冯　松
出 版 人：	冀祥德
出 版 者：	方志出版社
	地址　北京市朝阳区潘家园东里9号（国家方志馆4层）
	邮编　100021
	网址　http://www.fzph.org
发　　行：	方志出版社图书经销中心
	电话（010）67110500
经　　销：	各地新华书店
印　　刷：	重庆巴南彩印厂
开　　本：	889×1194　1/16
印　　张：	31.5
字　　数：	974千字
版　　次：	2018年12月第1版　2018年12月第1次印刷
印　　数：	001~700册

ISBN 978-7-5144-3554-2　定价：260.00元

·版权所有　翻印必究·

《长寿年鉴》编纂委员会

顾　　问　赵世庆　张明生　张　华

主　　任　巴川江

副 主 任　师明萌　潘晓林　张昌红　陈志洪

成员单位　区委办、区人大办、区政府办、区政协办、
经开区办、区委组织部、区委宣传部、
区财政局、区志办

主　　审　师明萌　张昌红

主　　编　游　江

《长寿年鉴》编辑部

主　　编　游　江

执行编辑　朱凤乔

责任编辑　杨　耀　刘雪颖　张晓明　张玉洁
何　章　冉莉丽　李春兰　程　伟

《长寿年鉴（2018）》编写人员

（按姓氏音序排列）

艾文静　艾长明　柴　琳　陈　航　陈　侃　陈　强
陈　维　陈　骁　陈光云　陈良友　陈文丁　陈文雯
陈秀菊　陈跃勇　程　哲　程文龙　程泽凤　戴　璐
邓君莉　邓银婕　董金津　冯　静　付新轶　傅歆芯
高　露　高　勇　高丽岚　高小鸿　龚　静　郭　利
郭永乐　韩　黎　韩　林　何　琼　何　欣　何　章
贺　莉　洪　啸　洪彦斌　洪永良　侯俊成　胡　梅
胡小敏　胡小强　黄　婕　黄　井　黄　巧　黄　伟
黄家菊　黄金花　黄明辉　黄南天　简　勇　江　霞
蒋昊邑　蒋舰斌　柯长林　孔　杰　雷　达　雷福中
李　婕　李　鹏　李　强　李　娅　李唐贤　李祥运
李永鑫　李勇军　蔺红宾　刘　刚　刘　科　刘　强
刘　权　刘　睿　刘　亚　刘洪宇　刘良安　刘显碧
刘小波　刘星星　刘学瑜　刘永洋　刘园园　刘政权
卢昱彤　罗　娟　罗德明　罗洪波　罗明江　罗小松
吕兴建　倪春红　聂　鹏　宁　娜　潘　艳　彭　娟
彭　润　彭朝洪　戚晓容　邱　林　瞿勇强　冉永秀
任思虹　邵　鹏　沈冯珍　沈亮亮　史晋岳　舒　莉
孙　洁　孙　祥　覃琳玲　谭　睿　唐　婕　唐　菁
唐　榕　唐嘉佩　陶　超　陶　亮　陶世英　汪　维
汪纯刚　汪月琴　王　红　王　莉　王　林　王刘章
王元梅　王正伟　韦爱群　魏　溶　文　星　文　燕
文　瑶　吴彦林　向　珊　项淮垣　肖　举　肖玲娜
熊席跃　徐小林　徐元照　徐尊萍　阳　倩　阳秀莉
杨　静　杨　娟　杨　娜　杨　琪　杨晨曦　杨家全
杨雪莹　杨永超　尧　敏　叶佳龙　叶凌云　余　杰
余剑梅　余晓莹　余勇士　余志鹏　宇文何川　喻　茳
喻　鹏　袁国勤　袁时雨　张　闯　张　群　张　婷
张成文　张洪维　张环环　张可宣　张丽娟　张七昌
张情隆　张小敏　张晓强　张玉洁　张玉兰　张正东
张忠荣　赵　勇（审计局）　赵　勇（新世纪百货）　赵　愉
赵玮炜　郑延龄　周　朋　周　强　周　欣　周　洋
周　一　周多琦　周家修　周建村　周丽容　朱天一
邹乔璐

编辑说明

一、《长寿年鉴》以马列主义、毛泽东思想、邓小平理论、“三个代表”重要思想、科学发展观、习近平新时代中国特色社会主义思想为指导，逐年系统地记述重庆市长寿区自然、政治、经济、文化和社会等方面情况，真实、全面、系统地反映重庆市长寿区改革开放、经济发展、社会进步的成就，旨在为决策参谋、为经济导航、为民众服务、为修志积智，是各级组织、社会各界和广大民众认识、了解长寿的一个窗口。

二、《长寿年鉴（2018）》记载2017年重庆市长寿区经济、政治、文化、社会和生态文明建设的发展变化情况。正文内容以类目、分目、条目组成框架结构的主体部分，以条目为表现内容的基本形式。全卷设大事记、长寿概况、中共重庆市长寿区委员会、重庆市长寿区人民代表大会、重庆市长寿区人民政府、政协重庆市长寿区委员会、中共重庆市长寿区纪律检查委员会（区监察局）、民主党派·工商联、群众团体、法治、军事、农业和农村经济、工业、工业园区建设、中央市属在长寿企业、商贸服务业、交通·邮政、信息业、城乡建设与管理、建筑·房地产业、环境保护与管理、旅游业、库区移民、财政·税务、金融业、非公有制经济、经济管理与监督、文化·体育、教育·科技、医疗卫生·计划生育、社会事务、社会保障、镇（街）、人物、统计资料、索引等36个类目，265个分目，1211个条目。条目标题以黑体字加【】表示。一些黑白照片插入内文，以求图文并茂，以图补文。彩页的时政要闻图片以“大美长寿”为主题刊载，继续设《数字长寿》版。

三、《长寿年鉴（2018）》在保持上年基本框架的前提下，将《武装》类目改为《军事》，在《军事》类目增设《中国人民武装警察部队重庆总队执勤第一支队执勤第六大队执勤第十三中队》分目；暂停《特载》《文献》类目，《民营经济》《街镇乡镇企业统计》分目；在《金融业》类目增设《中国平安人寿保险股份有限公司重庆长寿支公司》分目，不再设《煤炭工业》《铁路建设》《医疗保险》《国家卫生区创建》分目。

四、《长寿年鉴（2018）》的计量单位采用国家法定计量单位，但个别仍沿用常用非法定计量单位，以适应习惯的使用方法。经济社会统计资料由区统计局提供。一些单位报送的统计数据因统计口径不同，使用时应以统计局的数据为准。

五、稿件作者署名，除在编写人员栏目中罗列外，在文末标出。

《长寿年鉴（2018）》时政要闻彩页版提供图片的单位

长寿区人民代表大会常务委员会办公室

政协重庆市长寿区委员会办公室

《长寿日报》社

重庆市长寿区卫生和计划生育委员会

重庆市长寿区残疾人联合会

重庆市长寿区人民法院

重庆市长寿区公安局

重庆市长寿湖风景名胜区管委会（重庆市长寿生态旅业开发集团有限公司）

重庆市长寿区但渡镇人民政府

开放与合作

2017年6月22日，第二十届中国重庆国际投资暨全球采购会，长寿区签约项目4个，协议投资60.5亿元

2017年10月16日，长寿区人民政府与重庆医科大学附属第一医院签订战略合作协议，重医附一院与长寿区人民医院签订医院集团合作协议。重医附一院长寿医院正式成立

2017年12月11日，长寿区人民政府与国网重庆市电力公司签订战略合作协议

2017年元旦前夕，重庆市“菩提山杯”迎新年登高健身大会在长寿启动

2017年2月16日，长寿区党政代表团到梁平区考察交流

2017年2月20日，巫山县党政代表团到长寿考察旅游开发和城市规划建设等工作

2017年3月22日，上海侨联“上海华侨·莲花助学金”捐赠仪式在川维中学举行

2017年1月6日，长寿区15家企业30余种农产品参加第十六届中国西部（重庆）农交会，实现销售额10万元

2017年3月中旬，长寿工业园区11家木门企业组队参加在北京举行的“2017年中国国际门业展览会”

2017年10月，重医附二院生殖中心长寿指导中心在区妇幼保健计划生育服务中心成立

2017年2月，长寿区人民医院为来自西藏类乌齐县的藏族同胞公秋拉措成功实施手术救治

2017年3月，重庆·长寿邻封油菜花旅游节吸引辽宁省营口等地摄影家采风

2017年11月4—5日，2017年重庆长寿湖国际铁人三项赛举行。来自全国及12个国家的1000余名运动员参赛

2017年5月29日，2017年重庆长寿湖龙舟赛，全市和区内19支代表队500余名运动员参与竞技

2017年6月9日，2017“望变电气杯”中美篮球对抗赛在长寿区体育中心举行，来自美国的德鲁联队与重庆的兰陵队比赛

2017年3月18日，2017郁约长寿湖花朝大典吸引中外青年开展文化交流

2017年5月21日，西南大学的70余名外国留学生在长寿石堰镇体验中国文化

重庆市长寿区第十八届

区长巴川江报告政府工作

新当选的十八届区人大常委会主任、副主任

2017年1月9—12日，长寿区第十八届人民代表大会第一次会议在区科技文化中心举行。图为开幕式会场

人民代表大会第一次会议

区人大常委会主任张明生报告人大工作

新当选的十八届区人民政府区长、副区长

区领导和代表们参加分团讨论

会议期间，区人大代表视察重点项目建设

中国人民政治协商会议重庆市长寿区第十

区政协主席张华报告政协工作

区政协十五届委员会选举投票

新当选的区政协十五届委员会主席、副主席、秘书长

2017年1月8—11日，中国人民政治协商会议重庆市长寿区第十五届委员会第一次会议在区科技文化中心礼堂举行。图为大会开幕式会场

五届委员会第一次会议

区委书记赵世庆在区政协十五届一次会议结束时发表讲话

区领导和委员们参加分组讨论

工业聚新集优

2017年，长寿区规模以上工业总产值首破千亿大关，达1051.7亿元，同比增长27.9%。夯实六大工业主导产业，钢铁冶金产值同比增长45%，综合化工产值同比增长18%。17家现代汽车配套企业投产，20家电子信息企业开工。成功签约330亿元人工智能与物联网、智能家居、无人科技产业项目，开启智能化发展新局面。

2017年3月15日，长寿经开区22个工业项目集中开工

2017年3月13日，重庆市国乾百纳公司年产250万台智能手机项目投产

2017年4月25日，区人大常委会视察工业园区发展情况

市级特色工业园区

工业园区：打造智能园区

新市组团：中国家居（木门）产业基地崛起

全年智能家居及健康产业产值增长52%

海棠组团：壮大生态工业

国家首批产业转型升级示范园区

经开区：表彰创新型先进企业

克劳斯玛菲：构建西南地区服务基地

电子信息业：产值增长106%

星宇海特克：厂房主体建设完成

新材料新能源：产值增长29%

装备制造业：产值增长6.5%

重庆钢铁：司法重整降本扭亏

小康动力：产能升级高度机械化

三杭蒙特费罗公司：加强质量管理

国际复合材料公司：玻璃纤维畅销欧美亚市场

川维公司：循环发展生机勃勃

农业提质增效

2017年，全区实现农业总产值67.4亿元，同比增长1.7%。新增“三品一标”72个，获批重庆市名牌农产品8个，农产品质量抽检合格率100%。农业园区提档升级，“三园”“五区”适度规模经营实现产值41.5亿元。现代农业经营体系不断完善，新认定区级农业产业化龙头企业24家、家庭农场100家，新发展农民合作组织68个，培训新型职业农民1200人次。

特色种养殖

红心猕猴桃获得绿色食品认证

食用菌种植让返乡农民工致富

热带水果百香果试种成功

生态养殖的灰天鹅销往四川、上海等地

农民普遍使用机械脱粒

全年完成机耕面积72500公顷，机收面积19370公顷

位于双龙镇的农业园区一瞥

现代农业种植、沙田柚种植和现代畜牧养殖"三园"辐射长寿区及周边区县产业基地13万余公顷

2017年全年柑橘产量24.5万吨

2017年长寿沙田柚实现产值5亿元

2个标准化奶牛场，年产值1800万元

有国家级标准化示范养殖场5个

现代粮食生产区、果蔬生态种植区、东山生态农业区、西山生态农业区、三峡移民生态农业区"五区"改善发展环境，带动农民增收

粮食总产量稳定在37.7万吨

水果年产量31.2万吨

蔬菜年产量38.7万吨

东山绿茶品质好

工厂化育苗

2017年新建高标准农田1867公顷

旅游持续升温

2017年，长寿区旅游业突出文体农商旅游融合发展。接待游客850万人次，同比增长10%；实现旅游收入52亿元，同比增长12%。编制完成旅游总体规划、五华山乡村旅游总体策划。菩提山成功创建国家AAAA级景区，长寿菩提古镇尾期工程顺利推进，三倒拐历史文化街区保护示范段项目开工。乡村休闲旅游收入4亿元。

2017年10月31日，区委领导在长商集团悦湖荟项目调研

2017年12月9日，长寿湖水上特技表演活动启动

2017年10月19日，区政协组织乡村旅游提案督办

乡村旅游

夏橙花果同树

油菜花节

观赏红叶

农家乐

沙田柚文化节

滨江长寿谷

青龙嘴片区文物保护修复工程完工并对外开放

天赐长寿湖

浪漫浴场

铁人三项赛

水上特技

花朝大典

民俗文化活动

半程马拉松

花展

菩提长寿山

端午民俗活动

节日古镇

菩提山文化旅游景区（含菩提古镇）2017年接待游客170万人次

商贸物流转型升级

2017年，全区实现商品销售额377.1亿元，同比增长20.4%。优化商贸物流“一心三园”布局，完成铁水公联运规划。举办各类展会113场次，总投资62亿元的重庆东部国际农产品交易中心、智慧物流中心、汽贸城三大专业市场签约。“互联网+”引领商贸提档升级，新建农村电商服务点68个。

2017年11月2日，区领导调研渝东农副产品交易市场建设

2017年7月24日，市区人大代表督办渝长高速公路扩能改造工程

2017年7月21日，长寿区人民政府与中国邮政集团重庆市分公司签订电子商务进乡村战略合作框架协议

渝利铁路

渝万城际铁路长寿湖站

渝万城际铁路

沙田柚节营销长寿沙田柚

打击传销宣传

首届美食音乐节

长寿首家线上线下一体化超大卖场开业

整合汽车销售、维修一条龙业务

文化消费

化工码头

长江货运

城市次干道长邬路建设

创造重庆地区单件最长最重卸船记录

村道油化

改革开放创新

2017年，长寿区投融资改革、“放管服”改革、城市执法体制改革、文化市场综合执法改革、区级公立医院综合改革、国家监督体制改革、司法责任制改革等有序推进；将25家区管国有企业整合为5家。实施以大数据、智能化为引领的创新驱动发展行动计划，成功创建国家知识产权试点城市。提升开放型经济水平，引进项目153个，合同引资618亿元，外贸进出口总额108亿元，成功创建全市首批承接加工贸易梯度转移示范园。

2017年4月28日，长寿区·长寿经开区法人化研发机构暨先进制造业21家机构、总投资13亿元的32个项目集中签约

2017年11月8日，长寿区战略性新兴产业项目集中签约暨中科未来城创新产业园开工

启动农村“三权”分置改革试点和涉农项目财政补助资金股权化改革

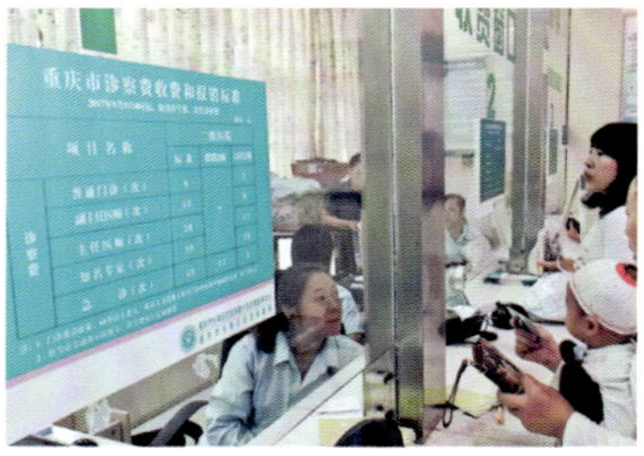

2017年9月9日，长寿区6家公立医院启动综合改革，取消药品加成和药事服务费，调整439项医疗服务项目价格

推行行政许可“五位一体”标准化体系建设，取消行政审批14项、承接30项，清理规范行政审批中介服务69项、保留53项

简并增值税税率，减免企业社保费8600万元，帮助26家企业续贷7460万元

2017年年底前建成市级众创空间3家、市级研发中心25个、院士工作站2家、农业专家大院7个

2017年全区申请专利1134件，新增国家级知识产权优势企业3家、市级优势企业4家

2017年，新培育农村科普示范基地5个，新建科普示范社区3个

在扶贫工作中试点“高新产业+微型企业+精准扶贫”模式，实现产业发展和精准扶贫

5月23日，开展“科技强国，创新圆梦”和“创造改变生活，知识产权竞争未来”主题宣传活动

5月19日，长寿区中小学校本课程建设工作推进会，开发校本课程，推进课程改革

重钢股份公司技术攻关17个项目

重庆国际复合材料有限公司持续创新高性能产品，玻纤布远销北美、欧洲等地

川维公司副总工程师、研究院院长秦庆伟创造产品新作用，开创国内超高粘度PVA生产先河，达到世界领先水平

重庆云天化瀚恩新材料开发有限公司研发经理、总经理助理吕新坤敢为人先，让产品技术具有原创自主知识产权，已经申请16项专利

葛兰中心校科技老师喻一峰把孩子当成天才来培养

区农委农研中心果技专家张利靠着执着和创新，提升长寿柑橘品质

统筹城乡发展

2017年，长寿区编制完成《长寿区“十三五”城市基础设施规划》，完成海绵城市、综合管廊规划和智慧城市顶层设计方案。整治城区道路34.6万平方米；实施文明长寿建设整容、正风、良序、家园、提素、造势“六大攻坚行动”；投入2.2亿元实施小城镇基础设施项目61个，启动189个村规划和66个村土地规划编制。人口城镇化率达到64.4%。

2017年6月13日，区委、区政府、区政协领导调研桃花溪治理

2017年4月6日，区委领导在凤城街道三峡路社区调研文明城区创建等工作

城乡建设

2017年新增城市绿地21.6公顷

产城融合发展

房地产交易会

加快智慧城市建设

小城镇“561工程”覆盖率90%

全年新建农村公路214千米

已建整洁庭院849个

生态环保建设

已创建市级绿色示范村庄6个

生态循环养殖

推行河长制常年护河

2017年城区空气质量优良天数282天

文明长寿建设

文明劝导

文艺演出

表彰乡贤

职工行动

读书活动

推崇善行

家风小镇

文化长廊

改善社会民生

2017年，长寿区在民生领域投资42亿元，占一般公共预算支出的62.9%。脱贫攻坚精准发力，投资3000万元支持10个脱贫村发展，全区新脱贫529户1316人。智慧人力资源市场建成，社会保险和社会救助福利体系进一步完善。社会事业协调发展，平安建设深入推进。全区社会民生水平有新的提高。

2017年8月17日，市区人大代表视察公共文化服务情况在区图书馆

2017年8月2日，区委领导到双龙镇调研扶贫攻坚工作

2017年1月20日，区政府领导在晏家街道慰问困难职工

2017年12月12日，区政协在云台镇调研扶贫工作

脱贫攻坚

产业扶贫，技术帮扶

2017年发放教育扶贫款432.4万元，资助贫困户学生4916人次

实现建卡贫困户D级危房改造全覆盖

为贫困村送脱贫点子

志愿者帮助贫困户

民生之基

2017年城乡居民家庭医生签约34.59万人

获全国群众体育先进单位

提档升级19个街镇文化服务中心，建成42个社区综合文化服务中心和8个社区健身点

2017年实现城镇新增就业2.1万人， 城镇登记失业率在2.9%以内

2017年完成农村薄弱学校改造项目27个，落实助学政策惠及学生31万人次

2017年回引农村劳动力就业创业6985人

2017年新配租公租房3086户

推进“孝老安康”工程

平安建设

加强文明交通管理，道路通行秩序大改观

开展“渝安2号”专项行动，各类案件大幅下降

工业园区打造本质安全园区

农业执法把住食品安全源头

全面从严治党

2017年，长寿区认真落实区委管党治党主体责任；切实加强党的政治建设，建立和实施意识形态工作“1+7”制度体系；推进“两学一做”学习教育常态化制度化，全区各中心组开展专题学习1140次；建设高素质专业化干部队伍，990名区管领导干部集中填报个人有关事项；保持惩治腐败高压态势，严肃查处群众反映强烈的不正之风和腐败问题51起，党纪、政纪处分40余人。

2017年12月1日，中共重庆市长寿区委十三届二次全会召开。审议通过《中共重庆市长寿区委关于把党的十九大精神全面落实在长寿大地的决定》

2017年11月29日，区委宣讲团团长、区委书记赵世庆宣讲中共十九大精神

2017年11月10日，区领导和区级部门党员干部听取市委中共十九大精神宣讲团报告

中共十九大精神进乡村、进社区、进企业宣传活动

发扬传统，联系群众

党规党纪学习教育

党员志愿者活动

多种形式的主题党日活动

数字长寿

幅员面积	1421.43平方千米
截至2017年末常住人口	83.75万人
地区生产总值	509.9亿元
人均生产总值	61311元
地方财政收入	91.3亿元
地方财政支出	122.5亿元
农业总产值	67.4亿元
工业增加值	202.8亿元
固定资产投资总额	600.8亿元
社会消费品零售总额	130.8亿元
旅游收入	52亿元
金融机构存款余额	508.2亿元
金融机构贷款余额	294.7亿元
城镇常住居民人均可支配收入	32428元
农村常住居民人均可支配收入	14418元

（摘自《重庆市长寿区2017年国民经济和社会发展统计公报》）

目 录

大事记

长寿概况

政　治

经　济

社会事业

镇(街道)

人 物

统计资料

索 引

大事记

❖ 大事记

大事记

1 月

6日，召开十三届区委常委会第一次会议。专题学习《中国共产党地方委员会工作条例》《党委会的工作方法》《中国共产党党内监督条例》。

同日，长寿区工商联青年委员会（青商会）正式成立。区长巴川江，市工商联党组副书记、副主席张莉为区工商联青委会（青商会）授牌，区委副书记左永祥为区工商联青委会（青商会）授印。

6—9日，长寿区15家企业带着30余种农产品，参加第十六届中国西部（重庆）农交会，四天销售总额50.7万元。

7日，长寿区法院开展“千名法官全市联动——基本解决执行难大型主题宣讲暨重大执行行动启动仪式”。区法院院长柳德新，区委政法委、综治办相关领导和区人大代表、区政协委员、律师代表及该院112名干警参加活动。

8日，政协重庆市长寿区第十五届委员会第一次会议在区科技文化中心开幕。主席团常务主席张华、付恺、李彬旭、王永全、邓有国、江涛、陈志洪、陈红在主席台前排就座。区领导赵世庆、巴川江、张明生等到会祝贺。大会由付恺主持。大会应到委员284名，实到委员269名。

同日，市残联、市卫计委、市公安局、市安监局、市妇联确定长寿区为市级残疾预防试验区。

9日，长寿区第十八届人民代表大会第一次会议在区科技文化中心开幕。大会主席团常务主席赵世庆、张明生、左永祥、王志宏、潘晓林、郑勇、唐华、李吉华、霍家勤在主席台前排就座。大会应到代表293人，实到代表292人。大会由张明生主持并宣布开幕，听取巴川江作的区政府工作报告，审查计划执行情况与发展计划草案、预算执行情况与预算草案的报告。

同日，长寿区柑橘行业协会挂牌启动仪式在双龙镇龙滩村举行，双龙、龙河、洪湖3个镇的30家企业参加仪式。

10日，长寿区第十八届人民代表大会第一次会议举行第二次全体会议。会议听取区人大常委会、区人民法院、区人民检察院工作报告。

11日，政协重庆市长寿区第十五届委员会第一次会议举行第三次全体会议。应到委员284人，实到委员276人。会议选举产生十五届区政协主席、副主席、秘书长、常务委员。张华当选十五届区政协主席，付恺、李彬旭、王永全、邓有国、江涛、陈志洪、陈红（女）当选副主席，杨华林当选秘书长。

同日，政协重庆市长寿区第十五届委员会第一次会议闭幕。

12日，长寿区第十八届人民代表大会第一次会议举行第三次全体会议，应到代表293人，实到代表290人。会议选举产生区十八届人大常委会主任、副主任，区人民政府区长、副区长，区人民法院院长，区人民检察院检察长。张明生当选区第十八届人大常委会主任，巴川江当选区人民政府区长；潘晓林、霍家勤、郑勇、唐华、李吉华当选区第十八届人大常委会副主任，蒋牧宸、宋平、汤晓强、卓大林、何一波、张昌红、张明万当选区人民政府副区长；柳德新当选区人民法院院长；梁经顺当选区人民检察院检察长（须报重庆市人民检察院检察长提请重庆市人大常委会批准）。

同日，长寿区第十八届人民代表大会第一次会议闭幕。赵世庆、巴川江、张明生、张华、游智明、刘加才、左永祥、何以龙、王身高、侯宇生、谭伟、王志宏、蒋牧宸、李松、师明萌等出席会议。

同日，召开十三届区委常委会第二次会议。研究确定区委常委工作分工，研究审定《区委2017年政党协商计划》。

同日，长寿区民办教育培训协会成立，选举产生第一届协会会长。

同日，长寿工业园区鼎盛印务和瑞霆塑胶两家企业获得“国家知识产权优势企业”称号。

13日，召开长寿区政府十八届一次常务会。研究长寿养老设施布局规划（2015—2025），长寿城市公共人防工程近期项目（一期）建设规划、加强农村留守儿童关爱保护工作等议题，通报1月11日全国、全市安全生产电视电话会议等会议精神。

16日，长寿区保险行业协会举行成立揭牌仪式。该协会拥有24个单位会员、32个个人会员。

19日，长寿区人民法院首批55名入额法官宣誓就职，司法改革进入新阶段。

22日，召开长寿区工商业联合会（总商会）十届二次执委会暨非公有制经济人士座谈会，区领导赵世庆、巴川江等参加。

23日，市纪委常委张晋一行到长寿调研，区领导赵世庆、巴川江等参加。

同日，召开十三届区委常委会第三次会议。传达学习2016年度区县党委书记落实全面从严治党责任述职评议会精神、市四届人大五次会议和市政协四届五次会议精神、市纪委四届七次全会精神，分析研判春节期间全区安全稳定工作，听取全区安全生产2016年工作情况及2017年工作思路汇报。

2　月

4日，召开重庆市长寿区工商业联合会（总商会）异地商会回长寿座谈会。区领导赵世庆、巴川江、张明生、张华等参加。

7日，中共重庆市长寿区第十三届纪律检查委员会第二次全体会议召开。区委书记赵世庆出席并讲话，区委、区人大常委会、区政府、区政协、长寿经开区领导出席会议。区委常委、区纪委书记谭伟代表区纪委常委会作工作报告。

9日，商务部驻成都特派员办事处副特派员傅艳一行到长寿，专题调研长寿经开区发展情况。区领导巴川江参加调研。

同日，内蒙古航空产业投资有限公司董事长郝玉涛一行到长寿考察，区领导巴川江会见并进行交流。

14日，召开长寿区政府十八届二次常务会。学习《中共重庆市委关于印发和深入学习贯彻习近平总书记视察重庆重要讲话的通知》，研究关于确定2017年十大项目工作目标任务的请示、关于进一步完善医疗救助制度的通知等议题。

16日，区委书记赵世庆、区长巴川江率领长寿区党政代表团，到梁平区考察。梁平区委书记吴盛海、代理区长蒲继承等参加考察活动，共商区域协同发展。

17日，召开十三届区委常委会第四次会议。专题学习习近平总书记视察重庆重要讲话精神，传达中央政法工作会议和市委政法工作会议精神、全市组织部长会议精神、全市宣传思想文化工作会议精神、全市统战部长会议精神，研究审定《区委关于新形势下加强政法队伍建设的实施意见》《长寿区健全落实社会治安综合治理和平安建设领导责任制规定》等议题。

20日，召开十三届区委常委会第五次会议。研究审定2017年度全区十大项目年度目标任务，2016年度全区纪检、组织、宣传、统战、政法相关工作考核结果，《区委关于调整区级领导干部和区级机关部门联系街镇工作的通知》等议题。

同日，巫山县委书记李春奎率领巫山县党政代表团到长寿，考察旅游开发和城市规划建设等工作，区领导赵世庆、师明萌等参加。

同日，召开长寿区政府十八届三次常务会。研究关于2017年区委、区政府重点工作目标任务分解、加强天然水域禁渔管理工作等议题。

23日，长寿区机关事业单位养老保险上线运行，全区14897名机关事业单位在职在编人员全部参保，9016名机关事业单位退休人员养老金实现社会化发放。

同日，在全国首届“守望正义——群众最满意的基层检察院”评选中，长寿区检察院获评“全国群众最满意的基层检察院”，名列第六，是西南地区唯一入选的检察院。

24日，国务院安全生产考核组到长寿，检查安全生产工作。区领导赵世庆、巴川江、张明万参加。

26日，长寿区首批公务用车制度改革车辆拍卖会在区科技文化中心举行，成功拍卖97辆公车，总成交额178.09万元。

28日，召开十三届区委常委会第六次会议。研究全国“两会”期间全区安全稳定相关工作等议题。

同日，召开长寿区政府十八届四次常务会。审议2016年度人大代表建议和政协提案办理工作考核结果等议题，传达全市财税审计统计工作等会议精神。

3　月

1日，大连银行重庆分行长寿支行在桃源西路15号（蓝筹银座）开业。

3日，德国克劳斯玛菲集团与长寿经开区的重庆德洋中车公司达成注塑设备服务示范基地的战略合作协议，这是克劳斯玛菲集团在中国西南地区构建的第一个服务基地。

6日，召开长寿区政府十八届五次常务会。审议审定长寿经开区供气管道工程（晏家组团）项目等2宗土地招拍挂事宜的请示等8个议题，传达2017年全市农村工作会议等5个会议精神。

8日，长寿区人民政府以长寿府发〔2017〕11号印发《重庆市长寿区人民政府关于授予廖小琴等30名同志长寿区第一届乡村优秀教师称号的决定》。

10日，召开十三届区委常委会第七次会议。传达贯彻2017年全市农村工作会议精神、全市脱贫攻坚工作会议精神、全市对台工作会议精神、全市机关事务（公务接待）工作会议精神，审定《长寿区区领导和区级部门2017年党风廉政建设和反腐败分工责任制》《关于进一步推动落实区委党风廉政建设主体责任的通知》以及区级议事协调机构和联席会议名单、2017年度重点工作目标任务分解、2016年度人大代表建议政协委员提案办理工作考核结果。

同日，共青团上海市委书记徐未晚一行到长寿，考察“为了明天·彩虹帮教”项目和青少年权益保护工作。区领导赵世庆等参加。

13日，长寿经开区入驻企业——重庆市国乾百纳实业发展有限公司，年产250万台智能手机生产项目正式投产。区领导赵世庆、巴川江、张明生、张华等出席投产启动仪式。

同日，召开长寿区政府十八届六次常务会。研究全区2017年重大项目工作任务、开展长江经济带化工污染整治专项行动工作方案、继续实行长寿湖高速路小车年票等议题，通报全市卫生计生工作、规划建设管理及民防园林工作、移民工作等会议精神。

15日，长寿经开区举行重大项目集中开工仪式。22个总投资85.27亿元的工业项目正式开工。重庆市政府、市政协领导，长寿区领导赵世庆、巴川江、张明生、张华、左永祥、蒋牧宸等参加开工仪式。

同日，长寿区城乡规划委员会第一次全体会议在区行政中心C2会议室召开。审议《长寿区城镇空间形态规划管理研究》等方案。会议由副区长张明万主持。区委书记赵世庆、区长巴川江和区规划委员会成员单位负责人及专家参加会议。

15—16日，亚洲开发银行考察团到长寿，考察龙溪河环境综合整治与生态保护。区领导蒋牧宸会见考察团组长和水资源专家。

16日，召开十三届区委常委会第八次会议。会议研究审定纪律处分相关事宜。

同日，召开长寿区政府十八届七次常务会。审定关于重庆千信国际贸易有限公司增资扩股相关事宜的请示。

20日，全国人大常委会原副委员长、两岸企业家峰会副理事长盛华仁到长寿调研。市人大常委会副主任杜黎明，区领导赵世庆、巴川江、张明生等参加。

同日，召开长寿区政府十八届八次常务会。审议审定2016年度科技工作考核结果的通报（送审稿）等13项议题，通报2017年钢铁行业去产能推进会等会议精神及稳定、安全、环保等工作情况。

23日，召开十三届区委常委会第九次会议。专题学习习近平总书记在全国“两会”期间重要讲话精神、《习近平总书记在文艺工作座谈会上的讲话》《习近平总书记在党的新闻舆论工作座谈会上的讲话》《重庆市实施〈中国共产党问责条例〉办法》，研究审定《长寿区2017年钢铁行业依法去产能工作实施方案》、2017年全区重大项目计划、《关于进一步深入落实中央八项规定精神坚决整治“四风”的工作方案》，传达全市区县意识形态工作责任制考核座谈会精神、全市党政密码工作会议精神和全市保密工作会议精神等议题。

同日，原长寿化工厂75岁的退休工人章世扬用3年时间，书写的千米书法长卷在菩提广场展示。长卷用小楷、行书、颜体等8种字体，书写《文天祥传奇》《包拯》《中国杰出人物》等内容。

27日，召开长寿区政府十八届九次常务会。学习习近平总书记在文艺工作座谈会和党的新闻舆论工作座谈会上的讲话精神，习近平总书记在全国“两会”期间的重要讲话精神以及全市传达全国“两会”精神电视电话会议精神，学习《重庆市实施〈中国共产党问责条例〉办法》，研究长寿经开区“十三五”规划、重庆长寿中科未来城建设等议题。

同日，长寿区召开2017年政府重点工作部署会议。区领导赵世庆、巴川江、张明生、张华等出席。区委书记赵世庆讲话，区长巴川江提要求，区政府各位副区长就分管重点工作作安排部署。

31日，召开十三届区委常委会第十次会议。研究审定《关于集中交办2017年信访积案的通知》《长寿区环境保护工作责任规定（试行）》《关于深入开展群众身边的不正之风和腐败问题专项整治工作方案》等议题。

同日，召开十三届区委常委会第十一次会议。讨论《市第五次党代会报告（征求意见稿）》。

4　月

11日，召开长寿区政府十八届十次常务会。学习市纪委四届七次全会精神，研究开展2017年全区重点项目稽查工作、进一步规划国有资金投资项目招标投标活动，确定《滨江长寿谷库岸综合整治项目》规划方案等议题。

14日，召开十三届区委常委会第十二次会议。传达中央第五环境保护督察组督查重庆市情况反馈电视电话会精神，研究部署全区整改落实措施；专题学习习近平总书记、李克强总理关于安全生产工作重要指示，听取一季度全区安全生产工作汇报等议题。

同日，长寿区召开全区中央环保督察组反馈问题整改动员部署会，全体区级领导参加。

16日，团区委获评2017年中国青年志愿者服务春运暖冬行动优秀志愿服务团队，是重庆市唯一获此殊荣的区县团委。

18日，召开长寿区政府十八届十一次常务会。学习《县以上党和国家机关党员领导干部民主生活会若干规定》，研究全区信息网络事故灾难应急预案、渝长高速扩能改造项目（长寿段）管线迁改实施方案等议题。

同日，黑龙江省人大常委会副主任胡世英到长寿，考察区人大预算审查监督工作。区领导赵世庆、郑勇参加座谈会。

20日，市人大常委会副主任夏祖相一行到长寿调研农业农村工作，区领导赵世庆、巴川江、张明生等参加。

24—25日，国务院安委会第六巡查组副组长徐林带队到长寿，开展街镇、企业安全生产巡查工作。区领导赵世庆、巴川江参加相关工作。

26—27日，共青团重庆市长寿区第十七次代表大会在区科技文化中心大礼堂召开。团市委书记张继军，长寿区领导赵世庆、巴川江、张明生、张华等出席大会开幕式。会议通过共青团重庆市长寿区第十六届委员会工作报告，选举产生第十七届团区委候补委员、委员、常委、副书记、书记。

27日，2017年全市农村留守妇女互助组“双学双比”水稻秧苗栽种技能竞赛在长寿区云台镇清迈良园举行，全市21个区县的留守妇女组队参赛，区领导左永祥为获奖者颁奖。

28日，长寿区·长寿经开区法人化研发机构暨先进制造业项目集中签约，21家企业总投资近13亿元，从事多种战略性新产业的新技术、新产品研发和市场化；32个先进制造业项目投资327亿元。市人大常委会副主任沈金强，市政府副秘书长唐英瑜，区领导赵世庆、巴川江、张明生、张华等出席签约仪式。

5　月

2日，长寿区召开一季度经济形势分析会。区领导赵世庆、巴川江、张明生、张华等出席。区委书记赵世庆讲话；区长巴川江全面分析一季度经济运行情况，部署下一步工作；区人大常委会主任张明生、区政协主席张华分别就区人大、区政协贯彻会议精神提出要求。

3日，召开长寿区政府十八届十二次常务会。通报市纪委办公厅关于2017年一季度全市查处违反中央八项规定精神问题的情况，研究全区聚商选资“提升年”活动实施方案、举办2017年长寿湖龙舟民俗文化节等议题。

4日，长寿区与国家电投集团远达环保股份有限公司签订战略合作协议，在清洁能源利用、大气治理等五大领域开展合作。区领导赵世庆、巴川江、张明生、张华，远达环保公司董事长、党委书记郑武生等出席签约仪式。

5日，召开十三届区委常委会第十三次会议。传达全市推进“两学一做”学习教育常态化制度化工作座谈会精神、全市乡镇人大工作座谈会精神、全市高校思想政治工作会议精神，听取2017年一季度平安建设暨安全稳定工作情况汇报，研究审定《长寿区2017年全面依法治区工作要点》《2017年聚商选资“提升年”活动实施方案》等。

8日，长寿区召开全国文明城区创建工作推进会。市委宣传部副部长、市文明办主任万相兰到会指导，区领导赵世庆、张明生、张华、左永祥出席会议并讲话，在长寿的全体区级领导出席会议。

9日，召开长寿区政府十八届十三次常务会。学习中共中央关于部分纪检监察干部违纪案件及其教训警示的通报，审议审定全面推行河长制工作方案等议题，通报雷电灾害防治工作等。

同日，长寿区召开区归侨侨眷联合会第八次代表大会，选举产生长寿区侨联第八届委员会委员，通过大会决议，区侨联八届委员会一次全会选举产生侨联主席1人。区领导赵世庆、张明生、张华等参加，赵世庆发表讲话，到会区领导为第八届委员会名誉主席和海外顾问颁发聘书。

11日，区委书记赵世庆、区长巴川江会见到长寿考察的中国供销投资基金董事长李刚一行，就渝东区域性农副产品批发市场项目进行座谈。

12日，长寿区召开推进“两学一做”学习教育常态化制度化工作会，全体党员区领导和全区部门、镇街、企事业单位党组织负责人参加。

16日，召开长寿区政府十八届十四次常务会。研究长寿湖龙鑫欢乐世界项目合作、长寿区健康科技产业基地农畜产品加工区规划等议题。

17日，长寿区与中国农业银行重庆市分行签订战略合作协议，5年内农业银行向长寿区授信200亿元，用于支持“三地一中心”建设。区领导赵世庆、巴川江、张明生、张华等和中国农业银行重庆市分行行长韩国强出席签约仪式。

18日，“筑梦善行·德耀巴渝”重庆市第27次全国助残日暨“重庆志愿服务季”助残志愿服务示范活动在长寿启动。市残联、市文明办相关领导，区领导赵世庆、左永祥、李松、师明萌等，以及市内部分区县残联代表、区级部门代表和受表彰的助残先进、残疾人先进等900人参加活动。

20日，中纪委驻中国社科院纪检组组长、中国社科院党组成员张英伟一行到长寿考察指导市政基础设施建设，区领导赵世庆、巴川江、张华等参加。

22日，重庆市云天化聚新材料有限公司在长寿经开区揭牌成立。

26日，召开十三届区委常委会第十四次会议。传达学习市第五次党代会精神，学习习近平总书记重要指示精神和廖俊波同志先进事迹，研究审定《重庆市长寿区全面推行河长制工作方案》《江南定销房配建商业门面规范管理工作方案》等议题。

28—29日，2017年长寿湖龙舟赛系列活动举行，吸引游客29.6万人次，实现旅游收入19092万元。

6 月

1日，召开长寿区政府十八届十五次常务会。传达学习总理李克强在贯彻新发展理念、培育发展新动能座谈会上的讲话精神，研究全区危险化学品安全综合治理实施方案、2017年水污染防治重点工作目标任务分解、桃花溪西岸城区段截污干管工程变更事宜等议题。

5日，召开十三届区委常委会第十五次（扩大）会议。会议传达市委领导在长寿视察调研指示精神，研究长寿区贯彻落实措施。

6日，召开长寿区政府十八届十六次常务会。学习中共中央组织部关于学习贯彻习近平总书记重要讲话精神，广泛开展向廖俊波同志学习通知及其先进事迹，审议审定关于深化违法建筑整治工作的通知等17项议题，通报信访稳定工作情况等。

7日，长寿区召开区委、区政府主要领导任期经济责任审计征求意见会，区领导赵世庆、巴川江、张明生、张华等参加。

9日，召开十三届区委常委会第十六次会议。研究审定《长寿区深化公安执法规范化建设的实施意见》《长寿区法治政府建设实施方案（2017—2020年）》《关于深化违法建筑整治工作的通知》等议题。

10日，在上海召开的中国妇幼保健协会母婴友好医院表彰及现场经验交流会上，重庆市长寿区妇幼保健院被评为“全国母婴友好医院”。

12日，中国农工民主党重庆市长寿区四届八次区委扩大会选举，同日召开第三次党员大会，宣布农工党长寿区委届中调整结果，孔庆明当选主任委员，张昌红、张古灵、杨莉增补为副主任委员。区领导赵世庆、巴川江、张明生、张华、左永祥、何以龙、王志宏及长寿区的民主党派、工商联的负责人到会祝贺。

13日，召开长寿区政府十八届十七次常务会，研究长寿区食品药品安全“十三五”规划、长寿区消防事业发展“十三五”规划等议题。

14日，长寿区现代商贸物流产业发展领导小组召开第一次会议。审议长寿区现代商贸物流产业发展扶持政策等。区长巴川江参加会议并讲话。

同日，重庆长寿菩提山文化旅游景区（编号：420175015078）获重庆市旅游景区质量等级评定委员会批准为国家AAAA级旅游景区。

15日，恒大地产集团重庆有限公司副经理一行到长寿考察，区领导巴川江、左永祥等会见。

同日，国家统计局工业司处长李阳一行到长寿调研企业创新发展和生产经营情况。区领导卓大林、冉洪参加调研。

同日，在“青春重庆·最美名片”寻找重庆新名片大型全媒体行动颁奖典礼上，长寿湖风景区获得“重庆十大旅游名片”称号。

19日，长寿区法院完成对第一批54名员额法官等级确定工作。确定二级高级法官1名，三级高级法官5名，四级高级法官19名，一级法官16名，二级法官7名，三级法官6名。

21日，召开长寿区政府十八届十八次常务会。研究重庆市长寿区街镇污水处理设施建设运行管理办法（试行）等议题，通报全市非法码头、非法采砂专项整治电视电话会议精神等。

22日，第二十届中国重庆国际投资暨全球采购会（简称渝洽会）开幕，长寿签约4个，协议投资60.5亿元，区领导赵世庆、巴川江、汤晓强等参加开幕式和签约活动。

26日，市检察院检察长贺恒扬一行到长寿调研区检察院检察简史展览馆、长寿湖中心检察室、长寿区预防职务犯罪警示教育基地等工作，区领导赵世庆、巴川江、张明生、张华等参加。

同日，召开十三届区委常委会第十七次会议。传达学习习近平总书记关于反邪教工作重要批示精神，传达2017年全市加强财政管理工作会议精神，听取全区落实党风廉政建设主体责任情况汇报、2017年上半年巡察工作情况汇报等议题。

28日，长寿区机动车驾驶人考试中心在菩提东路开工建设，区领导何一波参加奠基仪式。

同日，市人大常委会副主任夏祖相到长寿调研督办市四届人大五次会议重点建议。区领导赵世庆、巴川江、张明生等参加调研。

7　月

4日，召开长寿区政府十八届十九次常务会。传达学习习近平总书记关于反邪教工作重要批示精神，研究关于开展创新生态示范区建设的通知、关于印发长寿区创新驱动发展战略专项扶持办法（试行）的通知、长寿区打造千亿产业集群发展百亿产值企业培育亿元税收企业实施方案等议题，通报全市城市工作会议精神等。

7日，召开十三届区委常委会第十八次会议。听取2017年上半年全区平安建设暨安全稳定工作情况汇报、全区2017年上半年意识形态工作汇报，传达学习全市党外知识分子统战工作座谈会精神，研究审定《长寿区审计项目五年轮审规划（2017—2021年）》等议题。

11日，召开长寿区政府十八届二十次常务会。研究改善农村人居环境建设项目2017年第一批建设计划、突发性地质灾害专项应急预案等议题，通报市政府安委会2017年第一次全体成员单位（扩大）视频会议精神。

14日，召开十三届区委常委会第十九次会议。传达学习全市扶贫领域监督执纪问责工作电视电话会精神等议题。

同日，中共重庆市长寿区委、重庆市长寿区人民政府印发《重庆市长寿区法治政府建设实施方案（2017—2020年）》的通知（长寿委发〔2017〕14号）。

21日，召开十三届区委常委会第二十次会议。研究下半年全区经济工作，听取2017年上半年全面依法治区工作情况汇报，研究审定《关于深化律师制度改革的实施意见》等议题。

同日，长寿区政府与中国邮政集团重庆分公司签订电子商务进乡村战略合作框架协议，共同打造电商三级服务体系，建设长寿区电商服务中心和快递集配中心等，打通镇到村和农副产品进城的物流瓶颈。区领导赵世庆、巴川江、张明生、张华、蒋牧宸、李松、宋平和中邮重庆分公司总经理廖涛参加签约仪式。

同日，召开长寿区政府十八届二十一次常务会。传达学习总理李克强在全国深化简政放权放管结合优化服务改革电视电话会议上的讲话精神，研究继续执行支持实体经济加快发展部分措施的请示等议题，通报上半年全区安全生产工作情况、关于高温期间企业安全生产监管工作等。

24日，长寿区人民政府以长寿府发〔2017〕59号发出《关于开展创新生态区建设的通知》。

25日，长寿区2017年上半年经济工作会议在区科技文化中心召开。区领导赵世庆、巴川江、张明生、张华等出席，区委副书记左永祥主持会议。

31日，中共重庆市长寿区委召开全委（扩大）会议。学习贯彻习近平总书记在省部级主要领导干部专题研讨班上的重要讲话精神。区委书记赵世庆主持会议并讲话，巴川江、张明生、张华、左永祥等全体区领导和全区部门、镇街负责人等参加会议。

8 月

1日，召开长寿区政府十八届二十二次常务会。学习习近平总书记在中央全面深化改革领导小组第三十三次会议上的讲话，审定关于加强政府投资项目招标代理工作管理的通知等8个议题，通报全市2017年调整退休人员基本养老金暨维稳工作视频会等精神。

2日，召开十三届区委常委会第二十一次会议。专题学习习近平总书记在中国人民解放军建军90周年大会上的重要讲话精神，学习《中国共产党巡视工作条例》，听取2017年全区十大项目推进情况汇报等。

同日，长寿区人民政府以长寿府发〔2017〕63号发出《关于印发重庆市长寿区打造千亿级产业集群发展百亿产值企业培育亿元税收企业实施方案的通知》。

7日，召开十三届区委常委会第二十二次会议。学习贯彻落实习近平总书记在推动长江经济带发展座谈会上的讲话精神，专题学习市委书记陈敏尔在学习贯彻习近平总书记重要讲话精神分析上半年经济形势部署下半年经济工作时的讲话，传达贯彻落实全市迎接十九大安全稳定电视电话会议精神等。

7—11日，在全国第十三届宋庆龄少年儿童发明奖现场展评活动中，长寿区葛兰镇中心校一分部学生黎宣麟发明的“游泳池隐形排水装置”获得铜奖。

8—10日，长寿区开展“把总书记重要讲话精神落实在重庆大地上”全媒体大型主题报道活动，区领导赵世庆、巴川江等参加。

11日，经十三届区委常委会第二十一次会议审议通过，长寿区国资金融办、区委组织部、区机构编制委员会办公室、区人力社保局联合印发《长寿区区管重点国有企业整合改革方案》《长寿区区管重点国有企业领导班子成员管理体制机制方案》《长寿区投融资平台管理机构改革实施方案》《长寿区区管重点国有企业薪酬及相关待遇管理方案》（长国金办〔2017〕67号），启动区管重点国有企业改革。

14日，国家体育总局公布《关于表彰2013—2016年度全国体育先进单位和先进个人的决定》，长寿区体育局获得先进单位称号。

14—19日，第三十二届全国青少年科技创新大赛上，长寿区桃源小学学生龚宇麟的绘画作品《快乐帽》获三等奖。

15日，召开长寿区政府十八届二十三次常务会。学习习近平总书记在省部级主要领导干部专题研讨班上讲话精神，审定关于落实中央环保督察小城镇污水管网整改工作相关问题的请示等12个议题。

16日，国家安全监管总局副局长李兆前率国务院安委办安全生产第三督导组和取缔“地条钢”专项抽查第七组到长寿，检查安全生产工作。区领导赵世庆、巴川江、张明万、涂山全等参加检查。

18日，召开十三届区委常委会第二十三次会议。学习习近平总书记在全国金融工作会议上的讲话精神和在哲学社会科学工作座谈会上的讲话精神，学习《关于规范重庆市党员干部网络行为的实施意见》等。

22日，住建部网站公布第二批全国特色小镇，长寿湖镇榜上有名。

23日，重庆警备区政治委员刘伟一行到长寿，参加区人武部党委民主生活会。区领导赵世庆、张华、左永祥、侯宇生、田仁和参加。

25日，长寿区召开文明长寿建设工作座谈会，决定将全国文明城区创建阶段性工作改为文明长寿建设常态性工作。区领导赵世庆、左永祥、师明萌等参加会议。

同日，区委书记赵世庆会见葛洲坝集团三峡建设公司总经理李国建一行，就加快战略合作交换意见。区委常委、常务副区长蒋牧宸参加会见。

26—27日，重庆市全市范围的300余名泌尿科专家、学者到长寿，交流微创泌尿外科、泌尿外科腹腔镜技术进展和经验。

28日，公安部消防局“十九大”消防安保督导工作组一行到长寿督导，区领导赵世庆、巴川江等参加。

29日，召开长寿区政府十八届二十四次常务会。学习传达市委书记陈敏尔在学习贯彻习近平总书记讲话精神。分析上半年经济形势部署下半年经济工作时的讲话，研究深化脱贫攻坚工作实施意见、脱贫攻坚问题整改工作方案、全面推行河长配套制度、组建创业种子投资基金等议题。

30日，长寿区第十五次妇女代表大会在科技文化中心礼堂举行。区委书记赵世庆到会讲话，市妇联主席丁中平，区领导张明生、张华、左永祥、何以龙、王身高、谭伟、蒋牧宸、李松、师明萌、胡建川等和230名妇女代表出席会议。会议选举产生重庆市长寿区妇女联合会第十五届执行委员会委员、常务委员、副主席、主席。

31日，重庆东部智慧物流中心、汽贸城、农副产品交易中心落户长寿签约仪式在区行政中心举行。区领导赵世庆、巴川江、张明生、张华等出席签约仪式。

9 月

1日，召开十三届区委常委会第二十四次会议。专题学习习近平总书记在会见全国体育先进单位和先进个人代表时的讲话精神，研究审定长寿区全面推行河长制配套制度，传达市委全面深化改革领导小组专项小组联络员和区县党委改革办主任工作交流座谈会精神等。

4日，国家节能中心主任徐强一行到长寿调研，区领导赵世庆等参加。

5日，市纪委副书记王建东一行到长寿调研，区领导赵世庆等参加。

6日，长寿区政府与重庆邮电大学签订战略合作协议，以智慧物流研究院、创新创业孵化基地、人才培养实训基地等为切入点，开展校地合作。

8日，在北京举行的全国纪检监察系统表彰大会上，长寿区纪委信访室主任佘东升获“中共中央纪委嘉奖”。

9日，长寿区启动公立医院综合改革，5家参改公立医院进行HIS系统调整，实现调价后的医保系统与医院结算无缝衔接；做好439项调价项目推演和改革前后药事服务衔接，参改医院调价后的标准在医保报销政策中落实到位。

12日，召开长寿区政府十八届二十五次常务会。研究关于推进安全生产领域改革发展的实施意见、长寿区第十届房地产展示交易会实施方案等议题。

14日，长寿区人民政府以长寿府发〔2017〕75号发出《关于印发重庆市长寿区“十三五”加快残疾人小康进程规划的通知》。

同日，长寿区与恒大集团签订战略合作协议，恒大集团投资100亿元打造长寿湖度假区旅游特色小镇项目。区领导赵世庆、巴川江、张明生、左永祥等，恒大集团重庆有限公司董事长熊敏参加签约仪式。

15日，召开十三届区委常委会第二十五次会议。专题学习习近平总书记关于群团改革工作的重要指示精神和对加强党内法规制度建设的重要指示精神，研究审定《关于推进安全生产领域改革发展的实施意见》等。

同日，长寿区人民政府以长寿府发〔2017〕76号发出《关于调整城镇土地使用税等级税额标准的通知》。

18日，长寿区“迎接十九大忠诚保平安”安全稳定工作会在区委党校学术报告厅召开。区领导赵世庆、巴川江、张明生、张华和在长寿的其他区级领导，全区各部门、各镇街、部分企事业单位主要负责人228人参加会议。

19日，国务院安委会安全生产大检查第十五综合督查组到长寿检查，区领导赵世庆、巴川江等参加。

20日，召开长寿区政府十八届二十六次常务会。研究关于举办2017年重庆长寿湖国际铁人三项赛的请示等议题。

22日，市政府党组成员、市公安局局长邓恢林一行到长寿调研，区领导赵世庆、巴川江等参加。

27日，召开长寿区政府十八届二十七次常务会。研究长寿区村镇分散式供水管理办法、调整部分乡村教师岗位生活补助学校范围和补助标准等议题。

28日，市政协副主席、民进重庆市委主委陈贵云一行到长寿调研，区领导赵世庆、张华等参加。

29日，召开十三届区委常委会第二十六次会议。传达渝西片区各区工作座谈会精神，专题学习《党委（党组）网络安全工作责任制实施办法》，研究审定关于切实解决法院执行难问题相关事宜等议题。

是月，长寿区职工基本医疗保险和生育保险合并实施。

10 月

11日，召开长寿区政府十八届二十八次常务会。研究关于提请审定对应承接一批市级行政审批等管理事项的请示、长寿区人民建议征集活动方案、2017年人民建议专题征集活动方案等议题。

13日，召开十三届区委常委会第二十七次会议。专题学习《实践论》《矛盾论》、市委书记陈敏尔在五届市委常委会第二十六次会议部署近期重点工作时的讲话精神，传达学习中共中央、国务院关于营造企业家健康成长环境弘扬优秀企业家精神更好发挥企业家作用的意见、全市城市基层党建工作推进会精神、全市深化人才发展体制机制改革经验交流会精神，研究区工会、科协、残联等群团组织召开代表大会的有关事宜等。

16日，召开十三届区委常委会第二十八次会议，传达学习市委办公厅《关于进一步强化当前安全稳定工作的通知》等议题。

同日，长寿区人民政府与重庆医科大学附属第一医院签订重庆医科大学附属第一医院与长寿区人民医院的医院集团合作协议。标志着重庆医科大学附属第一医院长寿医院正式成立。区领导赵世庆、巴川江、张明生、张华、师明萌、张昌红出席签约仪式。

17日，召开长寿区政府十八届二十九次常务会。学习《实践论》《矛盾论》、市委书记陈敏尔在五届市委常委会第二十六次会议的讲话精神，研究关于进一步强化安全稳定工作的通知。

18日，最高人民检察院邀请全国人大山东代表团一行30余人视察长寿区检察院工作。重庆市政协副主席、市人民检察院副检察长李钺锋等陪同视察，区领导赵世庆、张明生、张华等参加。

19日，市委常委、政法委书记，市政府副市长刘强一行到长寿调研，区领导赵世庆、巴川江等参加。

20日，召开十三届区委常委会第二十九次会议。传达学习党的十八届七中全会精神、全市新的社会阶层人士统战工作会议精神等议题。

24日，召开长寿区政府十八届三十次常务会。研究长寿区危化品道路运输安全百日专项整治行动方案、长寿区2017年深化简政放权放管结合优化服务改革工作方案等议题，审议关于举办2017年重庆长寿湖半程马拉松赛的请示等议题。

26日，在“2017中国建材企业发展论坛”上，长寿工业园区被评为“2017中国建材园区20强”。

同日，重庆市2017年度金盾防化专项演练在重庆化工职业学院举行，全市14个区县300余人参加。

27日，召开十三届区委常委会第三十次（扩大）会议。传达学习中国共产党第十九次全国代表大会精神，听取2017年全区十大项目推进情况汇报、2017年前三季度全面依法治区工作情况汇报、前三季度平安建设暨安全稳定工作情况汇报，研究审定2017年重大项目调整有关事宜等议题。

28—29日，重庆市第六届“升腾消费大数据”杯公务员乒乓球比赛在长寿举行，区领导赵世庆、巴川江、张华等参加。

30日，长寿区召开长寿工业园区创建国家高新区动员大会暨规划编制调研对接会。科技部国家高新区升级调研评审组组长赵玉海，长寿区领导巴川江、蒋牧宸、李雪松、卓大林等出席会议。

同日，全国第六届演武大会在丹江口市闭幕。长寿区赵堡太极拳代表队获得集体项目一等奖1个、个人单项一等奖15个；赵堡太极拳师刘星明获得武林名家、优秀传承人称号，刘星强获得优秀传承人称号；长寿区获得全国武术推广先进单位称号。

同日，第二十六届全国摄影艺术展获奖作品出炉，长寿区两部微电影《棒棒来了》《墙外风铃》入围多媒体类，摄影作品《穿山越岭》上榜艺术摄影类（单幅）获奖作品。

31日，召开长寿区政府十八届三十一次常务会。传达学习中共十九大精神，研究长寿区高层建筑消防安全隐患整改实施方案、强化基层供销社合作经济组织属性专项试点工作实施方案等议题。

同日，冯玉祥诗书画院长寿分院、长寿区文艺创作基地揭牌仪式在紫耘花海举行。区领导师明萌、李彬旭出席。

11 月

2日，长寿区“贯彻十九大·共圆中国梦”文明长寿原创歌曲演唱会在区科技文化中心礼堂举行。区领导赵世庆、张华、左永祥等观看演出。

3—5日，长寿区第十届房地产展示交易会在区体育中心举行。区领导唐华、宋平、陈红等参加开幕式。12家房地产开发企业参加展示交易，成交房屋334套，建筑面积23200平方米，住宅建筑面积均价4128.94元/平方米。

4日，2017年重庆长寿湖国际铁人三项赛举行。市政府副市长屈谦，区领导赵世庆、巴川江、张明生、张华、左永祥、师明萌等参加开幕式。来自12个国家的1000余名运动员参加比赛。

6日，长寿区召开2017年第三季度经济形势分析会，区领导赵世庆、巴川江、张华等和全区部门、镇街、企事业单位主要负责人200人参加。

同日，长寿汽车总站开通达江北国际机场班车。每天对发8趟班车，上午7点30分开始，每隔一小时定时发车；下午每隔二小时定时发车，末班车是19点30分。全程票价35元，耗时约1小时30分钟，终点站是T3航站楼。

7日，召开长寿区政府十八届三十二次常务会。传达学习市委书记陈敏尔在重庆市传达贯彻中共十九大精神领导干部大会上的讲话，研究关于长寿区2017年经济社会发展主要指标体系调整的请示等，通报全国冬春水利基本建设电视电话会议精神等。

8日，长寿区举行战略性新兴产业项目集中签约中科未来城创新产业园区开工活动，市政协副主席李钺锋，区领导赵世庆、巴川江、张华、左永祥等参加。

9日，召开十三届区委常委会第三十一次会议。学习市委书记陈敏尔在市委常委会三季度经济形势分析会上的讲话精神，传达学习全市宣传部长和市级宣传思想文化系统单位负责人会议、全市文艺界学习贯彻中共十九大精神暨“五个一工程”表彰座谈会精神，学习市纪委《关于四起市管领导干部违反政治纪律的通报》。

13日，2017年长寿·邻封镇沙田柚文化旅游节举行长寿沙田柚柚王拍卖，邻封村10组郑琪英种植的重达2185克的“柚王”以5万元被重庆渝达建筑有限公司拍得。

14日，召开十三届区委常委会第三十二次（扩大）会议。传达市委五届三次全会精神，研究长寿区贯彻落实措施。

同日，全市2017年度高速公路建设施工技能竞赛在长寿举行。

15日，长寿区工会第十二次代表大会召开。区领导赵世庆、巴川江、张明生、左永祥等出席。

同日，首届中国西部电影论坛在长寿开幕。西部地区9个省、市、自治区电影家协会共同发起，特邀北京市文联、北京市影协参加，30多名影视专家出席重庆长寿生态旅业开发有限公司承办为期3天的论坛活动。

同日，中共重庆市委副书记唐良智到长寿，在云台镇、龙河镇、邻封镇开展调研并宣讲中共十九大精神。

同日，新市街道老年学校获得2017年重庆市“终生学习活动品牌”称号（全市表彰5个）。

16日，召开长寿区政府十八届三十三次常务会。传达学习市委书记陈敏尔在市委常委会三季度经济形势分析会上的讲话精神，研究进一步加强困境儿童保障工作实施方案的通知、长寿区2018年城乡居民合作医疗保险参保缴费工作实施方案等议题，传达全市环保集中督察动员部署视频会议精神等。

同日，川维厂举行更名挂揭牌仪式，“中国石化集团四川维尼纶厂”更名为“中国石化集团重庆川维化工有限公司”。区领导巴川江、张华、左永祥、蒋牧宸等参加仪式。

17日，最高人民检察院未成年人检察工作办公室组织北京、天津、山西、内蒙古等省、市、区检察院干警到长寿，考察未成年人检察工作。区检察院检察长梁经顺参加活动。

同日，长寿区获得全国未成年人思想道德建设工作先进区，长寿区双龙镇、重庆市长寿区地方税务局分别获评第五届全国文明村镇、文明单位。

19日，西南大学、重庆邮电大学、四川外国语大学的87名外国留学生到长寿湖、渡舟街道等体验中国传统文化。

21日，历时1年的“天赐长寿·人人向往”全国摄影大展落下帷幕。

同日，长寿化工公司与凤城街道办事处、区人社局、区档案局分别签订将长化全体退休人员社会化管理服务移交地方协议，长化5712名退休人员移交凤城街道梅村社区。

23日，广西壮族自治区投资促进局党组书记、副局长黄文标一行到长寿考察对口建设情况。区领导张明生、汤晓强参加相关活动。

同日，《南投日月潭与重庆长寿湖进一步加强交流合作协议》在台湾南投县签署，长寿湖与台湾日月潭缔结为“姊妹湖”。

26日，区委成立区深化国家监察体制改革试点工作小组。区委书记赵世庆任组长，有关区领导任副组长；下设办公室，区委常委、区纪委书记谭伟任办公室主任。

28日，区委书记赵世庆主持召开区深化国家监察体制改革试点工作小组第一次会议。传达学习全国、全市深化国家监察体制改革试点工作动员部署电视电话会议精神，研究审议《长寿区深化国家监察体制改革试点工作实施方案》。区委常委、区纪委书记谭伟汇报有关情况。会议审议通过《长寿区深化国家监察体制改革试点工作实施方案》，责成区纪委按程序报市纪委审批。

同日，召开十三届区委常委会第三十三次会议。专题学习《中央政治局关于加强和维护党中央集中统一领导的若干规定》《中央政治局贯彻落实中央八项规定的实施细则》，传达学习全国精神文明建设表彰大会精神等议题。

29日，长寿区学习贯彻中共十九大精神区委宣讲团报告会在区行政中心举行。区委宣讲团团长、区委书记赵世庆作专题宣讲报告。区委副书记巴川江主持报告会，全体在长寿的区领导和区委宣讲团全体成员、区委“六进”宣讲分队负责人、区级各部门主要负责人、各镇街党政主要负责人参加报告会。

同日，长寿区政府与中国人保财险重庆分公司签订战略合作协议。区领导赵世庆、巴川江等参加签约仪式。

30日，长寿区科学技术协会第八次代表大会在区科技文化中心召开。区委书记赵世庆、市科协副主席程伟到会讲话，区领导巴川江、左永祥、何以龙等出席开幕式。

12　月

1日，中共重庆市长寿区委十三届二次全会召开。会议由区委常委会主持，区委书记赵世庆讲话。区委委员、候补委员，区级部门和镇街党政主要负责人，在长寿企事业单位主要负责人304人参加会议。

同日，在2017年中国（重庆）第十届万古博览会上，长寿观赏石协会选送的奇石在全国1300余件参展奇石作品中，获得3个金奖、4个银奖、6个铜奖。

5日，召开长寿区政府十八届三十四次常务会。学习《统计违纪违法责任人处分处理建议办法》，审定关于印发长寿区辐射事故应急预案的通知等7个议题，通报市政府安委会第十二督查组督查长寿区安全生产工作情况等。

5—6 日，市委干部考察组到长寿考察市第五届人大代表、政协委员初步人选，区领导赵世庆、巴川江、张明生、张华等参加。

6 日，长寿工业园区获批“重庆市特色产业（智能家居）建设基地”。

7 日，长寿区残疾人联合会第七次代表大会在区科技文化中心召开。市残联党组书记、理事长周鸣，区领导赵世庆、巴川江、张明生、张华等出席开幕式，区委书记赵世庆讲话。

8 日，召开十三届区委常委会第三十四次会议。听取全区落实全面从严治党主体责任情况汇报，传达学习《中共中央办公厅国务院办公厅关于印发〈统计违纪违法责任人处分处理建议办法〉的通知》，研究审定《关于深入推进城市执法体制改革改进城市管理工作的实施意见》，研究审定召开区十八届人大二次会议和区政协十五届二次会议有关事宜。

9—10 日，2017 年重庆长寿湖半程马拉松赛举行。全国 19 个省市 3922 名爱好者参加，区领导左永祥、师明萌、霍家勤、张昌红、李彬旭出席开幕式。

10 日，人保财险长寿支公司引入直升机救援服务团队与地面服务团队共同为长寿湖半程马拉松赛事保驾护航。

11 日，长寿区与国网重庆市电力公司签订战略合作协议。区领导赵世庆、巴川江、张明生、张华等，国网重庆电力公司董事长、党组书记陈连凯等出席签约仪式。

12 日，召开长寿区政府十八届三十五次常务会，研究长寿现代农业园区休闲旅游概念规划相关内容，通报全市农村“三变”改革试点工作部署暨培训会议精神等。

同日，长寿区首届“双十二”电商节开幕式暨优秀电商青年人才报告会在区科技文化中心举行。区领导赵世庆、张明生、师明萌等出席。

18 日，召开长寿区政府十八届三十六次常务会。研究长寿区地下管线数据动态更新管理办法、长寿区地理国情数据动态更新管理办法、长寿区行政许可项目目录（2017 修订版）；通报全市编制政务事项清单、加快推进“互联网＋政务服务”动员部署电视电话会议精神等。

同日，长寿区人民政府以长寿府办发〔2017〕257 号印发《重庆市长寿区城市管理局（重庆市长寿区城市管理综合行政执法局）主要职责、内设机构和人员编制规定》，原重庆市长寿区市政园林管理局更名为重庆市长寿区城市管理局，加挂重庆市长寿区城市管理综合行政执法局牌子。

19 日，中共重庆市委常委、常务副市长吴存荣到长寿调研。区领导赵世庆、巴川江参加调研活动。

同日，召开十三届区委常委会第三十五次会议。专题学习《中共中央办公厅印发习近平总书记关于进一步纠正“四风”、加强作风建设重要批示的通知》《中共重庆市委办公厅关于认真贯彻习近平总书记重要指示精神进一步纠正“四风”加强作风建设的通知》《中共重庆市委关于坚决维护中央集中统一领导的规定》《中共重庆市委常委会贯彻落实中央八项规定精神实施意见》。

同日，最高人民检察院组织《人民日报》、新华社、中央电视台等 18 家中央主流媒体到长寿区检察院集中采访报道。

21 日，云集镇电商服务中心正式揭牌投入运营。

22 日，国家知识产权局发布国知发管函字〔2017〕290 号《关于确定国家知识产权试点城市（城区）的通知（2017）》，重庆市长寿区名列其中。

同日，《长寿日报》载，长寿区集体商标“长寿家居”在国家知识产权局注册。长寿家居产业迈入集群化发展新时代。

26 日，召开长寿区政府十八届三十七次常务会。学习《中共中央办公厅印发习近平总书记关于进一步纠正“四风”、加强作风建设重要批示的通知》，研究《长寿区 2018 年经济社会发展主要指标建议方案》《健康长寿 2030 规划》等议题，传达全市推进学前教育工作电视电话会议精神等。

27 日，召开十三届区委常委会第三十六次会议。研究推荐区长考察人选。

28 日，2018 年重庆新年登高活动在长寿区举行。区领导赵世庆、巴川江等，市直机关工委、市体育局负责人参加开幕式。区长巴川江致辞。全市 21 个市级部门、28 个区县、83 个长寿区机关事业单位的 1600 余名登山健身爱好者参加。

同日，在2017重庆微电影展颁奖仪式上，长寿好图影视的微电影《背夫出嫁》获最高奖一等奖和最佳演员奖，《棒棒来了》获最佳摄影奖。

29日，召开十三届区委常委会第三十七次会议。研究审定区纪委、区监委“三定”方案、2018年度全区经济社会发展主要预期目标等议题。

同日，《长寿日报》载，重庆市长寿区妇女儿童医院挂牌成立。

截至12月底，长寿区18家市属国有企业完成社会化管理移交，移交退休人员10466人。

是月，定慧寺文物保护修复项目竣工开园。

2017年9月9日，长寿区公立医院启动综合医疗改革

长寿概况

- ❖ 建置沿革
- ❖ 政区
- ❖ 人口与民族、宗教
- ❖ 自然环境
- ❖ 气候
- ❖ 自然资源
- ❖ 旅游资源
- ❖ 地方文化
- ❖ 地方特产
- ❖ 经济社会发展
- ❖ 综合经济体制改革
- ❖ 精神文明建设
- ❖ 集体荣誉榜

长寿概况

建置沿革

【概况】 长寿是古老的文明之地。约2万年前今长寿地域就有人类活动，4000年前进入渔猎和原始农耕阶段。在《尚书·禹贡》中，长寿属梁州，春秋属巴国枳邑，战国、秦汉至北朝西魏（公元前314—557年）属巴国（郡）枳县（邑）之地，其间蜀汉章武年间（221—223年）首置常安县，在县历史30余年。北周至隋朝时期（557—618年），县地划入巴县。唐武德二年（619年）分巴县地置乐温县，以“县东北有乐温山，其地常温，禾稼早熟，民亦乐之”而名。同时又置永安县、温山县，后永安、温山二县分别于唐开元二十二年（734年）、宋熙宁三年（1070年）撤并入乐温。元至元二十年（1283年），乐温撤县入涪州，置为涪陵巡检司。在县历史永安115年，温山451年，乐温664年。元至正二十三年（1363年），西系红巾军将领明玉珍建大夏国定都重庆，置长寿县，以“县东北有长寿山，居其下者，人多寿考”而名，明、清、民国前期皆属重庆府所辖。民国24年（1935年）划属大竹专区，1950年3月划属涪陵专区。1952年9月长寿县由涪陵专区划属重庆市。1953年1月，长寿县由重庆市划归涪陵专区辖。1959年4月长寿县由涪陵专区划归重庆市辖。2001年12月25日国务院批准，撤销长寿县设置重庆市长寿区，结束了638年（1363—2001年）长寿名县历史，揭开重庆市长寿区历史新篇章。

政区

【地理位置】 重庆市长寿区地处重庆市中部，主城区东部，属三峡库区生态经济区，距重庆市主城区50千米。东北邻垫江县，东南接涪陵区，西南与渝北区、巴南区接壤，西北毗邻四川省邻水县。在北纬29°43′～30°12′与东经106°49′～107°27′之间。东西宽57.5千米，南北长56.56千米。辖区面积1421.43平方千米（2010年全国土地第二次调查结果）。

【行政区划】 2017年，长寿区下辖7个街道、12个镇，即：菩提街道、凤城街道、晏家街道、江南街道、渡舟街道、新市街道、八颗街道、长寿湖镇、云台镇、葛兰镇、但渡镇、邻封镇、云集镇、双龙镇、龙河镇、海棠镇、石堰镇、洪湖镇、万顺镇。

重庆市长寿区人民政府驻菩提街道桃源大道11号。

2017年，全区设221个村、42个社区。

表1

2017年重庆市长寿区行政区划一览表

序号	街镇	社区数	居民小组	社区	村总数	村民小组	村
1	菩提街道	5	57	桃花 古镇 胜天 朝阳 菩提	6	72	东新 红花 阳鹤 松柏 菩提 田坝

续表

序号	街镇	社区数	居民小组	社区	村总数	村民小组	村
2	凤城街道	13	214	骑鞍　向阳路　凤岭路　望江路　三峡路　轻化路　滨江路　东街　梅村　顺风亭　黄桷湾　凤西　凤家	9	133	复元　永丰　长风　走马　三洞　陵园　过滩　古佛　白庙
3	晏家街道	9	209	中心路　查家湾　朱家岩　晏家　曹家堡　育才路　晏山　牛心山　齐心	8	80	三观　石盘　石门　沙溪　沙塘　金龙　龙门　十字
4	江南街道	2	22	南滨路　龙山	7	49	龙桥湖　扇沱　五堡　大元　锯梁　大堡　天星
5	渡舟街道	3	25	长生桥　渡中路　民兴	13	150	渡舟　堰桥　果园　黄连　三好　新道路　太平　白果　天桥　甘蔗　高峰　保丰　河塘
6	新市街道	1	6	河石桥	8	54	红土地　河石井　新合　新同　新市　东门　堰耳沱　惠民
7	八颗街道	1	5	莲花街	15	126	八颗　丰胜　石马　曙光　武华　幸福　水井　核桃　新桥　高新　美满　付何　鹿坪　梓潼　干滩
8	长寿湖镇	1	6	狮子滩	13	103	响塘　东海　回龙　红光　花山　石岭　大石　石回　龙沟　紫竹　两桂　安顺　玉华
9	云台镇	1	4	云台	13	103	八字　寨口　小岩　安坪　八角　利民　桥坝　拱桥　黄葛　应祝　青云　梅沱　鲤鱼
10	葛兰镇	1	6	葛兰桥	21	162	湾丘　白云　冯庄　罗岩　盐井　天台　天宝　大坝　塘坝　烟坡　潼观　天福　沙河　南中　金山　葛兰　枯井　兰兴　中华　黄家坝　龙井坎

续表

序号	街镇	社区数	居民小组	社区	村总数	村民小组	村
11	但渡镇	0	0		8	61	楠木院 但渡 升高 双河 兴同 龙寨 未名 曾祠
12	邻封镇	0	0		10	89	邻封 上硐 青观 汪塔 上坪 三化 保家 焦家 庙山 石心
13	云集镇	1	3	华福	11	90	华中 玉龙 雷祖 飞龙 万寿 福胜 大胜 玛瑙 青丰 大同 尖峰
14	双龙镇	1	8	双龙	11	77	龙滩 谷黄 飞石 长寿寨 联合 罗围 尖山 红岩 群力 连丰 天堂
15	龙河镇	1	4	龙兴	17	115	长安 仁和 堰塘 保合 明星 合兴 明丰 骑龙 龙河 金明 四坪 河堰 咸丰 太和 永兴 盐井凼 九龙
16	海棠镇	0	0		9	59	海棠 小河 龙凤 庄严 古林 建生 清泉 土桥 金子
17	石堰镇	1	5	石兴 社区	20	133	大塘 兴隆 石堰 海天 金星 燕耳 麒麟 石坝 普子 狮子 石安 雨台 木耳 义和 干坝 朝阳 高庙 兴庄 新寨 新滩
18	洪湖镇	1	9	沙湾	14	99	凤凰 表耳 永顺 普兴 坪滩 称沱 梯子 草堰 码头 芦池 黑岩 三合 五龙 长生
19	万顺镇	0	0		8	71	万顺 四重 白合 院子 万花 东风 石龙 垭口
合计		42	583		221	1826	

（重庆市长寿区民政局提供）

人口与民族、宗教

【人口】 截至2017年年底，长寿区常住人口83.75万人，城镇化率64.4%，2017年提高1.08个百分点。截至2017年年末户籍总人口89.2万人，其中农村居民50.5万人。新出生人口8846人，出生率9.86‰。（李永鑫）

【民族】 2017年，长寿区有少数民族32个（另有两个未识别民族），总人数近4000人，占全区总人口的3.5‰，分布在全区19个街镇。于1987年成立长寿区（县）少数民族联谊会。

【宗教】 2017年，长寿区有4个宗教团体。已批准开放的寺观教堂（含基督教活动点）35个，其中佛教14个、道教4个、天主教2个、基督教15个。宗教会期参加活动人数15.7万人，其中信教群众5.2万人（天主教0.5万人、基督教0.4万人、佛教3.6万人、道教0.7万人）。有宗教房产22500平方米，宗教界教职人员23人。

（刘显碧）

自然环境

【地质】 长寿区地质构造属压应构造形迹，以北北东向梳状褶皱形为主，具有背斜紧闭，向斜开阔和陡倾纵横张裂隙发育的特征。近背斜轴部件有压性逆冲断裂构造。区域地质构造大致分为三部分，一是华蓥山隆褶皱带。东南以明月峡背斜或开江潼梓基底断裂带为界，由平行排列的背斜向斜组成。背斜隆起较高，出现二叠系龙潭组长兴组地层。此背斜位于华蓥山隆起带东部边缘的长寿明月山一带，经东北边境穿越垫江倾优于开县中心场附近的黄家梁子，轴线平直，无大的弯曲。二是长垫梁坳褶皱带。背斜隆起较低，背轴部只露出中山三叠系地层，形成较规则的雁列，向斜轴部零星保存着遂宁组、蓬莱镇组地层，在长寿区境内分为长垫向斜，卧龙河背斜，万县向斜，狮子滩、新市多字形褶曲轴组等四种次级构造。三是南部复合构造。晏家、古佛、但渡（北纬29°50′）一线以南地带，由北东至北东东褶皱轴和南北向褶皱的复合，使北东东至北东向构造痕迹展布和组合形态。因黄草峡背斜位于蔺市盆地北缘，涪陵区、长寿区两地交界部位的崖壁陡坎、黄草山百盛寨一带，全长37千米，北东段轴向为北东35°与荀家场背斜北西翼呈锐角相交，其间形成一系列的向南北倾伏的小褶皱。南西端扬起，呈鼻状反接丰盛场背斜上，地层倾角15°～40°之间，个别达50°以上。北段南东翼稍陡，20°～50°北西两翼较缓，20°～40°背斜轴部北东段及中段各发育有一条断层。一是黄草峡断层，位于背斜中断轴部南东翼的黑山、黄草峡上袁家湾一带，断层面倾向东南，倾角57°，地层断距为165米，属走向逆冲断层。二是太平寨断层。位于黄草峡背斜北东段近轴部的百盛寨至缺头垭一带。北西翼的须家河组逆冲于南东翼侏罗系珍珠地层之上，断层面倾向北西，倾角50°，断层走向随背斜轴后而变化，属走向逆冲断层。

【地貌】 长寿区地域地貌受构造控制明显，山体走向与构造形迹展布方向基本一致。背斜构成条状中低山岭，向斜构成宽缓开阔的槽谷丘陵。岭谷相间，构成平行岭谷地貌景观，为典型的梳状褶皱地貌。长江北岸地势顺大巴山支脉由东北向西南呈阶梯下降，东侧黄草山（亦名东山，海拔600～942米），中偏西侧明月山（亦名西山，海拔500～1034米），西部边缘铜锣山（海拔500～600米）将全境切割为“三山夹两槽”地形。三山之间丘陵波状起伏，梯土层层，冲田密布。东西二山之间沿长垫公路两侧地势平缓，渡舟、双龙为较大平坝。长江南岸范围窄小，南端五堡山耸峙，岗峦起伏，沿江是丘陵台地，黄金水道长江流经凤城、晏家南部、江南北部，境内流长20.9千米。一级支流龙溪河、御临河和二级支流大洪河等河和桃花溪、大石溪、沙溪等13溪纵横全区，境东西分别有长寿湖、大洪湖。长寿湖为西南最大人造湖泊，有“川东明珠”之称。全境山区约占18%，深丘35%，浅丘42%，江湖水面5%；全境海拔高度多在300米以上，最高点是明月山主峰白云山1034米，最低点是长江黄草峡出口黄尾岭江面175.6米（三峡电站175米蓄水后）。

【山脉】 长寿区境山脉为锯齿状。明月山、黄草山、铜锣山和五堡山，是境内主要山脉。以明月山最大，其支脉支峰分布较广。

明月山，又名邻山，亦名西山。位于区境西北，源自川陕间的大巴山脉，向西南绵亘，由垫江县澄溪镇与邻水县石滓乡交界的鸡公岭入区境海棠镇，经云台（含义和）、石堰、葛兰（含大坝、天台）、万顺、洪湖（含永顺、芦池）、八颗（含付何、梓潼）、晏家（含十字、沙溪）等街镇，交渝北区张关界，至洛碛镇境被长江切断，全长约175千米，区境内长80余千米，一般海拔600～700米，区内主峰白云山海拔1034米，是全区海拔最高峰；次主峰五华山海拔1009米，是全区第二高峰。

黄草山，又名东山，古称赤甲山。位于区境东，源自大巴山余脉。山脉由涪陵区永义乡入区境云集镇飞龙，经云集镇、长寿湖镇、但渡镇、凤城街道等地，抵黄草峡被长江切断。一般海拔600～700米，长寿湖镇太平寨最高峰，海拔942米。

铜锣山，位于区境西北边缘，万顺镇、洪湖镇的西侧，与四川邻水县和重庆渝北区以山为界，境内无主峰，一般海拔500～600米。

五堡山，位于区境内的江南街道，距扇沱场南约20千米，是巴南、涪陵、长寿三区交界地，山脉接扇沱的茶叶寨，由西向东与长江平行，主峰老山顶海拔881米，其东向西北行迂回，抵黄草峡。

【河流】 长江。从长寿区晏家街道新沙大石门入境，流经晏家街道、凤城街道、江南街道，至黄草山灰窑沱出境，区境内长20.9千米。主要支流有北岸的御临河、沙溪河、晏家河、古佛河、桃花溪、龙溪河和南岸的步里溪、萝白溪。区境内流域面积1423.62平方千米（2000年5月《长寿县河道普查成果汇编》第十二页为1415.49平方千米）。

龙溪河。又名溶溪，发源于梁平区，经垫江县从长寿东北部云台镇入境，由北向东经海棠、云台（黄葛）、龙河（乐温）、石堰（兴隆）、双龙、云集、长寿湖（石回）、邻封、但渡、凤城（复元）10个街镇后注入长江。总长218千米（2000年5月《长寿县河道普查成果汇编》第十四页为229.8千米），区境内72.8千米；总流域面积3248平方千米（2000年5月《长寿县河道普查成果汇编》第十四页为3280平方千米），区境内653.64平方千米（2000年5月《长寿县河道普查成果汇编》第十五页为580平方千米）。多年平均流量为51.3立方米/秒（2000年5月《长寿县河道普查成果汇编》第十五页为54立方米/秒）。

御临河。发源于四川省大竹县庙坝区，经邻水县、长寿区洪湖镇、渝北区，在渝北统景镇与大洪河合流后汇入长江。全长122.3千米（2000年5月《长寿县河道普查成果汇编》第十三页为218.2千米），区境内长5.3千米；总流域面积1683.3平方千米（2000年5月《长寿县河道普查成果汇编》第十三页为3860.9平方千米），区境内35平方千米；多年平均流量27.02立方米/秒（2000年5月《长寿县河道普查成果汇编》第十三页为50.72立方米/秒）。

大洪河。发源于大竹县，经邻水县，从长寿区万顺镇入境，流经洪湖镇，至渝北区统景镇江口与御临河汇合，至太洪岗入长江。大洪河全长145.7千米（2000年5月《长寿县河道普查成果汇编》第十三页为175千米），区境内长度18.9千米；总流域面积1452.6平方千米（2000年5月《长寿县河道普查成果汇编》第十八页为1356.4平方千米），区境内135平方千米（2000年5月《长寿县河道普查成果汇编》第十八页为135.8平方千米）；多年平均流量22.62立方米/秒（2000年5月《长寿县河道普查成果汇编》第十八页为20.12立方米/秒）。

桃花溪。主源头始于区内五华山东北2.5千米处的石梁子，由北向南流经云台、石堰、葛兰（天台）、新市、八颗（付何）、渡舟、菩提（桃花）、凤城8个街镇后注入长江。全长71.9千米（2000年5月《长寿县河道普查成果汇编》第二十页为63.1千米），总流域面积361.8平方千米，多年平均流量5.43立方米/秒。（重庆市长寿区水务局：2010年《重庆市长寿区水资源利用和保护规划报告》第4、5页）。

打鱼溪。发源于垫江县太平镇龙华村九道拐，从北至南流经长寿区海棠、云台、石堰3镇，在石堰镇木耳村注入龙溪河。总流域面积117.9平方千米，区境内79.9平方千米；全长46.4千米，区境内长36.4千米；多年平均流量1.67立方米/秒，天然落差593.2米，平均比降6.92‰。

晏家河。为长江支流。总流域面积81.65平方千米，长28.23千米（2000年5月《长寿县河道普查成果汇编》第二十三页为21.8千米），多年平均流量1.2立方米/秒，天然落差769米，平均比降19.36‰。

高洞河。发源于涪陵区丛林乡回龙村。总流域面积58.05平方千米，区境内49.67平方千米；全长20千米，区境内17.9千米；多年平均流量0.85立方米/秒，天然落差415米，平均比降14.13‰。

双龙河。龙溪河支流。流域面积57.2平方千米，主河长19.5千米，天然落差282米，平均比降5.95‰。

焦家河。龙溪河支流。流域面积52.75平方千米，河长17.2千米，多年平均流量0.77立方米/秒，天然落差402米，平均比降9.01‰。

干滩河。桃花溪支流。流域面积50.2平方千米，河长14.2千米，平均比降10.75‰，天然落差610米（重庆市长寿区水务局：2011年《重庆市长寿区次级河流及重要水体水功能区划报告》第七~十一页）。 （孙 洁）

【湖泊】 长寿境内无天然湖泊。新中国成立后，兴修龙溪河狮子滩电站拦河坝和大洪河电站拦河坝，形成两大人工淡水湖，长寿湖和大洪湖。

长寿湖，位于区域东北，距主城区凤城22.5千米（长寿湖旅游高速公路里程）。1956年狮子滩电站拦河大坝竣工蓄水形成，是西南第一个大型人工湖。长寿湖控制流域长140千米，受水面积3020平方千米，在设计水位347米时，总库容量10.27亿立方米，调节库容7.5亿立方米。水面积65.5平方千米。湖区平均气温略高，气温变化平缓，冬季升温和夏秋季降温均较慢，加之湖岸为深丘低山相依，形成狭长的、特殊的湖盆半封闭地形谷地气候效应，对柑橘类生长有利，对夏橙生长尤为有利，是优质水果基地。湖区内有大小岛屿200多个，湖水清澈，岛上花果林木茂盛，风景宜人，是重庆市著名的风景名胜旅游胜地，国家AAAA级风景名胜区。

大洪湖，位于区域西北隅，距主城凤城约41千米。1958年动工兴建大洪河电站拦河坝后蓄水形成。湖呈枝叶状，跨越四川省邻水县和重庆市长寿区，水库控制流长90千米，受水面积1326平方千米，入库总水量6.43亿立方米，设计水位297米，水库面积43平方千米，库容量3.68亿立方米。由于淹没田地较多，设计改为近期正常水位294米，沿岸农民亦有意见，后经重庆市（四川省）和有关部门协商，正常水位暂为290.8米，秋后蓄水位可达292米，水库面积26平方千米，库容量1.6亿立方米，有效库容1.19亿立方米，占多年平均入库总水量的18.5%。

气　候

【概况】 2017年，长寿区总体气候特征表现为：冬春季气温偏高，降水偏少，大雨开始期显著偏晚，入夏时间偏早，高温日数偏多，有轻度伏旱，暴雨次数偏多，秋季多阴雨，寡照明显。

2017年长寿区年平均气温为18.4℃，较多年平均值偏高0.9℃；年总降水量为1157.9毫米，与多年平均值持平；年总日照时数为1114.7小时，接近常年。

【汛期】 2017年，长寿区汛期（5—9月）平均气温为25.8℃，较多年平均值偏高0.9℃；总降水量为702.1毫米，较多年平均值偏少8%；日照729.7小时，较多年平均值正常偏少1.8%。7月10日—8月7日出现轻度伏旱；≥35℃高温日数35天，较常年平均值偏多15天；极端最高气温41.2℃（出现在7月27日）。汛期先后出现“5.20”“6.4”“6.9”“8.8”“9.2”“9.9”“9.18”7次区域（局地）暴雨天气过程。

【气象灾害】 2017年，长寿区发生的气象灾害主要有暴雨、高温、雷电、大雾、连阴雨、强降温等以及气象衍生灾害。年内出现特强降温2次（“2.19”“10.9”）；出现轻度连阴雨过程6次（6月10—15日、8月31日—9月6日，9月18—25日，10月10—15日、10月17—26日），重度连阴雨1次（9月27日—10月6日），出现区域或局地暴雨8次，“9.2”暴雨是年内最强暴雨过程。总体而言，2017年长寿区气象灾害表现一般，属于正常年景。 （徐元照）

表2　　2017年长寿区气温及距多年平均值情况

单位：℃

月份	1月	2月	3月	4月	5月	6月	7月	8月	9月	10月	11月	12月	全年
气温（℃）	9.4	9.3	12.9	18.7	21.5	24.2	29.9	29.8	23.6	18	14.2	8.7	18.4
气温距平均值（℃）	+2.5	+0.4	+0.2	+1.1	-0.2	0	+2.3	+2.1	+0.1	+0.1	+0.8	+0.5	+0.9

表3　　2017年长寿区降水及距多年平均值情况

月份	1月	2月	3月	4月	5月	6月	7月	8月	9月	10月	11月	12月	全年
降水量（毫米）	16.8	36.4	70	92.1	156.4	148.2	49.4	113.6	234.5	214.8	18.1	7.6	1157.9
降水距平均值（%）	-17.6	+47.4	+50.9	-13.4	-15.5	-23.7	-66.7	-13.5	+128.3	+97.6	-68.5	-71.4	+0.5

表4　　2017年长寿区日照及距多年平均值情况

月份	1月	2月	3月	4月	5月	6月	7月	8月	9月	10月	11月	12月	全年
日照时数（小时）	26.4	55.9	488	123.0	131.7	62.2	248.3	220.2	673	48.7	52.7	29.5	1114.7
日照距平均值（%）	-21.1	+37.2	-37.7	16.0	7.9	-46.3	+35.1	+10.8	-44.8	-24.3	+3.72	+11.5	-2.3

（重庆市长寿区气象局提供）

自然资源

【土地资源】　2017年，长寿区土地总面积142143公顷，其中：耕地面积56119公顷，占土地总面积的39.48%；园地面积13066公顷，占9.19%；林地面积28608公顷，占20.13%；草地4248公顷，占2.99%；城镇、村居民及工矿用地面积16553公顷，占11.64%；交通用地面积2845公顷，占2%；水域及水利设施面积11240公顷，占7.91%；其他土地面积9463公顷，占6.66%。全区集体土地面积110218公顷，占77.54%；国有土地面积31924公顷，占22.46%。

【矿产资源】　长寿区境内主要矿产资源有天然气、岩盐、煤、石灰岩、页岩、砂岩、白云岩、矿泉水、铁矿、地热等。天然气主要分布在卧龙河气田，黄草峡背斜。岩盐主要分布在双龙构造，已探明资源储量21.4亿吨，已设采矿权2个，探矿权1个。煤炭资源主要分布在明月峡背斜和黄草峡背斜，已探明资源储量2101万吨（截至2016年底），全区所有煤矿均按相关规定予以关闭。石灰岩主要分布在明月山背斜嘉陵江组一段、三段，飞仙关组三段，已设采矿权27个。白云岩主要分布在葛兰镇大坝，已探明资源储量2160.20万吨，设采矿权1个。铁矿主要分布于江南、葛兰、东山、云台，品位较低，未开发利用。矿泉水主要分布在石堰镇干坝村，设采矿权1个。页岩矿分布于沙溪庙组、遂宁组，设采矿权14个。砂岩矿主要分布于沙溪庙组，设采矿权8个。地热主要分布在长寿湖东岸（云集镇境内）、八颗镇付何，设探矿权1个，长寿湖东岸（云集镇境内）探矿权已完成勘查钻井工作，尚未利用。　（余　杰　袁国勤）

【水资源】　长寿区有“一江、两湖、三河、十三溪”，均属长江水系。其中，流域面积1000平方千米以上的河流有长江、龙溪河、御临河、大洪河4条；100～1000平方千米的河流有桃花溪、打渔溪2条；50～100平方千米的河流有晏家河、焦家河、高洞河、双龙河、干滩河5条；20～50平方千米的河流有沙溪河、张巴河、但渡河、古佛河、万顺河、龙河6条（《重庆市长寿区防洪规划报告》（2015—2025），第八页）。多年平均径流量为6.96亿立方米，2015年地表水资源量5.936亿立方米，地下水资源量1.589亿立方米（《2015年重庆市水资源公报》，重庆市水利局，2016年4月，表1《2015年各区县水资源量》）。

（孙　洁）

【生物资源】　2017年，全区林业用地面积67120公顷，森林面积64593公顷，森林覆盖率45.5%。乔木林主要分布在东山、西山、五堡山，主要树种为马尾松、柏木和杉木；灌木林主要分布在龙河、双龙、邻封、云集等镇，主要树种为杂柑、雪脐、沙田柚等；竹林主要分布在凤城、晏家、江南、八颗、但渡、葛兰等街镇，主要为楠竹、白夹竹、大叶麻竹、慈竹等。植被分布5个植被型，18个植被群系，有182科249属619种148个变种以上，其中绝大多数为乡土物种，珍稀保护树种有水杉、银杏、润楠等。

表5　2017年长寿区森林资源概况

单位：万亩、%

单　位	森林面积	林地面积	森林覆盖率
全　区	96.89	100.68	45.5
菩提街道	1.23	1.24	27
凤城街道	3.44	3.5	42.4
晏家街道	4.97	5.01	37
江南街道	4.22	4.26	45.6
渡舟街道	1.83	1.84	23
新市街道	1.1	1.13	20
八颗街道	7.61	7.81	50.6
长寿湖镇	8.93	9.25	48.2
云台镇	4.64	4.87	36.3
葛兰镇	7.76	8.4	46
但渡镇	5.18	5.76	68.9
邻封镇	4.49	5.18	50.1
云集镇	9.11	9.34	62.2
双龙镇	3.32	3.35	41.3
龙河镇	6.1	6.17	46.2
海棠镇	3.01	3.13	44.1
石堰镇	6.48	6.55	41.1
洪湖镇	7.48	7.76	53
万顺镇	2.43	2.51	29.8
国有林场	3.56	3.62	97.9

以农区动物和湿地水域鸟类为主。主要野生动物有219种，其中两栖类7种，爬行类13种，鸟类160种，兽类39种。有国家级重点保护动物19种，其中国家二级保护动物有大天鹅、豆雁、水獭、大灵猫、小灵猫等，国家三级保护动物有棕头鸥、普通燕鸥、四声杜鹃等；有重庆市重点保护动物20种，主要有野猪、豹猫、草兔、黄鼬、红颊长吻松鼠、蓝翡翠等。（熊席跃　赵　愉）

旅游资源

【概况】　长寿区旅游资源分为两类：一类是自然资源，一类是人文资源。根据2002年完成的“长寿区旅游发展规划”总体布局及旅游市场需求，结合长寿旅游资源特色及分布规律，划分出几个旅游功能区，分别是：长寿湖旅游休闲度假区、菩提山·中国长寿文化产业园、大洪湖生态旅游观光区、楠木院——龙溪河周末度假区、凤城——文峰塔文化旅游区、五华山探险旅游区。有长寿湖风景名胜区、菩提山·中国长寿文化城、滨江长寿谷·悬崖长寿梯三个百亿级旅游项目。2011年评选并经区政府确认的长寿新八景，分别是长湖浪屿、凤山春色、菩提胜景、桃源仙洞、黄峡塔影、罗围寿山、五华云峰、钢城溅花。

【长湖浪屿】　含“东林柚香”“楠木林海”。风景如画的长寿湖，面积65.5平方千米，库容10.27亿立方米，有岛屿200多个，为西南地区最大的人工湖。湖面烟波浩渺，天水一色；湖中岛影成趣，鸟飞鱼翔，被誉为“西南明珠”。党和国家领导人周恩来、朱德、李富春、李先念、胡耀邦、李井泉等曾亲临视察、游览或题词。是著名小说《红岩》的创作地，历史文化厚重。更有长堤抒怀、角亭仰圣、浴滨戏水、高峰日出、湖岛果香、古寨雄姿、湘子遗石、飞瀑流泉、天赐寿岛、领袖群雕等著名景点。近年建成长寿湖广场、湖滨公园等景观。曾先后两次被评为重庆巴渝十二景。附近的“东林柚香”，有长寿著名佛教古刹东林寺，有中华名果长寿沙田柚的十里柚林，有绚丽的龙溪河风光。附近的“楠木林海”，有近两万亩森林（主导树种为楠木），附近有丁木沟水库，还有唐代著名寺庙鹿困寺（后为兰木院、楠木院）遗址。曾获省级森林公园称号。为长寿地区著名的风景名胜和避暑纳凉的好地方。长湖浪屿、东林柚香、楠木林海均属长寿湖风景名胜区规划的辖区范围。将三景合一为“长寿浪屿”，更使景区规模宏大、内容浩繁、风景壮观。

【凤山春色】　含“西岩瀑布”、三倒拐古街、“定慧晓钟”。长寿城所在的山岭，古名白虎山、铜鼓山，因“状如飞凤”，又名凤山。因其历史文化厚重，山水风光秀丽，明代和民国时期长寿老“八景”中，有六景均在凤山上。史上有“凤凰展翅落平沙”“飞凤立沙洲”的诗句传颂。凤山历来风光秀丽，满目春色，一派生机。位于凤山前临长江的西岩观，有三级瀑布，有明代古城墙及古城门、丹崖、凤山镵石、史子读书处、社稷坛、白虎头等名胜古迹；还有1964年建成的西南地区最长的缆车道和望江亭、望江桥等。西岩观的东侧，是建于明清时期的长寿城古街——三倒拐。全程2.5千米，山高、坡陡、路弯，沿街房屋鳞次栉比，悬崖古榕参天。曾为旧时长寿河街通往长寿内地和垫江、梁平等地的交通要道，极具川东山地古街特色。至今为长江三峡沿岸保存最为完好的古街。附近还有武庙、文庙等古遗址。与西岩观一桥相对的、建在青龙嘴岩石上的宋代古刹定慧寺，曾为长寿历代礼仪朝圣之地，又是国民政府龙溪河水力发电工程处驻地，还是美国著名高坝专家萨凡奇长江三峡第一个水电工程方案设计地。青龙岭、青龙嘴与凤山、白虎头相对应，使长寿城有“龙凤呈祥”和“青龙、白虎拱卫”的际会传说，“凤山春色”“西岩瀑布”“定慧晓钟”、三倒拐，地近毗邻，历史文化厚重，景色风光奇异。其中，前三景均属明代和民国时期长寿“八景”。将此四景合并为一景，保留“凤山春色”景名，使凤山、凤城更显春意盎然，生机勃发。

【菩提胜景】 含长寿菩提古镇。位于长寿城西菩提街道境内的菩提山，海拔598米。因中国佛教禅宗祖师菩提达摩到此传佛讲法得名。又因突兀而立、气势雄杰、山顶中凹的特殊地貌，史称为“巨镇群山”的长寿“镇山”。明代进士戴锦为使之与皛山相对应，曾改名为“皛山”。原山上建有菩提寨、菩提寺和菩提圣灯。曾以“菩提圣灯”和“菩提山上灯一盏”之名，被列为明代和民国时期长寿“八景”之一。史上留有多位诗人、名家为之传颂的诗篇和民间传说。建于菩提山东麓的长寿菩提古镇，是2010年开工打造“菩提山·中国长寿文化城”风景旅游区的核心景区之一。古镇以巴渝文化、长寿文化为背景，以中国西部古建筑为平台，展示巴渝及长寿人文景观。是长寿地区新近建成的规模宏大的人文建筑景观群。

【桃源仙洞】 位于长寿城东的桃花溪三洞沟，因河床陡然跌落，形成全长2.4千米的河床峡谷。南接长江，北抵桃花街，谷顶与谷底落差160余米。其间，有三座悬崖、三级瀑布、三眼深潭。林木茂密，飞瀑轰鸣，怪石嶙峋，有石笋、石鹅、风月之台、长生洞、桃源寨等名胜古迹或遗址。还有县人王绍级修建的恒星发电厂遗址，以及国民政府修建的第一座水力发电站桃花溪三洞沟电站。曾以“桃源仙洞”和“桃源三洞出仙家”之名，被列为长寿老“八景”之一。史上留有多位诗人、名家为之颂扬的诗篇。因风景独特，文化厚重，实为中国和世界少有的城市大峡谷。

【黄峡塔影】 长江流经长寿与涪陵接壤的黄草山，冲决山体夺路而出，形成江面狭窄、波涛汹涌的高山大河峡谷黄草峡。黄草峡至不语滩一线，为历代兵家必争的古战场：三国蜀汉军师诸葛亮、大将张飞，在此调兵、驻防；东汉赤甲军和明末农民起义军首领张献忠，在此征战、行军。唐代大诗人杜甫在此写下著名诗篇《黄草峡》。还有宋代兴建、明代迁建于此的桓侯宫（张飞庙）；清代修建的文峰塔、不语山寨；唐代设置的永安县治所阳关城（永丰场）遗址；历代修建的不语滩古栈道及石刻、和尚坟等历史文化古迹，成为长寿历史文化富集地区。这些自然风光、名胜古迹和古建筑，大多有遗存或保存完好。不失为长寿境内自然和人文胜景。

【罗围寿山】 含双龙镇罗围场附近的长寿山和大罗山、小罗山及相邻的何石井一带。“人多寿考”，是长寿得名的原由，也是长寿地区人健康长寿的代表象征，更是长寿文化孕育形成的发祥之地。这里，山高势雄，山寨巍峨，植被完好，寺庙、题刻、古迹众多。也是长寿名人胡超、陈铭德、廖井丹、王秉楠和革命烈士程让泉、程冰仙、程谦谋、韩子重等人的故乡或革命活动地。以王秉楠为首的中共长寿地下县委，在这里领导长寿人民开展迎接解放的斗争，留有“润之堂”（罗围中心校）等重要革命文物或遗址。

【五华云峰】 明月山义和段的五华山，海拔1009.6米。五华山由大狮山、中狮山、小狮山、腆肚山、凤凰山五座山峰组成，故名“五华”。五峰山态各异，或形似雄狮，或状如凤凰，或宛若腆肚罗汉，形象逼真、有趣。山上植被茂密，保留完好，建有五华寨、五华寺、功德碑等古建筑。还有地缝、地热奇观和“四洞”“三石”“三库”“神仙脚板”等景观或遗址。登上最高峰狮寨嘴，极目远眺，但见群山迎候，阡陌纵横，真有耸入云端、手接云霞之感。山下，还有义和场、三条沟水库和范家桥水库等。五华山全年气温最高30℃左右，是夏日纳凉避暑、冬日赏雪的好去处。

【钢城溅花】 由重庆大渡口环保迁建在长寿江南的重庆钢铁集团重庆钢铁股份有限公司，迁建工程曾是重庆市政府的一号工程，也是国家级长寿经济技术开发区具有代表性的特大型企业之一。这里厂房林立，管网密布，绿树掩映，显现现代化工业的文明气息。特别是夜幕降临，十里钢城霓虹闪烁，钢花飞溅，宛若点点繁星缀满苍穹。这里还是中国第一个女实业家、冶炼始祖、富甲天下的巴寡妇清的故里——龙寨山（原名青台山、贞女山）所在地。有龙山寨、秦始皇女怀清台、巴寡妇清墓、神仙洞、清斋台等古遗址。曾以“龙寨秋容”之名，被列为明代长寿“八景”之一。历代诗人、名家留有多首纪念（感怀）诗篇。汉代《史记》和晋、唐等历代编修的国、州、府、县志均有记载。极具工业旅游和历史文化开发价值。

【核心旅游景区】 长寿湖。长寿湖系“一五”时期苏联援华156个重点项目之一狮子滩水电站建设截流龙溪河而成，水域面积65平方千米，流域纵横长寿、垫江、梁平3个区县，蓄水量10亿立方米，是西南地区最大的人工湖；1992年获批市级风景名胜区，景区规划面积291平方千米。旅游主题为“运动、浪漫、养生”，规划目标是建成“双区一中心”，即景区山脊线内266平方千米建设国家AAAAA级旅游区，山脊线外25平方千米建设国家级旅游度假区，最终把长寿湖建成长寿的城市副中心。已成功创建国家AAAA级景区，入选重庆十大旅游度假区。

菩提山文化旅游景区位于长寿新城西侧，菩提山海拔598米，景区以秀拔苍雄的菩提山为依托，以悠远厚重的“寿文化”为灵魂。核心景点有菩提寺、菩提圣灯、菩提广场、菩提山印、万寿天梯、摩崖石刻等。菩提寺拥有佛教4大圣物：菩提圣火、菩提圣树、贝叶真经、佛陀舍利子，是截至2017年全国唯一一个同时拥有佛教四大圣物的寺庙。万寿天梯由19999个风格各异的“寿”字打造了1567级台阶，创“世界上刻最多寿字的石梯”世界纪录。2017年6月成功获批国家AAAA级旅游景区。 （孙　祥）

定慧寺。定慧寺位于长寿河街新桥头旁，旧名定慧院，建于晚唐到北宋之际，已有1200多年的历史，是当之无愧的千年古刹。定慧寺的创建，与唐代大名鼎鼎的文学家柳宗元有关。复建后的定慧寺有定慧晓钟、山门殿、天王殿、大雄宝殿、藏经楼（说法堂）、南北厢房等景点，其中定慧晓钟为长寿老八景之一。

三倒拐。三倒拐位于长寿河街与城内之间，始建于明朝，是三峡库区保存最为完整的明清街市建筑群，全长2.5千米（含和平街），高差165米，石梯5000余级，整个街面由青石砌就，宽约丈许，时而陡峭，时而平缓，曲曲弯弯向前延伸，透出数百年沧桑。三倒拐是长寿历史的缩影，反映长寿数百年的兴衰。三倒拐旁还有西南地区长度第一、坡度最陡的缆车，从缆车上放眼望去，三倒拐的美景尽收眼底，长江两岸的秀丽风光一览无余。

【乡村旅游资源】 大洪湖位于明月山西麓，湖区跨越长寿、邻水两地，湖中岛屿密布、鱼虾肥美，盛产有机鱼，是全市著名的渔业基地，被誉为野钓天堂。游客至此，或泛舟湖中，或湖畔垂钓，或品鱼尝果，乐趣多多，周边还有平伟朝阳农庄、洲晟·东篱田园等乡村旅游项目，周边有20余家各类农家乐提供餐饮住宿。

西山位于明月山山脉，海拔高，森林覆盖面积甚大，常年气温比平坝地区约低5°C，负离子浓度是街道绿化区及公园5倍以上。拥有松林万亩、竹海千顷，种植有李、梨、枇杷、杏子、桃等水果，休闲娱乐、赏花采果别有一番乐趣，沿线农家乐有西岭山庄、垭口农家乐、鹰冠农家乐等。

白云山位于长寿、渝北两地交界处，海拔1034米，整座山被原始森林所覆盖，在云海的掩映中，宛如仙境。有万亩野生樱花林、千亩金丝楠木，还有造型各异的石林群，更有东汉悬棺、白云寺观音阁、白莲教遗址等景观。景区还有滑翔、攀崖等娱乐项目。

黄草山位于长寿、涪陵两区交界处，森林茂盛、古木参天，山间翠绿成海、修竹蔽日，冬暖夏凉、气候宜人。还有一颗山间明珠——丁木湖，游客到此可垂钓，可扎营草地，可住进周边农家木屋，尽享湖光山色，是休闲度假的理想之地。黄草山盛产翠冠梨，每当开花、成熟季节，吸引众多游客前去赏花、采果。

楠木院森林公园位于长寿区东侧，距长寿城区约10千米，为市级森林公园，因有古庙和遍山楠木，故依景取名楠木院，有“小竹海”之称。景区面积963.5公顷，森林覆盖率80%，有乔木、灌木、草、藤等植物760种，常绿叶林七千亩，楠竹林（竹海）五千亩，梨园一千亩，名贵树种银杏、水杉、楠木、桂花、枫香等繁多，还有90余种珍稀动物和5个天然溶洞。

醉美东山位于长寿湖镇玉华村玉华山，有千亩茶山竹海，万亩国有森林资源，是鸟瞰长寿湖全景的理想观景点。在那里，春天采茶、夏天消暑、秋天赏叶、冬天吃刨猪汤。

十里柚乡·百里花海乡村生态观光园。十里柚乡位于长寿区邻封镇魏家河坎，有柚林万亩，每年4月柚花飘香，11月采摘沙田柚。景区盛产的长寿沙田柚，果肉醇甜如蜜、细嫩化渣、清香可口，享有“天然罐头”的美誉，曾获“中华名果”等称号。百里花海种植有油菜万余亩，其核心片区栽种油菜一千三百亩，每年3月到那里可欣赏到“百里菜花、遍地流金”的美丽景观，吸引众多游客前去赏花游玩。

清迈良园位于云台镇与海棠镇之间，拥有十里溪水、百亩花海、千亩良田、万亩森林，是集田园观光、农耕体验、养生度假、乡村旅游等为一体的生态休闲农业园，是放松心情、感受自然、品味佳肴的理想境地。

平伟朝阳农庄位于洪湖镇称沱村，以三千亩柑橘产业园区为依托，拥有良好的生态自然环境和晚熟柑橘花果同树的特殊景观。朝阳农庄正在致力于“橘香悦动村”项目建设，该项目建成后，将形成“月月有花开，月月有果采”的四季花果迷宫和观光采摘体验区、橘海创意文化广场、橘海休闲山庄、民俗院坝客栈等特色乡村旅游景点，引入情景式真人CS、全路障山地车等特色户外运动项目。

田园乐温位于渡舟街道、新市街道境内，占地853公顷，沿桃花溪呈条状布局，每年4—8月，可采摘桃子、葡萄等水果。紫耘花海布局四季花卉主题园，春园以海棠、樱花、春鹃等为主，夏园以紫薇、荷花等为主，秋园以菊花为主，冬园以梅花为主。其中紫薇是最大特色，花期在七、八、九3个月，千亩紫薇花竞相绽放，吸引八方游客观赏游玩。

老陈菜生态农庄位于龙河镇明星村，占地二千亩，是一家集名优农产品生产及加工、休闲度假、农事观光体验为一体的立体循环农业生态园，拥有大型餐厅、乡村大舞台、会议室、娱乐室、休闲草坪等设施，是团队旅游、婚庆典礼的理想场所。

巴乡谷度假村位于渡舟街道黄连村，占地一千亩，集农业生态旅游、观光、开会、餐饮、度假于一体，设有餐厅、茶楼、游泳池、钓鱼池、住宿等设施，环境优雅，配套齐全。

澳凯生态园位于石堰镇石安村，占地23.5公顷，是集特色农产品种植、养殖，餐饮、休闲、娱乐等为一体的观光休闲生态园，开拓生态农产品市场。每逢节假日，澳凯生态园通过开展喂羊、磨豆花、打糍粑、包饺子等亲子体验活动，开阔孩子眼界，增进孩子与父母的感情。生态园还可开展农业科普、野外休闲、户外拓展等活动。

表6　**长寿区乡村旅游资源分类**

主类	亚类	基本类型	主要乡村旅游资源点
乡村自然生态景观	山地生态	山丘型旅游地	黄草山；明月山；五堡山；菩提山；寿山；□子山；罗围山；东山；五华山
		奇特与象形山石	五华云峰
		峡谷段落	黄草峡
		岩石洞与岩穴	白龙洞
	水域风光	岛区	大洪湖群岛
		河段	龙溪河；桃花溪；长江
		泉	云集温泉；海棠温泉

续表

主类	亚类	基本类型	主要乡村旅游资源点
乡村田园景观	农业生产景观	农业生产场景	华夏农业观光园；复元移民生态蔬菜园
	田园风光景观	旱地景观	海棠现代粮油核心区（水稻）；清迈良园；邻封万亩油菜花；但渡花椒种植核心基地；华夏农业观光园
		水田景观	海棠现代粮油核心区（水稻）；清迈良园；天池坝
	林区风光景观	森林景观	西山竹海；楠木院森林公园
		种植园景观	东润杨梅基地；绿化长江柑橘示范林；西山梨园；大洪湖柑橘园；葛兰柑橘国家示范园；尚蔬坊甜橙基地、东源现代农业晚熟柑橘基地、云集夏橙（血脐）种植基地；双龙晚熟柑橘基地；沙田柚种植核心区；楠木院梨园；海棠李子园；福村柠檬园；紫耘花海
	渔区风光景观	淡水渔场景观	大洪湖有机鱼养殖基地；长寿湖有机鱼养殖基地
乡村遗产与建筑景观	乡村历史遗迹和遗址	乡村历史遗迹和遗址	文峰塔；天宝寨；楠木院寺；玉溪府石头刻字画；老龙洞石壁刻；八角碑；五华山石刻观音造像；杨克明故居；陈燮烈士纪念碑；润之堂
	乡村建筑与设施	宗教与祭祀活动场所	桓侯宫；东林寺；天台寺；王爷庙；玉溪寺；大雄寺
		居住地与社区	复元移民新村；魏家河坎新村
		游憩场所	长寿快乐谷；清水塘山庄；山水家园；龙栖湖休闲度假村；绿地庄园；鹰冠山庄；东新山庄；瑶意山庄；巴乡谷生态旅游文化中心；老陈菜生态农庄；醉美东山生态农庄；强惠园
		归葬地	八字村石室墓；东汉崖墓群；五云山岩墓群；罗家岩墓群
		交通建筑	王家湾石拱桥
		水工建筑	长寿湖、大洪湖；丁木湖；匡家洞水库；飞龙洞水库；黑水沟水库；三条沟水库；范家桥水库；白杨沟水库
乡村旅游商品	乡村旅游商品	风味食品	长寿湖鱼面；血豆腐、米粉、泡粑；糯米鸭；伏羊肉；太安鱼
		乡村特产	长寿沙田柚；夏橙；塔罗科新系脐血橙；晚熟柑橘；甜橙；长寿湖有机鱼；大洪湖有机鱼；黄葛李子、胭脂红苕；翠冠梨；杨柳窖酒；洪湖白酒；三合大米；“豫薯王”红苕；成栋榨菜
	乡村传统工艺与手工艺品	传统工艺	石狮工艺；付何竹席
		手工艺品	石狮；竹席
乡村人文活动与民俗文化	人物记录	人物	杨克明；谯定；王秉楠；巴寡妇清
	艺术与文化	地方文化	长寿文化
	民间习俗	民间节庆	清明会
		民间演艺	蒿秧歌；海棠唢呐；义和锣鼓；石堰荷叶
	现代节庆	旅游节	长寿大洪湖梨花节

续表

主类	亚类	基本类型	主要乡村旅游资源点
乡村景观意境	乡村景观通道	乡村景观生态廊道	十里柚香乡村旅游景观带
	乡村景观意境	乡村聚落文化意境	张家寨；陈氏古村落；青龙寨

【旅游文化资源】 长寿最具旅游开发价值的文化资源为“一核心、两枢纽、三贤人”。“一核心”，即养生长寿文化。长寿因“人多寿考”而得名，是中国乃至世界唯一一个用“长寿”二字命名的城市，具有独一无二的养生长寿文化。“两枢纽”，一是以佛教禅宗文化为内涵的菩提山，因菩提达摩祖师到此弘法降魔、明代僧人大智菩提圣灯等典故而闻名。二是以湖泊文化为核心内涵的长寿湖。长寿湖源于狮子滩水电站的建设，是西南地区最大的人工湖，自然山水和湖岛风光灵秀动人、不可复制；狮子滩水电站是新中国成立后修建的第一座水电站，周恩来、朱德、李先念等老一辈党和国家领导人多次来此视察；也曾是刘伯承元帅血战丰都负伤后的养伤之地，还是小说《红岩》的原创地。“三贤人”，即长寿三贤：一贤巴寡妇清，是中国最早的女实业家、养生大师，是《史记》记载的唯一今重庆地区人，受到秦始皇的特殊礼遇；二贤谯定，是宋代理学涪州学派创始人，对宋代理学由程颐、程颢最终发展到朱熹，发挥重大传承作用，培养造就一大批著名儒学家，是中国文化史上泰斗式的人物；三贤还珠楼主李寿民，是中国现代武侠小说大宗师，被金庸称为中国历史上最伟大的武侠小说家。

（孙　祥）

地方文化

【重庆市第五批市级非物质文化遗产项目代表性传承人】 2017 年 9 月，重庆市文化委员会命名第五批市级非物质文化遗产项目代表性传承人，长寿区长寿薄脆传统制作工艺传承人王怀获得命名。

项目类别	申报地区	项目名称	姓名	性别	民族	出生年月
传统技艺	长寿区	长寿薄脆传统制作工艺	王怀	男	汉	1963 年 4 月

（摘自渝文委发〔2017〕281 号）

【长寿区第六批非物质文化遗产名录】 2017 年 9 月，长寿区政府公布【长寿区第六批非物质文化遗产名录】《巴村人手工糍粑》等 4 项非物质文化遗产为长寿区第六批区级非物质文化遗产名录。

项目名称	项目类别	分布地区
巴村人手工糍粑	传统技艺	长寿区
周家食仿伏羊汤	传统技艺	长寿区
川剧变脸	传统戏剧	长寿区
空中顶人	游艺与竞技	长寿区

一、巴村人手工糍粑

巴人糍粑传承已久，早在远古时代，人们为了庆贺丰收，在谷黄米熟的中秋佳节，部落首领在宗庙亲自主持打制糍粑，用以祭奉天地、祖宗、神灵以求得风调雨顺，五谷丰登、国泰民安。由于做工精细，选料考究且每道工序都要掌握火候，所以制作过程比较讲究。出于对神灵的敬畏和虔诚，整个制作过程都非常的精细和考究。手工糍粑传统制作工艺是流行于重庆的传统工艺，将上好的高山糯米蒸熟，把煮熟的糯米倒入石碓窝用碓窝棒敲打至精细看不见米粒，制作成圆形状的糍粑，通过蒸、炸、炒、煮、煎、烤食用的一种传统食品。传统制作的糍粑，柔软细腻，香甜可口、晶莹剔透，细腻而有嚼劲，色香味俱全，无任何添加剂和防腐剂，包装延续了传统的意识形态，保存时间更长，是招待客人、馈赠亲友的上等佳品。

二、周家食仿伏羊汤

周家食仿伏羊汤采用山中放养黑山羊为主料，土猪脚、板油为辅料，再配备十几种名贵中药，用土坛煨制20小时而成。

主要制作材料及流程：1. 将放养的成年山羊现杀去毛和内脏分割几块洗净后，冷水入锅慢煮；2. 用农房瓦烧红后放入羊锅内，反复数次操作除去羊骚味；3. 将完好的土坛洗净备用；4. 将辅料猪脚、板油焯水后备用；5. 把非直食中药用白布包扎好后备用；6. 将主料羊肉、辅料猪脚、板油、直食中药、非直食中药包放入坛中，加入有比例的原汤；7. 用莲藕叶和小瓷盘盖住坛口，然后用稀泥将坛口密封；8. 将土坛搬往室外用文火煨制20小时以上即可。煨制过程中不开坛、不加水。

由于传统作法，环节多，煨制时间长，伏天季节短，经营不好操作，所以不好发扬传承下去，已濒临失传。

三、川剧变脸

川剧变脸是川剧特技。川剧是我国汉族戏曲剧种之一，流行于川东、重庆及贵州、云南部分地区。川剧脸谱是川剧表演艺术中重要的组成部分，是历代川剧艺人共同创造并传承下来的艺术瑰宝，是人民所喜见乐闻的民族民间艺术。大约在明朝末年到清朝中叶，先后由外省的戏班传入四川。清末至民国时期，川剧在巴蜀已经遍地开花，大师辈出。

川剧“变脸”是川剧表演艺术的精华，是川剧表演中处理特定人物性格、思想感情、心理特征的一种特技。表演者能灵活掌握运用，可起到通过“变脸”明辨忠奸邪正，从表演艺术的角度讲，属于浪漫主义或超现实主义的表现手法，对反映剧情主题至关重要。

“变脸”技法：

（1）抹脸、吹粉。演员手握颜色，或事先准备好金粉、银粉、转身或低头瞬息即变。

（2）拉线。先用白绸画好各种脸谱图象，上系拉线，层层贴在脸上，按剧情需要，在锣鼓声中由演员掌握拉线层层揭下。变脸谱的同时，衣服色彩也同时变化，脸谱扯完后，又回几张贴上。

（3）运用气功。表演者依靠深厚的内功，运气使脸由红变白再转青，可变换不同颜色，表现不同的思想情感和主题。现在，“变脸”受表演内容形式限制，已濒临失传。

四、空中顶人

空中顶人是中国杂技表演的传统曲目，空中顶人的表演动作，大多是在家宅院坝或者固定舞台上进行，竿上和杆下的表演者，会表演不同动作，甚至做一些高难度造型。该绝技的表演要点在于二人要心意相通，保持平衡、安全地完成节目表演。空中顶人使用工具极其简单，只需一根三米左右的竹竿，竹竿上再顶一个人，一般为儿童（60斤左右）；作为座子的表演者，是这个节目的基础，他要先将儿童放到竹竿上的座子上，再用力慢慢举起竹竿，直到竹竿的底端放到下颚门牙上，再用上门牙抵住竹竿，保持平衡。然后，随着一般的辅助音乐，两人同时一上一下表演不同动作。这个节目表演主要应用于生日婚嫁、修房上梁、开业庆典，更多时候是用于增添节日闹热气氛。在一些专业演艺场合，目前表演这类需要硬气功做支撑的的杂技节目，已经鲜见，后继乏人，濒临失传。

（摘自长寿府发〔2017〕79号）

【长寿区第五批非物质文化遗产代表性传承人】 2017年9月，长寿区政府公布邓强等4人为第五批区级非物质文化遗产代表性传承人。

项目	传承人姓名	性别	出生年月	住址	从艺时间
长寿来历传说	王亚明	男	1964年12月	重庆市长寿区龙河镇合兴路1号附188号	30年
	肖 举	男	1992年8月	重庆市长寿区渡舟街道菩提大道8号6幢2单元4－1	10年
无笔抛沙画	邓 强	男	1966年7月	长寿区三峡路15号1单元	42年
长寿麦酱制作工艺	王 怀	男	1963年4月	长寿区凤城街道	40年

1. 王亚明

长寿来历传说传承人，男，汉族，生于1964年12月，从小就爱好聆听故事并收集民间故事，多次参加长寿来历传说故事的演说活动，将长寿来历传说进行传承。

2. 肖　举

长寿来历传说传承人，男，汉族，生于1992年8月，从小就参与讲故事活动，致力于发掘民间文化及民间故事讲述。多次参加长寿来历的演说活动，通过声情并茂的讲述，将长寿来历传说搬上舞台，传播文明因子，引领道德风尚。

3. 邓　强

长寿无笔抛沙画传承人，男，汉族，生于1966年7月，长寿区凤城街道人，从小就参与玩沙进行抛沙绘画，传承者在绘画过程中不断创新，为色彩单一的河沙附上了各种各样的颜色，使其色彩丰富抛画于纸上同时永不脱落，曾多次参加国内外演出。

4. 王　怀

长寿麦酱制作工艺传承人，男，汉族，生于1963年4月，家住长寿区凤城街道。从小爱好麦酱制作，从艺30年，现经营麦酱生产企业，进行麦酱生产销售。（摘自长寿府发〔2017〕79号）

地方特产

【长寿白酒】　长寿白酒包括长寿区洪湖镇福兴寺酒厂、新秀酒厂、沙湾酒厂生产的被称为洪湖五粮液的洪湖酒，付何的白庙酒厂、万顺的杨柳酒厂、邻封镇的焦老坎酒、双龙镇的寿山酒厂、长寿菩提古镇的粮悟坊、长寿湖镇的一碗水酒厂等生产纯高粱酒以及长寿恒业酒业等长寿白酒系列品种。长寿白酒是纯粮“五谷酒”（高粱、大米、糯米、小麦、玉米），在整个重庆地区颇有知名度，发展历史近百年。经有关质检部门检验，不含任何食品添加剂，颇受市民青睐。长寿白酒已经进驻长寿500余家餐饮企业和超市商家以及重庆2000余家饮食企业和超市商场。

长寿白酒始终延续家传的纯粮食酒秘制法，不用食品添加剂。因为是纯粮秘酿的白酒，所以具有色泽晶莹剔透，气味香馥优雅，入口绵甜细腻，落喉圆润清爽，回味醇净怡畅的特质。

长寿白酒的原料：高粱、大米、小麦、糯米、玉米，必须符合国家标准；辅料是谷糠壳，必须新鲜、无杂质、无虫；糖化发酵剂是高效小曲、中高湿大曲、酯化红曲、浓缩复合乙酸菌液。

长寿白酒的生产环节关键控制点有11个：一是润粮用水量、小曲活化用水量；二是粮食配比、配量；三是润粮时间及水分的季节调整；四是蒸粮操作过程与时间，粮食的糊化程度；五是培菌糖化温度与时间和小曲的量比、大曲的量比；六是入窖发酵的配糟量比及进窖温度的控制，以及入窖后的管理；七是探气、上甑、分级接酒的标准；八是酒库的分级入库的登记及管理；九是调味酒、基酒的勾调与勾兑量比及标准；十是勾兑的酒质、酒度与标识和包装是否相符，灌装量与标签标注是否相符；十一是成品入库的管理、出厂检验、留样、出库及流向管理。

长寿白酒的工艺操作要点：1. 原料的处理：原料配比，除杂粉碎，中温润粮，原料清蒸。（1）原料配比。采用五谷配方，以高粱为主，占45%，大米20%，糯米15%，小麦12%，玉米8%。（2）除杂粉碎。用电动清理筛清楚灰尘杂质，保证原粮无杂质霉粒。采用连体粉碎机，将五种粮食混合粉碎（用0.2毫米筛），吹入搅拌机。（3）中温润粮。备润粮水以投粮量25%计，用45～50℃温水装入缸中；待粮粉完后将水加入搅拌机内，搅拌均匀；然后堆润10小时左右，润后不能有白心。（4）原料清蒸。将清蒸除杂过的熟糠以投粮量20%计，铺在操作晾堂上与润粮拌匀，用打茬机扬过，见气上甑，上完穿气后，大火蒸20分钟，蒸后不能有生心。

2. 小曲培菌糖化：备糖化小曲活化水，摊晾出甑、吃曲、保温糖化。（1）备糖化小曲活化水。以投粮量计：夏天用曲量0.4%～0.45%，冬天0.5%～0.6%；并以总曲量加入酯化匀，曲：夏天4%～5%，冬天6%～8%，拌合均匀，用曲量要根据气候、条件等因素确定用量；以投粮量计35%的曲活化水，以水量计加入2.5%的白糖取37摄氏底～38摄氏度温水装入缸中，加入备好的小曲，活化60～90分钟。（2）出甑摊晾。出甑前将晾堂打扫干净，并撒少许熟糠壳，把打茬机安放在甑旁，把蒸奸的粮料从打茬机杨过，不能有结砣，均匀散开，厚度约7～10厘米，待料温降至42～

55摄氏度时，收拢至10~15厘米的长方形。（3）吃曲。将活化后的水曲均匀泼在粮料上，让其自然吃曲吸水15分钟左右，翻拌均匀。（4）保温糖化。将吃曲后的粮料翻降至33~34摄氏度时收堆，表面轻拍光滑（堆高根据气候条件和升温速度确定，一般冬天高，夏天矮，升温过快就收矮点或品温收低点），然后盖上一层编织袋，最后盖上四五层干麻袋保温糖化6~8小时，转甜带香即可准备入窖发酵。注意糖化升温，不能超过38摄氏度，注意杂菌感染，麻袋每天必须蒸20分钟消毒。

3. 摊晾配糟：备发酵大曲，已酸菌液。（1）以大曲量计加入2.5%的酯化红曲，以投粮量计18%~25%的大曲用量，已酸菌液以投粮量0.2计用。（2）根据投粮量计划配糟用量，以投粮计，夏天配糟4.5~5倍，冬天4倍，均匀铺在晾床床上吹晾至35℃~36℃，将大曲粉均匀撒在配糟上面，拌匀，然后泼洒上已酸菌液再拌匀，静置20分钟。

4. 入地窖发酵：备窖底面糟，分层入窖，护窖查窖，生产过程记录。（1）铺窖底糟和面糟。用上轮回糟，底糟量3~5，面糟量2~5（发酵蒸馏后为丢糟），将底面糟晾至35~36摄氏度加入混合曲粉（此曲粉另配，以糟量计加入小曲0.1%~0.2%。酯化红曲以大曲量计加2.5%，大曲量用为，以糟量计用1.5%~2%）拌匀晾至30摄氏度左右，回糟（配糟备齐后剩余粮糟作回糟）加入混合曲粉2%~3%；然后降至入窖所需品温，底面糟，回糟已酸菌液用量为糟量计0.1%，回糟发酵蒸馏后作底面糟。（2）分层入窖。盖上窖池底黄水盖板，装入底糟刨平，装入回糟，然后刨平；将糖化后的粮料（发酵后称粮糟），撒铺在晾床上，与配糟混匀，降至入窖条件温度（注：夏天以早上最低室温，降至低于室温1~2摄氏度），其他季节以最佳入窖室温度一般在17~20摄氏度左右。快速入窖，装完后盖上面糟刨平踩紧，盖上一层编织袋（防封室泥渗入糟里），然后糊上窖泥抹平。下班前将晾床，晾堂清扫，酒甑工具清理干净，避免杂菌滋生，影响质量产量。（3）护窖查窖、生产记录．每天勤查封窖泥，不能出现裂口，有裂口立即糊住，防空气进入带入杂菌，影响发酵，勤查发酵变化，入窖后12小时、24小时、36小时、48小时、72小时、96小时、120小时……各时段做好发酵的温度、状态记录；并做好从润粮，蒸粮，糖化，到出酒各工序的操作记录，便于出现问题查原因，为提高生产技能夯实基础。

5. 分层出窖，蒸馏：（1）发酵期满后，开启封窖泥，将面糟刨开堆放在一边，盖上薄膜（防酒气蒸发），把粮糟起窖，轻松上甑，不能一次上完，做到探气上甑（保持糟面下10厘米见气），上至甑口5厘米时，盖上蒸馏器，先接500毫升头子酒装入尾酒桶，然后分段控火馏酒；一段接至70酒精度，二段至60酒精度，三段至40酒精度，四段40酒精度以下尾酒（此时加大火力排酸），尾酒第二甑回蒸提酒，接完就出甑。（2）吊起甑盖出甑，将粮糟计数推散在晾床上，开启风扇将粮糟吹至吃曲入窖所需温度。（3）窖内没起完的粮糟在第二甑蒸馏，蒸馏后，在配糟备齐的情况下，作回糟发酵，操作同5.1。（4）回糟与底糟、面糟作第三甑蒸馏，接完酒后，将底面糟丢弃作饲料出售，回糟作下轮底面糟。

6. 分级贮成：将粮糟酒与回糟酒分开分级贮成，将各阶段的酒单独装入陶缸，做好入库登记记录，每个缸标明装酒日期。在勾调用酒时做好下账消号记录，严格做好各项安全防范措施，杜绝一切隐患发生。

7. 勾兑：根据市场定位，把不同等级、年限、口味的酒，按预定骨架做小样、试样勾兑，让职工、消费者代表品尝，待口味，风格确定后，进行各项指标测定，符合技术和风格，才进行批量勾调，并做好批量勾调记录。

8. 灌装：待调后的酒存放30天，酒分子的分子链合稳定后，进行再次品尝，如不足，再进行微调，再经过滤处理，按包装所标示含量进行灌装，并做好包装生产记录，检验记录，合格品记录、不合格品记录以及处理记录。

9. 成品：产品经各项指标检验合格后，装箱入成品库，每批次留样6瓶（3000毫升）以上做好记录，做好入库登记记录，各批次产品必须单独堆放；标识。做好成品库防潮、防火、防鼠、蝇、虫等措施。成品出库做好出库记录，附产品出厂检验报告，做好产品流向登记及联系方式，电话等。

长寿白酒2017年全区生产厂家有二十余个，产量1500吨，产值3亿元。

（重庆市长寿区商业联合会供稿）

【长寿春橘】 长寿春橘于21世纪初引进，长寿区系重庆市集中种植面积最大的区县，种植面积近8万亩。长寿春橘果实扁平、大小均匀、果面橙红、果肉脆嫩多汁、风味浓郁、酸甜适口、果皮易剥、囊瓣分离。可溶性固形物含量13%，富含果糖和维生素C，具有润肺、止咳、化痰等功效。

长寿春橘每年2月成熟，可挂果至4月采收。亩产可达3吨，丰产性好、品质优良。在国内市场销售火爆，出口到东南亚、中东、欧洲等地，为当地果农的增收和农业经济的发展做出显著贡献。

【长寿血橙】 长寿血橙于20世纪90年代引进，种植面积近7万亩。长寿血橙果实圆润、大小适中，成熟果外观似鸡血浸出、果肉如琥珀，受湖区小气候影响，汁多味醇、独树一帜，是难得的柑橘佳品。可溶性固形物含量13%，富含多种抗氧化、抗癌、降血脂和防止心血管疾病的生物活性物质花青素，常食具有补血、美容、促进血液循环等功效，是天然的保健食品。

长寿血橙1月下旬成熟，可挂果至4月采收；延长果实采收期，亩产量达2吨以上，丰产性好，在市场竞争中具有较大优势。是长寿农村名符其实的“摇钱树”，为促进农民增收、城乡人口就业和地方经济发展做出重大贡献。

（彭朝洪　王　红）

经济社会发展

【工业经济】 2017年，长寿区规模以上工业总产值1051.7亿元，比2016年增长27.9%；实现工业增加值202.8亿元，增长11.8%。长寿经开区实现规上工业产值837.9亿元，增长18.6%；长寿工业园区实现规上工业产值200亿元，增长97.6%。工业转型升级成效显著。综合化工、钢铁冶金、装备制造、新材料新能源、电子信息、智能家居及健康等六大主导产业工业产值占全区工业总产值的比重超过90%，结构比调整为24:17:17:19:10:13，全区战略性新兴产业增长93%，钢铁化工占比持续下降，工业结构渐趋优化；长寿区纳入“国家首批产业转型升级示范区”，长寿经开区和长寿工业园区分别获“国家级知识产权示范园区”和“市级知识产权试点园区”，长寿工业园区获“重庆市特色产业（智能家居）建设基地”称号。全区工业量价齐升。重钢扭亏明显，川维等重点企业实现盈利，全区规上工业实现利润总额40.8亿元。生产要素保障有力。落实售电侧改革，全年降低企业用电成本1.7亿元以上；实行阶梯用气价格结算政策，全年工业企业节约用气成本2.6亿元以上；实施转贷应急周转资金政策，全年使用转贷应急周转资金2.5亿元。

【农业经济】 2017年，长寿区实现农业总产值67.4亿元，比2016年增长1.7%；实现农业增加值47.4亿元，同比增长4.2%。农作物产量保持稳定，全区粮食产量稳定在37.7万吨以上，柑橘、蔬菜、伏淡季水果、水产品稳定增长。农业农村改革不断深入。村集体资产量化确权改革和集体经营性资产股份合作试点全域覆盖，农业增信保证保险贷款等金融创新初见成效，农业项目财政补助资金股权化改革试点有序推进，农村土地确权登记颁证和农村土地“三权”分置改革试点启动实施。农业基础设施建设有序推进。建成农村公路214千米、农村电网602千米、高标准农田1866.67公顷、山坪塘整治475口，农业“三园”“五区”供电、供水和道路等配套工程加快推进。农业发展提质增效。新发展区级龙头企业24家，家庭农场100家，农民合作组织68家；新增“三品一标”农产品72个，获重庆市名牌农产品8个；龙溪河流域获批国家首批水环境综合治理与可持续发展试点流域，亚行贷款龙溪河流域综合治理与生态保护项目前期工作稳步推进。脱贫攻坚扎实推进。脱贫村环境综合整治有序推进，“一村一品”特色效益种养殖产业快速发展，无担保贷款、精准扶贫保险、兜底扶贫等精准扶贫政策顺利实施，脱贫村贫困发生率控制在3%以内，脱贫成果得到有效巩固。

【旅游经济】 2017年，长寿区实现旅游收入52亿元，比2016年增长12%；接待过夜游客人数72万人次。旅游规划更趋完善。完成《重庆市长寿区旅游总体规划（2017—2025）》《重庆市长寿区旅游“十三五”规划》《五华山乡村旅游总体策划》。功能配套升级发展。长寿湖镇成功申创全国特色小镇，长寿湖水上通廊、寿岛绿化工程等基础设施提升工程完工，远恒佳重庆公学、重医附三院长寿康养中心等社会功能项目建设加快推进，成功引进恒大长寿湖特色小镇、长寿湖龙鑫欢乐世界等重大项目；菩提山成功创建国家AAAA级景区，开工建设菩提山环山公路，新建旅游厕所6座，长寿古镇GH区建设完成；青龙嘴片区修复项目完工，三倒拐历史文化街区保护修复项目加快建设，滨江长寿谷库岸整治正在开展设计。乡村旅游发展提速。橘香悦动村、紫薇花海、清迈良园等农旅结合项目加快建设，邻封镇美丽乡村田园综合体项目启动前期工作。旅游宣传营销全面拓展。成功举办长寿湖半程马拉松赛、长寿湖龙舟赛、铁人三项赛等系列品牌赛事活动，利用各级主流媒体整体营销长寿旅游，“长寿·人人向往”唱响全国。

【商贸物流】 2017年，长寿区实现社会消费品零售总额130.8亿元，比2016年增长11.6%；实现商品销售总额377.1亿元，增长20.4%。城市商圈水平提升。推动中心城区四大商圈开展“互联网+”服务，提速建设智慧商圈。新兴服务业发展壮大。全年电商交易额实现57亿元，建成区级电子商务公共服务中心，7个镇级电商服务中心，132个村级电商服务点；“胖胖狗”“建玛特购”等本土电商平台运营良好；化工品交易市场线上交易额超过30亿元；举办节庆会展赛事活动，实现会展直接收入3.5亿元，拉动消费24.4亿元。区域物流中心建设成效明显。总投资62亿元的三大专业市场签约落地，重庆东部国际农产品交易中心、重庆东部智慧物流中心、重庆东部汽贸城前期工作加快推进，交通物流战略规划、铁路交通物流体系规划、铁公水联运规划编制完成。

【城乡建设】 2017年，长寿区常住人口城镇化率达到64.4%，城镇常住人口53.9万人。城市布局更加优化。编制完成《长寿区“十三五”城市基础设施规划》，完成海绵城市、综合管廊规划，完成智慧城市顶层设计方案。对外通道更趋完善。两江新区至长寿穿越明月山快速通道获市政府批准开展前期工作，渝汉高铁、东环线至长寿都市快轨等项目前期工作有序推进，渝长高速扩能（长寿段）全面开工。城市配套功能更加完善。创建文明长寿，修复完善市政设施，开展城市环境整治，新建城市道路停车泊位1万余个，新增桃花河城区段、渝长高速古佛至桃花段、高铁城区段城市绿地21.6公顷；经开区、站北片区、阳鹤山片区等路网工程建设快速推进，城市公共停车场、排水管网等项目加快建设，61个小城镇基础设施项目开工建设，6个街镇污水管网整改全面提速。城乡人居环境持续改善。完成2.1万平方米的城市棚户区改造拆迁安置，完成1220户农村危房改造，有序推进桃花溪水体整治，创建6个市级绿色示范村庄，实施葛兰、邻封2个改善农村人居环境示范片项目，申报3个市级传统村落保护示范点项目。

【固定资产投资】 2017年，长寿区完成固定资产投资600.8亿元，比2016年增长6.6%，其中完成工业投资365.1亿元，同比增长15.7%，占全区固定资产投资的60.8%。统筹推进322个重大项目，实施年度重大建设项目234个，完成投资301亿元，增长14%；年度新开工项目91个，完工项目81个。推进PPP模式投融资改革，长寿长江二桥加快建设，策划实施中科未来城创新产业园、长寿湖旅游提升工程2个PPP项目，总投资67亿元。

【财税金融】 2017年，长寿区实现地方财政收入91.3亿元，比2016年增长1.2%（其中一般公共预算收入完成36.8亿元，增长1.3%）；全辖区税收总额达到51.3亿元，增长7.2%，其中国税收入30.5亿元，地税收入20.8亿元，收入结构和收入质量在渝西片区考核排名第一。金融业发展良好。人民币存款余额508.2亿元，贷款余额294.7亿元，新投放各类贷款150亿元，成功引进大连银行等6家金融机构入驻长寿。债务管控力度加大。出台政府性债务风险应急处置预案，调整债务融资结构，三年期以上融资达到99%。

【对外开放】 2017年，长寿区实际利用内资230.7亿元，实际利用外资1.6亿美元，实现外贸进出口总额108亿元，实现离岸服务外包执行额1.1亿美元。全年引进项目153个，合同引资618亿元。产业招商齐头并进，签约工业项目400.9亿元，农业项目58.5亿元，三产项目158.6亿元（其中战略性新兴产业项目46个、校地校企合作项目6个）。成功创建市级承接加工贸易梯度转移示范园，推动产业向产业链末端和价值链高端延伸，促进产业协同合作和联动发展。对外合作加快推进，落实与邻水县区域融合发展，5个领域15项合作事宜顺利推进；开展对口帮扶垫江工作，完成对口帮扶年度计划确定的9项任务，拨付帮扶资金1732万元。

【改革创新】 2017年，长寿区重点领域改革深化实施。供给侧结构性改革21项重点工作、38项专项年度目标任务全面落实，“三去一降一补”成效明显，完成永航钢铁90万吨去产能任务，注销空壳市场主体503户，可售商品住房去化周期处于7个月合理区间；推进“放管服”改革，完成区级行政许可标准化建设，承诺审批时限压缩率达59%，政务信息资源共享交换平台建设纳入全市示范试点并率先接入市级平台，建成投用“信用长寿”网站和信用信息归集共享平台；健全完善重大项目管理办法，落实重大项目任务清单制、项目经理负责制、审批流程“一卡通”制；区管重点国有企业改革扎实推进，完成区管重点企业经营管理团队的组建。创新驱动发展成效显著。出台加快建设创新生态区建设方案，确立“一三五十百千”创新驱动发展总体思路，新认定市级企业技术中心5家，总计25家；新认定高新技术企业10家，总计37家；新增国家级知识产权优势企业3家；集中签约法人化研发机构21家；全区专利申请量1279件，万人有效发明专利拥有量3.9件；依托重庆化工职业学院成立光电产业校地合作研发基地，经开区科技创新园进入主体施工，中科未来城创新产业园正在平场，望变电气等3家企业8个产品获得2016年度重庆市重大新产品认定。

【社会民生】 2017年，长寿区财政投向民生领域42亿元，占一般公共预算支出的62.9%。教育事业协调发展。中小学校标准化建设加快推进，完成农村薄弱学校改造项目27个，落实助学政策受惠学生31万人次，医药学校扩建工程开工建设。医疗卫生事业健康发展。公立医院综合改革全面推开，区医院北城分院、区中医院扩建和区妇幼保健计生服务中心扩建项目进入装修阶段，晏家社区卫生服务中心、洪湖镇卫生院门诊楼建设项目主体工程完工，区中医院启动国家三级甲等中医医院创建。文体事业繁荣丰富。12件艺术作品入围国家级文艺展，举办各类文体活动100余场次，完成《长寿区文体设施空间布局规划》编制。就业和社会保障体系不断完善。全年城镇新增就业2.1万人，城镇登记失业率控制在2.9%以内，城乡居民养老保险和医疗保险参保率分别达到96%和100%，全年实现城乡居民人均可支配收入25821元，同比增长9.8%。（贺　莉）

综合经济体制改革

【供给侧结构性改革】 2017年，长寿区加快去产能、去库存。化解过剩产能，完成永航钢铁去产能90万吨任务，配套完成永航钢铁社会保险费清理等相关工作。把控土地供应闸门，合理安排区域供地规模、结构和节奏。顺应住房消费个性化、差异化趋势，引导和促进房地产市场调整供给结构，增加商品房刚性需求，商品房销售面积81.6万平方米，去化周期处于7个月合理区间。清理“僵尸企业”“空壳公司”，注销空壳市场主体503户。

降低实体经济成本。开展涉企收费清理及专项检查，退还已明令取消、免征的收费项目1474万余元和行政罚没309万余元。推进小微企业“助保贷”，为26家企业发放贷款7460万元。建立中小微企业转贷应急机制，发放47笔2.5亿元。加快推进用电、用气市场化改革，年降企业用电、用气成本分别为1.7亿元、2.6亿元以上。落实小微、困难企业减缴社会保险费政策，为困难企业减免14375万元，小微企业减免500万元，笔电企业减免188万元。

加强各类风险监测防控。依法严厉打击非法集资活动，全年化解非法集资积案3件，无新的非法集资案件发生，未发生因非法集资引发的到区到市集访群访、进京非正常上访或个人极端事件。开展互联网金融风险专项整治活动，对11家企业进行全面风险排查及专项整治。加强政府性债务风险防控，出台《重庆市长寿区政府性债务风险应急处置预案的通知》《关于成立长寿区政府性债务管理领导小组的通知》，强化政府债务动态监控和分析。加强融资平台规范管理，完成平台公司的清理和整合方案的制定。

优化市场制度环境。加大知识产权保护力度，成立重庆市长寿区打击侵犯知识产权和制售假冒伪劣工作领导小组，建设打击侵犯知识产权和制售假冒伪劣商品工作长效机制，定期开展“双打”联合执法，推进“两法衔接”平台案件录入，监督行政处罚案件公开。深化投融资体制改革。落实放管服要求，探索并推进行政审批服务事项并联审批、首问负责及行政审批标准化。争取将长寿区纳入增量配电业务改革试点范围，完成长寿经开区八颗组团增量配电业务试点项目业主市场化优选方案，鼓励电网企业和社会资本组建联合体参与增量配网投资建设。有序实施“多证合一”登记制度改革，在实现“五证合一”之后，推行“十证合一”。

【资源要素合理流动】 2017年，长寿区实施创新驱动发展战略。研究出台加快建设创新生态区建设方案及相关配套政策，提出按照“一三五十百千”的工作思路推动创新驱动发展战略落地，重点打造三大创新服务平台、实施五大科技专项、创建十大科技创新品牌、建“百千企业”聚“百千人才”，建成创新生态区。统筹推进“强化企业创新主体地位、推动重点领域和重点区域创新”等八个方面55项具体任务落地见效。创新能力显著提升，全年新认定科技型企业153家、高新技术企业10家、市级企业研发中心5家，重大科技创新项目加快推进，R&D经费投入、研发机构独立法人化、万人专利拥有量等创新指标取得大幅提升。

落实户籍制度改革政策。全面贯彻落实《重庆市户口迁移登记实施办法》《重庆市居住证实施办法》，出台《关于印发2017年长寿区户籍制度改革工作要点的通知》，全区常住人口城镇化率64.4%，城镇常住人口53.9万人。

加大人才引进和培养力度。加强政策支撑，出台《重庆市长寿区人才引进培养和激励办法（试行）〉的通知》和《重庆市长寿区人才引进培养和激励办法实施细则（试行）》，为高层次人才提供优质服务。优化人才结构，为相关部门考核招聘硕士研究生48名，“柔性引进”12名清华大学博士到我区社会实践。

【互联互通机制完善】 2017年，长寿区完善交通体系。编制完成《长寿区交通物流发展战略规划》《长寿区铁路交通物流体系规划》《长寿区铁公水联运规划》并通过区规委会审查。完成明月山地质勘探和两江新区至长寿通道研究，获市政府支持。争取市郊铁路公交一体化运行，长寿区成功纳入重庆市铁路公交化第一批试点区县，计划于2018年正式启动试点工作；投资400万元，与成都铁路局协商开行2对通勤列车，提前进行铁路公交化的市场培育。

强化基础设施项目储备。依托国家重大项目库，编制三年滚动计划，截至年底已储备基础设施项目80余个，总投资140亿元。

加大龙溪河环境综合整治与生态保护示范项目工作力度。加强规划，会同垫江、梁平完成《龙溪河流域生态修复与治理（试点）实施方案》编制并经市政府同意印发，完成《重庆市龙溪河流域水环境综合治理与可持续发展试点实施方案》，纳入国家第一批综合治理与可持续发展试点。加大项目策划推动，开展可研、移民、环评报告编制，推进亚行贷款龙溪河环境综合整治与生态保护示范项目前期工作力度。

【其他领域改革】 2017年，长寿区推进社会信用体系建设。推动出台《关于建立完善守信联合激励和失信联合惩戒制度加快推进社会诚信建设的意见》等政策文件，完成区公共信用信息平台和“信用长寿”网站建设并正式投入运行。

政务信息资源共享开放。长寿区政务信息共享开放工作纳入全市首批示范试点，建成全区标准统一、内容融合、开放共享的区级政务信息资源共享交换平台，已接入市级平台实现数据互联互通。

党政机关公务用车制度改革后续工作。全区党政机关公务用车制度改革顺利完成，跨部门公务用车服务平台、过渡性车辆服务中心顺利组建并运行，改革后节支率7%。（周　欣）

精神文明建设

【概况】 2017年，长寿区精神文明建设战线学习贯彻习近平新时代中国特色社会主义思想和中共十九大精神，以创建全国文明城区为统揽，深化精神文明建设，为全区经济社会发展提供强大思想保证、精神动力和道德支撑。2017年8月，区委、区政府决定，巩固工作成果，将从2008年获得市级文明城区称号，2011年获得全国文明城区提名城区资格开始的创建全国文明城区阶段性目标转变为常态化的文明长寿建设。

【工作机制健全】 2017年，长寿区探索“1235”工作机制，推进全国文明城区创建工作。出台一个考评办法。制定12个考评细则，对全区机关事业单位、社区、窗口等实行周通报、月考评、季总结、年考核，将12个区级部门和19个街镇的创建工作纳入区委、区政府年度工作目标考核，全年发放考评经费539万元。建立两级督导机制。成立4个督导小组从区级层面“每日巡查、现场交办、限时整改”，全年交办问题1360件。重点部门、街道自行成立13个督导自查组，常态开展自查自纠工作。完善三层网格管理。34名区领导各联系1个社区，每月现场指导、解决问题。按照“街道分块，部门包条，条块结合，个人分片包干，责任到人”的要求，将路段、小区、门店等点位包干到具体责任人；270多名街道、社区干部包干2000余个单体楼栋，实现创建工作底数清、责任明，全覆盖、无死角。健全五类会商制度。定期或不定期召开会商会、专题会、现场推进会、办公会、整治会等会议40余次，现场推进会在全区19个街镇分别召开，解决创建资金1.7亿余元、重难点问题120余个，打造城区、农村示范点，统筹推进创建工作。

【利民惠民“六大行动”】 2017年，长寿区聚焦市容市貌、交通秩序、农贸市场管理、环境卫生、市民素质等领域突出问题，实施“六大行动”，提升城市文明形象和市民文明素质。整容行动提升城市形象。集中实施“三乱专项整治”，全面落实“门前三包”责任制和网格化管理机制，对创业街、泊景湾、朵力7号、黄桷湾隧道、古镇景区、清明上河坊等进行专项治理，有效治理占道经营“顽疾”。对城区13个农贸市场，实行“定人定岗”加强环境卫生、经营秩序管理，有效改善市场环境；排查、维修85条城市道路路面，安装隔离设施7.4千米，实施公交车站改造工作，提升城市形象。正风行动优化服务环境。精简优化行政审批200余项，办理网上审批6.1万余件，街镇、村社服务平台标准化率100%；“互联网+政务服务”稳步推进，人人长寿APP成为政民互动重要平台，群工系统受理群众事项近1.9万件，满意率99.5%；“最美人物”评选活动，评选出“最美交巡警”“最美教师”“最美医生”的行业“最美人物”等，提升服务形象。良序行动改善交通秩序。采取“疏堵结合、综合治理”方式，劝导教育行人闯红灯、不走斑马线、翻越护栏等不文明行为3.1万人次，查处车辆乱停乱放5.93万余件次，新建停车位5000余个，安装U型隔离桩1849米、大理石柱（球）200根，处罚人行道违法停车734次，城区乱停乱停、车辆不礼让行人等突出问题改善明显。四是家园行动改善人居环境。清理居民区楼栋“牛皮癣”1250余栋，清理清运社区卫生死角垃圾1010余吨，完成已征未用地补绿200余公顷，修建隔离围挡1500余米，有效改善群众居住生活环境；开展各类文体活动150余场次，配送文化服务下基层200多场，丰富群众的精神文化生活。五是提素行动提升文明素养。开展“文明在行动·长寿更洁净”“十万礼帽进景区”“长寿志愿服务季”“文明餐桌”等12项主题活动，深化文明礼仪普及活动。组织各街镇开展“身边好人”推荐活动，评选乡贤、孝星、道德模范等先进楷模；开展道德讲堂等先进模范宣讲活动150余场次，教育引导广大市民积极向上向善。六是造势行动营造文明氛围。长寿日报、区广播电视台、人人长寿APP刊播刊载公益广告3万余条（次）；发放倡议书、宣传手册、宣传围裙、文明餐桌牌80万余份，超过30万人参与“创建全国文明城区知识问答”，营造出良好的社会风气。面向全国征集文明长寿原创歌曲100余首，1000余名干部群众观看文明长寿原创歌曲展演，发放光盘、编排坝坝舞等广泛传唱。

【思想道德建设】 2017年，长寿区培育和践行社会主义核心价值观，加强公民思想道德建设，凝聚全民思想共识。一是公益宣传氛围浓厚。建成主题公园4个，文化长廊1个，设置T型牌、宣传栏、LED显示屏2500余处，建筑围挡3.1万平方米，社会主义核心价值观、理想信念等公益广告范覆盖全区公共场所、小区楼栋、窗口单位。二是主题活动精彩纷呈。开展“我们的节日”主题活动120余场。10万余名中小学生参加“向国旗敬礼”主题活动，1600余人次参加“小手拉大手·文明齐步走”公益活动；开展“践行核心价值观·建幸福美丽家园”主题文艺演出34场，吸引数万名群众观看。开展“传承好家训·培育好家风”征集活动，印发优秀作品集1万余册。三是网络文明蔚然成风。开展“文明网站”专题培训和专项整治12次，有效净化网络环境；推出“家书抵万金·晒出好风尚”“清明祭英烈·共铸中华魂”等13个主旋律网络宣传活动；承接24节气之小暑市级示范活动，吸引10万余人次参加；文明长寿原创歌曲征集、展演活动网络点击量3.7万余次。四是未成年人思想道德建设成绩优异。编印社会主义核心价值观校本教材3万本、童谣读本2.5万册、试卷20万余份，开展主题班队课、升旗仪式、征文比赛等实践活动2900余场次，评选“最美系列”“十佳书香系列”“美德少年”“孝心少年”等190名（个）；“金秋助学”活动筹集资金84万元资助168名家庭困难大学生；乡村学校少年宫考评创历年最好成绩。成功创建全国未成年思想道德建设工作先进城区。

【群众性精神文明活动】 2017年，长寿区开展文明长寿建设工作，推进群众性精神文明创建活动。乡风文明建设不断深化。组织7个部门、19个街镇开展乡风文明专题调研，探索乡风文明建设之路；推进“移风易俗”专项行动，有效整治不良风气。完成37个区级以上文明村镇的复查，45个行政村申报区级文明村，评选十星级文明户200余户，推进乡风文明建设。文明细胞创建常抓不懈。制定文明村镇、文明校园创建规划，4个全国文明单位（村镇）、97个市级文明单位（村镇）通过复查，区地税局、双龙镇荣获全国文明单位（村镇）；评选45个区级“文明家庭”（最美家庭），5户获“重庆最美家庭”。典型引领氛围浓厚。评选“十大乡贤”“十大孝星”和行业最美系列人物150名，6人登上“重庆好人榜”，3人获评“重庆市美德少年”；制作宣传展板、善行义举榜270余块，道德模范事迹专题展览3处；9名区领导带队走访慰问道德典型，开展道德讲堂、“身边好人微访谈”420余场次，营造恩将德报的良好氛围。

【志愿服务活动】 2017年，长寿区以壮大队伍、健全阵地、完善制度为重点，以先进典型为示范，推进志愿服务活动制度化。加强队伍建设。网上注册志愿者超过10.56万人，志愿服务组织619个；在景区、医院、社区、窗口单位建设“学雷锋志愿服务站”66个，推进社区志愿服务站规范管理。培育志愿服务典型。培育优秀志愿服务组织和志愿者，营造良好的氛围；1人获“重庆最美志愿者”，江南街道龙山社区获“重庆市最佳志愿服务社区”，化工职业学院青年志愿者协会获“重庆市最佳志愿服务组织”和全国“四个100”最佳志愿服务组织，巴斯夫小小化学家在重庆市首届志愿服务项目大赛中获金奖。常态化开展志愿服务。每个社区每月安排2场以上志愿服务活动；600余名志愿者参加“礼让斑马线·文明我点赞”志愿服务活动；34个社区682名志愿者编织3300多件毛线制品，捐赠1500名孤寡老人和留守儿童；全年开展各类志愿服务2400余场次，参与志愿者7.1万人次，服务人群80余万人次。

【文明礼仪普及】 2017年，长寿区围绕群众生活的各个方面，深化文明礼仪普及活动。开展文明礼仪普及行动。张贴“礼让斑马线”“文明出游，人人有礼”“垃圾不落地·长寿更美丽”等文明礼貌提示语7500余处，200多辆公交车张贴文明让座公益广告，窗口单位3000余人参加行业文明礼仪培训。开展主题活动。新增旧衣服回收箱110个，收集旧衣服近10吨捐赠贫困地区；制作文明用餐提示牌5000余张、纸巾盒4万余个，覆盖每个餐厅、每张餐桌。10余万人次参加“十万礼帽进景区”“千人文明旅游承诺签名”等活动；开展“文明在行动·重庆更美丽”行动，城乡面貌全域提升。深化诚信建设。设置诚信红黑榜7处，800余家经营户签订《文明诚信经营承诺书》，评选出文明诚信商户20户，将3名道德模范、66个文明单位纳入诚信红名单，推进诚信建设制度化。

（董金津　洪彦斌）

集体荣誉榜

表7　　2017年长寿区获市级以上表彰先进集体

获奖项目	获奖单位	授奖单位	授奖时间
全国未成年人思想道德建设工作先进城区	长寿区	中央精神文明建设指导委员会	2017年11月

续表

获奖项目	获奖单位	授奖单位	授奖时间
2017年度全国“平安农机”示范区	长寿区	农业部 国家安监总局	2018年1月
全国机构编制工作先进集体	长寿区机构编制办公室	中央编办 人社部	2017年1月
2017年中国青年志愿者服务春运暖冬行动优秀志愿服务团队	共青团长寿区委	团中央	2017年4月
2017中国建材园区20强	长寿工业园区	中国建筑材料企业管理协会	2017年10月
全国文明村镇	长寿区双龙镇	中央精神文明建设指导委员会	2017年11月
全国文明单位	重庆市长寿区地方税务局		
第二批全国中小学中华优秀文化艺术传承学校	长寿桃源小学校	教育部	2017年12月
坚持和发展中国特色社会主义学习实践活动先进集体	农工党长寿区委	农工党中央	2017年11月
全国群众最满意基层检察院	长寿区检察院	最高人民检察院	2017年2月
全国检察机关“文明接待室”	长寿区检察院	最高人民检察院	2017年10月
全国五一巾帼标兵岗	长寿区法院立案庭	中华全国总工会	2017年2月
全国“中华魂”（遵纪守法从我做起）主题教育活动先进集体	长寿区关心下一代工作委员会	中国关心下一代工作委员会 教育部关心下一代工作委员会	2017年7月
全国第三届“关爱明天 普法先行——青少年普法活动”先进集体	长寿区关心下一代工作委员会	司法部 中央综治办 中国关心下一代工作委员会	2017年8月
全国“五好”县级工商联	长寿区工商业联合会	中国全国工商业联合会	2017年12月
全国执勤训练先进单位	武警长寿消防支队特勤中队	公安部消防局	2017年1月
永久性基本农田划定工作先进单位	长寿区国土房管局	国土资源部 农业部	2017年11月
国家知识产权示范园区	长寿经开区	国家知识产权局	2016年12月
全国巾帼文明岗	重庆市住房公积金管理中心长寿区分中心	中华全国妇女联合会	2017年4月
全市信访先进集体	长寿区维稳办	中共重庆市委 重庆市人民政府	2017年5月
重庆市“工人先锋号”	长寿区检察院“莎姐”青少年维权岗	重庆市总工会	2017年3月

（中共重庆市长寿区委组织部、重庆市长寿区总工会及有关单位提供）

政 治

- ❖ 中共重庆市长寿区委员会
- ❖ 重庆市长寿区人民代表大会
- ❖ 重庆市长寿区人民政府
- ❖ 政协重庆市长寿区委员会
- ❖ 中共重庆市长寿区纪律检查委员会（区监察局）
- ❖ 民主党派　工商联
- ❖ 群众团体
- ❖ 法治
- ❖ 军事

中共重庆市长寿区委员会

重要会议

【中共重庆市长寿区委十三届二次全会】 2017年12月1日，召开中共重庆市长寿区委十三届二次全会。35名区委委员、7名区委候补委员出席会议；不是区委委员和区委候补委员的区级领导，各街镇、区级各部门、部分金融机构、在长寿企业单位的主要负责人等255人列席会议。会议贯彻中共十九大精神，落实市委五届三次全会精神，审议《中共重庆市长寿区委关于把党的十九大精神全面落实在长寿大地上的决定》（本分目简称《决定》），对学习贯彻中共十九大精神和市委五届三次全会精神作出安排部署。会期一天。上午，区委书记赵世庆代表区委常委会书面报告十三届一次全会以来的工作，作《拥抱新时代践行新思想实现新作为把中共十九大精神全面落实在长寿大地上》的主题讲话，区委副书记左永祥对《决定》作说明；下午，各小组对区委书记赵世庆的讲话、《中共重庆市长寿区委关于把党的十九大精神全面落实在长寿大地上的决定（讨论稿）》《中共重庆市长寿区委十三届二次全会决议（讨论稿）》《2017年区委常委会工作报告（讨论稿）》进行讨论，提出意见和建议。区委副书记、区政府区长巴川江主持召开第二次全体会议，审议通过《中共重庆市长寿区委十三届二次全会决议（草案）》，区委书记赵世庆作总结讲话。（韩　黎）

工作综述

【中共十九大召开迎接】 2017年，长寿区切实把迎接中共十九大胜利召开作为重大政治责任，统筹做好全面从严治党、经济发展、改革开放、脱贫攻坚、民生改善、生态环保、安全稳定、宣传舆论引导等各方面工作，确保以团结和谐的政治局面、积极向上的精神状态、出色优异的工作业绩、安全稳定的社会环境迎接中共十九大胜利召开。中共十九大召开期间无人员进京上访。

【十九大精神贯彻】 2017年，长寿区把学习宣传贯彻中共十九大精神作为首要政治任务和长期战略任务。抓好学习培训，围绕“十个深刻领会”“六个聚焦”要求，区委常委（扩大）会、区委理论学习中心组开展学习9次，区委常委带头学习、带头谈认识体会、带头讲党课、带头作辅导报告；开展多层次分类别教育培训，将学习中共十九大精神纳入党校主体班、专题班教学计划，专题培训科级以上干部6期、1500余人次。抓好宣传宣讲，在区属媒体开辟专题专栏，集中报道中共十九大精神300余篇次；区委书记担任区委宣讲团团长带头宣讲，带动“六进”宣讲等掀起热潮，确保中共十九大精神家喻户晓、深入人心。抓好贯彻落实，结合贯彻落实市委五届三次全会精神，开展专题调研，及时召开区委十三届二次全会，出台区委《关于把党的十九大精神全面落实在长寿大地上的决定》，提出打好防范化解重大风险、精准脱贫、污染防治“三大攻坚战”，实施“八项行动计划”，切实把思想和行动统一到中共十九大精神上来。

【经济发展】 2017年，长寿区做好稳增长调结构各项工作，推动经济发展实现稳中有进、稳中向好。全年实现地区生产总值509.9亿元，比2016年增长9%；地方财政收入91.3亿元，增长1.2%，其中，一般公共预算收入36.8亿元，增长1.3%；完成全社会固定资产投资600.8亿元，增长6.6%，其中，完成工业投资365.1亿元，增长15.7%；实现社会消费品零售总额130.8亿元，增长11.6%。

推进供给侧结构性改革。主动减量去除无效供给，全面完成永航钢铁90万吨去产能任务，注销空壳市场主体503户，实施城区普通商品房土地零供应，商品房去化周期处于7个月合理区间。多管齐下降企业负担，简并增值税税率；减免企业社保费8600万元；运用“助保贷”帮助26家企业续贷7460万元；加快推进用电、用气市场化改革，企业降低用电、用气成本分别为1.7亿元、2.6亿元以上。稳住传统产业基本盘。持续实施支持工业和信息化等六大实体经济加快发展政策措施，发挥工业经济的牵引作用。改造提升传统产业，17家现代汽车配套企业建成投产，20家电子信息企业开工。钢铁冶金、综合化工产业产值分别比2016年增长46.8%、18%；推动重点企业扭亏为盈，重钢实施并完成司法重整，川维、巴斯夫实现盈利。实现工业增加值202.8亿元，增长11.8%，位居全市前列；规模以上工业总产值首破千亿大关，达1051.7亿元，增长27.9%；规上工业企业实现利润40.8亿元，一举扭转连续五年亏损局面。加快推进现代农业“三园五区”（即现代农业种植园、现代畜牧养殖园、沙田柚种植园，现代粮食生产区、果蔬生产种植区、东山生态农业区、西山生态农业区、三峡移民生态农业区。下同）建设，实现农业总产值67.4亿元，增长4%。发展新兴产业。把握纳入国家首批产业转型升级示范区机遇，培育生物医药、智能制造等新增长点，装备制造、新材料新能源、电子信息、智能家居及健康制造业产值占规上工业总产值比重提高至57%；战略性新兴产业实现产值160亿元，增长93%。坚持文旅结合、农旅结合，推进全域旅游，全年接待游客850万人次，实现旅游收入52亿元，分别增长10.4%、12%。抓好重大项目建设。发挥有效投资对稳增长的关键作用，推进年度十大重点工程项目。统筹推进322个重大项目，新开工91个、竣工81个，完成投资301亿元，增长14%。渝长高速公路扩能工程土石方完成30.2%，长寿长江二桥正在进行南北引道和桥梁基础施工，亚太高档纸项目土建已完成，长寿中科未来城创新产业园一期平场工程开工建设。推进新型城镇化。发挥新型城镇化对经济增长的引擎作用，城区建成区面积为58.79平方千米，居主城外各区县前列，常住人口城镇化率64.4%。推进宜业宜居宜游宜寿卫星城建设，推进“多规合一”，深化数字长寿、智慧长寿、海绵城市建设，成功争取将两江新区至长寿快速通道纳入市级重点项目统筹推进。投资2.2亿元实施小城镇基础设施项目61个，长寿湖镇入选第二批全国特色小镇，全区建成农民新村34个。防范和化解经济运行风险。坚持风险意识、底线思维，管控政府性债务风险，实行政府债务余额限额管理；对融资平台公司债务实行限额和融资方案备案管理，融资平台公司3年期及以上融资占比99%。规范金融秩序，依法严厉打击非法集资、高利贷、高息揽储等非法金融活动，全年无新发生非法集资案件，打击非法集资工作得到国务院处置非法集资部际联席会议办公室肯定。

【改革开放创新】　2017年，长寿区推进改革引领。正确处理改革与法治的关系，坚持在法治轨道上推动改革。推进投融资改革，完成总投资67亿元的中科未来城创新产业园、长寿湖旅游提升工程PPP项目编制申报。加快推进农业农村改革，启动“三权”分置改革试点。深化“放管服”改革，取消14项行政许可事项，建设类项目行政许可审批办理时限整体压缩70%以上。在长寿经开区实行行政审批首席代表制，区级相关部门选派首席代表独立全权负责长寿经开区有关行政审批事项。推进区管重点国有企业改革，将25家公司整合为4家商业类集团公司、1家建设类公司。城市执法体制改革、文化市场综合执法改革、区级公立医院综合改革、国家监察体制改革、司法责任制改革等有序推进。

创新驱动。实施以大数据、智能化为引领的创新驱动发展行动计划，推进创新生态示范区建设。实施区级科技项目33项、创新奖励219项，万人有效发明专利3.9件。全社会R&D（即研究与开发）经费增长32%，占地区生产总值比重1.8%。建成市级研发中心25个、市级众创空间3家、院士工作站2家、农业专家大院7个，引进院士2名、国家“千人计划”专家2名。成功创建国家知识产权试点城市。长寿经开区获评国家级知识产权示范园区；长寿工业园区启动创建市级、国家级高新技术产业开发区。

开放支撑。开展聚商选资“提升年”活动，提升开放型经济水平，建立千亿级重点项目储备库，引进项目153个，合同引资618亿元（其中签约百亿级特大项目4个、十至百亿级重大项目19个、一至十亿级重点项目67个，引进战略性新兴产业项目46个）。外贸进出口总额创历史新高，达108亿元，比2016年增长65.6%；实际利用外资1.6亿美元，连续6年保持在1.5亿美元以上，成功创建全市首批承接加工贸易梯度转移示范园。

【社会民生建设】 2017年，长寿区牢固树立以人民为中心的发展思想，坚持既尽力而为又量力而行，提升保障和改善民生水平，全年民生领域投入42亿元，占一般公共预算支出的62.9%。巩固脱贫攻坚成果。坚持把脱贫攻坚作为第一民生工程和头等大事，落实全市深化脱贫攻坚工作会议精神，新脱贫529户、1316人。推进就业、教育、医疗等扶贫措施落实落地，设立3000万元免息免担保金融扶贫产业资金，帮助824名贫困人员实现就业；发放教育扶贫款432.4万元；基本医疗保险实现扶贫对象全覆盖；投入170余万元为建档立卡贫困户购买精准扶贫保险，发放低保兜底金287.5万元；实现建卡贫困户D级危房改造全覆盖。办好重点民生实事。实施并圆满完成市上交办的17件年度民生实事。整治山坪塘475口，改造农村公路214千米，改造城市棚户区2.2万平方米，完成农村危房改造1220户、农村育龄妇女“两癌”筛查2.98万人、城乡居民家庭医生签约34.59万人，成功创建市级绿色示范村庄6个，群众生产生活条件持续改善。推进社会事业发展。城镇新增就业2.1万人，城镇登记失业率控制在2.9%以内。加快推进中小学校标准化建设，完成农村薄弱学校改造项目27个，落实助学政策惠及学生31万人次。区中医院启动创建国家三级甲等中医院，跨省异地就医住院费实现联网直接结算。城乡养老保险、医疗保险参保率分别为96%、100%。新配租公租房3086户，解决7700余人住房困难。满足群众文化需求。成功举办长寿湖国际铁人三项赛、长寿湖龙舟民俗文化节等文化体育品牌赛事；区图书馆成功创建国家一级馆，长寿菩提古镇文化创意产业孵化园获评市级文化产业示范园区，12件艺术作品入围国家级文艺展。坚持为民惠民导向，常态长效推进文明长寿建设，提升市民文明素质和城市文明程度。深化群众性精神文明创建活动，获全国未成年人思想道德建设工作先进城区称号。持续加强和创新社会治理。开展安全生产大排查大整治大执法，安全生产事故起数和死亡人数同比分别下降15.6%、6.3%，全区安全生产形势持续稳定；加快构建立体化社会治安防控体系，开展“渝安2号”专项行动，全年治安、刑事、八类、侵财和可防性案件分别下降54%、23.6%、21.4%、27.4%、43.3%；开展国家食品安全示范城市创建，取得阶段性积极进展。加强社会矛盾纠纷源头治理、依法治理，群众到市越级走访、进京非访人次分别下降37.5%、61.1%；开展“迎接十九大、忠诚保平安”主题活动，取得党的十九大、“一带一路”国际合作高峰论坛、全国“两会”等重要节点安保维稳成功，党的十九大安保维稳工作受到市委、市政府通报表彰。

【生态文明建设】 2017年，长寿区牢固树立绿水青山就是金山银山理念，落实推动长江经济带发展座谈会精神，坚持生态优先、绿色发展，一以贯之筑牢事关长寿长远发展的生命线保障线。推动生态产业化、产业生态化。统筹生产、生活、生态三大布局，划定生态保护红线范围337.1平方千米。发展新材料新能源、电子信息、智能家居及健康制造业等绿色循环低碳产业，持续提高绿色GDP占比。守住国家级重化工基地优化升级过程中生态环保底线，钢铁、水泥、火电等重点燃煤企业以及工业集中污水处理厂实现在线监测和污染物达标排放，永久性关停具有78年历史的国有老工业企业长寿化工厂，决不让一滴工业污水流入长江。长寿经开区建成循环经济项目30余个，形成六大循环经济产业，成功创建全国循环经济试点园区。实施五大环保行动。实施大气污染百日攻坚，淘汰黄标车4228辆、居全市第一，2017年城区环境空气质量优良天数为282天。全面落实河长制，持续推进桃花溪、长寿湖、龙溪河等生态治理，完成51个集中式饮用水源地规范化建设，龙溪河流域纳入国家首批流域水环境综合治理与可持续发展试点。建成高速公路沿线3千米隔音墙，畜禽养殖等面源污染问题得到有效遏制，危险废物和医疗废物规范化处置率百分之百。落实中央环保督察整改。高度重视、持续深入推进中央环保督察反馈梳理的12个问题整改，截至年底前，已整改完成9个，其余3个正有序整改。整治畜禽养殖场污染441家，关闭或搬迁禁养区内养殖场382家。全面开展街镇污水管网整改修复和19座乡镇污水处理厂达标改造。实施城市污水处理厂一级A标提标改造、污泥无害化处置和垃圾填埋场渗滤液预处理工程。完成沿江1千米范围内化工企业环境风险评估及风险隐患排查整改。优化环保实绩考核指标体系，环保考核分值由3分提高到9分。

【全面从严治党】 2017年，长寿区坚持党要管党、全面从严治党，认真落实区委管党治党主体责任，全面加强党的政治、思想、组织、作风、纪律和制度建设，深入推进反腐败斗争，为全区改革发展稳定提供坚强政治保证。

切实加强党的政治建设。牢固树立“四个意识”，始终在思想上政治上行动上同以习近平为核心的党中央保持高度一致。严格遵守党的政治纪律和政治规矩，坚决防止无视党的政治纪律和政治规矩的“七个有之”，做到“五个必须”，始终在政治立场、政治方向、政治原则、政治道路上同党中央保持高度一致。坚定维护以习近平为核心的党中央权威和集中统一领导，研究制定区委《关于坚决维护党中央集中统一领导的规定》。不折不扣贯彻落实党中央和市委各项决策部署，自觉将长寿发展置于党和国家工作全局，置于全市一盘棋谋划、思考和推进。落实意识形态工作责任制，建立和实施“1+7”制度体系，筑牢主阵地、唱响主旋律、坚守主战场。持续抓好中央巡视“回头看”和市委巡视组反馈整改。第一时间召开区委常委（扩大）会和全区干部大会，传达贯彻《中共中央关于孙政才严重违纪案审查情况和处理决定的通报》，坚决拥护党中央处理决定，迅速把思想和行动统一到中央决定和市委精神上来。

推进“两学一做”学习教育常态化制度化。把“两学一做”学习教育常态化制度化作为全面从严治党的基础性工程，推进“学、做、改”。结合学习习近平新时代中国特色社会主义思想和中共十九大精神，全区各部门、镇街党委（党组、党工委）中心组开展专题学习1140次。组织开展基层党支部书记全覆盖培训，落实党组织书记讲党课制度；督促每个党小组、党支部每月开展1～2次集中学习，每季度召开1次党员大会专题开展学习教育。教育引导各级党员干部在文明创建、脱贫攻坚等方面发挥先锋模范作用，取得综合性效果。

加强和规范党内政治生活。认真学习、严格执行党章和党内政治生活若干准则、廉洁自律准则、党内监督条例等党内法规。严格落实民主集中制，坚持领导班子议事规则和议事程序。全面推行支部主题党日，采取计划报备、全程纪实、定期督查等机制，推动“三会一课”、民主生活会等基本制度规范落实落地，促进党的组织生活严肃起来、认真起来、规范起来。区委常委会班子带头召开“两学一做”、清除“薄、王”思想流毒专题民主生活会，增强党内政治生活的政治性、时代性、原则性、战斗性。坚决肃清孙政才恶劣影响和“薄、王”思想流毒，倡导健康的党内政治文化，持续营造风清气正的良好政治生态。加强党内法规制度建设，推行区委法律顾问和公职律师制度，严格落实区委规范性文件报市委备案审查制度，持续加强考核和执行监督。

加强基层党组织建设。区、镇（街）、村（社区）三级服务中心规范化运行，群工系统办结率99.6%。实行区领导包点与区级部门对口帮扶相结合，32个后进党组织整顿工作扎实推进，群众满意度测评均在90%以上。常态化开展走访调查和查找党员工作，年内查找“隐形党员”“口袋党员”800余名。新建非公经济组织党组织26个，非公经济组织覆盖率、社会组织覆盖率分别为89.2%、87.2%。加强党员发展教育管理服务，新发展党员230名，走访慰问党员3100余名，发放40年以上党龄农村老党员生活补贴508.2万元。

建设高素质专业化干部队伍。严格执行党政领导干部选拔任用工作条例和“二十字”好干部标准，把好干部选出来、用出来、管出来、带出来，全年新提拔处级领导干部84名。完成区级部门领导班子集中调整，选优配强区管重点国有企业领导班子成员23名。990名区管领导干部集中填报个人有关事项。对2016年至2017年选任的604名科级干部选任程序进行集中检查，未发现有违反干部选拔任用资格条件、程序和纪律的情况。优化干部考核评价机制，发挥考核“指挥棒”作用。

深入推进党风廉政建设和反腐败斗争。驰而不息纠正“四风”，扎实开展以治理违规吃喝、收受“红包”礼金、违规发放津补贴为重点的专项整治，全区97个单位清退各类违规发放津补贴、福利2489.8万元。落实中央八项规定精神，及时研究制定《中共重庆市长寿区委常委会贯彻落实中央八项规定精神实施意见》，查处并通报曝光违反中央八项规定精神问题20起。严肃查处群众反映强烈的不正之风和腐败问题51起，党纪政纪处分

41人。先后对40个区级部门、12个街镇开展巡察，有效发挥巡察利器作用。积极稳妥、扎实有序推进国家监察体制改革试点工作，成立全市首个监察委员会。认真实践监督执纪“四种形态”，通过函询、诫勉谈话、批评教育等方式处理248人，占监督执纪“四种形态”总量的68.3%。保持惩治腐败高压态势，立案90件，党纪政纪处分114人，其中县处级干部16人。（韩　黎）

组织工作

【概况】 截至2017年年底，长寿区有基层党组织1243个，其中党委76个，党总支部29个，党支部1138个。有区级部门党组48个，市委派出工委1个，区委派出工委14个。有党员40948名，其中，35岁以下党员6019名，占14.7%；36岁至60岁党员16540名，占40.4%；60岁及以上党员18389名，占44.9%；大专及以上学历党员12944名，占31.6%；中专（高中）学历党员8301名，占20.3%；初中及以下学历党员19703名，占48.1%。2017年新发展党员230名，其中女性114名，占49.6%；35岁以下187名，占81.3%；大专以上学历198名，占86.1%。

截至年底，全区有干部16544名。其中党政干部3335名，占20.16%；事业干部13209名，占79.84%；女干部8270名，占49.99%；35岁及以下5000名，占30.22%；36～45岁4366名，占26.39%；46～55岁6181名，占37.36%；56岁及以上997名，占6.03%；研究生学历697名，占4.21%；本科学历9352名，占56.53%；大专学历3774名，占22.81%；中专（高中）及以下学历2721名，占16.45%。在党政干部中，女干部920名，占27.58%；厅级干部35名，占1.05%；处级干部881名，占26.42%；科级干部1730名，占51.87%；科级以下干部689名，占20.66%。

截至年底，全区人才总量10.22万人。其中，党政人才0.33万人、企业经营管理人才1.6万人、专业技术人才3.32万人、高技能人才2.65万人、优秀农村实用人才1.95万人、社会工作人才0.37万人，高层次人才0.29万人。柔性引进中科院院士2人、国家“千人计划”专家2人，引进培养享受国务院政府津贴专家9人，市委直接联系专家1人，省部级突出贡献中青年专家5人，省部级学术学科带头人（含后备人选）10人，省部级优秀专业技术人才19人。创建国家级技能大师工作室2个，市级金属轧制工企业首席技师工作室1个，市级技能专家工作室1个。

2017年11月7日，中共长寿区委组织部举行“我的主题党日案例评选”活动。区领导胡建川、师明萌出席

【“两学一做”学习教育】 2017年，长寿区推进“两学一做”学习教育常态化制度化，将学党章党规和系列讲话作为必修课，突出习近平总书记系列重要讲话、中共十九大报告等重点内容，通过领导干部领学促学、专题研讨、带头讲党课等方式，促使党员干部自觉用习近平新时代中国特色社会主义思想武装头脑。组织各级党组织和党员，聚焦学习、作风、作用发挥等方面，深入查摆问题，建立整改台账，明确整改措施、完成时限，实行挂单整改。继续落实基层党建7项重点任务，深入开展“村霸”“蝇贪”和侵害群众利益问题专项整治，查处“蝇贪”和侵害群众利益的基层干部31人。严肃党内政治生活，建立完善计划报备和全程纪实制度。推广支部主题党日，固定每月20日为全区统一主题党日时间。开展“我的主题党日”案例评选活动，形成一批主题党日实践示范成果。建立常态化督查制度，组建4个督查组，每季度分村（社区）、机关、事业单位和非公领域开展专项督查，实现常态督查全覆盖。

【干部选拔任用】 2017年，长寿区把“二十字”好干部标准落到实处，坚持正确选人用人导向，突出政治标准，围绕全区改革发展大局选干部配班子，圆满完成区级部门领导班子集中调整。结合班子回访调研和优秀年轻干部推荐情况，组建11个干部考察组深入考察，高效完成区级部门439名领导班子成员调整。以国企改革为契机，配优配强国企领导班子成员23名。畅通领导干部“能上能下”渠道，全年新提拔区管领导干部84名，对21名领导干部进行调整或免职。常态化开展处级非领导职务晋升工作，晋升处级非领导职务干部20名。平稳实施职务与职级并行工作，191名干部职级得到晋升。

【干部教育培训】　2017年，长寿区突出思想教育，开设习近平总书记系列重要讲话精神解读等专题课程，举办学习贯彻党的十九大精神等专题培训班6期，培训2120人次；专业培训细分培训对象群体和业务板块，开设专题培训班16期，培训干部2328人次。突出形式创新，实行组织点题、学员组队、选岗锻炼、成果汇报“四步法”实岗锻炼；落实领导干部上讲台要求，邀请17名区领导到党校授课；组织在线学习2340人次。严格管理，优化完善量化考核指标体系和评价方式，激发干部学习主动性。顺利通过全市2013—2017干部教育规划完成情况验收，启动《2018—2022年全区干部教育培训规划》工作。

2017年11月，中共长寿区委组织部组织年轻干部片区座谈会

【干部监督管理】　2017年，长寿区突出日常管理监督，对42名领导干部开展经济责任审计，督促33名区管党政主要领导完成离任经济责任事项交接。建立“负面清单”，对区管领导干部和正科级干部受处分、工作推进不力等22种情况，实行“一人一单”记录，拓展干部监督广度和深度。严格科级干部选任监督，对各单位拟考察对象严格审批把关，对604名科级干部选任程序进行查核。落实领导干部报告个人有关事项“两项法规”，组织990名区管干部集中填报，查核188人，对存在漏报瞒报行为的23人分别给予责令书面检查、诫勉处理。全年受理信访举报46件，办结44件，办结率95.7%。开展干部档案专审“回头看”，提前谋划档案数字化工作；坚持凡提必审，对459人开展任前审核，得到中组部和市委组织部认可，作为全国唯一基层管档单位，参加中组部修改《干部档案工作条例》座谈会作交流。

【干部考核评价】　2017年，长寿区出台新的区管领导班子和领导干部年度考核办法，调整经济社会发展实绩、党的建设、民主测评、民意调查等考核板块权重，增加考核加减分项目。强化考核结果运用，将领导班子年度考核结果与选拔任用、评先评优和目标绩效考核奖励金额挂钩，有效激发干部干事创业热情。完善差异化考核指标体系，紧扣市级考核指标和全区重点工作，综合各单位功能定位和发展规划，差异化设置考核指标体系和权重。开展民调工作，完成电话民意调查样本3200份、现场民意调查样本2400份，倒逼督促各街镇、各部门办好民生实事。

2017年10月，长寿区2017年大学生村官面试现场

【人才工作】　2017年，长寿区出台人才引进培养和激励办法及实施细则，用好创新驱动发展战略专项扶持办法等激励机制，对紧缺急需人才给予研发资助等支持。健全完善薪酬激励体系，建立国企高层次人才年薪制等市场化薪酬制度，鼓励开展技术入股、股权期权和分红激励等政策试点。组

织实施新材料产业创新创业团队（人才）培养计划项目，获评市级精品项目。实施人才管理改革试验区建设、科技创新人才培养等11个区级人才项目，37件科技创新作品在全市第32届科技创新大赛中获奖。开展专业技术人员职称申报评审，成功推荐享受国务院政府特殊津贴人员1人，入选第16批“三峡之光”访问学者2人。优化区领导联系专家方案，全年慰问各级各类专家68名。组织36名在职正高级职称专业技术人员进行免费健康体检。兴建8560平方米的精装人才公寓200余套，兑现人才公寓补贴11.5万元。设立经开区、工业园区及创新创业平台人事人才工作联络处，开办人才超市、开通人才服务专线。

【基层党组织建设】 2017年，长寿区委组织部以提升组织力为重点，突出政治功能，推动基层党建全面加强、全面过硬。分村（社区）、机关事业单位、教育卫生系统、非公组织4个领域，对全区1413名党支部书记进行培训，得到中组部组织一局的高度肯定。开展后进基层党组织整顿，坚持以班子整顿为核心，通过区领导包点联系、区级部门对口帮扶、实施“一支一策”等方式，投入资金5703.2万元，实施78个基础设施项目，新建或改扩建21个村（社区）便民服务中心，完成22个村、2个社区、1个机关、1个中小学、5个非公组织后进党组织整顿转化，群众满意度测评均在90%以上。拨付130万元党费给予便民服务中心规范化建设补助。常态开展明察暗访，督促落实值班制度。建立挂牌报备制度，全面清理整治和规范标识标牌。严格规范村（居）务公开，明确公开内容和时限。规范群工系统使用，受理事项31406件，办结事项31306件，办结率99.6%。抓好党建促脱贫，严格落实“五个全覆盖”措施，修订出台《驻村工作队管理办法》，从优选配第一书记，严格驻村工作队管理，落实每村1万元工作经费。

【基层党建工作】 2017年，长寿区在非公领域，常态化开展走访调查和查找党员工作，查找“隐形党员”“口袋党员”800余名，新建非公组织党组织10个，非公经济组织覆盖率89.2%，社会组织覆盖率87.2%，位居全市前列。在机关领域，完善落实机关党建工作纪实、常态化督查、协作组等机制，有效破解“灯下黑”问题；抓好在职党员社区报到、城乡结对共建等工作。在国企领域，成立国资党委，指导区管重点国有企业成立党组织，理顺国企党建管理体制。在城市基层党建领域，开展情况摸底、前期调研等工作，选派43名基层党务干部赴上海学习先进经验，召开推进会议进行工作部署，实现破题起势。

【党员队伍建设】 2017年，长寿区执行发展党员预审制度，发展新党员230名。围绕学习宣传贯彻党的十九大精神，开展村（社区）党员冬训。组织参加远程教育视频互动培训和创业就业技能示范培训105期，培训党员群众10万余人次，各站点使用率和达标率保持100%，排名并列全市第一。拍摄制作纪录片、典型事迹片、微视频等专题课件7部。加大党内关怀帮扶力度，走访慰问党员3100余名，发放慰问金98.9万元。党内互助帮扶一次性临时救助贫困党员16名，发放救助金7万元。发放40年以上党龄老党员生活补贴508.2万元。

（袁时雨）

宣传思想文化工作

【理论武装】 2017年，长寿区强化中心组学习引领。制订学习计划。区委书记亲自谋划年度学习计划和专题学习计划，以全面深入学习贯彻中共十九大精神和习近平新时代中国特色社会主义思想为主线，确定《2017年度全区党委（党组）中心组学习意见》《区委中心组学习党的十九大精神工作方案》。中心组率先垂范。年内区委中心组组织26次专题学习，全区各党委（党组）中心组专题学习1140余次，推动各级领导干部原原本本学习中共十九大精神和习近平新时代中国特色社会主义思想，做到学深悟透，切实“学懂、弄通、做实”。确保学习成效。全区上下形成学习中共十九大精神和习近平新时代中国特色社会主义思想的热潮，为全区经济社会发展提供了强大的理论支撑和智力支持。

抓好理论宣传普及。组建由区委书记任团长，区长、区委副书记任副团长的中共十九大精神区委宣讲团；组建由不同层面人员构成的“六进”宣讲队；组建文艺“六进”宣讲队。坚持面向基层、面向群众，开展对象化、分众化、互动化的宣讲，全区组织党的十九大精神和中央、市委、区委全会精神宣讲1500余场次，发放宣传资料19000余份。全区开展“名嘴进百家”等基层微宣讲活动1150场次，培育优秀基层宣讲典型20名。

2017年12月13日，中共长寿区委宣传部组织的“榜样面对面”中共十九大精神宣讲在长寿区鸿海印务公司

深化理论学习成果转化。年内全区领导干部撰写学习心得和理论调研文章218篇；区委中心组成员在《重庆日报》《重庆学习论坛》《重庆宣传》等市级媒体发表理论文章6篇；区委宣传部编印《长寿理论专刊》《长寿发展探索（2016年卷）》2000余册，组织开展社科规划调研课题22项。

【意识形态工作】 2017年，长寿区强化责任落实。强化组织领导。全区各级党组织围绕贯彻落实《党委（党组）意识形态工作责任制实施细则》，向区委书面报告贯彻落实意识形态工作责任制情况，区委每半年向市委专题报告贯彻落实意识形态工作责任制情况，确保全区意识形态领域安全。健全工作体系。印发《全区党委（党组）意识形态工作责任制考核办法》《长寿区意识形态工作管控操作手册》，建立健全全区意识形态工作联席会议制度、《长寿区意识形态场所管控内部操作流程》等配套制度。纳入督查、巡察、目标管理。把意识形态工作纳入区委督查、巡察工作年度安排，对责任制落实情况进行全面督查、巡察，重点对各党委（党组）落实意识形态工作主体责任、领导责任等情况进行督查、巡察。全区各级党组织把意识形态工作纳入党建工作责任制，纳入领导班子、领导干部考核目标管理，确保意识形态工作责任真正落到实处。

专题培训。把意识形态教育纳入全区干部教育培训规划，年内依托党校主体班次培训培训干部2000余人次；召开8次全区意识形态工作专题座谈会，引导党员干部坚定理想信念，把好政治方向，强化责任落实。

阵地建设管理。依法加强管理。严格落实党管媒体原则，强化对长寿日报社、区广播电视台管理，依法加强对文化市场和社会文化管理，开展“固边”“清源”“净网”“秋风”等专项活动20余次，检查经营单位800余家。加强报告会论坛讲座审批。严格实行论坛讲座管理审批备案制，年底前审批18次，通过16次；坚持论坛属地管理原则，确保属地论坛安全。完善保障支撑。建立意识形态场所和敏感人物数据库，实现全区意识形态工作制度体系由“1+3”到“1+8”的转变。

维护网络意识形态安全。强化宣传教育。开展《网络安全法》和国家网络安全宣传周宣传活动，普及网络安全知识理念；开展关键信息基础设施网络安全检查和网络安全事件应急演练，提升网络意思形态事件处置应对能力。强化预警处置。常态化对属地20家重点网站开展全天候安全监测保护，对高危风险漏洞5个，发出安全预警通报6份，修复网络安全漏洞5个，网络安全防护能力稳步提高；加强对属地网络平台的监管，全年删除、封堵有害信息500余条，落地查人45人次；开展涉“薄王”“周令徐郭”“孙政才”等信息专项清理，全面清理删除属地新闻网站、媒体电子报等相关遗留信息2000余条。强化统战建设。加强对

2017年3月3日，长寿区2017年学雷锋月志愿服务活动启动仪式。区领导师明荫、汤晓强参加活动

"长寿圈"等新媒体从业人员和"川维人"等属地大V的网络统战工作，将长寿湖山在线"网站负责人吸纳为区政协委员。

【舆论引导】 2017年，长寿区抓好主题宣传。围绕学习宣传贯彻中共十九大精神、习近平新时代中国特色社会主义思想，统筹推进"五位一体"总体布局和协调推进"四个全面"战略布局开展宣传，区内主要媒体开设"把党的十九大精神全面落实在重庆大地上""把总书记重要讲话精神落实在重庆大地上""实干树形象 实绩惠民生——'两学一做'特别关注""砥砺奋进的五年""喜迎十九大""十九大时光"等专题专栏，年内全区刊播新闻7500余篇（条），专题200余期；在《人民日报》《光明日报》《经济日报》、央视新闻联播等中央媒体刊发新闻10余篇（条），在全国知名媒体刊播新闻850余篇（条）；超额完成《人民日报》《光明日报》《经济日报》《重庆日报》等党报党刊及《习近平谈治国理政》（第二卷）征订发行任务。依托"中国知名新闻APP看长寿""共舞长江经济带——探访长江经济带区域协同生态发展之路""2017年重庆长寿湖国际铁人三项赛""长寿湖龙舟赛"等大型外宣活动，全国50多家知名媒体的100余名编辑、记者就长寿区供给侧结构性改革、生态文明建设、文明长寿建设等深入采访报道，长寿知名度、美誉度不断提升。

完善工作机制。开展7×24小时网络舆情监测应急值班，确保第一时间发现和报送涉长寿负面网络舆情；出台《长寿区网络舆情管理和处置实施办法》等制度和规定，明确突发网络舆情应急处置工作流程和处置机制。及时协调市委网信办有针对性地对涉长热点敏感开展导控处置工作；及时妥善处置"重钢司法重整"等涉长寿热点敏感舆情，有效确保舆论风清气正。2017年，全区报送舆情信息专报126期，被区委书记、区长等主要领导批示35期，有效发挥服务中心作用。

媒体融合发展。"人人长寿"APP下载量17.8万次，覆盖全区常住人口总数的21.6%，提前完成考核任务；长寿日报微信公众号关注者28万户，占常住人口总数的37.5%，单条稿件最大点击量达37万次以上，头条平均点击量15000次以上，在重庆政务微信排行榜中稳居前十；手机报用户保持17.7万户，日均活跃人数2.3万人，活跃度13%；长寿手机台新闻点击量总计850万人次，位居全市第三。

【文明长寿建设】 2017年，长寿区提升文明长寿建设水平。建立区级、部门（街镇）两级督导机制，深化日常巡查督导。全体区领导带领部门联系社区，开展共驻共建活动，部门、街镇、社区建立网格化包干管理机制，完善三层网格管理。健全会商会、专题会、现场推进会、办公会、整治会5类会议制度。持续开展月度考评，安排专项考评经费770万元，激发单位的内生动力。三是工作得成效。推进造势、整容、正风、良序、家园、提素等六大专项行动，统筹推进文明长寿建设工作。（其余详见《长寿概况》类目《2017年精神文明建设概况》分目）

2017年11月，文明长寿原创歌曲演唱会

【文化强区】 2017年，长寿区文化体制改革创新。制定36项行政许可审批项目流程，建立《文体活动承办策划分散采购资源库》《民间文艺团队资源库》，出台《购买公共文化服务规则及标准》等系列规则；文化市场综合执法改革全面完成；区电影公司改制成功；设立区广播电视监测中心；区图书馆被评定为国家一级馆，区文图两馆获一等免费开放绩效评价，数字文化馆建设获得文化部肯定性评价。

文艺创作。承办市级文艺家协会会员学习贯彻习近平总书记系列重要讲话精神专题研讨班（长寿班）和首届中国西部电影论坛等大型活动；83件作品入展市级美术、摄影、书法等各类展赛，12件作品入展全国作品展；面向全国征集文明长寿原创歌曲158件作品，评出选出30件优秀作品；涌现出一批文艺创作骨干。

文体活动。举办长寿湖龙舟赛系列活动和铁人三项赛等品牌赛事，举办2017年新春音乐会、文化三下乡、春节系列专场演出活动、全民艺术普及戏曲进校园活动、文化进社区演出活动、“渝州大舞台”演出、长寿区全民阅读系列活动、“贯彻十九大共圆中国梦”文明长寿原创歌曲演唱会等区级文体活动100余场；承办重庆市第九届“红岩少年”读书活动讲故事大赛。

文体产业快速发展。年内新发展文化市场企业56家，新审批文化市场经营单位12家，年检305家文化市场企业，普查48家体育规模企业，开设体育销售网点22个，体彩销售额1亿元；长寿菩提古镇文化创意产业孵化园被命名为市级文化产业示范园区，重庆长文传媒有限公司、重庆恒鑫雕塑有限公司被命名为市文化产业示范基地，紫薇花海文化休闲旅游景区被命名为市级乡村文化乐园。

文化遗产保护持续加强。开展三峡库区消落带地下文物考古发掘，出土器物102件，评选出6件（套）长寿区馆藏文物“镇馆之宝”，推进长寿博物馆展陈大纲编制工作，落实36处市区文物保护单位巡护管理主体，为606余处未定级文物点完成挂牌；公布第六批区级非物质文化遗产名录和第五批非物质文化遗产传承人。（董全津）

统一战线工作

【政治引导】 2017年，长寿区委统战部通过中共十九大报告专题学习会、部务会、党支部学习会、座谈交流、考察调研等形式，组织统战系统干部学习贯彻宣传中共十九大精神，把准统战工作正确的政治方向。继续贯彻落实习近平总书记系列重要讲话精神和《中国共产党统一战线工作条例》精神，通过全区统战工作会、暑期谈心会、政党协商会等，将精神实质再学习再强调、再部署再落实。继续推动民主党派和无党派人士深化坚持和发展中国特色社会主义学习实践活动，持续开展非公有制经济人士理想信念教育实践活动，增强思想引领，增进政治共识。

2017年2月21日，长寿区2017年统战工作会。区领导赵世庆、张华、何以龙出席

【党外人士队伍建设】 2017年，长寿区委统战部支持各民主党派加强自身建设，对强化制度建设、参政议政水平和队伍建设加以引导。2017年，全区各民主党派发展新成员35名。开展党外干部实践锻炼，选派9名党外后备干部到市、区两级实践锻炼基地挂职锻炼。发挥区委党校和区社会主义学院培训党外干部的主渠道作用，培训党外干部300余人次。指导协助农工党区委班子及区委委员届中调整，选举产生新的主任委员、副主任委员并补选3名区委委员。支持党派成员参与市级换届工作，区内党派成员当选各党派市委委员10名，其中各党派市委常务委员4名。截至年底前，全区有副处级以上党外领导干部37人（其中，市管党外领导干部6人，区管正处级领导干部2名，区管副处级领导干部29名），各民主党派主委、区工商联主席、区知联会会长分别进入区人大、区政府、区政协领导班子。14个政府工作部门配备14名党外领导干部，有3个镇领导班子配备党外干部。

【非公经济工作】 2017年，长寿区委统战部加强商会组织建设。新成立长寿乌鲁木齐商会、长寿区青年商会、菩提商会3个商会，街镇商会实现全覆盖；推进基层商会换届工作，18个街镇商会社团登记问题彻底解决；云台商会、渡舟商会等商会及品培集团等多家民营企业建立党支部。践行“亲”“清”政商关系理念。调整区级领导联系重点民营企业事项，43名区级领导与长商集团、望变电气、小康动力、翔升实业等84家区内重点民营企业建立直接联系。缓解民企发展难题，收集并缓解60余件非公企业生产经营过程中面临的共性个性迫切难题。受理和办理民营企业维权投诉，全年协调处理民企维权投诉案件20余件。提升非公经济人士能力素质，组织40余名非公经济代表人士企业家赴中山大学参加“新常态下民营企业经营管理能力提升培训”；组织40余名青年企业家赴延安参加“理想信念教育红色之旅专题培训”。开展考察交流活动促进眼界开阔和市场开拓，召集昆明、成都、乌鲁木齐等异地长寿籍部分企业家代表召开1次座谈交流会；组织女企业家联谊会和青商会30余名会员赴武隆区考察学习；组织长商集团、望变电气等多家企业赴新疆乌鲁木齐市开展项目考察活动并召开乌鲁木齐·重庆市长寿区招商引资项目推介会。

【民族宗教侨台工作】 2017年，长寿区委统战部开展民族政策法规宣传，到黄桷湾小学等宣传民族政策，发放宣传手册1000余册。落实城市流动少数民族的服务管理工作，建立部门联动机制，由区维稳办、区公安局、区市政局、区民宗局等部门形成处置城市流动少数民族稳定问题联动机制，全年依法拆除少数民族人员非法占有的摊位4处，在规范区域内指定5处固定经营点；在重大节日等敏感时期，将少数民族重点人员稳控在当地。开展民族团结进步创建活动，全年向市民宗委争取创建活动资金60万元，在八颗街道石马村创建民族团结进步模范村，在八颗街道建立少数民族维权站，在黄桷湾小学开展民族文化进校园活动，在长寿区中医院开展民族文化进医院活动。

2017年10月23日，区领导赵世庆、何以龙在天台寺调研

贯彻落实全国、全市宗教工作会议精神，建立民族宗教工作联席会议机制，成立区民族宗教工作领导小组。对批准开放的35个宗教活动场所，加强教育，督促正信正行，完善相关管理制度，抵制邪教、境外渗透以及藏传佛教到内地活动。查处双龙基督教会人员在渝万高铁长寿湖站广场散发基督教传单1次。加强宗教管理，确保信息畅通，管理有序，措施有力；完善宗教教职人员、场所、团体及其负责人基本信息采集、动态维护等，逐步实现网络化管理体系。加强宗教场所的安全监管，在重要宗教会期、主要活动节日，要求各个场所做好会期安全预案，到现场进行拉网式检查督促，发现隐患及时整改，维护宗教领域安全稳定。

指导侨联换届，选举产生新一届区侨联领导班子。牵线搭桥，促成重庆大学智慧工程研究院项目在长寿落户，打造智能控制及先进技术研究基地。协调上海华侨莲花助学基金会，向川维中学北城校区20名困难学生发放助学金2万元。开展“侨爱心进校园”活动，向海棠明金希望小学捐赠乒乓球台等体育设施。向市侨办争取扶贫资金3.8万元，帮扶留学生创业和困难侨眷。启动“精准扶贫光明行”活动，免费为区内生活困难的白内障患者实施复明手术。服务台企台胞台属，开展“以台引台”“以台促台”工作，为长寿经济社会发展做贡献。协助做好央视与台湾中视“探秘重庆特色小镇——长寿湖”的录制工作，该纪录片已在央视和台湾中视播放；长寿区经贸考察团2次赴台考察，就长寿湖与日月潭缔结姐妹湖泊的相关具体事宜和两地经济、文化、旅游等共同发展工作开展交流；参与渝台基层交流活动，长寿区新市街道、龙河镇与彰化县大村乡签订友好村社结对交流协议；开展对台专项工作，加强两地经济、文化、旅游的交流互动。 （张成文）

2017年9月12日，区委常委、统战部部长何以龙在八颗街道干滩村调研

机构编制工作

【概况】　重庆市长寿区机构编制委员会办公室（简称区编办）设主任1名、副主任1名，内设综合科、机构编制科（挂督查科牌子）和行政管理体制改革科，下属参公事业单位重庆市长寿区事业单位登记管理局。2017年，区编办紧密结合机构编制工作新形势和新要求，深化重点领域体制改革、行政审批制度改革、事业单位分类改革，抓好机构编制日常管理工作。

【重点领域体制改革】　2017年，长寿区推进城市管理体制改革。理顺城市管理执法体制，改进城市管理工作，将重庆市长寿区市政园林管理局更名为重庆市长寿区城市管理局（简称区城管局），加挂重庆市长寿区城市管理综合行政执法局（简称区城管执法局）牌子，为区政府工作部门；将重庆市长寿区市政管理监察支队更名为重庆市长寿区城市管理综合行政执法支队，为重庆市长寿区城市管理局（重庆市长寿区城市管理综合行政执法局）管理的综合行政执法机构。

安全生产监管体制改革。全面完善镇街安全生产监管体制，推动安全生产领域改革，下发《关于设立镇街安全生产监督管理办公室的通知》，在各镇街单独设立安全生产监督管理办公室，明确主要职责、人员编制和领导职数。

国家监察体制改革。下发《关于同意区纪委区监委主要职责内设机构和人员编制的批复》，撤销区监察局设立重庆市长寿区监察委员会，与中共重庆市长寿区纪律检查委员会合署办公。明确区纪委、区监委的职责及其内设机构、人员编制。

【行政审批制度改革】　简政放权。2017年，区编办代区政府印发《关于公布长寿区2017年行政审批制度改革事项目录的决定》《关于取消和调整部分区级行政审批事项的决定》和《关于对应承接市级行政审批等管理事项的通知》，对全区行政许可事项进行完善，对应取消14项行政许可事项，承接30项行政许可事项，调整3项行政许可事项。

行政许可标准化。印发《重庆市长寿区行政许可标准化工作实施方案》，成立行政许可标准化工作领导小组。推进“两集中两到位”，在有行政审批职能的部门设置行政审批科，推进集中审批。全区33个行政审批部门，入驻行政服务中心32个，入驻率97%；全区352项行政许可事项，入驻行政服务中心330项，入驻率94%。区政府发文公布《长寿区行政许可项目目录（2017版）》，保留行政许可事项352项。建立受理单、一次性告知、首问负责、申请材料示范文本等制度，对每项行政许可事项编制服务指南、审查细则和各类通知单，总体审批时限压缩达到58.61%。制定公布长寿区“五位一体”的标准体系，包括《标准化管理办法》《行政许可事项管理规范》《行政许可流程管理规范》等50个标准。

【事业单位分类改革】　经营类事业单位改革。2017年，长寿区完成最后2家经营类事业单位（重庆市长寿区电影公司、重庆市长寿建筑设计院）改革。撤销电影发行公司，收回全部事业编制，人员划转至区文化委下属事业单位，完成法人注销；撤销建筑设计院，收回全部事业编制，人员划转至区规划局下属事业单位重庆市长寿勘测规划院，完成法人注销。

公益类事业单位改革。支持长寿经开区能力建设，设立长寿经济技术开发区创新服务中心，为长寿经开区管理的公益一类事业单位，机构规格正处级。配合环保垂直体制改革，将区环境监察支队更名为区环境行政执法支队，将区环境监测站更名为区生态环境监测站。合理调整教育网点布局，设立重庆长寿湖实验学校，为区教委管理的公益一类事业单位，机构规格正科级。

行政类事业单位改革。按照行政类事业单位改革要求，明确纳入职能清理的事业单位范围，对职能进行全面清理，对行政权力类别进行划分，确定依法承担行政职能的事业单位改革名单。

【机构编制管理】　控编减编。2017年，长寿区消化新增编制，重新配置编制资源，完成2013年1—4月新增178名编制的消化任务。全年批复使用行政编制142名、事业编制650余名；否决增编40余名和用编50余名事宜；推进后勤服务社会化，核销后勤服务事业编制63名。

机构编制实名制管理。严格执行上下编管理制度，全年办理上编手续500余人次，下编手续400余人次，变更、完善人员信息600余人次。坚持区编办、区财政局、区人社局工资统发联合审核制度，每月核对财政供养人员信息。完善实名制数据定期核查机制，下发《关于进一步清理完善机构编制实名制信息的通知》，对全区实名制数据进行核查完善。

事业单位年度法人公示。按时保质完成2016年度事业单位法人年度报告公示工作。开展2016年度事业单位法人年度报告公示信息抽查，有效提高各单位对登记工作的重视程度。全区已登记事业单位386个，需要公示的单位368个，已公示单位368个，网上年检率100%。已为84个党政机关和群团组织登记赋码。

网上名称管理。全区中文域名注册量390个，注册率95%，统一将中文域名维护管理费用纳入财政预算。全面完成党政机关和事业单位网站挂标情况清理，已实现全区党政机关和事业单位网站挂标全覆盖。（刘　刚）

区直机关党建

【概况】 中国共产党重庆市长寿区直属机关工作委员会（简称区直机关工委），成立于1989年，是负责区直属机关党的建设和思想政治工作的区委派出机构。下设办公室、组织科；截至2017年年底，有在职在编公务员5人、工勤人员1人、外聘人员1人。2017年，以学习贯彻习近平总书记系列重要讲话和中共十九大精神为统领，以“服务中心、建设队伍”为核心任务，开展“两学一做”学习教育常态化制度化，全面加强机关党的政治、思想、组织、作风和纪律建设，提升科学化水平。

【思想建设】 深入学习贯彻党的十九大精神。2017年，长寿区直机关工委及时安排部署区直机关党组织学习宣传，印发专题《组织生活内容参考》，以支部为单位，实现十九大精神学习培训全覆盖；牵头成立“进机关”宣讲队，组织15名宣讲骨干在45个机关部门开展十九大精神专题宣讲。二是严守政治纪律和政治规矩。通过中心组理论学习、组织生活、政治学习和个人自学等，学习习近平新时代中国特色社会主义思想，树立“四个意识”和“四个自信”，增强严守政治纪律和政治规矩的意识，做到在思想上、政治上同党中央保持高度一致。

【学习教育】 2017年，长寿区直机关工委推进“两学一做”学习教育常态化制度化。与机关支部“三会一课”、主题党日活动相结合，通过集中学习、党课教育等多种方式，把“两学一做”学习教育融入日常、抓在经常；以机关党建协作组为单位，组织开展以“两学一做”为主要内容的主题党日案例评选，收集整理出19个优秀案例，有4个案例在区级评选中获奖；全年开展“两学一做”专题集中督查4次，对76个区级部门全覆盖分类督导，对存在的问题实行帐单式督促整改。加强理论武装。加强对“三会一课”落实情况的督查，督促150个区直机关党支部严格按照规定频次开展“三会一课”；每季度印发《组织生活内容参考》，保证机关政治理论学习有序开展；全年举办新党员及党务干部培训班5期，培训支部书记150名、入党积极分子233名、预备党员209名；以“严肃机关党内政治生活研究”和“加强机关党内监督研究”为主题，动员机关党员干部参与理论调研，收集整理机关党建理论调研文章78篇。加强自身理论学习。参加区内、市内政治理论学习培训，利用集中学习、讲座、自学等方式，不断提高自身理论水平及素养；参与区委宣传部举办的理论调研，获得2个三等奖。

【党建基础工作】 2017年，长寿区直机关工委履行职能职责，坚持每周向区委分管领导汇报工作，接受市委督查组对机关党建工作督查4次；完善工委书记负总责、机关党委（总支、支部）书记“一岗双责”的机关党建工作责任制，建立党组织书记年终抓党建工作述职评议考核制度，印发《机关党建目标考核责任书》。全年召开机关党建工作推进会6次，检查指导机关党建工作58次，主动听取汇报39次，解决具体问题14个，带头组织区直机关工委班子中心组学习12次、上党课2次、机关党员干部集中学习24次。夯实党组织基础工作。全年新建机关党委1个、党总支1个、党支部6个，撤销党支部9个，更名5个，党组织换届改选32个，机关党组织书记全部由副处级及以上的实职领导兼任；年内发展新党员30名，预备党员转正35名，接转组织关系460人（次）；全年收缴党费170余万元；结合“三会一课”、机关党建协作组、城乡支部结对共建、党员进社区等形式和载体，抓好每月20日的主题党日活动。以制度建设贯穿党建工作，印发机关党建工作《纪实制度》《报备制度》《督查制度》《补课制度》，修订《工委委员会制度》《机关党组织换届制度》《党费收缴制度》等6项制度，推进机关党建工作规范化制度化；落实意识形态工作责任制，坚持书记带头当好“第一责任人”，把意识形态工作落实情况纳入党建工作责任制，于6月上旬对部分区直机关党组织的意识形态工作开展情况进行集中督查；严格执行保密工作责任制，将履行保密工作责任制情况纳入本机关、本单位年度考评和考核内容。

【作风建设】　2017年，长寿区直机关工委做好机关干部直接联系服务群众工作。牵头150个机关党支部与联系村开展城乡基层党组织“结对共建”和精准扶贫工作，年内区直机关各党组织开展结对共建活动360余次，有47个机关党组织与结对共建村（社区）联上党课；号召机关党员开展志愿者服务活动，组织100名机关志愿者参加“六个一”志愿服务活动，组织60名机关志愿者参加“庆五一劳动节暨创建全国文明城区职工在行动”活动。开展党内活动。深化“五好”党支部创建活动，有30个单位申报创建“五好”支部；拓展“四型”机关党组织创建工作，结合行业特点与党建工作优势，打造9个各具特色的机关党建示范单位；召开庆祝建党96周年纪念大会，组织26名预备党员参加入党宣誓仪式，6名机关党组织书记进行交流发言；在区直机关中开展法治教育宣讲活动，组织机关各部门深入社区、村组举行法治教育和党课宣讲；举办区直机关第十四届职工文体活动，有41个单位、703人次参加比赛，208人次获得名次。转变工作作风，为基层办好事实事。提高机关服务水平和效能，到76个机关部门开展实地走访，调查了解基层党组织和机关党员的思想动态、工作及学习情况，及时解决存在的问题和困难。

【纪律建设】　2017年，长寿区直机关工委严格落实党风廉政建设党委主体责任和纪委监督责任。区直机关工委书记定期听取党风廉政建设工作汇报，及时召开书记会议研究重大问题，签订党风廉政建设责任书；纪工委围绕反腐倡廉教育、执纪监督和惩处等各项工作，统筹协调，整体推进；制定区直机关《关于2017年党风廉政建设和反腐败分工责任制的实施意见》，保证查办违纪违法案件的力度和纪工委正确行使权力。严肃查处违纪违法案件。全年查处机关党员16人，其中组织处理1人、警告5人、严重警告3人、开除党籍7人，约谈223人次，开展作风督查77次，保持机关党员队伍的纯洁性。三是以身作则，严格遵守中央八项规定、“八严禁”“十二不准”《党政机关厉行节约反对浪费条例》等规定，对“四风”问题常抓不懈，不以权谋私，不贪图私利，不搞特权享受，以良好的道德情操和高尚人格为干部职工作出表率。区直机关工委机关全年没有发生违法违纪的人和事。　（彭　润）

信访工作

【概况】　2017年，长寿区委长寿区人民政府人民信访办公室（简称区信访办）受理信访事项3235件次，6174人次。其中，受理群众来访1136件次、3158人次，比2016年同期件次人次分别下降5.18%、22.39%；来信532件次、1417人次，件次和人次分别上升11.06%、2.07%；网上信访1567件次，上升81.37%；发生5人以上到区集访152批次、1779人次，件次和人次分别下降21.24%、34.4%；发生到市越级上访12件次、20人次，件次下降14.28%、人次下降37.5%。群众进京非正常上访7人次（涉及6人），人次下降61.11%。全年信访形势总体平稳，绝大多数群众信访过程中能够依法理性表达诉求。

【领导接访阅批】　2017年，区群众来访接待中心每周由4至5名区级领导轮流接访，镇街、部门每天安排领导接待来访群众，实现“关口前移、重心下沉”。2017年，全区各级领导干部接访下访群众8783件次、14026人次；解决群众诉求8460件次，化解率96%。

推行区党政主要领导阅批重点信访问题、其他区领导批阅群众来信制度，推动群众信访反映的问题能够及时得到处理。截至年底，区领导阅批交办信访问题163件，化解率100%，解决大量疑难复杂信访问题。

【干部下访走访】　2017年，每月由区级领导直接到基层开展社区工作日活动。全区有7个街道、34个社区、34名区级领导、102个单位参与此项活动。接访、走访、座谈等方式，帮助群众解决一批实际困难和问题。全年开展“社区工作日”活动446次，帮助解决各类实际困难和问题532件。

【突出问题化解】 积案老户化解工作。2017年，市交办信访积案11件、上访老户13名，通过落实包案区领导和责任单位，明确化解时限，建立工作台账，每月定期跟踪督办、通报化解进度。年内市交办信访积案全部化解，交办上访老户化解7名。

百户攻坚工作。按照区突出信访问题集中攻坚行动方案，由33位区领导包案、对排查梳理出的100件突出矛盾，落实63个责任单位开展攻坚化解工作，全年成功转化化解22件。

突出问题专项治理。开展“3+3”信访突出问题专项治理，在市级层面统筹开展“非法集资、房地产开发建设、环境保护”3个领域专项治理，增加“城市二次供水、商贸流通领域突出问题、土地承包经营权流转纠纷”3个专项治理。各牵头单位按照工作要求开展矛盾隐患的排查治理，工作推进平稳有序，专项治理效果明显。

【社会稳定维护】 针对2017年敏感节点多、时间跨度长、维稳任务重的特点，全区上下紧盯目标、压实责任、细化措施，在重要敏感时期实行“战时机制”，建立健全书记议稳制度，落实区党政主要领导担任维稳安保工作“双组长”制，认真执行“日研判”“日点名”“日调度”“日通报”等工作机制，“点对点”交办重大突出矛盾，紧紧盯住重点人员和重点群体，不断压实各级各部门的属地属事责任，集聚全区之力取得每一个敏感节点成功维稳，确保重要敏感时期社会面平稳。

突发事件应急处置。修改完善《重庆市长寿区群体性事件应急预案》，建立健全突发事件处置工作机制，及时妥善处置各类突发群体性矛盾纠纷130余件，做到“矛盾不激化、不扩大、不上行”。

风险防控工作。矛盾纠纷排查化解，坚持区、镇街、村（社区）三级定期联排制度，重大活动及重要敏感时段“拉网式”排查。2017年排查交办重点矛盾61件，化解58件，化解率95.1%。社会稳定风险评估，对长寿湖停止开放钓鱼执行决定、部分巡游出租车特许经营权指标到期重新投放等16个涉及群众切身利益的重大事项和重大决策进行风险评估，从源头上预防和减少社会矛盾。情报信息收集研判，全年收集报送各类涉稳信息700余条，及早介入，有效化解对越参战退役人员、原被辞退民办教师等群体串联上访活动。

【信访督查工作】 2017年，长寿区信访办以“信访稳定工作责任落实年”工作为抓手，加大督查督办力度，确保将信访稳定工作的各项安排部署施落到实处。专门组建7个由区级领导任组长的信访稳定工作专项督导组，对全区重点部门和19个镇街常年开展信访稳定督查。区委督查室、区政府督查室牵头不定期地针对重点领域、重点群体、重要节点开展专项督查，督促基层单位压实工作责任。由区信访办对镇街、部门的信访基础业务进行针对性检查指导，提升基层单位信访业务的规范化水平。2017年，区领导带队开展两轮信访稳定专项督查，区委、区政府督查室牵头的专项督导3次，区信访办开展的信访基础业务检查指导250余次，督查范围覆盖所有镇街及重点区级部门，推动责任落实和问题解决。

【信访基础工作】 2017年，长寿区信访办加强信访维稳系统干部队伍建设，干部业务素质和工作能力提升。2017年，区信访办1名干部获全国信访系统优秀督查员称号；区维稳办和2名干部分别获市委市政府2011—2015年度全市信访工作先进集体和先进个人表彰；在中共十九大维稳安保工作中，区委区政府因工作成绩突出被市委市政府通报表扬，区信访办和1名干部被市人社局分别记集体二等功和个人二等功，1名干部被区委区政府记个人三等功。

推进区重大矛盾纠纷综合调处中心筹建，已完成人员招录、落实工作场地等工作，正在推进调处中心的内部装修；强化培训指导，年内区信访办对镇街、部门信访稳定分管领导和经办人员分别开展集中业务培训，利用“信访业务大讲堂”对镇街、部门进行针对性培训，开展11期大规模信访业务培训；修订完善办信、接访、网上信访、复查复核、人民建议征集等基础业务制度规范；举办“如何严控新增违法建筑”和“如何加强住宅小区物业管理”两项人民建议征集活动，收集各类意见建议114条；强化宣传引导，利用集镇赶场日，在镇街开展多次以信访稳定为主题的宣传活动，广泛宣传《信访条例》和逐级走访相关规定，在

《重庆信访》《市干部接访下访群众工作简报》、市信访办微信公众号等平台刊发各类稿件10余篇。

（胡　梅）

老干部工作

【概况】 1983年12月，根据中共中央建立老干部退休制度决定（中发〔1982〕13号）文件精神，设立“县委组织部老干部科”（设中共长寿县委组织部内）。1984年11月，为适应离休干部工作需要，根据中共重庆市委组织部渝组函〔1984〕558号文件精神，长寿县委决定将“县委组织部老干部科”更名为“中共长寿县委组织部老干部局”（仍归组织部领导管理）。1991年6月，改建为“中共长寿县委老干部局”，机构规格为县委直接管理的科局级机构，编制7人，内设办公室。2002年4月9日，长寿撤县建区更名为中共重庆市长寿区老干部局（简称区委老干局），是区委直属的处级机构。2017年6月9日，中共重庆市长寿区委决定成立中国共产党重庆市长寿区委离退休干部工作委员会，机构规格为区委直属的处级机构，设党工委书记1名，专职副书记1名；2017年8月21日，经区编委会研究同意，设立重庆市长寿区离退休干部党建管理中心，在重庆市长寿区老干部活动中心挂牌，增核区老干部活动中心全额拨款事业编制2名。

截至2017年年底，区委老干局编制数由9名增加至11名，其中行政编制4名，参公事业编制7名；2017年年底前有在编人员9名，其中局机关干部4名，下属参公事业单位干部5名。区委老干局下设办公室、离退休干部管理科、区老干部活动中心（区关工委办公室、区离退休干部党建管理中心挂牌在区老干部活动中心）。截至12月，纳入区委老干局服务管理的离退休干部1083人，其中离休干部24人，市管退休干部53人，区管退休干部818人，原县管实职科级退休干部188人。全区机关事业单位有离退休党支部77个，离退休干部党员3171名。

【老干部思想建设】 2017年，区委老干局坚持每月15日离休干部组、20日市管退休干部组定期集中学习制度，组织离退休干部学习领会习近平总书记系列重要讲话精神，广泛宣传习近平总书记在全国老干部工作“双先”表彰大会的重要指示精神。组织90余名离退休干部集中观看中共十九大开幕式；举办离退休支部书记中共十九大精神专题培训班；12月14日，组织全区离退休干部110人参加中共十九大精神宣讲会。年内承办全区经济社会发展情况通报会2次，各单位召开情况通报会117次；组织老干部参加重要会议15次；组织老同志政治理论学习7200余人次，集中学习5000余人次；订阅党刊、报刊1300余份。

坚持思想引领，成立离退休干部家事协调工作小组，坚持交心谈心和个别走访相结合，开展思想疏导和情绪化解工作，为老干部化解家庭矛盾、解决实际困难，引导老同志家庭和谐，保持心情舒畅。全年解决老同志实际困难280余件，开展交心谈心160余次，走访困难老同志320人次。

【离退休党建工作】 2017年，区委老干局到全区街镇和重点部门对离退休干部党组织建设、长寿委办发〔2016〕70号文件精神的贯彻落实情况进行督促检查。组织召开老干部联络员会议和区老干部工作领导小组会议，加强对老干部工作的指导。区委老干局机关干部按照分片区、分部门定期开展离退休干部组织生活、政治理论学习的指导工作。抓组织建设，做好离退休党工委成立的筹备和基础工作。6月，经区委常委会研究决定成立区离退休干部党工委；9月，配备领导班子和办事机构。“七一”、国庆、春节等重大节日开展对老党员、老干部和困难党员开展走访慰问。年内组织离退休党支部书记、老干部代表参加市委老干部党校第七十二期培训，举办全区离退休干部党建工作专题培训班，全区80余名离退休支部书记、副书记参加培训。

【老干部生活待遇】 2017年，区委老干局持续为离休干部实施精细化服务。巩固离休干部“三个机制”，离休费、医药费、财政支持保障到位，发放企业离休干部生活补贴，据实报销医药费。在重大节日对离休干部开展普遍慰问；离休干部生病住院第一时间派专人进行一对一服务。开展关心慰问，坚持老干部生病住院和去世的报告、关怀、慰问制度，坚持重大节日普遍慰问和重点对象个别慰问相结合，向离退休干部发放慰问金和慰问品；落实离休干部护理费调标工作，为全区20名离休干部调整护理费。落实1名建国初期干部待遇，补发生活补贴及医疗补贴；为全区 62 名建国初期干部生活补贴标准进行调整。重大节日区四大家主要领导带队看望慰问老干部。做好社区“四就近”工作，督促指导桃花社区和凤岭路社区 2 个试点社区做好“四就近”（老干部就近学习、活动、得到关心照顾、发挥作用。下同）工作，为试点社区解决工作经费，确保工作顺利开展；加强对社区老干部工作者的考核管理力度，组织工作人员参加各类培训，开展社区涉老志愿服务工作，为 13 名行动不便、生活困难的老同志提供家政服务。解决离退休干部特殊困难，针对特殊困难帮扶标准较低的实际，积极争取、协调解决，经区老干部工作领导小组研究将帮扶标准由 3000 元提高至 5000 元，全年帮扶特殊困难老同志 91 人，发放帮扶资金 26.6 万元。组织 78 名离退休干部进行健康体检，及时掌握他们的身体健康状况；建立健康档案，全面了解他们的身体变化情况。做好离退休干部信访稳定工作，在重大节日对建国初期参加革命工作退休干部进行走访、慰问；全年受理老同志来信、来访、来电等 600 余件次，及时办理信访批转件，加强沟通联系，耐心细致做工作，确保离退休干部队伍的稳定。

【老干部活动】 2017 年，区委老干局召开专题座谈会，组织老干部畅谈中共十八大召开以后发生的变化，所取得的新进展新成就，听取老同志对区委、区政府工作的建议；组织召开座谈会 20 余场次，发放征求意见表、调查问卷 1000 余份，搜集老同志意见建议 400 余条，为党委、政府的工作提供参考。组织开展主题征文活动，老同志以诗歌、散文等形式撰写文章 56 篇，建言文章 10 篇，在长寿日报上专版刊登。举办喜迎十九大文艺演出暨书画摄影展，全区 1000 余名老同志参加活动，区委老干局职工和老同志们集体上台演出节目 3 个；展出老同志书法作品 45 件、绘画 45 件、摄影 30 件。开展辉煌与梦想主题教育活动，组织老干部讲师团，向青少年开展党史国史巡回讲座；全区关心下一代工作取得显著成绩，长寿区关工委 2017 年获中国关工委表彰的“中华魂”读书活动全国先进集体，获全国司法部、中央综治办、中关工委联合颁发的第三届“关爱明天，普法先行”青少年普法教育活动先进集体，为长寿区获得“全国未成年思想道德建设先进城区”作出积极贡献。落实专项资金完善老干部活动中心的功能，改建和维修中心场馆，按照老同志们的需求购置电脑，添置气血循环机、跑步机等健身器材。在重大节日，组织老同志们开展游园、棋牌、书画创作、诗歌创作等活动，老同志参与率 95% 以上。联合区委组织部举办集体祝寿活动，向老寿星们送上生日的祝福。老干部活动中心常年组织开展门球、乒乓球、台球、沙狐球等活动；开办音乐班、太极拳班、智能手机和电脑知识兴趣爱好班，举办电影专场、老年健康知识、老年心理学、安全知识讲座；承办重庆市第七届老干部艺术节长寿分会场活动，获得优秀组织奖；组织参加重庆市第三届棋牌比赛获得三等奖、钓鱼比赛获得二等奖；参加长寿区第三届“开心木门杯”传统武术锦标赛获得二等奖。组织 200 余名离退休干部参观考察渝北区民国街、长寿区预防职务犯罪警示教育基地、长寿湖第二届菊花展。组织引导离退休干部发挥正能量，建立老干部正能量工作室、老干部微信群、QQ 群，组织老干部网络宣传员在网络平台上为全区各项建设取得的新成就点赞喝彩，通过发贴、跟贴、评论等方式传递正能量。（刘星星）

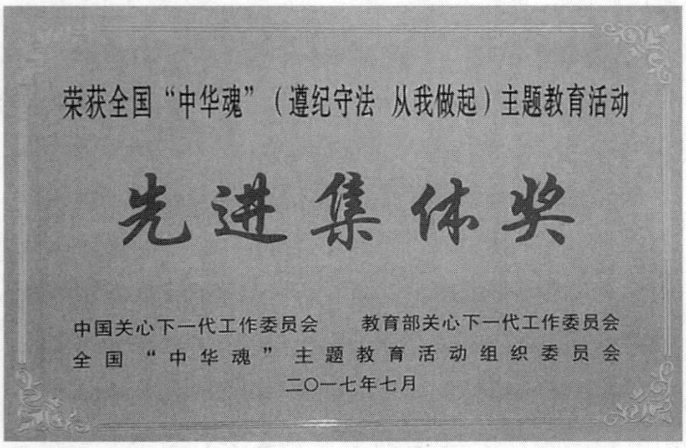

重庆市长寿区关心下一代工作委员会获奖荣誉证书

党校工作

【概况】 中共重庆市长寿区委党校是党校、行政学校、电大分校、社会主义学院四校合一的学校（本分目简称学校）。学校领导班子为常务副校（院）长 1 名，副校（院）长 2 名，校务委员 2 名，设 8 个内设科室；2017 年，有教职工 29 人，其中高级职称 6 人、中级职称 13 人，博士研究生 1 人、硕士研究生 4 人，在职研究生 6 人，本科 18

人。学校坐落于长寿区菩提街道文苑西路2号，建筑面积10288平方米，教室32间，可同时容纳2000人上课；学校有藏书上万册，有100兆校园网、双向视频远程教学系统、网上直播系统，有一流的校园教学观摩系统、校园安全监控系统、校园广播系统，各项教育设施设备齐全。

【干部培训】 2017年，长寿区委党校承办各类培训班28期，培训干部4899人次，其中主体班5期，培训干部355人次。年内区委书记赵世庆、区长巴川江等12名区领导到主体班授课。接待市委党校等区外党校主体班到长寿经开区教育实践基地和区检察院预防职务犯罪教学实践基地20期，1076人次；承办市委组织部周末讲堂长寿分课堂8期，组织主体班学员1080人次参加学习。学校教师在主体班，到凤西社区和万盛党校等22个单位授课32场次，受训干部2170人次，其中送党课到基层21场次，受训基层干部1390人次。开发《强化看齐意识，做合格党员》《坚定中国共产党人的文化自信》等5个新专题。教师刘维仙、刘非凡分别在重庆市党校系统第三片区教学比赛中获一等奖、三等奖。

【学历教育】 截至2017年年底，长寿电大为地方经济社会发展服务培养实用型人才372人；完成各类招生1001人，学历教育在籍人数1952人；组织考试14次，338场次，9903科次；成功申报国家开放大学课题1个，成功申报重庆电大校级课题1个；在重庆电大第四届微课比赛中，学校教师报送的5节微课全部获奖，其中一等奖1节、三等奖2节，优秀奖2节；长寿电大分校获“重庆广播电视大学第四届微课大赛优秀组织奖”。

【科研资政】 2017年，长寿区委党校坚持科研资政质量并重，全年学校教师公开发表论文24篇。成功申报课题6个，其中中共重庆市委组织部课题1个（《干部教育培训在全面从严治党中的作用》），重庆社会主义学院委托课题1个（《提高党外人士法治思维和依法办事能力研究》）；成功结项课题10个，其中市科委重庆社会主义学院课题2个（《抗战时期宪政运动中的多党合作研究》《“新三种人”统战工作研究》）；通过《领导参阅》上报资政报告20篇，获区领导肯定性批示15篇；与区委宣传部、社科联联合办《长寿·理论专刊》1期。

【后勤服务】 2017年，长寿区委党校协助区委办、区政府办、区委组织部、区委宣传部等部门做好全区办公系统培训会、全区卫生健康大会等41期培训（会议）的服务工作，接待区级部门组织的会议、培训、考试及面试；学校网站实现迁移、关停并转；编纂完成学校校志；优化校园环境，改善硬件设施，修补校园破损围墙，维护更换消防水管。（侯俊成）

党史研究与地方志工作

【概况】 2017年年底，中共重庆市长寿区委党史研究室（重庆市长寿区地方志办公室），简称［区委党研室（区志办）］有主任1人，副主任1人，有在职参公事业人员3人，工勤人员1人，临聘人员7人。围绕贯彻落实全国、全市史志工作会议精神，坚持“存史、资政、育人”根本任务，创新工作思路，提升史志工作影响力，完成各项工作任务，获得重庆市地方志办公室通报表扬为地方志工作先进单位。

【党史研究】 2017年，长寿区委党研室按照市委党史研究室关于党史工作“五个一”要求，推进党史书籍整理、专题研究和资政育人工作。推进两本书的编辑出版工作。编辑完成《中共重庆历史大事记·长寿区卷（1925—2006）》，市委党史研究室已完成审读，年底前在推进公开出版程序相关工作；编辑完成《党史人物传》（续编），年内完成审读工作，正在按程序推进内部出版工作。开展党史研究。围绕党史、国史，撰写《来自长寿历史的报告》系列宣讲文稿，收录党史国史资料20篇15万余字；围绕党的十九大等重大事件和重要成就开展党史专题研究，完成《中国共产党站起来、富起来、强起来的历史》理论文章。加强党史遗址遗迹保护。召开廖井丹事迹座谈会，开展双龙镇廖井丹故居保护工作；协助有关单位开展云集镇杨克明故居、葛兰镇陈燮纪念碑等文物修复保护工作。四是实施党史资料数字化。完成《名人与长寿》《春风化雨——长寿改革开放二十年》《长寿画册》等5部书籍120万余字党史资料数字化工作。

【地方志工作】 2017年，长寿区委党研室推进第二轮修志，对街镇、部门的修志工作进行督促指导、审核修改。指导完成《长寿区政法志》公开出版，《长寿区城乡规划志（1919—2014）》《葛兰镇志》内部出版，完成《葛兰镇志》《新市镇志》《长寿文化馆志》纲目、《长寿文化志》纲目、《长寿民进志》《江南街道志》等6部乡镇、部门志的审核任务，交流审核《彭水县志》。推进年鉴工作常态化。提前实现综合年鉴一年一鉴公开出版，《长寿年鉴》编辑出版工作名列全市前列，连续多年获市地方志办公室表彰和肯定。3月，完成《长寿年鉴（2016）》的公开出版发行；进行《长寿年鉴（2017）》相关资料收集整理编纂校对，年底前完成排版已进入出版社审稿阶段。开展旧志整理。在做好《长寿县志（康熙五十三年）》《长寿县志（光绪元年）》《长寿县志（民国十七年）》出版发行工作之后，2017年完成《长寿县志（民国三十三年）》点校注初稿。编辑史志部门志。成立长寿区党研室（区志办）部门志编撰工作组，落实专门人员，收集、查阅党史、方志历史档案资料100万余字，开展党史、地方志部门志编辑工作，年底前完成初稿50余万字。方志其他工作。完成《重庆市长寿区建置沿革》初稿送审和《市志》总述长寿资料收集工作；推进地方志资料数字化，完成41部方志书籍数字化。

长寿区2017年出版的部分方志书籍

【资政育人】 2017年，长寿区委党研室通过主流媒体开展党史宣传，在长寿日报推出“追寻长寿历史足迹”系列主题报道16期次；在《名人与长寿》杂志刊登杨克明、廖井丹等党史人物事迹；与区委组织部合作创作微视频《星火初燃》。通过党史进学校、进社区、进农村宣传党史国史，在重庆医药学校、双龙中学、大洪河中学、龙溪中学等学校宣讲党史国史10余场次，听课人数近万人次。通过走访调研红军将领杨克明故居、刘伯承养伤地、廖井丹故居，推动革命传统教育基地的建设；实地查看凤城林庄学堂、罗围润之堂、长寿革命烈士陵园、葛兰陈燮烈士纪念碑、石回刘伯承养伤地、云集杨克明故居等革命遗迹遗址，推进革命遗址保护修复工作。

【党建工作】 落实“两学一做”常规化制度化，每月20日举行“主题党日”活动，全年组织党员干部开展系列学习会21次，学习《习近平总书记系列重要讲话读本》《习近平论中国共产党历史》、习近平总书记视察重庆讲话、《党的十九大报告辅导读本》等重要内容。

聚焦“四个意识”，坚定党员干部理想信念，在政治方向、政治立场、政治言论、政治行为方面强化刚性约束。一是全面落实从严治党要求，严守政治纪律和政治规矩，全年召开党风廉政建设学习教育会13次。二是严格遵守廉洁从政有关规定，执行中央八项规定，反对“四风”，强化主要负责人和班子领导落实主体责任，主要负责人召开领导班子会议研究部署落实工作14次，主要负责人组织班子成员学习党风廉政建设和反腐败工作重大决策13次，传达上级工作部署21次。三是开展“三公”经费管理排查，严格执行“三公”经费及津贴补贴福利发放规定，推进公务用车改革，规范公车使用、管理、监督流程，公车运营费用比2016年下降30%以上。四是加强重要节庆、重点岗位风险排查，严格监督执纪，持之以恒推进作风建设，全年开展党员干部廉政约谈7次。

（张玉洁）

保密工作

【组织领导】 2017年3月，在区级领导和部门换届完成后，随即调整、充实、完善区委保密委员会领导和成员单位。由区委副书记左永祥任区委保密委员会主任，区委常委、区政府常务副区长蒋牧宸和区委办公室主任李兴建任区委保密委员会副主任，区纪委、区委办、区委组织部、区委宣传部、区委统战部、区委政法委、区法院、区检察院等30个单位为区委保密委员会成员单位，加强对全区保密工作的领导。

2017年，区委常委会2次专题听取区国家保密局工作情况汇报。3 月 23 日，区委书记赵世庆主持召开十三届区委常委会第九次会议，专题传达学习贯彻全市保密工作会议精神。7 月 7 日，区委书记赵世庆主持召开十三届区委常委会第十八次会议，专题学习失密泄密警示案例，对全区保密工作提出要切实增强保密意识、要切实抓好保密工作、要切实履行主体责任、要切实强化责任追究等要求。2017 年，区委副书记、区委保密委员会主任左永祥对保密工作作出批示 10 余次，主持召开区委保密委员会全体会议 2 次，研究解决保密工作中的实际困难和问题。区国家保密局按照市国家保密局以及区委、区委保密委的部署和要求，采取措施，推进全区保密管理各项工作。全区保密工作形成区委组织领导有力、区国家保密局统筹协调有序、部门街镇齐抓共管的良好工作格局。

【保密责任落实】　2017 年，全市贯彻《党政领导干部保密工作责任制规定》相关文件下发后，区委和区委保密委员会按照文件知悉范围对文件进行转发，确保保密工作与业务工作同研究、同部署、同落实、同考核、同奖惩。区国家保密局协调区纪委、区考核办，将党政领导干部履行保密工作责任制情况纳入部门、街镇党政领导实绩考核评价及年度述职述廉，以考核倒逼责任落实。区国家保密局加大监督检查力度，对在检查中发现存在领导干部保密工作责任制落实不到位、保密管理不规范等问题的长寿日报社、区农委、区文化委、区林业局等单位分管领导干部进行集中约谈，责令其作出书面检查，将检查情况进行全区通报，在年度目标考核总分进行扣分处理，发挥考核指挥棒作用。

【保密制度完善】　2017 年，全区重点部门、单位保密管理制度不断完善，不断向全区各部门、各街镇、在长寿市属以上企业事业单位延伸。7 月 3 日，区国家保密局会同区委机要局制定下发《中共重庆市长寿区委办公室保密工作制度》，制度包含《领导干部保密工作责任制》《保密管理责任追究制度》《涉密人员管理制度》《保密要害部门、部位保密管理制度》《普通手机使用管理规定》《涉密纸质载体安全保密管理制度》《涉密网络及计算机安全保密管理制度》《非涉密网络及计算机安全保密管理制度》《涉密移动存储介质安全保密管理制度》《信息公开保密审查制度》等 10 个制度，抄送全区各部门、各街镇、在长寿市属以上企事业单位学习借鉴，要求各单位结合实际，建立健全保密相关体制机制，推动保密工作制度化规范化。区人大常委会机关等几十家部门和单位相继建立完善相关保密制度，全区保密管理进一步专业化、规范化、制度化。

【保密宣传教育】　2017 年，区委和区委保密委员会始终把抓好保密宣传教育摆在突出位置，确保宣传到位、警示教育到位、工作落实到位。区国家保密局运用新媒体、新渠道对全区公民开展保密常识、保密知识“两识”教育和警示案例教育，增强各部门、各街镇、在长寿市属以上企事业单位和群众的保密法治意识，全年在《长寿日报》、长寿手机台发布《保密微讲堂》专栏 15 期，受众超过 20 万人次。区国家保密局采取举措强化领导干部、涉密人员和保密干部的教育培训，提升干部职工保密意识和专业水平。4 月 26 日，邀请全市保密教育培训市级师资库成员、市国家保密局检查处副处长对全区 270 余名部门、街镇及企事业单位保密工作分管负责人、办公室主任进行为期半天的保密专题培训。7 月 5 日，邀请全市保密教育培训市级师资库成员、市国家保密局宣传法规处副处长对长寿经开区机关全体党员和职工 200 余人进行保密专题培训。区国家保密局也组织力量到 10 余个区级部门开展专题培训，提升保密干部综合素质。

（韩　黎）

2017 年中共重庆市长寿区委员会书记、副书记、常委、委员、候补委员名录

书　记：赵世庆

副书记：巴川江（蒙古族）　左永祥

常　委：赵世庆　巴川江（蒙古族）　左永祥
何以龙　王身高　谭　伟
王志宏（2017 年 6 月离任）
蒋牧宸　李　松　师明萌（女）
胡建川（2017 年 6 月任）
李雪松（挂职）

区委委员（以姓氏笔画为序）：王志宏（2017 年 6 月离任）　王身高　巴川江（蒙古族）
邓永春　左永祥　冉　洪　师明萌（女）
汤晓强　孙　建　李　松　李长春
李兴建　李雪松（挂职）　杨岸鸿
肖庆华　何一波　何以龙　宋　平

张　华　张明万　张明生　张新明
陈　勇　卓大林　赵世庆
胡建川（2017年6月任）　柳德新
洪其昌　唐贤明　涂山全　黄广荣
黄　伟　黄　亮　龚小平　梁经顺
梁德志　蒋发平　蒋牧宸　程学明
廖智辉（女）　谭　伟　蹇世儒

区委候补委员（以得票多少为序）：
罗小玲（女）　聂华甫　殷　铭
刘　刚　陈显明　周　剑　张常宝
殷湖北

2017年中共重庆市长寿区委员会工作部门领导人名录

区委办公室

主　　任：李兴建
常务副主任：但小平（2017年2月离任）
邓　军（2017年2月任）
副 主 任：邓　军（2017年2月离任）
贺　楠　殷　铭（兼）
李晓裕（女，挂职，2017年2月任）
樊　飞（2017年2月改为挂职）
程　涛（2017年9月任）
区纪委驻区委办公室纪检组组长：刘　彦
区委机要局（密码管理局）局长：贺　楠（兼）
副局长：李　浩（2017年2月任）
区国家保密局局长：但小平（兼，2017年2月离任）　樊　飞（2017年2月任）
区委政策研究室主任：邓　军（兼）
副主任：周昊杰（女，2017年11月任）
吴权平（2017年2月任）
区委督查室主任：鲁　巧（女，2017年2月离任）　李晓裕（女，2017年2月任）
副主任：余勇（2017年2月任）

区委组织部

部　　长：王志宏（2017年7月离任）
胡建川（2017年7月任）
常务副部长：罗建平（2017年2月任）
副 部 长：李国辉（兼，2017年2月离任）
陈　睿（女，兼，2017年2月离任）
刘亚敏（女，兼）
罗建平（2017年2月离任）
张安才　朱　浩（2017年2月任）
区考核办主任：罗建平（2017年2月离任）
副主任：张　灿（兼）
黄小波（2017年2月任）
区委非公工委书记：朱　浩（兼，2017年2月任）
专职副书记：朱　浩（2017年2月离任）
蒋　川（2017年2月任）
区委人才办主任：张安才（兼）
区纪委驻区委组织部纪检组组长：江　彤

区委宣传部

部　　长：师明萌（女）
常务副部长：文平林（2017年2月离任）
李元凯（2017年2月任）
副 部 长：叶绍举（2017年2月改为挂职）
林家义（兼，2017年2月离任）
游　江（兼，2017年3月离任）
张茂荣（2017年2月任）
张　莲（女，2017年2月任）
区纪委驻区委宣传部纪检组组长：殷嘉寿

区精神文明办公室

主　　任：文平林（2017年2月离任）
李元凯（兼，2017年2月任）
专职副主任：王　舰（2017年2月任）
副 主 任：张　莲（女，2017年2月离任）

区委网络安全和信息化领导小组办公室

主　　任：文平林（2017年2月离任）
叶绍举（2017年2月任）
副 主 任：王　舰
曾　娅（女，2017年2月任）
区委对外宣传办公室（区政府新闻办公室、区互联网信息办公室）主任：王　舰

区委统战部

部　　长：何以龙
常务副部长：王　强（2017年2月任，10月离任）
张　剑（2017年10月任）
副 部 长：韩建宏（2017年3月改为挂职）
张真明（2017年2月离任）
樊广义（2017年2月离任）宦仕发
杨洪梅（女，2017年2月任）
董瑞芳（女，挂职，2017年2月任）

区纪委驻区委统战部纪检组组长：喻　璐（女）
区台办主任：王　强（兼，2017年2月离任）
宦仕发（兼，2017年2月任）
区侨办主任：樊广义（兼，2017年2月离任）
副主任：杨洪梅（女，兼，2017年2月任）

区委政法委

书　　记：王身高
常务副书记：张　兵
副 书 记：李　松（兼，2017年2月离任）
李建强（兼，2017年2月离任）
何一波（2017年2月任）
张明万（2017年2月任）
周怀念　余　伟　周　锋
政治处主任：王利飞
区纪委驻区委政法委纪检组组长：刘宗亮
副组长：韦爱国
区综合治理办公室主任：张　兵
副主任：刘　洪（女，2017年2月离任）
骆　莉（女，2017年2月任）
区委（区政府）防范和处理邪教问题办公室主任：周怀念
副主任：余津丞（2017年2月任）
区国家安全办公室主任：周　锋（兼）

区机构编制委员会办公室

主　　任：陈　睿（女）
副 主 任：彭　飞（2017年2月任）

区直机关工委

书　　记：王志宏（2017年2月任，7月离任）
胡建川（2017年7月任）
孙　建（2017年2月离任）
常务副书记：孙　建（2017年2月任）
副 书 记：董瑞芳（女，2017年2月离任）
李　蓉（女）
纪工委书记：张俊逸

区信访办

主　　任：殷　铭
副 主 任：项利君（女）　周　伟
周科建（2017年2月任）
区维稳办副主任：熊　浩（2017年2月离任）
区信访督查专员：余　豹（女）
向小云（2017年2月任）

区委老干部局（区离退休干部党工委）

局　　长：刘亚敏（女）
副 局 长：向　林
区离退休干部党工委书记：刘亚敏（女，2017年9月任）
专职副书记：庞仁建（2017年9月任）

区委党校

党校校长：左永祥（兼）
区行政学校校长和重庆广播电视大学长寿分校校长：蒋牧宸（兼）
区社会主义学院院长：何以龙（兼）
常务副校长（兼行政学校常务副校长、广播电视大学长寿分校常务副校长、区社会主义学院常务副院长）：李国辉（2017年2月离任）
李长春（2017年2月任）
副 校 长（兼区行政学校副校长、广播电视大学长寿分校副校长、区社会主义学院副院长）：喻　科　张容华（女）
区社会主义学院副院长：宦仕发（兼，2017年3月离任）
杨洪梅（女，兼，2017年3月任）
校务委员：黄游芳（女）　陈国富

区委党研室（区地方志办公室）

主　　任：游　江
副 主 任：杨　耀

区委农村工作委员会

书　　记：黄广荣
专职副书记：罗盛昌（2017年2月离任）
黄道平（2017年2月任）
副 书 记：张　剑（兼，2017年3月改为挂职）
陈代禹（挂职，2017年3月任）

区委教育工作委员会

书　　记：李长春（2017年2月离任）
张新明（2017年2月任）
专职副书记：黄广泉（2017年2月任）

长寿日报社

社长、总编辑：蒙　明（女）
副社长、副总编辑：陈小平
袁　准（2017年2月任）

区广播电视台

台　　长：杨　渝
副 台 长：叶明昌（2017年2月离任）

廖诗平　汤鸿静（女）　　　　　张世路（2017 年 2 月任）

表 8　　**中共重庆市长寿区委员会重要文件目录**

文件名称	文号
区委关于印发《长寿区 2017 年度政党协商计划》的通知	长寿委发〔2017〕2 号
区委关于新形势下加强政法队伍建设的实施意见	长寿委发〔2017〕4 号
区委、区政府 2017 年农业农村工作意见	长寿委发〔2017〕6 号
区委、区政府关于 2016 年度工业企业年度考评获奖企业的通报	长寿委发〔2017〕7 号
区委、区政府关于公布 2017 年长寿区重点工业企业和成长型工业企业名单的通知	长寿委发〔2017〕8 号
区委关于认真学习宣传贯彻市第五次党代会精神的通知	长寿委发〔2017〕11 号
区委、区政府关于深化违法建筑整治工作的通知	长寿委发〔2017〕12 号
区委、区政府关于给予杜光礼等 9 名同志记三等功的决定	长寿委发〔2017〕13 号
关于印发《重庆市长寿区法治政府建设实施方案（2017－2020 年）》的通知	长寿委发〔2017〕14 号
区委、区政府关于深化脱贫攻坚工作的实施意见	长寿委发〔2017〕15 号
区委、区政府关于推进安全生产领域改革发展的实施意见	长寿委发〔2017〕17 号
区委关于认真学习宣传贯彻党的十九大精神的通知	长寿委发〔2017〕18 号
区委、区政府关于给予余建等 82 名同志记三等功和唐红伟等 470 名同志嘉奖的决定	长寿委发〔2017〕19 号
区委、区政府关于在长寿经开区实行行政审批首席代表制的通知	长寿委发〔2017〕20 号
区委关于成立区深化国家监察体制改革试点工作小组的通知	长寿委发〔2017〕21 号
关于做好学习贯彻市委《关于加强党内法规制度建设的实施意见》有关工作的通知	长寿委发〔2017〕22 号
中国共产党重庆市长寿区第十三届委员会第二次全体会议决议	长寿委发〔2017〕23 号
区委关于把党的十九大精神全面落实在长寿大地上的决定	长寿委发〔2017〕24 号
区委关于印发《重庆市长寿区学习宣传贯彻党的十大精神实施方案》的通知	长寿委发〔2017〕25 号
区委、区政府关于对全区党的十九大维稳安保工作表现突出的个人记三等功的决定	长寿委发〔2017〕26 号
中共重庆市长寿区委关于印发《重庆市长寿区街镇领导班子和领导干部 2017 年度综合考核办法》的通知	长寿委发〔2017〕28 号
中共重庆市长寿区委关于印发《重庆市长寿区区级部门领导班子和领导干部 2017 年度综合考核办法》的通知	长寿委发〔2017〕29 号
区委、区政府关于深入推进城市执法体制改革改进城市管理工作的实施意见	长寿委发〔2017〕30 号

重庆市长寿区人民代表大会

人民代表大会

【区十八届人民代表大会第一次会议】 重庆市长寿区十八届人民代表大会第一次会议于2017年1月8日至1月12日在区科技文化中心召开。会议应出席代表293人，第一次全体会议、第二次全体会议、第三次全体会议代表分别实到292人、282人、290人。邀请不是区十八届人大代表的中共十三届区委常委，区政府副区长，区政协副主席、巡视员，长寿经开区管委会副主任，享受区级领导待遇的在职领导干部，区法院副院长、区检察院副检察长，区巡察组组长，区委各部委、各人民团体负责人，区政府各部门及直属事业单位、长寿经开区各部门行政负责人，部分在长寿市属以上单位主要行政负责人，部分企业负责人，历届区（县）人大常委会副主任，区十七届人大常委会组成人员，在长寿的市第四届人大代表等194人列席会议；邀请30名市民代表旁听第一、二次全体大会。

会议举行1次预备会议、3次全体会议、5次主席团会议和4次各代表团会议。会议听取和审议区政府工作报告、区人大常委会工作报告、区法院工作报告、区检察院工作报告，审查计划、财政预算报告，依法作出决议，批准区政府、区人大常委会、区法院、区检察院工作报告和计划报告、财政报告，批准2016年国民经济和社会发展计划执行情况及2017年国民经济和社会发展计划，批准2017年国民经济和社会发展计划和区级财政预算。

会议选举张明生为区十八届人大常委会主任，潘晓林、霍家勤、郑勇、唐华、李吉华5人为区十八届人大常委会副主任，王小玉、王平树、韦学明、孔庆明、朱玲、向瑞芳、杨洪、何骏涛、余旭、张玉涛、张兰平、张安才、陈显明、陈碧勇、罗小玲、周剑、周俊屏、郑勇（人大办）、聂小平、夏彤、钱伟、徐向荣、唐志鹏、黄正桥、韩志书、董长明、覃夕全、程茂、湛秀英29人为区十八届人大常委会委员；选举巴川江为区人民政府区长，蒋牧宸、宋平、汤晓强、卓大林、何一波、张昌红、张明万7人为区人民政府副区长；选举柳德新为区人民法院院长；选举梁经顺为区人民检察院检察长（须报重庆市人民检察院检察长提请重庆市人大常委会批准）。

会议决定设立区第十八届人民代表大会法制委员会、财政经济委员会、教育科学文化卫生委员会3个专门委员会，各专门委员会组成人员的职数分别为7人。会议表决通过区第十八届人民代表大会法制委员会、财政经济委员会、教育科学文化卫生委员会组成人员人选。

会议收到代表议案建议325件，其中提出议案1件（经大会主席团审定，该议案被确定为建议）、建议324件；所提建议涉及区人大常委会工作1件，法院工作1件，区政府工作323件。

（张忠荣）

人大常委会议

【重大事项决定】 2017年，区十八届人大常委会召开8次常委会议，作出关于开展第七个五年法治宣传教育的决议、关于批准2016年区级财政决算的决议、关于批准2017年度长寿区新增政府债券分配方案的决定、关于批准长寿区2017年经济社会发展主要指标调整的决议、关于批准2017年区级财政预算调整方案的决议。

【重要事项审议】 2017年，区人大常委会审议“一府两院”专项工作报告20项。包括审议区政府《关于2016年度环境状况和环保目标任务完成情况报告》《关于2016年度政府性债务情况的报告》《关于2016年度城乡规划及执行情况报告》《关于“六五”普法工作情况及“七五”普法规划情况报告》，听取审议区政府《关于2016年度法治政府建设情况的报告》《关于审计查出问题整改情况的报告》《关于实施北部新城详细规划情况的报告》《关于长寿区海绵城市专项规划（2016—2025）相关情况的报告》《关于长寿区新市片区总体规划修编（2014—2025）相关情况的报告》《关于2017年新增政府性债券分配方案的报告》《关于2017年上半年我区国民经济和社会发展计划执行情况的报告》《关于2017年上半年财政预算执行情况的报告》《关于2016年度义务教育督导工作情况的报告》《关于长寿区2016年财政决算的报告》《关于2016年度预算执行和其他财政收支的审计工作报告》《关于区十八届人大一次会议代表建议、批评和意见办理情况的报告》《关于长寿区2017年经济社会发展主要指标调整的报告》《关于2017年区级财政预算调整方案的报告》。听取审议区法院《关于2016年度公正司法工作情况的报告》，听取审议区检察院《关于2016年度公正司法工作情况的报告》。

【人事任免和选举】 任免国家机关工作人员110人次（其中任命86人次，免职24人次）；组织任前法律知识考试5次，86名拟任命人员考试合格，13名拟任命人员在常委会上作任前表态发言，73名拟任命人员提交书面表态发言，所有任命人员就职时均向宪法宣誓，决定任命的27名干部向区人大常委会提交任期目标和工作措施。代表补选和资格审查，补选区人大代表5名，召开常委会代表资格审查会议3次，审查代表资格变动9人次（补选5人次，资格终止4人次），许可检察院采取强制措施1人次。（张忠荣）

重要工作与活动

【政治思想建设】 2017年，长寿区人大常委会始终把政治建设摆在首位，把迎接中共十九大胜利召开和学习宣传贯彻十九大精神作为首要政治任务，贯穿全年工作始终。及时通过收看电视直播、参加各类培训、组织交流讨论、深入基层宣讲、出台贯彻意见等形式，把全区人大干部、人大代表的思想和行动统一到十九大精神上，把中共十九大精神全面落实到人大工作中。坚持党对人大工作的领导，树立“四个意识”，维护以习近平同志为核心的党中央权威和集中统一领导。贯彻区委决策部署，围绕区十三次党代会提出的“三地一中心”全面建成、城乡整体面貌全域改观、改革发展成果全民共享三大目标，谋划和开展人大工作。落实区委《关于加强区镇人大工作和建设的若干意见》精神，坚持重大事项向区委请示报告制度，把党对人大工作的各项要求体现在工作部署上、落实到履职实践中。

2017年7月18日，长寿区人大常委会专题询问区政府创建全国文明城区工作。区领导张明生、左永祥、蒋牧宸、师明萌等出席

【人大监督】 2017年，长寿区人大常委会加强经济工作监督。组织市区人大代表视察长寿经开区运行情况，就聚商选资、技术研发、对外开放、服务企业、安全环保等方面提出意见建议；组织常委会组成人员视察长寿工业园区建设情况，提出壮大主导产业、提高环境容量、促进产城融合等意见建议；听取区政府战略性新兴产业发展情况汇报，提出加快传统产业供给侧结构性改革、完善产业政策环境、提高产业集中度和含金量等意见建议；听取区政府国资金融情况汇报，提出加快推进区管国有企业转型、引导资金脱虚向实、加强金融及债务风险防范等意见建议；组织市区人大代表视察生态水产养殖情况，提出推广生态养殖技术、利用水产养殖优势发展特色乡村旅游、塑造“长寿鲜鱼”品牌形象等意见建议；听取科技工作情况汇报，推动技术创新与大众创新、管理创新、体制机制创新互动融合；听取农村电子商务发展情况汇报，促进“互联网+”与农业农村经济深度融合。加强计划、预算监督。听取审议2017年计划执行情况报告，提出抓好十大重点项目建设、科学布局

专业市场、加快场镇污水管网建设等15条审议意见；听取审议2016年审计工作报告和2017年预算执行情况报告，提出加强审计监督、科学编制预算、保障重点支出等审议意见；听取审议区政府关于审计查出问题整改情况报告，对18项整改不到位的问题进行跟踪督办，推动整改落实率从93.6%提高到98.9%；主动将预算审查监督条例提请区委中心组集中学习；出台预算审查监督专家库管理办法，聘请14名财政、审计、会计、法律等方面的专业人员为首批专家库成员。加强法律监督。听取审议区政府普法工作情况报告，督促区政府建立普法责任清单制度，健全普法宣传教育机制；听取区法院执行工作情况汇报，提出规范法院执行行为，强化执行公开、执行宣传、执行联动；组织市区人大代表视察区检察院工作情况，提出加强标兵院、特色院建设，推动检察职能向基层延伸等意见；开展“12.4国家宪法日”“贯彻十九大精神·人大代表在行动”法治宣传活动；开展《农业技术推广法》《残疾人保障法》《固体废物污染环境防治法》执法检查，加强备案审查工作，对区人大现行规范性文件进行全面清理审查，对区政府及办公室报送的10件行政性规范性文件进行合法性审查，向市人大报送10件规范性文件；加强人大信访工作，受理群众信访205件，督促“一府两院”及有关部门解决一批群众信访问题。加强民生工作监督。与19个镇街人大上下联动开展文明长寿建设专题询问，重点围绕市政建设、农贸市场、交通秩序、小区管理等7个方面的问题，对区政府及相关部门开展询问；组织市区人大代表视察公共文化服务情况，督促区政府优化公共文化服务设施布局，加快游泳馆、博物馆等大型场馆建设；听取城乡建设管理工作情况汇报，督促区政府认真落实中央城市工作会议精神，完善老城区公共服务设施，延续长寿文化脉络，协调推进中心城区、特色小城镇、美丽乡村建设，提高城乡建设管理的科学化、精细化、智能化水平。

【决定和任免工作】　重大事项决定工作。2017年，长寿区人大常委会作出决议决定28项，提出审议意见13项；审查批准2016年区级财政决算和2017年新增债务分配方案，及时对决算中的有关问题、新增债务使用范围等提出审查意见；作出关于批准计划调整和预算调整方案的决议，对地区生产总值、地方财政收入、固定资产投资等指标进行调整；作出关于开展第七个五年法治宣传教育的决议，将普法工作从“软任务”变成“硬指标”；听取审议区政府关于法治政府建设、城乡规划、环境保护、教育督导、政府性债务以及区法院、区检察院公正司法等年度工作情况报告，提出审议意见。人事任免工作。坚持党管干部原则和人大依法任免干部相统一，年内任免国家机关工作人员110人次，决定任命的27名干部向区人大常委会提交任期目标和工作措施，顺利完成各项人事任免工作；通过任前法律考试、任前表态发言、颁发任命书、举行宪法宣誓等任免工作程序，增强任命国家机关工作人员的宪法意识、责任意识。

2017年10月20日，长寿区的市区人大代表视察经开区。区领导赵世庆、巴川江、张明生等参加

【代表工作】　2017年，长寿区人大常委会加强履职服务管理。出台加强和规范区人大代表履职的若干意见，对代表出席会议、参加活动、联系选民等方面作出具体规定；围绕履行代表职务、审议工作报告、提出议案建议等内容，对200多名区人大代表开展履职培训；健全代表履职网络，组建19个区人大代表小组，完成区人大代表之家规范化建设，在双龙、云台等镇街探索筹建代表工作站；制定区人大代表视察办法，为代表闭会期间开展视察、约见等活动提供制度保障；建立代表履职档案，开展代表履职考核、先进代表小组、优秀代表及建议评选活动；评选先进代表小组7个、优秀代表20名、优秀建议32件；做好市四届人大代表服务工作，在长寿市人大代表履职期间提出议案建议169件，其中“关于加快推进龙溪河流域生态

经济带建设”等9件建议被市人大评为优秀建议，区人大常委会被评为全市代表工作先进单位。推进“两联一述”工作。加强与代表和群众的联系，健全常委会组成人员联系基层代表、代表联系选民和代表向选民述职制度；印发《区人大常委会组成人员联系人大代表的通知》，落实35名区人大常委会组成人员直接联系基层代表175名，每名区人大代表固定联系选民10户；开展主任接待日活动6次，走访接待代表102人次，收集意见建议170件，其中交办54件、留作工作参考116件；邀请51人次列席区人大常委会会议，160余人次受邀参加常委会及专委会重要活动，48名市民代表旁听常委会会议。督促建议办理工作。改进建议督办方式，通过领导牵头督办、邀请代表面商、听取办理情况报告、向社会公开代表建议及其办理情况等措施，促进代表建议得到及时回复和有效办理；对区委、区人大、区政府领导牵头督办的27件代表建议，督促承办部门进行二次回复，推动建议办理工作从“重回复”向“重落实”转变；代表提出的325件建议全部办理完毕（其中办理落实的有185件，列入计划办理的有83件，留作意见参考的有57件），代表对建议办理工作及办理结果普遍表示满意。四是开展代表主题活动。围绕“密切联系群众、推动富民兴区”这一主题，组织市区镇三级人大代表开展视察促进、检查监督、调研献策、联系群众、学习培训五项活动，市区镇三级人大代表走访联系群众17460人次；合力推动渝长高速路扩能改造、农村人饮工程运营管理、北城医院建设、农村配电网建设、桃花溪环境综合整治、农村道路互联互通等一批重点工程和民生实事，有效发挥代表在反映民情、服务群众、化解矛盾、助推发展等方面的积极作用。

2017年7月，长寿区12个镇相继首次召开年中人代会

【常委会及机关建设】 2017年，长寿区人大常委会加强人大制度建设，修订完善区人大常委会议事规则等14项工作制度，形成系统完备、科学规范、运行有效的人大工作制度体系。加强常委会履职能力建设，出台常委会组成人员履职规定，有效发挥常委会组成人员在常委会工作中的主体作用、在代表履职中的表率作用。重视区人大专委会建设，配齐专委会组成人员，明确专委会工作职责，指导专委会建立议事规则和工作制度，全力支持专委会依法开展工作。加强镇街人大建设，出台加强镇人大工作和建设的若干意见、镇人民代表大会年中会议有关问题的指导意见等文件，督促镇人大健全组织机构、配齐工作人员、开展代表活动，每年召开两次人民代表大会、四次主席团会议；加强对区人大常委会街道工委的领导，任命新一届街道工委组成人员，听取各街道工委工作情况报告，建立健全街道工委听取街道办事处专项工作报告、每年至少组织一次代表会议、每季度至少举行一次工委会议等工作机制；在全市乡镇人大工作座谈会上，区人大常委会就加强镇街人大建设作大会发言。做好学习培训、调查研究、宣传信息、对外交流工作，开展人大干部政治理论、法律法规和业务知识培训；注重调查研究，围绕全区中心工作和常委会监督议题，开展旅游发展、“三农”工作、司法体制改革、国有资产管理、城市公共服务设施建设等专题调研，形成调研报告和课题32篇；编纂完成《长寿人大年鉴（2012—2016）》，启动《长寿人大志》编纂工作；加强信息宣传工作，上报市人大调研报告、理论文章、信息稿件141篇（条），其中市人大采用77篇（条），市人大《公民报》头版采用22条，获市人大新闻奖、优秀论文奖5篇，《出台常委会组成人员履职规定》入选2017年度重庆十大人大新闻事件；加强对外交流，主动走出去学习预算监督、代表考核、专委会建设等方面的经验，接待全国人大、市人大领导及外地省市县人大26批次、280人次到长寿视察、调研、考察。

（张忠荣）

2017 年重庆市长寿区人大常委会主任、副主任名录

主　任：张明生
副主任：潘晓林　霍家勤（女）
　　　　李彬旭（2017 年 1 月离任）　郑　勇
　　　　唐　华　李吉华

2017 年重庆市长寿区人大常委会机关工作机构负责人名录

办公室
主　任：程　茂
副主任：郑　勇（2017 年 9 月离任）　黄　磊
　　　　付永兴（兼，2017 年 3 月离任）
　　　　秦　雪（女，2017 年 9 月任）

法制委办公室
主　任：湛秀英（女）
副主任：韩志书　董祥凯

财经委办公室
主　任：黄正桥
副主任：王小玉（女）　郝　赟

教科文卫委办公室
主　任：徐向荣
副主任：韦学明　项　晓（女）

人事代表工委
主　任：张玉涛（女）
副主任：张兰平　向中明

城环工委
主　任：孔庆明
副主任：向瑞芳（女）　鲁　斌

财政预算工委
主　任：王泽林（2017 年 3 月离任）
　　　　余　旭（2017 年 3 月任）
副主任：唐志鹏　但玉榕（女）

信访办
主　任：付永兴（2017 年 3 月离任）
　　　　郑　勇（2017 年 3 月任）

表 9　　2017 年重庆市长寿区人大常委会重要文件目录

文件名称	文号
关于印发《重庆市长寿区人民代表大会常务委员会主任会议议事规则》的通知	长人办〔2017〕6 号
关于印发《重庆市长寿区人民代表大会常务委员会关于公民旁听区人民代表大会及其常务委员会会议办法》的通知	长人办〔2017〕7 号
关于印发《重庆市长寿区人民代表大会常务委员会议事规则》的通知	长人办〔2017〕10 号
关于印发《重庆市长寿区人民代表大会常务委员会组成人员履职规定》的通知	长人办〔2017〕12 号
关于印发《重庆市长寿区人民代表大会常务委员会街道工作委员会工作办法》的通知	长人办〔2017〕13 号
关于印发《重庆市长寿区人民代表大会常务委员会人事任免工作办法》的通知	长人办〔2017〕15 号
关于印发《重庆市长寿区人民代表大会常务委员会听取和审议专项工作报告办法》的通知	长人办〔2017〕37 号
关于印发《重庆市长寿区人民代表大会常务委员会与区人民政府、区人民法院、区人民检察院工作联系办法》的通知	长人办〔2017〕38 号
关于印发《重庆市长寿区人民代表大会常务委员会专题询问办法》的通知	长人办〔2017〕39 号
关于印发《重庆市长寿区人民代表大会常务委员会受理公民来信来访工作办法》的通知	长人办〔2017〕43 号

续表

文件名称	文号
关于印发《重庆市长寿区人民代表大会代表视察办法》的通知	长人办〔2017〕61号
关于印发《重庆市长寿区人民代表大会常务委员会规范性文件备案审查办法》的通知	长人办〔2017〕62号
关于印发《重庆市长寿区人大常委会预算审查监督专家库管理办法》的通知	长人办〔2017〕70号
关于印发《重庆市长寿区人大常委会评议区政府工作部门办法》的通知	长人办〔2017〕71号

2017年春，长寿湖镇紫竹村的“长寿十大珍稀农产品”梓雅红肉火龙果上市

重庆市长寿区人民政府

重要会议

【区政府常务会议】 2017年，长寿区政府全年召开政府常务会议37次583个议题。会议审议长寿区2016年执政为民服务发展评议结果及效能建设工作经费分配方案（送审稿）、重庆市长寿区健全落实社会治安综合治理和平安建设领导责任制规定（送审稿）、长寿区开展“信访稳定工作责任落实年”活动方案、长寿区突出信访问题集中攻坚行动方案、关于2017年区级领导公开接待群众工作的通知、关于开展2017年领导干部“社区工作日”活动的通知、关于确定2017年十大项目工作目标任务的请示、关于区委区政府2017年重点工作目标任务分解的通知、关于2016年度平安建设暨社会治安综合治理工作考核结果的通报、关于2016年度防范和处理邪教工作考核结果的通报、关于2016年度精神文明建设工作考核结果的通报、关于2016年度党风廉政建设和反腐败工作考核结果的通报、关于2016年度信访稳定工作考核结果的通报、关于提请审议何一波等职务任免的请示、关于2016年度人大代表建议政协提案办理工作考核结果的通报、关于2016年度国土房管工作考核结果的通报、关于印发《2017年农业农村工作意见》的通知（送审稿）、关于印发《2017年脱贫攻坚工作要点》的通知（送审稿）、关于2016年重大项目考核结果及奖励方案的请示、关于确定2017年重大项目工作任务的请示、关于集中交办2017年信访积案的通知、市交办上访户化解工作建议方案、关于2016年度环境保护工作目标任务完成情况的通报、关于印发《长寿区环境保护工作责任规定（试行）》的通知、关于审议2016年度长寿区工业企业评奖情况的请示、长寿区2017年“3+3”信访突出问题专项治理总体方案（送审稿）、关于提请审议聂华甫任职的请示、关于《2017年长寿区聚商选资“提升年”活动实施方案》的请示、关于举办2017年长寿湖龙舟民俗文化节的请示、关于提请审议刘刚任职的请示、重庆市长寿区全面推行河长制工作方案（送审稿）、江南定销房配建商业门面规范管理工作方案、关于印发《长寿区深化公安执法规范化建设的实施意见》的通知、关于深化违法建筑整治工作的通知、关于印发《重庆市长寿区违法建筑整治工作考核评分办法》的通知、关于提请审定《重庆市长寿区法治政府建设实施方案（2017—2020年）》（送审稿）、关于提请审议张国轩免职的请示、关于提请审议《给予杜光礼等记三等功的决定》、关于印发《贯彻落实深化拓展五大功能区域发展战略的实施意见2017年度细化目标任务分解表》的通知、关于印发《重庆市长寿区审计项目五年轮审规划（2017—2021年）》的通知、关于提请审议《重庆市长寿区公务员奖励实施细则（试行）》的请示、关于深化律师制度改革的实施意见（送审稿）、关于调整区扶贫开发领导小组组成人员的通知、关于深化脱贫攻坚工作实施意见（送审稿）、长寿区脱贫攻坚问题整改工作方案（送审稿）、长寿区全面推行河长制配套制度（送审稿）、关于印发长寿区2017年环境保护工作考核及奖励办法的通知、关于提请审议长寿区“迎接十九大忠诚保平安”安全稳定工作方案、关于提请区政府常务会议审议廖智辉任职的请示、中共重庆市长寿区委重庆市长寿区人民政府关于推进安全生产领域改革发展的实施意见、提请审议《关于给予余建等84名同志记三等功和唐红伟等474名同志嘉奖的决定》的请示、关于举办2017年重庆长寿湖国际铁人三项赛的请示、中共重庆市长寿区委办公室重庆市长寿区人民政府办公室印发《关于支持人民法院基本解决执行难的意见》的通知（送审稿）、关于举办2017

年重庆长寿湖半程马拉松赛的请示、关于确定长寿区2017年重大项目调整名单的请示、关于在长寿经开区实行行政审批首席代表制的通知、关于长寿区2017年经济社会发展主要指标体系调整的请示、长寿区旅游提升工程和中科未来城创新产业园项目PPP实施方案、重庆市长寿区群体性事件应急预案、关于印发重庆市长寿区深入推进城市执法体制改革改进城市管理工作实施方案的通知（送审稿）、关于对全区中共十九大维稳安保工作表现突出的个人记三等功的决定、长寿区2018年经济社会发展主要指标建议方案（送审稿）、关于印发《健康长寿2030规划》的通知；会议审定关于提请审定傅家成免职的请示、关于报批长寿区城市公共人防工程近期项目（一期）建设规划的请示、关于安排返还天工睿城项目城市建设配套费资金的请示、关于报批长寿区养老设施布局规划（2015—2025）成果的请示、关于从退役士兵中定向择优招聘事业单位工作人员的请示、重庆市长寿区加强农村留守儿童关爱保护工作的实施意见、关于进一步健全特困人员救助供养制度的通知（送审稿）、关于城中城项目春节期间所需维稳资金的请示、关于向交通银行长寿支行申请融资的请示、关于借款解决重庆长寿机械总厂退休职工2017年医保及代企业缴欠养老金等费用的请示、关于调整股权投资类企业发展扶持政策的请示、关于提请审定陈红免职的请示、关于开展公务员平时考核奖励政策调整、公务通讯补贴、事业单位设立绩效工资外“高出部分”参考线和调整机关事业单位离退休人员健康休养费标准工作实施方案（送审稿）、关于筹集平时考核等四项个人待遇所需资金的请示、关于长寿区渡南路和凤西长平南路天然气管道保护维修工程补偿的请示、关于进一步完善医疗救助制度的通知、关于2016年安全生产目标考核结果的通报、关于加强天然水域禁渔管理工作的通知、关于采取直接指定供应商进行长寿缆车技术改造的请示、关于长寿湖景区西岸片区城市建设配套费征收和使用的请示、关于购买长寿区桃源西四路1号土地建设长寿区博物馆的请示、关于卫古路改造工程修建临时绕行道路的请示、关于明确区政府领导安全生产“一岗双责”职责的通知、关于提请审定戴家强等职务任免的请示、关于调整政府平台公司融资管理的请示、关于印发《重庆市长寿区2017年政府集中采购目录及限额标准》的请示、关于提请审定长寿经开区供气管道工程（晏家组团）项目等2宗土地招拍挂事宜的请示、关于报批《〈长寿区晏家组团B、E、F、G标准分区控制性详细规划〉晏G06－03/02地块及晏E04－06/02地块控规修改论证报告》的请示、关于印发《重庆市长寿区加快推进“互联网＋政务服务”工作方案》的通知、关于2016年度统计工作考核结果的通报（送审稿）、关于授予廖小琴等30名同志长寿区第一届乡村优秀教师称号的决定、关于调整长寿区部分城镇土地使用税等级税额标准的请示、关于提请审定王涛等职务任免的请示、关于长寿区2016年固定资产投资工作奖补结果的请示、关于印发重庆市长寿区开展长江经济带化工污染整治专项行动工作方案的通知（送审稿）、关于乡镇污水处理设施运营服务费承担机制的请示、关于S413全云路改造工程天然气管线迁改工程建设单位及投资费用的请示、关于继续实行长寿湖高速路小车年票的请示、关于2016年度三峡后续工作考核结果的通报（送审稿）、关于重庆千信国际贸易有限公司增资扩股相关事宜的请示、关于提请任命陈键为第六届执行理事会副理事长的请示、关于2016年度科技工作考核结果的通报（送审稿）、关于长寿区深化出租汽车行业改革有关问题的请示、关于审定《重庆市打鱼溪流域水环境综合整治实施方案》的请示、长寿区工业和信息化发展“十三五”规划（2016—2020年）、关于审定区政府与联通重庆市分公司签订推进长寿区“互联网＋”战略合作协议的请示、关于审定《公布2017年长寿区重点工业企业和成长型工业企业名单的通知》、关于提请审定《重庆市长寿区2017年钢铁行业去产能工作实施方案》的请示、关于为重庆千信国际贸易有限公司进出口银行重庆分行授信贷款项目提供担保的请示、关于与中国进出口银行重庆分行签署《战略合作协议》的请示、关于提请审定文应船等职务任免的请示、关于提请审定《长寿经济技术开发区“十三五”规划》的请示、关于和重庆市工程设计院对三倒拐等四个项目进行文化创意合作的请示、关于向区财政借款用于城投集团公司近期拆迁赔付及工程项目建设支出的请示、关于向区财政借款的请示、关于实施重庆长寿中科未来城基础设施建设项目（一期）的请示、关于生态旅业开发有限公司增资扩股的请示、关于2016年度金融机构考核奖励有关事宜的请示、关于2016年食品药品安全工作考核情况的通报、关于2016年度卫生和计划生育工作考核结果的通报、关于2016年度交通工作情况的通报、关于提请审定徐冰等职务任免的请示、关于开展2017年全区重点项目稽察工作的请示、关于进一步规范国有资金投资项目招标投标活动的通知、关于请求解决菩提、晏家、江南等3个街道社会治安综合治理“综治中心”办公用房的请示、关于修建龙河镇政府专职消防队站的请示、关于审议2017年度土地供应计划的请示、关于彻底解决乐至云峰阁项目与西城新时代项目遗留问题的请示、关于确定《长寿区滨江长寿谷库岸综合整治项目》规划方案的请示、关于原乡镇企办室非在编人员养老和医疗补助的请示、关于提请审定张新明李长春职务任免的请示、关于印发重庆市长寿区信息网络事故灾难应急预案的通知、重庆市长寿区渝长高速扩能改造项目（长寿段）管线迁改实施方案、关于将部分公共租赁住房转为安置房的请示、关于调整耕地开垦征收标准的请示、关于采用政府购买服务方式实施长寿区阳鹤山片区、北部片区道路及地下综合管网建设项目的请示、关于采用政府购买服务方式实施“长寿区站前大道和长寿区长洪路后段两条道路工程项目”的请示、关于与光大银行指定的基金管理公司合作发起设立“光大—长寿城镇化股权投资基金”融资的请示、关于采用政府购买服务方式实施长寿经开区电子通讯信息产业园基础设施（三期）建设项目的请示、关于采用政府购买服务方式实施长寿经开区塑料光纤产业基地二期基础设施建设项目的请示、关于采用政府购买服务方式实施长寿二手车交易市场项目的请示、关于采用政府购买服务方式实施长寿区现代沿江物流园区项目的请示、关于采用政府购买服务方式实施重庆长寿渝东农副产品交易中心一期（基础设施建设）项目的请示、关于采用政府购买服务方式实施长寿二手车交易市场二期项目的请示、关于采用政府购买服务方式实施长寿经开区科技创新产业园二期基础设施建设项目的请示、关于采用政府购买服务方式实施长寿经开区内道路及管网的修缮和维护建设项目的请示、关于采取政府购买服务方式实施“北部新区、阳鹤山片区城镇基础设施建设项目”的请示、关于长寿区2016年度企业统计基层基础工作奖补结果的请示、关于重庆国储渝投能源有限公司建设江南等加油站的请示、关于重庆小康控投有限公司退出汽车交易市场建设相关事项的请示、关于开展2017年巡游出租汽车特许经营权指标到期重新投放工作的请示、关于进一步加强矿产资源开发利用监督管理的通知、关于长寿区滨江长寿谷库岸综合整治项目沿用原滨江长寿谷调节坝项目咨询服务单位的请示、关于印发《重庆市长寿区土壤污染防治行动计划实施方案》的通知、关于报批《长寿区城区绿色照明改造方案》的请示、关于调整全区普惠性幼儿园生均公用经费财政补助标准的请示、关于与中国农业银行重庆分行签署《战略合作协议》的请示、关于调整全区部分优抚对象节日慰问金标准的请示、关于提请审定赵智慧张力职务任免的请示、关于渝长高速扩能项目红线外施工影响区房屋拆除的请示、关于三洞沟片区175米试验性蓄水避险搬迁实施方案人口界定解释的通知（送审稿）、关于结转调整2016年度滨江长寿谷调节坝建设三峡后续专项资金重新安排项目建设方案的请示、关于重庆永航钢铁集团有限公司去产能区级配套补助资金的请示、关于印发长寿区退役士兵三级服务管理平台建设工作方案的通知、关于《长寿湖龙鑫欢乐世界项目合作协议》的请示、关于对长寿湖高铁站前广场及道路工程等22个项目拟以划拨方式供应国有建设用地的请示、关于提请审定《重庆市长寿区健康科技产业基地农畜产品加工区规划》、关于《长寿区各平台2017年聚商选资、外经外贸目标任务分解表》的请示、关于提请审定2016年度聚商选资专项考核结果的请示、关于印发长江长寿段环境风险防控方案的通知、关于确定桃花河流域人工鱼礁水生态修复工程招标方式及限价的请示、关于提请审议“六五”普法工作情况及“七五”普法规划情况报告的议案、关于印发《重庆市长寿区危险化学品安全综合治理实施方案》的通知、关于印发2017年水污染防治重点工作目标任务分解的通知、关于长寿区桃花河西岸城区段截污干管工程明挖变更为顶管的相关事宜的请示、关于调整渡舟组团（站北片区）道路防洪标准的请示、关于2016年度创新驱动项目奖励的请示、关于加强集体土地征收范围内房屋拆除安全工作的通知、关于区行政中心安保服务的请示、关于2016年农村电子商务补助资金使用方案的请示、关于以区政府名义与中国邮政集团公司重庆市分公司开展电子商务进乡村战略合作的请示、关于2017年新增政府债券分配方案的请示、关于提请审定政府平台公司2016年薪酬绩效考核结果的请示、关于提请审定高生洪免职的请示、关于提请审定《长寿城区公交站场、停车港布点规划》的请示、关于印发《长寿区政府投资项目施工单位和中介机构备选承包商信息库管理办法》的通知、关于提请审定长寿区政府投资项目施工单位和中介机构备选承包商信息库组建方案及各专业库采购文件核心条款的请示、关于印发2017年长寿区社会信用体系建设任务分工的通知（送审稿）、关于建立完善守信联合激励和失信联合惩戒制度加快推进社会诚信建设的意见（送审稿）、关于拟以“划拨”方式供应只征不转国有农地的请示、关于增加北城分院建设投资的请示、关于提请审定《区政府决定清理规范的10项区级行政审批中介服务事项目录》的请示、关于报批《城区部分主干道中间隔离设施更换工程实施方案》的请示、长寿区人民政府重庆工商大学共建国际合作产业示范园校地合作协议书、重庆市长寿区乡镇污水处理厂在线监测（监控）系统建设与运营维护实施方案、关于提请审定黄诗明等任职的请示、关于印发重庆市长寿区食品药品安全“十三五”规划的通知、关于印发重庆市长寿区消防事业发展“十三五”规划的通知、关于全区公共停车包月服务收费政府指导价标准调整方案的请示、关于报送2017年长寿区对口帮扶垫江县工作方案的请示、关于与星火投资合作做实基金管理公司的请示、关于全区预征地项目征地规费有关问题的请示、重庆市长寿区街镇污水处理设施建设运行管理办法（试行）、关于长洪支三路、支四路和长邬路K1+9900－K2+084.01段、长邬路西段道路工程中支三路抗滑桩设计变更增加投资事宜的请示、关于提请审定程康高文缔职务任免的请示、提请审定《关于开展创新生态示范区建设的通知》、关于印发重庆市长寿区创新驱动发展战略专项扶持办法（试行）的通知、关于分解下达长寿区加快实施创新驱动发展战略建设创新生态示范区2017年重点任务分工的通知、关于印发《现代商贸物流服务产业发展扶持办法》的通知、关于印发《重庆市长寿区打造千亿产业集群发展百亿产值企业培育亿元税收企业实施方案》的通知、关于安排重庆钢铁股份有限公司财政补助资金的请示、关于加快推进农业品牌化建设的意见（送审稿）、关于提请审定《长寿区行政许可项目目录（2017版）》的请示、关于提请审定《长寿区2017年行政审批制度改革事项目录》的请示、关于长寿区改善农村人居环境建设项目2017年第一批建设计划的请示、关于运输桥电站残值资产处置有关问题的请示、关于给予长寿湖欧瑞湖滨度假大酒店项目产业发展资金支持的请示、关于印发长寿区突发性地质灾害专项应急预案的通知（送审稿）、关于提请审定《处置顺盛公司购买土地方案》的请示、关于长寿区生活垃圾二次转运系统建设和运行方式的请示、关于收购石堰镇鼎力时代综合农贸市场的请示、关于做好城中城商业广场项目开业前维稳工作的请示、关于公开出让凤城组团B标准分区B28－3/01地块国有建设用地使用权的请示、关于鹏诚保险代理有限公司互联网保险平台项目优惠政策的请示、关于印发长寿区政府性债务风险应急处置预案的请示、关于收购重庆双羽家俱有限公司厂房的请示、关于长寿北部新区北城大道（桃新段）工程“BT”投资建设合同不再进行预算评审及重新签订补充协议的请示、关于继续执行支持实体经济加快发展部分措施的请示、关于长寿区恒居·民生佳苑定销房进行调整的请示、关于与晏家十一期统建安置房项目两个施工单位签订补充协议的请示、关于乐至·云峰阁定向销售住房环境工程结算事宜的请示、关于加强政府投资项目招标代理工作管理的通知、关于报送海棠镇污水管网整改设计方案的请示、关于报送云台镇污水管网整改工程初步方案设计的请示、长寿汽贸城项目建设投资合同、关于长寿区改善农村人居环境建设项目云集镇2016年工程电线下地工程（强电部分）总承包费用的请示、重庆市长寿区生态保护红线划定方案（送审稿）、重庆市长寿区人民政府航天凯天环保科技股份有限公司生态环境建设战略合作框架协议书、重庆长寿经济技术开发区开发投资集团有限公司关于向重庆长寿化工有限责任公司委托贷款的请示、关于给予包月芳开除公职处分的请示、关于给予杨华荣开除公职处分的请示、关于报送《长寿区改善贫困人居卫生条件工作方案（2017—2018年）》的请示、关于落实中央环保督察小城镇污水管网整改工作相关问题的请示、关于申请全区农村生活垃圾治理工作经费的请示、关于印发重庆市长寿区“十三五”加快残疾人小康进程规划的通知、关于长寿区阳鹤山片区、北部片区道路及地下综合管网投建一体化项目相关情况的请示、关于印发重庆市长寿区矿山环保问题整改工作方案的通知、关于化医集团土地置换及回购等有关事宜的请示、关于调整区公共资源交易中心整合方式的请示、关于印发重庆市长寿区全面推开公立医院综合改革实施方案的通知、关于提请审定取消和调整行政审批项目的请示、关于印发长寿区烧结砖瓦企业大气污染整治专项行动工作方案的通知、关于印发长寿区商业商务房地产市场去库存专项工作方案的通知、关于调整部分街道城市建设配套费征收标准的请示、关于城区公交站台建设维护管理模式的请示、关于实施安全生产监管监察岗位津贴的请示、关于组建创业种子投资基金的请示、2017 年城乡低保标准和特困人员救助供养标准调整工作方案（送审稿）、关于审定区政府与川维厂签订物业、市政设施及社区服务管理设施分离移交框架协议的请示、关于重庆久久物流有限责任公司优惠政策的请示、重庆市长寿区渝长高速扩能改造项目建设指挥部关于电力线路迁改工作有关事宜的请示、重庆市长寿区关于贯彻落实机关事业单位养老保险制度改革后部分工作人员发放一次性退休补贴政策的实施方案（送审稿）、关于向重庆长寿化工有限公司委托贷款的请示、关于提请区政府常务会议审定程勇等职务任免的请示、关于提请区政府常务会议审定湛东亮叶水兵职务任免的请示、关于印发《重庆市长寿区企业上市培育工作实施方案》的通知、关于印发《重庆市长寿区全民科学素质行动计划纲要实施方案（2016—2020年）》的通知、关于印发《重庆市长寿区第十届房地产展示交易会实施方案》的通知、关于提请审定《重庆市长寿区第十届房交会购房补贴政策》的请示、关于提请审查审批《长寿区云台镇八字村村规划》等 4 个重点村村规划的请示、关于印发长寿区 2017 年度环境噪声专项整治工作方案的通知、关于进一步加强农贸市场长效管理工作的实施意见、关于重庆天旭化工有限公司在长寿设立贸易结算中心享受优惠政策的请示、关于申请解决重医附三院长寿医养中心项目相关问题的请示、关于长寿湖旅游度假区特色小镇项目投资协议书的请示、关于长寿湖镇新建道路命名审核考察的意见、关于解决凤城街道陵园村 15、16 组征地遗留问题及向市地产集团移交储备土地的请示、关于重庆南部公交集团葛兰镇闲置长途客运站收购费用的请示、关于报送《收购重庆化医恩力吉投资有限责任公司国有建设用地的方案》的请示、关于申请三峡库区综合应急救援中心长寿应急救援大队装饰工程训练塔及执勤营房设计变更增加经费的请示、关于长寿区 2016 年度农村畅通工程及改善农村人居环境建设项目资金保障的请示、关于公开出让长寿湖镇 A2 - 1/01 等 6 个地块国有建设用地使用权的请示、关于印发《长寿区村镇分散式供水管理办法（试行）》的通知、关于加快推进市环保督察整改办专项督察反馈问题整改的通知、关于开展经开区环境质量现状报告委托编制的请示、关于解决经开区与区财政资金结算的请示、关于调整部分乡村教师岗位生活补助学校范围和补助标准的通知、关于 2016—2017 学年度优秀学生的通报、关于提请审定对应承接一批市级行政审批等管理事项的请示、关于报批《长寿区新市片区控制性详细规划（工业区）》编制成果的请示、关于政府购买服务项目调整建设方式的请示、关于调整重庆长寿渝东农副产品仓储物流中心项目建设方式的请示、关于印发重庆市长寿区最低生活保障条件认定实施细则（修订）的通知、《重庆市长寿区人民建议征集活动方案》及《2017 年人民建议专题征集活动方案》、关于安排重庆钢铁股份有限公司财政补助资金的请示、关于长寿经开区电子通讯信息产业园基础设施建设等 6 个项目调整建设方式的请示、关于提请区政府常务会议审定罗旋任职的请示、关于提请区政府常务会议审定黄广荣等职务任免的请示、关于报批《〈长寿区晏家组团 B、E、F、G 标准分区控制性详细规划〉晏家组团晏 A44 - 1/02、晏 A44 - 4/02、晏 B14 - 02/02 地块控规修改论证报告》的请示、关于对晏家片区化中二路道路工程等 23 个项目拟以划拨方式供应国有建设用地的请示、关于调整乐至晏家十一期安置房项目建设方式的请示、关于将长寿湖高铁站至景区专用道路改建项目（三期）调整建设方式的请示、关于调整部门预算公用经费定额标准的请示、关于提请审定《重庆市长寿区 2017 年深化简政放权放管结合优化服务改革工作方案》的请示、关于给予杨昊开除公职处分的请示、关于印发《长寿区危化品道路运输安全百日专项集中整治行动方案》的通知、关于重新申报长寿区农村畅通工程2017年度建设计划的请示、关于长寿区2017年鼓励黄标车提前淘汰补贴实施细则的请示、关于区政府与国网重庆市电力公司签订战略合作协议的请示、关于处置原驻渝办大楼资产的请示、关于调整长寿区普通国省道及县道公路改造项目建设方式的请示、重庆市长寿区人民政府中国海外控股集团有限公司关于邻封镇美丽乡村（田园综合体）项目合作备忘录、关于提请区政府常务会议审定鲁巧等职务任免的请示、关于加快推进中科未来城创新产业园等2个PPP项目有关事项的请示、长寿区高层建筑消防安全隐患整改实施方案、关于下达2017年度第一期土地遥感违法图斑整改任务的通知、关于印发《长寿区化工污染整治专项督查整改任务分解方案》的通知、关于划定长寿区高排放非道路移动机械禁止使用区域的通告、强化基层社合作经济组织属性专项试点工作实施方案、关于印发长寿区深化脱贫攻坚非全日制（特殊）公益性岗位实施办法（试行）的通知、关于调整重庆宏昌融资担保有限公司领导班子的请示、关于区管重点国有企业负责人岗位设置的请示、关于审定中国石化集团四川维尼纶厂物业、市政及社区服务社会职能管理移交接收方案的请示、关于在长国有企业职工家属区物业分离移交维修改造标准的请示、关于全区乡镇污水处理厂在线监测（监控）系统建设与运行维护项目招投标的请示、关于公开出让长寿经开区晏G04－03/02地块国有建设用地使用权的请示、关于提请审定给予四合源投资公司重组重钢项目扶持政策的请示、关于进一步加强困境儿童保障工作实施方案的通知、关于划定长寿区“黄标车”限行区域的通告、关于审定《长寿区及凤城街道等18个镇街土地利用总体规划（2006—2020年）调整方案（送审稿）》的请示、关于“一房两权”公有住房产权出售的请示、长寿区2018年城乡居民合作医疗保险参保缴费工作实施方案、关于与中国人民财产保险股份有限公司重庆市分公司签订《战略合作协议》的请示、关于提请区政府常务会议审定张斌等职务任免的请示、关于公开出让菩提组团B分区25－7/02地块国有建设用地使用权的请示、关于报送《收购重庆国际复合材料有限公司国有建设用地的方案》的请示、关于印发重庆市长寿区辐射事故应急预案的通知、关于报送《重庆市长寿区2018年坡耕地水土流失综合治理工程云台项目区股权化改革试点实施方案》的请示、关于提请审定《公布重庆市长寿区区级行政审批中介服务事项清单（2017年版）》的请示、关于以政府购买服务模式实施长寿区桃东片区棚户区（城中村）改造及配套基础设施建设项目的请示、关于给予重庆长寿化工有限责任公司5000万元借款的请示、关于确定北京土人城市规划设计有限公司为长寿现代农业园区休闲旅游概念规划编制单位的请示、关于报批《长寿区地下管线数据动态更新管理办法》和《长寿区地理国情数据动态更新管理办法》的请示、关于提请审定《长寿区行政许可项目目录（2017修订版）》的请示、关于借款还清因重庆长寿机械总厂向区财政历年借款的请示、关于申请向城市开发管理中心借款归还区财政2013年长寿肉联总厂职工安置资金的请示、长寿区重大项目工作目标考核细则（送审稿）、关于长寿区城镇生活污水处理厂污泥无害化处理处置系统建设和运行方式的请示、关于报批《长寿城区居民住宅一户一表及二次供水设施改造实施方案》的请示、关于凤山公园举办迎春艺术灯会的请示、关于对长寿经开区道路及附属工程等13个项目拟以划拨方式供应国有建设用地的请示、关于公开出让长寿经开区江B4－3－01地块等4宗国有建设用地使用权的请示、关于长寿区2017年度地质灾害隐患点销号的请示、关于长寿区道路交通安全临时检查站施工发包的请示、关于与重庆银行签订互联网金融战略合作框架协议的请示、关于重钢债权清偿方案可行性请示、关于万顺镇新建道路命名审核考察的意见、关于完善事业单位绩效工资政策的通知；会议通报了关于全区安全生产2016年工作情况及2017年工作思路的报告、全国农村集体产权制度改革工作电视电话会议精神传达提纲、关于2017年全国防汛抗旱工作视频会议精神的汇报、关于传达全市卫生与健康大会精神及长寿区贯彻落实工作建议的汇报材料、关于2017年全市工业和信息化工作会和全市工业技术创新推进会情况汇报及贯彻意见、关于“1.22”较大事故及下一步工作建议的报告、关于2017年全市民政工作会议精神的传达提纲、全市国资工作会会议精神传达提纲、关于传达2017年全市财税审计统计工作会议精神的汇报材料、关于传达全市2017年国土房管工作会议精神及长寿区贯彻落实建议的汇报材料、关于传达全市2017年商务工作会议精神及长寿区贯彻落实建议的汇报材料、区政府常务会和区长办公会决定事项跟踪督办情况（三十一）、区政府常务会和区长办公会决定事项落实情况（三十一）、关于2017年全市教育工作会议精神的汇报提纲、关于全市宗教工作会议精神及长寿区贯彻落实建议的汇报提纲、全市安全生产工作电视电话会议暨2017年市政府安委会第一次成员会议精神传达提纲、关于传达全市2017年交通工作会议精神传达提纲、2017年全市金融工作会会议精神传达提纲、关于长寿区涉稳重点群体有关情况的汇报材料、关于传达2017年全市财税审计统计工作会议精神的汇报材料、关于传达2017年全市农村工作会议精神的汇报材料、关于传达2017年全市脱贫攻坚工作会议精神的汇报材料、全国全市全面深化供销合作社综合改革电视电话会议精神传达贯彻材料、关于2017年全市消防工作电视电话会议精神传达的汇报材料、关于传达“2.23”、“2.24”电视电话会议主要精神及长寿区贯彻落实情况的汇报材料、关于传达2017年全市农村工作会议精神的汇报材料、关于传达2017年全市脱贫攻坚工作会议精神的汇报材料、全市机关事务（公务接待）工作会议精神传达提纲、全市食品药品监管暨党风廉政建设工作会议精神及长寿区贯彻落实情况的汇报材料、全市榨菜产业链建设工作会议精神传达材料、关于传达全市卫生计生工作会精神及长寿区贯彻落实工作建议的汇报材料、关于传达贯彻2017年全市规划建设管理及民防园林工作会议精神的汇报材料、关于2017年全市移民工作会议有关情况的汇报、关于近期农机渔船安全工作情况的报告、关于2017年钢铁行业去产能工作推进会议精神汇报、关于市政府国有企业和完善基本经济制度改革专项小组2017年第一次会议精神汇报、关于全国“两会”期间全区信访稳定工作情况汇报、关于全区养老场所安全工作的汇报材料、关于传达2017年全市应急管理工作会议精神及长寿区贯彻落实情况的汇报材料、关于2016年环境保护工作和迎接中央环保督察情况的汇报材料、关于传达全市政府系统办公室主任会议精神的汇报材料、关于全市残疾人事业工作会暨市残联四届主席团五次会议精神的传达提纲、关于2017年一季度环境保护工作开展情况的报告、关于“信访稳定工作责任落实年”工作推进情况的汇报材料、区政府常务会和区长办公会决定事项落实情况（一）、关于城镇房屋使用安全管理工作情况的汇报材料、关于一季度全区安全生产工作情况的报告、关于传达学习2013年以来习近平总书记、李克强总理关于安全生产工作重要指示批示精神的材料、关于传达全市食品安全工作电视电话会议精神及长寿区贯彻落实工作措施的汇报材料、关于传达2017年全国医改工作电视电话会议精神及长寿区贯彻落实工作措施的汇报材料、关于传达重庆市生态环境损害赔偿制度改革试点工作情况的报告、全国危险化学品安全综合治理电视电话专题会议精神传达提纲、关于民用爆破器材安全管理的汇报材料、关于传达全国全市禁毒工作会议精神和长寿区禁毒工作情况汇报、关于一季度信访稳定工作情况的汇报材料、关于全国全市国土绿化和森林防火工作电视电话会议精神的传达材料、关于传达全面推行河长制工作部署视频会议精神的汇报材料、关于传达全市高校思想政治工作会议精神的汇报材料、关于“突出信访问题集中攻坚行动”推进情况的汇报材料、关于文化娱乐场所安全工作的报告、关于全区烧结砖瓦窑企业环境污染治理进展情况的报告、关于2017年第一季度群众非正常上访情况的汇报材料、关于传达2017年全国群众体育工作电视电话会议精神及长寿区贯彻落实工作措施的汇报材料、关于传达第一次全国可移动文物普查总结电视电话会议精神及长寿区贯彻落实工作措施的汇报材料、关于传达2017年全国打击侵权假冒工作电视电话会议精神传达提纲、中央第五环保督察组督查重庆市情况反馈会电视电话会议精神传达提纲、关于水库安全工作的汇报材料、关于传达全市政务督查“一张网”信息系统建设试点工作专题会议精神的汇报材料、关于近期信访稳定工作情况的汇报材料、关于传达长江经济带饮用水源地环境保护执法专项行动工作进展情况的报告、关于传达2017年全市反恐怖工作视频会议精神传达提纲、关于长寿区服务群众工作信息系统运行情况的汇报材料、关于传达全国和全市汛期地质灾害防治电视电话会议精神及长寿区贯彻落实情况的汇报材料、关于传达2017年全市法制工作会议精神的汇报材料、区政府常务会和区长办公会决定事项进展情况（二）、长寿区雷电灾害防治工作汇报提纲、关于近期信访稳定工作情况的汇报材料、关于桃花河水质超标情况的报告、关于传达重庆市贯彻落实中央环保督察反馈意见整改工作电视电话会议精神的汇报材料、关于传达全市维护稳定工作电视电话会议精神的讲话提纲、关于全市扶贫资金审计整改工作电视电话会议精神的汇报材料、关于“4.28龙溪河废油泄漏污染事件”处置情况的报告、关于近期信访稳定工作情况的汇报材料、关于市政基础设施安全监管情况的汇报材料、关于传达中共重庆市委值班室领导批示抄清〔2017〕20号领导批示精神及长寿区贯彻落实情况的汇报材料、关于全区餐饮服务食品安全工作情况的报告、关于中央环保督察反馈问题整改进展情况的报告、关于近期信访稳定工作情况的汇报材料、区政府常务会和区长办公会决定事项进展情况（三）、关于长寿区服务群众工作信息系统运行情况的报告、关于近期信访稳定工作情况的汇报材料、关于经开区建设工程安全生产工作情况的汇报材料、关于2017年长寿湖龙舟赛系列活动期间长寿湖水质监测情况的报告、加强投资项目管理推进补短板工作电视电话会议精神汇报提纲、关于2016年突发安全事故医疗救援的汇报材料、关于近期信访稳定工作情况的汇报材料、关于2017年“六？五”世界环境日宣传活动情况的报告、关于近期信访稳定工作情况的汇报材料、关于传达新《重庆市环境保护条例》和《重庆市大气污染防治条例》精神的汇报材料、关于已关闭煤矿安全监管工作情况的报告、关于传达全市城市工作会议精神及长寿区贯彻落实建议的汇报材料、全市迎接国务院第四次大督查动员部署会议精神、关于近期信访稳定工作情况的汇报材料、关于暑假期间学生安全教育情况的汇报材料、关于2014年以来生态文明体制改革进展情况的报告、关于长寿区服务群众工作信息系统运行情况的报告、市政府安委会2017年第三次全体成员单位（扩大）视频会议精神传达提纲、区政府常务会和区长办公会决定事项进展情况（四）、关于启动2017年环境安全隐患大排查专项行动情况的报告、关于传达全市创建国家食品安全示范城市推进会暨2017年食品安全宣传周启动仪式电视电话会议精神的汇报材料、关于“信访稳定工作责任落实年”工作推进情况的汇报材料、关于夏季高温期间建筑施工现场起重设备安全监管情况的汇报材料、全市2016年度卫片执法情况提醒式约谈通报暨2017年度全天候遥感监测图斑核查工作会会议精神汇报材料、关于重棉七厂等四户破关企业C、D级危房排危避险工作情况的汇报材料、关于上半年全区安全生产工作情况的报告、长寿区2017年上半年主要经济指标完成情况、关于2017年环境保护领域信访突出问题专项治理工作情况的报告、关于高温期间企业安全生产监管的工作汇报、关于近期信访稳定工作情况的汇报材料、关于传达重庆市“蓝天行动”专题工作会议精神的报告、关于全市2017年调整退休人员基本养老金暨维稳工作视频会相关情况的汇报、7月20日全国、全市安全生产工作电视电话会议精神传达提纲、长寿区服务群众工作信息系统运行情况的汇报材料、关于长寿区中央环保督察反馈意见整改进展情况的报告、关于近期信访稳定工作情况的汇报材料、关于高温汛期旅游安全工作的汇报材料、关于传达贯彻全市迎接中共十九大安全稳定工作电视电话会议精神汇报提纲、关于划定并严守生态保护红线的若干意见视频会议精神的报告 、重庆市长寿工业园区管理委员会关于安全生产工作情况汇报的报告、区政府常务会和区长办公会决定事项进展情况（五）、关于传达重庆市环保系统半年工作视频会议精神的报告、关于传达全市全面推开公立医院综合改革动员部署会精神及长寿区贯彻落实情况的汇报材料、关于高温期间森林防火安全监管工作的情况汇报、全市信访工作会议精神传达提纲、全市公立医院综合改革维稳工作电视电话会议精神传达提纲、关于长寿区服务群众工作信息系统运行情况的汇报材料、关于传达全市妇女儿童工作会议精神及长寿区贯彻落实情况的汇报材料、关于传达全市文物安全工作会会议精神及长寿区贯彻落实工作措施的汇报材料、关于近期信访稳定工作情况的汇报材料、关于传达2017年秋冬季全市大气污染防治攻坚工作视频会议精神的报告、长江干线重庆长寿段水上交通安全监管工作情况、关于全市产融合作工作推进会议精神传达提纲、8月30日市政府安全生产电视电话会议提纲、区政府常务会和区长办公会决定事项进展情况（六）、全市涉军群体维稳工作专题视频会会议精神汇报提纲、关于长寿经开区应急管理工作情况的汇报材料、关于全市政务信息资源共享开放电视电话会议精神及长寿区贯彻意见的汇报材料、关于传达国家地表水环境质量监测事权上收工作视频会议精神的报告、关于传达全市打黑除恶专项斗争电视电话会议、中共十九大期间反恐防恐保卫工作部署视频会议会精神及长寿区贯彻落实情况的汇报材料、关于近期信访稳定工作情况的汇报材料、关于江南定销房配建商业门面规范管理工作情况通报材料、关于传达全市中央环保督察整改工作调度视频会议精神及长寿区中央环保督察整改情况的报告、关于危化品企业特种设备安全监管情况汇报材料、关于近期市督导组3次莅长督导中共十九大安全稳定工作会议精神传达提纲、关于传达全市免疫规划和秋冬季传染病防控工作视频会议主要精神及长寿区贯彻落实情况的汇报材料、关于全市森林康养产业发展大会会议精神的汇报材料、关于传达全国社会治安综合治理表彰大会精神及长寿区贯彻落实意见的汇报材料、关于长寿区服务群众工作信息系统运行情况的汇报材料、区政府常务会和区长办公会决定事项进展情况（七）、关于2017年前三季度环境保护工作开展情况的报告、关于2017年长寿区雷电灾害安全防御工作的汇报材料、关于全区2017年大气污染防治工作进展情况的报告、关于近期信访稳定工作情况的汇报材料、关于前三季度全区安全生产工作情况的报告、关于全国贯彻落实《关于深化教育体制机制改革的意见》电视电话会议精神的汇报提纲、关于2017年辐射事故应急演练情况的报告、关于近期信访稳定工作情况的汇报材料、关于中共十九大期间道路交通安保工作情况的报告、关于长寿区服务群众工作信息系统运行情况的报告、关于商贸行业安全生产管理工作情况的汇报材料、关于近期信访稳定工作情况的汇报材料、关于全区养老场所安全工作的汇报材料、关于传达环境监管执法“零容忍、出重拳”专项行动精神的报告、关于传达全市公立医院综合改革经验总结推广现场会议精神及长寿区贯彻落实工作建议的汇报材料、关于全国冬春农田水利基本建设电视电话会议精神传达材料、传达全市环保集中督察动员部署视频会议精神、区政府常务会和区长办公会决定事项进展情况（八）、关于全区2017年水污染防治工作进展情况的报告、关于2017年农机和渔船安全工作开展情况的汇报材料、关于近期信访稳定工作情况的汇报材料、关于市政府安委会2017年第五次全体成员单位（扩大）视频会议精神传达汇报材料、关于2016年度卫片执法整改及2017年度第一期土地遥感违法图斑整改工作进展情况的报告、关于市政府安委会第十二督查组督查长寿区安全生产工作情况的报告、关于长寿区服务群众工作信息系统运行情况的报告、关于传达2017年全市财政工作培训会会议精神的汇报材料、关于全区2017年黄标车淘汰进展情况的报告、关于近期信访稳定工作情况的汇报材料、关于全市今冬明春火灾防控工作动员部署会和推进会精神传达的汇报材料、关于危化品运输车辆道路交通安全管理工作情况的报告、关于全市农村“三变”改革试点工作部署暨培训会议精神的汇报材料、关于长寿区2017年度大气污染防治情况的报告、关于近期信访稳定工作情况的汇报材料、关于全区高层建筑消防安全综合治理工作开展情况和传达公安部冬春火灾防控工作会议精神的汇报材料、区政府常务会和区长办公会决定事项进展情况（九）、关于传达2017年全市编制政务服务事项清单、加快推进“互联网+政务服务”动员部署电视电话会议精神的汇报材料、关于传达《领导干部自然资源资产离任审计规定（试行）》主要内容的报告、关于全区民爆物品生产、销售安全管理工作的情况汇报、关于全区2017年度黄标车淘汰情况的报告、全市中共十九大维稳安保工作总结表彰电视电话会议精神汇报提纲、关于全区卫生计生机构安全监管工作推进情况的报告、关于全市推进学前教育工作电视电话会议精神传达材料。

【区长办公会】　2017年，长寿区政府召开区长办公会议8次，研究10个议题。会议研究关于顺盛公司竞买土地有关问题的报告、关于国有破关企业公有职工住房排危避险实施方案的请示、长寿区2017年财政预算安排说明、关于进一步做好大中型水库移民避险解困试点工作的通知（送审稿）、关于部分单位申请租用区公共民生公司定销房配套商业门面处理的请示、关于长寿区近3年审计发现的有关问题的规范建议方案、区政府领导分管领域信访稳控相关工作情况汇报、关于晏家历史遗留问题的情况报告、关于原长寿棉纺厂临时工养老保险信访问题情况的报告、关于彻底解决重庆长

寿肉联总厂问题的请示。（雷　达）

工作综述

【概况】　2017年，长寿区统筹推进经济、政治、文化、社会、生态文明“五位一体”建设总体布局，协调推进中央“四个全面”战略布局，坚持稳中求进工作总基调，适应经济发展新常态，做好改革发展民生稳定各项工作，实现新一届政府的良好开端。全区地区生产总值509.9亿元，比2016年增长9%；地方财政收入91.3亿元，增长1.2%，其中一般公共预算收入36.8亿元、增长1.3%；全社会固定资产投资600.8亿元，增长6.6%；社会消费品零售总额130.8亿元，增长11.6%；城乡居民人均可支配收入增长9.8%。

【经济运行调度】　2017年，长寿区抓调度、推进度，实行重大项目审批“一卡通”制、经开区行政审批首席代表制，压缩投资类项目审批时限70%，助推投资放量提速。统筹推进322个重大项目，新开工91个，竣工81个；完成重大项目投资301亿元，增长14%。发挥工业投资主力军作用，完成工业投资365.1亿元，增长15.7%。激发社会投资活力，完成中科未来城创新产业园、长寿湖旅游提升工程2个PPP项目编制申报，总投资67亿元。

【工业集群发展】　2017年，长寿区规模以上工业总产值首次破千亿元大关，达到1051.7亿元，比2016年增长27.9%。夯实“一区一园”（即国家级长寿经济技术开发区和市级长寿工业园区。下同）发展平台，长寿经开区、工业园区成功纳入国家首批产业转型升级示范园区，规上工业产值分别增长18.6%、97.6%。夯实综合化工、钢铁冶金、新材料新能源、装备制造、电子信息、智能家居及健康产业等六大工业主导产业，钢铁冶金、综合化工转暖回温，产值分别增长45%、18%；重钢顺利实施司法重整，突围解困迈出新步伐，川维降本扭亏成效显著；装备制造、新材料新能源、电子信息、智能家居及健康制造业产值分别增长6.5%、29%、106%、52%；17家现代汽车配套企业投产，20家电子信息企业开工，锂离子电池隔膜、锰系新材料、电子特气等项目落地。签约330亿元人工智能与物联网、智能家居、无人科技产业项目，开启智能化发展新局面。

【农业稳产增效】　2017年，长寿区实现农业总产值67.4亿元，比2016年增长1.7%；粮食总产量稳定在37.7万吨，柑橘、蔬菜、水产品、禽蛋等产量稳中有升。新增“三品一标”72个，获批重庆市名牌农产品8个，农产品质量抽检合格率100%。农业园区提档升级，新建高标准农田1866.67公顷，水电路讯等19个重大项目有序推进。现代农业经营体系不断完善，新认定区级农业产业化龙头企业24家、家庭农场100家，新发展农民合作组织68个，培训新型职业农民1200人次。完成龙门桥水库工程建设，5座小型水电站扩容增效。编报三峡后续项目47个，争取专项补助资金4.3亿元。

【旅游发展】　2017年，长寿区文体农商旅融合发展，全年接待游客850万人次，实现旅游收入52亿元，同比分别增长10.4%、12%。编制完成区旅游“十三五”规划（2017—2025）、五华山乡村旅游总体策划；启动长寿湖国家级旅游度假区创建前期工作，引进恒大旅游特色小镇、龙鑫大型游乐园项目，迪信通房车露营地对外营业。菩提山成功创建国家AAAA级景区，菩提古镇尾期工程顺利推进；青龙嘴片区文物保护修复工程一期（定慧寺）完工并对外开放，三倒拐历史文化街区保护示范段项目开工。十里柚香·百里花海、清迈良园核心区建成，橘香悦动村、紫薇花海示范项目加快推进，全区乡村休闲旅游收入4亿元。

【商贸转型升级】　2017年，长寿区实现商品销售额377.1亿元，比2016年增长20.4%。优化商贸物流“一心三园”（区域物流中心和沿江现代物流园区、中央商务园区、专业市场群园区。下同）布局，完成铁公水联运规划。引龙头、建品牌，申报限额以上企业46家。发展会展经济，年内举办各类展会113场次。总投资62亿元的重庆东部国际农产品交易中心、智慧物流中心、汽贸城三大专业市场签约落地，城中城商业广场开业运营。“互联网+”引领商贸提档升级，化工品交易市场交易额超过30亿元，“胖胖狗”物流项目实现线上交易12亿元，绿安电商带动农产品销售1160万元。新建农村电商服务点68个。

【城乡协调发展】　2017年，长寿区中心城区优化拓展，推进生态修复、城市修补“城市双修”，完成海绵城市、综合管廊规划和智慧城市顶层设计，高精度地理信息数据实现全覆盖；推进城市外联内通，铁路客运长寿到主城日增发至52班次，通达全国68个城市，重庆两江新区至长寿快速通道纳入市级项目统筹推进，渝长高速扩能改造、长寿长江二桥建设进展顺利，完成菩提大道粮站段、重钢大道连接卫古路段等城市干道建设；补齐基础设施短板，整治城区道路34.6万平方米，推进城市公共区域和小区配套停车场建设，新建停车泊位1万余个；美化、亮化城市空间，启动桃花溪城区段、渝长高速古佛至桃花段、高铁城区段绿化工程，新增城市绿地21.6公顷，改造城市棚户区2.1万平方米，整治违法建筑41.5万平方米；实施文明长寿建设整容、正风、良序、家园、提素、造势“六大攻坚行动”，文明长寿建设成效显著。镇村建设齐头并进，初步建成休闲旅游、现代农业、集镇工业和商贸物流错位发展的城镇体系；投入2.2亿元实施小城镇基础设施项目61个，实施镇街污水管网整改工程6个，小城镇“561工程”覆盖率90%；长寿湖镇成功创建国家级特色小镇，双龙镇成功创建全国文明村镇，邻封镇成功申报市级历史文化名镇，着力改善农村人居环境，启动189个村规划和66个村土地规划编制，创建重庆市绿色新村1个、市级绿色示范村庄6个，实施改善农村人居环境示范片项目2个，建设整洁庭院849个，整治山坪塘475口，新建农村公路214千米，完成农村危房改造1220户。

【供给体系提质】　2017年，长寿区去除永航钢铁90万吨产能，注销空壳市场主体503户。商品房销售面积81.6万平方米，去化周期处于7个月合理区间。简并增值税税率，减免企业社保费8600万元，运用“助保贷”帮助26家企业续贷7460万元，为47家中小微企业发放转贷应急周转资金2.5亿元。加快推进用电、用气市场化改革，年降企业用电、用气成本分别为1.7亿元、2.6亿元以上。清理整治互联网金融风险，打击非法集资工作得到国务院处置非法集资部际联席会议办公室高度肯定。

【重点改革推进】　2017年，长寿区全面推进行政许可“五位一体”标准化体系建设，对应取消行政审批14项、承接30项，清理规范行政审批中介服务69项、保留53项。“信用长寿”网站、公共信用信息平台建成投用，区政务信息共享交换平台建设纳入全市首批示范试点。加快区属国企改革转型，将全区政府平台公司整合为4家商业类集团公司、1家建设类公司。文化市场综合执法改革、城市管理执法体制改革有序推进。深化保险发展示范区建设，开展农业增信保证保险，完善巨灾保险、血脐橙价格指数保险。加快投融资体制改革，建立长寿重银双创基金、盛世投资基金、中科院科技成果转移转化基金。加快农业农村改革，启动“三权”分置改革试点和涉农项目财政补助资金股权化改革，农村集体资产量化确权和集体经营性资产股份合作试点覆盖所有镇街。

【对外开放扩大】　2017年，长寿区实施聚商选资“提升年”活动，建立千亿级重点项目储备库，引进项目153个，合同引资618亿元。三次产业招商均取得成果，其中签约百亿级特大项目4个、十亿到百亿级重大项目19个、一亿到十亿级重点项目67个。引进战略性新兴产业项目46个，引资占工业板块38.6%，为经济发展增添新动力、汇聚新优势。外贸进出口总额创历史新高，达108亿元，实际利用外资1.6亿美元，连续6年保持在1.5亿美元以上。创建全市首批承接加工贸易梯度转移示范园。

【实施创新驱动】　2017年，长寿区实施“一三五十百千”工程，构建项目、人才、资金、政策完备一体的服务体系。实施区级科技项目33项、创新奖励219项，万人有效发明专利3.9件。全社会R&D经费增长32%，占地区生产总值比重1.8%。建成市级研发中心25个、区级研发中心17个、市级众创空间3家、院士工作站2家；成功创建国家知识产权试点城市；长寿经开区获评国家级知识产权示范园区，建成光电产业校地合作研发基地；长寿工业园区启动创建市级、国家级高新技术产业开发区，中科未来城科技企业孵化基地、科技成果转化中心、科技岛启动建设。国家农业科技园区已建成农业专家大院7个。引进院士2名、国家“千人计划”专家2名、高层次人才100名。

【生态文明建设】　2017年，长寿区生态优先、绿色发展理念厚植全区，整改中央环保督察反馈的问题。筑牢生态安全屏障，划定生态保护红线337.1平方千米、永久基本农田3.8万公顷，完成水土保持生态建设治理32.6平方千米。开展沿长江1千米范围内22家化工企业风险排查并全面完成整治。实施大气污染百日攻坚，淘汰黄标车4228辆、居全市第一，全年城区环境空气质量优良天数282天。三级河长制覆盖全区所有河库，桃花溪污染整治持续推进，龙溪河流域纳入国家首批水环境综合治理与可持续发展试点，完成50个集中式饮用水源地规范化建设。建成高速公路沿线3千米隔音墙和56.9平方千米噪声达标区。危险废物和医疗废物规范化处置100%，畜禽养殖等面源污染问题得到有效遏制。全区林地稳定在一百万亩以上，森林覆盖率45.5%。

【社会民生】 2017年，长寿区脱贫攻坚精准发力，投入3000万元支持10个脱贫村发展，全区新脱贫529户、1316人；支持贫困户发展产业、转移就业，设立3000万元免息免担保金融扶贫产业资金，全区培育40名致富带头人，帮助824名贫困人员实现就业。分类帮扶因学、因病致贫人员，发放教育扶贫款432.4万元、资助贫困户学生4916人次，基本医疗保险实现扶贫对象全覆盖，投入170余万元为建档立卡贫困户购买精准扶贫保险；实施兜底扶贫近1.3万人次，发放低保兜底金287.5万元；实现建卡贫困户D级危房改造全覆盖。民生之基夯实筑牢，智慧人力资源市场建成，开展创业培训2099人、发放创业担保贷款6829万元；社保扩面征缴持续推进，城乡养老保险、医疗保险参保率分别为96%和100%；机关事业单位养老保险制度改革初步完成，生育保险与职工医疗保险合并实施，医保支付方式改革统筹推进，跨省异地就医住院费实现联网直接结算，使用住房公积金8.2亿元，支持2.1万人购房，新配租公租房3086户，解决7700余人住房困难；夯实社会救助福利体系，建立扶贫济困医疗基金，落实特困供养救助制度，发放城乡低保金7562万元、医疗救助金3713万元、特困人员基本生活费3627万元、临时救助金662.6万元；新建4个城镇社区养老服务站；探索建立退役士兵三级服务平台。社会事业协调发展，促进教育公平和质量提升，完成农村薄弱学校改造项目27个，中小学校标准化率90%，幼儿园、义务教育、高中阶段入学率分别为90%、100%和97.8%，高考重本上线率再创历史新高；全面取消公立医院药品加成和药事服务费，落实药品采购“两票制”，医联体建设成效显著，分级诊疗格局初步形成；区人民医院北城分院等5个重点卫生项目建设有序推进，区中医院启动创建国家三级甲等中医医院；建成长寿菩提古镇文化创意产业孵化园等一批市级文化产业基地，12件艺术作品入围国家级文艺展，区图书馆成功创建国家一级馆；获全国群众体育先进单位，成功举办四项体育品牌赛事、五项文化品牌活动。平安建设深入推进，加强立体化、信息化防控体系建设，开展“渝安2号”专项行动，社会治安形势持续向好，全年治安、刑事、八类、侵财和可防性案件同比分别下降54%、23.6%、21.4%、27.4%和43.3%；加强矛盾纠纷源头预防、分类化解，中共十九大期间安保维稳工作受市委、市政府通报表彰；持续推进安全生产“五大行动”，全区安全生产形势保持稳定；国家食品安全示范城市创建取得阶段性进展，人民群众饮食用药安全得到有效保障。

【困难和问题】 2017年，长寿区主要困难和问题是：经济总量不够大、质量不够优，传统产业升级、新兴产业培育任重道远；改革力度还不够强，创新意识、创新驱动能力亟待增强；城乡区域发展不均衡，基础设施欠账较多；社会事业存在短板，保障和改善民生仍需持续用力；资源环境约束趋紧，生态环保突出问题尚未彻底解决；社会矛盾和各类风险交织，社会治理需进一步创新；政府工作与发展所需、群众所盼还有差距，借力借势借资源发展长寿的能力还需不断提升，自身建设有待进一步加强。

（何　章）

人事人才工作

【概况】 2017年，重庆市长寿区人力资源和社会保险局（简称区人力社保局）机关和下属单位机构有9个，编制总数146人（不含区纪委派驻人力社保局纪检组3人）；有在编职工133人，其中局机关18人、社保局55人、就业人才服务局27人、劳动保障监察大队9人、军队转业干部服务管理中心3人、劳动人事争议仲裁院12人、人力资源培训考评中心（含技能鉴定所）3人、公共人事服务中心3人、档案信息管理中心3人。2017年，认真贯彻中共十九大精神，推进人力社保各项工作，以“民生为本、人才优先”为工作主线，各项目标任务顺利完成。

【人才队伍建设】 2017年，区人力社保局加强专业技术人员队伍建设，实施专业技术人才知识更新工程。组织新取得高级职称专业技术人员参加岗前培训。区人力社保局联合行业部门组织开展专业技术人员继续教育学习培训，培养培训各类急需紧缺专业技术人员，选送农业、民政、化工等行业专业技术人员参加市级高级研修班项目培训。深化职称制度改革，推进职称日常审批工作。贯彻落实《重庆市深化职称制度改革的实施意见》，年内初定确认中初级专业技术职务46人，特殊人才新取得高级职称4人，对2017年新取得职称的579人（其中正高级18人、高级262人、中级251人、初级48人）发文、办证。推进专业技术人才创新平台建设。2017年新增市级博士后科研工作站1个（长寿区人民医院），新进博士后科研工作人员1人，加强博士后科研工作站和博士后创新实践基地的日常运行和管理工作，提升科技创新水平。

【人力资源管理】 2017年，区人力社保局加强人事考试管理。坚持打造长寿"阳光考试"品牌，加大人事考试硬件建设和信息化建设力度，加强人事考试队伍政治思想和业务素质建设，细化人事考试考务操作流程，加强内部风险防控措施，加大考试监督力度，增加考试考务透明度，确保各项人事考试考务工作规范、安全、高效运行。全年组织各项人事招录（招聘）考试13次，招录（招聘）505人，其中公务员61人、事业单位工作人员412人、"三支一扶"大学生9人。年内开展2次公开招录公务员考试、1次公开遴选公务员考试、2次公开招聘事业单位工作人员考试等大型招录（招聘）和选聘城区学校教师及招募"三支一扶"大学生考试等工作。全部考试安全顺利完成，人事考试的权威性、公平性得到社会普遍认可。人力资源培训。依托市培训中心和区行政学校资源，坚持横向联合、上下联动，拓展培训项目，加强培训管理和服务，坚持规范管理，热情服务、确保培训品质。全年开展各类培训6项，培训15000余人次，其中公务员公需科目培训2890人、专业技术人员继续教育公需科目培训11247人次、新提任科级干部任职培训186人、事业单位人员初聘培训326人、专业技术人员中级职称岗前培训130人、基层社保和就业服务工作人员业务培训368人。各项培训工作有序开展，取得好的社会效益和培训效果，为全区经济社会发展提供人才智力支撑。职业技能鉴定。规范职业技能鉴定申报审核程序，主动加大财政和监察单位监督力度，促进鉴定考试考务规范化运作，为全区经济发展提供合格的技能人才。全年组织国家职业技能鉴定考试和农民工专项能力考核98次，组织职业技能培训鉴定考核4157人，颁发国家职业资格证书4081个（其中初级职业资格证书1784个，中级职业资格证书2260个，高级职业资格证书37个）；组织农民工专项能力考核鉴定229人，颁发农民工专项职业能力证书229个；完成市局下达的鉴定考核任务。弘扬工匠精神，组织开展以"劳动光荣、技能宝贵、创造伟大"为主题的护理职业技能竞赛和汽车维修职业技能竞赛，有108名护士和40名汽车维修工进行技能大比拼，提高参赛选手的技能水平，营造尊重技、尊重人才的良好氛围。

【人事服务管理】 2017年，区人力社保局严格标准和程序招录公务员。坚持公开、平等、竞争、择优的原则，依照法定的权限、条件、标准和程序，做好资格审查、面试、体检、考察等各个环节的工作，确保招录工作的安全、平稳、有序。全年招录公务员（参公管理人员）61人，其中面向社会公开考试录用公务员7人，从警校应届毕业生中考试录用公务员（公安人民警察）3人，面向社会公开考试录用参公管理人员42人，从选聘大学生村官中考试录用公务员6人，从优秀村（社区）干部中考试录用公务员3人。加强公务员职位管理。及时办理公务员转正、登记手续，按照集中统一、高效规范的要求，办理60名新录用公务员转正定级，85名公务员登记；严格条件和程序，办理91人晋升科级非领导职务，92人晋升副处级职级。加强公务员考核。开展2016年度非领导成员公务员年度考核工作，参加考核2782人，审查确认优秀457人，不称职3人，不确定等次57人。做好表彰奖励工作。给予2014—2016连续3年公务员年度考核"优秀"等次的82人记三等功，给予2016年公务员年度考核"优秀"的470人嘉奖；开展专项工作奖励，对在行政权力清理规范工作中表现突出的9人记三等功；审查市级部门表彰推荐人选8人，组织开展科级干部任职培训180余人，办理科级及以下公务员学历学位确认31人次。深化事业单位人事制度改革。优化岗位结构比例，开展事业单位岗位设置工作；指导2017年新设立和变更的65个事业单位完成岗位设置方案。转换用人制度，开展事业单位工勤转岗工作，完成9名工勤技能人员转岗考试、培训工作。加强岗位管理制度，开展事业单位岗位聘用工作，做好岗位清理，实施岗位竞聘、鉴定聘用合同，完成2779名事业单位工作人员岗位聘用备案手续。推进事业单位人事精细化管理，开展事业单位信息系统运行工作，指导事业单位完成基础数据录入、维护，按照市里要求，实现事业单位人事管理系统正式运行上线。加强日常管理，强化工作监督，开展事业单位“吃空饷”清理工作，建立防治“吃空饷”问题长效机制，5月和11月组织机关事业单位“吃空饷”清理自查自纠，按规定落实有关人事管理，经查全区不存在“吃空饷”情形。经统计，2017年全区有事业单位282个，有事业人员10837人；考核事业单位工作人员10651人（含机关工勤人员），确定优秀1586人，不合格2人。做好专家服务工作。组织开展2017年春节专家慰问活动，慰问各级各类专家68名，发放慰问金68000元。宣传发动组织专业技术人员参与各种资格评选，长寿区人民医院乔正荣成为享受国务院政府特殊津贴人员。

【工资和福利管理】 2017年，区人力社保局严格执行机关事业单位工资政策。按时完成全区员额内法官检察官工资套改工作，于1月起将法检两院职工工资移交市人力社保局统发。严格落实重庆市现行的人民警察工资福利政策，为配合区人民警察职务序列改革工作，做好启动人民警察工资改革的相关准备。落实机关事业单位工作人员工资政策，及时办理人员调动（619人次）、职务（岗位）变动、晋级晋档（晋升薪级）等原因变动工资业务12469人次。办理一次性抚恤金待遇审批163人次，发放抚恤金和丧葬费等相关待遇1130.39万元；办理生活困难遗属补助标准调标1387人，增加资金5.14万元。及时审批机关工作人员规范津补贴、退休人员生活补贴、特殊岗位津贴1210人次；完成全区事业单位绩效工资总额初核终核工作，办理因工作调动、岗位变动等变动基础性绩效工资836人次，推进完善事业单位绩效工资政策实施工作，指导基层单位部门完善绩效工资考核分配方案，健全收入分配激励约束机制。做好工资及津补贴统发审核工作，确保按时足额发放。做实机关事业单位工作人员参保及缴费基数审核工作。按照机关事业单位编制管理规定确定参保人员范围，分类明确纳入缴费基数的项目及标准，对单位申报职工缴费基数的真实性和准确性进行多渠道审核，切实保障参保人员权益。兑现机关事业单位人员福利。按照市纪委和市人力社保局的统一部署，按时足额兑现2016年退休人员健康休养费和在职人员目标管理绩效考核奖金。及时兑现公务员平时考核奖励、公务通讯补贴、事业单位设立绩效工资外“高出部分”参考线等待遇。开展机关事业单位支付工作人员应休未休年休假工资报酬专项检查工作，年初开展全区机关事业单位2014至2016年执行带薪年休假情况专项检查工作，通过单位自查、联合抽查和纪委巡察等方式，全区整改年休假工资报酬涉及金额877万元，其中清退金额832万元，补发金额45万元。加强工资管理信息化建设。

【机关退休人员服务管理】 2017年，区人力社保局强化退休审批和退休人员管理服务工作。及时办理246名到龄人员退休审批工作，确保退休人员按时足额享受退休待遇。严格按照政策规定核实退休人员基本信息，准确核定退休待遇，对实施机关事业养老保险后退休的788名“中人”按时足额发放一次性退休补贴2552万余元。做好退休人员待遇发放调整工作。采取广泛宣传政策、核对移交数据、养老金社会化发放和信息维护纠错等一系列措施，平稳有序推进9005名机关事业单位退休人员退休待遇转入由社保基金发放养老金，做到按时足额、不重不漏。加强退休干部服务管理。春节期间慰问生病住院的机关事业单位退休干部2人，慰问市管退（离）休领导干部13人，慰问特殊困难人员21人。

【军转干部管理】 2017年，区人力社保局做好军转安置工件。按照军转干部、随调家属、接收单位“三满意”要求，摸排调研、积极协调、科学定位，实现军转干部及随调家属的最优化安置。全区计划安置军转干部11人，其中正连职1人、副营职7人、正营职2人、副团职1人（副团职以上干部具体由区委组织部分配）；根据随调随迁家属原单位性质和岗位进行对口安置1人。企业军转干部解困。坚持重要节日对企业军转干部和自主择业军转干部的全覆盖走访慰问，全年使用慰问金

25 万余元。由区委、区政府主要领导带队对生活特别困难的企业军转干部进行上门慰问，发放慰问金和慰问品。落实全市解困补贴兑现到位工作，对全区企业军转干部困难补贴进行重新梳理、审核、调整、报批，发放解困补贴 100 万余元；对生活特别困难的军转干部，及时向区财政局申报，争取给予特殊救助，总计解决救助资金 3 万元。帮助部分下岗失业企业军转干部实现再就业，为个别自主择业军转干部解决子女上学问题，全方位为军转干部排忧解难；组织全区企业军转干部和自主择业军转干部开展一年一度的免费健康检查，建立个人健康档案，使用经费 6 万余元；为 8 名企业军转干部协调解决个体身份缴纳基本养老金，涉及金额 107827 元。（雷福中）

聚商选资

【概况】　2017 年，重庆市长寿区投资促进局（简称区投资促进局）有人员 18 人，其中正式在编行政人员 15 人，聘用职工 3 人。领导班子设 1 正 3 副。区投资促进局合并区对外贸易经济委员会职能，内设综合科、外经外贸科、招商一科、招商二科、招商三科 5 个科室，在北京、苏州、深圳设有招商办事处。区投资促进局的主要职能职责：一是统筹协调全区聚商选资工作，包括贯彻执行投资促进方针政策和法律法规，制定全区聚商选资战略规划并实施、年度计划并组织分解实施，统计分析目标任务执行情况并进行检查考核，组织全区平台参加各种宣传推介活动，主持参与重大项目的推介谈判和协调工作，承担全区聚商选资会议筹备、议定事项督办的责任，深化“五个一批”机制，承担全区聚商选资项目库建设管理责任等，主要由招商科承担该项职责；二是统筹协调全区外经外贸行政管理工作，贯彻和组织实施本区公民出境就业管理政策，包括外资审批、外商投诉处理，外资外贸政策的贯彻落实及确保相关目标任务的完成等，主要由外经外贸科承担该项职责。

2017 年，全区引进项目 153 个，合同引资 618 亿元，实际到位资金 245 亿元（含以前年度引进当年继续实施的项目），实现物流贸易额 187.3 亿元，分别完成全年目标任务的 112.4%、102.1%、144.1%。实际利用内资 230.7 亿元，比 2016 年下降 4.7%；实际利用外资 1.6 亿美元，同比下降 21.7%，总量列渝西片区第四位，增长率列第十位；实现外贸进出口总额 107.7 亿元，同比增长 65.6%，总量列渝西片区第一位，增长率列第一位；实现离岸服务外包执行额 1.2 亿美元，下降 3.3%，总量列渝西片区第二位。

2017 年，新引进一批重、特大项目。主要是：合众锰业投资 55 亿元的煤—电—硫—锰多联产循环经济项目、重庆奕翔投资 45 亿元的甲基丙烯酸甲酯项目、云天化集团投资 30 亿元的聚甲醛扩建及高性能玻纤项目、福安药业投资 15 亿元的原料药和制剂项目、重庆中平紫光投资 10 亿元的己二腈项目、浙江飞儿康通信技术有限公司投资 10 亿元的 26 条芯片封装及产品组装生产线项目、重庆赛真达智能科技有限公司投资 30 亿元的阿凡达无人驾驶测试中心生产项目、三科控股集团有限公司投资 25 亿元的农副产品交易市场项目、重庆乡村画卷农业开发有限公司投资 51.5 亿元的中德 · 国际动漫休闲农场项目、恒大地产集团重庆有限公司投资 100 亿元的长寿湖景区旅游综合开发项目等项目。

【融资平台聚商选资】　2017 年，长寿经开区引进新项目 66 个，合同引资 310 元；实际到位 154.4 亿元，实际利用内资 163.5 亿元，实际利用外资 1.6 亿美元。区旅游发展管理服务中心引进新项目 2 个，合同引资 105 亿元；实际到位资金 10 亿元，实际利用内资 7.5 亿元。长寿工业园区引进新项目 42 个，合同引资 101.2 亿元；实际到位资金 27.1 亿元，实际利用内资 18.4 亿元。区城市开发管理服务中心引进新项目 2 个，合同引资 20 亿元，实际到位资金 20 亿元；实际利用内资 0.7 亿元。区商贸物流管理中心引新项目 21 个，合同引资 37.2 亿元；实际到位资金 22.2 亿元，实际利用内资 15.1 亿元；实现物流贸易额 187.3 亿元。区城乡统筹发展管理服务中心引进新项目 3 个，合同引资 58.6 亿元；实际到位资金 3.1 亿元。区商务局引进新项目 17 个，合同引资 15.4 亿元；实际到位资金 8.1 亿元，实际利用内资 0.5 亿元。其他融资平台实际利用内资 25 亿元。

【驻外招商】　2017 年，全区驻外招商机构 3 个（北京办事处、深圳办事处、苏州办事处），全年联系达成签约项目 28 个，合同引资 135 亿元。

2017 年新增在谈项目 78 个，项目投资总额 365 亿元；拜访企业 163 户，请回 104 户企业到长寿考察，提供有效信息 226 条。（胡小敏　汪纯刚）

效能建设

【效能建设】 2017 年，长寿区以强化创新理念、增强创新能力、营造创新氛围、激发创新活力、推动创新实践，推动全区各级各部门、广大党员干部全面加强效能建设。全年全区清理排查项目、资金等事项 1400 余个，开展明察暗访 1100 余次，走访管理服务对象 8000 余人次，严肃查处群众反映强烈的突出问题 51 起，给予党纪政纪处分 41 人，组织处理 53 人，司法机关追究刑事责任 13 人。区委督查室、区政府督查室开展对重大决策部署推进情况监督检查，建立“黄、橙、红”督查机制，全年组织开展 57 次综合督查和 138 次专项督查，督办区政府常务会、区长办公会等会议决定事项 231 项；编写《督查通报》60 期、《督查专报》41 期；督促整改问题 295 个，提出意见建议 322 条。全年给予有关单位黄色警告 27 项、橙色警告 9 项、红色警告 3 项，通报表扬 15 个单位，通报批评 2 个单位。

【执政为民服务发展评议】 2017 年，长寿区根据《重庆市长寿区执政为民服务发展评议办法》（长寿委办发〔2012〕68 号）规定，各方面代表从服务意识、依法履职、办事公开、办事效率、改革创新、清正廉洁 6 个方面对全区 93 个单位进行评议。统计结果通过长寿区政府网站和《长寿日报》向社会公布。（周　一）

行政审批服务

【概况】 重庆市长寿区行政服务中心管理办公室，属区政府派出机构。2017 年 4 月，内设机构由 3 个（综合科、信息督查科、基层指导科）调整为 4 个（综合科、信息督查科、基层指导科、行政审批改革科），参公事业编制由 8 名调整为 11 名。2017 年 2 月，区委对区行政服务中心管理办公室领导班子进行调整；11 月，成立中共重庆市长寿区行政服务中心管理办公室党组。2017 年，区行政服务中心总面积为 8650 平方米，入驻 34 个单位，设置办事窗口 193 个，入驻工作人员 300 余人。

【行政审批制度改革】 2017 年，长寿区行政服务中心管理办公室完善行政审批事项权力清单。配合区编办调整规范区级 33 个行政审批部门行政许可事项内容，保留 352 项行政许可事项，形成《长寿区行政许可项目目录（2017 修订版）》，以区政府文件形式对外公布；建立行政许可事项台帐，形成定期发布和动态调整机制。

优化流程，压缩审批时限。一是全区各事项法定时限 10994 天，优化流程压缩时限 6679 天，年底前总承诺时限为 4382 天，总体压缩 60.38%。二是编制《长寿区建设项目手续办理流程图及要件汇编》，产业类建设项目审批审查环节精简至 38 个，工作日压缩至 123 个（重点危化企业工作日为 147 个）；政府投资类建筑项目审批审查环节精简至 30 个，工作日压缩至 72 个；政府投资类市政项目审批审查环节精简至 26 个，工作日压缩至 64 个，办理时限整体压缩 60% 以上，其中行政审批办理时限整体压缩 70% 以上。三是实行重大投资建设项目行政审批“一卡通”制度，将重大项目建设全部流程，行政审批审查事项逐一明确时间节点，提高工作效率、审批时效和透明度。四是在经开区实行行政审批首席代表制，将建设投资领域的立项、国土、规划、建设、评审等授权首席代表，首席代表与经开区一体化办公，形成办审合一，实现审批服务前移，提高当场办结率。

规范行政审批受理、审查、决定关键环节。受理环节按照一窗受理并建立受理单、一次性告知、首问负责、申请材料示范文本等制度；审查环节，各部门编制《审查细则》；决定环节，明确决定方式、送达方式、颁发证件形式和时限、决定的效力范围等内容。

统一编制规范服务指南，便利群众。对区级 33 个审批部门 352 个大项 505 个小项编制《服务指南》完整版和简版，并在政府网、大厅入口 LED 导视和查询终端、评价器上查询。统一规格逐项编制简单明了的便民小册子，摆放在窗口资料架及咨询台处，方便群众使用查询。

推进“互联网 + 政务服务”。明确和规范各类业务办理平台应用，市网审平台上办理的事项，实行受理、办理、反馈，进度和结果网上可以实时查询；对暂不具备网上办理条件的事项，通过多种方式提供全程在线咨询服务。全年长寿区网审平台受理50169件，办结50030件，办结率99.72%。

规范中介服务。在前期清理规范69项区级行政审批中介服务事项之后，清理并保留53项，形成并发布《重庆市长寿区区级行政审批中介服务事项清单（2017年版）》。

推进“两集中两到位”（即一个行政机关的审批事项向一个处室集中、行政审批处室向行政审批服务中心集中，审批事项到位、审批权限到位）。一是25个行政审批部门单独或挂牌设立25个行政审批科，推进集中审批，整体入驻行政审批大厅，对整体进驻的科室，要求负责人入驻。二是合理安排闲置窗口，腾挪出12个窗口，优先入驻行政许可事项。年内新增23个部门312项事项入驻。年底前全区33个行政许可部门，已入驻32个，入驻率97%；全区352项行政许可事项，有330项入驻行政服务中心办理，入驻率94%；逐步推行部门授权到窗口，工商、食药监等23个部门474个事项已实现窗口办结。

【行政服务中心管理】 2017年，长寿区行政服务中心管理办公室强化入驻部门和人员管理。编制并发布《重庆市长寿区行政服务标准体系》，6大部分50个标准，形成行政许可事项、流程、服务、受理场所与管理、检查评价“五位一体”的行政服务标准体系。健全完善入驻窗口及人员管理、奖惩等相关制度，落实首问责任制度、一次性告知制度以及办事公开制度，对入驻的部门行政服务行为进行规范，杜绝办事企业和群众来回跑、反复跑现象。落实巡查通报、投诉问责制度，通过开展月考核、月通报、年度考核通报和“红旗窗口、服务明星”等评选活动，提高工作人员的服务意识和水平，推进日常管理规范化。

建立信息公开，强化公共监督。各审批部门服务指南经审定发布后在市网审平台上及时更新，在区政府门户网公示。各办事窗口对外公开行政审批事项目录，规范摆放审批流程图、申请材料示范文本等资料，方便办事群众自行领用。通过LED显示屏滚动公开行政审批收费依据、收费标准和办理结果，各审批部门在网审平台公开办理信息，实现行政许可事项办理前、办理中、办理后全程公开。

【功能设施完善】 2017年，长寿区行政服务中心管理办公室完成行政服务中心设施智能化升级建设。咨询台、出入口设置触摸导视屏，各窗口设置评价器，办事群众可简捷、迅速、准确获得智能引导及各类办事信息，对窗口工作人员服务质量、办事效率、工作作风、行政效能等方面形成监督。完成电子监察、三级服务体系建设视频指挥中心与全区群工信息系统整合工程一期，实现办事大厅实时监控。三是合理划分功能区，统一标识、标志、标牌，工作人员统一着装，展现良好的精神面貌。四是国、地税自助办税大厅与12366纳税服务平台投入使用，提高办事效率，节约纳税人成本。五是完成配电室增容改造工程，更换一台1000千伏安变压器，保障大楼电力需求。六是配合区公益公司启动新行政服务中心建设前期准备工作。

【群工系统服务】 2017年，长寿区行政服务中心管理办公室坚持通报、汇报制度，对存在敷衍塞责、欺上瞒下、玩数字游戏等问题的单位和个人进行点名批评，落实值班监控制度，紧盯反复转办事项、长时间没有进展事项、“红黄灯”事项、无法解决事项、未反馈事项、群众不满意事项，排查存在安全隐患和不稳定苗头的事项，发现问题及时处理，服务群众工作真正见效。截至12月，长寿区应用群工系统办结群众反映事项32117项，主要涉及小区环境卫生、市政设施设备、供水供电供气、环境污染、困难帮扶、农村道路修复等群众非常关心、反映强烈的民生问题。其中，村（社区）、镇街办理31232项，党群服务中心办理116项，区群工系统指挥中心办理769项，事项办结率99.4%，评价率97.8%，满意率99.5%，均排名全市前列。3月14日，副区长张昌红，9月7日区委常委、区政府副区长李雪松先后作客“重庆群工·阳光重庆”广播节目，分别就长寿区城乡旅游和工业经济发展作推介。（张晓强）

区直机关事务管理

【概况】 重庆市长寿区机关事务管理局（简称区机关事务局）同时挂长寿区接待办公室牌子；原属区政府直属参公事业单位，2009年底机构改革后，调整为区政府办公室下属事业单位；2014年12月又调整为区政府直属事业单位。核定全额拨款参公事业人员编制18名，领导职数1正3副，内设办公室、公务接待科、公务车辆管理科、办公用房管理科、公共机构节能管理科4科1室。

区机关事务局职能职责：负责区行政中心的行政事务、环境秩序管理、会议服务及生活服务等工作；负责区行政中心房屋、设备、设施的维修维护、日常运行管理，停车场库的管理；负责区行政中心环境卫生工作，安保维稳和消防工作；负责全区行政事业单位公务车辆管理，包括公务车辆编制、配置标准、处置、维修管理等工作；协调、协助区委办公室、区人大常委会办公室、区政府办公室、区政协办公室搞好公务接待；协调、推进区级公共机构节能及指导、监督下级公共机构节能工作；负责全区区级部门办公用房的统筹及调配管理工作；负责机关食堂等后勤服务实体的综合管理；完成区政府交办的其他事项。

【行政中心管理】 2017年，区机关事务局招标引进长寿保安公司负责行政中心安保人员劳务派遣，重庆玖鑫酒店有限公司负责食堂劳务派遣，重庆洪泉物业管理有限公司负责行政中心物业、会务、工程维修维护、保洁等劳务派遣，后勤服务社会化。

后勤管理标准化，不断细化和完善物业考核管理办法；多次对物业从业人员开展专业知识培训和应急演练，提升服务质量；完成《2017—2018年度行政中心大楼消防维保》招标采购工作。坚持行政中心消防监控室二十四小时双人值班及每日消防巡查制度，严格执行火灾报警处置程序；配合北城公司完成联建楼消防整改；强化对维保公司工作的检查和考核力度；年内未发生安全事故。严格执行对来访办事人员询问登记和行政中心外围巡逻检查制度，全年登记来访人员6750余人次，与2016年同期相比增加1250余次，增加23%。妥善处置非正常上访，及时处置各类突发事件，合理、合法、有效处置非正常上访1203人次，与上年同期相比增加133人次，增加12%。

后勤维护及时高效完成行政中心日常维修改造工作，全年维修2900余次，比2016年同期增加330余次，增加13%；完成电梯大修专项工作，配合公共民生公司完成行政中心办公大楼中央空调改造，制冷、制热效果明显改善；完成行政中心中央空调维保合同的续签和《2017—2018年度电梯维保》招标采购工作；完成科技文化中心礼堂前厅地暖改造。

【公车管理】 2017年，区机关事务局严格审核程序，规范公车管理。认真贯彻执行《长寿区公务用车跨部门综合服务平台车辆运行管理办法》，强化长寿区公务用车跨部门综合服务平台和长寿区过渡性车辆服务中心两个平台管理；按上级要求，对全区涉改公务用车实行标识化管理和派车单制度，严控公车私用现象。按照渝委办发〔2011〕38号文件要求，完成长寿区公务用车定点保险、定点维修招标及合同的签订和实施。协助区纪委开展节假日期间全区公务用车违规使用情况的明查暗访。协同区车改办对83家涉改单位732辆公务车重新核定编制，对496辆保留车辆进行信息收集汇总，形成数据网；集中回收封存216辆涉改车辆，确保实现车改后节支率7.2%的目标任务。置换调剂45辆涉改车辆，报废37辆涉改车辆，拍卖涉改封存车辆及置换车辆180辆，评估价121.15万元，成交价417.83万元；协调1辆价值数十万元涉改消防车的划拨过户，最大限度保证国有资产的保值增值，全区公务用车改革工作推进良好。按照市、区两级政府的要求，及时完成区内公务用车中黄标车的淘汰处置工作。

【公房管理】 2017年，区机关事务局履行全区区级部门办公用房管理职能。定期排查，完善数据库，完成对全区区级机关办公用房的排查统计，适时更新一级单位、二级单位办公用房最新数据，不断完善办公用房数据库。合理调剂，保障规范办公用房，严格按照《重庆市办公用房管理办法》规定，根据各单位办公用房需求和闲置办公用房情况，认真查勘、核实，拟定调剂方案，完成区市政局、区旅游局、区审计局、区监察委员会等15个单位办公用房调剂工作，确保办公用房使用符合规定。长寿区监察委员会办公用房的及时调整保障工作得到市纪委的表扬。

【节能管理】 2017年，区机关事务局围绕"绿色节能·低碳环保""节能有我、绿色共享"宣传主题，持续深入开展节能宣传周活动和低碳日活动，全年开展节能宣传活动20余次，制作节能宣传展板60余块，发放节能传单2万余份，营造良好的舆论导向和氛围。按照《重庆市公共机构节约能源资源"十三五"规划》要求，聘请重庆市设计院共同参与完成《长寿区公共机构节约能源资源“十三五”规划》编制工作。推进节约型示范单位创建工作，区中医院已成功申报2017—2018年度节约型公共机构示范单位。完成区行政中心6.8万平米办公楼综合节能改造项目，项目总投资2060万元，获得国家公共建筑节能补助资金55.78万元，能耗下降25%。强化考核管理，把公共机构节约能源资源工作纳入全区年度经济社会发展实绩和党建工作考核指标体系，完成区公共机构2016年度能源资源消耗统计分析报告和能耗数据统计，完成以2016年为基数的人均能耗下降2.4%、单位建筑面积能耗下降2.1%、人均水资源消费下降3.2%的各项节能目标任务。

【公务接待】　2017年，区机关事务局按照《长寿区党政机关国内公务接待管理实施细则》指导接待工作实践。加强队伍建设，提升接待能力，年内组织两次分别到市机关事务局、綦江区参加接待工作业务知识培训，全年较好地完成350余次接待任务，其中部级及其以上23次。严格接待标准，严格贯彻执行《党政机关国内公务接待管理规定》，认真贯彻落实2017年2月27日全市机关事务（接待工作）会议精神。（李唐贤）

法治政府建设工作

【概况】　2017年，全区政府法制工作围绕区委、区政府工作大局，服务全区发展新常态，把握推进依法行政、建设法治政府这一主线，出台《重庆市长寿区法治政府建设实施方案（2017—2020年）》，提出依法全面履行政府职能、完善依法行政制度体系等8个方面具体工作任务，将政府各项工作全面纳入法治轨道，为全面深化改革、促进全区经济持续健康发展和社会和谐稳定提供坚强法治保障。

【政府职能依法履行】　2017年，长寿区全面清理行政审批事项，按要求完成行政许可事项取消、承接、调整与清理规范工作，形成《长寿区行政许可项目目录（2017版）》和《长寿区行政许可项目目录（2017修订版）》，保留行政许可事项352项。向社会公布行政权力清单和责任清单，规范行政权力运行，按市级要求梳理编制政务服务事项清单。加强市场监管，深入推进工商注册登记制度便利化，全面实现“多证合一”“一照一码”。

【依法行政制度体系】　2017年，区法制办主动适应经济发展新常态，对区政府部门、街镇制定的行政规范性文件进行全面清理，经审查准予备案60件。全年开展部门街镇行政规范性文件清理工作2次，确保规范性文件的合法性、合规性。加强行政规范性文件监督管理，严格执行《重庆市行政规范性文件管理办法》，加强对行政规范性文件制定程序的管理，实行制定机关对规范性文件统一登记、统一编号、统一公布的“三统一”制度。

【行政权力规范】　2017年，区法制办推进行政决策科学化、民主化、法治化，认真执行《重庆市长寿区人民政府重大决策程序实施办法》《重庆市长寿区人民政府工作规则》《长寿区政府重大行政决策程序规定》，把公众参与、专家论证、风险评估、合法性审查、集体讨论决定作为行政决策刚性程序。在重大行政决策过程中，未经合法性审查不得上会讨论。坚持重大行政决策集体讨论决定，广泛听取有关人大代表、政协委员、民主党派、人民团体、基层组织、社会组织的意见，确保区政府重大事项合法、民主、透明。

强化对行政权力的制约和监督，认真执行《长寿区政府重大决策程序实施办法》，年内办理人大代表建议323件和政协委员提案371件，全部办结，满意率分别为98.8%和97%。加强行政监督和审计监督，完善社会监督和舆论监督机制，全面推进政务公开，完善行政纠错问责机制。

【行政执法监督】　2017年，区法制办坚持严格规范公正文明执法，理顺行政执法体制。按照“一个部门内只能设置集中、统一的执法机构”原则，以“整合职能、明晰权责、提高效能”为要求，在食品药品安全、工商质检、公共卫生等9大领域进行机构调整和职能整合，有效提升行政执法效能，稳妥开展部门综合执法。以案卷评查为抓手强化执法监督，随机抽选各参评单位已办结的一般程序的行政处罚案卷原件20宗，评查结果在全区进行通报，纳入年度依法行政考核。

【矛盾纠纷化解】　2017年，区法制办构建多元化解工作体系，持续完善人民调解、行政调解、司法调解联动“大调解”工作体系。推进律师参与化解和代理涉法涉诉信访案件，建立由20人组成的律师参与化解和代理涉法涉诉信访案件人才库。严格执行行政负责人出庭应诉规定，提高行政机关负责人出庭应诉率，全年发生诉讼案件411件，负责人应诉295件，出庭应诉比例75.25%。全年审查行政复议案件73件，申请人总数117人，未发生复议后改判的情况，实现案结事了，定纷止争。（洪　啸）

行政督查

【督查工作基础】　2017年，长寿区健全督查制度，对督查范围、时限要求、适用对象、考核奖惩等明确细化，增强督查结果运用的操作性，提高督查工作的权威性。完善“大督查”网络，区政府督查室、区级部门、街镇有效联动，发挥督查合力；区政府督查室5个督查小组分工明确，督查成效明显改善。争取工作指导，主动对接市政府督查室，请教督查过程中遇到的疑难困惑，争取支持把长寿区政务督查纳入全市“一张网”信息系统改革试点区。加强交流学习，借助全市督查工作会议召开契机，加强与各区县学习交流，汲取先进经验；在全区现场督查、考核测评工作中，开展督查工作业务培训，提高督查队伍的综合素质和业务能力。

【围绕中心督查】　2017年，区政府督查室始终坚持以督辅政，围绕全区中心工作，发挥督促检查职能，促进经济社会发展。组织推动区委十二届十次全会报告及2017年政府工作报告重点工作的落实，对相关目标任务进行细化分解，确定7项共同目标和208项具体目标任务并及时督查督办，督查结果按季度通报，纳入部门和街镇经济社会发展实绩考核内容，以考核倒逼工作落实。组织督促政府重要会议议定事项的落实，建立当月事项及时报告、以往事项持续追踪的工作机制，每月定期以督查专报的形式向区政府常务会反馈进展情况，提出意见建议，为领导了解情况、再决策提供准确依据。组织开展政府单项重大决策和重要工作督查，针对全区性的大事要事和难事急事，召集相关单位召开督办会，落实时间节点、责任单位和责任人，对进展情况不定期通报。全年组织开展57次综合督查和138次专项督查，督办区政府常务会、区长办公会等会议决定事项231项；编写《督查通报》60期、《督查专报》41期；督促整改问题295个，提出意见建议322条。

【领导批示交办事项督办】　2017年，区政府督查室坚持“交必办、办必果、果必报”的原则，强化领导批示交办事项督办工作。建立健全领导批示交办事项工作台账、限时办结和逾期警示、办理效果评价等机制，规范领导批示交办事项的督办程序和办理要求，采取电话催办、现场查办和会议督办等多种方式督促检查，对办理结果做到全面认真核查，做到件件有着落、事事有回音。全年督办市、区领导批示及交办事项361件，市长信箱、市长公开电话交办事项142件，按时办结率100%，办理结果均达到满意或基本满意。

【建议提案办理督查】　狠抓交办、督办两个关键环节，推动市、区两级人大代表议案、建议和政协提案的办理和落实。召开全区人大代表建议政协提案办理工作推进会，区政府主要领导对部分代表建议、政协提案进行现场交办。将代表建议、政协提案办理工作纳入政务督查重点，要求各承办单位把解决问题作为建议提案办理工作的出发点和落脚点，严格办理程序、严格答复时限、严格复函质量，做好“办前拜访、办中走访、办后回访”。全年办理人大代表建议323件和政协提案371件，满意率分别为98.8%、97%。

【群众关心问题督查】　坚持以高效的督查工作推动为民服务、便民服务、利民服务。针对涉及群众切身利益的道路交通、医疗养老、电网升级等“民生实事”，以及旧房改造、环境改善、创业就业等热点难点问题，抓住“落实”这一关键环节，找问题、挖根源、思良策，推动各项惠民、利民工作，确保实事办好、好事办实。

【多措并举督查】　强化组织领导，区政府主要领导多次在政府常务会等重要会议上研究部署督查工作，区政府常务副区长具体分管督查；各街镇、各部门的主要负责人作为督查落实工作第一责任人，亲自组织协调督导落实；区政府督查室的地位提升，权威性强化。注重督查联动，区政府督查室主动与区委督查室、区监察局联手开展重大工作督查，与人大代表调研和与政协委员视察联手开展督查，形成督查合力。增强督查效果，将督查工作与效能建设工作相结合，互相推动，形成一体化工作体系；将督查工作与调研相结合，通过调研提出高质量、高层次的建议，为领导再次决策提供参考；将督查与协调相结合，寓协调于督查之中，主动召集街镇部门协调或会商，明确职责分工，强调协同配合，切实解决决策落实中出现的掣肘问题；坚持督查与考核相结合，将督办事项纳入经济社会发展实绩考核，以考核的影响力保证督查工作的约束力；将考核内容纳入督查范围，以有力的督查工作保证考核事项的有效实施。严格责任追究。对督查单位有令不行、有禁不止，拖拉推诿、敷衍塞责，导致督查事项不能落实，贻误工作进展的，进行通报批评；对因人为原因造成工作损失和严重不良影响的，按有关规定给予行政处理，维护政府决策的严肃性和权威性；全年给予有关单位黄色警告27项、橙色警告9项、红色警告3项，通报表扬15个单位，通报批评2个单位。　　（周　一）

2017年重庆市长寿区人民政府区长、副区长名录

区　长：巴川江（蒙古族）
副区长：蒋牧宸　李　松　李雪松（挂职）
宋　平　付　恺（2017年1月离任）
霍家勤（女，2017年1月离任）
李建强（2017年1月离任）　汤晓强
卓大林　何一波　张昌红（女）
张明万

2017年重庆市长寿区人民政府工作部门及直属事业单位领导人名录

区政府办公室

主　任：杨岸鸿
副主任：赵永旗（挂职，2017年2月任）
戴家强（兼法制办主任，2017年2月任）　伍文波（挂职，2017年2月任）
蒋中尧（兼区政府研究室主任，2017年2月离任）
代　勇（兼区应急办主任，2017年2月离任应急办主任）
罗　立（兼区政府法制办主任，2017年2月离任）　殷　铭（兼）
余　波（2017年2月改为挂职）
陈　红（女，挂职。补遗：2016年9月任，2017年2月离任）
程　康（兼，2017年2月任，7月离任）　程　勇（2017年9月任）
鲁　巧（女，挂职，2017年2月任）
孔　奎（2017年2月任，12月离任）
熊　浩（挂职，2017年2月任）
区纪委驻区政府办公室纪检组组长：
郑可萍（女）
区政府研究室主任：
程　康（2017年2月任，7月离任）
程　勇（2017年9月任）
区政府督查室主任：孔　奎（2017年2月离任）
余　波（2017年2月任）
副主任：况敬蓉（女）
区公共资源交易中心主任：
陈　路（2017年2月离任）
余　勇（2017年2月任）
区政府电子政务办公室主任：鲁　巧（女，2017年2月任政务公开办公室主任，10月改任政府电子政务办公室主任）
副主任：王国兵（2017年2月任政务公开办公室副主任，10月改任政府电子政务办公室副主任）
区政府应急管理办公室副主任：
熊　浩（2017年2月任）

区发改委

主　　任：张明万（2017年3月离任）
蒋发平（2017年3月任）
副 主 任：孔　涛（2017年2月离任）
彭长龙　陶中荣（2017年2月任）
尹　红（女，2017年2月任）
区纪委驻区发改委纪检组组长：李　川（女）
副组长：程小莉（女）

区教育委员会

主　　任：李长春（2017年3月离任）
张新明（2017年3月任）
副 主 任：夏郡伯（2017年2月离任）
张茂荣（2017年2月离任）
黄广泉（2017年2月离任）
杨胜中　赵　明（2017年2月任）
李切勇（2017年2月任）
区纪委驻区教育委员会纪检组组长：
杨胜英（女）

区科学技术委员会

主　　任：梁　健

副 主 任：任世于　孙艳艳（女）

区经济和信息化委员会

主　　任：谭福明

副 主 任：徐宗诚 黄诗明 向剑平

区纪委驻区经济和信息化委员会纪检组组长：

罗素琼（女）

副组长：李思军（女）

区公安局

局　　长：何一波

政　　委：徐鲜华

副 局 长：罗玉平　文应船（2017 年 3 月任）

袁小平

唐　峰（挂职，2017 年 2 月任）

政治处主任：张 力（2017 年 5 月任）

区纪委驻区公安局纪检组组长：程　斌

交巡警支队支队长：张　力（2017 年 5 月离任）

政委：张　彪

治安支队支队长：唐　峰

政委：阳荣亮

校园安保支队支队长：

文应船（2017 年 3 月离任）

政委：李益辉

警卫处政委：包云兵

刑警支队支队长：梁　军

政委：罗渝梅（女）

区监察局

局　　长：黄述明

副 局 长：唐红伟　傅家成（2017 年 1 月离任）

周应林（2017 年 4 月任）

区民政局

局　　长：张国轩（2017 年 7 月离任）

廖智辉（女，2017 年 9 月任）

副 局 长：叶　静（女，2017 年 2 月离任）

胡建允　郭　蓉（女）　邓商国

区纪委驻区民政局纪检组组长：宋　焱

副组长：李　平

区老龄委办公室副主任：周茂怀

区司法局

局　　长：戴家强（2017 年 3 月离任）

邹楚蕾（女，2017 年 3 月任）

副 局 长：黄云奎

骆　莉（女，2017 年 2 月离任）

余上云（2017 年 4 月离任）

姚　立

李　佳（女，2017 年 2 月任）

政治处主任：彭庆良

区财政局

局长（国资金融办主任）：程学明（2017 年 2 月离任国资金融办主任）

副 局 长：席　琼（女）

黄　勇（2017 年 2 月离任）

陈春云　郭健智（2017 年 2 月任）

区纪委驻区财政局纪检组组长：税诗凯

副组长：孟　霞（女）

国资金融办主任：黄　勇（2017 年 2 月任）

副主任：汪　涛（2017 年 2 月任）

区政府投资项目评审中心主任：

黄　勇（兼，2017 年 2 月离任）

雷康平（2017 年 2 月任）

区人力资源和社会保障局

局　　长：傅显城

副 局 长：李晓裕（女，2017 年 2 月离任）

叶　静（女，2017 年 2 月任）

唐　克　黎　韬

区纪委驻区人力资源和社会保障局纪检组组长：

左晓红（女）

区就业和人才服务局局长：梁建雯（2017 年 2 月任）

区社会保险局

局　　长：蒲　实（2017 年 2 月任）

副 局 长：蒲　实（2017 年 2 月离任）

邓念龙

廖传荣（女，2017 年 3 月离任）

席小兵（2017 年 2 月任）

李苏刚（2017 年 2 月任）

区国土资源和房屋管理局

局　　长：洪其昌

专职副书记：宣　念（女，2017 年 3 月任）

副 局 长：罗盛贤（2017 年 3 月离任）

宣　念（女，2017 年 3 月离任）

舒建平　车文利

余上云（2017 年 3 月任）

区纪委驻区国土房管局纪检组组长：杨　权

区农村土地整治中心主任：顾艳春（蒙古族）

区环境保护局

局　　长：刘　刚

副 局 长：尤明刚　陈　波　任　虹（女）

区纪委驻区环境保护局纪检组组长：

陶小琴（女）

环境监察支队支队长：王世平

教导员：杜全超

区交通委员会

主　　任：周志荣（2017 年 3 月离任）

黄　亮（2017 年 3 月任）

专职副书记：张真明（2017 年 2 月任）

副 主 任：熊道富（2017 年 12 月离任）

袁建军　袁　翔

区纪委驻区交通委员会纪检组组长：

卢　莉（女）

区公路局局长：胡安志（2017 年 2 月任）

区城乡建设委员会

主　　任：蹇世儒（兼区民防办主任）

副 主 任：李川龙　徐晓核　彭　涛

区纪委驻区城乡建设委员会纪检组组长：

黄胜蓉（女）

副组长：李　伟

区规划局

局　　长：殷湖北

副 局 长：吴从波　戚谊熙　何　扬

区市政园林管理局

局　　长：龚小平

副 局 长：任小平　彭朝辉

韩忠东（2017 年 2 月离任）

黎　勇

区水务局

局　　长：李元凯（2017 年 3 月离任）

王　涛（2017 年 3 月任）

副 局 长：胡　勇（2017 年 2 月离任，10 月挂职）　陈松涛

王小瑜（补遗：2007 年 8 月任，2017 年 2 月离任）

冉华山（2017 年 2 月任）

原纪委书记：杨俊淑（女，区第三巡察组组长）

区纪委驻区水务局纪检组组长：邓　文（女）

区水务投资建管中心主任：

李元凯（2017 年 2 月离任）

胡　勇（2017 年 2 月任）

副主任：左　虹（女）

李军毅（2017 年 2 月任）

水务开发投资有限公司总经理：

胡　勇（2017 年 3 月任）

副总经理：李军毅（2017 年 3 月任）

区农业委员会

主　　任：黄广荣

副 主 任：伍光文（2017 年 2 月离任）

王永全（2017 年 2 月离任）

余福龙（2017 年 2 月离任）

黄道平（2017 年 2 月离任）

樊学武 阳 兰（女，2017 年 2 月任）

徐　冰（女，2017 年 4 月任）

区纪委驻区农业委员会纪检组组长：

姚　君（女）

区农业执法队队长：郑永红（2017 年 2 月任）

区农业技术科研服务中心主任：

吴雷波（2017 年 2 月任）

区商务局

局　　长：刘兴波

副 局 长：黄茂盛　余云清

韩忠东（2017 年 2 月任）

原纪检组长：胡志淑（女，区第一巡察组成员）

区文化委员会（区体育局）

主任、局长：林家义（2017 年 3 月离任）

蒋中尧（2017 年 3 月任）

副主任、副局长：袁国宁

高智伟（2017 年 2 月离任）

程凤光

张秀兰（女，2017 年 2 月任）

文化市场行政执法支队支队长：

李　勇（2017 年 10 月任，同时离任执法大队大队长）

区卫生和计划生育委员会

党委书记：黄　伟（补遗：2014 年 12 月任）

主　　任：黄　伟（2017 年 3 月离任）

谭静波（2017 年 3 月任）

党委副书记：何斗锡（补遗：2014 年 11 月任，2017 年 2 月任专职副书记）

副 主 任：何斗锡（2017 年 2 月离任）

罗　强　谭静波（2017 年 3 月离任）

冯胜梅（女）
区爱国卫生运动委员会办公室主任：刘江鹏
区纪委驻区卫生和计划生育委员会纪检组组长：
姚雪玲（女）

区审计局

局　　长：聂华甫
副 局 长：黄忠勇　李　敏（女）
舒　畅（女）
纪检组长：陈湧健
区经济责任审计工作联席会议办公室主任：
邱建斌（2017 年 3 月任）

区移民局

局　　长：刘祥云
副 局 长：陈志刚　冉华山（2017 年 2 月离任）
张　余（女）
邓雪峰（2017 年 2 月任）

区安全生产监督管理局

局　　长：蒋发平（2017 年 3 月离任，2 月离任区煤管局兼职局长）
华一兵（2017 年 3 月任，2 月任区煤管局兼职局长）
副 局 长：王廷勇（2017 年 2 月离任）
余晓明　程洪平　王　旭（女）

区统计局

局　　长：张 灿
副 局 长：余光表
杨洪梅（女，2017 年 2 月离任）
徐胜利　向　祝（2017 年 2 月任）
原 局 长：刘世林（区第四巡察组组长，2017 年 2 月离任）

区旅游局

局　长：张春兰（女）
副 局 长：陶　颖（女）
高小平（2017 年 2 月离任）
陈　渝（土家族，2017 年 2 月任）
原纪检组长：吕广文（区第二巡察组组长）

区林业局

局　　长：赵永旗（2017 年 3 月离任）
但小平（2017 年 3 月任）
副 局 长：高智伟（2017 年 2 月任）　陈大强
张恩勤
区纪委驻区林业局纪检组组长：杨春蓉（女）

区档案局

局　　长：周泽辉（2017 年 2 月离任）
操中亚（2017 年 2 月任）
副 局 长：邓　健（女）
张云川（2017 年 2 月任）
原纪检组长：张国慧（女，区第三巡察组成员）

区供销合作社联合社

主　　任：余　旭（2017 年 2 月离任）
温永熙（2017 年 2 月任，9 月离任）
车晓琴（女，2017 年 9 月任）
党委书记：温永熙（2017 年 7 月离任）
副 主 任：向　军　叶明昌（2017 年 2 月任）
陈治全
原副主任：王　彬（区第一巡察组组长）

区民族宗教事务局

局　　长：张真明（兼，2017 年 2 月离任）
董瑞芳（女，2017 年 2 月任）
副 局 长：黄晓庆

区投资促进局

局　　长：华一兵（2017 年 2 月离任）
高文缔（2017 年 2 月任，7 月离任）
程 康（2017 年 7 月任）
副 局 长：陈志洪（2017 年 2 月离任）
黄广木　张溪桥（女）
熊中志（2017 年 2 月离任）
高小平（2017 年 2 月任）
原纪检组长：张轶彭（区第二巡察组成员，2017 年 9 月离任）

区行政服务中心管理办公室

主　　任：傅显城（兼，2017 年 2 月离任）
伍文波（2017 年 2 月任）
副 主 任：张江海（2017 年 2 月离任）
刘维红（女）
杨俊勇（2017 年 2 月任）

区机关事务管理局

局　　长：赵永旗（2017 年 2 月任，同时兼任区接待办公室主任、区政府采购中心主任）
副 局 长：江小平　邓雪峰（2017 年 2 月离任）
雷斯雅（女，2017 年 2 月离任）
江翊萍（女）

区畜牧兽医局

局　　长：张　剑（2017年2月离任）
陈代禹（2017年2月任）
副 局 长：胡　平（2017年2月离任）
陈小洪（2017年12月离任）
余福龙（2017年2月任）刘盛春
刘海平（2017年12月任）
原纪检组长：罗长久（区第四巡察组成员，2017年12月离任）

长寿湖风景名胜区管委会（2017年8月不再挂区旅游发展管理服务中心的牌子）

党工委书记：左永祥（兼）
党工委副书记：唐贤明（补遗：2010年8月任）
主　　任：唐贤明（2017年2月离任旅游发展中心主任）
副 主 任：张　勇（苗族，兼，2017年2月离任旅游发展中心副主任，2017年10月任长寿湖风景名胜区管委会副主任）
陈　路（2017年2月任区旅游发展管理服务中心主任，10月离任；2017年2月任长寿湖风景名胜区管委会副主任，10月 改为挂职）
刘　明（兼任长寿湖风景名胜区管委会副主任）
周志全（补遗：2015年5月离任长寿湖风景名胜区管委会副主任）
陈　渝（土家族，2017年2月离任区旅游发展管理服务中心副主任）
周昊杰（女，2017年12月离任区旅游发展管理服务中心副主任和长寿湖风景名胜区管委会副主任）
周　建（2017年2月任长寿湖风景名胜区管委会副主任，12月离任；2017年12月离任区旅游发展管理服务中心副主任）
综合执法大队大队长：
周　建（2017年2月离任）
杨俊伟（2017年2月任，12月离任）

长寿工业园区管委会（街镇工业走廊管委会）

党工委书记：张　华（兼，2017年1月离任）
蒋牧宸（兼）
党工委常务副书记：
蒋牧宸（兼，2017年1月离任）
卓大林（兼）
党工委副书记：孙廷胜（补遗：2016年6月任）
刘　瑛（女，2017年2月任）
伍文波（补遗：2016年6月任，2017年2月离任）
主　　任：孙廷胜（2017年10月离任）
常务副主任：孙廷胜（挂职，2017年10月任）
副 主 任：伍文波（2017年2月离任）
汪　涛（2017年2月离任）
刘　瑛（女，挂职，2017年2月任）
张古灵（2017年12月改为挂职）
邓 珊（女，2017年2月任，12月改为挂职）
王　东（2017年2月任，12月改为挂职）

区城乡统筹中心（2017年8月更名为区现代农业园区管委会，党组织未更名）

党组书记：汤晓强（兼）
党组常务副书记：
汤晓强（兼，2017年1月离任）
党组副书记：黄广荣（补遗：2015年8月挂职）
王　涛（2017年2月离任）
张　剑（2017年2月任，10月离任）
王小瑜（2017年2月任，10月离任）
主　　任：王　涛（2017年2月离任）
张　剑（2017年2月任，10月离任）
黄广荣（兼，2017年10月任现代农业园区管委会主任）
副 主 任：王小瑜（2017年2月挂职区城乡统筹中心副主任，10月离任；10月任现代农业园区管委会副主任）
韩勤刚（2017年12月离任）
阳　兰（女，2017年2月离任）
刘海平（2017年12月离任）
张　斌（2017年12月离任区城乡统筹中心副主任，任现代农业园区管委会副主任）

区公共民生工程建设管理服务中心

党组书记：李　松（兼）
党组副书记：廖智辉（女，2017年9月离任）
陈忠平（2017年2月任，10月离任）
龚　均（补遗：2015年5月任，2017年2月离任）
主　　任：廖智辉（女，2017年9月离任）
副 主 任：龚　均（2017年2月离任）
陈忠平（挂职，2017年2月任，10月离任）
胡　云（2017年12月任）
薛咏涛（2017年2月任，12月离任）
原纪检组长：沈开智（2017年11月关系转至区林业局，12月离任区第三巡察组成员）

区城市开发管理服务中心

党组书记：付　恺（兼，2017年1月离任）
张明万（兼）
党组副书记：蔡书明（补遗：2013年5月任）
周志全（补遗：2015年5月任，10月离任）
主　　任：蔡书明
副 主 任：陈碧容（女，2017年2月任，10月离任）
张富强（2017年12月离任）李西彬
周志全（补遗：2015年5月任，2017年10月离任）
原纪检组长：杨俊勇（区第二巡察组成员，2017年2月离任）

区商贸物流建设管理中心

党组书记：王身高（兼，2017年1月离任）
宋　平（兼）
党组副书记：高文缔（补遗：2013年5月任，2017年2月离任）
罗　立（2017年2月任）
龚　均（2017年2月任）
主　　任：高文缔（2017年2月离任）
罗　立（2017年2月任）
副 主 任：龚　均（2017年2月挂职，10月改为任职）
但唐勇（2017年12月离任）
熊中志（2017年2月任，12月离任）　陆传彪

重庆市长寿生态旅业开发有限公司

董 事 长：唐贤明（补遗：2015年1月离任）
陈　路（2017年10月任）
总 经 理：陈　路（2017年10月任）
监 事 长：张　勇（苗族，挂职，2017年2月任，10月离任）
周　建（2017年12月任）
常务副董事长：唐贤明（挂职，补遗：2015年1月任，2017年10月离任）
常务副总经理：张　勇（苗族，挂职，2017年2月离任）
陈　路（挂职，2017年2月任，10月离任）
副总经理：陈　渝（土家族，挂职，2017年2月离任）
杨俊伟（2017年12月任）
江朝柱（2017年12月任）
黄　勇（2017年12月任）
周　建（挂职，2017年2月任，12月离任）

重庆市长寿区城市开发投资（集团）有限公司

董 事 长：蔡书明（2017年10月离任）
杨福仁（2017年10月任）
总 经 理：周志全（2017年10月离任）
陈碧容（女，2017年10月任）
监 事 长：荣志宏（2017年2月离任）
陈碧容（女，2017年2月任，10月离任）
副总经理：张富强（2017年12月离任）
陈碧容（女，2017年2月离任）
张　飞（2017年12月任）
李西彬（2017年12月改为挂职）

重庆市长寿区城乡统筹开发（集团）有限公司（2017年8月撤销区农投公司）

董 事 长：王　涛（2017年3月离任）
张　剑（2017年3月任，10月离任）
孔　涛［2017年10月任区城乡统筹开发（集团）有限公司董事长］

总 经 理：高生洪（2017年3月离任）
王小瑜（2017年3月任区农投公司总经理，10月离任）
孔　涛［2017年10月任区城乡统筹开发（集团）有限公司总经理］
监 事 长：王义平（2017年10月离任）
王　强［2017年10月任区城乡统筹开发（集团）有限公司监事长］
副总经理：阳　兰（女，2017年2月离任）
韩勤刚（2017年12月离任）
张　斌（2017年12月离任）
刘海平（2017年12月离任）
宗华东［2017年12月任区城乡统筹开发（集团）有限公司副总经理］

重庆乐至置业发展有限公司（公共民生工程公司）

董 事 长：廖智辉（女，2017年9月离任）
陈忠平（2017年10月任乐至置业发展有限公司董事长）
总 经 理：廖智辉（女，2017年9月离任）
陈忠平（2017年2月任公共民生工程公司总经理，10月离任；10月任乐至置业发展有限公司总经理）
监 事 长：阳　建（2017年10月离任）
孔　奎（2017年12月任乐至置业发展有限公司监事长）
常务副总经理：龚 均（2017年2月离任）
副总经理：薛咏涛（2017年2月任公共民生工程公司副总经理，12月离任；12月任乐至置业发展有限公司副总经理）
黄亚微（女，2017年12月离任公共民生工程公司副总经理，挂职乐至置业发展有限公司 副总经理）
胡　云（2017年12月挂职乐至置业发展有限公司副总经理）

重庆市长寿区商贸物流中心开发投资有限责任公司

董 事 长：高文缔（2017年2月离任）
罗　立（2017年2月任，10月离任）
郑　策（2017年10月任）
总 经 理：龚　均（2017年2月任，10月离任）
郑　策（2017年10月任）
监 事 长：黄茂生（2017年10月离任）
但唐勇（2017年12月任）
副总经理：陆传彪（2017年12月离任）
熊中志（2017年2月任，12月离任）
吕零平（2017年12月任）
晏　丽（女，2017年12月任）

重庆盈地实业有限公司（街镇工业发展有限公司）

董 事 长：孙廷胜（补遗：2011年5月任盈地实业有限公司董事长）
总 经 理：伍文波（2017年2月离任）
刘　瑛（女，2017年2月任街镇工业发展有限公司总经理，3月任盈地实业有限公司总经理）
监 事 长：孔　涛（2017年2月任街镇工业发展有限公司监事长，3月任盈地实业有限公司监事长，10月离任）
副总经理：汪　涛（2017年2月离任）
张古灵（2017年2月任街镇工业发展有限公司副总经理，3月任盈地实业有限公司副总经理）
邓　珊（女，2017年2月任街镇工业发展有限公司副总经理，3月任盈地实业有限公司副总经理）
王　东（2017年2月任街镇工业发展有限公司副总经理，3月任盈地实业有限公司副总经理）

区土地房屋征收安置办公室

党组书记：王身高（兼，2017年1月离任）
王如雪（2017年6月任）
主　　任：王如雪
副 主 任：佘夕成　张建中　陈代学

区土地储备中心

主　　任：王国清
副 主 任：吕　云

表 10　2017 年重庆市长寿区人民政府重要文件目录

文件名称	文号
关于加强农村留守儿童关爱保护工作的实施意见	长寿府发〔2017〕1 号
关于加强 2017 年春节期间城区燃放烟花爆竹管理的通告	长寿府发〔2017〕2 号
关于傅家成免职的通知	长寿府发〔2017〕3 号
关于进一步健全特困人员救助供养制度的通知	长寿府发〔2017〕4 号
关于印发 2017 年全区安全生产工作要点的通知	长寿府发〔2017〕5 号
关于 2016 年安全生产目标考核结果的通报	长寿府发〔2017〕6 号
关于陈红免职的通知	长寿府发〔2017〕7 号
关于戴家强等职务任免的通知	长寿府发〔2017〕9 号
关于印发重庆市长寿区加快推进“互联网加政务服务”工作方案的通知	长寿府发〔2017〕10 号
关于授予廖小琴等 30 名同志长寿区第一届乡村优秀教师称号的决定	长寿府发〔2017〕11 号
关于调整长寿区违法建筑整治工作指挥部成员的通知	长寿府发〔2017〕12 号
关于明确区政府领导安全生产“一岗双责”职责的通知	长寿府发〔2017〕13 号
关于 2016 年度统计工作考核结果的通报	长寿府发〔2017〕14 号
关于 2016 年度三峡后续工作考核结果的通报	长寿府发〔2017〕15 号
关于 2016 年度科技工作考核结果的通报	长寿府发〔2017〕16 号
关于认真做好 2016 年退役士兵接收安置工作的通知	长寿府发〔2017〕17 号
关于王涛等职务任免的通知	长寿府发〔2017〕18 号
关于 2016 年度国土房管工作考核结果的通报	长寿府发〔2017〕19 号
关于 2016 年度重大项目工作考核结果的通报	长寿府发〔2017〕20 号
关于 2017 年重大项目工作目标任务分解的通知	长寿府发〔2017〕21 号
关于重庆长寿中科未来城基础设施建设项目（一期）实施政府购买服务的批复	长寿府发〔2017〕22 号
关于文应船等职务任免的通知	长寿府发〔2017〕23 号
关于认定“可居佐恩”等六件商标为长寿知名商标的通知	长寿府发〔2017〕24 号
关于陈键同志职务任命的通知	长寿府发〔2017〕25 号
关于调整重庆市长寿区人民政府突发事件应急委员会组成人员的通知	长寿府发〔2017〕26 号
关于印发长寿区 2017 年度地质灾害防治工作方案的通知	长寿府发〔2017〕27 号
关于以政府购买服务方式实施长寿区阳鹤山片区和北部片区道路及地下综合管网建设项目的批复	长寿府发〔2017〕28 号
关于徐冰等职务任免的通知	长寿府发〔2017〕29 号
关于大中型水库移民后期扶持规划 2017 年度实施计划的批复	长寿府发〔2017〕30 号
关于采取政府购买服务方式实施长寿区站前大道和长寿区长洪路后段两条道路工程项目的批复	长寿府发〔2017〕31 号

续表

文件名称	文号
关于张新明李长春职务任免的通知	长寿府发〔2017〕32号
关于印发长寿经济技术开发区十三五规划的通知	长寿府发〔2017〕34号
关于赵智慧张力职务任免的通知	长寿府发〔2017〕35号
关于将部分公共租赁住房转为安置房的批复	长寿府发〔2017〕36号
关于同意调整耕地开垦费征收标准的批复	长寿府发〔2017〕38号
关于开展菩提、凤城、渡舟片区道路综合整治工作的通告	长寿府发〔2017〕39号
关于印发《重庆市长寿区土壤污染防治行动计划实施方案》的通知	长寿府发〔2017〕40号
关于建立完善守信联合激励和失信联合惩戒制度加快推进社会诚信建设的意见	长寿府发〔2017〕41号
关于清理规范10项区级行政审批中介服务事项的决定	长寿府发〔2017〕42号
关于长寿区八颗组团控制性详细规划的批复	长寿府发〔2017〕43号
关于长寿区晏家组团D标准分区（晏家生活服务区）控制性详细规划的批复	长寿府发〔2017〕45号
关于长寿区晏家组团A标准分区（原川维川染片区）控制性详细规划的批复	长寿府发〔2017〕46号
关于长寿区晏家组团B、E、F、G标准分区控制性详细规划的批复	长寿府发〔2017〕47号
关于增补何一波同志为副指挥长的通知	长寿府发〔2017〕48号
关于高生洪免职的通知	长寿府发〔2017〕49号
关于黄诗明等任职的通知	长寿府发〔2017〕50号
全面深入开展国务院第四次大督查自查工作的通知	长寿府发〔2017〕51号
关于加快推进农业品牌化建设的意见	长寿府发〔2017〕52号
关于完善规划编制项目审批权的通知	长寿府发〔2017〕55号
关于成立聚商选资领导小组的通知	长寿府发〔2017〕56号
关于程康高文缔职务任免的通知	长寿府发〔2017〕57号
关于印发《现代商贸物流服务产业发展扶持办法》的通知	长寿府发〔2017〕58号
关于开展创新生态区建设的通知	长寿府发〔2017〕59号
关于印发《重庆市长寿区创新驱动发展战略专项扶持办法（试行）》的通知	长寿府发〔2017〕60号
关于同意创办连续性内部资料长寿微见并担任主管单位的批复	长寿府发〔2017〕61号
关于印发重庆市长寿区政府性债务风险应急处置预案的通知	长寿府发〔2017〕62号
关于印发重庆市长寿区打造千亿产业集群发展百亿产值企业培育亿元税收企业实施方案的通知	长寿府发〔2017〕63号
关于公布长寿区2017年行政审批制度改革事项目录的决定	长寿府发〔2017〕65号

续表

文件名称	文号
关于公布长寿区行政许可项目目录的通知	长寿府发〔2017〕66号
关于《重庆市长寿区高效节水灌溉项目“十三五”规划》的批复	长寿府发〔2017〕70号
关于成立长寿区打击传销工作领导小组的通知	长寿府发〔2017〕71号
关于印发重庆市长寿区2017年打击整治传销专项行动方案的通知	长寿府发〔2017〕72号
关于取消和调整部分区级行政审批事项的决定	长寿府发〔2017〕73号
关于程勇等职务任免的通知	长寿府发〔2017〕74号
关于印发重庆市长寿区“十三五”加快残疾人小康进程规划的通知	长寿府发〔2017〕75号
关于调整城镇土地使用税等级税额标准的通知	长寿府发〔2017〕76号
关于印发《创建重庆市特色产业（智能家居）建设基地工作方案》的通知	长寿府发〔2017〕77号
关于长寿湖镇新建道路命名的批复	长寿府发〔2017〕78号
关于公布第六批非物质文化遗产名录和第五批非物质文化遗产代表性传承人的通知	长寿府发〔2017〕79号
关于黄广荣等职务任免的通知	长寿府发〔2017〕80号
关于对应承接市级行政审批等管理事项的通知	长寿府发〔2017〕81号
关于印发2017年深化简政放权放管结合优化服务工作方案的通知	长寿府发〔2017〕82号
关于同意重庆长寿经济技术开发区开发投资集团有限公司办理重庆建信长寿股权投资基金管理有限公司工商注册手续的批复	长寿府发〔2017〕83号
关于《新市街道红土地村规划》的批复	长寿府发〔2017〕84号
关于鲁巧等职务任免的通知	长寿府发〔2017〕85号
关于《洪湖镇称沱村规划》的批复	长寿府发〔2017〕87号
关于《云台镇八字村规划》的批复	长寿府发〔2017〕88号
关于《渡舟街道保丰村规划》的批复	长寿府发〔2017〕89号
关于印发《长寿区行政服务中心管理办法》的通知	长寿府发〔2017〕90号
关于划定长寿区高排放非道路移动机械禁止使用区域的通告	长寿府发〔2017〕91号
关于印发《长寿区化工污染整治专项督查整改任务分解方案》的通知	长寿府发〔2017〕92号
关于划定长寿区“黄标车”限行区域的通告	长寿府发〔2017〕93号
关于印发《在长国有企业职工家属区物业分离移交维修改造标准》的通知	长寿府发〔2017〕94号
关于印发中国石化集团四川维尼纶厂物业、市政及社区服务社会职能管理移交接收方案	长寿府发〔2017〕95号
关于进一步加强困境儿童保障工作的实施意见	长寿府发〔2017〕96号
关于张斌等职务任免的通知	长寿府发〔2017〕97号

续表

文件名称	文号
关于印发长寿区桃东片区棚户区（城中村）改造及配套基础设施建设项目实施方案的通知	长寿府发〔2017〕98 号
关于公布重庆市长寿区区级行政审批中介服务事项清单（2017 年版）的通知	长寿府发〔2017〕99 号
关于授权区城乡建委为长寿区桃东片区棚户区（城中村）改造及配套基础设施建设项目购买主体的通知	长寿府发〔2017〕100 号
关于公布长寿区行政许可项目目录（2017 修订版）的通知	长寿府发〔2017〕101 号
关于做好当前和今后一段时期就业创业工作的通知	长寿府发〔2017〕102 号

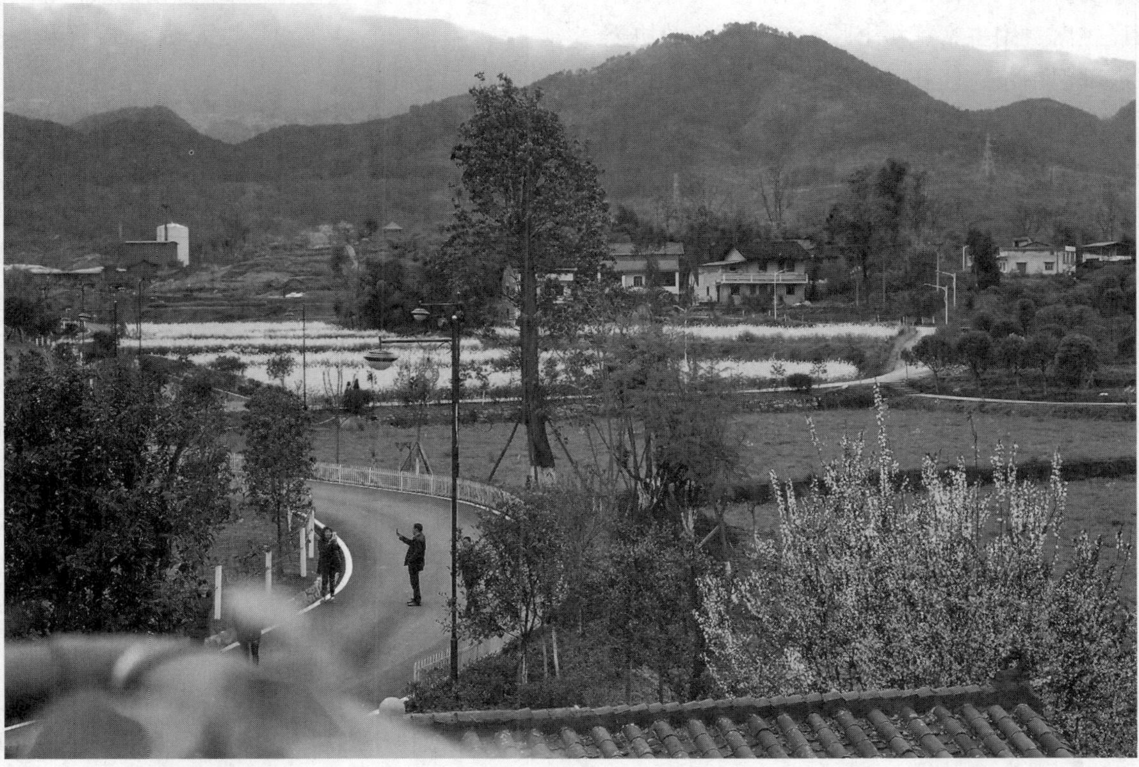

2017 年春，长寿区云台镇乡村一瞥

政协重庆市长寿区委员会

政协全体委员会议

【区政协十五届一次全体委员会议】 2017年1月8日至1月11日，政协重庆市长寿区第十五届委员会第一次会议在长寿区科技文化中心召开。

会议应到委员284人，实到282人，到会率99.3%。应邀参加大会的有区委常委，区人大常委会主任、副主任，区政府副区长，经开区副主任，区法院院长，区检察院检察长，区人武部政委，区公安局政委，以及其他区领导。邀请离、退休的区政协历届主席、副主席、秘书长，在长寿市政协委员，区属部门单位、经开区内设机构、部分在长寿市属部门、部分事业单位、部分企业班子成员中无政协委员的单位负责人，区委统战部相关负责人，区政协机关各委室负责人列席会议。19名市民代表应邀旁听大会。

区政协党组副书记付恺主持大会开幕式。区政协主席张华代表十四届区政协常委会向大会作工作报告。报告从“把握时代脉搏，坚持正确政治方向；服务发展大局，深入开展协商议政；坚持求真务实，不断增强履职成效；拓展履职空间，持续开展委员履职实践活动；发挥统战功能，合力增进大团结大联合”五个方面对十四届政协工作进行全面客观总结，对十五届政协工作作出安排部署。

区政协副主席邓有国受十四届区政协常委会委托，向大会报告区政协第十四届委员会提案工作情况。报告回顾十四届区政协的提案工作情况，总结十四届区政协提案工作的主要做法及成效，提出未来五年提案工作思路及建议：切实提高提案质量，围绕“十三五”规划和创新驱动发展战略建言献策；推进提案办理协商，充分发挥提案在协商民主中的独特作用；强化提案工作的整体合力，进一步提高提案办理的实际效果；加强提案工作制度化规范化建设，切实推动提案工作创新发展。

会议期间，与会人员列席区人大十八届一次会议，听取区政府工作报告；分组讨论换届工作有关报告；政协常委会工作报告、提案工作情况报告，区政府工作报告，计划、财政、法院、检察院工作报告。会议对以上报告表示赞同。会议充分肯定十四届区政协的工作，研究部署未来五年的工作。

会议选举张华为十五届区政协主席，付恺、李彬旭、王永全、邓有国、江涛、陈志洪、陈红为十五届区政协副主席，杨华林为十五届区政协秘书长。会议还选举产生46名十五届区政协常务委员。

（杨　娟）

政协常务委员会议

【区政协十五届一次常务委员会议】 2017年3月14日，区政协召开十五届一次常委会议。学习《中共中央办公厅印发〈关于加强和改进人民政协民主监督工作的意见〉的通知》精神；听取区规划局工作情况通报；审议通过区政协2017年工作要点；审议通过区政协有关人事任免事项。

【区政协十五届二次常务委员会议】 2017年6月29日，区政协召开十五届二次常委会议。传达学习中共重庆市第五次代表大会精神；协商全区上半年经济社会发展情况；通报龙溪河流域生态经济带建设、基础设施互联互通两项重点调研工作开展情况；审议人事任免事项。

【区政协十五届三次常务委员会议】 2017年10月10日，区政协召开十五届三次常委会议。学习习近平总书记“7.26”重要讲话精神；听取区政府关于2017年提案办理情况的通报；审议通过《关于民主评议区经信委工作情况的报告》《关于民主评议区科委工作情况的报告》《关于民主评议区城乡建委工作情况的报告》。

【区政协十五届四次常务委员会议】　2017年12月7日，区政协召开十五届四次常委会议。邀请区委书记赵世庆作中共十九大精神辅导报告；听取全区基础设施规划情况通报。

2017年12月7日，区政协十五届四次常务委员会议，区委书记赵世庆作十九大精神专题辅导，区领导张华等参加

【区政协十五届五次常务委员会议】　2017年12月19日，区政协召开十五届五次常委会议。听取区人民政府2017年全区经济社会发展情况通报；听取区人民法院、区人民检察院2017年工作情况通报；审议通过关于十五届区政协委员、常委调整的决定；审议通过关于人事任命的决定；听取区政协十五届二次会议筹备工作情况汇报；审议通过关于召开区政协十五届二次会议的决定；审议通过区政协十五届二次会议有关事项；区政协各委室、界别小组书面汇报2017年工作情况。

（杨　娟）

重要工作与活动

【中共十九大精神学习宣传贯彻】　2017年，区政协把学习宣传贯彻中共十九大精神作为首要政治任务，组织参加全市领导干部大会和中央、市委宣讲团报告会，分期分批参加各级各类专题培训班，及时传达学习中共十九大精神；制定学习宣传贯彻中共十九大精神方案，召开党组中心组学习会、主席会、党员大会、职工大会开展学习培训；增开一次政协常委（扩大）会议，邀请区委主要领导作中共十九大精神专题辅导；审定出台《关于认真学习宣传贯彻党的十九大精神的意见》，推动区政协各参加单位、界别、街镇联络组和广大政协委员切实在学懂弄通做实上下功夫，努力为把中共十九大精神全面落实在长寿大地上贡献智慧凝聚力量。

2017年4月18日，区政协主席张华率队走访民革界别小组

【协商民主】　全体会议总体协商。2017年，区政协十五届一次全体会议上，对区人民政府工作报告、区计划报告、区财政报告、区人民法院工作报告、区人民检察院工作报告进行充分协商讨论，提交大会发言49篇，提案402件，意见建议320余条，得到区委、区政府及相关部门的重视采纳。常委会议专题协商。突出政协常委会议专题协商的重要功能，专题听取区政府关于全区经济社会发展情况、提案办理情况的通报，听取区法院、区检察院工作情况通报，进行深入协商讨论。主席会议每月协商。按照“大视野、小切口”的原则，围绕全区污染防治暨环保督查情况、校园安保及周边秩序整治工作、乡村旅游推进、食品药品安全监督管理、水资源管理、渝长高速公路扩能建设等专题进行每月协商，形成有价值的协商意见60余条。区政协主席会议还根据区委的安排，就全区换届工作和重要人事任免事项开展专题协商4次，涉及正处级干部34人。四是提案办理全程协商。区委办、区政府办、区政协办联合颁发实施《长寿区政协提案办理协商办法》，推进提案办理协商规范化制度化程序化。全年主席会议成员牵头开展提案办理协商、视察、调研20余次，推动提案的办理落实。区政协十五届一次会议立案的394件提案，办理答

复率为100%，满意率为97%，当年落实率70.6%，创历年最高。特别是33件重点提案得到区委、区政府领导的高度重视和领衔督办，提案反映的一批重点难点问题得到有效解决。

【履职活动】 专题调研。2017年，区政协紧扣全区重点工作和民生热点问题，选取龙溪河流域生态经济带建设、基础设施互联互通、城市管理工作、民工维权、返乡农民工就业创业等课题开展专题调研，委员们深入基层、深入群众、深入现场，多层次、全方位、多渠道了解情况，力求做到言之有物、言之有据、言之有理，相关调研报告得到市、区领导和有关方面的高度肯定。委员视察。注重视察的精准度，有针对性地开展重大项目推进、经开区科技创新园建设、水产品供给侧结构性改革、桃花溪整治提升工程、学前教育三年行动计划等重点视察，形成的视察成果得到区委、区政府主要领导高度重视和充分肯定，推动相关工作的改进落实。民主监督。落实区委《关于加强和改进人民政协民主监督工作的实施意见》精神，注重把握监督方向和原则、节奏和力度。首次在区政协主席会议、常委会议开展以监督性通报为主要内容的会议监督，先后听取区城乡规划、基础设施规划、审计、气象等工作情况通报。委派60多名政协委员担任廉政监督员、人民陪审员，委员们通过参加会议、参与庭审、调研座谈、行风评议、明察暗访等形式，对区委、区政府专项工作的推进情况开展民主监督，为部门单位更好改进作风、推动发展、服务群众发挥了积极作用。继续开展集中评议部门工作，组织部分政协常委集中2个月时间，分3个评议小组分别对区经信委、区科委、区城乡建委工作开展民主评议。反映社情民意。发挥政协委员来自基层、联系广泛的资源优势，拓宽社情民意反映渠道，及时把广大群众关注的热点难点问题，通过政协渠道反映给区委、区政府和相关部门单位，推动有关问题及时解决，发挥反映民情、汇集民智、维护民利的作用。全年收集社情民意信息248篇，编印《社情民意专报》132篇，区领导批示转送86篇，市政协刊用11篇，长寿区社情民意信息工作跻身全市区县前10位。

【自身建设】 加强党的建设。2017年，区政协强化思想政治教育，严守政治纪律和政治规矩，彻底肃清孙政才恶劣影响和薄熙来王立军流毒。持之以恒反对“四风”，推动作风建设持续好转。健全完善领导干部廉政档案，支持派驻纪检组开展工作，区政协党风廉政建设明显加强。推进“两学一做”学习教育常态化制度化，完成区政协机关党委、支部换届调整，坚持“三会一课”制度，定期开展主题党日活动，规范党内政治生活，党员干部思想理论素养明显增强，机关支部战斗堡垒作用得到发挥。健全学习机制。围绕建设学习型组织，完善政协党组中心组学习、主席会议学习、常委会学习制度，健全委员集中培训、委员专题培训和“政协大讲坛”等学习机制。举办2期新任委员培训班，帮助委员更好地明确履职要求、增强主体意识、提升履职能力。探索创办“政协大讲坛”，围绕国学修养与人格塑造等主题举办专题讲座7场，增强广大委员的政治素质和人文素养。扩大工作影响力。注重讲好政协故事，传播政协声音，扩大政协影响，主动加强与新闻媒体的沟通联系、策划合作，《为科技创新引“活水”》等59篇反映长寿政协工作的新闻稿件，在人民政协报、重庆政协报头版和重要版面刊发，宣传广大政协委员的履职成果，提高社会对政协的认知度。承办“参政议政巴渝行”集中采访报道活动，扩大长寿政协知名度。编辑出版纪念重庆直辖20周年，反映长寿发展变化的《见证成长》画册，举办以“讴歌新时代、赞美新生活、展现新面貌”为主题的庆祝中共十九大胜利召开书画摄影作品展。参与市政协关于“人民政协与国家治理体系和治理能力现代化”主题年度理论研讨，选送的《提高人民政协民主监督实效的思考》论文在全市获奖。提高机关规范化水平。征求多方意见建议，修订完善《政协委员“四个一”活动方案》《优秀政协委员评选表彰办法》《政协委员年度述职方案》，政协机关《办文制度》《保密制度》等工作制度，推动政协机关管理服务水平持续提升。成立区政协信息中心，加快政协信息化建设步伐，完善“内部办公网上系统、门户网站、委员微信群、云企信”等信息平台，基本实现办公无纸化、委员履职信息化、联系交流便捷化。推进“学习型、服务型、效能型、创新型”机关建设，建设“开口能说、提笔能写、遇事能办”的政协干部队伍，着力把政协机关打造成为“委员之家”“协商民主之家”。做好市政协委员长寿组的履职服务工作。成立服务市政协委员长寿地区组工作领导小组，精心做好在长寿市政协委员履职服务保障工作，为市政协委员协商建言、提交提案、反映社情民意营造良好的环境。集体提案“关于加快建设重庆主城区东出新通道的建议”纳入市政府决策予以推进；“关于加快形成‘长垫梁’区域协同发展的建议”被市政协纳入年度重点调研课题；“关于将长寿区纳入沿江货运铁路线范围并在长寿设站的建议”“关于城镇化背景之下教师区管校用的建议”“关于以医疗救助介入精准扶贫推进全面建成小康社会的建议”等12件个人提案转交市级相关部门办理落实，市政协委员长寿地区组获得全市先进委员组称号。发挥政协系统协同联动作用。热情规范接待全国各地政协到长寿视察调研、考察学习20余起、150余人次，为提高长寿知名度、美誉度发挥积极作用。争取市政协的指导支持，做好市政协领导到长寿调研视察相关工作。参加市政协东部片区会、区县政协主席研讨班和区县政协工作经验交流会，围绕“加强和改进人民政协民主监督”“提升四种能力增强履职实效”等课题进行交流发言；参与市政协组织的重大课题调研协商，市、区政协工作协同度提升。强化对街镇联络组的联系指导，邀请联络组参加区政协重要会议，参与重大调研视察，推动政协工作向基层延伸，进一步增强全区政协工作合力。凝聚党派团体共识。始终坚持民主协商、平等议事、求同存异、体谅包容的原则，加强与各民主党派、工商联和无党派人士的合作共事，坚持党派团体的提案重点督办、发言重点安排、社情民意信息重点报送，各民主党派、工商联、无党派人士以集体或个人名义提交的22篇大会发言材料、提出的198件提案、报送的62篇社情民意信息，都得到充分反映和及时办理，人民政协成为各民主党派、工商联、无党派人士展示风采、体现价值的重要舞台。换届完成后，及时明确各界别小组负责人，由区政协党组成员牵头走访党派团体界别，联络感情、了解情况、沟通意见，形成书面报告报区委。区委、区政府对反映的具体问题和困难进行任务分解和责任落实，推动有关问题得到解决。

【其他工作】 助力脱贫攻坚。2017年，区政协牵头做好云台镇整体脱贫攻坚帮扶工作，从改善基础设施条件、提升公共服务水平、夯实稳定增收基础等方面，集中研究破解脱贫攻坚工作中存在的困难和问题。换届后，及时调整政协机关结对帮扶安排，16名处级干部对16户帮扶对象进行回访，了解脱贫情况，解决具体问题，巩固脱贫成果。截至年底前，云台镇建档立卡贫困户414户1250人，已实现脱贫398户1200人，区政协机关对口帮扶的拱桥村建档立卡贫困户70户228人全部脱贫。开展帮扶走访。牵头渡舟街道果园村后进基层党组织整顿工作，协调筹集资金，完成新建400平方米便民服务中心、扩宽硬化公路2.6千米、整治山坪塘6口，果园村在村级组织建设、基础设施建设、产业发展等方面都有明显改善。政协主席会成员深入重庆望变电气集团、穗花食为天粮油公司等企业开展走访活动，实地了解企业生存发展状况，协调解决用电用地等具体问题，帮助企业排忧解难。积极投身文明长寿创建，持续开展“社区工作日”活动，协调解决实际问题，促进和谐社区建设。创新丰富界别活动。发挥界别紧密联系群众的独特优势，结合委员自身专业特长，开展形式多样的界别活动，真正实现服务群众零距离。中共界别围绕党建、法治、社会治理、文明长寿建设等开展调研；民革界别开展“牵手困难群众”“送教下乡”“送医下乡”“普法进社区”等活动；民进界别开展“教育扶贫·智力支教”“春蕾行动”等活动；农工党界别整合各方力量，开展“打造中华长寿文化名城”专题调研；九三学社界别通过开展“九地合作”行动，持续深化对街镇卫生院的精准帮扶；工商联界别深入企业走访，了解企业困难和呼声；无党派界别围绕区域经济一体化发展、完善重大项目投融资机制等开展调研。总工会、共青团、

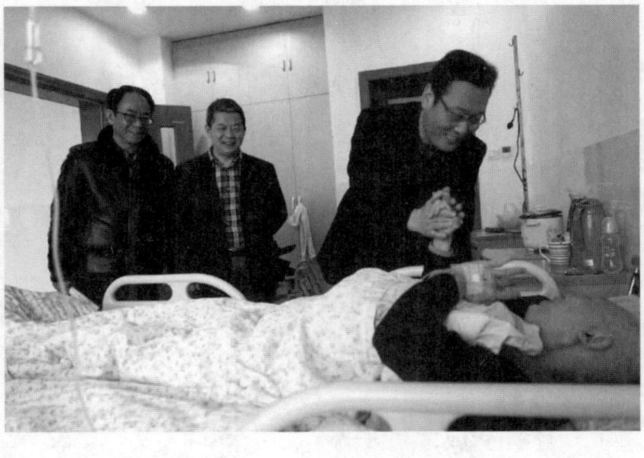

2017年1月20日，区政协主席张华、副主席付恺等看望政协离退休老干部

妇联、侨联等界别也结合自身优势，组织界别委员深入基层开展服务群众活动，政协界别的特色得到彰显，人民政协服务基层、服务群众的能力得到提升。（杨　娟）

2017年政协重庆市长寿区委员会主席、副主席、秘书长名录

主　席：张　华

副 主 席：陈会明（2017年1月离任）

涂奇微（兼，2017年1月离任）

付　恺　李彬旭　王永全　邓有国

江　涛（兼）　陈志洪　陈　红（女）

秘 书 长：蒋锡宽（2017年1月离任）　杨华林

2017年政协重庆市长寿区委员会副秘书长、机关工作机构负责人名录

副秘书长：杨华林（2017年1月离任）

副秘书长（兼）：罗建平　吕兴建　罗德明

赵霜眉（女，2017年6月离任）

周俊屏（2017年1月离任）

杨　莉（女，2017年6月任）

程　庸 宦仕发 韩建宏

办公室

主　任：孔庆春

副主任：许孟雯（女）　韩　峰

学习文史委员会

主　任：张炳炎（2017年3月离任）

林家义（2017年3月任）

副主任：张秀兰（女，2017年3月离任）

韩　静（女）

副主任（兼）：文平林（2017年3月离任）

孟　翱（女，2017年3月离任）

蒙　明（女，2017年3月离任）

陈小平 高小平（2017年3月离任）

叶绍举（2017年3月任）

杨　渝（2017年3月任）

余国斌（2017年3月任）

李永明（2017年3月任）

提案委员会

主　任：龚成才

副主任：石　静（女）

副主任（兼）：蒋中尧（2017年3月离任）

罗建平（2017年3月任）

李晓裕（女，2017年3月任）

况敬蓉（女，2017年3月任）

经济委员会

主　任：郑美中（2017年3月离任）

张腊全（2017年3月任）

副主任：张腊全（2017年3月离任）

谢　强（2017年3月离任）　罗雪松

副主任（兼）：祖能武（2017年3月离任）

张古灵　刘　晗（2017年3月离任）

王小瑜（2017年3月离任）

黄广荣（2017年3月任）

彭长龙（2017年3月任）

李发平（2017年3月任）

毛大金（2017年3月任）

社会法制委员会

主　任：邹楚蕾（女，2017年3月离任）

舒　鸿（2017年3月任）

副主任：舒　鸿（2017年3月离任）

刘　洪（女，2017年3月任）

副主任（兼）：王义尧（2017年3月离任）

徐鲜华（2017年3月离任）

王　强（2017年3月离任）

韩建宏（2017年3月任）

邓明成（2017年3月任）

熊芫艺（女，2017年3月任）

张满丽（女，2017年3月任）

社会事务委员会

主　任：李健康

副主任：张长轩（2017年3月离任）

夏郡伯（2017年3月任）

副主任（兼）：张茂荣（2017年3月离任）

冯胜梅（女，2017年3月离任）

袁国宁（2017年3月离任）

陈显明（2017年3月离任）

黄国文（2017年3月离任）

任世于（2017年3月任）

何斗锡（2017年3月任）

孟　翱（女，2017年3月任）

杨胜中（2017年3月任）

叶　静（女，2017年3月任）

城建环保委员会

主　任：张国清
副主任：张　伟
副主任（兼）：唐雅江（2017 年 3 月离任）
樊　彦（2017 年 3 月离任）
彭　涛（2017 年 3 月任）
王世平（2017 年 3 月任）
吴忠刚（2017 年 3 月任）

委员联络委员会

主　任：向　表
副主任：李华锋
副主任(兼)：王　强（2017 年 3 月任，12 月离任）
陈　睿（女，2017 年 3 月任）
唐　红（2017 年 3 月任）

2017 年政协重庆市长寿区委员会委员联络组负责人名录

凤城片区联络组

组　长：高能会（女，2017 年 3 月离任）
副组长：操良超（2017 年 3 月离任）
郭水英（女，2017 年 3 月任）
黄油华（女，2017 年 3 月任）
杨建军（2017 年 3 月任）

晏家片区联络组

组　长：郭水英（女，2017 年 3 月离任）
副组长：唐顺礼（2017 年 3 月离任）
余培英（女，2017 年 3 月离任）

渡舟片区联络组

组　长：廖　勇（2017 年 3 月离任）
黄　颖（女，2017 年 3 月任）
副组长：周昊杰（女，2017 年 3 月离任）
李文宪（女，2017 年 3 月离任）
徐向阳（2017 年 3 月任）
叶炳轩（2017 年 3 月任）
陈　辉（2017 年 3 月任）

葛兰片区联络组

组　长：韩　静（女，2017 年 3 月离任）
副组长：徐　斌（2017 年 3 月离任）
祝明合（2017 年 3 月离任）

石堰片区联络组

组　长：唐慧芳（女，2017 年 3 月离任）
副组长：黄油华（女，2017 年 3 月离任）
黎　勇（2017 年 3 月离任）

八颗片区联络组

组　长：唐远鸿（2017 年 3 月任）
副组长：甘　彦（女，2017 年 3 月任）
甘　松（2017 年 3 月任）
陶　然（2017 年 3 月任）

长寿湖片区联络组

组　长：勾洪文
副组长：石坤君（2017 年 3 月离任）
熊芫艺（女，2017 年 3 月离任）
王　千（女，2017 年 3 月任）
刘　科（2017 年 3 月任）
程建军（2017 年 3 月任）

云台片区联络组

组　长：王仁科（2017 年 3 月任）
副组长：陈　影（女，2017 年 3 月任）
陈雪容（女，2017 年 3 月任）

表 11　　2017 年政协重庆市长寿区委员会重要文件目录

文件名称	文号
关于政协重庆市长寿区第十五届委员会第一次会议选举结果的报告	长协党组文〔2017〕1 号
关于政协重庆市长寿区第十五届委员会第一次会议情况的报告	长协党组文〔2017〕2 号
关于长寿区政协 2017 年协商计划的请示	长协党组文〔2017〕3 号
关于专题视察区检察院工作情况的报告	长协党组文〔2017〕4 号
关于区政协领导走访界别小组的情况报告	长协党组文〔2017〕5 号
关于协商全区 2017 年上半年经济社会发展情况的报告	长协党组文〔2017〕6 号
关于我区城市管理工作情况的调研报告	长协党组文〔2017〕7 号

续表

文件名称	文号
关于我区返乡农民工就业创业工作情况的调研报告	长协党组文〔2017〕8号
关于我区水产品供给侧结构性改革情况的专题视察报告	长协党组文〔2017〕9号
关于全区水资源管理工作情况的协商报告	长协党组文〔2017〕10号
关于我区民工劳动维权情况的调研报告	长协党组文〔2017〕11号
关于区政协民主评议区经信委工作情况的报告	长协党组文〔2017〕12号
关于区政协民主评议区城乡建委工作情况的报告	长协党组文〔2017〕13号
关于区政协民主评议区科委工作情况的报告	长协党组文〔2017〕14号
关于我区2017年重大项目推进情况的专题视察报告	长协党组文〔2017〕15号
关于视察重庆市医药学校发展和扩建项目建设推进情况的报告	长协党组文〔2017〕16号
政协重庆市长寿区委员会2017年工作要点	长协〔2017〕2号
关于认真学习宣传贯彻中共十九大精神的意见	长协〔2017〕4号
关于印发《关于评选表彰优秀政协委员的办法》的通知	长协〔2017〕5号
关于设立区政协十五届二次会议筹备工作领导小组和筹备工作组的通知	长协〔2017〕6号
关于接受王强同志请辞政协重庆市长寿区第十五届委员会委员、常委的决定	长协〔2017〕7号
关于接受樊广义同志请辞政协重庆市长寿区第十五届委员会委员的决定	长协〔2017〕8号
关于增补十五届区政协委员的决定	长协〔2017〕9号
关于张剑职务任命的通知	长协〔2017〕10号

中共重庆市长寿区纪律检查委员会（区监察局）

重要会议

【区纪委十三届二次全会】 中国共产党重庆市长寿区第十三届纪律检查委员会第二次全体会议，于2017年2月7日举行。出席会议的区纪委委员21人，列席87人。区委书记赵世庆出席全会并讲话。区委、区人大常委会、区政府、区政协、长寿经开区领导同志出席会议。有关方面负责同志参加会议。

全会由中共重庆市长寿区纪委常委会主持。全会深入贯彻中共十八届六中全会精神，学习贯彻习近平总书记系列重要讲话精神和视察重庆重要讲话精神，落实十八届中央纪委七次全会、市纪委四届七次全会和区第十三次党代会部署，总结2016年全区纪律检查工作，研究部署2017年任务，审议通过区纪委书记谭伟代表区纪委常委会所作的《践行忠诚干净担当，强化监督执纪问责，推动全面从严治党向纵深发展》工作报告。

全会指出，2017年纪律检查工作的总体要求是：全面贯彻中共十八大、十九大和十八届三中、

2017年2月7日，中国共产党重庆市长寿区第十三届纪律检查委员会第二次全体会议，区委常委、区纪委书记谭伟代表区纪委常委会作工作报告

四中、五中、六中全会精神，深入学习习近平总书记系列重要讲话精神和视察重庆重要讲话精神，坚决维护以习近平同志为核心的党中央权威，认真贯彻十八届中央纪委历次全会、市纪委四届历次全会和区第十三次党代会部署，严肃党内政治生活，加强党内监督，推进标本兼治，深化纪律检查体制改革，强化监督执纪问责，驰而不息纠正“四风”，保持惩治腐败高压态势，维护好党内政治生态，推动全面从严治党向纵深发展。加强自身建设，必须扎紧制度笼子，严格执行监督执纪工作规则，加强领导班子和干部队伍建设。（刘永洋）

工作综述

【政治责任落实】 2017年，区纪委常委（扩大）会专题学习贯彻习近平新时代中国特色社会主义思想和中共十九大精神，研究制定学习宣传贯彻意见，印发重点任务分工方案，对全区纪检监察系统学习宣传贯彻工作作出全面部署。严肃党内政治生活、净化党内政治生态，维护以习近平为核心的党中央权威和集中统一领导。严格选人用人监督，回复党风廉政意见99人次，对4名领导干部提出不宜使用建议。推进区管领导干部廉政档案建设，建立廉政档案951人。强化党章党规党纪教育，把学习党章和党内监督条例等党内法规纳入党校干部培训必修课程；3次对提拔、调整、交流的349名区管领导干部进行集体廉政谈话，组织4000余人次到廉政教育基地接受警示教育；拍摄警示教育片《微腐败 大祸害》，用身边事教育身边人；开通“长寿清风”微信公众号，在中国纪检监察报、重庆日报、长寿日报等媒体刊文165篇。

区委常委会先后26次专题研究党风廉政建设和反腐败工作，专题听取区人大常委会、区政府、区政协、区法检两院5个党组和菩提街道等12个

街镇落实全面从严治党主体责任情况汇报及区委常委落实分管领域全面从严治党主体责任情况汇报。区委书记、区长、区纪委书记分别约谈党员领导干部540人次、351人次、840人次。区纪委履行监督责任，组织江南街道等4个单位党组织书记和云台镇纪委等2个纪检组织负责人向区纪委全委会现场述责述廉。区纪委常委会逐一听取19个街镇纪（工）委和23个派驻（派出）纪检组织负责人述职并现场评议。区纪委负责人调研督查单位98个，对多人违纪违法的但渡镇、龙河镇和群众信访举报突出的单位开展专题调研。强化追责问责，严格执行问责条例及我市实施办法，问责23件41人，给予党纪政纪处分14人，对区城乡建委、区国土房管局、区林业局、凤城街道、但渡镇5个单位实行“一票否决”。

2017年8月31日，区委常委、区纪委书记谭伟在菩提街道菩提社区调研党风廉政建设责任制落实情况

【“四风”问题遏制】 2017年，长寿区纪委开展“1+3”专项整治，督促97个单位自查违规吃喝问题10个、收送“红包”礼金问题6个、违规发放津补贴问题9大类21个方面533个，清退违规发放津补贴、福利2489.8万元。开展违规操办和参与“升学宴”“谢师宴”等不正之风专项整治，约谈提醒党员干部7人次。开展违规公款购买消费高档白酒问题专项整治，核查了结问题线索2件。核查市纪委交办的区卫计委、区城乡建委、新市街道、邻封镇4个单位涉嫌违规发放津补贴福利、财务管理不规范等问题，督促相关单位全面整改。紧盯重要节点和隐形变异问题，开展明察暗访260余次，核对车辆1900余台次，检查酒店、农家乐等1200余家次，查处违规公款吃喝、违规发放福利、变相公款旅游等违反中央八项规定问题20起，给予党纪政纪处分18人，组织处理25人，全部点名道姓通报曝光。

【惩治腐败】 2017年，长寿区纪委运用监督执纪“四种形态”，全区纪检监察组织通过批评教育、谈话函询等方式处理248人，占68%；给予党纪轻处分48人，占13%；给予党纪重处分26人，占7%；严重违纪违法立案审查41人，占11%。加大执纪审查力度，认真办理中央巡视组交办信访举报件43件，接受信访举报621件次，处置问题线索299件557次；立案90件，比2016年上升38%；结案96件（含2016年未结案件6件），上升48%；给予党纪政纪处分114人，上升56%，涉及县处级干部16人、乡科级干部16人；严重违纪涉嫌犯罪移送司法机关处理3人。严肃查处副处级以上党员干部典型案件23件。加强反腐败组织协调，与审判、检察、公安、审计等单位相互移送问题线索64件。加强扶贫领域监督执纪问责，开展专项督查180余次、查纠问题46个，查处侵害群众利益的不正之风和腐败问题51个，给予党纪政纪处分41人，组织处理53人，司法机关追究刑事责任13人（其中，排查处置扶贫领域问题线索18件，给予党纪政纪处分7人，组织处理8人，全部通报曝光）。

2017年9月5日，市纪委副书记王建东到长寿调研执纪审查安全工作开展情况。区领导赵世庆、谭伟陪同

【政治巡察】 2017年，区委加强对巡察工作的领导，制定加强巡察工作的意见，健全工作机

构，9次听取巡察情况汇报，对巡察发现问题提出明确处置要求。突出政治巡察，坚持问题导向，制定巡察工作要点，分两轮对晏家等12个街镇开展巡察，发现管党治党宽松软、违规发放津补贴福利、工程项目管理不规范等问题323个，反馈整改意见266个，向区委组织部移送党的建设方面问题49个、问题线索3件，向区纪委移送问题线索66条，办结15件，给予党纪政纪处分14人，组织处理19人。

【纪检监察体制改革】　2017年，区委切实担当主体责任，成立改革试点工作小组，区委书记赵世庆具体指挥实施，亲自抓改革实施方案制订、人员转隶、监委班子配备及办公场所选定等工作。区纪委履行专责，20余次专题研究改革试点工作，对标对表党中央改革部署和市委要求，制定实施方案以及相关工作方案。抓住职能划转、人员转隶这个关键，统筹做好组织机构设置、干部谈心谈话、人员定岗定责、案件线索移交等基础性工作，不折不扣把党中央改革部署落到实处。

【队伍建设】　2017年，长寿区纪委严抓学习，举办纪检监察业务专题培训班，组织人员参加中央纪委、市纪委调训，抽调人员到区纪委机关顶岗锻炼。严立规矩，排查廉政风险点，修订纪委常委会工作规则等内控制度。严格选用，遴选36名干部充实各派驻纪检组。严管厚爱，专题学习《中共中央关于部分纪检监察干部违纪案件及其教训警示的通报》，严格执行监督执纪工作规则及重庆市实施办法和纪检监察干部“八条禁令”，严肃查处纪检监察干部违纪违规问题，处置反映纪检监察干部问题线索3件。2017年，区纪委信访室获全市纪检监察系统先进集体，1名干部获全国纪检监察系统嘉奖，1名干部获评全市纪检监察系统先进工作者、3名干部获市嘉奖。　（刘永洋）

2017年中共重庆市长寿区纪律检查委员会书记、副书记、常委名录

书　记：谭　伟

副书记：黄述明　但晓琴（女）　余　建

常　委：唐红伟　周应林　冯　渝

　　　　樊晓君　杨　刚

2017年中共重庆市长寿区纪检监察机关工作机构负责人名录

办公室主任：周应林（2017年2月离任）

　　　　　　韩　靖（2017年2月任）

组织部部长：程　莉（女）

宣传部部长：冯　渝（2017年2月离任）

党风政风监督室（区政府纠正部门行业不正之风办公室）主任：牟　伟（土家族，2017年10月离任）

信访室主任：余　勇（2017年2月离任）

　　　　　　余东升（2017年2月任）

案件监督管理室主任：张　林

第一纪检监察室主任：杨　刚（2017年2月离任）

第二纪检监察室主任：黎　云（2017年2月任）

案件审理室主任：张　刚

表12　**2017年中共重庆市长寿区纪律检查委员会重要文件目录**

文件名称	文号
转发市纪委《关于违规发放津补贴问题情况的通报》的通知	长寿纪发〔2017〕4号
关于加强清明五一端午期间作风建设监督执纪问责的通知	长寿纪发〔2017〕6号
转发市纪委《关于严禁违规操办和参加“升学宴”“谢师宴”的通知》的通知	长寿纪发〔2017〕8号
关于做好2017年国庆中秋期间作风建设监督执纪问责工作的通知	长寿纪发〔2017〕10号
关于做好2017年元旦春节期间加强作风建设监督执纪问责的通知	长寿纪发〔2017〕11号
关于进一步规范纪检监察干部外出请假报备工作的通知	长寿纪办发〔2017〕2号
关于转发市纪委党风政风监督工作简报第6期的通知	长寿纪办发〔2017〕3号

续表

文件名称	文号
关于委局领导班子成员分工的通知	长寿纪办发〔2017〕5 号
关于印发《2017 年党风政风监督工作要点》的通知	长寿纪办发〔2017〕6 号
关于印发《区纪委派驻纪检机构和区巡察组公务员平时考核实施方案》的通知	长寿纪办发〔2017〕7 号
关于转发市纪委党风政风监督工作简报第 10 期的通知	长寿纪办发〔2017〕8 号
关于印发《区纪委监察局机关贯彻落实 2017 年党风廉政建设和反腐败工作任务分工方案》的通知	长寿纪办发〔2017〕9 号
转发市纪委办公厅《关于 2017 年第一季度全市查处违反中央八项规定精神问题情况的通报》的通知	长寿纪办发〔2017〕10 号
关于印发《中共重庆市长寿区纪委机关推进“两学一做”学习教育常态化制度化工作方案	长寿纪办发〔2017〕11 号
关于调整委局机关保密工作领导小组的通知	长寿纪办发〔2017〕12 号
关于认真学习贯彻市第五次党代会精神的通知	长寿纪办发〔2017〕13 号
关于印发《重庆市长寿区纪检监察机关制度汇编》的通知	长寿纪办发〔2017〕14 号
关于印发《重庆市长寿区纪委机关信访举报件管理办法》的通知	长寿纪办发〔2017〕15 号
关于对派驻机构执纪审查工作授权的通知	长寿纪办发〔2017〕16 号
关于印发《2017 年度街镇纪工委工作情况考核办法》的通知	长寿纪办发〔2017〕17 号
关于印发《2017 年度派驻纪检组工作情况考核办法》的通知	长寿纪办发〔2017〕18 号
关于规范走读式谈话室有关事宜的通知	长寿纪办发〔2017〕19 号
关于印发《重庆市长寿区纪委派驻纪检组管理办法（试行）》的通知	长寿纪办发〔2017〕20 号
关于开展纪检监察涉案款物及党员干部上交礼品礼金专项清理处置工作的通知	长寿纪办发〔2017〕21 号
关于转发《重庆市纪检监察干部“八条禁令”》的通知	长寿纪办发〔2017〕22 号
关于进一步规范借用工作人员的通知	长寿纪办发〔2017〕23 号
关于印发两名严重违纪干部忏悔录的通知	长寿纪办发〔2017〕24 号
关于进一步做好“走读式”谈话有关工作的通知	长寿纪办发〔2017〕25 号
关于印发《中共重庆市长寿区纪委学习贯彻党的十九大精神重点任务分工方案》的通知	长寿纪办发〔2017〕26 号
关于进一步加强执纪审查安全工作的通知	长寿纪办发〔2017〕27 号

民主党派 工商联

中国国民党革命委员会重庆市长寿区委员会

【概况】 2017年，中国国民党革命委员会重庆市长寿区委员会（简称民革长寿区委）下设8个支部，党员170人；党员中有重庆市黄埔军校同学会会长1人，民革重庆市委委员2人（其中常委1人），重庆市第四届人大代表2人（其中常委会委员1人）、重庆市第四届政协委员1人，长寿区第十八届人大代表3人（其中常委会委员2人）、第十五届政协委员24人（其中巡视员1人，政协副主席1人，政协常委6人）。2017年，1名党员获民革全国参政议政工作先进个人，民革长寿区委获民革重庆市委社情民意信息工作先进集体、民革重庆市委宣传工作先进集体、民革重庆市委“不忘合作初心、继续携手前进——纪念民革成立70周年”知识竞赛优秀组织奖，1名党员获民革重庆市委2017年度优秀通讯员，1名党员获民革重庆市委社情民意信息工作先进个人和民革重庆市委“不忘合作初心、继续携手前进——纪念民革成立70周年”知识竞赛三等奖。

【思想建设】 2017年，民革长寿区委深入学习贯彻中共十八大及各次全会和中共十九大精神，开展坚持和发展中国特色社会主义学习实践活动，增强“四个意识”，坚定“四个自信”。及时制定方案，部署各级组织全面深入学习宣传贯彻。班子成员率先垂范，到各支部领学中共十九大精神，形成主委会带头学、区委会深入学、专委会研讨学、支部会议专题学、新党员培训学的全面学习格局。坚持学原文、悟原理，各级领导干部及党员积极撰写学习体会，向民革重庆市委报送学习体会20余篇。把全区民革党员思想统一到中共十九大精神上来，增强对习近平新时代中国特色社会主义思想的政治认同、思想认同、理论认同。

组织开展以“不忘合作初心、继续携手前进”主题教育活动，继续开展“观故居、走多党合作之路”活动。年内组织党员赴延安、胶东党性教育基地，李济深等民革前辈故居开展主题教育活动；组织党员60余人次参加民革市委和市、区委统战部，市、区社会主义学院，以及民革长寿区委举办的培训活动，听取专家专题讲座，学习中共党史、多党合作历史和民革历史，重温民革与中国共产党“肝胆相照、风雨同舟”的历程，学习民革优良传统，广大党员坚持中国共产党领导、坚持走中国特色社会主义道路的自觉性不断增强。

不断创新宣传工作方式方法，利用“重庆民革”微信公众号、重庆民革网站、《重庆民革》杂志、长寿政协网站、长寿电视台、《长寿日报》等媒体宣传民革长寿区委活动信息，年内在人民政协网、《重庆政协报》等媒体发表报道30余篇。组织宣传干部参加民革市委在团结报社举办的宣传干部培训，提升宣传工作的能力水平。

【组织建设】 2017年，民革长寿区委把加强领导班子建设放在重要位置，区委会成员勇于担当，自觉做政治坚定的表率、做传承优良传统的表率、做履职尽责的表率、做团结和谐的表率。在民革重庆市第五次代表大会上，民革长寿区委主委王永全当选为新一届市委委员、常委和民革十三大代表，副主委谭静波当选为新一届市委委员，9名党员成为市委专委会委员。在2017年中共长寿区委党外人士暑期谈心会上，得到中共长寿区委书记赵世庆、统战部部长何以龙充分肯定。

稳健开展组织发展，有效开展党内监督。2017年发展新党员9名，平均年龄36岁，党员队伍的年龄结构和知识结构进一步优化。副主委谭静波被任命为区卫生计生委主任，郑雪参加重庆市第九批党外干部挂职锻炼，刘镇、叶佳龙参加长寿区党外干部挂职锻炼。认真开展述职述廉和民主测评工作，区委委员、支部委员自觉接受党员监督。

坚持开展创先争优活动，综合三支部、综合二支部、综合一支部获先进支部一等奖，教育支部、医卫支部、实验中学支部、长中支部、重钢支部获先进支部二等奖；20 名党员被评为区优秀党员，19 名党员被评为区参政议政工作先进个人。

【参政议政】 2017 年，民革长寿区委营造积极参政议政的浓厚氛围，为参政议政提供全面保障和支撑。在区十八届人大一次会议上提出建议 5 件；在区政协第十五届一次会议上，民革长寿区委提交大会发言 7 篇、政协提案 76 件，占提案总数的 18.9%（其中集体提案 11 件，占集体提案总数的 20%；委员个人提案 65 件，占委员个人提案总数的 18.7%）。在区政协表彰会上，2 人被评为优秀政协委员；区委集体提案《关于金融支持实体经济发展的建议》和党员个人提案《关于促进我区钢结构产业发展以加快重钢转型发展的建议》《关于建立健全我区农民新村居住管理办法的建议》《关于建立环卫工人年度健康体检制度的建议》《关于拆除我区破旧 IC 卡电话亭的建议》《关于拆除不规范停车位和处罚违章占用城区道路右转通道的建议》六件提案评为优秀提案；民革长寿区委提出的《关于加强已关闭煤矿后续安全监管的建议》《关于加强全区农村食品市场监管的建议》，党员个人的《关于拆除桃花溪清明上河坊沿岸违章搭建棚户的建议》《关于规范设置农村公路路标路牌的建议》《关于解决我区创建全国文明城区中存在的突出问题的建议》五件提案被确定为区级领导督办重点提案。

2017 年，民革长寿区委向市政协、中共市委统战部、民革重庆市委和长寿区政协提交社情民意、建言献策 47 篇。其中《关于婚姻登记系统应当尽快与公安户籍系统联网的建议》被市委统战部转送采用、得到中共重庆市委政法委书记刘强批示；《建议使用环保易解纸浆制作婴幼儿奶粉罐体》被市委统战部转送采用；《我市园区安全监管中存在的问题及建议》《关于供给侧结构性改革中处置“僵尸企业”的建议》《在农村自建房过程引入保险兜底机制的建议》三篇被市政协转送采用；民革长寿区委提出的《关于推动安全生产责任保险具体落实的建议》等 10 篇被区政协采用。

2017 年，民革长寿区委领导带头深入调研，率领各课题组先后对创建国家食品安全城市中的问题与对策研究，农村土地经营权流转保险，推进农村一、二、三产业融合发展，加强青少年法制教育，推进社区居家养老服务，加大社会养老服务体系建设力度，推进食品安全示范区创建等课题开展实地调研，收集一手资料。年底前重点课题均已按计划完成，部分成果已转化为相应的政协大会发言、集体提案和社情民意素材。

2017 年 12 月 4 日，民革长寿区委开展普法进社区活动

【社会服务】 2017 年，坚持开展公益性法律服务，为困难群众提供法律咨询和法律援助，为群众答疑解惑，维护弱势群体的合法权益。年内先后在江南街道开展送安全知识下基层宣传活动，在菩提街道开展普法进社区活动，两次接受现场咨询 200 余人次，发放资料 1000 余份。

开展送医下乡活动。医卫支部党员到双龙镇长寿寨村，耐心仔细地询问村民的身体情况，免费为他们量血压、听心率、开具治疗处方，根据群众的身体情况提出合理的治疗建议和健康指导等；向前来参加义诊的村民发放常用保健药品、体温计等，发放疾病防治、合理用药、健康生活方式等健康知识宣传资料 5000 余份。前往双龙镇寿山小学开展健康知识讲座，向师生们讲解健康生活的方式，养成良好的饮食习惯等健康知识。

开展“送教下乡”活动。实验中学支部到龙河中学，教师黄欢为学生上英语课，课堂气氛热烈，学生兴趣浓厚。

开展博爱牵手活动。民革长寿区委会和各支部有针对性地对有困难的党员、黄埔老兵、贫困学生进行帮扶慰问，重点解决帮扶对象生活中的实际困难，全年发放捐助慰问金1万余元。

2017年12月14日，民革长寿区委"送教下乡"到龙河中学

【祖国和平统一工作】　2017年，民革长寿区委注重提高理论水平和政策把握能力。组织党员中的台、侨属召开座谈会，畅谈学习中共十九大会议精神和中央对台工作方针政策的心得体会，学习习近平总书记关于推进两岸关系和平发展和祖国统一的新理念、新主张、新要求，贯彻两岸一家亲的理念。

抓住重点深化交流，拓展沟通渠道。党员刘永庆作为市黄埔同学会会长、重庆海联会理事，发挥特有的同窗情、袍泽情，广泛联络同学，加强对台、港、澳及海外黄埔组织和个人的联系，出席两岸"寻找抗日足迹、共谋和平发展"交流座谈会并在会上讲话；以年龄最长、期别最早的学长身份带领与会的数十位台湾退役将军一起高唱黄埔军校校歌；出席重庆市第三次台湾同胞代表会议，出席重庆市第四次归侨侨眷代表大会，适时宣传党的方针政策。有海外关系的多名民革党员通过多种方式向海外亲属宣传祖国统一的方针政策，了解并向中共长寿区委反映港澳台侨各方面人士对祖国建设和祖国和平统一的看法和意见。

【岗位贡献】　2017年，长寿区民革党员在各自的工作岗位上，无私奉献，成绩突出，彰显风采，为助推长寿"三地一中心"建设作出贡献。潘仲全晋升为正高级林业工程师；马林被评为市总工会劳动竞赛先进个人；重钢支部党员在公司生产发展及改革中积极建言献策，在技术上攻坚克难，为重钢实现扭亏为盈贡献力量；徐伟在市文化委主办的"知网杯"知识竞赛中获得先进个人；廖涛摄影作品《力与美》《青春》在中国摄影拉力赛"美丽重庆，热辣巴渝"作品展中获三等奖，作品《瓜娃》在重庆市第十八届美术书法摄影作品展中获三等奖；轩平获重庆市教育科研先进个人；明建平被评为长寿区第二届最美教师；李达被评为市教育信息化先进个人，论文《初探区域化智慧校园建设》获重庆市教育信息技术与装备中心信息化教育论文大赛二等奖，论文《浅谈学校创客空间设计与建设》获重庆市教育技术与装备中心创客教育活动中学组二等奖；梅小红辅导的长寿中学学生合唱团在重庆市教委中小学艺术节合唱比赛中获一等奖和优秀指挥奖；赖秋江、刘银路获长寿区校园足球比赛优秀教练员、重庆市校园足球渝西赛区优秀教练员；付显芬被长寿区卫生计生委评为"最美护士"，被评为重庆市"首届最美医务工作者"；江光群获市司法局"优秀人民监督员"称号；全巍在重庆市"一师一优课、一课一名师"活动中，获初中组一等奖，在"重庆市初中英语优质课大赛"中获二等奖，论文《关于提高初中英语教学课堂提问有效性的思考》获第三届全国教育科研优秀论文国家级一等奖，发表在《教育现代化》杂志上，论文《小组合作学习在初中英语教学中的运用》在重庆市教育学会外语教育专业委员会第十三次论文评选中获一等奖；陈俐惠在重庆市"一师一优课、一课一名师"活动，获高中组一等奖，入选长寿区教育专家资源库并被聘为长寿区第一批教师教育研训师；陈焕获"重庆市2017校园足球渝西片区优秀教练"；郑伟作品《湖畔人家》入选"美丽重庆"——重庆市优秀美术作品展，作品《水木源》入选第六届重庆市美术作品展览，油画作品《码头印象》入选第十八界重庆市美术书法摄影联展；黄志勇指导学生获得重庆市初中生物学科实践活动优秀作品一等奖；王义良带领实验中学跆拳道队参加重庆市青少年跆拳道锦标赛获得4金4银5铜的好成绩，参加全国中学生西南赛区跆拳道锦标赛，获得6金3银5铜，参加重庆市跆拳道冠军赛，取得6金4银5铜的优异

成绩。（罗德明）

2017 年中国国民党革命委员会重庆市长寿区委员会领导人名录

主　　委：王永全

副 主 委：罗德明　谭静波（兼）

郭　蓉（女，兼）

朱　玲（女，兼）

中国民主促进会重庆市长寿区委员会

【概况】　中国民主促进会（简称民进）是以从事教育文化出版工作的高中级知识分子为主的、具有政治联盟性质的、致力于建设中国特色社会主义事业的政党，是中国共产党的亲密友党和参政党。1981 年钟运梅、王万芳在重庆加入中国民主促进会，成为长寿地区最早的民进成员。1982 年 12 月“民进重庆长寿县临时支部”成立；1983 年 12 月长寿地区会员代表会召开，宣布成立民进重庆市长寿县工作委员会；1990 年 1 月民进重庆市长寿县委员会成立，成为最先在长寿建立地方组织的民主党派；2002 年 4 月长寿撤县设区，民进重庆市长寿县委员会更名为民进重庆市长寿区委员会（简称民进长寿区委会）。到 2017 年长寿民进的会员发展到 369 人；基层组织有一个总支委员会 13 个支部，区委会下设参政议政、教育文化、经济科技、老龄妇女 4 个专门委员会。

2017 年，民进长寿区委会深入学习贯彻中共十九大精神和民进第十二次全国代表大会精神，围绕中心、服务大局，理清工作思路，秉承“为执政党助力、为国家尽责、为人民服务”宗旨和使命，坚持“基础工作抓规范，重点工作抓创新，整体工作抓推进”，加强参政议政能力建设，以组织建设和后备干部培养为重点，健全和完善各项工作制度，加强基层组织活力，认真履行参政议政、民主监督职能，发挥参政党地方组织作用，助推长寿区经济发展和社会进步。

2017 年 11 月 1 日，民进长寿区委会学习中共党的十九大精神专题会。区人大常委会副主任、民进区委主委霍家勤主持

【思想建设】　2017 年，民进长寿区委会始终用心用情用力抓好思想宣传工作，丰富和改进思想宣传工作的方式方法。坚持用习近平新时代中国特色社会主义思想凝聚思想共识，增强会员的道路自信、理论自信、制度自信、文化自信，巩固与中国共产党的政治道路认同、奋斗目标认同、文化价值认同。先后组织会员收看中共十九大开幕式和闭幕式，11 月 1 日召开区委扩大会专题学习中共十九大精神；年内召开 3 次区委（扩大）会和中心组学习会学习贯彻中共十九大报告精神、重庆第五次党代会和民进十二大精神，下发文件要求各支部组织会员学习，把学习与会内实际和本职工作结合起来。收到各支部学习中共十九大报告信息 9 篇，广大会员在中共十九大精神鼓舞下，更好地履行参政议政、民主监督、社会服务职能。

开展“不忘合作初心 继续携手前进”主题教育活动。民进长寿区委会选派会员 40 余人次参加中共市委统战部、民进市委会、区政协、中共区委统战部等各级各类培训和专题讲座；民进长寿区委会以会代训召开专题新会员、区人大代表、政协委员、骨干会员培训会 3 次。抓好民进干部会员的思想道德教育和优良传统教育，重点学习习近平新时代中国特色社会主义思想。2 月 23 日，民进长寿区委召开七届五次全委（扩大）会，会议专题学习全国“两会”精神和区十三次党代会精神，对学习实践活动进行专门部署，确定时间表和活动项目，要求支部严格执行。8 月 25 日举行暑期干部和骨干会员培训，抓住建设学习型参政党和不断提高参政议政水平两个重点，为服务长寿区科学发展献计出力。9 月 28 日，市政协副主席、民进市委主委陈贵云到学习实践活动联系点川维支部出席主题教育活动，在该支部主题教育活动中带领大家学习习近平总书记“7. 26”重要讲话精神。民进长寿区委会结合党派工作的特点和实际，举办学习文件和论著、培训会、座谈会、辅导报告、民进会史宣讲等开展政治思想教育；长寿中学支部、葛兰支部、川维支部、小教支部、二中支部、实验中学支部、综合总支等开展学习中共十九大精神和区十三次党代会的专题活动。开展会员思想状况调查，及时报送思想动态信息，增强思想政治工作的针对性和有效性。完成编撰印发《民进长寿志》（1981—2014）。

2017年9月28日，市政协副主席、民进市委主委陈贵云参加民进长寿川维支部学习实践活动

【组织建设】　2017年，民进长寿区委严把新会员质量关，加强发展前的考察工作和入会后的教育培养，发展会员6名。加强基层支部履职能力建设。第一加强培养，增强成员政党意识注重新成员的政治认同，在发展新成员时，基层组织要考查业务素质，更要考查对党派的认识和对中国民主政治的理解；第二增强成员的政党意识，开展民进优良传统教育、民主政治理论学习等专题培训和宣讲“我身边的榜样”等活动，增强会员的组织观念、履职意识、政治认同意识、政治参与意识，处理好本职工作和会务工作的关系；第三鼓励基层组织负责人的奉献精神，通过基层组织负责人“传帮带”、新任基层组织负责人培训、表彰优秀基层组织负责人等活动，建立一支愿做事、会做事和热爱民进会务工作、无私奉献的基层组织领导班子，增强他们的政治奉献意识和民主集中观念；第四规范基层组织活动，加强相关人员的学习培训。重点培养、搭建平台，积极推荐青年骨干会员。年内民进长寿区委会推荐1名会员作为区委统战部组织的党外代表人士在区信访办挂职锻炼。向会员所在单位推荐优秀会员，使他们在不同的岗位上发挥作用，实现个人价值。会员“双岗建功活动”成绩突出，会员中获区级以上表彰的30多人次，吕兴建和李佳先后获民进全国机关建设先进个人和民进全国学习实践活动先进个人。

【参政议政】　2017年，民进长寿区委完善集智聚力的体制机制，抓好参政议政骨干队伍建设，加强联动合作，数质并重推动参政议政取得较好成效。积极参加市区人大、政协两会，组织长寿民进的人大代表、政协委员认真履行职能。“两会”前，民进长寿区委会召开参政议政工作会，民进区委领导报告长寿区的经济社会形势，提出年内参政议政的主要方面和重点课题，对人大代表、政协委员进行培训，对会员参加“两会”提出要求。“两会”期间，长寿民进的全体人大代表、政协委员围绕区中心工作和全面建成小康社会目标建言献策。提交政协提案64件（其中集体提案10件，委员提案54件）、政协大会发言2件，提交人大建议案15件。在这些提案中有的被区政协确定为重点提案和主席督办提案，2017年度会员中的政协委员有5名获区政协优秀政协委员表彰，有6件会员提案被区政协评为优秀提案。

认真选择课题，精心组织调研。2017年向民进市委会申报《基层社区矫正的困境和解决路径》参政议政课题1个，获市委会立项；申报区科委《论网络公益募捐行为的规制》社会科学课题1个。两个课题已形成调研报告并结题，上报相关单位成为参政议政成果。

收集报送社情民意信息，多渠道收集社情民意信息。年内两次召开参政议政工作会，邀请市委会参议处领导就如何撰写调研报告、提案和社情民意信息对各支部主委及参政信息员进行培训。社情民意质量和采用率较高。全年向民进市委会、统战部、政协多渠道报送信息40余条；民进中央采用1条，市政协、市委统战部各采用2条。会员李佳的《严控职业暴露办案场所亟待构筑防“艾”医学防护屏障》《关于充分发挥公职律师作用的建议》《关于加强高等院校无障碍化设施建设的建议》等先后被民进中央、市委统战部、市政协采用；会员罗明江的《关于防范新形势下网络犯罪的对策建议》，被中共中央宣传部采用。

【社会服务】 2017年，民进长寿区委开展“教育扶贫，智力支教”活动，促进城乡教育均衡发展。2017年民进长寿区委会推动城乡学校“同课异构”特色活动深入发展，活动由区委会主导变为各支部主动参与；出现两个及以上支部联合行动，发挥各自优势，扩大活动影响力和带动力；优秀教师积极参与，“同课异构”和“名师下乡”相互促进；影响进一步扩大，2017年有二中、小教、长中、实验中学、实验小学、葛兰6个支部先后在5个街镇中小学开展活动，提升影响力。作家艺术家进校园活动持续开展并走出长寿，儿童科普作家、区作家协会主席王维浩到渝北实验小学开展宣讲活动。

在但渡、邻封等地开展“春联万家”迎新春送春联活动，撰写春联1000余幅；支持各支部持续开展“春蕾行动”资助贫困女童，长寿二中、长寿中学、实验中学、川维中学等支部资助贫困学生多名，小教支部、进修校支部继续开展慰问孤寡老人和智障儿童活动，联合桃园医院开展“关爱青少年近视防治爱眼护眼”公益活动。

发动会员开展“微公益”活动，会员梅红带领职工深入社区开展义诊；会员张进参加碧桂园志愿者协会；会员陈世远分别在2016年9月至2017年3月利用其名下的重庆市长寿区和兴源农业开发有限公司两次为农户举办免费的晚熟柑橘栽种技术培训；会员夏继勇于创办的“丰年书画艺术工作室”为少儿开展免费书画培训等。 （吕兴建）

2017年中国民主促进会重庆市长寿区委员会领导人名录

主　　委：霍家勤（女）

副 主 委：吕兴建　鲁自力（兼）

　　　　　邓雪峰（兼）　李　佳（女，兼）

中国农工民主党重庆市长寿区委员会

【概况】 2017年，中国农工民主党重庆市长寿区委员会（简称农工党长寿区委）以迎接中共十九大胜利召开和学习贯彻中共十九大精神为主线，按照农工党市委“建设形象好、作用大、影响力强的参政党地方组织”的要求，依靠各级组织，团结广大党员，履行参政党职能，为助推长寿“三地一中心”全面建成、城乡整体面貌全域改观、改革发展成果全民共享奋斗目标作出积极贡献。被农工党重庆市委授予思想宣传工作先进集体、组织工作先进集体、参政议政工作先进集体，5名党员被农工党重庆市委授予党务工作先进个人称号。

【思想建设】 2017年，农工党长寿区委坚持把思想建设放在首位，搭建载体开展思想政治工作，提高党员政治把握能力。坚持“主委会按月学习、区委会按季学习、支部按期学习和重要节点实时学习”的“3+1”学习制度，学习各级会议精神，深刻领会习近平总书记治国理政新理念新思想新战略，深入学习习近平总书记“7.26”重要讲话精神。按照学懂、弄通、做实的要求，学习中共十九大精神，会前抓好思想动员；会中收看大会盛况，多次召开主委会，拟定专门学习方案；会后通过召开主委会、区委（扩大）会、党员代表大会、专题讨论会等多种方式，迅速掀起学习十九大精神的热潮，邀请中共长寿区委宣讲团成员、区委统战部副部长杨洪梅为近百名骨干党员宣讲十九大精神。

建活动载体，增强政治共识。持续开展坚持和发展中国特色社会主义学习实践活动。组织参观农工党中央抗战旧址和红岩革命纪念馆，参加区委统战部和区社会主义学院举办的2017年度各民主党派、知联会骨干成员培训，开展“重温历史忆峥嵘，不忘初心向未来”和“不忘合作初心，继续携手前进”主题座谈会，不断增进政治认同、思想认同、理论认同、情感认同。农工党长寿区委获得农工党中央坚持和发展中国特色社会主义学习实践活动先进集体，李彬旭获得农工党中央坚持和发展中国特色社会主义学习实践活动先进个人，机关支部、卫生支部、经济支部获得农工党重庆市委先进基层组织称号，5名党员获得农工党重庆市委先进个人称号。

建宣传载体，占领舆论阵地。农工党长寿区委办好《长寿农工》季刊，主动占领宣传阵地。借助《前进论坛》《重庆农工》及农工党中央和市委网站、长寿农工1314微信群等媒介，组织党员投稿，正面宣传长寿经济社会发展、农工党区委重点工作和先进典型人物。年内发表信息简报38期，其中被农工党中央采用信息1条，农工党重庆市委采用信息32条，政协长寿网站采用信息16条。向农工党重庆市委报送“身边的榜样，前进的力量”征文《一名农工党员的援藏工作》，报送理论研究成果2篇，其中李彬旭、陶伯林撰写的《提高人民政协民主监督实效的思考》获得市政协理论文章评比三等奖。

【组织建设】　2017年，农工党长寿区委坚持把深入实施“人才强党”战略作为重要抓手，强化机构建设。成立中医院支部和长寿中学支部，基层组织由原来的10个支部增加到12个支部；成立督察工作委员会，工作机构由原来的9个增加到10个，完善职能职责，增强组织活力。对原有农工党长寿区委工作考核办法和激励办法进行完善、修改和细化，使制度更具操作性。

队伍建设坚持原则，规范程序，放宽视野，拓展界别，积极稳妥发展党员。2017年年内发展党员17人，其中主体界别10人，截至年底全区党员总数238人。长寿的农工党员在农工党重庆市第五次党代会上，当选市委常委1名、市委委员2名，当选农工党中央十六大党代表1名；在农工党市委专委会调整中，任专委会副主任3名、专委会委员10名。6月，进行届中调整，召开农工党长寿区委四届三次党员大会，选举产生主委1人，调整副主委3人、区委委员3人，实现新老班子的顺利交接和平稳过渡。重视后备干部的选拔和培养，推荐农工党长寿区委理论委副主任、国税局征管科科长游绍莲挂职工业园区管委会主任助理，推荐督察委副主任、区农委农业综合开发科科长段春艳挂职区政府信访办公室主任助理，向中共长寿区委推荐任命副处级实职干部2人。

强化能力建设，完善新党员定期培训、骨干党员积极调训、专题知识自主培训的分级分类培训机制。全年参加农工党市委组织的新党员培训17人次，参加全市区（县）民主党派主委培训班学习1人次，参加中共市委统战部组织的专职副主委培训1人次，参加农工党市委组织的宣传文化工作培训3人次，参加长寿区学习贯彻中共十九大精神专题培训10人次，参加中共区委统战部组织的民主党派和知联会骨干成员培训9人次，参加区委统战部组织的党外人士建言培训16人次；农工党区委自主开展组织工作、宣传工作、思想建设、参政议政和社会服务工作培训，做到党员全覆盖；组织开展新一届人大代表和政协委员岗前培训1期，涉及34人次。

【参政议政】　运用“两会”平台。2017年，农工党长寿区委加强向农工党市委、中共长寿区委的汇报和与统战部的沟通，做好市区两级人大代表和政协委员的提名推荐工作，党员中有市人大代表2人、市政协委员2人、区人大代表6人、区政协委员28人。2017年“两会”期间，农工党员人大代表、政协委员认真履行职责建言献策，提交市人大代表建议7件、市政协提案10件、市政协大会发言1件，区人大代表建议11件、区政协大会发言7篇（其中口头发言2篇）、区政协集体提案9件、委员提案42件。其中孔庆明提出的《关于加快农村土地流转的建议》被市人大列为重点建议，获评市人大优秀建议，得到市人大常委会副主任夏祖相到长寿调研督办；被列为区领导督办的重点建议和重点提案各4件，李彬旭获评政协重庆市第四届委员会优秀政协委员，张古灵、张凤鸣获评2016年区优秀政协委员，5件提案获评优秀提案。

运用界别平台。农工党长寿区委利用党派和界别优势，由主委统筹、副主委分管、支部承办、专委会协办，做实做深调研活动，取得良好成效。2017年完成《关于打造中华长寿文化名城的对策研究》等11个调研课题，其中农工党市委重点课题1个、区委重点课题3个，年底前已全部结题，正将部分调研成果进行转化，向有关部门报送，供领导决策参考。

发挥对口联系单位、友好合作单位等资源优势，围绕中心工作，开展调查研究。组织党员中的人大代表、政协委员对长寿区乡村旅游发展情况进行调研；组织骨干党员对区内食品药品安全问题、城乡建设管理工作、中医药推广及中医药发展情况、妇幼保健和公共卫生等方面情况进行调研。形成社情民意信息34件，其中被农工党市委采用7件，被区政协采用7件。

【社会服务】　2017年，农工党长寿区委按照“量力而行，尽力而为，突出重点，讲求实效”的原则，发挥界别优势和组织优势，社会服务工作不断深化。以密切联系群众、真情服务群众为出发点，依托农工党中央“国际科学与和平周”和“中国环境与健康宣传周”，开展社会服务活动。

开展“治理环境污染重现丽日蓝天”为主题的“中国环境与健康宣传周”活动，为市民发放健康宣传资料1200余份，义务诊疗70余人次。开展“携手建设安全稳定发展繁荣的共同家园”为主题的“国际科学与和平周”活动，免费为社区居民测血压、血糖，进行眼科、内科、外科检查等，受益群众200余人，向群众发放科普宣传资料300余份。

发挥农工党组织以医药卫生等界别为主的优势，专委会牵头，依托农工党中央和谐社会联系点葛兰镇葛兰村和凤城街道三峡路社区，将有限的资源和力量发挥在关键处。以农工党员为主，与区医院、区中医院、区妇幼保健计划生育服务中心、川东医院形成长期合作关系，多次在和谐社会联系点开展健康知识宣讲、宣传手册发放、义诊等活动，受到广大市民的认可与好评。

拓展社会服务渠道，参与对云南省文山州脱贫攻坚民主监督工作；联合“明日之星教育基金会”，开展“班班通——同心助学助力教育信息化”公益活动，向教育系统援助“班班通——实验班”2个，捐赠学生平板电脑、班班通师生互动教学资源、软件学习卡及配套设备，金额26万元，惠及50所中小学。发动全区农工党员参与，结合自身工作岗位，创新社会服务方式，主动参与精准扶贫、法制宣传、健康体检、环保宣传等社会服务，发挥农工党党员的资源优势，为社会做出积极贡献。（刘小波）

2017年中国农工民主党重庆市长寿区委员会领导人名录

主　　委：李彬旭（2017年6月离任）
　　　　　孔庆明（2017年6月任）
副 主 委：张昌红（女，2017年6月任）
　　　　　赵霜眉（女，2017年6月离任）
　　　　　孔庆明（兼，2017年6月离任）
　　　　　徐　冰（女，兼）周兵（兼）
　　　　　张古灵（兼，2017年6月任）
　　　　　杨　莉（女，2017年6月任）

九三学社重庆市长寿区委员会

【概况】 九三学社重庆市长寿区委员会（简称九三学社区委）成立于2015年12月16日，隶属于九三学社重庆市委员会（本分目简称社市委）。2017年有主委1名、副主委4名、委员10名。九三学社长寿区委下设长寿化工总厂支社、医卫科技支社、四川维尼纶厂支社、综合支社、教育支社、长寿经开区支社6个基层组织。有社员156人，社员平均年龄为45.6岁，其中博士2人、研究生19人，高级职称53人；社员中担任重庆市人大代表1人，重庆市政协委员1人，长寿区人大代表6人，长寿区政协委员19人。

【思想建设】 2017年，九三学社区委建立健全九三学社区委、支社、社员三级学习机制，分别组织社员学习党的十九大精神和社中央、社市委会议精神36场次。其中，社区委组织专题学习党的十九大精神5场次，各支社分别组织社员学习；广大社员还参加所在的单位组织学习，川维支社特邀在长寿的中共十九大代表罗莉专题宣讲中共十九大精神。

开展“不忘合作初心，继续携手前进”主题教育活动，组织社员学社章、社史，重寻九三红色之旅，参观九三发源地址和民主党派陈列馆等。发扬中国共产党与民主党派团结合作的优良传统，坚持“爱国·民主·科学”宗旨，坚定社员理想信

2017年11月，九三学社川维支社特邀中共十九大代表罗莉宣讲十九大精神

念，巩固多党合作的政治基础。

完成青年论坛文章4篇，其中《完善干部考核评价机制激发人才活力》获社市委青年论坛一等奖，1人获三等奖；《九三学社文脉的形成与发展》获社市委参政党理论与社史研究成果二等奖，另有3人撰写的社史研究文章获三等奖。

【组织建设】　2017年，九三学社区委发展新社员10名，其中1名为社会新兴阶层人士，高级职称2名。增补1名九三学社区委委员；推荐1人到区旅游管理中心挂职锻炼；推选9名社员代表出席社市委第五次代表大会，陈红当选为九三学社市委常务委员、程庸当选为委员，陈正江当选为监督委员会委员；郭勉等5名社员当选为社市委专委会委员，3人被九三学社重庆市委聘为社情民意信息员、1人为宣传通讯员。14人分别参加市委组织部、区委统战部举办的党外干部培训和社市委第十九次新社员培训。

【参政议政】　2017年，九三学社区委提交人大议案1件、建议12件，政协提案62件。其中，提交市人大议案1件、建议4件，市政协提案5件，董长明提交的《关于对重庆市专业技术人员继续教育条例修订的议案》被作为1号议案立案，《关于加强我市零售药店管理的建议》被评为市四届人大优秀建议；提交区“两会”人大建议8件，政协集体提案11件、委员提案51件、大会发言材料6件、5名社员作大会发言（其中6件提案列为区领导重点督办提案，《关于对永辉超市十字路口雨水排放工程整治的提案》由区委书记赵世庆亲自督办，被列入长寿区十大民生工程）。九三学社区委在暑期谈心会上提出各类意见建议8条。

实施重点课题班子成员负责制，全年召开班子成员调研工作会议12次，完成社市委常委课题《关于加强城市垃圾分类处理相关问题研究》、区级调研课题《长寿区城市行道树种选择研究》和《雨水公园在长寿区海绵城市建设中运用的研究》。

【社会服务】　2017年10月，九三学社区委与长寿湖镇卫生院续签《“九地”合作协议》，组织社员参加以“中国镇痛周”为主题的义诊活动，接受健康咨询和义诊的群众100余人次；组织社员定期到卫生院坐诊，提出改善医疗环境的相关建议，以上帮扶，促进该卫生院外科的诊疗人次和业务收入均增长1倍，医疗质量得到明显提升。2017年长寿湖镇卫生院被区卫计委推荐为长寿区唯一接受国务院督查的乡镇卫生院。

2017年10月，九三学社长寿区委开展“中国镇痛周”义诊活动

2017年年内组织社员走访经开区威力雅·长扬热能公司等3家企业，开展座谈、调研，收集企业意见建议，为企业建言献策，呼吁社会各界为企业营造良好的发展环境。九三学社区委主委陈红在区社会主义学院就《如何提高参政议政和合作共事能力》为党外干部授课，专职副主委程庸受邀为区政协委员和社员作《中国画的审美及鉴赏》专题讲座，向区文管所捐赠国家三级文物——汉代青铜缶；1人深入企业讲解安全知识，1人为川维支社社员及职工作急救知识讲座；社员志愿者在“7.11世界人口日”宣传活动暨“流动人口健康服务年活动”中，为300余人宣传全面两孩政策、提供健康咨询和免费体检。社员向勤赴西藏援助昌都市人民医院。

【年度成绩】　2017年，九三学社区委先后获得社市委“第四届重庆九三青年论坛优秀组织奖”“组织建设工作先进集体”“参政党理论与社史研究工作先进集体”。社员董长明获社中央“2013—2017年度参政议政工作先进个人”及社市委“2017年参政议政工作先进个人”，1人获社市委“宣传工作先进个人”，1人获社市委“参政议政工作先进个人”，1人获社市委“组织建设工作先进个人”，1人获社市委“社会服务工作先进个人”，1人获社市委“参政党理论与社史研究工作先进个人”。

社员们在本职工作岗位上获得各级嘉奖：社员

石敦义被评为全国卫生计生系统先进工作者；1人被评为市卫计委先进个人；1人被市气象局评为全市重大气象服务优秀个人，撰写的多篇论文获渝湘鄂黔四省边区协作一、二、三等奖；1人获区卫计委纪念爱国卫生运动85周年知识竞赛二等奖；1人获区国土房管局主题征文优秀奖；1人获风湿病学学术年会演讲三等奖；1人获区卫计委首届“金显微镜”形态学竞赛一等奖，2人分别申报的科研项目均被市卫计委立项。（周丽容）

2017年九三学社重庆市长寿区委员会领导人名录

主　　委：陈　红（女）

副 主 委：程　庸　陈正江（兼）

　　　　　董长明（兼）　李春华（兼）

重庆市长寿区工商业联合会（总商会）

【概况】 重庆市长寿区工商业联合会（总商会）简称区工商联（总商会）。2017年有工作人员10名，其中行政编制5名、事业编制2名、聘用人员3名，科室有办公室、民营企业维权投诉中心。年底前全区有街镇商会19个、行业商会6个以及昆明、成都、乌鲁木齐3个异地商会和1个女企业家联谊会；每个街镇都设立1个分会，会长由区域内有影响力的民营企业家担任，常务副会长由街镇统战委员担任，秘书长由街镇公职人员担任；行业商会有餐饮商会、建筑房地产商会、饰材商会、家具商会、美容美发洗浴商会、混凝土商会。各个商会均按选举程序按时换届，有会长、副会长、监事、秘书长，有序地开展工作。

长寿区总商会会员由成立初期的278名，发展到2017年的2565名，其中企业会员1021个，个人会员1515个，团体会员29个。从长寿县一届政协开始，总商会均为政协组成单位，当时有政协委员6名；2017年有区人大代表16名、区政协委员34名，市人大代表1名、市政协委员1名。

第十届长寿区工商业联合会（总商会）年内进行领导班子调整，有执行委员125名、常务委员63名，副主席（副会长）42名、主席（会长）1名，主席（会长）和多数副主席（副会长）由非公经济人士担任。

截至12月底，全区新增非公经济市场主体7580户，总量达到5.7万户。全年实现增加值295亿元，比2016年增长15%（其中民营经济增加值260亿，增长10%）；占全区GDP比重的60%。非公经济在就业、税收、维护全区社会和谐稳定等方面持续发挥积极作用。

【政治引导】 2017年，区工商联（总商会）开展学习贯彻十九大精神的工作。向基层商会发出认真组织非公经济人士学习十九大报告的通知文件；召开执委会学习十九大报告。引导非公经济人士利用一切可以利用的时间、机会，多渠道多方式反复学、认真学、深入学，从报告中学懂非公经济发展的新动力、新目标、新方向、新思路。推动非公企业借助十九大的春风，实现非公企业转型发展、升级发展、绿色发展、科学发展。

【非公经济服务】 2017年，区工商联认真领会国家支持非公经济发展政策文件精神，在党中央国务院下发《关于营造企业家健康成长环境弘扬优秀企业家精神更好发挥企业家作用的意见》（中发〔2017〕25号）文件后，区工商联（总商会）及时传达文件精神，让全区非公经济人士及时了解中央精神、明确中央意图、领会文件精髓，使广大非公经济人士进一步增强道路自信、理论自信、制度自信、文化自信，在新常态下实现非公企业转型升级发展。

优化非公经济发展环境，助推非公经济健康成长。区工商联（总商会）坚持向职能部门呼吁；坚持抓好协调；随时向区委、区政府领导如实反映情况；提出合理意见建议；五是积极主动协调政府扶非助非优惠政策落地。区工商联（总商会）一班人甘愿为非公经济发展环境的不断改善做出努力。

强化非公经济人士的学习培训，提升非公经济人士的综合素质。2017年区工商联常执委轮训工作顺利推进，免费组织第二批企业家40余人赴中山大学学习培训；争取区财政新增资金30万元，组织40余名青年企业家赴延安干部管理学院培训；组织部分企业家赴山东大学、厦门大学、浙江大学参加市工商联组织的培训活动。

【参政议政】 2017年，区工商联加强基层商会调研，向区委、区政府建非公经济发展箴言，献非公经济发展良策。深入一线了解非公企业发展新情况、新变化、新问题、新矛盾、新需求。在调研工作涉及面广、问题多、政策法规性强的情况下，敢说真话、敢说实话、敢反映真实情况，以实事求是的精神进一步探索调研课题、提高调研水平、扩大调研范围，向区委、区政府及有关部门提出意见建议。2017 年，走访部分街镇商会、长寿昆明商会、长寿成都商会、长寿乌鲁木齐商会以及部分企业，向民营企业家学习取经，听取意见建议，讨论商议非公经济发展的问题难题，将收集到的建议意见，编撰成调研报告呈报区委、区政府，供领导决策参考。全年向区委、区政府及有关部门提交《传统民营企业人才培训和引进的现状及存在问题的建议报告》《关于重点解决影响民营经济发展突出问题的建议》《关于进一步落实弘扬优秀企业家精神的建议》等 10 余篇建议报告，其中部分意见报告得到区委、区政府及有关部门的重视。

【组织建设】 2017 年，区工商联（总商会）加强基层商会换届工作引导，参与基层商会换届工作事务，使换届工作顺利进行。指导长寿成都商会、江南商会、渡舟商会等商会的换届工作，增强基层商会的组织力量；扩大商会组织覆盖面，年内新成立长寿乌鲁木齐商会、青年委员会（青商会）、菩提商会，实现 19 个街镇商会全覆盖；扩大工商联会员队伍，全年新发展会员 90 余名，总数达到 2565 名；四是协助基层商会解决社团登记问题，化解多年基层商会不能在银行开设账户的问题，规范基层商会会费管理；五是持续开展指导基层商会秘书长工作和基层商会党组织建设，增强基层商会的活力和凝聚力；六是鼓励基层商会间的交流活动，扩大基层商会的交流范围；七是鼓励非公经济人士开展光彩事业活动，激励广大非公经济人士致富思源、扶贫济困、奉献爱心、回报社会。

【自身建设】 2017 年，区工商联严格要求全体人员反复学习习近平总书记系列讲话精神，自觉遵守八项规定，认真落实区委的各项工作部署，力求学习上有进步，工作上有成效。坚持定期召开班子会、机关工作会，做到会会有结果、有记录、有检查、有对比，确保各项工作有效开展。主动定期不定期向区委、区人大、区政府、区政协、区委统战部、市工商联汇报工作，争取各级领导对工商联（总商会）的工作指导和工作支持。做好与兄弟区县工商联（总商会）的交流接待工作，向兄弟单位学习服务非公经济发展的新办法与新经验。开展街镇商会秘书长述职评优工作，激励各基层商会积极开展商会活动。按照“五好”县级工商联的建设标准，成功创建为全国“五好”县级工商联。落实机关主要领导到一线、到基层、到企业、到群众中去的工作要求，深入了解非公企业发展实情，不断收集企业要求解决的问题和正当诉求。

【存在问题】 2017 年，区工商联（总商会）的工作存在一些问题，服务非公经济的能力水平有待提高；开展各项工作深度和广度还需加强；在不断转变思想观念、工作作风上还需下大功夫；开展调研工作细度、准确度还需提高；推动非公经济发展建言献策的水平还有待提升。（黄家菊）

2017 年重庆市长寿区工商业联合会（总商会）领导人名录

主席（会长）：江　涛（兼）

党组书记：韩建宏

副主席（副会长）：韩建宏　蒋　玲（女）

秘 书 长：蒋　玲（女）

群众团体

重庆市长寿区总工会

【概况】 2017 年，重庆市长寿区总工会（简称区总工会）有在职参照公务员管理人员 8 名。其中正处级 1 名、副处级 2 名、副调研员 1 名、正科级 3 名、机关工人 1 名。有内设机构 3 个，办公室、基层工作科、服务发展科；下设有公益一类自收自支事业单位 1 个（职工服务中心），有在职工作人员 8 名（其中事业编制 5 名），办公经费和工资由工会经费负担。

截至年底，长寿区工会组织有园区总工会 2 个、局工委 20 个、直属工会 6 个、街镇工会联合会 19 个。工委主任、工会联合会主席和直属工会主席由同级副职担任。

2017 年 11 月 15 日，长寿区工会第十二次代表大会

【工会组织建设】 2017 年 11 月 14—15 日，在长寿区科技文化中心，召开长寿区工会第十二次代表大会，全区推荐代表 280 名。大会选举产生长寿区工会第十二届委员会委员 44 名，常务委员 15 名、挂职副主席 1 名、兼职副主席 2 名、副主席 3 名、主席 1 名。年内分别召开街镇工会联合会和局工委换届工作培训会指导换届工作，275 个基层工会完成换届工作。

2017 年，制订《长寿区非公企业示范工会建设实施方案》，映天辉、鑫富化工等 18 家非公企业开展示范建设，探索对非公企业示范单位工会主席实行以奖代补，每人每年补助 2400 元。在外资企业巴斯夫聚氨酯有限公司试点探索公推直选，指导其成立工会组织。推进行业工会建设，落实 25 人以上中小企业建会工作。2017 年全年新增工会组织 60 家，新增会员 4331 人。

【服务阵地建设】 2017 年，区总工会筹资 928 万元对职工服务中心整体改建，将于 2018 年 9 月改建完成。继续完善 5 个职工活动中心活动机制，安排 16 万元购买社会组织专业化服务，打造健身、书法、音乐、太极拳、摄影 5 大职工活动中心。在经开区、工业园区新建职工帮扶站，在汽车总站、菩提古镇等打造爱心妈咪小屋 4 家，建设爱心驿站 9 家、职工书屋 20 家，其中映天辉职工书屋获得全国模范职工书屋称号。

2017 年 6 月 21 日，长寿区总工会邀请重庆市总工会网上工作培训工作队进行培训

做好重庆市总工会职工服务网、“渝工娘家人”APP 和公众号等的培训和推广工作。组织参加网上工作培训会，邀请市总工会专家就渝工娘家

人APP、实名制工作等分别对300多名基层工会干部、80多名基层工会主席开展“互联网+工会”工作培训。明确专人配合互联网+工作队，落实互联网+工会工作，开展“互联网+工会服务”进基层系列活动8次，推进工会实名制、动态数据库建设和平台覆盖工作。

【职工技能提升】 2017年，区总工会引导动员广大职工群众建功立业，联合相关部门举办护理职业技能竞赛和汽车修理、手工木工、钢筋工、畜牧等全区性技能竞赛活动，50余个单位200余名职工参加。组织27名职工参加全市育婴、焊工、车工、制茶、授课等技能比赛，取得好成绩。抓好13个劳模（职工）创新工作室工作，推动职工技术创新。2017年指导基层开展岗位练兵、技术比赛、师徒帮教、技能培训10次以上，表彰金牌工人10名、技术能手20名、技术标兵3名。

【帮扶工作】 2017年，区总工会开展“春风行动”招聘会，130余家用工单位提供岗位12000余个；区四大家主要领导在春节、五一、炎夏带队开展“送温暖”“送清凉”；筹资11万元开展“金秋助学”活动，资助标准从3000元提高到5000元。创新慰问形式，分别对190名重病职工进行“冬送温暖”集中慰问。筹资39.15万元，慰问全区建档困难职工、困难劳模等640余人。出台《建档困难职工和临时建档一次性帮扶制度》，“六节”慰问标准提高为300元和500元两个档次，2017年为2034人次困难职工送去慰问金74.38万元。筹资6.6万元开展“牵手行动”，资助33名困难职工子女读大学。全区职工医疗互助保障参保单位209个，参保职工14393人，理赔516人次，理赔金额148万元（其中重大疾病24人次，金额102.8万元；住院津贴458人次，金额43.8万元）。落实女职工保护专项集体合同，开展女职工维权月集中行动。区法院获“全国五一巾帼标兵岗”，检察院获“重庆五一巾帼标兵岗”，1人获得“重庆五一巾帼标兵”称号。

【劳模管理服务】 2017年，长寿区重庆望变公司董事长杨泽民、袁佐彬工作室技术总监袁佐彬、永航钢铁电气主管王礼勇、双驰门窗车间主任肖大胜、怀达食品业务主管王怀、小康动力总经理王刚评为重庆市劳动模范；区委老干局局长刘亚敏、长寿中学教师章露生评为重庆市先进工作者，受到市委、市政府表彰。五一节，区四大家主要领导和分管联系工会领导分别带队开展劳模慰问。慰问劳模资金16万余元。组织11名市级以上劳模参加市总工会组织的疗休养，37名各级劳模到武陵山疗休养。在《长寿日报》、长寿电视台、群团网站，开辟专栏并拍摄劳模事迹宣传短片，营造尊重劳动，热爱劳动的良好社会氛围。

2017年4月25日，长寿区在菩提山广场举办庆祝“五一”国际劳动节暨创建全国文明城区职工在行动活动

【工会活动】 2017年，区总工会筹资81万元用于文体活动，举办职工新年登高活动、“赞劳动之美·做文明职工”摄影大赛、庆祝“五一”国际劳动节暨创建文明城区职工在行动活动（在活动中组织800余名职工志愿者宣誓）、职工四大球联赛、职工运动会，承办全总文工团话剧演出《又到满山红叶时》、“音乐之夜”等文体活动，得到广大职工群众的好评。

【基层工会管理】 2017年，区总工会出台《工会干部直接联系职工群众的实施意见》，每名干部联系4街镇工会联合会、2个非公经济组织（新社会组织）工会、联系2名一线职工（含农民工）、帮扶2名建档困难职工。开展互联网+工会、职工互助保障、新任基层工会干部、街镇工会主席、党群办主任等工会业务培训；为23家企业开展主题为“六型班组建设与管理”的“订单式培训”。

建立健全“基层、职工说了算”考核评价工作机制，探索实行第三方评估机制，将工会工作纳入区委对街镇、部门年度考核，加强工会工作落实落地。2017年在19个街镇党政办（党群办）设置群团工作综合岗，各明确1~2名工作人员履行工会工作。建立和落实以项目经费管理拨付为主的群团组织经费保障机制，下拨街镇联合会、局工委以及园区总工会工作经费90余万元。健全完善工会资产登记、清理及工会经费审查审计制度体系，对基层工会经费审计审查20家以上。完善地税代征协商沟通机制，区总工会定期与地税局征收科交换信息。加强与财政局、教委、卫计委联系，强化教育、卫生系统工会经费征收工作，全年实现工会经费征收665万元；与区纪委、财政局、审计局、人社局的协商，明确基层工会经费收支管理的共识，严格执行市总工会经费收支管理规定，规范工会经费管理。落实工会经费收支管理培训，先后3次通过全区会议讲解程序、标准，切实履行管理职责。

制订机关事业单位工会组织、非公企业工会组织规范化建设意见。开展“争创模范职工之家、争做职工信赖娘家人”活动，推荐区医院、康普化学、鑫富化工等参加市模范职工之家（小家）评选，打造映天辉氯碱和鑫富化工两家企业工会为基层工会改革示范单位。（周　洋）

2017年重庆市长寿区总工会领导人名录

主　　席：李吉华（兼）

常务副主席：陈显明

副 主 席：邓明成　廖　霞（女）

共青团重庆市长寿区委员会

【概况】 截至2017年12月，长寿区有共青团基层组织851个，其中团（工）委69个，团总支21个，团支部761个；团员46529名，其中农村团员18763名，机关企事业单位团员2511名，学生团员25255名。年底前，共青团重庆市长寿区委员会（简称团区委）有在职在编干部9名（包含下设青少年活动中心），平均年龄31.9岁，研究生学历2名、大学本科学历9人；有团区委书记1名、副书记2名、挂职副书记1名、兼职副书记1名。

2017年，团区委围绕“凝聚青年、服务大局、当好桥梁、从严治团”开展工作，共青团的工作呈现新变化、取得新成效。获团中央表彰1次、团市委表扬3次，主要做法在《人民日报》头版、要闻版报道2次，在《重庆日报》宣传报道5次、重庆新闻联播宣传报道10次，主办的“郁约长寿湖之花朝大典”活动被国内各大网站转载3000余次。获区委书记赵世庆肯定性批示8次、区委分管领导肯定性批示6次。全区各级团组织、团干部和团员青年先后获得“全国优秀共青团干部”“重庆市优秀共青团干部”“重庆市五四红旗团委”“重庆市优秀少先队员”“重庆市最美团支部书记”“重庆市优秀少先队辅导员”等称号11次。

【工作创新】 2017年，团区委开展“青春喜迎十九大·不忘初心跟党走”系列宣讲活动20余场，参与人数1万余人；在“五·四”“七·一”等节点，开展“我为党旗添光彩”“我的青春我的梦”等主题活动40余场，参加人数6000余人；组织“向上向善好青年”分享团走基层活动3场，参加人数600余人；围绕“青春喜迎十九大·不忘初心跟党走”“砥砺奋进的五年”、喜迎市第五次党代会团代会召开系列话题，开展网络答题、演讲比赛、地企交流、非遗体验等系列活动30余场，获共青团重庆市委“青春喜迎十九大·不忘初心跟党走”演讲比赛区县系统优秀组织奖；举办“点赞中国之美 喜迎盛会召开”随手拍活动，收到参赛作品261组，4118人次参与网上投票，59人次参与网上留言；开展“青春喜迎十九大·不忘初心跟党走”新老照片征集及网络投票活动，投票数13118人次，浏览量52630人次。

支持“为了明天·彩虹帮教”项目，划拨项目资金39.2万元。承办市级“青少年维权岗”培训班，开展4期“新芽计划”培训，5场青锋计划配套活动；启动“助力脱贫攻坚·共建美好家园”惠民帮扶送爱心系列活动，为240名留守儿童送去书包和文具；申报广发希望慈善基金，资助10名贫困学生；发起“希望工程·圆梦大学”网上筹款活动，筹集资金4302元；开展“精准扶贫·圆梦行动”，资助20名应届贫困大学生就学，资助金额93100元；举办“精准扶贫·为爱助跑”公益荧光夜跑活动，300余人参加。

【组织建设】 2017年，团区委认真贯彻落实共青团十七届六中全会、团市委四届七次全委会关于改革攻坚的工作部署，召开专题部署工作会4

次，成立从严治团领导机构，制定从严治团具体要求清单27条，出台《关于新形势下推进从严治团的实施意见》。

组织40余名团支部书记观摩“背靠背”满意度测评现场示范会；建立761个网上团支部，覆盖率100%；规范推进761个团支部书记“背靠背”满意度测评工作，完成率100%，满意率97.7%；推进新兴社会领域组织覆盖和工作覆盖，新建非公团组织43个，任务完成率105%；持续打造菩提古镇等群团服务示范站（点）12个。

举办直属团组织和重点联系团组织、社区团组织、学校系统团组织负责人培训班3期；组织全区761个团支部书记参加“重庆市团支部书记应知应会知识测试”和岗位实践能力大比武活动；落实团支书外部激励清单任务，上报团市委12条；组织团干部接受2次警示教育，选优配齐19个镇街和263个村（社区）团组织负责人，落实“团组织负责人是党员的，列席同级党的委员会议，纳入同级党建工作领导小组成员”规定。

严控团青比，在下达的2243个指标范围内新发展团员，严格执行推优入团、推优入队、团员编号制度，完成年度团费收缴及上缴任务；落实和执行《中国共产主义青年团基层组织“三会两制一课”制度实施细则》，制订长寿区实施方案，推动团干部带头参加组织生活；开展“学习总书记讲话 做合格共青团员”教育实践，举办“我的青春我的梦——学习总书记讲话 做合格共青团员”主题团日活动，600余名团干部、团员青年代表参加；87个街镇、机关企事业单位、中职中学团（工）委书记为基层团支部上团课；推行标准化入团离团、入队离队仪式教育100余场；组织团员参与文明长寿创建等志愿服务活动600余场。

【团的功能建设】 2017年，团区委网上共青团建设，在微信、微博发表原创文章506篇，得到4万人关注，联系青年2.5万人；在青年之声、网上共青团与网友互动6000余次，发表100余篇原创文章，386万余人次阅读，单条微信最高阅读量达11875次；开展“青年之声·幸福大讲堂”市级示范活动，2734名团员、青年通过网络直播观看讲座；邀请238名专家、120名各单位的团干部进驻青年之声平台，构建“听—答—办”的完整服务闭环；巩固发展网宣员、网络文明志愿者队伍90余人，团区委1人被区委宣传部评为“优秀通讯员”；65个直属团组织全部录入智慧团建系统，录入新入团团员3000余名。

完善联系青年、团机关干部基层联系点“4+1”“1+100”工作制度，专职挂职团干部“1+100”手机绑定率100%，综合平均积分106分；联系青年860名，手机绑定率100%；65个直属团组织的团干部开展“走进青年、转变作风、改进工作”大宣传大调研活动，提交调研报告30余篇；开展机关开放日活动7次，参与人数221人，解决青年实际问题20余个；组建单身青年数据库，开展单身青年交友联谊活动2场，吸引近300名男女嘉宾参加；建立9个“12355”青少年服务台工作站（室），组建5支禁毒、防艾滋病、莎姐、“12355”、合适成年人社会化维权队伍；菩提社区成功申报入围全国“青少年零犯罪，青少年零受害”社区。

区青少年活动中心综合服务平台建设，开设语言表演、机器人、舞蹈、非遗传承等13类课程33个班别（每个班都设有免费公益名额，主要针对贫困优秀学生，设有义和铜锣、海棠唢呐、八颗竹编等非物质文化遗产免费培训课程3个），全年培训青少年2772人次；打造完善学雷锋志愿服务站（岗）、心理辅导室；承办“融创杯·快乐阳光”重庆市中小学生才艺大赛长寿分赛区初赛，受到主办方好评；137人次在国家、市级比赛中获奖，活动中心5次获各级各类赛事活动优秀组织奖。

【志愿服务工作】 2017年，团区委常态化开展“送故事下基层”“四点半课堂”等市民学校志愿服务活动，申报3个青年之家·城乡社区市民学校市级示范点，开展“四点半课堂”、惠民志愿服务等活动600余场，参与群众7万余人次；组织青年志愿者参与文明长寿建设、“敬老爱老·全民行动”、长寿湖国际铁人三项赛等志愿服务活动600余场次；启动全区青年志愿河长招募工作，筹建区、镇街、村（社区）三级“青年志愿河长”队伍体系，举行“河长制促河长治 河小青护河长清——长寿区青年志愿河长巡河示范活动”，400余人参加该次活动；在全市率先出台西部计划志愿者定向择优招聘事业人员工作方案。2017年4月，被团中央表彰为“春运暖冬行动优秀志愿服务团队”，是重庆市唯一获此殊荣的区县团委。

【青年创新创业服务】 2017年，团区委开展以青年“三创”为主题的共青团界别政协委员交流座谈会4次，青年创业培训“新芽计划”4场，培训西部计划志愿者、大学生村官、返乡创业大学生和农村致富带头人等128人；开展5场青锋计划配套活动，2场青年电商培训，培训800余人次；推荐重庆市胖胖狗供应链管理有限公司成为重庆市“青年创新创业板”首批挂牌企业；大力宣传“青创超市”项目，组织20余名创业青年申报合作项目；成立小青蛙孵化基地“青创空间”，组织优秀创业青年参加市青年创业训练营；完成“重庆市青年创新创业促进会三十一分会”会员单位组建工作，21家企业成为首批会员；主办“长寿区优秀电商青年人才报告会”，20余名优秀电商青年分享创业故事，600余人参加活动。（谭　睿）

2017年共青团重庆市长寿区委员会领导人名录

书　　记：周　剑

副 书 记：熊芫艺（女）

胡　军（兼，2017年4月离任）

万　阳（2017年2月任）

重庆市长寿区妇女联合会

【概况】 重庆市长寿区妇女联合会（简称区妇联）是中共重庆市长寿区委直属正处级群团单位。有机关事业编制9名，2017年年末，实有人数6人；领导职数3名（主席1名、副主席2名），实有领导3人；有内设机构3个（办公室、维权科、妇女儿童发展科）。

区妇联的主要职能是：贯彻党的意志和主张，坚定不移走中国特色社会主义妇联发展道路，引领妇女听党话、跟党走，增强妇联工作的政治性；坚持代表和维护妇女权益的基本职能，推进男女平等基本国策的贯彻落实，帮助妇女群众通过合法渠道、正常途径，合理伸张利益诉求，促进社会公平正义。以妇女为主要工作对象，以农村、社区、家庭为主阵地，扩大妇联组织对新领域新阶层的有效覆盖；重点加强对街镇、村（社区）等妇女群众集中区域的组织覆盖；探索开展网上妇联工作，创新活动开展和工作评价机制，延长手臂、形成链条、扩大影响；把适合妇联组织承担的一些社会管理服务职能按照法定程序交由区妇联行使；建立健全妇联组织参与社会事务、维护妇女合法权益等的机制和制度化渠道。

【妇联组织建设】 2017年，全区户籍人口总数89.49万人，其中女性44.11万人，育龄妇女人口（15～49岁）22.41万人。8月30日，召开区第十五次妇女代表大会，选举产生区妇联新一届领导班子。年底前，全区在长寿市属部门妇女组织7个，部门机关妇委会（妇工委）60个，事业单位妇委会5个，民主党派妇委会3个，街道妇联7个，镇妇联12个，村妇联221个，社区妇联42个，非公有经济、社会组织妇女组织99个。

【宣传教育】 2017年，区妇联引领妇女坚定不移跟党走，深入学习宣传中共十九大精神、习近平总书记系列重要讲话和治国理政新理念新思想新战略，区、街镇、村（社区）三级妇联上下联动，开展专题培训、网络学习、院坝交流、知识竞赛等560余场次，营造“百名巾帼大宣讲”声势。依托“妇女之家”和新媒体平台，开展“巾帼心向党·喜迎十九大”“巾帼心向党·共筑中国梦”等主题宣传教育活动135场次；在长寿女性微信平台开设“圆梦中国人·巾帼故事汇”宣传活动14期；开展“我倡议我承诺·争做巾帼好网民”活动，征集承诺书50余份，制作H5、表情包等新媒体文创产品，凝聚巾帼正能量。

【巾帼创业创新】 2017年，区妇联深化“巾帼建功”行动，提升“巾帼建功”品牌影响力，住房公积金管理中心长寿区分中心获“全国巾帼文明岗”称号，长寿经开区经济发展局招商科等5个集体获“重庆市巾帼文明岗”称号，2人获“重庆市巾帼建功标兵”荣誉称号，3人获“重庆市三八红旗手”荣誉称号；通过长寿女性、长寿日报等新媒体，开展“巾帼风采·女性榜样”专题报道，宣传巾帼文明岗、巾帼建功标兵先进典型20余次，展示新时期女性风采，引领女性立足岗位建功立业。深化“巾帼兴业”行动，持续举办“春风行动”招聘活动，为万名求职者提供免费就业服务，发放宣传资料3万余份；推荐3人参加全市女性中小企业家培训班学习，联合举办农村留守妇女家政、月嫂技能培训班6期，帮助300余名留守妇女提高就业创业能力；培育区级“巾帼微企创业先锋”10个，推荐并指导2人参加重庆市“渝创渝新”女性创业创新大赛，1人获二等奖，并被聘为重庆市“巾帼创业创新”导师。深化“巾帼促农”行动，培育市级“巾帼乡村旅游农家乐示范点”1个、市级留守妇女“百优”互助组2个、区级“巾帼家庭农场”10个；4月，在云台镇清迈良园成功举办重庆市留守妇女“双学双比”水稻秧苗栽种技能比赛，全市25个区县妇联主席、留守妇女代表100余人参加活动；年内组织全区19个街镇农村留守妇女水稻秧苗栽种、包粽子技能竞赛活动20场次，举办留守妇女互助组组长培训4期，洪湖镇称沱村入选全市第三批农村留守妇女关爱服务项目；开展日常关爱活动，带动和扶持留守妇女发展生产创业致富。

【家庭建设】 2017年，区妇联试点打造家风小镇，贯彻习近平总书记关于“注重家庭、注重家教、注重家风”重要指示精神，在新市街道试点开展“家风小镇”建设，打造1000平方米家风文化广场，悬挂家训家规860幅，发放名人家训1000余份，展示百姓身边的“最美家庭”、孝星乡贤。培育家庭文明风尚，常态化开展寻找“最美家庭”活动，1户家庭获全国“最美家庭”称号，5户家庭获重庆市“最美家庭”称号，寻找出区级“最美家庭”45户；开展传承“好家风好家训”系列活动，征集家风家训400余条，评选出“十佳好家风好家训”；开展写一封家书活动，收到好家书150封，评选出的“十佳好家书”在《长寿日报》全文登载；在骑鞍车站开展“梦想驿站”把好家风带回家活动，送出家训春联90副，发放家庭教育宣传手册700册。出台《关于指导推进长寿区家庭教育五年规划（2016—2020年）》《关于印发贯彻实施〈重庆市家庭教育促进条例〉相关单位职责任务分工的通知》，推动全区家庭教育发展；举办市级家庭教育流动学校百场讲座进万家长寿专场活动，村（社区）家长学校开展家庭教育讲座425场次；打造“心灵家园”公益家庭教育服务品牌，开展公益家庭教育讲座20余场次，亲子活动15场次，吸引5000个家庭参与。

【维权服务】 2017年，区妇联落实全市妇女儿童工作会议精神，召开全区妇女儿童工作会，实施纲要（规划）监测统计评估，探索重点定量指标动态监测分析机制，确保纲要（规划）各项指标的完成。推进民主协商，加强与人大的联系沟通，主动参与执法检查、专项视察等活动；推动提高女性在村居代表和两委委员中的比例和人数；强化妇联干部担任或推荐人民陪审员、人民监督员工作；以城乡社区“妇女之家”为平台，普遍建立和落实“妇女议事会”制度，引导妇女依法有序广泛参与基层公共事务管理。设立法律援助中心妇联工作站，开辟妇女法律援助绿色通道；年内各级妇联代理信访案件392件，案件办结384件，办结率97.9%，协助公安机关办案4次，协助法院陪审案件6件；开展“建设法治长寿·巾帼在行动”“3.15”国际消费者权益日主题宣传活动、“12.4”法制宣传等系列妇女维权宣传活动，通过“守护花季”法治巡讲、“反家暴法讲座”“感恩生命、健康生活”禁毒宣传，各级妇联发放宣传资料3.5万余份，现场接受妇女群众咨询2万余人次。推进“女性素养提升”工程，全年开展妇联执委、基层妇联主席业务培训6场次，组织召开年度妇女工作会、业务培训会5次，培训妇女干部300余人；围绕家庭建设、职业技能、文明礼仪等主题开展丰富多彩的素养提升活动，举办培训10场次，培训妇女2000人次；成功举办2017年重庆市“巾帼心向党·喜迎十九大”庆祝“三八”国际妇女节分会场活动，人民网全程转播，点击量达到20万人次，得到区委、市妇联主要领导以及广大妇女肯定和认可。

精准关爱困难群体。一是关爱困境儿童。区委书记赵世庆、市妇联主席丁中平一行前往江南街道看望困境儿童谢某某，送去1500元慰问金及学习用具、衣物等慰问品；组织开展“情暖童心·相伴成长”主题团队辅导活动2场次，对60名困境儿童进行团队辅导，培训爱心妈妈90余名，送去工具书、围巾、手套、压岁包总值3万余元；开展“微爱行动·一件冬衣的温暖”关爱困境儿童冬衣捐赠行动，为100名困境儿童送去温暖；开展“温暖你的梦——爱的睡前故事”公益活动，为11名3~6岁困境儿童送去故事机。二是开展节日走访慰问。元旦春节、“六一”儿童节，区委、区人大、区政府、区政协主要领导分别带队慰问少年儿童391名，为孩子们送去体育用品、经典绘本、实用文具等节日礼物，慰问款物43万元；发动全区各级各部门及社会爱心人士捐赠“母亲邮包”287个，价值6.6万元，为全区287名贫困母亲送去节日慰问；端午节、中秋节期间，发放爱心粽子、月饼、慰问金等，慰问困难妇女儿童1975人，慰问物资16.28万元。三是实施巾帼脱贫行动。开展农村妇女“两癌”检查及救助工作，出台《关于印发2017年农村妇女“两癌”检查及救助项目实施方案的通知》，做好农村贫困母亲“两癌”信息采集、核实和填报工作，救助贫困“两癌”妇女59名，发放救助金59万元；联合开展“金秋助学”“春蕾圆梦行动”，资助115名贫困女学生完成学业；到云集镇青丰村开展扶贫攻坚行动，对10户贫困户进行慰问，送去2000余元慰问品。

【工作创新】 2017年，区妇联搭建“网上妇联”服务平台。开通运营“长寿女性”微信公众号，发布各类工作动态、活动推文95篇，阅读量3万人次，搭建服务妇女信息化平台；建立“网上妇女之家”，区、镇街、村（社区）三级妇联组织建立妇联执委群、妇联工作群、巾帼志愿者群、妇代会代表群等微信、QQ群200余个，实现妇联干部“工作上网”全覆盖，开启“互联网+”时代妇联工作新模式；《中国妇女报》、新华网等多次报道区妇联改革工作，妇联组织的影响力显著提升。构建开放融合工作格局。培育社会组织、整合社会资源，培育“心灵家园”、乐善社会工作服务中心等社会组织，开展家庭教育沙龙、亲子阅读活动，打造公益服务品牌；向区民政局争取福彩基金10万元购买社会服务，联合打造凤西社区留守儿童之家示范点；动员社会爱心企业参与妇女儿童关爱行动，组织12家爱心企业参与“家风颂 长寿福”寿乡行公益活动，联合长寿装饰网爱心商家、女性青年企业家联合会、大巨典文化公司开展关爱农村贫困学生捐赠活动、“走进社区关爱留守儿童”公益活动，为177名贫困学生、留守儿童送去学习用具、生活用品、书籍等节日礼物，陪伴他们参加户外写生、纸艺制作、绘本创编，形成促进儿童事业发展合力；联合《长寿日报》社、区广播电视台举办以“开心一天，从爱牙开始”为主题的第二十九个“全国爱牙日”活动，邀请珠宝鉴定师开展玉石鉴赏知识公益讲座。助力文明长寿建设。向全区妇女发出文明长寿建设倡议书5000余份，发出“助力创文 巾帼添彩”社区家长学校活动倡议书；组织70名巾帼志愿者在桃花新城各红绿灯路口开展“倡导文明·巾帼先行”文明劝导活动，劝导行人300余人；开展“平安惜福长寿·文明和谐万家”主题诵读活动，100余名巾帼志愿者、50个家庭参与活动。

【妇联改革】 2017年，区妇联创新联系服务妇女群众方式方法，着力制度建设，建立妇联干部联系制度，建立完善基层执委联系制度；着力新媒体建设，按照“互联网+”思维开展网上妇联工作，建立“网上妇女之家”，开通运营“长寿女性”微信公众号。打造服务妇女群众工作品牌，培育家庭文明新风尚，围绕区委区政府中心工作，紧扣家庭，着力妇女发展、家庭教育、困难群体关爱、妇女维权等，打造“幸福家园”服务妇女群众工作品牌。按照改革方案加强妇联基层组织建设，村妇代会改建妇联、社区妇联换届、街镇建区域性妇联实现全覆盖，狠抓非公有制经济组织、社会组织中组建妇女组织工作，全区非公经济、社会组织103个，完成组建妇女组织的99个，覆盖率96%；加强阵地建设，村（社区）群团服务站，妇女之家实现全覆盖。

【党建工作】 坚持每周一工作会、每周五政治学习会、每月主题党日、中心组学习制度，按照学懂弄通做实的要求，抓好理论学习；常态化开展“两学一做”学习教育活动，全年开展主题党日活动5次，组织中心组学习14次、党风廉政学习33次。全体机关党员干部做到始终牢记纪律，严格遵守党章党规。 （向　珊）

2017年重庆市长寿区妇女联合会领导人名录

党组书记：罗小玲（女）
主　　席：张玉涛（女，2017年4月离任）
　　　　　罗小玲（女，2017年4月任）
副 主 席：陶小琴（女，2017年4月离任）
　　　　　张满丽（女，2017年4月任）
　　　　　雷斯雅（女，2017年4月任）
党组成员：雷斯雅（女，2017年2月任）

重庆市长寿区科学技术协会

【概况】 重庆市长寿区科学技术协会（简称区科协）是区委领导的人民团体。2017年有在职参公人员6人，其中正处级2人、副处级1人、正科级1人、副科级2人。全区有园区（经开区）科协2个，企事业科协2个；有区级农村专业技术协会17个；有科普示范社区10个，其中市级4个、区级6个；有农村科普示范基地26个，其中国家级5个、市级5个、区级16个。

【科协专项改革】 2017年，区科协按照区委批准的《长寿区科协专项改革实施方案》要求，区科协新增内设机构1个，新增加人员编制1名，科普经费由全区人均1元调为2元。2017年11月29日，召开重庆市长寿区科学技术协会第八次代表大会，总结区科协过去五年的工作，谋划未来五年的主要工作；新一届科协代表230人，选举产生新一届科协委员39人、常委17人、副主席6人（其中兼职副主席4人）、主席1人。

区科协联合区委办、区委组织部、区群团改革专项小组办公室支持，印发《关于加强街镇科协组织建设工作的通知》（长寿委群改办发〔2017〕1号），对镇街科协组织的作用、规模和加强镇街科协组织建设等内容予以明确。截至2017年10月，全区19个街镇实现科协组织全覆盖，镇街科协代表均在30人以上，主席均由镇街党政班子分管副职兼任，副主席由镇街中层干部兼任，委员大多按5~7名设置。

推进企事业科协组织的建设工作，广泛动员宣传，实地考察调研，召开座谈会等，2017年新建立重庆医药学校科学技术协会、重庆康乐制药有限公司科学技术协会、重庆市长寿区工业园区科学技术协会。截至12月底，长寿经开区、长寿工业园区全部建立科协组织，园区科协组织实现全覆盖。

【全民科普工作】 2017年，区科协代区政府完成《重庆市长寿区全民科学素质行动计划纲要实施方案（2016—2020年）》的拟草工作，先后两次将方案向30个相关部门和19个镇街征求意见，并进行修改。经区政府第二十五次常务会审议通过该方案，以长寿府办发〔2017〕126号文件印发。方案明确全民科学素质的牵头单位、责任部门、主要措施和工作任务，全区形成由政府主导，全区各镇街、区级各相关部门分工协作，积极行动，重点人群科学素质行动扎实推进，科学教育、传播与普及工作广泛深入开展，科普基础设施建设稳步推进，大联合大协作的工作格局形成。

区科协安排专项经费，为全区中小学校统一征订《青少年创新知识系列读物》。联合区教委在实验一小、实验二小、龙河镇中心校等学校开展2017年全国科普日科普宣传进校园系列活动，开展科普知识宣传，8000余名师生参与活动。区科协联合区教委、区科委等单位，定期组织开展青少年科技创新作品展评活动、科技特色学校评选等活动；联合区教委举办区青少年科技创新作品展评活动，全区有52个中小学校参与，征集参赛作品1352件。年内新培育科技特色学校5所，葛兰中心校、八颗中心校等先后获重庆市科技特色学校称号；八颗中心校科技辅导员王伟获得2017年重庆市首届十佳“最美科普志愿者”称号。区科协联合区教委组织部分中小学生和学校科技辅导员参加重庆市第三十二届科技创新大赛，送展作品57件，有37件作品在大赛中获奖，其中一等奖5件、二等奖9件、三等奖14件、优秀奖9件。在第二届重庆市青少年科学素养大赛中，葛兰镇中心小学学生黎宣麟获得市级特等奖，葛兰镇中心小学学生江朝振华获得一等奖，晏家实验小学校学生李婷婷获得三等奖，葛兰镇中心小学老师喻一峰获优秀指导老师奖。第二届全国青少年科学素养大赛中，葛兰镇中心小学校学生黎宣麟获一等奖。

全区统一部署，区科协与区委宣传部、区科委、区文化委、区卫计委、区农委等20余家单位配合，开展科技文化卫生“三下乡”活动；与区科委、区环保局、区食药监分局等部门配合，组织开展“科技活动宣传周”“食品安全宣传周”“世界环境日”“防灾减灾日”等集中科普宣传活动；牵头办好“全国科普日”“科协会员日”等科普宣传活动。这些集中科普宣传活动，面向基层群众提供科技普及、科技咨询、信息推送、安全健康等服务，组织和参加集中科普宣传活动8场次，编印科普图书1万余本（册），发放科普宣传资料2万余份（册），近4万余群众受益。

区科协争取社区、学校配合，投入20余万元在社区、学校等新增“科普·文化云平台”宣传设施20处；与区城市管理局（原区市政局）签订科普宣传合作协议，由区科协提供科普宣传资料，区城管局协调全区公共LED平台滚动播放科普宣传视频；与区广播电视台签订合作协议，共同筹划创建科教栏目，开展科普宣传；与《长寿日报》社合作，定期开展安全、环保、健康科普知识宣传；2017年首个“全国科技工作者日”期间，联合区教委、区科委、区农委、区卫计委、区畜牧局、长寿经开区，在《长寿日报》推出“创新争先、拼搏奉献——致敬科技工作者”系列报道，讲述区内工业、农业、教育、卫生战线科技工作者的故事，营造尊重知识、尊重人才、创新争先的良好氛围。

【基层科普行动计划】 2017年，区科协与区财政局联合开展的基层科普行动计划，新培育各类农村专业技术协会3个，农村科普示范基地5个；区科协牵头，相关部门配合，培育农村专业技术协会17个，农村科普示范基地26个，争取国家、重庆市奖补资金120万元；2017年新建科普示范社区3个，科普大学长寿区分校教学点3个。截至年底，全区建立科普示范社区10个，科普大学长寿区分校教学点10个；江南龙山社区、新市河石桥社区和菩提桃花社区、胜天社区先后获重庆市科普示范社区称号，获得奖补资金16万元。

区科协发挥科技信息丰富和人才荟萃优势，研究制定《长寿区科协科技助力精准扶贫工程工作方案（2017—2020）》，鼓励和动员区级有关学会、农村专业技术协会、科普惠农先进单位、科普示范基地利用产业、技术、信息等优势，针对贫困村和贫困户，因地制宜、因户施策，以产业扶贫为主导，制定扶贫计划，落实扶贫措施，在技术培训、技术咨询、技术管理、种苗购置、品种改良、产业结构调整等方面开展精准服务，成为区科协科技助力精准扶贫工作的新措施。

【科技平台搭建】 2017年，推进科技人文交流与合作，区科协联合相关单位，举办适用技术及科技管理培训班、促进科技人员和青少年交流、加强科技创新政策沟通等，加强科技人员之间的广泛交流与互动，引导和支持高层次人才到长寿开展创新创业合作和交流，大幅提高科技人文交流的规模和质量，形成多层次、多元化的科技人文交流机制。

区科协加强与相关单位配合，坚持以“需求为基础，项目为核心，企业为主体，实效为根本”的基本原则推动院士专家工作站建设。协助已建立的长寿经开区院士专家工作站、康乐公司院士专家工作站发挥院士专家的技术引领作用，帮助企业培育科技创新团队，集聚创新资源，突破关键技术制约，推动产学研紧密合作。2017年，经开区院士专家工作站先后征集解决公共技术2项，开展化工人才培训2期，培训学员22名，新培养化工工程硕士6人；康乐公司院士专家工作站研发新技术项目7个，新增年销售收入3000余万元。

针对长寿晚熟柑橘产业存在的技术瓶颈问题，区科协主动对接中国柑橘研究所、国家柑橘工程技术研究中心、西南大学、重庆市农科院等单位，与区柑橘行业协会、有关农业龙头企业开展深度合作，协同推进长寿晚熟柑橘产业示范基地建设。该示范基地在晚熟柑橘技术研发、人才培训、品种结构调整、成果转化与运用等关键环节取得突破，经济效益和社会效益逐步显现。（高小鸿）

2017年重庆市长寿区科学技术协会领导人名录

主　　席：周俊屏

副 主 席：黄国文　余国斌

重庆市长寿区社会科学界联合会

【概况】 2017年，区社科联抓好《党委（党组）意识形态工作责任制实施细则》《党委（党组）网络意识形态工作责任制实施细则》等文件精神的落实，加强对区属社科团体和成员的专题培训。开展党的十九大精神专题学习，贯彻落实习近平新时代中国特色社会主义思想，增强理论引导力，做好全区社科界的思想政治教育引导工作，实现意识形态责任落实全覆盖。落实区委《未经批准举办意识形态类论坛讲座预警处置办法》等文件精神，加强属地论坛讲座报告会管理，执行审批备案制，全年收到申报18件次，审批通过15次，否定3次，强化活动全过程监管。开展意识形态基本情况和重大问题分析研判，推动形成横向到边、纵向到底的管控体系，增强对意识形态工作领域相关问题的处置能力。

【学习研究】 2017年，区社科联强化问题导向，聚焦长寿经济社会发展热点、难点等问题，做好年度全区哲学社会科学规划课题研究工作．组织实施年度项目申报工作．“长寿区推进城乡社区治理研究”“文明长寿建设长效机制研究”“龙溪河流域生态经济带建设研究”“创新驱动发展科技人才研究”等22个课题获准立项。开展重大理论和现实问题研究，及时为区委、区政府领导提供决策参考，增强服务发展、服务社会的意识。加强全区社科阵地建设，办好《长寿（理论专刊）》《长寿发展探索》，2017年《长寿（理论专刊）》刊印2期，刊物围绕长寿经济、政治、文化、社会管理、生态文明等热点理论问题，刊登各类理论文章90余篇，40万余字，刊印3000余册。编印长寿区哲学社会科学课题汇编《长寿发展探索（2016年卷）》1000册。

【社科知识普及】 2017年，区检察院的长寿湖廉政教育示范基地申报为市社科普及基地，在原有区检察院检史展览馆、江南孝道文化教育体验基地、区图书馆3大市社科普及基地之后，增添一个新的市社科普及基地。加强对4大科普基地管理服务工作，推进基地开展公益性、普及性讲座和科普人才培养。2017年，区检察院检史展览馆组织开展社科普及咨询活动20余次，开展社科普及讲座18次，受众2100余人次，赠送科普读物6000余册；江南街道孝道文化教育体验基地加强孝道文化长廊建设，打造孝道文化展厅，举办10余场孝文化科普讲座，发放孝文化读本3000余册，区级媒体专题报道10余次；区图书馆被评定为国家一级馆，通过一等免费开放绩效评价，数字文化馆建设获得好评，全年举办30场大型主题读书活动，发挥全区校园686个班级图书角、60余个读书走廊的功能，推动全民阅读的作用。加强与部门街镇协调配合，开展科普"进机关、进农村、进企业、进学校、进社区"等"五进"和"三下乡"活动80多场次，发放科普读物10000余册，受惠群众20000余人。与区文明办等单位联合评选长寿区2017年度"十大孝星""十大乡贤"，通过榜样的示范作用，培育和践行社会主义核心价值观，弘扬传播孝道文化。

【社团和智库建设】 2017年，区社科联加强对直属社科社团的管理和指导，促进全区各社科社团健康发展。会同区民政局，就社团注册、年检、日常管理进行专项培训，加强对所辖12个社科社团的指导、建设和管理，推动社科社团工作有序进行，指导区精神文明协会、区志愿者协会和区税务协会等社团开展学术调研等活动，以活动提升活力，增强社团服务社会的本能。健全社科组织机构，严格内部管理，增强服务意识，对全区智库建设进行探索谋划，做好智库人员摸底和组织机构建设等工作。

（黄明辉）

2017年重庆市长寿区社会科学界联合会领导人名录

主　　席：文平林

副 主 席：李国辉　邓　军　蒋中尧　游　江

重庆市长寿区文学艺术界联合会

【组织建设】 2017年，根据长寿区委对群团工作改革的任务要求，重庆市长寿区文学艺术界联合会（简称区文联）改革取得初步成果后，继续深化改革创新，克服"机关化、行政化、贵族化、娱乐化"现象，在强化文联职能职责和加强文联组织建设等多项工作中取得实效，在对新领域新阶层的组织覆盖和工作覆盖等方面正在努力推进。3月7日，区文联召开二届理事会四次会议。会议应到29人，实到23人，以无记名投票方式，全票选举蒋中尧为区文联主席。区文联2017年新增设综合科，新增事业编制工作人员1名，实有事业编制4名。年内完成"长寿区民间文艺家协会"各项筹备工作，已经得到区民政局批准成立。

【文艺创作】 2017年，区文联组织完成2016年作品的申报工作，在下半年表彰奖励226件作品，有87人获奖。区作家协会会员在《重庆晚报》《作家视野》《重庆散文》《红蜻蜓》《我们爱科学》等报刊上，发表作品70余篇。各文艺协会会员的文艺作品参加国家级和省级展演比赛取得优异成绩。获得国家级的有：邓刚《送光明》《延安座谈》2件作品入展文化部"庆祝中国人民解放军建军九十周年全国美术作品展览"；王光正《紫夜》、王朝《你与你的世界》入展中国美协"第二届全国工业美术作品展"；樊强《棒棒来了》《墙外风铃》，李炎《穿山越岭》入选"全国第二十六届摄影艺术展"；10件书法作品入展全国第六届教师书法作品展。获得省级的有：美术作品参加重庆市第六届美术作品展取得23件作品入展的历史最好成绩，10件作品入展第二届重庆市女子书画展，12件作品入展"美丽重庆"美术作品展；摄影作品参加第七届重庆市摄影艺术展览13人18件作品入展（其中樊强、张勇、吴伟3人分别获得评委推荐奖、银奖、铜奖等4个奖项）；罗小松书法作品《草书八尺中堂》获第七届重庆文艺奖，重庆市第九届书法篆刻作品展有12件入展，丁华获最高奖，8件作品入展重庆市首届大字书法展，1人获最高奖。

【文艺活动】 2017年7月12日，“长寿区2017年文艺座谈会”在行政中心C2会议室召开。区委副书记左永祥，区委常委、区委宣传部部长师明萌出席座谈会作重要讲话。11月14日至17日，由重庆市文联主办，市电影家协会、区委宣传部承办的“首届中国西部电影论坛”在长寿召开，来自西部9个省、市的50多名电影专家和电影工作者分析探讨西部电影的现状、特点和发展前景，对长寿区微电影的发展给予肯定。8月25日、26日，举办“重庆市市级文艺家协会会员学习贯彻习近平总书记系列重要讲话精神专题研讨（长寿班）”，市文联党组书记、副主席陈若愚出席并授课，各市级文艺家协会在长寿的会员、部分长寿区文艺组织代表及相关的文艺工作者150余人参加培训。

2017年，区曲艺家协会送曲艺进社区进校园演出20场；书法家协会书法沙龙活动50次，举办“长寿区第二届书法新人新作展暨职工书法活动中心汇报展”；诗词学会开展沙龙活动14次；赏石协会举办“五一奇石展”；老年书画研究会举办“重庆市新诗联谊会暨老年书画作品展”；音乐家协会举行“长寿湖美食音乐节演出”和“音乐之夜－－音协专场”2场大型演出，演出在参演人数和观演人数等方面取得多项突破，受到社会各界的肯定。年内各协会组织采风活动十余次，多位会员参加5.19旅游展示活动，邓强参加全国文博会展示活动。

【文艺阵地建设】 2017年7月，位于长寿菩提古镇万寿公园内的文艺家活动基地开始装修，10月1日投入使用。该基地作为可以开展50人以内会议和各类活动的场地，投入使用以后，受到各协会的普遍欢迎，利用率高。8月，市区两级人大代表视察长寿公共文化服务工作，在各级领导的重视和支持下，长寿菩提古镇D区68号楼1500多平方米的场地被确定作为“长寿区文艺家活动中心”，已进入装修设计阶段。10月，“冯玉祥诗书画院长寿分院”“长寿区文艺创作基地”在“紫耘花海文化休闲旅游景区”挂牌，该基地地处长寿区渡舟街道，环境优美。美协、书协、作协、摄协、老年书画研究会已经多次在该基地开展采风、写生创作和笔会交流活动。 （罗小松）

【文艺团体】 重庆市长寿区诗词学会。2017年，重庆市长寿区诗词学会（本条目简称学会）召开理事会暨年会1次，常务理事会议2次，主席会议4次。在学会第四届理事会第四次（扩大）会议上，增选姚龙海、谢斌、王雁灵为学会副主席，谢斌为学会秘书长（兼）。年内有20余人新加入学会，学会加大对市会和中华诗词学会会员的推荐，市会会员增加至29名；会员罗天、王雁灵加入中华诗词学会，学会的中华诗词学会会员增至8名。

2017年，学会坚持学习党和国家关于文化建设的重要文件和习近平总书记有关社会主义文化建设的重要讲话。第四季度把组织学习中共十九大报告作为首要工作，重点学习习近平新时代中国特色社会主义思想、中共十八大之后五年的伟大成就和十九大报告“坚定文化自信，推动社会主义文化繁荣兴盛”等部分。在中共十九大召开之前发动会员创作迎接中共十九大的诗词，举行诵诗会；11月5日举行学会中共十九大报告学习会；24名市级会员参加8月25、26日市文联主办、区文联协办的“市级文艺家协会会员深入学习贯彻习近平同志系列重要讲话精神专题研讨班（长寿班）”的培训学习。参培会员创作诗词10余首，在研讨班上朗诵；学会与渡舟街道合作举办“渡舟杯”歌颂中共十九大诗词大赛，收到56人创作的诗词129首，评出一等奖2人、二等奖6人、三等奖11人，另有20人获优秀奖。

学会以诗词采风活动为载体，开展“深入生活，扎根人民”“奉献人民，放歌巴渝”主题诗词实践活动，为诗词创作积累丰富的素材。3月18日，50余名会员到长寿湖西岸公园参加“郁约长寿湖花朝节”大典；发动会员参加诗词大赛，大典活动征集到的参赛作品近100件，其中20件会员作品分别获得等级奖。同日赴邻封镇十里柚乡参加百里花海活动，30余位诗词人在十里柚乡观景台相互唱和，现场用诗词吟诵柚乡美景；6月3日，40余名会员赴新市街道采风，参观长寿得名传说地何石井、现代畜牧园区主园和紫耘花海，举行诵诗活动。

2017年年内学会先后在区委党校和区文化馆举办14次诗词沙龙活动，每次活动有30名以上会员参加，最多时70余名。组织会员参加12月28日举行的重庆市迎新登高（菩提山）活动文学艺术作品展，提交作品20件。

3个街镇诗会积极组织活动，渡舟诗会每个月开展一次活动，进行采风和创作；葛兰诗会出版发行2017年《金龙》诗词集，葛兰中学将诗词纳入校园活动，该校涌现一大批诗词爱好师生，出版发行学校诗词集；万顺诗会诗词活动形成制度，出版2017年《湖光》诗集。学会会员之间经常联系，常常聚会，外出采风，交流诗词，切磋创作，相互唱和；许多会员利用QQ群、微信群等现代媒体发表大量的诗词作品，在省级及其以上报刊（含《重庆诗词》等）上发表诗词歌赋和其他文学作品的会员有二三十人。

学会2017年全年编辑发行《长寿诗词》两期。学会与“巴渝文化网”合作，开辟诗词学会专版，建立“诗词微信群”4个，分别是论坛、作品群、编辑群、理事会群；积极为各种新媒体平台提供展示作品，参加《巴渝文化网》圆觉文学作品大赛，十余名会员获等级奖；开展诗词活动，会员作品在该网刊载数量不菲。

探索诗词创作为经济社会服务的手段和机制，与新市街道、渡舟街道协商，区诗词学会获得到两个街道开展诗词活动的长期支持。

学会注重诗词活动和创作围绕中心服从大局，《长寿日报》《长寿文化》报、长寿电视台多次报道学会活动。《长寿日报》2次批量刊登学会会员的诗词作品。《重庆日报》3名记者采访学会主席，7月13日以《水曲流巴字 山长幻寿文》为题整版报道中华诗词在长寿区的历史状况和现代发展。

（周家修）

重庆市长寿区作家协会。重庆市长寿区作家协会（本条目简称区作协）把“坚持以人民为中心的创作导向，创作更多无愧于时代的优秀作品”作为创作方向，2017年开展大量活动，文学创作取得成绩。举行采风活动。帮助作家“走进去”“沉下来”“融进去”，实现深入生活与创作需要的对接。3月，组织清迈良园采风活动；6月，组织《看长寿 写长寿》邻封采风活动；10月，组织《看长寿 写长寿》但渡采风活动；11月，组织长寿作家走进涪陵马武采风活动。开展文学活动。组织散文和诗歌沙龙；举办《喜迎十九大，欢度国庆中秋诗歌散文朗诵会》；邀请市作协副主席谭明举办文学讲座；组织参加“迎新登万寿天梯”活动，有10首诗歌、10篇散文入展。参与社会活动。推举区作协1名会员与重庆市知名作家结对子；2名会员参加市作协在万州举办的“重庆市文学奖项颁奖仪式”和重庆作协报刊联谊会。组织发展工作有新成绩。2017年区作协吸收4名新会员；区作协会员3人被吸收为重庆市作家协会会员。

区作协2017年主要创作成绩。区作协会员在全国省（直辖市）及其以上公开报刊杂志上发表小说、散文、诗歌、童话170余篇。1名会员在《今古传奇》发表《孝在心中》等3篇故事；区作协会员在《重庆晚报》副刊上，有多人发表作品，散文有《一座城，三倒拐》《长湖水沙涟》《遇见你，我的城》《挂起的希望》《班主任往事》《稻谷黄灿灿》《火烧黄鳝》，诗歌有《阳光叠》《草语》《一朵琼花陨落在春的门口》等；3人在《重庆散文》发表作品；在重庆市作家协会主办的《作家视野》上，发表小说《雪花飘飘》、诗歌《像从前一样》；在《重庆法制报》《西南作家》《重庆政协报》《长寿日报》《长江诗刊》《乌江》等报刊上，区作协会员也发表大量作品。区作协主席王维浩的《锻炼脑力思维游戏》共8册，由吉林科技出版社出版发行。（罗明江）

2017年重庆市长寿区作家协会领导人名录

主　席：王维浩

副主席：张文龙　焦　芬（女）　罗明江
龚　会（女）

秘书长：罗明江（兼）

长寿区老年书画研究会。2017年，长寿区老年书画研究会会员作古的有13位，失联的近20位，退会的5位，重病不能活动的近10位；年内实际报名75名；平时能经常参加研究会活动的有40位。

2017年主要活动。1月23日，在寿星广场为群众书写春联200余副，作画20余幅；展出100余幅字画作品；现场观众2000余人。3月27日，在菩提广场举办会员章世扬个人千米长卷书法展；

展出个人其他书法作品20余件。5月10日，到渡舟小学举办书画展，现场为该校师生书写200余幅字画；参加会员20余人，展出书画作品80余幅。10月12日，承办区委组织部、老干局在体育中心举办的书画展，展出书画作品80余幅，有老年诗人吟诗赞曰：“妙笔丹青胜马良，描山绘水赞家乡。春兰秋菊芳香甚，狂潮楷书功底强；老手依然怀远志，新人定可上华堂。浓情倾注传统画，花鸟丛中诗可藏。”11月23日，部分会员随区关心下一代工作委员会到龙河小学举办书画展，展出书画作品60幅。12月28日，配合区文化委在菩提山下举办迎春书画展，展出26幅作品，15位书画家现场创作，所有作品被顺安酒业公司收藏。

（项淮垣）

2017年重庆市长寿区文学艺术界联合会领导人名录

主　　席：林家义（兼，2017年3月离任）
　　　　　蒋中尧（2017年3月任）
专职副主席：雷丽群（女）

重庆市长寿区归侨侨眷联合会

【概况】 重庆市长寿区（县）归侨侨眷联合会（简称区侨联）于1984年成立。2003年在全市率先成立党组；内设办公室、机关党支部、工会、妇委会等组织机构。2017年5月9日，区侨联召开第八次归侨侨眷代表大会，选举产生区侨联第八届委员会，选举主席1人、副主席11人、秘书长1人、常委12人、委员22人。2017年，区侨联机关有在职人员4人；长寿区侨联界别有区党代表1名、人大代表1名、区政协常委1名和委员6名。2017年4月，区侨联增设联络经济科。同年，长寿区侨联紫荆花艺术团被评为长寿区十大老龄工作突出集体。

【服务发展】 2017年，区侨联引荐区侨联海外顾问、国家“千人计划”专家宋永端负责的重庆大学智慧工程研究院项目在长寿落户；联系区投资促进局、工业园区、农投公司等，向市华商会选送招商项目21个，宣传长寿聚商选资相关政策；调研走访侨联公司、渝中区涉外服务中心等企业，为侨属企业协调解决问题。

联系上海华桥基金会向川维中学北城校区20名贫困学生捐赠助学金2万元；该基金会已连续3年在长寿区开展捐赠活动，捐助学生60人次，捐助金额6万元。开展“侨爱心进校园”活动，为海棠明金希望小学捐赠乒乓球台等体育设施。向市侨办争取扶贫资金5万元，帮扶留学生创业和困难侨眷。启动“精准扶贫光明行”活动，免费为区内生活困难的白内障患者实施复明手术100余例。开展“魏基成慈善列车送冬衣活动”，为云集镇大同村、长寿区特殊学校、渡舟街道天桥村五保户送冬衣100套。组织侨联紫荆花艺术团到但渡养老中心开展慰问演出；组织侨青会会员为区内开展的中美篮球比赛提供义务翻译服务。到凤城街道凤家社区开展社会主义核心价值观进社区活动。

【参政议政】 2017年，区侨联推荐侨联界

2017年3月，上海华桥基金会为长寿区贫困学子捐赠助学金

2017年6月，长寿侨联紫荆花艺术团到养老院开展慰问演出

别党代表1名、人大代表1名、政协委员7名，发挥侨界人士在参政议政中的作用。通过履职培训、参政议政工作会，加强对人大代表、政协委员的政治理论培训，提高新一届代表、委员参政议政能力。组织人大代表、政协委员开展调研，撰写议案提案，2017年，侨联界别政协委员向区政协提交提案13件，向市政协提交提案2件；其中，《关于规范老年人消费市场防止老年人上当受骗的建议》被评为区级优秀提案。

【联络联谊】 2017年，区侨联继续开展留学生家长英语培训班，吸纳学员100余人；开展太极拳培训班，吸纳学员150余人；举办留学生家长厨艺培训班，40余人参加培训。与区教委联合组织区内部分学校参加第19届世界华人学生作文大赛，选送作品448篇；开展“弘扬中华文化·崇尚文明新风”“品味端午·传承国粹”“侨界青年秀厨艺”“渝北长寿侨青会篮球友谊赛”等联谊活动。邀请伯明翰大学中国区招生代表到长免费开展专题讲座；举办中华传统美食文化讲座、国学讲座等，弘扬中华传统文化、增强侨界人士文化自信。

利用传统节日走访慰问侨界重点群众、困难群众、困难党员100余人次；召开侨界人士迎春座谈会，举办“迎国庆中秋·寄相思祝福”中秋晚会。接待美国新泽西州卫生部公共健康实验室主任范智华、英国朴茨茅斯大学副教授杨芮及其夫人等重点华侨华人10余批次；聘请宋永端、范智华、余越、孟江宏为侨联海外顾问，架起民间外交桥梁。

组织区内1000余名职工观看爱国电影《中国导弹之父钱学森》；组织侨联委员、归侨侨眷、归国留学生、留学生家长等侨界人士学习英国归侨黄大年的感人事迹。发掘收集整理侨界革命先烈英雄事迹，建成涂海珊、涂介清革命英雄纪念碑。

【为侨服务】 2017年，区侨联开通网上侨联工作服务模式，克服异国时差，24小时在线为海外侨胞服务。提供创业就业咨询服务，为归国留学生回国创业就业提供帮助；帮助归侨侨眷协调解决社保、就业、入学等问题。邀请假期回国的留学生与长寿学子及家长座谈交流，为有意愿留学的长寿学子提供留学咨询。

加强与其他部门的横向交流，与区内20余个单位联合开展“12.4”国家宪法日法制宣传活动，发放侨法宣传资料500余份，现场接访群众20余人；在社区设立侨法宣传角，多种形式宣传侨法，增强侨界群众法治意识。

2017年5月9日，长寿区第八次归侨侨眷代表大会召开，区领导赵世庆、张华等参加

【自身建设】 2017年5月9日，区侨联召开长寿区第八次归侨侨眷代表大会，选举产生第八届委员会；换届吸纳新侨和青年代表，聘请名誉主席1名、海外顾问4名，为侨联工作注入新活力。开展侨情普查工作，普查新增华人华侨53户、留学生31人；留学生家长联谊会新增会员10名；侨青会新增会员3名；推荐欧美同学会理事2名。

推进“两学一做”学习教育常态化制度化，创新开展联合支部主题党日活动，提升侨界党员干部政治素养；通过主席会、全委会、座谈交流、考察调研等形式，组织侨联干部和广大归侨侨眷学习宣传贯彻中共十九大精神，组织侨联班子及机关干部到长寿湖警示教育基地接受警示教育。年内提拔科级干部1名，先后选送2名侨联干部参加中国侨联组织的侨联工作提升培训。与渝中区、忠县等侨联缔结友好关系，学习先进经验。开展社区工作日、共筑共建、城乡支部结对共建等工作；全年撰写《长寿侨讯》40余期，活动被各媒体报道10余次。

（王元梅）

2017年重庆市长寿区归侨侨眷联合会领导人名录

主　席：涂奇微（2017年5月离任）
　　　　廖传荣（女，2017年5月任）
党组副书记：黄小明
副主席（兼）：顾　敏　余　舸
　　　　陶晓钟（女，2017年5月离任）
　　　　熊　群
　　　　黎光宏（2017年5月离任）

李晓明
徐开泰 余正华（2017 年 5 月任）
范治明（2017 年 5 月任）
汪 园（女，2017 年 5 月任）
湛秀英（女，2017 年 5 月任）
任 凌（2017 年 5 月任）

重庆市长寿区残疾人联合会

【概况】 2017 年，重庆市长寿区残疾人联合会（简称区残联）有机关编制 7 人，实有 8 人；内设科室为办公室（教育就业科）、信访维权科；有直属事业单位 1 个（即长寿区残疾人综合服务中心），为公益一类全额拨款事业单位，编制 6 人，实有 6 人。全区设立肢残人协会、聋哑人协会、盲人协会、智力残疾人亲友协会、精神残疾人亲友会等 5 个残疾人专门协会。截止至 2017 年 12 月 31 日，全区有持证残疾人 26442 名。

2017 年，区残联围绕全面推进残疾人同奔小康的任务目标，时刻把残疾人工作抓在手中，为在 2020 年实现残疾人“生活更加殷实、精神更加丰富、人格更有尊严”的小康生活打下基础。年内出台《长寿区“十三五”加快残疾人小康进程规划》。12 月 7 日，长寿区残联第七次代表大会召开，选举产生新一届区残联领导班子。

2017 年 5 月，长寿区表彰残疾人自强模范

【群团改革】 2017 年，区残联借力群团改革，全区 19 个镇街、265 个村（社区），围绕强“三性”（政治性、先进进、群众性。下同）、去“四化”（即机关化、行政化、贵族化、娱乐化。下同）的群团改革要求，构建和完善工作、组织和服务三大体系，创新工作方式方法，形成有人干事、有场地办事的良好局面。

区残联组织全区 19 个镇街理事长、263 个村社区专职委员的业务培训；发挥残疾人专门协会作用，全年举行内容丰富、形式多样的协会活动 20 次，参加活动残疾人及其亲友 700 余人次。正式成立长寿区助残志愿服务队，开展“医疗康复助残”“文化助残”“法律助残”“校园芬芳助残”“助残收割队”等活动 13 场，惠及残疾人 500 余人次。加强残疾人证办证管理，增加残疾人复核鉴定医师和开展残疾人复查鉴定工作，有效维护残疾人证的真实性。

【残疾人信息管理】 2017 年，区残联从培训、入户调查、质量抽查等各个环节创新引入第三方机构开展督导检查、质量监督，逐层落实残工委、残联、街镇“三层签字”责任制，整个工作呈现出组织领导有力、任务方案可行、工作节奏有序、关键环节严格、社会关注度较高的良好局面，无错差通过市残联抽查。

【残疾人民生实事】 2017 年，区残联为 0～6 岁听力、智力、肢体残疾儿童和孤独症儿童 119 人次提供救助服务，为 166 户贫困残疾人家庭实施无障碍设施改造。2017 年首次尝试政府购买残疾人服务区级申请类项目，完成对 5 个助残项目的购买，涉及康复、权益保障、文化等各个方面，迈出专业化残疾人服务平台的第一步。（文 瑶）

2017 年 5 月 18 日，重庆市市级残疾预防试验区启动仪式在长寿举行。区领导赵世庆、左永祥参加

2017 年重庆市长寿区残疾人联合会领导人名

录

理 事 长：孟　翱（女）
副理事长：张中华（2017年12月离任）
　　　　　熊中志（2017年12月任）
　　　　　陈　键（2017年12月任）
党组成员：陈　键（2017年2月任）
副处级干部：周武一（区第一巡察组成员）

长寿区法学会

【概况】 长寿区法学会（简称区法学会）成立于2011年8月；2017年5月，长寿区法学会依法从事社会团体组织法人登记，成为在中共重庆市长寿区委领导下法学工作的群团组织，由区委政法委代管，人员和工作经费由区委政法委统一安排，党组织关系并入区委政法委进行统一管理。区法学会机关核定事业编制3名；内设机构1个。截至年底，区法学会发展团体会员20个，个人会员306名。

主要职能：组织、推动各种形式的法学研究和学术交流活动；组织、推动与市内法学、法律界的交流和合作；参与区内法治宣传；发挥人才、智力优势，开展各种形式多样的法律服务；指导、协调区内团体会员的工作；组织会员参与重大事件和矛盾纠纷的调解。

【政治引领】 2017年，区法学会组织会员深入学习领会习近平总书记系列重要讲话精神，及时传达学习中共十九大精神，贯彻落实中央、市委、区委政法工作会议和中国法学会常务理事扩大会议精神，紧扣习近平总书记对重庆提出的“两点”“两地”定位和“四个扎实”的要求，统一思想。召开专题学习会3场、专家讲座2场，推动全区法学法律工作者加深对中央、市委和区委精神的理解、把握和认同，团结引领全区广大法学法律工作者牢固树立“四个意识”，肃清孙政才恶劣影响和薄熙来、王立军流毒，投身到平安长寿、法治长寿建设实践中。

【法治实践】 开展法学研究。2017年，区法学会组织会员参加法制培训班60余期，组织征订普法书籍2000余本。组织会员参与《重庆法学》杂志、《重庆政法》杂志、《法制日报》《重庆法制报》等各类报刊杂志法制征文活动，全年撰写法制工作调研文章10余篇，向市、区两级报送信息材料（简报、动态等）600余份，为全区法制建设和社会政治稳定出谋划策。出台《关于进一步加强和改进长寿区法学会工作的实施意见》，制定法学人才和研究成果交流共享机制，形成相关法学研究报告15份，针对规范性文件出台提出合理化建议89条，提升法学会服务管理水平。

服务民营企业发展。区法学会会同区司法局开展“法律体检”活动，走访全区23家民营企业，发放“便民服务卡”1400余份，帮助民营企业在发展中完善法律风险防范体系。

开展法律服务活动。开展“法律诊所”试点，着手建设公共法律服务中心1个，法律服务工作站19个，法律服务工作室263个（年底前已完成建设19个）。组织法律志愿者开展“送法制电影下乡”“庭审进社区”“庭审进院坝”等活动13场，将法治宣讲、法律服务融入居民日常生活，融入社区，为贫困弱势群体提供法律帮助。

【法制宣传】 区法学会利用普法报刊、普法网站、用好手机报、微博、微信、微电影等新兴媒体，完善宣传平台建设。截至2017年年底，播放微电影45场，出版《长寿法治》12期，广播宣传135期，专题访谈2期。组织认证律师参与“长寿法治”栏目中“律师释法”专栏，开展“以案释法”宣讲8次。拓展微信、微博、微电影等法制宣传阵地，通过新浪、腾讯微博和微信实名认证报送信息1500余条。推进法治文化阵地建设，区法学会会同区司法局开通“93兆赫法治在线”长寿都市广播；出版发行《长寿法治报》12期，发出23万余份；制作播放《与法同行》电视栏目7期；发行《手机法制报》130期；依托“长寿普法网”及时更新法律法规、法建动态、以案说法等内容；开通“村村响”法治广播，制作播出节目24期。开展法治“微电影送法下乡”活动，以基层司法所为依托在全区19个街镇、264个村（社区）播放法治“微电影”，实现普法网络全覆盖。

开展青年普法活动和“双百活动”。一是开展“爱祖国、学法律、创和谐”青年普法志愿者法治文化基层行活动，面向基层党政领导干部，面向中小学生，面向企业、乡村、社区群众，面向青少年犯等特殊群体宣讲法治文化。截至2017年年底，全区相继开展青年普法志愿者法治文化基层行活动

180 余场次，青年志愿者参与 80 余人，接受群众咨询 2800 多人次，借助电视、广播、微信、微博等载体，采取法制文艺节目巡演，散发法制宣传资料等方式开展法治宣传，总计服务群众 40 多万人。二是区委组织部、区委宣传部、区委政法委员会、区教育委员会、区司法局和区法学会联合制发《关于〈2017 年“百名法学家百场报告会”法制宣讲活动实施方案〉的通知》（长会字〔2017〕1 号）文件，制定“双百”活动实施方案。相关单位按照“双百”活动实施方案开展各项宣讲活动；区委党校主体班的处干班和科干班分别开展 1 场法制专场讲座。（宇文柯川）

2017 年长寿区法学会领导人名录

会　　长：周隆海
常务副会长：张　兵（兼）
秘　书　长：张　兵（兼）
副会长（兼）：周　红　王义尧　徐鲜华　戴家强　湛秀英（女）　邹楚蕾（女）

2017 年 3 月 5 日，长寿区庆祝“三八”国际妇女节活动

法 治

政法委及综治工作

【概况】 2017年，中共重庆市长寿区委政法委员会（简称区委政法委）全面推进政法综治维稳暨平安建设工作，全年群众安全感继续保持90%以上，政法队伍满意度、司法公信力继续保持90分以上，全区社会政治大局稳定。

【体制机制完善】 2017年，区委政法委严格执行工作请示汇报制度。坚持党对政法工作的绝对领导，每季度向区委常委会汇报政法和平安建设工作情况；健全政法委员会全体会议、社会治安形势分析研判会议制度；区政法各部门党委（党组）定期向区委政法委员会汇报工作开展情况；按干部管理权限，规范区委政法委协管政法部门干部的范围和流程。二是完善综治暨平安建设工作责任链条。制定《长寿区健全落实社会治安综合治理和平安建设领导责任制规定》，对全区19个街镇、76个部门358名主要领导、分管领导建立《健全落实党政领导干部社会治安综合治理和平安建设工作实绩档案》；与街镇、部门、企业分别签订《2017年度社会治安综合治理暨平安建设工作责任书》，印发《2017年重点工作任务分工方案》，明确综治和平安建设工作的属地责任、属事责任和主体责任。三是落实工作督导制度。由区委政法委会同区级相关部门，定期不定期对全区19个镇（街道）开展政法综治暨平安建设工作的情况进行分片督导检查，2017年组织开展或参与相关督查10余次，对发现的问题均第一时间督促整改。

【维稳工作】 2017年，区委政法委发挥区委政法委统筹协调作用，开展“迎接十九大、忠诚保平安”专项行动，圆满实现市委区委目标任务。强化国家安全人民防线工作。贯彻落实国家和中央关于国家安全工作的路线、方针、政策和法律法规，严格执行《重庆市长寿区国家安全人民防线工作细则（试行）》。加强基层国家安全人民防线建设，开展国家安全宣传教育工作，落实国家安全教育进党校，开展“4.15全民国家安全教育日”系列宣传，关注辖区涉国家安全敌情社情苗头线索；强化对区国家安全领导小组成员单位、镇街统筹指导，护航全区社会政治稳定和经济发展，全区未发生影响国家安全的重大案事件。加强防范和处理邪教工作。开展反邪教宣传，2017年发放反邪教宣传折页、承诺卡48万份，组织各单位开展反邪教文艺演出100余场；开展“敲门行动”和“网络斗争”，完善邪教人员动态数据库，全区“法轮功”“门徒会”“实际神”等各类邪教在册人员情况清、底数明，稳定可控；着力提升教育转化质量，组织帮教能手、开展封闭式教育、走读学习、上门帮教，成功教育转化邪教人员若干名；健全打防管控一体化机制，严防邪教人员违法滋事，维护中共十九大等重点敏感期社会稳定。做好涉稳信息研判处置。强化与网信办、信访办、公安局、街镇综治办等部门的联动，坚持专群结合，以综治网格化服务管理为依托，实现对各类重点人员动向的多点把控；强化信息研判，建立涉稳信息收集、报告、处理、反馈的“闭环”处置机制，确保群体性事件闹事苗头及时预警和处置。年内全区各类重大涉稳信息均得到及时处置，社会政治大局稳定。

【平安长寿建设】 2017年，区委政法委强化违法犯罪打击力度。开展“渝安2号”打击整治专项行动，全区破获侵财类案件688起，侵财类案件起诉285人，起诉侵财类团伙犯罪114人，起诉涉毒人员124人，行政拘留黄赌等治安违法人员212人。2017年全区刑事案件、八类案件、侵财案件立案比2016年分别下降23.6%、21.4%、43.4%。持续开展社会治安重点地区挂牌整治。

2017年，全区确定3个市级（A类）、3个区级（B类）和19个街镇级（C类）挂牌整治地区，各挂牌地区按照“一个问题、一位领导、一套班子、一个方案、一抓到底”的要求，针对性地制定整治方案，落实整治措施，做到真整治、见实效，3个A类、3个B类地区刑事案件立案分别下降55%和67%，已顺利摘牌。加强社会治安防控体系建设。印发《进一步加强社会面治安防控工作的实施方案》，协调区财政足额保障专职巡逻队、义务巡逻队和楼栋长经费，在协信广场、长寿古镇车站广场开展治安便民岗亭布建试点，街面布警模式更加优化。强化治安防控体系科技支撑，全面启动“雪亮工程”建设，制发《全区公共安全视频监控建设联网应用工作实施方案（2017—2020年）》，在已建的“应指工程”适当增补、升级公共视频监控，依托三级综治中心，分级分类整合各类图像资源。年底前已完成前期布点调研，正在进行项目建设可研设计。2017年，长寿区群众安全感民调指数为95.53%。

【专项工作】 2017年，区委政法委加强流动人口服务管理。落实《重庆市居住证实施办法》，依托社区警务、网格化服务管理工作，严格落实以房管人、以人找房等工作措施，强化房屋租赁指导监督和登记备案，建立流动人口信息动态登录制度机制，全面动态掌握全区流动人口基础数据。1—12月，全区新增出租房屋10289户、新增流动人口60735人、新增人户分离86728人；截至年底，全区常住人口在库数895070人，出租房屋在库数28125户，流动人口在库数238699人。加强特殊人群服务管理。进行肇事肇祸等严重精神障碍患者清查评估，牵头出台《关于进一步加强肇事肇祸等严重精神障碍患者联合服务管理工作的实施意见》，建立区、街镇、村居三级全覆盖的联合服务管理工作体系，对全区638名三级以上严重精神障碍患者全部组建联合服务管理小组，对553名三级以上严重精神障碍患者按照每人3000元/年标准落实以奖代补帮扶措施，全区连续多年未发生严重精神障碍患者肇事肇祸案（事）件。抓好公共安全稳定风险防控。督促各级各部门落实《重庆市长寿区安全稳定风险隐患防控责任清单》，建立区、街镇、村居三级安全风险隐患动态滚动排查、报告机制，区级行业主管部门每季度、街镇每月、村居每周对本行业领域、本辖区的安全稳定风险开展动态排查，对重大安全隐患实施挂牌销号，有效防范重大安全稳定风险。抓好铁路护路联防工作。组织制发《关于进一步加强铁路护路联防工作的通知》等护路工作规范性文件10余个，12个涉路镇（街道）、41个涉路村（社区）全部按照要求设立护路办和护路工作站，三级护路联防工作体系得以落实。协调区财政，在渝万高铁沿线布建高清视频监控探头90个，为护路队员配备带有GPS定位、现场视频上传功能的对讲手机60台，提升护路联防技防工作水平。抓好矛盾纠纷多元化解。发挥各级综治组织作用，开展“民转刑”命案防范专项治理，结合区每月、街镇部门每半月、村居每周开展的矛盾纠纷三级联排联调制度和城乡村（社区）网格化服务管理工作，落实进家入户“四到位”措施，2017年，全区“民转刑”命案零发生。印发《关于充分发挥综治办作用加强社会心理服务疏导和危机干预工作的实施意见》（长政法发〔2017〕28号），全区19个镇（街道）均成立社会心理服务体系建设工作领导小组，将社会心理服务纳入城乡基本公共服务体系，公安派出所、司法所和信访、民政、卫计窗口等，均建立社会心理咨询室或社会工作室（站）。六是抓好综治基层基础工作。加快推进区、街镇、村居三级“综治中心”建设，区综治委印发《长寿区镇（街道）社会治安综合治理“综治中心”建设工作实施方案》，在菩提、晏家、江南3个街道先行试点，江南街道综治中心已完成办公用房装修，晏家和菩提综治中心装修正在加快推进。

【依法治区】 2017年，区委政法委承担区委全面推进依法治区领导小组的日常工作。落实司法责任制改革。完成员额法官检察官单独职务序列等级确定和法官助理、检察官助理、书记员职务套改及选任工作，区法院、区检察院实现人财物市级统管。按照7月10日全国司法体制改革工作会的要求，推进以审判为中心的诉讼制度改革，推行案件繁简分流改革，建立速裁速调中心调解民事案件，全区各类案件简易程序适用率为76.3%。全力攻坚“基本解决执行难”。组织召开全区“基本解决执行难”工作动员部署会，区委出台《基本解决人民法院执行难的实施意见》，区委政法委印发《长寿区“执行攻坚大会战”行动实施方案》《长寿区执行联动机制》《长寿区“基本解决执行难”联席会议规定》，全区构建起“党委领导、人大监督、政府支持、法院主办、部门配合、社会各界参与”的执行工作大格局。加强区法学会工作。区委政法委抓住群团改革契机，争取区委、区政府的领导，于2017年将区法学会纳入群团序列管理，机构性质为全额拨款事业单位，核定编制3名，建立起组织机构。筹备并成功召开区法学会第二次会员代表大会，选举产生区法学会第二届会长、副会长、秘书长，法学会工作领导力量进一步加强。

【执法监督】　2017年，区委政法委开展涉法涉诉信访工作。根据《关于党委政法委员会对政法部门执法活动进行监督的规定》的相关涉法涉诉信访改革原则，开展接访和积案排查化解工作，对市委政法委交办的24件涉法涉诉信访积案，依法终结11件、有效化解的案件6件，导入法律程序2件，其余5件的涉案信访人员全部督促、协调属地街镇落实稳控措施和责任。开展案件评查和执法督查。印发《关于组织开展2017年案件评查活动的通知》（长政法发〔2017〕13号），评查区政法各部门35件案件，重点是涉法涉诉信访案件。35件案件中34件为合格案件，1件为一般瑕疵案件，瑕疵原因是法律文书带错出门，已责令整改。对区政法各部门窗口单位、区政法各部门派出机构20余个单位的便民服务、司法公开、警车管理、作风建设、警容风貌及执行办案纪律等环节，采取明查暗访、视频巡查、现场检查、调阅纪录、讯问群众等方式开展执法督查。警车未闪警灯违章、窗口工作人员着装不规范、案件回访不及时等问题得到有效整改。开展司法救助工作。贯彻落实新的《重庆市司法救助实施办法（试行）》，将司法救助权限下放到政法各部门，由区委政法委指导统筹。区委政法委建立司法救助金工作台账，定期检查核对司法救助金的相关文书材料。2017年，全区国家司法救助25件，救助民事、刑事案件受害人及其近亲属31人，救助总金额1312740元，有效化解一批社会矛盾纠纷。

【政法队伍建设】　明确目标要求。2017年2月27日，区委下发《关于新形势下加强政法队伍建设的实施意见》；2017年4月10日，区委办印发《贯彻落实〈中共重庆市长寿区委关于新形势下加强政法队伍建设的实施意见〉重要举措分工方案》，两个文件对全区新形势下加强政法队伍建设工作提出明确的目标要求。开展教育培训。组织全区政法干警参加中央政法委2017年政法学习讲座3次，参加重庆学习论坛周末讲堂学习1次，收看专题政论片《为了公平正义》《法治中国》2次，先后举办全区政法综治维稳干部专题培训班1次，“大数据在政法工作中的应用”主题讲座1次，全区政法系统中共十九大精神报告会1场，全区政法干警参加区委政法委组织的教育培训课时全年80小时以上，区综治委成员单位分管领导、各街镇政法书记和综治办主任参加培训全年40小时以上。加强信息报送。区委政法委发挥对全区政法队伍建设的组织领导、统筹协调和监督检查作用，建立起政法队伍建设信息定期报送制度，区政法各部门每月定时报送政法队伍建设过程中取得的新成效和出现的新情况，区委政法委搜集汇总后定期向区委分管领导汇报。2017年度，长寿区政法队伍满意度、司法公信力指数分别为94.70分、95.06分。

【党风廉政建设】　2017年，区委政法委落实党风廉政建设责任制。坚持党风廉政建设“一把手”负总责，分管领导具体抓，领导班子分工明确、责任具体。按照《长寿区区领导和区级部门2017年党风廉政建设和反腐败分工责任制》安排，对全区政法系统“加强对司法权力的监督制约”相关工作进行安排部署，将党风廉政建设工作与各项工作同部署、同落实。将党风廉政建设履职情况纳入政法委明查暗访重点内容，完善政法委员会专题研究党风廉政建设工作机制，促进全区政法系统落实党风廉政建设“一岗双责”。二是强化廉政教育。组织学习党中央八项规定、《党政干部和涉密人员保密常识必知必读》《中国共产党廉洁自律准则》等；组织学习市纪委、区纪委相关违反中央“八项规定”精神问题的通报和元旦、中秋、春节等重要节假日期间的作风建设要求，提升机关干部的廉政意识。三是加强政法队伍思想建设。全区政法系统落实“两学一做”学习教育常态化制度化工作，全体政法干警树牢“四个意识”尤其是核心意识和看齐意识，树牢“忠诚、为民、公正、廉洁”政法干警核心价值观，强化廉洁自律意识。对政法各部门的领导班子成员和科级干部任免实施监督和管理，有效杜绝在干部任用方面的不正之

风。定期不定期对政法各部门开展政法综治工作、落实廉政纪律要求等情况进行督促检查，促进公正司法、廉洁执法。（黄南天）

法治长寿建设

【概况】　重庆市长寿区普法工作办公室是“区委全面推进依法治区领导小组”的五个专项小组之一的“大力推进全面普法守法专项小组”办公室，是常设办事机构，加挂“重庆市长寿区普法工作办公室”（简称区普法办），设在区司法局。负责大力推进全民普法守法专项小组日常工作。主要职责如下：组织开展大力推进全民普法守法政策研究。组织专项小组成员、有关部门和镇（街道）就大力推进全民普法守法重要问题进行决策咨询，提出意见建议，为区委全面推进依法治区领导小组及全民普法守法专项小组提供决策参考。指导督促区级部门和镇（街道）落实全民普法守法专项小组的决策部署和工作要求；向全民普法守法专项小组报告年度工作、五年普法工作进展和评估报告，汇总提出全民普法守法专项小组年度工作要点建议，提出五年普法规划，经全民普法守法专项小组组长批准后提交全民普法守法专项小组会议讨论决定；承担全民普法守法专项小组会议相关工作，包括准备会议议程和文件、整理会议纪要、传达会议精神等；受全民普法守法专项小组指派，处理全民普法守法工作相关事项及请示等，接受区级部门和镇（街道）大力推进全民普法守法重要决定和实施方案向全民普法守法专项小组的备案，分析评估后向全民普法守法专项小组提出建议；负责全民普法守法专项小组的值班联络、会议组织、报告起草、简报编印、资料管理等工作，以及对全民普法守法专项小组进行统筹、协调、督促、检查、推动、服务等；受全民普法守法专项小组指派，对区级部门和镇（街道）大力推进全民普法守法工作进行检查、督促、通报等；收集、汇总、报送全民普法守法工作信息；负责与中共重庆市长寿区委全面推进依法治区领导小组办公室（简称区委法治办）的沟通联系和工作对接，负责与市普法办的沟通联系和工作对接，向上报送大力推进全民普法守法工作动态，请示有关事项；牵头实施《中共重庆市长寿区委关于全面推进依法治区的实施意见》（长寿委发〔2014〕22号）中的全民普法守法专项小组承担以外的，和全区大力推进全民普法守法工作相关的其他工作。

【责任落实】　2017年，区普法办落实构建“谁执法谁普法”普法格局，构建区和街镇两级普法责任体系。全区19个街镇、61个区级部门，均开展年度普法计划申报工作，区普法办定期或不定期抽查对其进行工作督促、指导。将“谁执法谁普法”工作纳入对各单位普法工作考核的重点内容。各单位采取有效措施创新普法方式，畅通普法渠道，依托现代信息手段确保各项目标任务得到落实。深化以案释法工作，强化司法机关、行政执法部门、法律服务机构以案释法的履责主体作用，创新以案释法的宣讲方式，组织开展典型案例编辑、征集和发布等。区普法办在《长寿普法》报刊开辟“以案释法”和“律师说法”两个专栏，每月精选发布3篇典型案例；区司法局编辑《人民调解典型案例》，发放到全区各单位、各街镇学习使用；区委宣传部、区文化委、区卫计委等8家单位聘请专家开展专题法律知识培训，加强对典型案例的宣讲；区人大、区检察院、凤城街道等40家单位通过报刊专栏、LED显示屏、网站、“人人长寿”客户端、微博和微信开展“以案释法”工作；区法院开展新闻发布会、微博直播典型案例等以案释法；区检察院开展“莎姐”法治巡讲活动以案释法，以法论事；19个街镇分别以现场法治宣传、法律咨询和送法进村（社区）等开展典型案例宣传。

2017年8月9日，长寿区普法办在菩提街道胜天社区开展普法教育

【法治宣传教育】 2017年，区普法办创新普法方式，分类施教。开展“三月法治宣传月”活动，以普法阵地营造氛围，强化媒体法治宣传、法治文化活动、法律八进主题活动等，组织全区各单位开展宣传活动；全区各部门、各单位集中组织干部职工学习《宪法》、习近平总书记关于全面依法治国的重要论述、党内法规等；利用各个主题活动日开展反邪教、保护消费者权益、宣传房地产法、保护知识产权、开学第一堂法治课、“青春与法同行”等形式多样的宣传活动。组织开展《民法总则》宣传活动，在“长寿普法网”《长寿普法》报刊等媒体刊登《民法总则》等新颁布的法律法规，组织讲师团深入各单位开展《民法总则》专题讲座；制作一批《民法总则》宣传展板，购买一批《民法总则》，到19个街镇开展法治宣传和咨询活动。开展“12.4”国家宪法日主题宣传，区委宣传部、区司法局、区普法办在同元·御府华庭小区广场组织启动仪式，区人大法制委、区检察院、区人力社保局等28个单位参加该次宣传咨询活动；为市民送去法律书籍、法治年画，普法购物袋、普法扑克等各种法治宣传资料80多种、40000余份，参与群众5000余人，现场解答法律咨询600余人次。

2017年8月12日，消夏微电影放映活动在凤城街道梅村社区举行

创新宣传媒体，开展“互联网+普法宣传”，通过微信平台传播普法快讯。长寿区司法局“摇一摇，普法微信‘摇回家’”参加北京举行的“砥砺奋进的五年”大型成就展展出；长寿区拍摄的法治微电影《墙外风铃》入围第二十六届全国摄影艺术展多媒体类；长寿区人民调解以案释法典型案例《周某某与重庆某农业开发公司损害赔偿纠纷调解案》被12348中国法网司法行政案例库选用；全年刊发《长寿普法》专刊12期，免费赠阅40万余份；采用“村村通”法治广播的形式，在农村地区定期、循环播出，使法治宣传全覆盖；发挥调频广播普法作用。与区广播电视台合作“法治小课堂”栏目，用典型案例解析法理，深受听众欢迎，全区公共交通车辆和小区物管，定时收听或滚动播放“法治小课堂”栏目，截至年底《法治小课堂》广播宣传260余期。

拓展法治宣传平台。在车站、高速路口和各街镇办公大院等人群集中的地方，制作投放法治动漫户外公益广告300余幅；在桃花体育广场和老城协信广场LED大型显示屏每天滚动播放法治宣传公益广告；为各街镇统一制作法治宣传专栏，在全区开展“法治示范项目”建设，打造一批法治长廊、法治小广场和普法示范小区、村居，制作固定法治宣传专栏和法治楼宇宣传广告。

【领导干部法治教育】 2017年，长寿区出台《进一步完善国家工作人员学法用法制度的实施意见》。将宪法、党章、法律法规等法律知识纳入党校、行政学校等培训课程，全年培训处级领导干部56名，科级干部201名。举办“干部周末讲堂”，培训干部150人次，组织2362名干部参加在线学习。着力提高普法骨干的法律知识储备和法治水平，培训普法骨干2893人次。推动考试与旁听庭审相结合，开展领导干部法治理论知识考试，建立规范化考场、网上考试、集中考试、法院庭审旁听等，加强领导干部尊法学法守法用法意识。2017年对春秋两季新提任领导干部135名、全区法治理论知识抽选110名领导干部进行集中考试并旁听庭审，考试成绩均合格，未出现违纪行为。14755人完成网上考试，参考率99.9%。

【“法治长寿”创建】 2017年，区普法办以建设“法治长寿”为目标，以“民主法治示范村（社区）”“诚信守法示范企业”“依法行政示范单位”等创建活动为载体。完善基层民主管理制度，全面推行“四民主两公开”，保障人民群众当家作主的权利。开展“民主法治示范村（社区）”等创建活动，加强指导督促，进行动态管理，开展复查。2017年“全国民主法治示范村（社区）”推荐申报工作，在重点培养的江南街道龙山社区、凤城街道三峡路社区等12个创建条件成熟的村（社区）中，经过多次实地考察、评比，向市司法局、市民政局推荐申报江南街道龙山社区。

（倪春红）

2017年8月7日，召开长寿区文明城区创建法治推进会

公 安

【概况】 2017年，重庆市长寿区公安局（简称区公安局）围绕中共十九大安保维稳工作这一中心任务，开展“渝安2号”打击整治专项行动，落实“服务民营经济30条”，提高维护稳定、打击防控、服务发展能力，助推“平安长寿”建设，为党的十九大胜利召开和全区经济发展营造安全稳定的社会环境。

【安保维稳】 2017年，区公安局建立健全情报信息会商研判、重点人员分类稳控、网络舆情导控等一系列维稳机制。落实24小时网上巡查机制，落地稳控159人次，导控突发舆情191次，发布正面贴文8.6万余条，实时掌控相关群体串联及关注人员动向，及时处置。完成中共十九大、重要会议和节日、长寿湖全国铁人三项赛暨中秋节系列活动、半程马拉松及中高考等重大活动安保维稳工作，实现“七个坚决防止”（即坚决防止发生影响社会稳定的重大政治事件、暴力恐怖事件和个人极端事件、大规模群体性事件、重大到市进京上访事件、重大恶性刑事治安案件、重大公共安全事故、重大舆情炒作事件。下同）和群体事件、恶性安全、群死群伤的治安灾害事件“三个零发生”的工作目标。

2017年，区公安局搜集上报各类情报信息5594条，采集上报市局涉稳信息131条，撰写境外舆情和预警线索400余篇（其中被公安部情报中心采用60篇）。及时准确上报“重大信息快报”1847期，确保信息流转及时畅通。加强情报协作，北京、江苏、黑龙江等地外省市发起协作53起，其中4月侦办的特大生产销售有毒有害食品案件，向江苏常州发起协作，对方很快反馈嫌疑人的活动轨迹和主要社会关系，办案效率得到提升。

区公安局开展公安下访群众工作，年内接到群众来信来访238件全部办结，其中停访息诉235件，占办结总量的98%。坚持领导接访制度，全年领导接访120件，占信访事项总量的50.4%，办结率、息诉率均为100%。健全信访事项导入法定程序机制，导入法律程序102件，其中公安内部97件，检察和法院机关5件。强化信访疑难积案攻坚，有效化解公安部、市联席办及市局交办的信访事项，信访人撤诉息访。

【专项行动】 “渝安2号”专项行动。2017年2月，“渝安2号”专项行动开展到年底，区局将专项行动作为全年工作的总牵引和做好党的十九大安保维稳工作的必要保障和解决突出治安问题的重要抓手，坚持从严从实从细，以打开路、综合施治，打防结合、打管结合、打治结合，发挥主观能动性，主动作为，在全市38个区县中取得第十五名的成绩，全面完成各项工作任务。全年

2017年9月15日，长寿区公安局禁毒支队民警在校园开展反毒品知识宣讲

“八类”暴力案件立案比 2016 年下降 21.43%，破案率 81.82%；现行命案立案 1 起，破案 1 起，破案率 100%。

“毒品案件百日攻坚”系列专项行动。发挥警种优势，强化措施落实，严厉打击毒品违法犯罪活动。破获毒品刑事案件 99 起，起诉 118 人，缴获各类毒品 15 千克。破获 2 起部级目标案件和 1 起省级目标案件，区局禁毒情侦结合工作连续两年获全市第一名。

【经济犯罪打击】　2017 年，区公安局开展“2017 打击涉税犯罪专项行动”“打击整治银行卡犯罪专项行动”“打击侵犯知识产权和假冒伪劣商品犯罪专项行动”及打击整治涉众型经济犯罪等多个专项工作，立经济犯罪案件 46 起，破案 13 起，起诉 19 人。针对非法吸收公众存款案件，追赃挽损 377 万元。在市局经侦总队举办的全市经侦部门优秀技战法评选活动中，区局选送的《打击网络传销犯罪的侦查技战法》被评为全市经侦优秀技战法一等奖，并作为打击网络传销犯罪的优秀案例向全市推广。

深化国税、地税部门与公安机关的配合协作，形成打防涉税违法犯罪活动的工作合力。发挥职能优势作用，在 2016 年成立区局派驻区国税局、地税局联络机制办公室之后，完善会议联席机制、线索流转机制等制度，逐步探索出适合国税、地税工作实际的新方式、新途径。年内，区局立虚开增值税专用发票案 1 起，区驻税办挽回国家税款损失 8400 余万元。

【多发性侵财犯罪打击】　2017 年，区公安局坚持“什么犯罪突出就打击什么犯罪”，推行区域化、差异化打击模式，提升打击效果和针对性，严厉打击系列性、团伙性、跨区域侵财犯罪。打掉以谢某某等人为首的办理信用卡电信诈骗团伙，打掉窝点 3 个，明确诈骗成员 80 余人，涉案金额数百万元。7 月，区局破获王某某等人投资邮币卡平台被诈骗案，抓获犯罪嫌疑人 5 名，涉案金额数千万元。全区年内破获侵财案件 785 起，比 2016 年上升 4.95%，占全部破案的 68.02%。坚持统一指挥、集中用警，保持对扒窃犯罪的高压态势，全区年内破获扒窃案件 60 起，打击处理扒窃人员 31 人，在全市反扒刑侦绩效排名第八。

【环境犯罪打击】　2017 年，区公安局围绕全区环境污染热点、焦点、难点问题，主动作为，破案攻坚，坚持“全覆盖、零容忍、严执法、重实效”，形成打击环保违法犯罪的良好工作格局。开展环保整治专项行动，严厉打击污染、破坏环境违法行为。全年办理环保类刑事案件 4 件，取保候审 7 人，起诉 2 人、待诉 2 人；办理行政案件 1 件，行政拘留 1 人，受理并处理环保投诉 7 件。开展生活噪音宁静整治行动，处置回复噪声扰民等问题 64 起。

【社会治安防控】　2017 年，区公安局以净化社会治安环境为重点，强力推进社会治安重点地区排查整治工作。3 个 A 类地区发案比 2016 年同期下降 49.6%，每个治安乱点地区均打击 3 人以上，完成任务数 100%；3 个 B 类地区立刑事案件下降 69.1%，完成打击任务 100%，群众知晓率、满意度均在 90% 以上，6 个治安乱点地区均未发生治安灾害事故，通过市整治办考核验收，全部摘牌。

【公安工作创新】　2017 年，区公安局着力和谐警民关系，策划开展系列警民互动活动，营造支持理解公安工作和谐舆论氛围。举办“长寿公安·送君平安”平安警示诗句创作征集大赛暨快递平安到家主题活动。邀请区领导、区人大代表、区政协委员、区综治办成员单位代表、企业代表、学校师生代表、社区干部、安保人员等近 200 人，指导区局平安建设工作，举办“诵读平安”进社区进学校进企业传诵活动启动仪式，让群众近距离感受公安工作，网络直播收看人次近 6 万，媒体赞“平安宣传入脑入心”。

监所创新社会矛盾化解工作，区公安局推进看守所“五化”建设，以“监所零事故、民警零违纪、执法零过错、服务零投诉”为目标，创新思路、多措并举，科学调整勤务模式，完善各岗位绩效考核办法，全面推进执法规范化建设。在全国公安监管工作会议上，区看守所所长被评为公安监管工作成绩突出个人受到公安部表彰；《长寿区拘留所多措并举化解医患纠纷》被评为全市拘留所化解社会矛盾十大典型案例，“拒绝卖淫嫖娼 追求幸福生活”被评为全市拘留所“主题课堂”教育“十佳精品课程”；拘戒所所长被评为“重庆市优秀人民警察”。

优化警务效能，服务经济发展。推进户籍制度改革，实行城乡统一的户口登记制度，实现居民身份证市内异地办证；推进标准地址和实有人口、实有房屋、实有单位“一标三实”采集工作。全面规范车驾管业务，全年办理机动车业务7.9万件，培训教育机动车驾驶人3.2万人。贯彻落实《重庆市公安局服务民营经济发展30条》，在长寿经开区新建机动车服务站点，直接服务企业300余家。

2017年9月5日，长寿区公安局经开区车管服务点启动

【公共管理】 2017年，区公安局推进城市交通治堵工作，区局深化综合治理，以预防事故为主线，精心组织开展“春运”、农村道路交通安全治理、预防重特大道路交通事故专项行动、中共十九大期间安保、冬季事故预防、城区交通违法专项整治等一系列行动，道路交通通行秩序得到大改观。发挥道路交通安全工作联席会、交安办每月联席会两个平台作用，开展交安系列整治行动12次。开展文明城区创建整治，针对城区停车、行车、行人秩序的状况，建立“领导包片、民警包干”的整治制度，全年查处乱停车、乱变道、乱用灯“三乱”9万余件，闯红灯、闯禁行“两闯”2.2万余件，机动车不礼让行人4000余件，城区通行秩序得到规范。

夯实公共消防安全基础，区公安局狠抓社会面火灾防控和灭火救援实战能力，以日常监督和专项整治相结合，开展冬春火灾防控、夏季消防检查、高层地下建筑综合治理、重大活动消防安保等10余项消防专项行动，确保全区未发生较大以上和有影响的火灾事故，继续保持行政执法“零投诉”、部队管理“零事故”、官兵遵规“零违纪”的良好态势，社会消防安全和部队管理形势持续平稳。扎实开展岗位练兵，特勤中队获评为全国“执勤训练先进单位”。

【党建工作】 2017年，区公安局立足“两学一做”专题学习教育实践活动，深入学习贯彻党的十九大精神。党委成立领导小组，开辟公安网专栏，组织开展党委中心组学习6次，局属各党支部开展集中学习410次；发放辅导书籍3187册，组织广大民警辅警参与主体征文比赛和网络知识竞赛；党委班子成员带头开展主题宣讲4场次，受众1000余人；利用微博、微信公众号推送学习贯彻党的十九大精神稿件11篇；组织全局75名正科级领导干部，分3批次参加区委学习贯彻党的十九大精神专题培训班。（高丽岚）

检察

【概况】 2017年，重庆市长寿区人民检察院（简称长寿区检察院）忠实履行宪法和法律赋予的职责，廉洁从检树形象，坚定信念争一流，各项检察工作取得新进展，先后获得“全国群众最满意基层检察院”“全国检察机关文明接待室”“全国检察宣传先进单位”等荣誉，被重庆市人民检察院推荐为“全国检察机关检察文化建设示范院”参评单位。在全市检察机关目标考核中，被评为“2017年度工作实绩考评先进集体”“职务犯罪侦查工作考评先进集体”“党的建设工作考评先进集体”，在2017年度市级机关目标绩效考核中被评为一等奖。

【刑事检察】 2017年，长寿区检察院侦查监督部门办理提请批准（决定）逮捕各类刑事犯罪案件220件283人，批准和决定逮捕208件263人，比2016年同期件数和人数分别上升48.57%、22.90%；不批准逮捕12人。开展“渝安2号”专项整治活动，批捕盗窃、诈骗、抢劫、抢夺等多发性侵财案件122件154人，“黄赌毒”案件62件70人，涉众型暴力犯罪7件19人。提前介入侦查机关立案侦查的案件12件34人次，参与重大案件讨论25次。书面纠正侦查机关违法12件次，监督立案5件、撤案5件；追捕漏犯9人，定期查阅行政执法档案312件次，督促行政执法机关移送案件线索2件。

长寿区检察院公诉部门全年办理各类刑事犯罪案件531件715人（含2016年结存62件91人），比2016年同期件数下降0.75%，人数下降

1.38%。提起公诉案件518件698人，件数上升19.08%，人数上升16.92%；不起诉12件15人，移送他院（分院）16件26人，较2016年同期12件19人件数上升33.33%，人数上升36.84%。审结案件546件739人，审结率91.69%，不起诉率2.03%。追诉漏犯13人、漏罪2条，非法证据排除3件，发挥诉前主导和审前过滤功能，公安机关就重大疑难案件听取区检察院意见10件次。“莎姐”青少年维权岗获评重庆市“五一巾帼奖”和“工人先锋号”。

【查办和预防职务犯罪】　2017年，长寿区检察院职务犯罪侦查部门立案查办贪污贿赂犯罪25人，其中大案24人、要案7人，成功追逃4人。突出查处惠农扶贫、工程建设、航道管理等环节和领域职务犯罪21人，涉案金额2400余万元。依法查处一批在辖区有重大影响的案件。

深化“党校、检察室、警示教育基地”三位一体大预防格局，检察长到区委党校上党课、检察官廉政约谈村干部、实地参观警示教育基地等，教育党员干部1.7万人次。加大与扶贫部门基础数据信息共享力度，走访并录入惠农扶贫领域精准预防“阳光卡”6200余份，开展专项预防宣传16场次。做好林业、财政和国企破产清算专项预防调查工作，与区林业局、区地税局开展“廉洁共建”。会同长寿邮政公司开展“预防职务犯罪邮路”活动，向全区所有村（社区）1200余名基层干部邮寄预防手册。为单位和个人提供行贿犯罪档案查询4480次。

【刑事执行检察】　2017年，长寿区检察院刑事执行检察部门办理刑事执行领域罪犯再犯罪案件，逮捕5人，起诉7人。纠正刑罚执行和监管活动中的违法21件次，发现并移交违纪线索2件5人。开展社区矫正监督30余次，推动社区矫正检察工作常态化、规范化。制定出台《关于进一步加强办理羁押必要性审查案件内部协作的意见》，对5名审前被羁押人员提出变更强制措施建议并被采纳。

【民事行政检察】　2017年，长寿区检察院民事行政检察部门受理申请监督及依职权监督案件235件，审结219件。对法院在民事审判、行政诉讼活动中的违法情形提出检察建议59件，获法院采纳59件；向法院发出执行监督检察建议54件，获法院采纳54件；办理支持起诉案件102件（其中办理66件涉及到农民土地流转利益的支持起诉集团案件），获胜诉96件，获法院再审改判案件4件（其中办理的2件涉嫌虚假诉讼案件经再审改判后为当事人挽回经济损失1100万余元）。

【控告申诉检察】　2017年，长寿区检察院控告申诉部门受理首次信访107件，重复信访3件，信访总量比2016年同期上升37.5%。其中来访27件，来信82件，网络1件；举报8件，申诉21件，控告78件其他信访3件。控申接待大厅全年接待来访群众292人次，其中检察长接访下访群众31次38人。办理刑事申诉案件3件；依法开展司法救助，帮助3名困难刑事被害人获得救助金10余万元。

【检察队伍建设】　2017年，长寿区检察院把政治建设放在首位，深入学习贯彻中共十九大、市委五届三次全会和区委十三届二次全会精神，领导班子带头旗帜鲜明讲政治。推进队伍专业化建设，深入研究改革背景下检察队伍的分类培养、分类管理和分类考核，统筹推进全员轮训、专题培训、技能实训，培训干警1500余人次。选优配强19个办案工作组。有针对性地开展司法规范化检查、案件质量评查和流程管理。持之以恒正风肃纪，贯彻落实中央八项规定精神的制度规范，围绕安全办案、规范办案、廉洁办案开展检务督察24次，督促全院干警养成纪律自觉。

【宣传文化工作】　2017年，长寿区检察院发表各类宣传稿件80余篇，其中《检察日报》采用14篇，《重庆晨报》《重庆晚报》等省级报纸采用24篇。向重庆市人民检察院报送长寿区检察院信息、工作简报和情况反映128期，其中被重庆市人民检察院综合采用81条，被重庆市委综合采用28条，被中央办公厅和高检院综合采用41条，被中央领导和高检院领导批示22条。撰写各类调研文章6篇，其中《重庆检察》采用1篇，《检察探索》采用5篇。编写典型案例9篇。立项3个课题，已结项1个。长寿区检察院被评为“全市检察信息工作先进单位”和“全市检察宣传工作先进单位”。

（王刘章）

2017年重庆市长寿区人民检察院领导人名录

检 察 长：梁经顺

副检察长：周　红　袁　刚　王　康（兼）

但　愉（女）
政治处主任：江　瑛（女）
纪检组长：丁　涛
职侦局局长：王　康
职侦局政委：龚文彬（2017 年 9 月离任）
检委会专职委员：韩为民　代　鹏　陈万堂
祖小彬

法　院

【概况】　2017 年，重庆市长寿区人民法院（简称长寿区法院）有内设部门 19 个，有正式干警 157 人，聘用制书记员、法警 86 人。全年受理各类案件 17568 件，审（执）结 16260 件，比 2016 年分别增长 13.31% 和 13.66%；审（执）结率 92.55%；在全市基层法院排名前列，在市一中法院辖区排名第一。全年有 2 个集体和 36 名个人受到市高法院、市一中法院和区委等表彰。

【刑事审判】　2017 年，长寿区法院依法惩处刑事犯罪，维护社会平安稳定。全年受理刑事案件 569 件，审结 542 件（审结率 95.25%），判处罪犯 732 人，依法决定逮捕 116 人。审结故意杀人、故意伤害、强奸等暴力性犯罪案件 39 件 47 人。审结抢劫、盗窃、诈骗等多发性侵财犯罪案件 189 件 310 人。审结走私、贩卖、运输毒品，非法行医等犯罪案件 163 件 224 人。审结交通肇事、危险驾驶等犯罪案件 116 件 116 人。审结非法吸收公众存款、串通投标等犯罪案件 10 件 15 人。审结贪污、受贿、渎职等职务犯罪案件 17 件 20 人。加强人权司法保障，协调指派 28 名律师为被告人提供辩护。出台《未成年人综合审判合议庭工作办法》，依规对未成年人犯罪记录实行封存。审结未成年人犯罪案件 17 件 33 人，依法宣告缓刑 16 人，回访帮教 25 人次。

2017 年 10 月 13 日，长寿区法院对一起 21 名被告人、涉案金额 40 余万元的电信诈骗案进行宣判

【民商事审判】　2017 年，长寿区法院妥善审理民事纠纷，服务经济发展大局。全年受理民商事案件 11004 件，审结 10274 件，审结率 93.37%，结案标的 14.13 亿元。妥善审结离婚、赡养、继承等家事纠纷 1507 件。依法审结生命权、健康权等人格权纠纷 86 件。及时审结机动车交通事故责任纠纷 447 件。稳妥化解物业纠纷 2470 件，房屋买卖合同纠纷 354 件。审结劳务合同、劳动争议纠纷 642 件。主动服务供给侧结构性改革，受理企业破产纠纷案件 12 件。审结金融借款合同纠纷 307 件、信用卡纠纷 242 件、民间借贷纠纷 1303 件，结案标的 5.08 亿元。对外委托司法鉴定 244 件、司法评估 174 件。民商事案件服判息诉率 94.56%，裁判文书自动履行率 36.37%。

【行政审判】　2017 年，长寿区法院化解行政争议，助力法治政府建设。全年受理行政诉讼案件 488 件、非诉行政审查案件 144 件，审结 585 件，审结率 92.56%。加强对具体行政行为审查，判决撤销行政行为案件 1 件、判决撤销行政行为并责令重新作出行政行为案件 3 件、判决行政机关履行法定职责案件 9 件、确认行政机关行政行为违法案件 83 件。行政机关负责人出庭应诉 319 件，出庭应诉率 86.68%。加强与行政机关良性互动，组织区国土房管局、区卫计委等部门召开协调会议 5 次。注重发挥司法建议作用，向行政机关发出司法建议 3 份。联合区普法办、区司法局，组织 200 余名领导干部旁听庭审。

【执行工作】　2017 年，长寿区法院破解执行难题，促进社会诚信构建。全年受理执行案件 5313 件，执结 4811 件，执结率 90.55%，执行到位标的 4.3 亿元，比 2016 年增加 1.87 亿元。在区委、区政府的支持下，逐步形成全区综合治理“执行难”大格局。执结涉农民工工资、工伤待遇、赡养、抚养、扶养案件 599 件，兑现标的 2394.17 万元。加强实时网络查控，发出查询申请 13 万余次，冻结 1221 次 1780.63 万元，扣划 429 次 505.89 万元。实施搜查 336 次、拘留 21 人次、移送追究刑责3件，将2883名被执行人纳入失信名单，限制高消费、金融信贷等739人次。加大对失信被执行人的曝光力度，在《长寿日报》微信公众号上曝光122人身份信息，促使16人主动到区法院履行145.98万元。在淘宝、京东等网站拍卖财产85宗5195.87万元，溢价率13.94%。执结29件司法强拆案件，助推生态屏障、北城大道等重大项目建设。依法促进违建整治工作，拆除东新村等地违法建筑9.5万余平方米。执行工作被重庆电视台专题报道。

2017年2月，长寿区法院立案庭获评中华全国总工会"全国五一巾帼标兵岗"

【司法为民】　2017年，长寿区法院满足群众需求，践行为民宗旨承诺。健全完善诉讼服务中心功能，全年引导诉讼12329人次，判后答疑2315件次。全面落实立案登记制，当场立案率99.02%。集约配置审判资源，速裁速调中心快速审结简易民事纠纷1277件。发挥人民法庭面向基层纽带作用，巡回审判72次，第一、第二和第三

2017年9月27日，长寿区法院庭审走进八颗街道付何村院坝巡回审理，百名群众到场旁听

3个中心法庭审结案件分别为1298件、1024件和916件，审结率95.23%、91.84%和95.72%。打造律师工作室，支持正当执业，签发律师调查令112份。立案庭便民服务、登记立案、繁简分流、速裁速调成绩显著，被中华全国总工会授予"全国五一巾帼标兵岗"称号。遵循"应救尽救"原则，为128名当事人缓减免收诉讼费19.5万元，向有特殊困难的24名申请执行人发放救助金77万元。坚持院庭长接访制度，接待群众463人次。强化基础设施建设，加快审判大楼建设，启动新旧大楼连接通道建设，有序推进三个中心法庭迁建。1950年至2017年的诉讼档案全部实现数字化。

【司法改革】　2017年，长寿区法院推进司法改革，补齐工作机制短板。选拔第二批员额法官12名，员额法官遴选工作完成。配合市高法院对人财物实施统一管理，认真做好员额法官等级核定。选任、转任首批66名法官助理，完成法官助理定级工作。制定《聘任制书记员管理暂行办法》，对聘任制书记员加强管理。公开招录和选调7名法官助理，招聘26名聘任制书记员，缓解辅助人员不足。打造专业化办案队伍，逐步形成"1名员额法官+1名法官助理+1名书记员"审判团队。精减审委会讨论案件范围，全年讨论案件26件，较2016年下降50.94%。入额院领导审（执）结案件2036件，占结案总数的12.52%。

2017年12月13日，长寿区法院第二批9名员额法官入职宣誓仪式在区人大常委会会议厅举行

【队伍建设】　2017年，长寿区法院院长、纪检组长、监察室主任廉政约谈17名部门负责人，层层签订廉政建设责任书160份、正风肃纪责任书

249份，随案发放廉政监督卡4.2万余张，任命17名兼职廉政监察员，被市高法院评为2017年度纪检监察工作先进法院。制定《一线磨砺计划实施方案》，安排29名干警到人民法庭、执行局等多岗锻炼。出台《加强青年干警培养工作五年规划》，助力青年干警加速成长。积极参加中央政法委、国家法官学院和市高法院组织的业务培训，选派干警到清华大学、浙江大学学习。加强司法警察体能技能训练和处突演练，确保关键时刻“拉得出、冲得上”。233篇新闻稿件被《人民法院报》等主流媒体采用，31篇调研文章在《人民司法》等期刊发表，2篇论文分别获得全国法院第29届学术讨论会二等奖和优秀奖。1名干警被中央综治办、司法部和中国关工委评为“优秀辅导员”，1名干警被市委、市政府评为“重庆市人民好公仆”。

【各界监督】 2017年，长寿区法院接受各界监督，提升司法公正公信。坚持重大事项、重要工作、重要部署报告制度，提请区人大常委会依法任免副庭长、审判员12人次，向区人大常委会作专题工作报告3次。重视与人大代表、政协委员的联络工作，办理人大交督办案件9件，代表建议1件。主动邀请代表、委员旁听庭审、监督执行等19场96人次。121名人民陪审员参审案件2629件，普通程序案件陪审率92.41%。邀请2名清华大学博士为人民陪审员授课，组织观摩庭审、分析研讨案例、参加业务学习和上级法院视频业务培训，提升履职能力。主动对接中国庭审公开网，创建庭审直播平台，直播案件庭审122场。在中国裁判文书网发布生效裁判文书10279份。牢固树立“互联网+”思维，对接中国法院网，开通长寿法院新门户网站。运用官方微博、微信公众号等平台，发布工作信息246条。（唐　菁）

2017年重庆市长寿区人民法院领导人名录

院　　长：柳德新

副 院 长：王义尧　余正华　殷俊勇

政治处主任：余声文

纪检组长：殷　俊

执行局局长：王俊义

执行局政委：谢　葵

审委会专职委员：徐　静（女）

赵　蓉（女）　罗淑芳（女）

党组成员：邹　伟（补遗：2016年12月任）

司法行政

【社区矫正和安置帮教】 2017年，重庆市长寿区司法局（简称区司法局）接收社区矫正人员291人，解除社区矫正人员271人，在册社区矫正人员有308人；刑满释放人员回归1015人，安置995人，安置率98%，帮教率100%。抓组织领导，区委及时调整社区矫正和安置帮教领导小组进一步明确工作职责；区委政法委开展专题调研，区委常委、区委政法委书记王身高，区政府副区长、区公安局局长何一波牵头召开全区首次社区矫正工作领导小组会议，对相关工作再强调再落实；制定出台《重庆市长寿区社区矫正工作领导小组关于进一步加强社区矫正工作衔接配合管理的工作意见》，提供制度支撑。抓业务培训，开展以“阳光矫正·亲情帮教”为主题的“社区矫正素能提升大练兵”活动，全覆盖的专业知识评测、业务骨干专题交流、市局专家针对性授课、广泛收集意见建议等方式，对矫正工作人员培训全覆盖。抓资源整合，全年召开公、检、法、司联席会议3次，强化部门分工衔接。与区公安局就提请治安处罚的条件达成共识，联合区公安局，强化社区矫正人员出入境管理；与区法院就提请撤销缓刑、收监执行的相关流程进行再明确；联合区检察院对社区矫正工作人员开展预防职务犯罪警示教育，主动接受监督。抓人防技防，规范监管措施运用，增强在矫人员在刑意识，年内对社区矫正人员提出警告45人次；提请居住地变更13人，完成10人；依法批准外出请假51人次，对社区矫正人员提出收监执行7人。利用新媒体宣传功能，“阳光矫正长寿在线”微信公众号正式上线，拓宽社区矫正工作新路径；提升监管技防水平，运用重庆市社区矫正人员手机定位系统，实现定位监管全覆盖。

【人民调解工作】 2017年，全区各级调解组织深入村（社区）、企业、学校排查矛盾纠纷595次，调解各类矛盾纠纷17496件，调解成功17333件，调解成功率99.06%，协议兑现金额8577.21万元，协议履行率100%。调解医疗纠纷38件，调解成功37件，调解成功率97.36%，协议兑现金额306.89万元。夯实基层调解力量，调整村

（社区）调委会263个、镇街调委会19个、专业性行业性调委会7个、企业调委会2个。基层调解组织进一步延伸，推进扶贫村江南街道天星村设立个人调解室。着眼重大纠纷化解，对重大维稳处突任务实行“属地司法所原则+片区司法所联动+调解能手”制度，及时指派模范调解员、调解能手及骨干调解员参与调解处置工作，先后参与龙河“1.22”重大交通事故、渡舟“5.22”重大交通事故、区“10.13”事故等处置协调工作，年底前调处区级重大突发矛盾纠纷68件，调解成功率100%，协议兑现金额2073.36万元。服务全区重点工作，在推进重棉七厂等4户关闭破产企业C、D级危房排危避险工作中主动作为，召开联席会，抽调2名司法助理员进驻排危搬迁工作小组，承担排查摸底、安全稳控、文书起草等任务，确保C、D级危房在规定时间完成搬迁。在推进重庆永航钢铁去产能过程中，多次参与研判会，接访企业职工80余名，在区司法局调解员的主持下，740名职工自愿与企业达成解除劳动合同协议。参与渝运集团（长寿）智慧物流中心重大项目建设的合同审查、江南定销房门面回收法律分析研判会，提供法律意见。有序协调征地补偿，广泛调研主动联系国土、地房征收、土地储备等部门召开联席会研究争议协调裁决相关事宜，圆满完成区内第一起征地补偿安置争议纠纷；已办结4起征地补偿安置争议协调。借智借力全面培训，改变以往单打独斗的方式，由区委宣传部、区综治办、区司法局、区普法办联合下发《2017年长寿区普法骨干及人民调解员培训工作实施方案》，将人民调解员培训工作纳入年终综合目标考核，培训内容实行“差异化”“菜单式”服务，全年培训人民调解员2893人次。

【法律服务】　2017年，长寿全区法律服务执业人员代理经济、民事、行政案件1631件、刑事案件37件、非诉讼法律事务10件，司法鉴定机构办理鉴定业务166件。开展人民监督员增选工作，全区人民监督员参加各类活动30余次。履行法律服务职能，全区政府部门法律顾问参与重大事项研判30余次，出具法律意见书20余份，代理案件30件；法律服务团律师走访50余家企业，参与区领导信访接待19次，参与政法机关信访接待245次，参与重大矛盾纠纷化解20余次。行政执法工作严格落实简政放权、放管结合、优化服务的“放管服”要求，完善行政许可标准化建设，将行政审批初审时间由20日缩短至10日；梳理《长寿区司法局行政许可事项清单》9大项29小项，确保“清单之外无审批”，行政审批事项全部进驻区行政服务中心综合窗口，经编委批准设立“行政审批科”，实现行政审批“两集中”（即行政审批事项向一个科室集中、科室向行政中心集中）；开展法律服务机构随机抽取检查对象、随机选派执法检查人员，抽查及查处结果及时公开的“双随机一公开”执法专项检查活动，实现检查全覆盖；开展基层法律服务案件旁听评议37次；完善司法鉴定人诚信执业档案；完善投诉受理、立案、调查、听证、处分等工作程序，全年受理投诉案件4件。

【法律援助】　2017年，区司法局受理法律援助案件726件，办结790件，为受援人挽回经济损失或取得利益1707.73万元。完善两项制度。完善“点援”制度，研发“点援”系统，制作《法律援助点援公示簿》和公示栏，对30名办案人员基本信息进行公示，实行动态管理；对不认真履行法律援助职责或违反职业道德、执业纪律的将其从“点援”队伍中清退；全年办理“点援”案件310件，挽回经济损失或取得利益825.2万元。完善质量评查制度，通过评查案卷材料、庭审旁听考评、回访考评等方式，从办案合法性、规范性、实效性等方面，对法律援助案件承办人的办案过程、业务技能运用、承办结果和履职尽责等情况，进行综合评定，并与办案补贴相挂钩。改善援助发展硬环境，有序推进公共法律服务体系建设，筹建区级公共法律服务中心，争取14个镇街公共法律服务工作站业务用房落实，改造升级12348法律服务平台，提供解答法律咨询，指引转办司法行政服务事项，受理投诉和建议；成立长寿区法律援助中心妇联工作站，为有法律援助需求的妇女开辟快捷便利的绿色通道；推动刑事案件认罪认罚从宽制度试点工作，牵头召开法、检、公、司联席会，出台《关于成立刑事法律援助值班室的通知》，全年值班律师解答咨询290人次，其中认罪认罚从宽案件178件。围绕民生开展法律服务，年末岁初农民工追讨欠薪专项行动取得成功，办理农民工法律援助案件213件，挽回经济损失或取得利益671.12万元；成功处理重庆市长寿区八颗页岩机制砖厂14

名员工经济补偿金劳动争议纠纷、洪湖镇三合村59户与文某某农村土地承包经营权纠纷等重大、疑难、复杂群体信访纠纷。

【公证工作】 2017年，区司法局办结各类公证4433件（其中，民事经济类4095件，涉港澳台类51件，涉外类287件）。出具的《公证书》发往30多个国家和地区，为企业提供公证法律服务150余件。秉承“质量为先”的理念，严格规范公证办证流程，对每一个公证事项做到勤勉审查义务，与长寿区不动产登记中心、有关金融机构进行衔接，办证质量进一步提高。承担“八颗·森香蓝庭”和“渡舟·德瑞悦城”2个楼盘的1108户拆迁安置抽签选房工作，江南街道回收门面229套的现场公证工作；开拓银行金融信贷公证业务，为金融机构办结债权文书赋予强制执行效力公证80件。

【司法行政体制改革】 2017年，区司法局全面参与12348中国法网线上线下建设，筹建区级12348法网电话接听坐席，保质保量完成12348中国法网数据调解员、调解机构、基层法律服务工作者、基层法律服务机构、社区矫正机构、矫正工作人员等基础信息录入及审核。广泛收集并撰写司法行政案例，云集、龙河2个司法所撰写的社区矫正及人民调解案例分别入选司法部12348中国法网司法行政案例数据库。全面推进区、镇街、村居三级公共法律服务平台建设，强化协调落实建设资金和场地。争取政策和资金，启动社区矫正应急指挥中心和远程视频监控督察系统建设。律师公证制度改革，推动长寿区出台《重庆市长寿区关于深化律师制度改革的实施意见》，明确律师制度改革的工作方向，加大律师行业发展政策扶持和保障力度。聚焦影响和制约全区律师工作发展的瓶颈问题，邀请政法各部门及与律师执业相关部门，召开专题会议、联席会议4次。推动长寿区公证制度改革，制定机构和人员改革方案。

【队伍建设】 2017年，区司法局与28名部门负责人签订《重庆市长寿区司法局2017年度党风廉政建设责任书》，与50余名党员签订《党员干部廉洁从政承诺书》，综合运用监督执纪“四种形态”，坚持抓早抓小、防微杜渐，约谈干部30次59人次，开展廉政教育19次。及时健全和完善“三公”经费、值班等5个制度。落实定期督查制度，对干部出勤到岗、服务群众等领域加大巡查力度，年内对各单位开展明察暗访5次。区司法局被市司法局评为推进平安建设优秀单位，副局长姚立、社区矫正局戴泞蔓、凤城司法所贺影涛被区委、区政府记三等功一次。 （陈跃勇）

【监狱管理】 重庆市凤城监狱（简称凤城监狱）位于长寿区北城大道101号，其前身为1952年成立的菩提山劳动改造大队。1996年从原四川省第二监狱划出成立四川省凤城监狱；重庆直辖后，更名为“重庆市凤城监狱”。监狱设计收押规模3000人，是重庆市定点关押男性艾滋病犯的唯一监狱。监狱占地12.33公顷。监狱党委有班子成员10人，民警359人，监狱工人37人；监狱下设14个机关科室、9个监区（含1所医院）、2个直属单位（特警队、指挥中心）。凤城监狱2007年成立长宁工贸有限责任公司。

2017年，突出抓好规范化建设，全面完成“四无”目标，实施“四大提升”工程，着力提升规范管理层次、提升硬件建设水平、提升信息化保障能力、着力提升队伍素质能力，推进监狱管理标准化、科学化建设。围绕监管安全稳定这个首要任务，狠抓制度落实，强化罪犯管控，加快推进“四防一体化”建设，夯实监管安全基础工作；严格落实各项监管制度；扎实开展三级狱情分析；打击违规违纪；升级改造基础设施；落实排查整改制度；加强处突演练，完善监狱处突机制。连续十三年实现“四无目标”（无罪犯脱逃、无重大狱内案件、无重大疫情及群体性食物中毒、无重伤以上安全生产事故）。开展专项活动，对中共十八大以后凤城监狱办理的所有罪犯减刑、假释、暂予监外执行案件进行全面自查；建章立制，筑牢执法基础；加强狱务公开，提高执法透明度，落实司法部规定和公示制度，执行办理罪犯减、假保案件“五审核”和“一公示”制度，开展“监狱长接待日”接访活动；依法做好收押和释放、减刑、假释、暂予监外执行案件办理；强化文化教育，提升服刑人员认罪悔罪意识，关注心理健康，加强罪犯心理矫治工作，整合社会帮教力量，促进罪犯积极改造，举办“6.26”禁毒和“喜迎党的十九大”专题巡回展览。2017年，长寿区政府拨款100万元用于凤城监狱警示教育基地改造升级，配合长寿区委政法委的各项工作，为长寿区各级机关、企事业单位开展警示教育活动，人员超过2000人次。抓好伙食管理，全面落实伙食实物量标准；落实督促检查，监管区环境内务卫生保持良好；狠抓防疫治病，继续保持和长寿区人民医院、长寿区精神病医院、重庆市公共卫生医疗救治中心的友好联系，罪犯疾病得到及时治疗；做好制度规范，物资采购、罪犯鉴定、防暑降温等工作。规范劳动现场，提升劳动改造管理水平；推进罪犯培训、劳动报酬发放及计分考核物质奖励工作；落实罪犯岗位技术培训工作。凤城监狱思想政治工作始终坚持“政治建警、素质强警、从优待警、从严治警”的工作方针，围绕监狱中心工作，强化政治理论学习，狠抓“两学一做”学习教育常态化制度化工作；狠抓民警日常管理和队伍党风廉政建设，年内涌现出车建军、谭信湘2名民警勇救落水群众的事迹。加强文秘工作，严格文件办理，规范公文流转，加强档案管理和机要保密工作，完成凤城监狱5年制度汇编；做好信访事件的防控维稳工作；深化狱务公开工作；规范车辆管理、物资采购工作；全面规范财务核算、票据管理、政府采购、决算编报、固定资产管理等工作；执行公务接待标准，严控“三公”消费。支持、参与长寿区创建全国文明城区创建工作，与长寿区机关、企事业、社会团体和大中专院校建立共建合作关系，与重庆市行知职业技术学校结成共建合作单位，将法律援助、社会帮教工作引入监内，促进教育改造工作法制化进程。6月28日，长寿区区委书记赵世庆、政法委书记王身高到凤城监狱调研指导工作，长寿区政府为凤城监狱拨款190万元，其中100万元用于改建凤城监狱警示教育场所，90万元经费用于监狱大门两侧山地平整、绿化以及停车场的修建；长寿区城市投资建设集团公司完成监狱正对面小山坡削平工程。

（周多琦）

2017年重庆市凤城监狱领导人名录

党委书记、监狱长：罗　成（2017年1月离任）

王智慧（2017年1月任）

党委副书记、政委：杨光权

纪委书记：吴志勇

副监狱长（长宁工贸有限公司总经理）：

李泽明

副监狱长：李永贵 张祥彬 唐洪毅

政治处主任：刘　洋

长宁工贸有限公司副总经理：雷　伟　罗明松

森林公安

【概况】　2017年，区森林公安落实领导班子党风廉政建设责任制，开展反腐倡廉宣传教育，教育全体民警廉洁从警，建立民警个人廉政档案，开展行风评议，自觉接受社会各界监督。先后派出8名民警参加九二式手枪射击培训、1名民警参加全市行政案件培训、1名民警参加市局野狼突击队集训班，组织全体民警开展廉政教育、警务信息化技能和行政执法流程培训。森林公安逐步实现标准化、规范化、制度化、法制化，民警个人素质、实战能力和凝聚力得到全面提升。

按照重点优先、逐步推进的原则，谋划、推进森林公安改革。年内利用空编在公安院校招录民警1名，充实森林公安警力。完成900余平方米森林公安业务技术用房装修工程，建成办案区、办公区、生活区、接待区等功能区域；开展森林公安装备配备达标建设，采购一体化信息采集仪、单警装备等警务装备。经与有关部门协调，落实涉林刑事执法权限工作。

【林业执法】　2017年，区森林公安适时开展涉林专项打击行动，重点对乱砍滥伐林木、乱挖乱采树木、乱征乱占林地、乱捕乱猎野生动物等违法犯罪行为继续保持高压态势。组织开展“林区毒品查缉”“天网2017”“矿产资源违法行为”“保护野生动物”“严查森林火案和违规野外用火”“林木种苗执法”“重庆市‘绿盾2017’自然保护区监督检查”“林区安全隐患排查”等10余次专项行动，依法查处各类森林资源及野生动物案件74起。其中刑事案件4起、林业行政案件70起；依法打击处理各类违法人员74人，其中移送起诉4人、行政处罚70人，涉林案件查处率100%；收缴木材及制品30立方米；收缴涉案野生动物154条（只），为国家挽回经济损失70余万元。

【森林防火】　2017年，区森林公安完善森林防火预防、扑救、保障体系，健全森林防火长效机制。全年处置火警71起，均为非林地起火，未发生森林火灾。提高应急处置能力。建立林火视频瞭望监测系统，提升信息化预警能力；加强森林防火指挥中心建设，提升调度处置能力；完善预案管理，抓好应急处置工作；推进森林防火阻隔带建设，提升物理防控能力；开展森林火灾应急演练，完善应急预案，加强应急处置管理，提高应急救援能力。强化火灾防控措施。加强防火宣传，增强防火意识。全年发放森林防火各类宣传资料20万份；强化重点区域巡山守卡和火源管控，在重点路口常年设立森林防火检查站（点）57个，对进山车辆和人员实行严格检查登记，严禁一切火种入山，消除火灾隐患。完善网格监管体系。按照“属地管理、条块结合、群防群治、综合促管”原则，完善区、街镇、村居三级监管网格，形成横向到边、纵向到底的监管体系。落实森林防火责任。健全组织机构，层层落实责任，逐级签订责任书2.75万份，将森林防火责任落实到每一个责任单位、村社、护林人员及个人，确保事有人管、山有人看、责有人担。排查安全隐患。全面开展隐患排查，对林区输油管道、危化品仓库等进行拉网式排查，对排查发现的26处隐患均要求相关单位立即进行整改。加强应急值守。坚持24小时值班制度和火情报告制度，确保信息畅通。

【基础业务】 2017年，区森林公安加强“三情”（山情、林情、社情）调查工作，做到底数清、情况明，确定重点防范目标和部位，对“热点”地区的林区治安动态做到超前预测和防范。规范和物色建立治安耳目，扩大情报信息来源，及时掌握、发现林区内破坏森林和野生动植物资源违法活动和其他影响林区治安稳定的情报信息。因地制宜做好林业重点人员和重点行业的管理，建立健全档案，做到底数清，数量明。

【法治宣传】 2017年，区森林公安维护林区稳定工作，拓宽宣传渠道，营造保护生态环境的舆论氛围，提高全社会保护森林资源的法律意识、责任意识，使社会各界人士关心支持森林生态保护工作。利用短信、网络、乡村大喇叭、标语横幅、宣传车等多种形式，广泛宣传《森林法》《野生动物保护法》《森林防火条例》等法律、法规，组织开展以保护森林资源为主题的各类宣传活动。

（熊席跃　赵　愉）

2017年2月，长寿区公安局交巡警支队民警在校园讲解交通安全知识

军　事

重庆市长寿区人民武装部

【思想政治建设】　2017年，重庆市长寿区人民武装部（简称区人武部）把学习宣传贯彻中共十九大精神作为首要政治任务，创新思想政治工作方法，丰富内容，提升质量，筑牢官兵职工的思想根基。抓好学习宣传贯彻中共十九大精神。组织全体官兵职工收看中共十九大盛况，学习中共十九大报告，领会内涵；组织中共十九大精神“进军营”活动，全年向驻长寿部队官兵、专武干部、民兵应急分队宣讲中共十九大精神11次；开展主题教育、专题教育、法纪教育和中心组学习，推进“两学一做”学习教育常态化制度化；学习“实践论”“矛盾论”，做到结合实际指导工作。推进作风建设。主官带头公开承诺践诺，官兵职工相互监督、相互提醒，形成风清气正的良好氛围；全面彻底肃清郭徐流毒影响，推进正风反腐，剖析思想根源，拉出问题清单，明确整改时限；履行党委主体责任和纪委监督责任，重点解决党支部、党小组功能弱化，部分党员宗旨淡薄、意识淡化、精神不振、行为不端等问题；组织参观廉政教育基地，开展案例分析警示教育，严厉纠风整治，狠刹70类“微腐败”等歪风邪气，作风建设持续向好。组织国防教育。以庆祝建军90周年为契机，在商场、公交车等LED屏幕推送国防公益广告，在协信广场开展国防知识宣传，到社区开展送书上门和政策宣讲活动，到中小学上国防教育课；开展民兵思想政治教育，筑牢民兵预备役人员高举旗帜、听党指挥的思想根基。

【军事斗争准备】　2017年，区人武部坚持以习近平主席“能打仗、打胜仗”要求为统揽，牢固确立战斗力这个唯一标准，狠抓军事斗争准备。加强战备工作。持续推进战备标准化建设，修订完善战备应急预案，与区应急办建立信息通报机制；开展战备情况调研，在江南街道人武部和川维厂分别开展基层正规化建设试点和应急力量建设试点，探索路子，积累经验；按照“平时服务、急时应急、战时应战”的要求，坚持每季度不定时对各应急民兵分队进行点验和实战条件下的拉动。提高应急应战能力。区人武部统一筹划各街镇和企业分头组织应急和专业训练，在3至5月，利用20天完成业务基础训练；6月中旬，组织10天抢险救灾指挥训练；6月下旬，分2期组织114人的森林灭火骨干培训；7月，组织森林灭火及防汛任务重的部分街镇200人参加抢险救灾训练；11月下旬，分2期组织200人的灭火技能、维稳技能和轻武器操作训练；11月、12月，组织部分街镇和川维厂200人的专业训练；12月，开展10天处突指挥和补差训练，统一组织5期民兵骨干和专武干部训练；12月下旬，组织1期专武干部集训，重点观摩基层人武部正规化建设和防化应急力量建设成果，学习研究“十三五”时期民兵调整改革任务，联合区政府应急办、区消防支队组织22支应急队伍250人分3次开展拉练训练活动，提高应对各类突发事件的处置能力。提升国防动员工作质量。3月中旬组织全区整组工作培训，完成3150名基干民兵和4万余名普通民兵整组任务。年底前，各街镇均已组建30人的综合应急分队，达到编组科学、结构合理的要求；完成重庆市国防潜力调查任务，统计更新数据452条，更新完善辖区国防潜力数据，为战时动员任务提供精准数据保障。

【兵员征集】　2017年，区人武部贯彻落实国防部征兵办公室通知和重庆市征兵工作会议精神，以提高兵员质量为核心，规范征兵，廉洁征兵，突出高学历青年征集，完成征集任务。1月，展开兵员登记工作；7月召开全区征兵工作会，安排部署征兵工作，组织政治考核培训和征兵体检培训。征兵工作“五率”考评成绩优秀。重视廉洁征兵工作，与各街镇、区征办各部门签订廉洁征兵承诺书，成立廉洁征兵监督队伍，公布廉洁征兵举报电话，坚持廉洁征兵“零报告”制度。全年未发现征兵中的不廉洁行为。

【双拥共建】　2017年，区人武部围绕长寿区全面建成“三地一中心”发展思路，把建武装与用武装有机结合，把民兵工作向经济社会建设融合渗透，在参与地方经济建设和完成急难险重任务中锤炼和摔打队伍。坚持每月与驻长寿部队沟通，定期组织召开军地联席会，发挥好军地桥梁纽带作用。2017年，组织862名民兵和专武干部参与抢险救灾、维护治安、执勤保障等任务；开展精准扶贫、慈善双日捐、义务植树等活动，为城市文明献策出力；向涉军人员提供法律咨询37次，接访21件，调解纠纷6起，为维护社会稳定做出积极贡献。（冯　静）

中国人民武装警察部队重庆市长寿区消防支队

【概况】　2017年，是消防事业“十三五”规划的攻坚之年，中国人民武装警察部队重庆市长寿区消防支队（本分目简称支队）狠抓社会面火灾防控和灭火救援实战能力，全力维护好优良的消防安全环境。全年全区接处警1529起，其中火警433起、抢险救援247起、社会救助849起，出动车辆2098台次，出动警力16784人次，抢救被困人员196人，疏散受灾害威胁人员623人，保护财产价值近亿元。全年未发生较大以上和具有社会影响的火灾事故，继续保持行政执法“零投诉”、部队管理“零事故”、官兵遵规“零违纪”的良好态势，社会消防安全和部队管理形势持续平稳。

2017年4月26日，国务院消防安全检查组检查长寿区多种形式消防队伍建设，区领导巴川江等参加

【政治工作】　2017年，长寿区消防支队打造坚强领导集体，利用专家授课、理论研讨等形式开展党委中心组学习11次，严格执行党委议事“十六字”方针，党委成员下沉一线，定点帮扶指导基层工作。加强思想政治建设，以开展学习习近平总书记“四句话、十六字”总要求为指引，以“维护核心、听党指挥”主题教育和深入推进“两学一做”学习教育常态化制度化教育活动为主线，开展专题讨论，专题学习等活动，官兵撰写心得体会150余篇，调研文章10篇。完善“一馆一室一院”和警营文化建设，利用信息化平台，抓好教育宣传。营造部队风清气正，制订《2017党风廉政教育方案》，全年组织廉政专题学习12次，撰写学习心得体会60余篇，取得片区党规党纪知识竞赛第一名；督导与审计工作成效明显，2017年年内支队督察组开展督察41次，下发《督察通报》11期，发现并督促整改问题60余个，完成内部审计73项，审计金额464.41万元，审减金额48.41万元，审减率为10.23%。

【监督执法】　2017年，长寿区消防支队压实消防工作责任，始终坚持“政府统一领导、部门依法监管、单位全面负责、群众积极参与”的消防工作方针，扎实稳步推动全区消防工作开展。净化消防安全环境，全区19个镇街消防安全“网格化”达标率100%，41个社区、230家重点单位全部按标准建成微型消防站，纳入全区119指挥调度体系。2017年，支队检查单位6148家，督促整改火灾隐患13701处，下发责令改正通知书4404份，行政处罚198家，临时查封109家，停产、停业、停止施工“三停”整顿75家，罚款101.49万元，拘留35人。营造消防宣传氛围，建立校园消防逃生实景体验室，升级改造消防宣传车，持续开展“进小区、赶场镇”错时消防宣传工作；利用“长寿消防”微信公众号、官方微博，每天推送消防安全常识；在《长寿日报》、长寿电视台开设消防知识专栏，定期播出消防公益广告和消防安全提示，营造全社会“关注消防、参与消防”氛围。

【灭火救援】　2017 年，长寿区消防支队根据辖区主要灾害类型，差异化打造特勤中队石油化工攻坚专业队、凤城中队地下建筑灾害事故攻坚组、桃花中队高层建筑和高速公路救援攻坚组。落实执勤战备制度和全勤指挥部值班制度，中共十九大期间，成立“园区”和“城区”两个全勤指挥部，全员在岗、靠前值守，坚持守好灭火最后一道防线。扎实开展岗位练兵，严格落实全员练兵各项措施，每月举办业务大讲堂和体能技能考核，做到“个个有提高、人人必过关”。在上半年全市春季消防业务运动会上，桃花中队获团体冠军；特勤中队获评全国“执勤训练先进单位”。狠抓专职队伍建设，年内完成招录支队政府专职消防队员 30 名，龙河镇政府专职消防队站建成投用，全年开展政府专职消防队员培训 10 余次，全区 60 余名专职消防员通过灭火救援员职业技能鉴定。完成重大灭火救援任务。9 月 17 日，长寿区突降暴雨，云台镇多个居民小区被淹，接到救援任务后，支队调派 50 余名官兵、3 艘冲锋舟前往救援，成功营救疏散被困人员 500 余人，确保无一人伤亡，受到区委、区政府高度赞扬。支队还成功处置沪渝高速长寿至洛碛段甲苯槽车起火事故等重大灭火救援任务。

2017 年 9 月 17 日，长寿区突降暴雨，消防官兵紧急营救被洪水围困的云台镇群众

【后勤保障】　2017 年，长寿区消防支队强化经费保障、管理力度，全年争取业务经费 5593 万元；深入开展资产大清查，实物盘点清查资产 24.65 万件套，更新资产管理系统，完善账目，健全账、证。强化装备器材建设，修订完善《长寿消防支队“十三五”装备建设规划》及《装备评估论证》，车辆装备核查清理 13000 余件（套），为轻型石油化工专业队配齐配强装备，采购充气消防车、器材运输模块战勤保障消防车、抢险救援消防车、水罐泡沫消防车等新型车辆，对照队站建设器材配备标准，斥资 300 余万元对支队已有器材进行提档升级。强化基层基础建设，推进支队训练基地、战勤保障大队和长寿综合应急救援大队建设，开展暖兵工程，投入 400 余万元推动支队正规化建设，落实 60 套公寓房配备；整合社会资源、发挥军地优势，分别与供水、供电、油料等 17 家单位签订联勤保障协议，形成全方位、多层次、宽领域的全覆盖战勤保障体系。（汪　维）

中国人民武装警察部队长寿区中队

【概况】　2017 年，中国人民武装警察部队长寿区中队（简称区中队）出色地完成上级赋予的各项任务，为维护长寿区的社会稳定，保护人民生命财产安全，长寿经济建设做出贡献，受到当地党委、政府和人民群众赞扬，多次受到上级党委的表彰。区中队党支部曾先后 8 次被武警重庆总队表彰为基层先进党支部；团支部先后 13 次被重庆市团委、区团委和支队团委表彰为先进团支部；区中队先后十余次被武警重庆总队、支队表彰为先进中队，连续 15 年被评为安全无事故单位，先后 9 次被重庆总队评为正规化执勤一级单位。

【军事训练】　2017 年，区中队官兵牢记“能打仗、打胜仗”这一强军使命，紧贴任务实际抓好“实战化”训练，提升保中心能力。以支队各类集训为平台，突出重难点课目训练，狠抓应急班力量建设，突出抓好反恐装备的人装结合训练。针对 2016 年军事训练暴露出来的短板，有针对性地抓好部队日常训练，着力提升军事训练整体水平。参加支队勤训轮换和应急班比武，名次靠前。新兵下队后，认真组织专勤训练，坚持严格把关，合格一个上勤一个。开展“隐患大排查、秩序大整顿、执勤大练兵”活动，正规执勤秩序，突出执勤哨兵处置能力训练，每月与目标单位进行一次联合实战化方案演练，提高安全系数。全年区中队出动兵力 70 余人次，圆满完成 26 起武装押解临时勤务，

坚持任务出动前制定好应急预案和选好人员；任务过程中，干部靠前指挥、严密组织实施；任务完成后搞好总结讲评，有效提高官兵的应急反应能力。

2017 年八一期间，长寿区中队邀请抗战老兵座谈

【政治工作】　2017 年，区中队学习贯彻中共十九大精神以及警备区、总队、支队三级党委扩大会议精神，开展执勤战备教育、职能任务教育、经常性思想教育和密切内部关系教育。在支队集中授课后，区中队采取集中学习与个人自学相结合、讨论发言、体会交流、理论测试等方法增强和巩固学习效果；建立检查、补课等制度抓好教育“四落实”，确保学习教育不漏一人。2017 年年内组织讨论交流 8 次、理论测试 5 次、笔记展评 7 次，达到共同学习提高的目的；结合唱队歌话队魂活动，组织官兵搞好排练，开展演讲比赛、参与支队热点讨论活动，效果明显。区中队官兵对“四有”革命军人的认识理解深化，全中队的凝聚力、责任感和荣誉心在教育实践中得到升华。

【规范管理】　2017 年，区中队以“三无安全月”“五个一遍”等活动为载体，开展安全教育、隐患排查和诵读安全警示语、翻安全计时牌、观看安全教育警示片、“安全在我心中”演讲比赛等配套活动，编印《安全法规常识学习重点》口袋书，层层签订安全管理责任状。中队每周讲评、班排每天总结、个人时时自查，形成“人人抓安全，处处讲安全”的良好局面；抓住新兵下队、老兵退伍、“三节两会”等关键时期，注重加强对在外人员、住院病号、个别人的排查摸底，对在外人员建立跟踪管理档案，落实责任制，加强对部队的管控。武器装备管理严格落实每日清点和“五同”制度。配合支队完成军械普查，规范兵器室的设置，加强动态条件下的枪支管理，做到动枪必请示、用枪必验枪、归库必清点，实现“外部盗不走，内部一人取不出，动用有感知，应急有保障”的要求。在新兵下队前后，多次开展密切内部关系专题教育，落实“四不得”和“六个一”活动，保证内部关系顺畅、官兵友爱。抓好安全防事故工作，针对季节性事故案件的特点，重点加强预防食物中毒、防雷击、防淹亡、防触电、防中暑等环节工作，全年中队未发生一起官兵违反纪律和安全事故。（沈亮亮）

2017 年 7 月 18 日，中国农业银行长寿支行慰问区中队官兵

中国人民武装警察部队重庆总队执勤第一支队执勤第六大队执勤第十三中队

【概况】　中国人民武装警察部队重庆总队执勤第一支队执勤第六大队执勤第十三中队（简称武警十三中队）的前身是武警三中队，组建于 2011 年 6 月，2012 年 10 月 1 日正式上勤，主要担负重庆市凤城监狱外围警戒任务。2011 年 6 月至 2017 年 12 月隶属于中国人民武装警察部队重庆总队第四支队；2017 年 12 月转隶为中国人民武装警察部队重庆总队执勤第一支队管理。

武警十三中队自 2011 年组建开始，始终坚持党的绝对领导，坚决拥护党的路线方针政策。始终坚持用党的创新理论和“山城卫士精神”建队育人，2015 年提炼出“忠诚奉献，拼搏实干”的中队队魂，激励一批批官兵，用青春和热血书写忠诚。分别于 2013 年被重庆总队评为一级执勤单位，2015 年被重庆总队评为正规化执勤优秀单位和基层建设先进中队，2016 年被重庆总队评为先进基层党组织和基层建设先进中队。（陈良友）

人民防空

【概况】 重庆市长寿区人民防空办公室是区国防动员委会员常设机构，也是区人民政府人民防空工作的主管部门。2017 年，长寿区按照“长期准务、重点建设、平战结合”的工作方针，贯彻与经济建设协调发展、与城市建设相结合的原则，有效地促进长寿区人民防空事业科学的发展。

【民防应急保障】 2017 年 7 月，长寿区人防办启动投资 500 万元，实施区民防应急指挥平台数字化提升改造工程，年底前已开工建设。加强指挥平台维护管理，指挥平台全年正常运行、信息传输通畅；新增 3 台电声警报器，全区有 43 处固定警报器，3 台手摇警报器和 1 台车载警报器，城区内警报器覆盖率 90%。完成长寿湖安顺村民防疏散基地扩容建设，新接收 350 户疏散安置户，新增 5000 人的安置能力。

全年组织电台执勤训练 30 余次，网上训练 30 余次，对镇街点名 12 次。年底前，指挥中心实现与市人防基本指挥所、预备指挥所、其他区县指挥所、区政府应急办、区内各镇街音视频互联互通。10 月，完成群众防空组织防化防疫专项演练，得到市民防办在全市民防系统内通报表扬。已组建群众防空专业队伍 9 支，编制骨干人员 120 人；新建八颗街道莲花社区和菩提街道菩提社区 2 个“两防一体化”社区。

【民防工程建设和管理】 2017 年，长寿区人防办坚持突出规划引领作用，编制《长寿区公共人防工程近期项目建设规划（2017—2021）》。全年完成公共人防工程建设。截至 2017 年年底前，完成总投资额 4000 万元。审批某小区修建防空地下室，审核应建防空地下室建筑面积万余平方米，已开工建设；全年结建审批率 100%。接受办理 66 件，征收易地建设费。抓好工程质量监督和维护管理，对全区防空洞进行测量，建立电子档案数据库；对老旧防空洞进行安全处理，确保全区民防工程无重大质量和安全事故发生。

【民防宣教教育】 2017 年，长寿区人防办订阅《中国人民防空》《国防教育》《中国民兵》和《重庆人防》等杂志。结合“6. 5”防空警报统一试鸣放活动开展以“防灾减灾”为主题的民防宣传教育活动；和区教委共同召开民防知识教育工作会，对全区 30 所初级中学 7000 多名初一新生开展防空知识教育。（程文龙）

2017 年 1 月 22 日，长寿区在消防支队开展文化进警营双拥演出

经 济

- 农业和农村经济
- 工业
- 工业园区建设
- 中央市属在长寿企业
- 商贸服务业
- 交通　邮政
- 信息业
- 城乡建设与管理
- 建筑　房地产业
- 环境保护与管理
- 旅游业
- 库区移民
- 财政　税务
- 金融业
- 非公有制经济
- 经济管理与监督

农业和农村经济

综　述

【概况】　2017 年末，全区有耕地面积 56126.67 公顷，人均 0.097 公顷。有“一江、两湖、三河、十三溪”，现状水资源总量为 10.83 亿立方米，人均占有水资源量为 1198 立方米。辖区内有水库 108 座，其中大型水库 2 座、中型水库 1 座、小型水库 105 座，总库容 147773 万立方米。在建中型水库（龙门桥水库）一座，库容 1117 万立方米。林地面积 66666.67 公顷（其中常规林地 43333.33 公顷），森林面积 64000 公顷，森林覆盖率 45.5%。

2017 年，全区“三农”工作实施乡村振兴战略，落实农业供给侧结构性改革要求，全年实现农业总产值 67.4 亿元，超额完成目标任务；城乡居民人均可支配收入 25821 元，比 2016 年增长 9.8%，继续平稳较快增长。

【农业基础设施建设】　农业农村基础设施不断完善。启动 189 个村规划和 66 个村土地规划编制。投资 5.1 亿元启动现代农业园区提升工程，19 个区级涉农重大项目有序推进，新建高标准农田 1866.67 公顷。完成龙门桥中型水库枢纽工程、借水工程及附属建设，整治山坪塘 475 口，修复小二型病险水库 1 座，新增蓄水能力 168 万立方米，恢复及改善灌面 540 公顷。新建改建农村公路 214 千米，安装波形护栏 43 千米，乡村公路指示牌实现重要节点全覆盖。完成农村电网 35 千伏项目 2 台变压器、14 千米线路建设，10 千伏项目 200 台配变、44 千米线路建设和 545 千米低压项目线路建设，农村用电保障不断强化。新建 4G 基站 201 个，实现行政村电话、网络全覆盖。完成农村危房改造 1220 户，实施 10 个贫困村人居卫生条件改善项目 67 个，建设市级绿色示范村庄 10 个、整洁庭院 610 个。

【精准脱贫攻坚】　脱贫攻坚成果得到有效巩固。投入 3000 万元，支持 10 个脱贫村发展产业、改善环境、完善设施，全区新脱贫 529 户 1316 人。支持有劳力无门路的贫困户发展产业、转移就业，开发 3000 万元免息免担保产业扶贫贷款，培育 40 名致富带头人，通过“就业 + 扶贫”帮助 587 名贫困人员通过非全日制公益性岗位实现就业，帮助 217 名贫困人员通过全日制岗位实现就业。对因学、因病致贫的贫困户开展分类帮扶，发放教育扶贫款 432.4 万元、资助贫困户学生 4916 人次；筹集扶贫济困基金 456 万元，救助 828 人，基本医疗保险实现扶贫对象全覆盖，投入 170 余万元为建档立卡贫困户购买精准扶贫保险。实现建卡贫困户 D 级危房改造全覆盖。实施兜底扶贫 12529 人次，发放低保兜底金 287.5 万元。

【农业综合执法】　农业综合执法力度不断加大。全面推行片区农业综合执法，建立完善农业执法制度 45 项；出动执法人员 2000 余人次，查处农业违法案件 210 件，罚款 40292 元。开展农业法律法规宣传教育，开展场镇宣传 55 场，专题培训 12 批次，培训相关人员 1500 余人次。开展“绿箭护农”专项执法行动，检查种子经营部 118 家、批发企业 22 家、“两杂”品种 210 个，没有发现未审品种；检查农资经营户 400 家，抽样送检 70 个，检测出不合格产品 6 个、违规经营商户 7 家；开展禁渔期及渔船安全检查 188 次，检查整改渔船安全隐患 3 起 4 人；开展农机联合执法 186 天次，检查拖拉机 195 辆次，简易程序查处违法行为 159 件；开展果品苗木检疫专项联合执法检查，检查水果育苗单位 7 个、个体育苗户 12 家、果品市场 80 次，查处并集中销毁染病苗木 10.5 万余株。

【安全维稳】　安全信访稳定工作成效明显。全面落实农机、渔船安全监管属地责任，签订安全责任书25份，落实村社安全协管员263名。全面完善安全监管基础台帐，登记管理渔船237艘，船员282人；登记注册拖拉机517台、拖拉机驾驶员168人。年检237艘渔船、拖拉机30台，完成5艘长江渔船标准化改造。新办船员证53个，换发新证4个，拖拉机驾驶证到期换证17个；渔民人身平安保险参保率100%。培训拖拉机驾驶人员300人次、渔民600余人次，发放各类宣传资料2.9万份。全年未发生农机、渔船安全事故，江南街道成功创建2017年“重庆市平安渔业示范乡镇”，“全国平安农机示范区”“全国平安渔业示范区”建设成果得到有效巩固。落实信访稳定“一岗双责”工作责任制，办理原农技（农机）员养老和医疗补贴561人，成功化解郭某某等人信访积案，推进喻某某信访事项化解，各类信访交办件按期办结率100%。市级层面“房地产开发建设、涉众型经济案件、环境保护领域”和区级层面“征地拆迁领域、土地流转领域、企业改制领域”“3+3”信访突出问题专项治理取得成效，全区土地流转拖欠租金总额比2016年下降。

【农业品牌建设】 全区无公害农产品、绿色食品、有机农产品和农产品地理标志“三品一标”产品有109个，其中无公害农产品86个、绿色食品10个、有机食品10个、地理标志商标3个。2017年，新创建“重庆市名牌农产品”8个，新认证“三品一标”农产品72个；比2016年增长230%。优质农产品产量突破13万吨，位居全市前列。成功举办“金葡萄”等优质农产品评选活动，组团参展2017年重庆西部国际农产品交易会，重点推介长寿鲜鱼，获优秀组织奖。（唐　榕）

表13　　2017年长寿区国家认证的“三品一标”产品统计

类别	单位	证书编号	品种	产量（吨）	备注
无公害农产品	重庆市长寿区精英渔业股份合作社	WGH－16－10920	草鱼	150	
		WGH－16－10921	白鲢	75	
		WGH－16－10922	花鲢	75	
		WGH－16－10923	鲫鱼	150	
		WGH－16－10924	黄颡鱼	450	
		WGH－16－10925	鲈（淡水养殖）	95	
		WGH－16－10926	鮰	150	
		WGH－16－10927	翘嘴红鲌	300	
		WGH－16－10928	鲤	75	
	重庆市长寿区浩湖渔业有限公司	WGH－14－01000	草鱼	20	
		WGH－14－01001	白鲢	10	
		WGH－14－01002	花鲢	10	
		WGH－14－01003	鲫鱼	1100	
		WGH－14－01004	翘嘴红鲌	1500	
	长寿区家鹰果树种植园	CQ－Z－170084	梨	67.5	
		CQ－Z－170083	葡萄	45	
	重庆市长寿区葛河果品股份合作社	CQ－Z－170087	梨	22.5	
		CQ－Z－170086	葡萄	75	
	重庆市葛福农业专业合作社	CQ－Z－170085	稻谷	300	
	重庆市奕玮种植专业合作社	WGH－17－13582	花椒	150	

续表

类别	单位	证书编号	品种	产量（吨）	备注
无公害农产品	重庆市长寿区启路裕渔业股份合作社		草鱼	150	
			鳙	100	
			鮰	50	
			鲫	500	
			黄颡鱼	300	
			鲢	50	
			红鲌	40	
			鲤	25	
			鲈	25	
	重庆市长寿区徐银波蔬菜种植专业合作社	WGH－17－13599	茄子	80	
		WGH－17－13579	苦瓜	50	
		WGH－17－13602	南瓜	42	
		WGH－17－13604	辣椒	47.5	
		WGH－17－13581	蕹菜	30	
		WGH－17－13603	冬瓜	180	
		WGH－17－13601	豇豆	24	
		WGH－17－13605	黄瓜	80	
		WGH－17－13580	瓠瓜	23	
		WGH－17－13606	丝瓜	60	
	重庆市长寿区荣涛水产养殖场		草鱼	20	
			黄颡鱼	10	
			鲢	20	
			鲇	25	
			鳙	15	
			鮰	20	
	重庆市长寿区聚祥蔬菜种植专业合作社	WGH－17－13598	丝瓜	15	
		WGH－17－13600	茄子	90	
		WGH－17－13596	辣椒	30	
		WGH－17－13594	瓠瓜	22.5	
		WGH－17－13597	南瓜	30	
		WGH－17－13595	苦瓜	45	
	重庆市长寿区正农生态农业开发有限公司	WGH－17－13586	苦瓜	100	
		WGH－17－13585	丝瓜	60	
		WGH－17－13588	辣椒	125	
		WGH－17－13591	茄子	60	
		WGH－17－13590	冬瓜	15	
		WGH－17－13589	蕹菜	300	

续表

类别	单位	证书编号	品种	产量（吨）	备注
无公害农产品	重庆市长寿区正农生态农业开发有限公司	WGH－17－13592	豇豆	50	
		WGH－17－13587	番茄	120	
		WGH－17－13584	南瓜	40	
	重庆市长寿区刘晓冬淡水鱼养殖家庭农场	WGH－17－18577	鲤	5	
		WGH－17－18578	鳙（花鲢）	2.5	
		WGH－17－18579	鲢（白鲢）	10	
		WGH－17－18580	草鱼	25	
		WGH－17－18581	鲫	5	
	重庆维得鲜农业发展有限公司	WGH－17－13573	杏鲍菇	3000	
	重庆市长寿区罗磊蔬菜专业合作社	WGH－17－13583	莲藕	1600	
	重庆哈维斯特现代农业发展有限公司	WGH－17－14157	甜橙	300	
		WGH－17－14260	柑桔	300	
	重庆市巽泰农业开发有限公司	WGH－17－13879	柑桔	300	
	重庆市长寿区慧沣农业开发有限公司	WGH－17－14083	柑桔	300	
	长寿区跃欣农业有限公司	CQ－X20170035	生猪	325	
	重庆蓬山农业发展有限公司	CQ－X20170033	生猪	1300	
	重庆市山顺农业开发有限公司	CQ－X20170023	生猪	160	
	长寿区蓄财坡养殖场	CQ－X20160077	生猪	130	
	长寿区正品农业发展有限公司	CQ－X20170029	生猪	780	
	长寿区孟玫生猪养殖场	CQ－X20170028	生猪	260	
	长寿区大凼生猪养殖场	CQ－X20170027	生猪	320	
	长寿区韩跃全水产养殖场	CQ－X20170031	生猪	160	
	长寿区标杆养鸡	CQ－X20170037	鲜鸡蛋	500	
	长太生猪养殖有限公司	CQ－X20170024	生猪	1300	
	长寿区俊超家禽养殖专业合作社	CQ－X20170026	鲜鸡蛋	2500	
	长寿区长水禽业发展有限公司	CQ－X20170036	鲜鸡蛋	480	
	重庆烈安农业发展有限公司	CQ－X20170032	生猪	12	
	长寿区温氏畜牧有限公司	CQ－X20170034	生猪	780	
	长太生猪养殖有限公司	CQ－X20170025	猪肉	1300	

续表

类别	单位	证书编号	品种	产量（吨）	备注
绿色食品	重庆清迈农业有限公司	LB－03－1604341812A	大米	260	
	重庆市全年蔬菜种植家庭农场	LB－15－1605342373A	青菜头	300	
	重庆市长寿区秀德蔬菜种植家庭农场	LB－15－1608343993A	南瓜	300	
	重庆市长寿区树茂果树种植场	LB－18－1407342392A	梨	120	
	重庆市美高农业投资有限公司长寿分公司	LB－18－1407342081A	葡萄	104.25	
	重庆市长寿区意远达水果种植场	LB－18－1712348434A	红心猕猴桃	10	
	长寿区聚祥蔬菜种植专业合作社	LB－15－1712348442A	番茄	120	
		LB－15－1712348443A	黄瓜	100	
		LB－15－1712348445A	豇豆	45	
		LB－15－1712348444A	油麦菜	100	
有机食品	重庆市长寿区浩湖渔业有限公司	1000GA1300233	鲢鱼	500	
			鳙鱼	500	
	重庆市大洪湖水产有限公司	1000GA1300165	白鲢	350	
			花鲢	150	
			翘嘴红鲌	10	
			甲鱼	0.8	
			鲫鱼	25	
			鲤鱼	50	
			鲶鱼	10	
			鳊鱼	10	
地理标志商标	长寿沙田柚行业协会		长寿沙田柚	59000	
			长寿夏橙	24000	
	余志鹏		长寿血豆腐	20000	

表 14　　2017 年长寿区重庆市名牌农产品统计

	企业名称	品牌名称	产品编号	产量（吨）
重庆市名牌农产品	重庆市长寿区树茂果树种植场	覃茂牌梨	CQMPN－2017－29	120
	重庆市长寿区浩湖渔业有限公司	长寿湖牌鲢鱼	CQMPN－2017－102	500
		长寿湖牌鳙鱼	CQMPN－2017－103	500
	重庆市大洪湖水产有限公司	渔缘牌有机鲫鱼	CQMPN－2017－96	25
		渔缘牌有机白鲢	CQMPN－2017－97	350
		渔缘牌有机花鲢	CQMPN－2017－98	150
		渔缘牌有机翘嘴红鲌	CQMPN－2017－99	10
		渔缘牌有机甲鱼	CQMPN－2017－100	25

表 15　　2017 年长寿区区级以上龙头企业分布情况

序号	主营所属街镇	企业名称	注册地	产业分布街镇	备注
1	双龙镇	重庆市长寿区和兴源农业开发有限公司	龙河镇、双龙镇	龙河镇，双龙镇	市级
2		重庆农正农业开发有限公司	双龙镇		市级
3		重庆泰业农业开发有限公司	双龙镇连丰村		区级
4		重庆市长寿区联恒农业开发有限公司	桃花西路		区级
5		重庆旭鹏生态农业开发有限公司	双龙镇飞石村		区级
6		重庆杰冠生态农业开发有限公司	双龙镇飞石村三组		区级
7		重庆市长寿区鱼宝水产养殖有限责任公司	双龙镇长寿寨村四组		区级
8		重庆昊泓水产养殖股份合作社	双龙镇双龙居三组		区级
9		重庆果然好农业开发有限公司	龙河镇保合村五组	双龙镇	区级
10		重庆海倩农业开发有限公司	双龙镇长寿寨村七组		区级

续表

序号	主营所属街镇	企业名称	注册地	产业分布街镇	备注
11	石堰镇	重庆宏奥农业开发有限公司	石堰镇兴庄村		区级
12		重庆一牛农业发展有限公司	石堰镇石坝村		市级
13		重庆市长寿区俊超家禽养殖专业合作社	石堰镇麒麟村		市级
14		重庆市长寿区强惠种养殖专业合作社	石堰镇兴庄村五组		区级
15		重庆蒙揽农业开发有限责任公司	石堰镇大塘村		区级
16		重庆澳凯农业开发有限公司	石堰镇石安村七组		区级
17		重庆市草根农业发展有限公司	石堰镇干坝村五组38号		区级
18		重庆市长寿区智保农业开发有限公司	石堰镇干坝村二组		区级
19		重庆市素椒农业开发有限公司	石堰镇海天村		区级
20		重庆聚昇鑫农业开发有限公司	石堰镇海天村		区级
21	葛兰镇	重庆市恒河农业科技有限公司	葛兰镇	双龙镇、龙河镇	市级
22		重庆市长寿区富茜农业开发有限公司	葛兰镇		区级
23		重庆民生农业开发有限公司	葛兰镇天台村		市级
24		重庆荣达建设（集团）有限公司	葛兰镇，八颗街道	石堰镇、海棠镇、双龙镇、新市街道、八颗街道等	国家级
25		重庆市长源饲料有限公司	葛兰镇		市级
26		重庆达沃斯食品有限公司	葛兰镇清风桥		区级
27		重庆梦怡食品有限公司	葛兰镇		区级
28		重庆市顶尖食品有限公司	葛兰镇		区级
29		重庆隆羚花木有限责任公司	葛兰镇葛兰村八组	渡舟街道、凤城街道	区级
30		重庆维得鲜农业发展有限公司	葛兰镇		区级
31		重庆市长寿区进冠果蔬有限公司	葛兰镇沙河村七组	石堰镇	区级
32		重庆市长寿区标杆养鸡股份合作社	葛兰镇天台中心场		市级
33		重庆彭戚水产品有限公司	葛兰镇葛兰村十四组		区级
34		重庆穗花食为天粮油有限公司	葛兰镇富康路八号		市级
35		重庆市亚泉食品有限公司	长寿区工业园区健康科技产业基地		区级
36		重庆美道食品有限公司	葛兰镇		区级
37		重庆天可农业开发有限公司	葛兰盐井村六组		区级

续表

序号	主营所属街镇	企业名称	注册地	产业分布街镇	备注
38	龙河镇	重庆秀才湾果蔬专业合作社	龙河镇保和村		区级
39		重庆东源农业开发有限公司	龙河镇保和村	双龙镇、龙河镇	市级
40		重庆冬润果蔬产业发展有限公司	龙河镇保合村七组		市级
41		重庆秀丰农业开发有限公司	龙河镇四坪村九组		区级
42		重庆哈韦斯特现代农业发展有限公司	龙河镇龙河村		区级
43		重庆市正品农业发展有限公司	龙河镇贯岭村四组		市级
44		重庆长水禽业发展有限责任公司	龙河镇保合村一组		市级
45		重庆海川园林景观有限公司	龙河镇明丰村二组		区级
46		重庆市慧沣农业开发有限公司	龙河镇咸丰村二组		区级
47		重庆市禾丰生态园林有限公司	渡舟街道菩提村、江南街道、龙河镇	龙河镇	市级
48		重庆市巽泰农业开发有限公司	龙河镇永兴村四组		区级
49		重庆市长寿区二磴岩水果种植股份合作社	龙河镇仁和村一组		区级
50		重庆市长寿区银湖农业发展有限公司	龙河镇龙河村一组		区级
51		重庆三田农业科技有限公司	龙河镇河堰村		区级
52		重庆益恒农业开发有限公司	龙河镇河堰村		区级
53		重庆市长寿区程珊养蜂股份合作社	龙河镇合兴路 51 号		区级
54		长寿区老陈菜农业综合开发有限公司	龙河镇明星村二组		区级
55	云集镇	重庆市长寿区福胜夏橙专业合作社	云集镇福胜村		区级
56		重庆市长寿区成栋食品有限公司	云集镇大同村		区级
57		重庆友曼农业开发有限公司	云集镇玛瑙村七组		区级
58		重庆彦季农业开发有限公司	云集镇飞龙村一组		区级
59		重庆鸥能农业开发有限公司	云集镇尖峰村九组		区级
60		重庆豪顺生态农业发展有限公司	云集镇大同村七组		区级
61	邻封镇	重庆华浦农林发展有限公司	重庆市南川区大观镇，长寿邻封镇		区级
62		重庆舟乘波农业发展有限公司	邻封镇焦家		区级
63		重庆立润生态农业有限公司	邻封镇焦家村一组	渡舟街道	区级
64		重庆市保役农业开发有限责任公司	凤城长寿路 68 号 1－3		区级

续表

序号	主营所属街镇	企业名称	注册地	产业分布街镇	备注
65	凤城镇	重庆市友谊畜产品有限公司	凤城街道桂花村2号		区级
66		重庆市长寿区丰慧生态农业开发有限公司	凤城街道、海棠镇	海棠镇	区级
67		重庆市长寿区同安农业开发有限公司	凤城长寿路85号		区级
68		重庆烈安农业发展有限公司	凤城长寿路198号负1－1、负2－2		区级
69		重庆长寿村村淘电子商务有限公司	凤城街道黄桷路4号6楼		区级
70	洪湖镇	重庆平伟朝阳农业发展有限公司	洪湖镇称沱村		市级
71		重庆市大洪湖水产有限公司	洪湖镇		市级
72	云台镇	重庆市美高农业投资有限公司长寿分公司	云台镇锅厂村四组		区级
73		重庆军牧农业开发有限公司	云台镇桥坝村		区级
74		重庆清迈农业有限公司	云台镇八字村五组		区级
75		重庆大田粮油有限公司	云台镇150号		区级
76		重庆皿皿农业发展有限公司	云台镇黄葛乡双土村三组		区级
77		重庆牛队长生态农业有限公司	云台镇桥坝村		区级
78	新市镇	重庆市长寿区源创畜牧发展有限责任公司	新市镇新合村六、七组		区级
79		重庆市长太生猪养殖有限公司	新市镇何石井村	新市街道何石井村	市级
80		重庆拓阳科技有限公司	新市镇新市村		区级
81		重庆市红红饲料有限公司	新市镇河石井粮站内	新市街道河石井村	区级
82	晏家街道	重庆尚蔬坊饮料食品股份有限公司	晏家工业园区		市级
83		重庆兴发新实业有限公司	晏家街道		市级
84	葛兰镇	重庆紫耘实业发展有限公司	渡舟镇		市级
85		重庆长龙园林工程有限公司	渡舟街道		区级
86		重庆名华园林工程有限公司	渡舟街道	葛兰镇、新市街道	区级
87		重庆长相忆农业开发有限公司	渡舟街道		市级
88		重庆市金洲泉农业开发有限公司	渡舟街道黄连村		区级
89		重庆缘梦农业发展有限公司	八颗街道核桃村		区级
90		重庆市长寿区罗磊蔬菜专业合作社	葛兰镇龙井坎村		区级
91		重庆长寿温氏畜牧有限公司	葛兰镇枯井开发区8号		区级
92		重庆华夏农业有限公司	葛兰镇响水街168号		区级
93		重庆凯年食品有限公司	长寿工业园区葛兰工业组团康富路19号		区级
94		重庆荣达农业发展有限责任公司	凤城街道体育村12号	葛兰镇	区级

续表

序号	主营所属街镇	企业名称	注册地	产业分布街镇	备注
95	但渡镇	重庆亿茂农业有限公司	但渡镇	凤城街道、葛兰镇	区级
96		重庆金地农业开发有限公司	但渡镇		市级
97		重庆恩科农业开发有限公司	但渡镇兴同村		区级
98		重庆市容丽平蜂业有限公司	但渡镇双河村老岩沟		区级
99	长寿湖镇	重庆市长寿区桃李农业开发有限公司	长寿湖镇大石村六组		区级
100		重庆市长寿区安驰农业综合开发有限公司	长寿湖镇		区级
101		重庆市翔鹏农业开发有限责任公司	长寿湖镇红光村		区级
102		重庆熙润生态农业发展有限公司	长寿湖镇红光村十组	长寿湖镇红光村	区级
103		重庆最美东山生态观光农业开发有限公司	长寿湖镇湖滨路		区级
104		重庆世航农业开发有限公司	长寿湖镇紫竹村五组		区级
105	江南街道	重庆市长寿区英英蔬菜种植场	江南街道天星村六组		区级
106		重庆中欧农业发展有限公司	江南街道锯梁村五组		区级
107		重庆市长寿区五宝农业开发有限公司	江南街道		区级
108	万顺镇	重庆市诚善农业发展有限公司	长寿区		区级
109		重庆洲晟农业综合开发有限公司	万顺镇东风村		区级
110		重庆市巨鹏农业综合开发有限公司	万顺镇东风村四组		区级
111		重庆捷弘农业发展有限公司	万顺镇百合村八组		区级
112	海棠镇	重庆市长寿区聚祥蔬菜专业合作社	海棠镇海棠村九组		区级
113		重庆市长寿区七连山农业发展有限公司	海棠镇龙凤村		区级

（以上统计资料由重庆市长寿区农业委员会提供）

现代农业产业基地建设

【概况】 长寿区农业发展的特色是以“园区模式”聚集资源要素、改善发展环境、带动农民增收。2009年，长寿区规划启动现代农业园区建设，探索以工业化理念发展现代农业、园区化模式带动山地农业发展的新路子，先后完成现代农业园区“三园”“五区”（详见下文）规划，总规划面积为1004.87平方千米，成为全市首个实现适农区域园区规划全覆盖的区县。2017年，“三园”“五区”适度规模经营实现产值41.5亿元，“三园”产业覆盖区域内农村居民人均可支配收入24000元，高出全区平均水平近1万元。

【“三园”建设】 长寿现代农业园区的“三园”包括新市街道、龙河镇、双龙镇、长寿湖镇、邻封镇、葛兰镇、石堰镇、洪湖镇8个街镇49村。规划面积150.5平方千米，涵盖晚熟柑橘种植、长寿沙田柚种植和现代畜牧养殖等三大产业基地，辐射长寿区及周边区县柑橘和畜牧产业基地二百万亩。建设目标是“建成产业特色鲜明、要素高度聚集、设施装备先进、生产方式绿色、经济效益显著、辐射带动有力的全国现代农业园区，建成长寿区乡村旅游基地，成为推动乡村振兴的示范区”。截至2017年底，整合各类资金已投入5.1亿元，建成产业道路39.8千米，路面升级改造27.1千米，机耕及人行便道308千米；提灌工程37座、输水管网325千米，整治山坪塘194处，供水工程5处，供电工程43处；整治土地3146.67公顷。园区建成以晚熟柑橘、设施蔬菜、花卉苗木、沙田柚、蛋鸡、生猪、奶牛等为主的现代农业特色效益产业集群。入驻企业66家，其中，国家级龙头企业2家、国家级专业合作社1家、市级龙头企业16家。实现产值30亿元，园区农民人均可支配收入2.37万元。2017年，长寿现代农业产业园区“三园”出产晚熟柑橘4.3万吨，蔬菜1.6余吨，沙田柚特、甲级果5500万个，花卉苗木约60万株；出栏生猪27万头、仔猪15万头，产牛奶3000吨、禽蛋3万吨，出产饲料21万吨、有机肥约7万吨。园区产值30亿元。

现代农业种植园。规划面积50平方千米，主要覆盖龙河镇、双龙镇，重点发展晚熟柑橘、设施蔬菜、花卉苗木等产业，全投产后可实现年产值6.75亿元。引进澳门恒河、北京冬润等企业28家，建成各类标准化产业基地3733.33公顷，晚熟柑橘基地已建成全国最大的标准化晚熟柑橘基地3166.67公顷，投产2066.67公顷，年产柑橘4.3万吨。柑橘基地品种以塔罗科血橙、W.默科特柑橘、斑菲尔脐橙、尤力克柠檬为主，其中W.默科特、塔罗科等优质晚熟柑橘远销国内外。2017年实现产值4亿元。

现代畜牧养殖园。规划面积52平方千米，涉及新市、葛兰、双龙、龙河、石堰和长寿湖6个街镇，由生猪、奶牛和畜牧工业3个板块组成，全投产后可实现年产值32.6亿元。引进广东温氏、四川通威、华西希望等企业28家，生猪基地已建成温氏、长寿红、源创等标准化猪场12个，年出栏生猪27万头，年产值6.8亿元。奶牛基地已建成一牛、蒙揽标准化奶牛场2个，存栏奶牛1500头，年产奶3200吨，年产值0.18亿元。蛋鸡基地已入驻标杆合作社、特驱、长水等蛋鸡养殖企业4家，年存栏蛋鸡170万只，年产鸡蛋30000吨，年产值2.5亿元。农畜产品加工已有12家加工企业建成投产，其中农畜产品加工8家，有机肥2家，养殖设施设备2家；72公顷农畜产品加工区正在启动建设。2017年实现产值21亿元。

沙田柚种植园。规划面积62.18平方千米，涉及邻封、长寿湖、但渡、渡舟4个街镇，全投产后可实现年产值近7亿元，柚果收入占农民家庭收入的60%以上。围绕果园、家园、田园做文章，引进企业7家，组建合作社37个，种植沙田柚5000公顷，投产3333.33公顷；已建成沙田柚标准化果园3000公顷，其中，农业企业种植866.67公顷、合作社及农户种植2133.33公顷，产出特、甲级果5500万个；2017年实现产值5亿元。

【“五区”建设】 现代粮食生产区。规划面积307.39平方千米，覆盖龙河、葛兰、石堰、云台等镇，计划投资20.57亿元，建设水稻高产示范基地4000公顷，玉米高产示范基地333.33公顷，打造粮油高产示范区。已建成核心区和拓展区高标准农田1333.33公顷，达到“能排能灌、全程机耕、高产高效”，实现丘陵地区粮食生产全程机械化；2017年实现产值3.8亿元。

果蔬生态种植区。规划面积105.5平方千米，涉及洪湖、万顺2个镇，计划投资8.73亿元，利用区域内良好的生态优势，打造高品质果蔬生产基地。已建成晚熟柑橘基地266.67公顷，特色伏淡季水果800公顷，特色干果基地133.33公顷，标准化蔬菜基地200公顷；2017年实现产值3.1亿元。

东山生态农业区。规划面积174平方千米，涉及云集、长寿湖2个镇，计划投资7.61亿元，发展生态林果、特色中药材、精品榨菜等优质产业。已建成晚熟柑橘基地1533.33公顷，榨菜产业基地2000公顷，中药材苗圃633.33公顷；2017年实现产值2亿元。

西山生态农业区。规划面积204.5平方千米，涉及八颗、海棠、石堰、云台、洪湖、万顺等街镇，计划投资14.92亿元，重点发展森林旅游、森林食品和花卉苗木等生态产业，推进农旅融合发展。"西山竹海""五华云峰"等乡村旅游精品线路打造已纳入全域旅游规划；2017年实现农业产值1.1亿元。

三峡移民生态农业区。规划面积49.3平方千米，涉及凤城、江南、但渡、长寿湖、龙河、邻封6个街镇，计划投入资金8.73亿元，重点建设凤城复元生态果蔬园、但渡生态花椒园、江南生态观光园和生态柑橘园，大力发展乡村休闲旅游。已建成33.33公顷复元生态果蔬园，建成花椒基地666.67公顷，伏淡季果园533.33公顷；2017年实现产值1.5亿元。

【聚商选资工作】 重点围绕农牧产品加工、废弃物资源化综合利用和一、二、三产业融合发展项目开展聚商选资。全年完成合同引资665800万元、到位资金31150万元，分别完成目标任务的114%、104%。年底前正在跟踪洽谈重庆能投集团废弃物资源化综合利用项目、重庆茶人之家公司长寿人家众创空间建设项目等项目6个，拟投资资金约5.8亿元。

【产业优化提升】 优化提升现代农业产业体系，加快推进沙田柚、晚熟柑橘、畜牧和乡村旅游建设，促进园区一、二、三产业融合发展。北京土人规划设计公司关于长寿区现代农业园区休闲旅游概念规划设计工作取得阶段性成果。

推动绿色生态可持续生产方式，强化农业生态环境保护，建立农业清洁生产机制，实现测土配方施肥和柑橘营养诊断等科技的全面运用。

全面提升农业品牌战略，推进农业标准化，提升竞争力。以长寿柑橘行业协会为平台，推动柑橘产业"四统一分"（标准统一、技术统一、销售统一、品牌统一和分散管理）工作，严控品种、品质、品牌和销售的"三品一销"关键环节，园区产品销售均价比上年提高30%以上。浙江大学关于长寿区现代农业园区品牌打造推广工作正有序推进。

创新推进农村综合产权流转交易工作，积极稳妥探索"银行——企业——保险"模式下的土地经营权贷款抵押融资和土地履约保证保险业务，修订完善《长寿区农村综合产权流转交易实施细则》，逐步推出林权抵押、水域交易等新品种；全年完成农村产权交易35笔，流转土地553.33公顷，收集土地流转意向信息120笔，意向转出土地2666.67公顷。

【产业创新研发】 建有晚熟柑橘标准化生产与全程机械试验站，长寿沙田柚工程技术研究中心等7个创新研发平台，保障园区产业创新研发的有效推进。截至2017年底获得发明和实用新型专利等22项，包括一种改良土壤的茶树专用复合微生物肥的制备方法及其产品、鸡粪发酵肥料及其制备方法等发明专利7个，实用新型专利14个，外观设计专利1个。

【产学研及信息化建设】 通过科技特派员建设、院（校）地合作、院（校）企合作等多种模式，为园区提供大量的技术支持，人才培养得到有利的保障。建立长寿特色农产品交易信息网，开设网络短信订购平台长寿特色农产品交易信息，多渠道开展网站宣传应用。 （唐 榕 张玉兰）

重庆市长寿区农业产业布局示意图

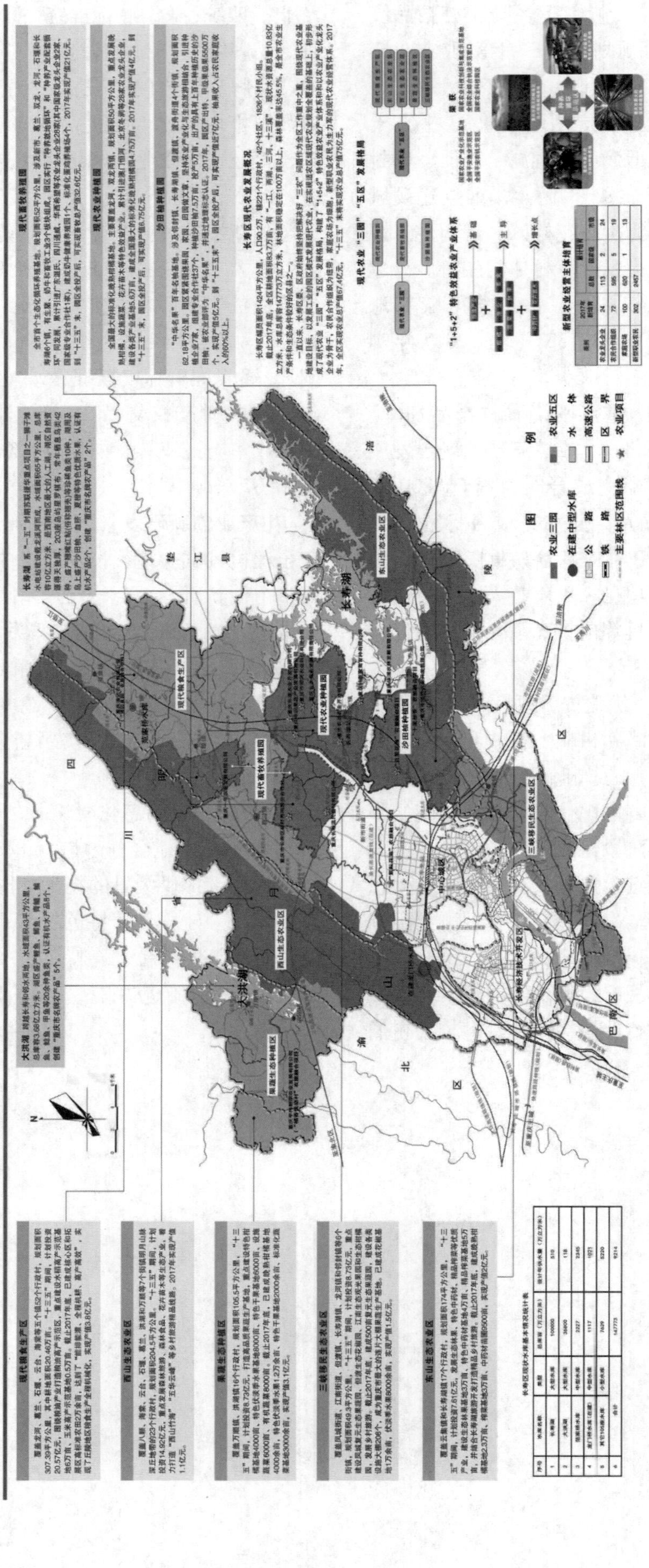

（重庆市长寿区农业委员会提供）

美丽乡村建设

【污水管网整改】 2017年，按照中央环保督察整改任务分解，开展全区乡镇污水管网整改工作。对全区14个街镇污水管网进行全域摸底调查，制定专项整改设计方案，由各街镇作为业主负责实施，街镇工业走廊公司、农投公司、开投公司等平台公司负责资金保障。计划到2018年6月，完成全部街镇污水管网整改工程，新增管网106千米，计划投资1.3亿元。截至年底前，第一批渝巫路（长垫路）沿线6个街镇污水管网工程已完工，全面完成环保督察整改任务，彻底解决打渔溪流域、桃花溪流域沿线场镇生活污水污染问题。第二批洪湖、万顺等8个镇已完成设计方案编制，正在报批。

【农村危旧房改造】 2017年，长寿区科学合理制定改造规划，实现两个目标任务提前完成，即全区现存农村C级危房和现存建卡贫困户D级危房已全部改造完毕。全年完成建卡贫困户D级危房改造181户。再次开展现存农村危房摸底调查工作，新识别增加建卡贫困户D级危房194户；全区现存危房1827户，计划在2020年全面改造完成。

【小城镇功能改善】 2017年，长寿区实施小城镇改善农村人居环境项目61个，实现各场镇（含撤乡并镇老场镇）公厕、路灯、生活污水处理设施、垃圾收运设施全覆盖，解决居民最直接需求的民生问题；实施场镇公共停车场、市民休闲广场、休闲健身公园项目11个，解决场镇停车难、居民休闲健身场地缺乏的问题；实施农贸市场整治、街区环境综合整治项目12个，全面改善小城镇人居环境。

【农村人居环境示范片】 2017年，长寿区已启动邻封镇邻封村——汪塔村及葛兰镇黄家坝村——盐井村改善农村人居环境示范片项目。2个示范片均已完成前期规划设计，申报市级示范片。邻封镇结合乡村旅游开发，以“十里柚香、百里花海”重点项目为依托，已建成现代农业产业（沙田柚）基地及油菜花乡村旅游示范点，完成投资5800余万元，示范片核心区环境明显改善。

【贫困村条件改善】 制定出台《长寿区改善贫困村人居卫生条件工作方案》《长寿区改善贫困村人居卫生条件项目实施方案》。全年下达10个贫困村改善人居卫生条件项目67个、投资2700万元，覆盖农村卫生厕所改造、畜禽污染防治、垃圾收集处置、生活污水治理、农村院落整治、饮水安全保障、农村危房改造及绿色村庄创建等内容。截至年底前，各项目均完成阶段性目标任务，含贫困村卫生公厕建设（改造）9座、农户传统卫生厕所改造870户、购置垃圾箱体（桶）204个、整洁庭院创建849个、畜禽污染防治项目5个、农村饮水安全工程3个、农村危房改造109户、绿色村庄创建10个。（陈秀菊）

农村经济管理

【农业农村改革】 2017年在全区19个街镇各选择1个村，全面开展农村集体资产量化确权工作并组建村集体经济股份合作社，除晏家以外其余街镇的18个村均完成社员身份界定和股权配置，完成村集体经济股份合作社组建工作。双龙镇红岩村、万顺镇万顺村、海棠镇古林村、新市街道新同村、云台镇八字村、葛兰镇黄家坝村6个村同时开展农村土地股份合作社试点和农村劳务合作社试点，年底前已完成成员入社申请、组织机构建设等筹备工作，正在办理工商登记。

【农村土地管理】 2017年深化农村土地承包经营权确权登记颁证完成招标工作。经区公共资源交易中心公开招标，四川空间信息产业发展有限公司中西山标段，辽宁宏图创展测绘勘察有限公司中东山标段。西山标段由晏家街道、八颗街道、渡舟街道、新市街道、葛兰镇、石堰镇、云台镇、海棠镇、洪湖镇和万顺镇10个街镇组成，涉及村及涉农社区131个、村民小组1024个、农户13.34万户、农业人口38.09万人、耕地面积34233.33公顷。东山标段由江南街道、凤城街道、菩提街道、邻封镇、但渡镇、长寿湖镇、云集镇、双龙镇和龙河镇9个街镇组成，涉及村及涉农社区94个、村民小组793个、农户9.09万户、农业人口24.19万人、耕地面积22366.67公顷。

【农业农村金融】 2017年政策性农业保险。承保油菜1573.33公顷、水稻7053.33公顷、玉米3353.33公顷、柑橘5466.67公顷、渔业600公顷，比2016年增长257.58%、82.41%、286.92%、135.63%和233.33%。全年保险赔付油菜22.85万元、水稻138.68万元、玉米50.37万元、柑橘88.23万元、渔业170.28万元，合计470.41万元。全年收保险金660.75万元，总赔款470.41万元，赔付率71.19%。市农业担保公司在长寿区担保贷款余额9460万元，解决新型农业经营主体所需流动资金。政银保试点工作年内开展2笔，贷款总额30万元。继续开展血脐价格指数保险试点。

（唐　榕）

种植业

【粮油生产】　2017年，全区粮食播种面积73900公顷，产量371580吨。其中：中稻23733.33公顷、产量19.17万吨，再生稻面积2333.33公顷、产量0.3万吨；玉米面积12733.33公顷，产量94350吨；红薯面积12533.33公顷，产量43240吨；马铃薯面积3600公顷，产量1.08万吨；大豆面积7866.67公顷，产量1.18万吨；油料面积6000公顷，产量1.08万吨；杂粮豆面积1133.33公顷，产量1360吨；葫豆面积2953.33公顷，产量3770吨；碗豆面积1013.33公顷，产量790吨。

【果树生产】　2017年，全区果树种植面积24933.33公顷，产量31.2万吨。其中：柑橘20566.67公顷，产量24.5万吨；伏淡季水果3433.33公顷，产量3.56万吨；瓜果面积933.33公顷，产量3.1万吨。全年实施柑橘类项目49个，涉及财政补助资金1929万元。实施柑橘基地高换433.33公顷，老果园改造提升733.33公顷；推广实施柑橘营养诊断技术333.33公顷；推广肥水一体化技术面积333.33公顷；推广绿色种养循环应用面积266.67公顷；推广果园全程机械化面积200公顷；推广以虫治虫“捕食螨”生物防治技术和杀虫灯、悬挂色板等绿色防控技术4000公顷。

【蔬菜生产】　全区蔬菜播种面积16000公顷，总产量38.7万吨。开展蔬菜类项目13个，涉及财政补助资金240万元。实施蔬菜项目，全区新建蔬菜基地106.67公顷。开展无公害蔬菜实用技术宣传培训，印发技术资料约2000份。

【土肥工作】　2017年全区化肥使用零增长行动工作抓好测土配方施肥技术，提升耕地地力，着力化肥减量增效。一是实施测土配方施肥技术面积96666.67公顷，开展田间试验示范10个，取土样本化验300余个，秸秆还田45800公顷，土壤酸化改良1333.33公顷，绿肥实施400公顷，有效降低化肥用量，改善土壤性能。二是开展辖区内畜禽粪便无害化利用工作，建成有机肥生产企业9家，全年推广有机肥5.5万余吨，其中区内生产商品化有机肥4.2万吨，畜禽粪便养分还田率90%。三是做好集成示范，全年实施有机肥替代及化肥减量增效示范区3个，水肥一体化333.33公顷，化肥减量30～40%。2017年举办测土配方施肥技术培训15次，发放宣传资料5万余份。四是转变施肥方式，创新施肥机制，全区实现测土配方施肥专家咨询系统街镇全覆盖，建成标准化测土配方施肥经销服务网点4个，培育科学施肥社会化服务组织3个，测土配方技术服务站双龙站建成运行，建成配肥站＋网点一站式供肥服务体系，率先在沙田柚、榨菜等作物上实现测土、包产、定制施肥新模式。

【植物保护】　做好全区主要农作物病虫害的预测预报与防治工作，主要以稻瘟病、纹枯病、螟虫、稻飞虱、稻纵卷叶螟、柑橘红黄蜘蛛、介壳虫、蓟马、黑星病等病虫害为主，全年各类病虫害防治面积78920公顷，通过有效防治粮作物挽回损失2.11万吨，柑橘挽回损失2.27万吨。

做好农作物检疫性病虫害的监测工作，主要是柑桔大实蝇、柑橘溃疡病，水稻象甲及红火蚁的监测和普查工作。全年发放宣传画20000份，柑橘大实蝇监测工作设监测点123个，收集宽带实蝇、黑颜实蝇及南亚实蝇等6000多头。年内云集镇、石堰镇、长寿湖镇、双龙镇、邻封镇、菩提街道、但渡镇、渡舟街道8个衔镇相继发现柑橘大实蝇危害，面积400公顷，处理蛆果、落地果13.4万斤。

【农业环境保护】　完成2017年双龙镇生态农业试点村项目建设。完成2017年野生植物资源调查、外来生物防除、三峡子系统等三大项目调查统计工作。做好中央环保督查问题整改工作，开展农产品产地采样监测。

（唐　榕）

林业

【概况】　2017年，重庆市长寿区林业局（简称区林业局）机关有内设科室6个，分别是办公室、计划财务科、森林资源保护管理科、造林绿化科、内部审计科、行政审批科；有直属行政机构1个，为重庆市长寿区森林公安局，机构规格为正科级；有下属参公事业单位2个，分别是重庆市长寿区森林病虫防治检疫站、重庆市长寿区林木种苗站，机构规格为正科级；有下属事业单位2个，分别是重庆市长寿区林业服务中心、重庆市长寿区国有林场，机构规格为正科级；有下属国有企业单位2个，分别是重庆市长寿区木材公司、重庆市长寿区森发木材有限公司。

2017年，全区森林活立木蓄积180万立方米。全年无森林火灾发生。按时完成松材线虫病除治任务，松材线虫病病死松树数量较2016年下降19.3%。推进一二三产业融合发展，林业总产值39.82亿元，比2016年增长34.5%。

2017年3月10日，长寿区春季义务植树活动。区领导赵世庆、巴川江、张明生、张华等参加

【造林绿化】 一是抓好植树造林工作。在春秋造林季节，坚持因地制宜，筛选适宜的乡土树种和种植模式，开展林业项目造林，广泛开展义务植树活动。二是做好补植补造工作。围绕筑牢长江上游重要区域生态屏障总目标，开展补植补造、封山育林和森林抚育等植被恢复工作，重点是加强对长江干流防护林的植被恢复和抚育管护，优化林分结构，提高森林质量，巩固造林绿化成效。三是推进造林绿化集约化进程。培育新型林业经营主体，鼓励采取“龙头企业+专业合作组织+基地”“专业合作组织+基地”等多种形式，破除地域界限，运用现代科技，推行机械化作业，实行科学化经营；加大对造林绿化的业务指导、技术服务和监督管理，提高造林绿化集约化水平。四是改善贫困村人居环境。根据《长寿区改善贫困村人居卫生条件工作方案（2017—2018年）》，在江南街道天星村、八颗街道石马村、长寿湖镇龙沟村、云台镇拱桥村等10个贫困村开展创建绿色示范村庄项目建设。主要对村内道路、坑塘河道和公共场所、农户房前屋后及庭院、村庄周围实施绿化，重点对村内道路、河道、公共场所、农户房前屋后和庭院实施绿化，有效改善贫困村群众人居环境。五是推广应用林业科技成果。在造林绿化、资源保护和林业产业等领域，推广应用林业科技，提高林业科技在推进现代林业发展中的贡献率。广泛宣传《中华人民共和国农业技术推广法》和林业科学技术，在广大群众中形成学科技、懂科技、用科技的良好氛围。组织林业科技人员开展送科技下基层活动，加强业务指导，提供科技服务，拓宽林业科技推广运用范围。

【资源保护】 一是加强生态保护力度。坚持“以打促防、以打促管”，开展打击破坏森林资源违法犯罪专项行动，查处涉林案件74起，其中刑事案件4起、行政案件70起，打击处理涉林违法犯罪人员74人，涉林案件综合查处率100%；国有林区禁种铲毒继续保持高压态势，确保“零种植”；加强林业有害生物防控日常管理，助推监测、检疫、防治监管工作常态化规范化科学化，推广APF－I型诱捕器800套，覆盖松林面积2000公顷，实施飞机施药防治松墨天牛1600公顷，防治松毛虫666.67公顷。二是加强天然林保护力度。建立完善天然林保护数据库、工程精细化管理制度和业务平台，加强对生态效益补偿金、管护金兑现和使用的监督管理；开展森林保险工作，全面完成29360公顷公益林保险和8960公顷商品林投保，抓好森林保险参保和理赔的协调服务工作。三是强化林地林木监测管理。建立健全森林资源监测管理制度，严守林地、森林和湿地生态红线，严厉打击破坏森林资源的违法犯罪行为；完成全区森林资源连续清查第三次复查工作、岩溶地区石漠化监测工作；完成2016年林地变更工作，推进林地管理“一张图”“一套数据”。四是加强野生动物保护利用。加大野生动物疫源疫病监控力度，开展对野生动物的救护工作；加强对野生动物驯养繁殖的监督管理，严格把握驯养繁殖、经营加工野生动物的审批条件，促使野生动物产业健康发展；推动野生动物保护发展，配合市林业局完成珍稀植物调查和第二次野生动物普查。截至年底前，审核审批野生动物养殖户10家、经营加工户1家。

【林业生产】 坚持特色定位、集群发展、市场运作、创新驱动原则，培育新型经营主体和整合各种资本要素，推进“互联网+林业”和林产品供给侧结构改革，推动产业基地建设，提高林地生产力和林产品附加值，促进一二三产业融合发展。2017年，林业产值达到39.82亿元，比2016年增长34.5%。一是以现代农业园区为主导，巩固提升沙田柚、血脐、杂柑等特色产业基地，培育发展明月山林业特色干果示范基地，发展优质良种核桃、板栗等干果产业，建立苗木基地1733.33公顷，培育各类苗木7300万余株，林业第一产业产值达到8.86亿元。二是以新市家居产业园为依托，发展智能家居产业；以果蔬汁饮料、竹笋加工为主的森林食品加工业良性发展，销往国内各大城市，出口日本、韩国及东南亚国家，林业第二产业产值达到27.71亿元。三是重点发展长寿湖、菩提山、黄草山等森林旅游，培育和利用“西山竹海”“万亩橘园”“紫耘花海”等优质林业资源，拓展森林旅游、休闲康养产业，发展森林乡村旅游，促进第三产业逐步壮大，林业第三产业产值达到3.25亿元。

2017年6月1日，长寿区林业局组织职工到长寿湖预防职务犯罪基地受教育

【林业改革】 一是抓好国有林场改革。2016年，区委、区政府印发《重庆市长寿区国有林场改革实施方案》（长寿委发〔2016〕37号），开启长寿区新一轮国有林场改革的序幕。2017年9月，经区编委同意，区国有林场事业编制重新核定，全额拨款事业编制由40名核减为36人。年底前，正在按照核减后的编制数办理区国有林场岗位设置、森林资源日常管护购买服务、编制森林经营方案、健全森林资源档案、推进基础设施建设等工作。二是推进集体林权改革。逐步建立集体林地所有权、承包权、经营权三权分置运行机制，推动集体林地有序流转。三是深化林业行政审批制度改革。完善行政权力清单，清理规范行政审批事项，推进行政许可标准化建设，做好服务群众和经营主体工作。四是继续深化供给侧结构性改革。改善林业产业结构，调整存量，做优增量，提高产业质量，引导和促使经营主体创造出市场需求、群众满意、效益较高的林产品。2016年培育，2017年建成紫耘花海春花园。

（熊席跃　赵　愉）

畜牧业

【概况】 重庆市长寿区畜牧兽医局（简称区畜牧兽医局）是区政府直属正处级事业单位，加挂“重庆市长寿区防治动物重大疫病指挥部办公室”牌子。其前身是1951年成立的涪陵专区兽疫防治队分队。于1957年成立长寿县畜牧兽医工作站，1975年改为长寿县畜牧站，1984年成立长寿县畜禽服务公司，2001年成立长寿县畜牧局，2002年更名为重庆市长寿区畜牧局，后于2007年更名为长寿区畜牧兽医局。该局位于凤城街道三峡路18号，是全区畜牧兽医行政主管部门，履行畜牧兽医行政管理职能和畜牧兽医行政执法监督管理职能。内设4科1室，即办公室（财务科）、人事法规科（畜牧兽医综合执法大队）、畜牧发展科、防疫检疫科（医政药政科）、行政审批科；直属事业单位5个，即动物卫生监督所、动物疫病预防控制中心、畜禽品种改良站、饲料监测管理站、畜牧信息中心；下属事业单位即19个街镇畜牧兽医站。2017年，有职工395人，其中在编人员246人，临聘人员9人，退休人员140人；有研究生10人，本科63人，专科148人，中专及以下25人；35岁及以下46人，36～45岁82人，46～55岁100

人，55 岁以上 18 人；高级职称 29 人，中级职称 106 人。

2017 年，区畜牧系统以创新、协调、绿色、开放、共享发展理念为指导，全力以赴抓生产保生态、抓防疫保安全，确保全区畜牧业健康稳步发展。全区实现畜牧业总产值 31.2 亿元，其中牧业产值 26.9 亿元，全年未发生区域性重大动物疫情和重大畜产品质量安全事故。

【畜牧产业发展】 全年生猪出栏 64.5 万头、蛋鸡存栏 594 万只、奶牛存栏 1902 头；肉类产量 6.7 万吨、禽蛋产量 5.3 万吨、奶产量 5245 吨、饲料产量 13.8 万吨。一是标准化规模养殖水平稳步提高。新（改、扩）建标准化规模场 22 个。全区年底前有出栏 500 头以上猪场 130 个、存栏 2000 只以上蛋鸡场 255 个、存栏 100 头以上奶牛场 2 个、出栏 50 头以上肉牛场 23 个、出栏 100 头以上羊场 33 个，其中国家级标准化示范场 5 个，猪、蛋鸡、奶牛、羊的规模养殖比重分别为 34.5%、80%、99.8%、45.6%。二是新型经营主体发展快速。全年新增微型企业 21 个，家庭农场 20 个，专业合作社 11 个。全区年底前有龙头企业 22 家，微型企业 530 个，家庭农场 110 个，专业合作社 77 个。三是畜产品品牌创建，推进“三品一标”和商标品牌培育工作，组织养殖企业申报认证无公害农产品和培育知名品牌。全年申报“无公害农产品”企业（合作社）14 个，申报无公害农产品 15 个；通过无公害农产品产地认证 14 个，无公害农产品 15 个，打造出“通威、特驱”等系列中国驰名商标和“阳悦、绿花、绿寿、深林氧”等重庆市知名商标和重庆无公害农产品。四是重点项目推进。申报 2017 年生猪调出大县奖励资金项目、2017 年畜禽养殖污染治理资金项目、2017 年市级现代特色效益农业切块资金项目、2017 年重庆市畜禽健康养殖等 7 个项目，争取项目资金 1739 万元；组织验收特色效益农业等 13 个项目，兑现项目资金 765 万元；对畜禽养殖场标准化改扩建项目、畜禽良种引进项目、畜产品加工产业链项目安排 600 万元资金支持；完成天恒成华 60 万只生态蛋鸡项目规划设计，启动土地流转准备工作；完成温氏第三种猪场项目重新选址论证，水、路等基础设施方案，项目备案等前期工作；完成温氏饲料厂项目投资 900 万元，实现投资任务的 30%。五是惠农政策取得实效。开展能繁母猪及生猪保险，全年保险能繁母猪 18584 头、生猪 88154 头，补助金额 272.6 万元，保险赔付额 351.2 万元（其中能繁母猪 110.6 万元、生猪 240.5 万元）；实施屠宰环节和养殖环节病死猪无害化处理补贴、重大动物疫病强制免疫副反应补偿、有机肥生产使用扶持等政策，补助资金 448.6 万元。六是畜牧信息化建设在全区范围内推广运用，规模化养殖场进入并有效使用，完成 4000 余条信息录入更新，在多次应急指挥中发挥作用；以门户网站维护管理为抓手，开展政务信息系统和业务专网的普查工作，促进政务信息资源共享交换，全年发布各类信息 118 条；以畜牧信息化为载体开展各项培训工作，全年组织培训 4 场次，培训人员 150 人次，推进畜牧信息化的进程。

【重大动物疫病控制】 开展动物防疫检疫工作，继续保持重大动物疫病清静无疫的成果，确保全区人畜安全。落实防疫责任，明确养殖者动物防疫主体责任，实行领导与科室包片联系街镇制度、规模场挂牌兽医责任制、散养户兽医包片责任制等，落实重大动物疫病防控的行政责任、技术责任、监管责任、企业法人主体责任，做到纵向到底、横向到边。强化基础免疫，严格执行畜禽规模养殖场程序化防疫、散养畜禽春秋集中免疫和三旬分类免疫制度，做到动物防疫“应免尽免、不留空档”。全年对家禽新城疫、高致病性禽流感（H5 + H7）免疫 600 万羽、猪口蹄疫免疫 64.5 万头、牛口蹄疫免疫 0.95 万头、羊口蹄疫、小反刍兽疫免疫 1.85 万头，牲畜口蹄疫、高致病性禽流感、H7N9、小反刍兽疫、犬只狂犬病防疫均达到 100%，猪、牛、羊免疫标识佩戴率 100%，圈舍消毒率 100%。动物疫情监测预警预报及时高效，实现全区所有畜禽规模场和包片兽医责任单元全覆盖，全面开展流行病学调查、血清学与病原学监测和风险评估，全年监（检）测畜禽规模场 599 场次和包片兽医责任单元 76 个次，畜禽血清样品 4 万余份，重大动物疫病免疫抗体平均合格率均在 80% 以上，完成年初预定监督监测和委托检测的总量，检测病原学样品 1983 份，开展自然村、养殖场、动物诊疗机构、交易市场、屠宰场的动物流行病学调查 80 个次，形成分析评估报告 4 期，预警通知 2 期，准确掌握重点动物疫病病原分布和流行态势。人畜共患病防控有力，全年共监测奶牛场（存栏20头以上）4场次、肉牛场（存栏20头以上）27场次、羊场（存栏50头以上）101场次和76个次固化散养监测单元；开展牛布病监测4345头次、羊布病监测1.5万只次、牛结核病监测4320头次；犬只狂犬病免疫5.2万只。推进应急管理，修订《长寿区突发动物疫情应急预案》（长府办发〔2017〕89号），拟定《长寿区动物疫情处置救援队伍应急预案》《长寿区活禽市场突发动物疫情应急处置预案》，建立上下联动、横向合作、跨区域协作的应急处置机制。

【畜产品质量监管】　全面执行基于监（检）测报告或风险评估报告基础上的产地检疫制度，实行动物检疫电子出证，全年应检产地检疫率100%，电子出证率100%，指挥平台数据录入100%；规范生猪屠宰监督检查行为，重点入场检疫查验登记，全年确保屠宰动物持证率100%、产品上市检疫检验合格率100%。严格执行动物调运“事前备案审批、事中道口准入、事后落地监管”制度，全年调入备案1026批次，其中屠宰用生猪740批次7万头，饲养用生猪45批次1.4万头，市外引进种猪3批次1540头，蛋鸡41批次61.7万只，牛8批次396头，猪肉189批次6万公斤。调出检疫305批次，其中生猪133批次1.2万头，蛋鸡136批次118.2万只，备案审核率和检疫审批率100%；深化“动物卫生法规制度全面执行年”主题活动，重点开展“绿剑护农·动监卫士”行动和生猪屠宰监管“扫雷行动”，协助做好全国食品安全示范城市创建工作，对“瘦肉精”、生鲜乳违禁物质、兽药、饲料和饲料添加剂等投入品进行专项整治。全年检查饲料生产企业9个、饲料经营户92个、兽药生产经营企业50个、动物门诊3个、养殖大户156个；检查奶牛养殖场（户）20个次，抽取30个生鲜乳样品进行“三聚氰胺”等违禁添加物监测，抽检合格率100%；监督抽检屠宰环节生猪“瘦肉精”等违禁品尿样1410个和养殖环节生猪“瘦肉精”等违禁品尿样22个，全为阴性，抽检合格率100%；监督病死猪无害化处理2.02万头，从源头保障畜产品质量安全。全年办理一般程序案件34件，罚没金额5.5万元，下达责令改正通知书17份，罚没劣兽药86.4公斤，切实保障畜禽养殖、动物产品、公共卫生、生态环境“四个安全”。　　（肖玲娜　覃琳玲）

渔　业

【概况】　全区水产养殖面积12555公顷，其中池塘1931公顷（山塘532公顷、精养池1399公顷），水库面积8536公顷（其中长寿湖和大洪湖水面7800公顷，区内其它水库580公顷），河堰养殖面积2088公顷；稻田养鱼面积310公顷，其它养殖面积52公顷。全区水产品产量3.58万吨，比2016年32475吨（市核定数据）增加3325吨，增幅10.20%。生产草鱼、鲢鱼、鳙鱼、鲫鱼、鳊鱼等水花35500万尾，增加2470万尾；生产草鱼、鲢鱼、鳙鱼、鲫鱼等大规格鱼种6550吨，减少470吨。

【渔业生产】　开展水产养殖实用新技术推广及培训工作。分别在万顺、双龙等镇开展各类养殖技校培训班，发放《春季鱼病防治方法》《泥鳅养殖技术》等技术资料2200份。调优养殖结构，发展特色渔业养殖。重点引进推广黄颡鱼、泥鳅、大鳞鲃、南美白对虾等名特优新品种。以葛兰、云集等镇泥鳅，葛兰、龙河等镇黄颡鱼以及长寿湖镇大鳞鲃示范养殖为重点，抓好种苗投放工作，确保全年增产增收。

鼓励发展池塘内循环流水养殖模式，推动全区水产养殖技术转型升级；推动渔业养殖模式的革新，向规模化、集约化、产业化转变，向质量效益型和环境友好型转变。2017年，在大洪湖水产公司万顺镇水产养殖基地新建池塘内循环流水养殖槽24个，云台镇新建池塘内循环流水养殖槽3个，全区推广池塘内循环流水养殖槽有63个。

实施市级特色效益农业（渔业）项目。全区22家水产企业、家庭农场和渔业专业合作社参加该项目的实施，实施总面积218.67公顷，投入资金710万元（其中财政资金400万元）。利用项目资金，加强池塘基础设施建设，加强水产良种引进和新技术推广，提高项目池塘养殖水平和产品质量。

【渔业服务】　做好水生动物病害测报工作，在全区建立水产养殖动物病害测报点5个，测报面积844公顷。确定测报人员5人，对养殖鱼类的病毒、细菌、寄生虫等病害进行测报。全年为养殖户提供鱼病防治措施和预测预报10期。

渔业资源增殖放流按照《长寿区天然水域增殖放流管理办法》结合农业部渔业资源增殖放流项目工作，2017年度全区境内天然水域增殖放流总量913万尾，其中：长江长寿段及支流水域放流167万尾，长寿湖水域放流750万尾，大洪湖水域放流170万尾；放流资金885万元（中央农业部增殖放流项目资金30万元，企业自筹855万元）。

加强水产养殖投入物管理，严格执行和强化水产养殖、用药和销售等“三项记录”制度，开展水产苗种产地检疫工作，建立健全渔业档案，采取不定期的水产品例行抽检，确保全区水产品质量安全。全年发放渔业“三项记录”1420本，开展水产苗种产地检疫14批次，开展水产品药残抽检121个样品；配合农业部、市农委对区内水产苗种、水产品药残安全抽检，全年水产苗种、水产品药残产地抽检样品36个，全部合格。

开展渔业养殖保险工作，降低渔业养殖风险。广泛宣传，多方发动，长寿区由中财保险和安诚保险2家公司分片受理全区的渔业保险工作。2017年，全区参保业主110户，保险面积594.67公顷。年内发生渔业保险案件240起，理赔240起，为业主挽回渔业损失260万元。（唐　榕）

水　利

【概况】　重庆市长寿区水务局（简称区水务局）位于长寿区凤城街道陈家坡13号，是全区水行政主管部门，主要负责贯彻执行党和国家有关水务工作的各项法规、方针、政策，统一管理、调配水资源，组织水资源开发、利用、保护工作。2017年设1室6科（办公室、财务科、水建科、水政科、移民科、内部审计科、行政审批科），机关编制19名，机关工勤人员2名；局属事业单位6个（区水务投资建设管理服务中心、区水务执法大队、区防汛抗旱指挥部办公室、区水土保持监督所、区移民后期扶持工作站、区水资源和河道管理站），均为财政全额拨款。全局定编171人，年底前在职158人，在职职工中，公务员20人、机关工勤人员2人、参公人员21人、事业编制人员114人。2017年有局属企业2个（区水碾电厂、区水投公司），合资企业1个（正航公司）。

2017年，区水务局以谋划实施“十三五”水利为契机，不断强化水资源管理；以群众满意为目标，着力推进水利民生实事项目建设；以“禹王杯”考核为标尺，力促长寿水利建设科学化标准化，全年完成水利投资3.99亿元，超额完成市级下达年度计划投资任务，为全区经济社会发展提供水利支撑。

【水源工程建设】　长寿龙门桥水库是长寿区第二座中型水库，总库容1117万立方米，由坝枢、借水、供水、灌溉工程4部分组成。年底前龙门桥中型水库枢纽工程、借水工程及附属设施项目已完成，编制完成长寿区龙门桥水利工程下闸蓄水验收相关报告上报市水利局待审批。全年完成投资4558万元，从开工至2017年底完成工程总投资47362万元。

【民生水利工程】　继续抓好山坪塘整治，全年完成山坪塘整治475口，超额完成市水利局下达的439口计划任务；完成投资4081.35万元；新增蓄水能力168万立方米，恢复改善540公顷灌溉面积。

【水利基础设施】　全面完成5座小水电增效扩容任务，正在开展6个增效扩容项目的招投标工作。6座新出险的小二型病险水库已完工1座，5座水库正在开展招投标。编制完成《长寿区“十三五”高效节灌规划》已经区政府批复，待资金下达后即可实施。长寿湖供水工程巩固提升项目正有序推进。

【水土保持综合治理】　完成《重庆市长寿区水土保持总体规划（2016—2030年）》编制工作。推进长寿区2017年坡耕地水土流失综合治理和全国重点水土保持项目，计划于2018年3月份完工。履行水土保持“三同时”制度，完成区级生产建设项目水土保持方案审批29件，完成水土保持补偿费征收51.89万元，水土保持设施验收2个。

【水资源管理】　增强对取水户的计量监管，对19个取水单位办理延续取水许可，对12个取水单位安装28个计量设施，征收水资源费140.8万元。加强入河排污口管理，开展入河排污口巡查8次，配合长江委对长江入河排污口进行核查，完善入河排污口基本信息、设置单位基本情况以及入河排污口监测情况等基础信息。新市街道叶家沟水库水生态修复项目已于11月2日完工验收，项目实施后可有效改善叶家沟水库水质。开展区内河道涉河建设项目审批、监管工作，完成涉河建设项目审批10个。区内集雨面积50平方千米以上10条河流736.9千米河道岸线的岸线规划及划界工作，一标段水文计算已完成，正在进行地形图测量；二标段已完成水文计算和地形图测量。开展河道日常监管，制定河道监管巡查工作制度，对长江实行每周一巡查，其余河流实行不定期检查，年内开展巡查检查50余次。

【防汛抗旱】　督促各街镇落实防汛安全责任，明确重点水利工程、重点堤防、山洪灾害防御区的行政、技术和管护“三个责任人”363名，签订防汛抗旱责任书49份。督促各镇街开展防汛抗旱应急预案修编工作，年底前已收到镇街报送的防汛抗旱应急预案12份，水库防洪抢险应急预案51份，调度计划29份。对山洪灾害监测预警站点进行修复，确保监测点正常发挥作用。开展防汛安全大检查和防汛安全抽查，对防洪重点环节、防洪隐患整改情况和镇街防汛抗旱工作开展情况进行检查，开展防汛抗旱应急演练工作，完成防汛防地灾专项督查。

【河长制推行】　编制印发《重庆市长寿区全面推行河长制工作方案》，成立长寿区河长办公室设在区水务局，建立区级、镇（街）级、村（社区）级三级河长体系；落实全区19条区级河流（含24座区级水库）河长19名，镇级河长134名，村级河长285名；完成河库分级名录调查。全区有区级河流（含长江）19条，镇（街）级河流107条，村（社区）级河流47条，水库107座。截至年底前，区级河长巡查25次，镇（街）级河长巡查504次，村（社区）级河长巡查3567次。

（孙　洁）

农　机

【农机推广】　2017年主要开展农机购置补贴、机插、机耕、机收工作，推广和引进农机新机具、新技术，深入推进农业全程机械化。全区推广补贴农机具1342台（其中：耕整机1234台、拖拉机9台、插秧机2台、联合收割机2台、粮食烘干机3台，其它农机新机具92台），补贴资金152.63万元，其中中央补贴资金152.63万元。完成机耕面积72500公顷，水稻机插秧面积9560公顷，完成机收面积19370公顷。完成深松整地作业面积208公顷。

【作业水平提升】　率先在全市引进日本单轨技术设备。在洪湖镇称沱村平伟朝阳公司推广果园轨道运输机1台套，长度501米，辐射果园面积五百余亩，探索解决丘陵地区运果难问题。创建植保社会化服务组织，购置无人机6架，建立飞防大队，日作业量可达一万亩，有效解决农作物施药的人工问题。

（唐　榕）

城乡统筹发展

【概况】　2013年5月17日，全区平台整合，重庆市长寿区农村投资管理中心、重庆市长寿区现代农业园区管理委员会、重庆市长寿区现代畜牧园区管理委员会和重庆市长寿区沙田柚种植园区管理委员会整合，成立重庆市长寿区城乡统筹发展管理服务中心（简称城乡统筹中心）；重庆市长寿农村投资发展有限公司、重庆长寿林业投资有限公司、重庆市长寿区交通基础设施开发有限公司整合，成立重庆市长寿区农村投资有限公司（简称农投公司）。2014年12月8日，根据区编委会（长编发〔2014〕109号）文件，区城乡统筹中心挂牌机构重庆市长寿区现代畜牧园区管理委员会更名为重庆市长寿区农村综合产权流转交易中心。2017年10月，按照区国资金融办《关于印发长寿区区管重点国有企业改革方案的通知》（长国金办〔2017〕67号）文件，重庆市长寿区城乡统筹发展管理服务中心更名为重庆市长寿区现代农业园区管理委员会（本分目简称管委会），挂重庆市长寿区农村投资管理中心、重庆市长寿区农村综合产权流转交易中心牌子；重庆市长寿农村投资发展有限公司、重庆长寿林业投资有限公司、重庆市长寿区交通基础设施开发有限公司等纳入重庆市长寿区城乡统筹有限公司（本分目简称公司）。

重庆市长寿区现代农业园区管理委员会职能职责到2017年底前暂未明确。

【工程建设】　围绕重大项目，推进工程建设。2017年，公司承接政府类、市场类重大项目18个。其中，新开工项目4个、续建项目11个、重大前期工作项目3个。年度计划投资73000万元，完成投资74139万元，完成年度投资任务的101.56%。

政府类重大项目。2017年，公司承建政府类投资项目10个。其中，续建项目7个，新开工项目2个，重大前期工作项目1个。一是续建项目。全家垭口至云集段（S413）改造工程，完成投资1618万元，完成年度目标任务的53.93%。付何至新市段（G351）改造工程，完成投资1068万元，完成年度目标任务的106.8%。江南街道一碗水至马桑垭段（一马路）改造工程，完成投资685万元，完成年度目标任务的137%。葛兰镇响水凼至大坝村段（长大路）改造工程，完成投资2000万元，完成年度目标任务的100%。全面完成走马岭至卫东段（李长路）改造工程、紫耘花海对外交通连接道工程、邻封镇农村旅游项目公路改造工程并交付使用。龙河镇秀才湾农民新村景观工程、邻封油菜花观景平台工程完工。二是新开工项目。菩提山森林公园增绿添加工程及城区川东净化总厂南侧绿化工程全面完工并交付使用。长寿区国道G351长寿湖三角碑至拱背桥段（涪陵界）改建工程有序推进，完成投资2106万元。三是重大前期工作项目1个，即渡舟至长寿湖一级公路，已完成项目立项及可研批复。

市场类重大项目。2017年公司牵头的市场类重大建设项目8个，完成投资5.8亿元，完成投资计划任务的100%。一是新建项目2个。天恒成华60万只生态蛋鸡项目，已完成环评编制工作，并报区环保局等待评审。中德国际动漫休闲农庄项目完成土地整治6.67公顷、蓝莓苗改良12万株、接待广场土石方平场17万立方米、栽种优质李树200棵、园区内道路基础工程完成10千米；招商流转土地36.28公顷，完成投资4000万元，完成投资计划任务的133%。二是续建项目4个。温氏饲料厂项目两栋房屋主体工程完成80%，门卫室完成主体工程建设，完成投资3000万元，完成投资计划的100%。“橘香悦动村”产业融合项目河道整治完成护坡建设，正在修建人行道；四季花果园完成场地平整，花带建设，等待栽苗；肥水一体化完成机房建设、铺设管道，等待安装机器；10万立方米水库完成设计，已报水务局，待修改确认；完成旅游厕所主体工程建设，鱼塘土石方开挖，完成投资13000万元，完成投资任务的130%。清迈良园项目一期已完工，二期3座思乡湖完成堤坝建设，思乡湖护坡建设完成20%，环境绿化完成5%；完成园区标识标牌，完成投资10000万元，完成投资任务的200%。全面完成紫耘花海农旅结合项目，年度完成投资28000万元，完成投资任务的100%。三是重大前期工作项目2个。农业废弃物资源化综合利用示范基地建设项目7月31日组织区级部门开展项目规划文本（初稿）征求意见会，编制单位已按照各部门意见修改规划文本，待审核通过。十里柚乡·百里花海《与中国海外控股集团有限公司关于邻封镇美丽乡村（田园综合体）项目合作备忘录》已经区政府第十八届30次常务会议同意实施，中海外控股集团正在开展规划编制工作。

一般类项目。年度完成一般类续建项目4个。即长寿区上硐农民新村环境工程、长寿区但渡大桥及引道工程、9.13洪灾长寿区邻东路地质灾害应急治理工程、长寿区烟坡饮用水水源地保护工程。

【资产运营】 资产管护工作成效显著，实现林木资产保值增值及生态涵养功能。一是完成2666.67公顷森林的防火安全设施和警示牌，实现森林资产保值增值，无森林火灾发生。二是启动库周三期绿化33.33公顷的施工招标工作；完成库周绿化92.53公顷竣工验收。三是完成1200公顷退耕还林中95.4公顷的补植工作。四是完成渝长扩能占用林地12000株林木搬迁工作。五是完成220000余株速生巨尾桉采伐工作，轮伐面积178.53公顷、抚育幼苗166.67公顷。

【项目融资】 财务融资增添新举措，资金平衡与融资保障工作有力。全年实现融资上账100000万元，全额完成年度融资上账任务。争取市级及以上财政补助资金19474万元，争取债券资金14650万元，确保全年资金平衡。

【队伍建设】 党建引领、廉洁高效，内部阵地建设更加完善。一是强化党建、落实制度。结合“两学一做”学习教育常态化、制度化要求，组织落实“三会一课”等组织生活，全年书记上党课3次、专题党课2次、专题学习研讨12次；发展入党积极分子2名。继续从严落实党风廉政建设和反腐败工作责任，按照“一岗双责”要求，定期开展党风廉政与反腐败专题研究、汇报，加强对员工的监督、管理与教育，全年签订党风廉政建设责任书16份、承诺书75份，开展廉政谈话17次，集中谈话200余人次，报批婚丧喜庆事宜2起。二是完善《落实党风廉政建设责任制专题报告制度》《行政办公会议事规则》《现金管理办法》《财务印章管理办法》《费用报销管理办法》《中介服务单位资源库管理办法》《工程项目设计变更审批权限》《工程款项支付管理办法》等一系列“两个责任”配套制度。三是围绕公司内务安全、林业资产安全、产业发展安全以及工程建设安全监管工作，坚持每月安全检查制度，做到定期检查，定期通报、整改，全年组织120余人次开展安全检查，确保全年无安全事故发生。按照节能减耗、降低成本的要求开展物资采购、会务协调、驾驶员及车辆管理等工作。制定方案，落实专人，跟踪督办，严格考核，信访稳定、扶贫攻坚、议案提案办理、计划生育、效能建设、统战、精神文明创建、机构编制、机要保密等工作顺利完成。（张玉兰）

2017年长寿秋收

工　业

综　述

【概况】　2017年，长寿区围绕建设“三地一中心”战略目标，坚持走中国特色新型工业化道路，把握“稳中求进”的工作总基调，主动适应经济发展新常态，更加突出稳增长、调结构、增后劲、抓改革、强创新、防风险，实施结构调整、产业转型和创新发展，构建六大主导产业支撑格局，形成现代工业和信息化产业体系。全区六大主导产业（综合化工、钢铁冶金、装备制造、新材料新能源、电子信息、智能家居及健康产业）产值占全区规模以上工业总产值的比重超过90%，结构比由2016年28:15:21:19:6:11调整为24:17:17:19:10:13，工业结构更加优化。战略性新兴产业工业总产值165亿元，增长100.5%。工业产品产销率维持在97.5%的较高水平，工业企业库存压力减小。重钢股份利润总额同比减亏36亿元，川维实现利润总额6712万元。

【工业经济指标】　2017年，长寿区工业增加值202.8亿元，比2016年增长11.8%，增速高于全市2.2个百分点；实现规模以上工业总产值1051.7亿元，增长27.9%，高于2016年同期16.9个百分点，2017年首次突破千亿元（其中，长寿经开区实现837.9亿元，增长18.6%；长寿工业园区实现200亿元，增长101.2%）。

2017年规模以上工业企业数达到244户，实现利润总额40.8亿元（2016年同期利润总额-40.8亿元），利润总额绝对额增加81.6亿元。其中，长寿经开区30.7亿元，利润总额绝对额增加77.9亿元，与2016年同期比较，利润总额绝对额增加8.1亿元；长寿工业园区8.3亿元，增长71%。

【主要产品产量】　2017年，长寿区主要工业品中，钢厚板产量40.6万吨，比2016年增长146.1%；钢中厚板产量258.1万吨，同比增长7.1%；粗钢产量411.4万吨，增长41.6%。

精甲醇产量183.2万吨，比2016年增长2.4%；合成氨产量13.8万吨，增长19.8%；冰醋酸产量39.7万吨，增长11.2%；离子膜法烧碱产量17.3万吨，增长4.9%。MDI产量20.2万吨，增长24%；橡胶轮胎外胎产量1410万条，下降17.3%。发动机产量2218.8万千瓦，增长35%；变压器产量896.6万千伏安，增长2.2%。无碱玻璃纤维布产量7667.4万米，增长12.2%；智能手机708.5万台。家具产量204.9万套，增长95.7%；食品产量15.9万吨，增长84.8%。

【工业投资和重大项目】　2017年，长寿区完成工业投资365.1亿元，比2016年增长15.7%；完成投资项目121个，其中：新开工项目74个，完成工业投资135亿元；续建项目47个，完成工业投资234亿元。全区引进工业项目108个，其中，1亿元以上项目85个（特大项目投资额或产值100亿元以上的3个，重大项目投资额或产值10~100亿元的17个），合同引资400.9亿元（1亿元以上项目合同引资397亿元），完成目标任务100%；实际到位资金187亿元，完成目标任务105%。

【能源保障】　2017年，长寿区协调落实工业用电、天然气、煤炭和蒸汽供应量。全年工业用电48.8亿千瓦时（含企业自发自用电），比2016年增长2.6%；工业用气23.8亿立方米，增长13.8%；工业用煤469.8万吨，增长24.2%；工业用蒸汽102.7万吨，增长31%。统筹规划能源基础设施建设，规划建设220千伏晏家花庄和东新村变电站扩容等一批输变电工程、3座变电站及电力输送管线项目。全年新增9家工业企业获得电力直接交易试点准入资格，直接交易企业达到45家，企业用电结构进一步优化，年降用电成本1.7亿元以上，年降企业用气成本2.6亿元以上。完善天然气管线网络和输配设施建设，涪陵至长寿页岩气专线工程建设顺利完工，中石化川维配气站至卡贝乐天然气专线建成，多气源供气格局逐步形成。

【供给侧结构性改革】 2017年，长寿区稳妥化解过剩产能，细化落实实施方案，开展专项督查。全年完成永航钢铁90万吨去产能任务，分类处置僵尸企业，注销空壳市场主体503户。一胜特工、德雅化工、海洲化学、天信线缆、吉利斯丹服饰等企业通过兼并重组、来料加工、厂房回购等多种途径实现闲置产能或资产有效利用。加快战略性新兴产业集聚发展。11月，长寿区举行战略性新兴产业项目集中签约活动，成功签约中国电信、长芯半导体公司等26家企业，预计实现产值327亿元。经开区引进100亿级项目3个，分别是合众锰业投资55亿元循环经济项目、重庆奕翔投资45亿元甲酯项目以及云天化投资30亿元高性能玻纤项目。推进校地合作，促进科技成果有效转化。长寿工业园区与重庆大学、西南大学、重庆邮电大学、重庆工商大学等高等院校合作，重点围绕科技研发、智能化改造、品牌创建、产业和科技融合，促进科技成果转化，加快提升传统特色产业，助推工业转型发展。

【企业扶持政策落实】 2017年，长寿区安排工业和信息化发展专项资金6300万元，支持119家企业190个项目。申报市级工业振兴项目17个、重庆市产业技术创新专项资金6个，组织15家企业申报2017年度重庆市企业技术中心，7家企业技术中心已获认定。博腾制药等3家企业13个项目进入重庆市技术创新指导性项目推荐目录。实施转贷应急周转资金政策，解决中小微企业到期还贷资金周转困难，全年完成47家企业市级转贷审核，完成转贷周转资金2.5亿元，帮助企业节约资金成本约1094万元。落实国务院、市、区“简政放权、放管结合、优化服务”相关政策，细化办理流程图，优化简化审批环节，缩短审批期限，提高办事效率，减轻企业负担，提高服务水平，营造公平发展良好环境。（蔺红宾）

【重点工业企业】 2017年，长寿区30户重点工业企业是：重庆钢铁股份有限公司、中国石化集团四川维尼纶厂、国网重庆市电力公司长寿供电分公司、巴斯夫聚氨酯（重庆）有限公司、正新橡胶（重庆）有限公司、重庆小康动力有限公司、重庆卡贝乐化工有限责任公司、重庆国际复合材料有限公司长寿分公司、重庆环松科技工业有限公司、重庆望变电气（集团）股份有限公司、扬子江乙酰化工有限公司、重庆市映天辉氯碱化工有限公司、重庆博腾制药科技股份有限公司、中橡（重庆）炭黑有限公司、重庆鸽牌电工材料有限公司、福安药业（集团）股份有限公司、重庆鑫富化工有限公司、云南水富云天化有限公司重庆分公司、重庆渝达六星动力机械有限公司、重庆怡能钢管制造有限公司、重庆昊翔纸制品有限公司、重庆市泓禧科技股份有限公司、重庆朝阳气体有限公司长寿分公司、重庆天泽新材料有限公司、重庆三杭蒙特费罗电梯部件有限公司、友为技术有限公司、重庆华维实业有限责任公司、林德化医（重庆）气体有限公司、威立雅长扬热能（重庆）有限责任公司、重庆攀钢梅塞尔气体产品有限公司。

（摘自长寿委发〔2017〕8号）

【成长型工业企业】 2017年长寿区30户成长型工业企业是：重庆紫光国际化工有限责任公司、重庆长风化学工业有限公司、中盐重庆长寿盐化有限公司、重庆农药化工（集团）有限公司、重庆市佐能化工有限公司、重庆钢铁集团三峰工业有限公司、重庆康普化学工业股份有限公司、重庆路洋化工有限公司、重庆云天化瀚恩新材料开发有限公司、重庆渝安机械制造有限公司、重庆鸽牌电瓷有限公司、重庆万斯金属特种成形有限公司、国家电投集团重庆狮子滩发电有限公司、重庆中节能三峰能源有限公司、重庆天勤材料有限公司、重庆远嘉矿业有限公司、重庆九橡化大橡胶科技有限责任公司、重庆市豪迈家具有限公司、重庆晏诚金属制品有限公司、重庆金维实业有限责任公司、重庆凯林制药有限公司、重庆市鸿海印务有限公司、重庆尚蔬坊饮料食品股份有限公司、重庆穗花食为天粮油有限公司、重庆长讯科技有限公司、重庆康乐制药有限公司、重庆小康汽车变速器有限公司、重庆华彩化工有限责任公司、重庆煜琨珑冶金材料有限公司、重庆炀琨焰冶金辅料有限公司。

（摘自长寿委发〔2017〕8号）

表16　　2017年长寿区规模以上工业企业经济效益统计

规上工业企业经济效益	1－4季度	2016年同期	同比±%
工业产品销售收入（万元）	9969566	7599963	31.2
其中：长寿经开区	7337075	5800621	26.5
长寿工业园区	1787461	951151	87.9
工业利润总额（万元）	407999	－407896	－－
其中：长寿经开区	307817	－472721	－－
长寿工业园区	83096	48604	71.0
工业税金及附加（万元）	280185	219287	27.8
其中：长寿经开区	180851	140306	28.9
长寿工业园区	42433	29570	43.5

（重庆市长寿区统计局提供）

表17　　2017年长寿区规模以上工业主要产品统计

产量（吨）	1－4季度	2016年同期	同比±%
生铁	3840952	2877320	33.5
粗钢	4114022	2905097	41.6
钢材	4420437	3478461	27.1
精甲醇	1853967	1806341	2.6
醋酸乙烯	528826	477425	10.8
初级塑料形态	261533	206321	26.8
冰醋酸	414434	373945	10.8
合成氨	138631	162576	－14.7
烧碱（折100%）	172516	190779	－9.6
化学纤维	20488	18304	11.9
合成纤维聚合物	157496	141313	11.5
发动机（千瓦）	22188414	16434054	35.0
玻璃纤维纱	231870	205383	12.9
水泥	1443029	1298829	11.1
化学药品原药	2854	2507	13.8
焦炭	1673873	1197050	39.8
发电量（万千瓦时）	295678	257929	14.6

（重庆市长寿区统计局提供）

钢铁冶金工业

【概况】　2017年，长寿区钢铁行业完成规模以上工业产值174.8亿元，比2016年增长46.8%。其中，重钢股份产值140.2亿元，增长85.1%；业康金属产值7.6亿元，增长22.2%；怡能钢管产值7.3亿元，增长16.3%。

重钢股份于2017年12月29日正式完成司法重整，公司股票于2018年1月3日上午复牌，市值突破200亿元。该次重整解决重钢股份巨额债务问题，落实供给侧结构性改革，依托主营业务，从公司治理结构、产品结构、产线配置、工艺流程、内部管理入手，在根本上改善企业的资产质量和盈利能力。（蔺红宾）

化学工业

【概况】 2017年，长寿区综合化工行业（含医药化工）完成规模以上工业产值247.5亿元，比2016年增长18%。其中，医药类完成规模以上工业产值51.9亿元，增长11.8%。产值前5位的企业依次为：川维（产值56.4亿元）、卡贝乐（产值26.2亿元）、博腾制药（产值14.6亿元）、扬子江乙酰（产值14.2亿元）、重庆博圣制药（产值8亿元）。（蔺红宾）

新材料新能源工业

【概况】 2017年，长寿区新材料新能源行业完成规模以上工业产值186.2亿元，比2016年增长27.2%。产值前5位的企业依次为：巴斯夫（产值42.3亿元）、正新橡胶（产值32.2亿元）、鸽牌电工（产值13.7亿元）、西南水泥（产值5.3亿元）、渝商再生资源（产值5亿元）。

（蔺红宾）

装备制造业

【概况】 2017年，长寿区装备制造业完成规模以上工业产值173.8亿元，比2016年增长5.9%。产值前4位的企业依次为：环松科技（产值40.7亿元）、小康动力（产值25.6亿元）、望江变压器（产值11.4亿元）、六星动力（产值7.5亿元）。（蔺红宾）

电子信息工业

【概况】 2017年，长寿区电子信息行业完成规模以上工业产值100.4亿元，比2016年增长107%。产值前5位的企业依次为：长讯科技（产值16.5亿元）、友为技术（产值16.5亿元）、信誉通科技（产值16亿元）、国际复合（产值11亿元）、天泽新材料（产值6.6亿元）。主要工业品中，无碱玻璃纤维布产量7667.4万米，增长12.2%；智能手机708.5万台。（蔺红宾）

智能家居及食品工业

【概况】 2017年，长寿区智能家居及健康行业完成规模以上工业产值135.2亿元，比2016年增长53.8%。产值前5位的企业依次为：广恒食品（产值6.9亿元）、佳禾家具（产值6.3亿元）、名风家具（产值5.6亿元）、宇心门业（产值5.3亿元）、豪迈家具（产值5.2亿元）；产值增幅前3位的企业依次为：瑞霆塑胶（增长181.3%）、广恒食品（增长164.3%）、鼎盛印务（增长146.3%）。主要工业品中，家具产量204.9万套，增长95.7%；食品产量15.9万吨，增长84.8%。

（蔺红宾）

工业园区建设

长寿经济技术开发区

【概况】 长寿经济技术开发区（长寿经开区）是2010年经国务院批准设立的国家级经济技术开发区，规划管理面积80平方千米（其中国务院批准面积10平方千米，长寿区委托代管70平方千米），重点发展钢铁冶金、装备制造、新材料新能源、生物医药、电子信息五大产业，是全国循环经济示范园区、国家新型工业化产业示范基地、国家知识产权示范园区、国家新材料高新技术产业化示范基地。

长寿经开区坚持“创新、协调、绿色、开放、共享”发展理念，秉承“五个一体化”建设发展机制，按照专业化、产业化、效益化、生态化的要求，立足资源、产业、区位等优势，以产业链招商引进世界级、国家级产业集群项目，构建五大产业上下游集群耦合发展的循环经济体系，走绿色低碳循环发展之路。已开发面积40平方千米，引进国内外知名企业320户（其中，世界500强18户、跨国公司36户、上市公司56户），合同引资超3310亿元，完成固定资产投资2171亿元（其中基础设施投资222亿元），建成投产企业243户（其中规模以上企业163户）。2017年完成规模以上工业产值840亿元，比2016年增长18.6%；完成固定资产投资298亿元；到位内资163.5亿元；完成税收25.12亿元，利润32亿元；实际利用外资1.5亿美元；进出口额72亿元人民币；合同引资310亿元。

【产业结构转型升级】 2017年，长寿经开区坚持聚焦主线不偏离、产业突破不放松，推进供给侧结构改革，发展“质效”持续提升。改革深入推进，去产能、去杠杆成效显著。全面限时完成永航钢铁关停，去除钢铁产业落后产能90万吨，通过重庆市督查组验收。成功引入中国第一支钢铁产业结构调整基金——四源合钢铁产业结构调整基金，完成重钢司法重整，企业突围解困迈出新步伐；成功组建运营售电公司、天然气公司，能源供给结构得到改善，“量价”保障显著增强。企业效益持续改善，亏损局面得到扭转。综合化工、钢铁冶金产业企业紧抓市场回暖机遇，优化生产工艺、强化生产管理、狠抓降本增效，综合化工、钢铁冶金等产业一举扭转连续5年亏损的局面，规模以上工业企业亏损面下降为8%，亏损企业亏损额下降20.2%。新兴产业持续发展，新动能得到释放。生物医药、电子信息、新材料新能源等战略新兴产业持续发展，实现规模以上工业产值289亿元，占比为34%；五大产业结构比由2016年的35:20:21:16:8调整为33:18:21:19:9。

【产业招商】 2017年，长寿经开区深入开展“聚商选资提升年”活动，开发应用招商数据库（PMP）系统，创新招商、产业链招商、委托招商取得新突破，新签约项目64个。生物医药产业实现成品药项目零的突破，新签约福安药业原料药及制剂项目和香港麦克药业年产800吨阿莫西林成品药项目等生物医药项目9个，协议引资36.72亿元。新材料产业集群壮大，新签约重庆奕翔化学年产40万吨甲基丙烯酸甲酯项目、云天化集团有限责任公司汽车轻量化材料、聚甲醛扩建、高性能玻纤等项目、重庆中平紫光己二腈项目等新材料产业项目9个，协议引资90.61亿元。新能源产业异军突起，新签约成都合众锰业科技有限公司新能源汽车用电池级硫酸锰产业化及重庆锂锰资源绿色利用及新能源材料工程技术研究中心项目、福田欧辉客车氢能源汽车示范项目等新能源产业项目6个，协议引资76亿元。电子信息产业持续发展，新签约浙江飞尔康通信技术有限公司芯片封装及产品组装生产线项目、邦盟（日本）资本有限公司电子特气生产等电子信息产业项目3个，协议引资14.86亿元。

【重大项目建设】 2017年，长寿经开区按照资金、土地、行政审批三条保障线加速推进重大项目建设，全年实施重大项目116个，总投资160亿元，新开工重大项目46个，17户现代汽车配套企业建成投产，新投产项目34个，实施技改项目87个，完成投资84亿元，新增工业产值51亿元。规划管理优化服务，项目规划用地有保障。编制调整控制性规划8次，涉及项目60个；编制调整基础设配套和公用工程规划12次，涉及项目21个；调整土规333.33公顷，上报预征地面积2000公顷；获批35个预征地批复，面积1400公顷；实施征迁233.33公顷，解决一大批征迁历史遗留问题，满足项目建设规划、用地需要。资金融通持续创新，项目建设资金有保障。筹集资金60亿元，满足长江二桥、科技创新园等一批功能型基础设施项目快速推进资金需要，新建成投运公用工程项目11个，完成投资21亿元。聚焦新材料新能源、电子信息等战略新兴产业推动盛世经开投资基金，带动产业投资10亿元以上。行政审批持续改革，项目建设规范提速。贯彻落实项目行政审批“一卡通”制度，制定实施《建设项目行政审批首席代表制度》，办证办件项目70个，为企业顺利开工建设、投产运营奠定基础。按重点突出、分类处置原则，对“两违”整治工作建立与街道联合巡查整治模式，完成4.5万平方米违建拆除、310个新增图斑的整治任务，通过市级考核验收，开发区整体发展形象得到提升。

【创新驱动发展】 2017年长寿经开区成功获评国家级知识产权示范园区。从政策驱动、载体建设入手，成功获批事业单位创新服务中心，建成科技创新人才公寓75套，建成光电产业校地合作研发基地，入驻3户研发机构。坚持引资与引智并重，开展创新招商，签约入驻17家法人化研发机构，开启技术创新市场化运作的新篇章。产学研用一体化发展有新成果，企业总计申报专利8709件，授权专利4201件，引进科技创新高层次人才60名（新引进博士后1名），企业研发经费投入11.4亿元，新产品实现产值83亿元。新增瀚恩新材等国家高新技术企业3家，其中瀚恩新材料光学级聚乙烯醇（PVA）薄膜项目获第六届中国创新创业大赛暨第三届重庆市“高新杯”众创大赛新材料初创组第一名；博腾制药、欣欣向荣被认定为2017年度重庆市技术创新示范企业。

【安全环保稳定】 2017年，长寿经开区始终坚持“安全生态一体化”发展，突出“源头预防、过程控制、应急管理”三大重点，安全环保应急各项工作取得新进展。安全生产、环境保护工作分别接受国家部委检查督查5次，其中安全生产工作代表重庆市接受检查督查1次，得到国家部委领导、专家一致好评。

安全管理。筹集资金300万元首创危险与可操作性培训，培训企业骨干300人（次），组织开展安全文化沙龙6次、安全经验共享联盟会议2次，发动649个班组参加安全标准化班组创建活动，形成一家有亮点、大家来学习的安全管理氛围。用标准化管理规范施工现场，购置分发安全标识服、工作牌各1000套分发到监理和安全员，规范工地大门、道路硬化、冲洗设施设置，保障安全文明施工。2017年没有发生较大以上安全生产事故，企业上报可记录的人身伤害事故同比下降29%。

环境保护。完成化工、电镀企业污水管网可视化改造21千米，从源头上防控环境风险源。按照规划环评和长江1千米红线要求预审建设项目61个，指导企业完成64个项目专家审查、28个项目竣工验收，8个项目取得排污许可证。引导激励11家企业开展ISO14000环境管理体系认证试点工作。全面完成有机废气深度治理任务，开展环境日、公众开放日责任关怀活动16次，参与群众1000余人（次），周边区域群众环境满意度提高。

信访稳定应急管理。按照注重预防，加强排查，畅通渠道，正确引导，加强联动，积极调处的原则，做到早研判、细方案、快处置，全年处置民工工资、工程款纠纷19起28次，劳资纠纷72起，环境突发事件89件，确保中共十九大期间安全稳定及重要特殊敏感时期零集访、零群访、零上访、零到市进京。应急管理工作围绕力量更强、响应更快、作用更大的目标，采购储备应急物资17种，举办29户企业参加的应急队伍技能比武，开展经开区级实战应急演练2次，“双盲”演练2次，指导观摩43户企业开展应急演练，数字园区应用功能扩充企业值班、演练信息报送和地理信息离线数据查询功能。

【党建工作】 2017年，长寿经开区贯彻落实中央、市委、区委关于加强党的建设和全面从严治党要求，深入学习宣传中共十九大精神，组织精干力量到工矿车间宣传讲解中共十九大精神80余场。推进“两学一做”学习教育常态化制度化，加强基层组织建设，规范有序开展组织生活，5个支部召开支委会70次、党员大会60次，组织红色基地体验2次，选送的主题党日活动案例获区直机关工委评选三等奖。以加强机关党员、干部党性锻炼、改进机关作风为重点，巩固拓展落实中央八项规定精神成果，继续整治“四风”问题，加大教育和监督党员干部力度，区纪委驻经开区纪检组成功入驻。全年没有发生违法违规违纪行为。

【存在问题】 2017年，长寿经开区外资引进、产品出口面临严峻考验。化工、钢铁冶金等传统产业总体产能过剩，传统产业升级发展、新兴产业培育壮大任重道远。促进经济增长的制约性因素仍待破解。企业的研发水平，重点是“工业四基”的研发生产水平和新技术的转化能力仍有待提高，研发队伍仍不够强、行业领先的产品仍然不够多，创新驱动发展的能力亟待增强等。

【部分规模以上企业】 重庆成元汽车部件有限公司 2014年3月12日，韩国世原集团旗下的韩国世原物产株式会社与长寿区政府签订成立重庆成元汽车部件有限公司汽车零部件项目投资协议。项目位于长寿经济技术开发区八颗组团，用地22.93公顷，主要生产汽车车身配件和总装部件，是北京现代第五工厂的主要配套企业，项目建成后将为北京现代配套CB、QX、SQ等相关车型部件。项目投资总额10亿元，建设年生产50万台汽车车身项目，用工1000人。2017年12月建成投产。项目一期投资6.06亿元，5年内实现量产，预计年销售额10亿元，实现利税上亿元；二期投资3.7亿元，7年后实现量产，预计年销售额17亿元。

重庆星宇海特克汽车部件有限公司 重庆星宇海特克汽车部件有限公司汽车车身覆盖零部件项目用地面积20公顷，项目总投资20.7亿元。其生产产品主要为汽车车身覆盖零部件，为北京现代重庆第五工厂配套企业，主要品种包含车身覆盖零部件、车身覆盖零部件夹具、模具、发动机横梁总成等。项目分二期建设，一期工程建筑面积5.41万平方米，投资8亿元。项目于2016年5月动工，30万台（套）/年的车身覆盖零部件生产线，2017年10月正式投产，预计实现年销售收入10亿元，税收0.8亿元，吸收地方劳动力600人左右。

重庆云天化瀚恩新材料开发有限公司 重庆云天化瀚恩新材料开发有限公司（本文以下简称“公司”）直属于云南云天化股份有限公司，其前身为重庆云天化研发中心。公司位于重庆市长寿经济技术开发区，总占地面积7.67公顷，总建筑面积6.4万平方米，总资产2.6亿元，注册资本金2亿元。有员工150人，其中博士1人、硕士18人、本科52人，研发团队平均年龄28岁。公司直属于云南云天化股份有限公司，是为支持公司战略转型和产业升级，增强公司核心竞争力而设立的集研发、生产、销售于一体的自主创新型企业。公司以聚甲醛、新材料和新能源材料领域为主要研发方向，其中在聚甲醛领域已有聚甲醛有机成核剂、挤出级聚甲醛等多个研发成果实现产业化，在新材料领域有年产120万平方米FCCL中试线和年产10万平米高导热石墨膜实验线的相关产品陆续投放市场。在研项目有电子显示材料、散热材料、超滤水处理膜环保新材料等，这些项目和技术与重庆市“十三五”科技创新发展方向一致，这将大大促进重庆市新材料产业发展。公司配套建设的检测中心，具有国家合格评定认可委员会（CNAS）认可资质，也是长寿经济技术开发区公共检测平台的成员，能够为客户提供多方位的性能检测。实验室占地2000平方米，拥有专业测试设备100余台，设备资产近千万元，检测项目100余项。

光电产业校地合作研发基地 光电产业校地合作基地是长寿经开区依托重庆化工职业学院，成立的光电产业校地合作研发基地，已引进入驻重庆格络研究院、深鉴科技、世纪之光材料研究院等3家研发机构，总投资6800万元，建设石墨烯第三方测试中心、国家认证的材料实验室以及塑料光纤布线实训室、塑料光纤领域前沿学科研究学术交流中心、光学级PMMA以及塑料光纤系统产品与技术孵化基地、国家级工程中心。

重庆格络研究院，注册资本3000万元，主要研究方向为新材料、太阳光照明节能系统、信息安全存储，立项项目18个，其中新材料10个、太阳光照明节能系统5个、信息安全存储3个。首期投资1000万元，建立新材料研发中心和新材料中试线，2017年10月完成；二期投资1000万元，建立光导研发实验室，预期2018年5月完成；三期投资1000万元，与新加坡国立大学共建石墨烯检测中心及新材料测试中心，预期2019年6月完成。拥有清华大学博士后、深圳市新材料行业协会专家、广东省省部产学研科技特派员万军喜，美籍博士、教授、太阳能光导照明系统研究专家 Howard. lin，中科院博士于志伟，原深圳航天科技创新研究院试验中心主任陈晓星等7名高端研发人员；主要合作高校有新加坡国立大学、台湾东吴大学、重庆大学、四川大学，合作研究院有清华大学深圳研究院、中国航天深圳研究院。

深鉴科技由清华大学与美国斯坦福大学的世界顶尖深度学习硬件研究者创立，是世界领先的人工智能加速方案提供者，具备世界最顶尖的神经网络压缩、编译、体系结构与指令集结构设计、可编程逻辑器件开发、系统集成完整开发能力，计划投资2000万元，研发面向服务器和嵌入式方案，主要项目为AI消费无人机、AI警用无人机、AI安防摄像机、数据中心AI加速平台、基于AI芯片的无人机、安防摄像头等智能终端。年底前，已在服务器领域与搜狗、网易建立针对互联网语音处理的合作开发项目，国内第二大无人机厂商零度智控已经将深鉴科技的嵌入式方案部署到其最新的智能口袋无人机中，并与多家半导体芯片厂商建立合作关系。投资人包括金沙江创投、高榕资本等。主要研发无人机和服务器两个行业的两款核心产品。有66名全职员工，其中38人毕业于清华大学，有20多名来自于斯坦福大学、清华大学、UMich（美国密歇根大学）、UIUC（美国伊利诺伊大学香槟分校）、北京航空航天大学、北京邮电大学等知名高校的实习生。团队核心成员包括：清华首批终身教职、ACMFPGA技术委员会亚太地区唯一成员、集成电路设计、FPGA领域国际重要会议技术委员会委员汪玉，斯坦福大学电子系本科访问学者、清华大学电子系科协主席姚颂等，已提交美国专利申请14件、中国专利申请25件、中国软件著作权申请8件。

世纪之光材料研究院，计划投资1800万元，研究方向为以国际高分子材料、塑料光纤材料及应用领域的发展和相关光电材料的发展为导向，从PMMA的光学性能、制备工艺、规模化生产要素，塑料光纤材料的设计与研究、塑料光纤光电器件的制备与评价、科研成果的开发与产业化等不同层面开展研究工作。力争早日建成国家认证的材料实验室以及塑料光纤布线实训室、塑料光纤领域前沿学科研究的学术交流中心、光学级PMMA以及塑料光纤系统产品与技术孵化基地、国家级工程中心。计划招收博士5人、硕士20人、教授级高工2人、高级工程师5人、工程师50人。计划与吉林大学、北京工业大学、南京大学、北京化工大学、瑞士LIST公司及爱尔兰FIRECOMMS公司合作，开展聚合物及光器件方面的研究和开发，借用国际先进经验，提升产业链创新能力。（杨永超）

2017年长寿经济技术开发区管理委员会主任、副主任名录

主　任：巴川江（蒙古族）

副主任：宋　平（2017年1月离任）　肖庆华　冉　洪　涂山全

2017年长寿经济技术开发区管委会内设机构负责人名录

办公室

主　任：张小明

副主任：李发平　周　强（2017年3月任）

经济发展局

局　长：余河海

副局长：周莉萍（女）

建设管理局

局　长：代柏林

副局长：王益兵

经济运行局

局　长：陈　列

副局长：程　康（2017年3月离任）　曹友树（2017年3月任）

环境保护局

局　长：唐雅江

副局长：熊　彬

安全生产监督管理局

局　长：杨　勇

副局长：兰　鹰（2017年3月任）

应急管理中心

主　任：王廷勇（2017 年 3 月任）
副主任：何世林　肖书东

财务局

局　长：程学明（兼，2017 年 3 月离任）
副局长：陈小钢　王　林（2017 年 3 月任）

土地保障中心

主　任：叶　毅（2017 年 3 月任，同时离任原土地储备中心主任）
副主任：陈　跃（2017 年 3 月任，同时离任原土地储备中心副主任）
蒋　轩（2017 年 3 月任）

团工委

书　记：程　康（2017 年 3 月离任）
李发平（2017 年 3 月任）
副书记：吴　瑜（女，2017 年 3 月任）

集团公司

董事长：董泽明
总经理：郑　策（2017 年 10 月离任）
副总经理：向红深　张玉书　陶伯林　胡　军

重庆市长寿工业园区

【概况】　2017 年，重庆市长寿工业园区（本分目简称园区）完成固定资产投资 92.74 亿元，完成全年目标任务的 105.39%，比 2016 年增长 94.1%（其中，工业投资 79.17 亿元，完成全年目标的 105.56%，比 2016 年增长 139.26%）。完成重大项目投资 40 亿元，完成全年目标任务的 100.76%，增长 347.32%。新建成企业 24 家，完成工业总产值 254.68 亿元，增长 68.49%，完成全年目标任务的 101.87%（其中规模以上产值 200 亿元，增长 106.92%）；完成利税总额 46.05 亿元，增长 74.7%；新增用工人数 3826 人，用工超过 29194 人，增长 15.08%。长寿工业园区年内获得“中国林业产业突出贡献奖”“中国建材园区 20 强”“重庆市特色产业（智能家居）建设基地”。

【聚商选资】　2017 年，园区加强与重庆大学、西南大学、重庆邮电大学、重庆工商大学等高等院校合作，重点围绕集科技研发、创新示范、管理服务于一体的产业集群发展的目标，促进科技创新和成果有效转化，高新技术企业引进取得新成效。20 个高新技术产业项目、6 个校地合作项目集聚落户中科未来城，引进重庆大学宋永端教授、西南大学徐匡一教授等国家“千人计划”专家 2 人，重庆迪比研究院正式注册成立，研发出的智能监控系统已在凤城监狱试点成功。全年接待企业到长寿考察 208 家，引进深圳荣祥达电子、重庆东方渝博电子、简华科技、香港佳信国际、长芯半导体、重庆赛真达智能科技等 42 个项目，合同引资 101.2 亿元，到位资金 27.1 亿元。

【项目建设】　2017 年，园区以加速推进中科未来城创新产业园项目为依托，力争让该项目成为推动园区产业转型升级新引擎和未来长寿经济发展新的增长点。抓好基础设施建设，提升承载能力。完成 13.5 千米园区道路施工图设计；完成科技企业孵化基地、科技成果转化展示中心和科技岛初步设计，启动 PPP 招标；完成园区道路管网建设 6 千米；完成长寿区智能化产业基地建设项目一期工程 A 标段标准厂房、葛兰一期标准厂房扩建工程建设，建成厂房 75000 平方米；启动中科未来城创新产业园一期土石方平场工程、云台工业组团二期道路管网、新市工业组团四期道路、北城大道新市连接段道路、长寿区智能化产业基地建设项目一期工程 B 区工程，正稳步推进。抓好企业项目建设，促进产能释放。年内新开工重庆汇马智能科技有限公司、深圳晶宇星科技有限公司等 17 家企业；建成邱裕粮油、盈进工贸、奥鑫涂料、长乐门业等 24 家企业；鑫奇门业、积艺、广恒二期、温氏、粮食集团项目等 5 家续建企业进展顺利；建成企业生产性用房 7 万平方米，企业产能进一步释放。

【创新驱动】　2017 年，园区研究出台《支持园区企业创新驱动加快转型升级办法》及实施细则，落实专项资金支持企业转型升级发展。已指导企业成功申报科技型企业 15 家，园区科技型企业总计达到 34 家；新申报高新技术企业 8 家，已通过 2 家；新申报区级研发中心 7 家，鼎盛印务公司成功获评为市级企业技术中心；新引进 4 家法人化研发机构；园区企业 25 个产品获评高新技术产品。获批重庆市智能家居建设基地，智能家居发展步伐走在重庆乃至西部地区前列。新引进中木家具、乾丰家具、陆拾陆家具等品质家具企业 11 家，园区家居产业规模持续扩大。加快市级高新技术产业开发区创建步伐，正在评审中。电子信息产业链逐步完善，平板电脑、智能手机、电路主板、显示模组、IC封装等一批优质电子信息产业项目到园区落户，产业配套发展环境逐步优化。中科未来城招商实现良好开局，20个高新技术产业项目、6个校地合作项目集聚落户中科未来城，人工智能与物联网应用示范基地、智能家居特色产业基地、无人科技产业基地、长江生态环境科创基地、科技成果转化中心等雏形显现。

【用地融资】 2017年，园区调动街镇和相关区级部门的积极性，抓紧开展项目用地工作。已将石堰立交桥、中科未来城（二期）89.67公顷调整为一般农用地；完成中科未来城（一期）、北城大道连接道等项目120公顷土规调整；完成中科未来城（一期）93.33公顷、北城大道连接道及云台工业二期等项目145.33公顷用地交付；完成冉升、中木、梦怡、粮食集团等企业用地办证办件220余项；完善乾岷光学、冉升、中木、横城通等企业的土地挂牌出让16.26公顷。拓展融资渠道，努力降低融资成本，融资到位19.7亿元，确保园区发展资金需求。

【服务企业】 2017年，园区加强各方协调，组织企业参加2017中国国际门业、广州建博会、成都糖酒会、重庆糖酒会；帮助园区企业联合会开展园区内部游学会，以葛兰组团企业为班底组建“长寿健康食品产业协会”；组织20余家企业打包与重庆彤运供电公司洽谈购电事宜。加强服务，组织园区20家企业参加2017年“春风行动”招聘会，帮助企业招聘人员230余人；以园区为孵化基地向区政府申报创业孵化基地补贴673.6万元，补贴企业租厂房费用409.8万元，兑现企业组织培训补贴263.8万元；组织双羽、恒固、鼎盛、友为等企业参加“直辖20年·长寿新名片”评选活动；组织鼎盛等企业申报科技计划项目。实行“大走访”制度，全年，走访企业130余家（次），了解企业生产发展现状，宣传各级部门支持企业加快发展的政策，收集企业发展中遇到的问题，帮助库格尔、欧帆、友为、家由莱等多家企业解决工伤、欠薪等问题，多次协调解决停水、停电、停气中的问题。

【安全环保】 2017年，园区以安全标准化创建、职业卫生评价工作为抓手和载体，扎实推进安全环保、职业卫生、企业管理规范化建设，完成安全标准化创建27家、职业卫生基础创建10家，落实企业主体责任；与83家投产企业签订安全生产责任书，对200余名企业安全管理人员进行安全培训，把安全管理、安全责任、安全任务落到人头；2017年年内开展大型消防应急演练2次，参与人数超过600人，各企业也纷纷开展形式多样的培训、演练，增强职工应急处理能力；将日常检查、月度检查、季度检查与区级职能部门专项检查相结合，全年开展日常安全环保检查250余次，专项检查41次，多部门联合安全环保检查17次，发现一般安全环保隐患374处，整改到位341处，安全环保隐患整改率达到91%。

【部分规模以上企业】 重庆家由莱家具有限公司　位于长寿工业园区新市工业组团，占地36000平方米，于2015年3月正式投产，产品主要辐射重庆区县、云贵川等，是重庆周边乃至全国市场坚实的货源保证。于2014年在距离长寿生产基地300米购置生产储备地3.8公顷，厂房设置将按最新的国际化厂房标准建设，2017年正式投产。公司拥有一支经验丰富、技术过硬的家具制造业精英团队，有实木、柜体、门板、吸塑4条生产流水线，引进六排钻、CNC加工中心、高频机、多功能电子锯、正负压吸塑机等多种智能设备，从根本上降低工艺复杂程度和劳动强度，对产品质量提供充分的保障。实木系列均采用进口木材，五金则采用进口配件。通过对原材料的严格把关、配件的苛刻选取、精湛的工艺要求、严格的质量标准，最终打造出“家由莱”系列产品。公司秉承“品赢天下，智创未来”的企业文化，坚持“感恩、创新、尽责、执着”的核心价值观，在家具定制的道路上不断探索，创新融合国内顶级品牌，利用数控机床、数控切割机等数控系统为消费者定制家具，满足消费者个性化需求和空间性要求，推动企业由单一木门生产到整体家装和定制家具的转型升级。

重庆凯年食品有限公司　于2011年入驻长寿工业园区葛兰健康科技产业基地，是一家集食品研发、生产、销售、商贸为一体的综合性食品企业，是重庆年瑞食品有限公司全资子公司。公司生产经营的“年润”牌月饼、粽子、腌腊肉制品系列产品深受广大消费者喜爱。公司先后获得“重庆市著名商标”“重庆老字号”“市级农业产业化龙头企业”“重庆名饼”“重庆名粽”“重庆名特50强”“执行食品安全标准示范单位”等荣誉；2013

年、2014 年被国家质量监督检验检疫总局、国家工商行政管理总局、海关总署等六部委联合评为中国食品安全年会“百家诚信示范单位”。公司已建成 GMP（药品）标准的现代化食品生产车间15500 平方米，设有中华节庆食品陈列馆，拥有腌腊肉制品、烘烤类糕点、蒸煮类糕点等多条专业食品生产线和纯水处理、药厂 D 级（10 万级）空气净化系统等大型现代化设备设施。公司拥有高级管理人员和经验丰富的技师及员工 120 多人。为更好地传承和弘扬中华传统美食文化，公司与西南大学食品工程学院，重庆大学工商管理学院、重庆第二师范学院经济贸易管理系等科研院校结成战略合作伙伴及产学研基地，以“让人们享受健康、营养、美味的食物”为已任，秉承“以品立企、以德服人，做好产品、做好人”的经营理念，为打造“顾客满意、百姓放心”的优质产品而不懈努力。

重庆好星发智能科技有限公司　位于长寿工业园区新市工业组团，占地面积 5400 平方米，于2017 年 7 月投产。公司主要生产平板电脑产品，年产 100 万台平板电脑，产品主要销往国内各大主要城市。公司拥有现代化标准厂房、高素质的专业管理人员、专业技术设计人员、高级生产技术人员、完善的经营销售团队以及专业的售后服务机构。产品工艺精湛，款式新颖，质量上乘。公司遵循“以人为本、诚信经营、优质服务”，坚持“团结、开拓、求实、奉献”的好星发精神。把“努力拼搏、开拓创新”作为企业的文化核心。

重庆好星发智能科技有限公司一瞥

美嘉奇科技有限公司　坐落于长寿工业园区新市工业组团，占地面积 5000 多平方米，拥有员工 300 多人。在深圳、香港、马来西亚和印度尼西亚开设分公司，是一家专业从事 LED 显示屏研发、生产、销售为一体的私营独资企业，拥有 LED、LCD 显示屏数十年的制造经验。公司拥有先进的自动化生产线及强大的研发和生产制造团队，是专业 OEM、ODM 制造厂商。年产量可以达到 200 万片。公司主营产品有 LED 显示屏及 LCD 显示屏。LED 主要产品有高清系列、租赁系列、户内外全彩及单双色广告屏系列、体育球场屏系列、以及异形屏系列等。LCD 主要产品有 15 ~ 82 寸拼接屏、广告机等。公司主营自主美嘉奇品牌，同时提供来样加工、贴牌生产、OEM 代工，也可以根据客户提供的设计或描述打样并生产。公司通过 ISO9001 质量管理体系认证，并已通过 CCC、CE、FCC、UL、CB、SASO 认证，让产品有高性能、高质量、高技术的可靠保证。

美嘉奇科技有限公司一瞥

重庆融旺家具有限公司　位于长寿工业园区新市工业组团，占地面积 3000 平方米。是一家年

重庆融旺家具有限公司一瞥

产3万套套装门的家具、木门产品制造企业，产品主要销往国内各大主要城市。公司承诺执行“安全第一、预防为主、综合治理”的安全生产方针，遵守国家各项法律法规及标准，预防和控制事故危害，消除隐患，做到标本兼治。公司全体员工秉承“爱岗敬业、勇于担当”的工作理念和“求真、务实”的工作作风，时刻牢记“安全第一、防治结合、人本管理、全员参与”的安全生产方针。

重庆智客科技有限公司　位于长寿工业园区新市工业组团，占地2500平方米，总投资8000万元。是一家集产品研发、生产、销售为一体的科技企业，公司主要从事智能家居网络设备的策划、研发、定义与设计通讯产品。智客科技管理团队具有成功的创业经历和丰富的投资经验。除手机终端开发、生产、销售外，团队还依靠其在投资、运营方面的丰富经验，国际化的资源优势，帮助其投资的企业获得成功。投资领域涉及广义智能终端（互联网、电子商务、通信及信息技术、智慧城市建设）等行业中具有高成长潜质的企业。投资阶段包括早期、成长期和后期。智客科技在深圳设立采购与销售中心、在长寿区设立生产中心，在香港、迪拜设有海外销售办事机构。公司宗旨：为客户提供优异体验的产品与服务而不懈努力。

重庆奥鑫涂料有限公司　是一家集涂料生产及销售的环保型企业。公司位于长寿工业园区海棠工业组团，占地6600余平方米，年产规模3000吨涂料产品。经多年的发展，公司已拥有一批高素质的专业管理人员、专业技术人员、完善的经营团队及专业的售后服务机构。公司主要致力于油漆涂料的研发，形成PE类及PU类、UV类等高级环保型涂料。奥鑫产品工艺精致、质量上等、环保健康，已成为全国高品质涂料制造商之一，销售网络已遍布全国大中城市，形成完善的销售体系和服务体系。奥鑫涂料始终注重其自身企业文化的发展。把“努力拼搏、开拓创新”作为企业的文化核心；以团结和拼搏为基石，以科技和实力为资本；完善、周到、快捷的服务是企业对用户最真诚、最有力的保障；让客户满意是奥鑫追求的崇高目标。

（艾文静）

重庆奥鑫涂料有限公司一瞥

中央市属在长寿企业

重庆钢铁股份有限公司

【概况】 重庆钢铁股份有限公司（简称重庆钢铁）成立于1997年，同年在香港联交所发行H股股票（股票代码：H1053），2007年在上海证券交易所发行A股股票（股票代码：A601005）。2017年底，重庆钢铁完成司法重整，四源合基金通过长寿钢铁平台公司成为实际控制人，企业性质由国有控股转变为混合所有制。

2017年年底前，重庆钢铁具备年产钢840万吨的生产能力，主要产品有：宽厚板、中板、热轧薄板、型材、高速线材、棒材等。重庆钢铁生产的船体结构用钢、锅炉及压力容器用钢获"中国名牌产品"称号，另有4个产品获"重庆名牌"称号。重庆钢铁先后获得全国五一劳动奖状、全国实施卓越绩效模式先进企业、重庆市著名商标、重庆市质量效益型企业、重庆市重合同守信用企业等荣誉称号。

司法重整后，重庆钢铁引入职业经理人管理团队，确立"成本领先"和"制造技术领先"发展战略，致力打造"实力重钢、美丽重钢、魅力重钢"，成为中国西南地区最具竞争力的钢铁企业，成为内陆钢厂绿色友好和转型升级的引领者，成为员工与企业共同发展的公司典范。

截至2017年年末，重庆钢铁总资产250.2亿元，资产负债率33%；在岗职工6581人。

【生产经营】 2017年3月起，重庆钢铁先后恢复4100毫米宽厚板生产线、棒线材及其配套生产线，及时调整产线和产品结构。2017年10月即按照年产钢600万吨规模组织生产。2017年下半年到年底，重庆钢铁生产经营逐步恢复正常，产销规模、经济效益等同比显著改善。在司法重整之后，2017年7月首次实现当月经营性盈利。到年底产焦167.4万吨、铁384.1万吨、钢411.4万吨，钢材390.5万吨，比2016年同期分别增长39.2%、60.9%、74.7%、68.2%；工业总产值140.15亿元，同比增长85.1%；工业增加值12.67亿元，同比增加7.4%；实现营业收入132.4亿元，同比增长200%；利润总额3.2亿元，实缴税额7923万元；全年无责任工亡事故，无重伤事故，无重大环境污染事故，污染物综合排放合格率97%。

【司法重整】 2017年4月，重庆钢铁债权人重庆来去源商贸有限公司依法向重庆市第一中级人民法院申请对重庆钢铁股份公司进行司法重整。7月3日，重庆市第一中级人民法院作出《民事裁定书》及《决定书》，裁定受理重庆来去源商贸有限公司提出对重钢公司的重整申请，指定重庆钢铁清算组为管理人。截至10月26日，有1456家债权人向管理人申请债权，经司法确认债权总额346.43亿元，职工债权6.5亿元，涉及职工10046人。8月18日，重庆钢铁召开第一次债权人会议，会议表决通过《财产管理及变价方案》《成立债权人委员会相关事项的议案》。11月16日，职工债权人组大会全数通过重整计划；11月17日，重庆钢铁召开第二次债权人及出资人组会议，会议表决通过《重庆钢铁股份有限公司重整计划（草案）》及《重庆钢铁股份有限公司重整计划（草案）》之《出资人权益调整方案》。当日，普通债权人组大会96.68%通过重整计划；出资人组大会H股股东100%，A股股东99.31%通过重整计划。11月20日，重庆市第一中级人民法院作出《民事裁定书》，裁定批准《重庆钢铁股份有限公司重整计划（草案）》，终止重庆钢铁重整程序，重庆钢铁重整计划进入执行阶段。11月27日，在重庆市第一中级人民法院的主导下召开管理人管理职权移交大会，重庆钢铁的管理职权交由重钢股份公司负责。

12 月 28 日，重钢股份公司向管理人提交《关于〈重庆钢铁股份有限公司重整计划（草案）〉执行完毕的报告》；管理人向重庆市第一中级人民法院提交《关于重庆钢铁股份有限公司重整计划执行情况的监督报告》，报告管理人监督债务人执行重整计划的有关情况，申请确认重整计划执行完毕。12 月 29 日，重庆市第一中级人民法院出具《民事裁定书》，裁定确认《重庆钢铁股份有限公司重整计划（草案）》执行完毕。（陈光云）

中国石化集团重庆川维化工有限公司

【概况】 中国石化集团重庆川维化工有限公司（简称川维化工公司）成立于 2017 年 11 月，前身是中国石化集团四川维尼纶厂，位于重庆市长寿经济技术开发区（国家级），1973 年由国家计委下达项目计划，1974 年破土动工，1979 年投料试生产，1983 年经国家验收委员会竣工验收投产，同年整体进入中国石化。

川维化工公司是截至 2017 年国内最大的以天然气为主要原料，生产精细化工、特色化工及化纤产品的大型联合企业，是中国石化集团公司唯一的天然气化工企业，年可加工天然气 15.5 亿立方米，主要产品年产能为甲醇 87 万吨、醋酸乙烯（VAM）50 万吨、聚乙烯醇（PVA）16 万吨、醋酸乙烯－乙烯共聚乳液（VAE）6 万吨、醋酸甲酯 24 万吨、液氨 20 万吨、维纶 3.75 万吨。截至 2017 年底，企业资产总额 64.39 亿元，拥有扬子乙酰化工有限公司、重庆川维林德气体有限责任公司 2 家合资企业，在岗合同制员工 2810 人。

2017 年 1 月 5 日，中国石化集团公司党组对企业领导班子进行调整：赵寰任中共四川维尼纶厂委员会副书记兼纪律检查委员会书记，为四川维尼纶厂工会主席人选；袁代红任四川维尼纶厂副厂长，免去其中共四川维尼纶厂委员会副书记、纪律检查委员会书记职务（仍任党委委员），不再担任四川维尼纶厂工会主席职务；免去刘隆平中共四川维尼纶厂委员会委员职务，免去其四川维尼纶厂副厂长职务，另有任用。2 月 6 日，中国石化集团公司党组再次对企业领导班子进行调整：严红任中共四川维尼纶厂委员会书记；康太全任中共四川维尼纶厂委员会委员、四川维尼纶厂总会计师。11 月 16 日，中国石化集团公司党组再次对企业领导班子进行调整：许毅任川维化工公司执行董事兼总经理，原四川维尼纶厂职务自然免除；严红任川维化工公司副总经理（兼），原四川维尼纶厂职务自然免除；袁代红任川维化工公司副总经理，原四川维尼纶厂职务自然免除；赵寰任重庆川维化工公司监事，原四川维尼纶厂职务自然免除；康太全任川维化工公司总会计师，原四川维尼纶厂职务自然免除。

【公司制改制】 2017 年，川维化工公司根据国务院办公厅关于中央企业公司制改制工作相关要求，经中国石化集团公司批准，11 月 10 日，中国石化集团重庆川维化工有限公司完成工商注册登记，原中国石化集团四川维尼纶厂正式更名为中国石化集团重庆川维化工有限公司。11 月 16 日，中国石化集团重庆川维化工有限公司在综合管理中心广场举行成立揭牌大会，中国石化集团重庆川维化工有限公司正式成立。

【机构适应性调整】 2017 年 4 月 27 日，川维化工公司撤销纺丝车间，成立维纶运行部，为维纶产销研用一体化体制机制的建立奠定基础；7 月 27 日，川维化工公司成立电气仪表中心，加强对电仪技术的专业管理，为公司安稳长满优生产提供保障。

【生产管理】 2017 年，川维化工公司加工天然气 12.13 亿立方米，合资企业加工天然气 2.98 亿立方米，全年总计加工 15.11 亿立方米，比 2016 年同期增长 16.41%，创历史新高。装置实现安稳长满优稳定运行，连续第十年获得集团公司安全先进集体。

川维化工公司主要技术经济指标和主要产品产量指标见下表。

表18　　2017年川维化工公司主要生产经营指标完成情况

名　　称	2017年完成	完成年计划（%）	与上年同比±（%）
乙炔（吨）	169760.37	101.17	10.23
甲醇（吨）	873862.08	99.92	26.94
醋酸乙烯（吨）	528825.68	101.46	10.77
聚乙烯醇（吨）	157495.80	100	11.45
醋酸甲酯（吨）	178263.76	113.98	16.02
VAE（吨）	63467.36	105.78	13.33
液氨（吨）	138630.90	87.57	19.73
维纶纤维（吨）	20487.75	81.30	11.93
营业收入（万元）	601663.52	—	31.95
利润总额（万元）	6711.62	—	108.94
利税总额（万元）	37701.92	—	166.68

【出口创汇】　2017年，川维化工公司出口产品12.42万吨，创汇1.41亿美元。其中，醋酸乙烯出口5.74万吨，占国内出口份额的36.10%；聚乙烯醇出口6.00万吨，占国内出口份额的46.50%；维纶出口0.67吨，占国内出口份额的11.60%。

【“三供一业”移交】　2017年8月28，川维化工公司与重庆市长寿区人民政府正式签订《物业、市政设施及社区服务管理设施分离移交框架协议》，是继2016年8月正式签订供水、供电、供气分离移交框架协议后，签订的最后一个分离移交框架协议，标志着川维化工公司“三供一业”移交框架协议全部签订完毕。

【企业发展】　2017年4月20日，百川咨询大宗商品信息交汇平台通过微信发起“2016年度中国甲醇行业诚信企业”投票活动，经过两个月微信投票，川维化工公司最终获得17.8万票支持，在46个投票单位中排名第二，获2016年度中国甲醇行业诚信企业奖。

【党建工作】　2017年，川维化工公司把学习宣传贯彻党的十九大精神作为首要政治任务，坚持用习近平新时代中国特色社会主义思想武装头脑、指导实践、推动工作。公司召开第五次党代会，有效发挥党委“把方向、管大局、保落实”的作用。推进“两学一做”学习教育常态化制度化，全面开展主题党日活动，“四个意识”显著增强。牢固树立大抓基层鲜明导向，严格落实“三会一课”制度，基层党组织书记述职评议全覆盖。落实意识形态工作责任制，建好、用好、管好意识形态阵地。加强反腐倡廉教育，突出抓好“第一种形态”的有效应用，对不担当、不作为的单位和个人进行问责，持续推动作风转变。建立后备干部梯队库，实施青年人才成长工程，开展“领导干部上讲台”“周四有约”等特色培训，干部人才队伍建设不断提速。开展“走访寻”活动，做好困难职工精准帮扶。企业总体保持和谐稳定。

2017年，川维化工公司职工罗莉赴京参加中国共产党第十九次全国代表大会。2017年10月18日，举世瞩目的中国共产党第十九次全国代表大会在人民大会堂隆重开幕，中国石化3名基层十九大代表之一的川维化工公司罗莉出席大会，罗莉履行好党代表权利和义务，向党中央带去中石化基层一线工人的声音，展示中国石化员工的风采。

（邵　鹏）

2017年中国石化集团重庆川维化工有限公司领导人名录

执行董事、总经理、党委副书记：许　毅（2017年11月任，同时离任四川维尼纶厂职务）

党委书记、副总经理：严　红（2017年11月任，同时离任四川维尼纶厂职务）

党委副书记、纪委书记、工会主席、监事：赵　寰（2017年11月任，同时离任四川维尼纶厂职务）

副总经理：袁代红（2017年11月任，同时离任四川维尼纶厂职务）

总会计师：康太全（2017年11月任，同时离任四川维尼纶厂职务）

扬子江乙酰化工有限公司

【概况】 扬子江乙酰化工有限公司（简称扬子乙酰）成立于1995年，注册资本104751万元，由英国BP化工投资有限公司、中国石化集团四川维尼纶厂（后重庆川维化工有限公司）和重庆市能源投资集团有限公司合资组建，三家股东股权比例分别为51%、44%和5%。扬子乙酰位于重庆市长寿经济技术开发区晏家街道维江路97号，经营范围为“购置并营运合营公司的醋酸装置、一氧化碳装置、醋酸酯装置及其他醋酸衍生物装置和场外设施，销售上述装置设施生产的产品和副产品”，是一家主要以天然气为原料的化工企业。经过三期建设，2017年底前达年产醋酸42万吨、醋酸酯8万吨、氢气4.5亿立方的生产规模。

【生产运行】 2017年，扬子乙酰HSE工作继续保持“无事故、无人员伤害、无环境破坏”业绩，安全、环保、职业健康等KPI指标再一次达成董事会确定的奋斗目标。在急救事件、HSSE关注事件、H级LOPC等跟踪指标上实现明显降低，“一切事故都是可以避免”的HSSE理念在员工中得以深入。

【经营管理】 2017年，扬子乙酰在长足进步的CI工作推动下，致力于降本增效，全力提升企业生存发展能力，克服天然气短缺的严峻挑战，以装置的高可靠性全年生产醋酸39.7万吨、醋酸酯5.5万吨，最终扭亏为盈。 （*唐嘉佩*）

2017年扬子江乙酰化工有限公司领导人名录

总 经 理：黄　远

副总经理：罗海宁

重庆化医长寿化工集团有限公司
重庆长寿化工有限责任公司
重庆长寿捷圆化工有限公司

【概况】 重庆化医长寿化工集团有限公司（简称长化集团），重庆长寿化工有限责任公司和重庆长寿捷圆化工有限公司［简称长化（捷圆）公司］按照重庆市政府决定，长化（捷圆）公司从2016年12月9日起有序对已有的生产装置实施关停。2017年，长化集团、长化（捷圆）公司团结带领广大党员干部员工，按照化医集团下达的2017年考核目标和任务以及公司年初确定的工作计划，长化集团重点围绕抓好搬迁和发展项目的建设、内控制度建设和全面风险管理体系建设等开展工作；长化（捷圆）公司重点围绕抓好人员分流安置、土地代融资、资产清理处置、供给侧结构性改革以及干部职工队伍稳定等开展工作，总体工作推进顺利，取得成效。长化（捷圆）公司全年实现营业收入4600万元，主要出售库存产品和库存物资形成，全年亏损1533万元；长化集团全年实现营业收入471万元，全年亏损1367万元。

长化集团已建立健全组织机构和各项规章制度，修订完善《重庆化医长寿化工集团公司治理与管控方案》以及《重庆化医长寿化工集团有限公司管理制度汇编》，并印发实施。将从2018年1月1日开始，全面进入正常的运营管理状态，做好公司治理与管控方案的宣传贯彻执行，将各项规章制度执行落实到位。

【环保搬迁进展】 长化集团承担长化（捷圆）公司搬迁和发展项目的实施，以及生产经营管理。长化（捷圆）公司整体环保搬迁项目主要有3个：4万吨/年氯丁橡胶项目、1万吨/年氨苯磺胺项目和重庆长寿经开区化学原料药基地项目。

4万吨/年氯丁橡胶项目已投入运营。4万吨/年氯丁橡胶项目是主要的搬迁项目，拟由长化集团与山西霍家工业共同完成项目建设，长化集团出资比例为45%，霍家工业出资比例为55%。项目建成后由霍家长化合资公司负责运营管理，实现氯丁橡胶装置的顺利搬迁。该装置2017年7月24日化工投料试车后，进行装置整改和技术完善，于2017年11月16日恢复试生产，顺利生产出合格CR322、CR121氯丁橡胶产品（全部为优级品），至2017年12月31日已生产出2155吨产品。年底前，该装置处于正常运行状态。

医药中间体和原料药生产基地项目取得阶段性成果。项目土建主体建筑已完工，正进行辅助设施施工，年底前正进行安装工程邀标和设备采购工作，即将开始安装，计划2018年上半年竣工投产。完成长化控股子公司长寿捷恩精细化工有限公司财务清算，以及相关资金、产品技术等生产要素的落实。

磺胺及磺化系列产品项目正在推进。已完成可行性研究报告和部分行政许可报批，初步设计已启动。已与长寿经开区签订入园投资协议，完成项目备案立项手续，土地证已办理完成。已取得建设用地规划许可证和职业卫生、安评及节能评估的批复，环评已通过专家评审，正在根据专家评审意见完善环评报告。正在编制项目调整后的项目建议书。

【人员分流安置】 2017年，长化（捷圆）公司人员分流安置在维稳压力巨大的情况下向前推进，加快推进公司职工医院与重庆医股颐合公司的整合、运输公司股权转让、长化集团项目建设、鼓励员工辞职自谋职业、全面清理退休返聘人员等措施来切实稳妥实施人员分流，有效控制企业人工成本。2016年12月底，长寿化工在册职工1799人，分流以后，截止到2017年12月31日长化（捷圆）在册职工1282人，其中内退357人、居家待岗406人、留守519人（不含拟进入长化集团本部15人、项目前期工作组6人，长化恩龙公司9人，医院进入医股颐合健康公司75人）。

【供给侧结构性改革】 长化公司水、电、气“三供”已于2001年改制时移交地方；4142户物业移交已于2017年10月27日与长寿区凤城街道签订移交框架协议；5712名退休人员社会化管理服务移交已于2017年11月21日与长寿区凤城街道、区档案局、区人社局签订移交协议。

长化职工医院以资产出让方式整合到化医集团旗下专业从事医疗健康产业的重庆医药集团颐合健康产业有限公司，该项工作已完成报批化医集团的全部手续，待颐合健康完成交付。

已经完成压缩管理层级2户，即重庆金锐化工有限公司和重庆长化捷润进出口贸易有限公司。

长化公司把拥有长化运输公司36%的股权，将在2018年1季度全部转让给宇丰公司。

已上报关闭注销长化总厂综合化工厂的所有审核资料，市国资委已审核批准。年底前正在进行关闭注销后续工作。

【资产处置工作】 2017年，长化（捷圆）公司根据化医集团，市区安监、环保等相关部门的要求，按照整体搬迁资产清理处置实施方案，稳步有序推进资产处置。已完成部分库存、罐存危险化学品的处置，完成全部库存产品的处置，完成部分存放多年危险化学品原料的处置。截至11月底，外售化工原料（物料）处置收入886.67万元。

【土地收储融资工作】 2017年，长化（捷圆）公司为确保环保搬迁人员安置、搬迁项目建设平稳有序推进，根据2016年9月19日市政府领导对《长寿区人民政府、重庆化医集团〈关于长寿化工有限责任公司土地收储融资方式的请示〉》的批示，长寿区政府、化医集团和长化公司积极协调做好融资，已有7.5亿元分别于3月8日、9月8日和12月29日通过银行委贷的方式借给长化公司，其余5亿元准备由长寿区政府与葛洲坝集团通过PPP项目开发合作解决。

【氯丁橡胶反倾销期终复审终裁胜诉】 2017年，国家商务部5月9日发布公告，决定自5月10日起，对原产于日本、美国和欧盟的进口氯丁橡胶继续征收10.2%至151%不等的反倾销税，实施期限5年。此次期终复审终裁胜诉是全国唯一的采取贸易保护15年期限的案例。

【党建工作】 落实全面从严治党责任，持续深化党风廉政建设，严肃党内政治生活，切实加强和改进企业党建工作，从严抓好领导班子建设、思想政治工作和企业文化建设，发挥党委领导作用和基层党组织战斗堡垒作用，以及共产党员的先锋模范作用，确保公司关停后干部职工队伍的稳定大局和员工分流稳妥实施，为公司安稳搬迁、转型升级发展提供思想保证、组织保证和精神动力。

（张正东）

2017年重庆长寿化工有限责任公司领导人名录

董事长、党委书记：徐亚平（2017年10月任党委书记）

党委书记：贾　华（2017年10月离任）

总 经 理：余晓林

副总经理：李文成

党委副书记、工会主席、纪委书记、监事会主席：冯述全

2017年重庆长寿捷圆化工有限公司领导人名录

董事长、党委书记：徐亚平（2017 年 10 月任党委书记）

党委书记、副总经理：贾　华（2017 年 10 月离任）

总 经 理：余晓林

副总经理、总工程师：张阜东

副总经理：徐秋平

党委副书记、工会主席、纪委书记、监事会主席：冯述全

2017 年重庆化医长寿化工集团有限公司领导人名录

董事长、党委书记：徐亚平（2017 年 10 月任党委书记）

总 经 理：黄自力

副总经理：余晓林　张阜东　徐秋平

党委副书记、纪委书记、监事会主席：冯述全（2017 年 10 月任党委副书记、纪委书记）

国网重庆市电力公司长寿供电分公司

【概况】　国网重庆市电力公司长寿供电分公司（本分目简称长寿公司）是国网重庆市电力公司下属的大型区域供电企业，电网覆盖长寿、涪陵、秀山等 10 个区县，供电面积 2.98 万平方千米，直供区域 1423 平方千米。有职能部室 9 个，分别为办公室（党委办公室）、发展策划部、党委组织部（人力资源部）、财务资产部、安全监察质量部（保卫部）、建设部（项目管理中心）、党建工作部（工会、团委）、监察审计部（纪委办公室）、电力调度控制中心；4 个业务实施机构，分别为运维检修部（检修分公司）、营销部（客户服务中心）、物资供应公司、综合服务中心。

2017 年，长寿公司实施“第二个执行力建设年”，全年完成固定资产投资 2.74 亿元，其中大中型基建投资 1.25 亿元，线路开工 79.35 千米，投产 116.78 千米，变电容量投产 28 万千伏安；全年日供电最高负荷为 158.1 万千瓦，同口径数据较历史峰值增长 3.76%；完成售电量 77.13 亿千瓦时，去除聚龙结算方式影响，同口径同比增长 2.45%；其中长寿区售电量 44.45 亿千瓦时，同比增长 0.34%。电费回收率 100%；营业收入完成 35.61 亿元，资产总额为 27.66 亿元；安全生产实现“八不发生”，截至 12 月 31 日，公司连续安全生产 4974 天。圆满完成市公司下达的各项经营目标。

【人力资源管理】　2017 年，长寿公司全口径用工总量 1292 人，其中全民职工主业 538 人，人才当量密度 1.0768，同比增长 1.04%。

加强指标过程监控，人力资源专业指标获市公司标杆。加强各类用工规范管理，从源头防范用工风险，从用工、薪酬等方面依法合规管理各类用工，做好员工队伍稳定工作。建立干部队伍梯队，年内交流调整中层管理干部 8 人，新提拔中层管理干部 1 人；以公平、公开、公正的方式从 60 名符合条件人选中，公开竞聘选拔出 20 名后备管理干部，聘用 11 名助理和 1 名首席（信息）技术专家。完成花庄实训建设工作，完善通信自动化和营销相关培训功能，促进公司员工成长成才，9 人获高级职称，22 人获中级职称；1 人获高级技师职业鉴定，23 人获技师职业鉴定。修订《广汇长寿分公司员工交流管理实施细则》，员工的交流管理做到有章可循、有据可依；建立分公司、供电所两级约谈机制（约谈需留下相关录音、照片、检查认识等管理痕迹），对约谈后仍不改正者，对其在分公司范围内调整岗位，约谈供电所 2 次、约谈员工 8 人（次），供电所约谈员工 3 人（次），效果明显。

【电网建设与发展】　2017 年，长寿电网西接主城，东联万州、湖北，南邻南川綦江，是国家“西电东送”的重要通道。以长寿、张家坝、五马 3 个 500 千伏变电站为电源支撑，以 4 个 220 千伏环网和一个 500 千伏、220 千伏电磁环网为主网架，110 千伏呈辐射型网络。担负着长寿、垫江、丰都以及渝东南 10 个区县的供电任务，供区面积 2.98 万平方千米，占重庆总面积 36%，服务人口 720 万人，服务客户 40.12 万户。网内属地调管辖的 35 千伏及以上厂站 148 座，其中 220 千伏 17 座，110 千伏 93 座，35 千伏 38 座，主变总容量 1395 万千伏安，35 千伏及以上输电线路 254 条，总长 3784 千米，其中 220 千伏 1301 千米，110 千伏 2225 千米，35 千伏 258 千米。

2017年，完成“十三五”配网规划滚动修编，梳理线路重载、单电源开闭所、单辐射线路等5类突出问题，逐一制定解决方案；结合辖区发展规划开展网格负荷预测，制定项目规划和通道规划，分年度、分类别纳入配网规划项目储备。长寿公司管理在建基建工程11个（含新开工5个、续建工程5个、遗留工程1个），实现新开工工程5个（变电容量27.6万千伏安，开工线路79.35千米）、投产工程6个（投产变电容量28万千伏安，投产线路116.78千米），完成工程结算审计工程13个，分阶段结算工程3个，按节点办理12个工程前期手续，全面实现安全生产目标。推进遗留问题专项治理，权证办理、超期工程、小岩村农网改造阻工等历史遗留问题得到妥善解决。促成各级政府主导实施9次依法施工，年底在5天内投运3座变电站，确保2017年6个基建项目全部顺利投运。加快推进配网项目，全年更换S7高能耗配变45台，新建及改造10千伏线路34.43千米、低压线路363.3千米、台区129个，完成7个中心村工程项目建设，能够满足长寿区5～10年的用电增长需求。

【经营管理】 2017年，长寿公司加强过程管控，严肃考核逗硬，取得成果。推行公司领导“包片治理”台区线损，同期线损系统建设得分排名市公司第一。通过“114”工作机制加强营配调贯通，用户资源一致率99%。推进资产全寿命周期管理工作，获得市公司“突出贡献单位”称号。加强财务管控，从年初起，先后储备7000万元成本项目，确保资金使用及时规范。全面开展配电网标准化创建，打造标准化示范台区，获得国家电网公司2017年配电网标准化建设改造创建活动达标单位。对中层干部诫勉谈话5人、提醒谈话3人，免职1人、主动辞去职务1人。强化后勤管理，促成新调度综合楼项目获得国家电网公司批准。

【安全供电】 2017年，长寿公司持续提高安全生产管理水平，两年内投入160万元，清理树障13万余处；清理缺失的警示、标识牌1.4万余块，按计划补挂4千余块；全年输电线路跳闸率同比降低30.5%，10千伏线路跳闸率降低35.7%，低压故障减少40.9%。开展夏季高峰时期变、配电设备红外测温工作，发现并及时处理缺陷101处，避免设备事故停电。完成西南地区首个区域备自投装置建设，大幅度提升电网抗风险能力。强化现场反违章督查，查处违章572件，罚款13.89万元。严肃开展安全质量督察，发现并整改问题6782项，发布督查整改通知书103份。开展隐患排查治理，全年清理并整改隐患251项。加强基建安全管理，记录“负面清单”22条、“黄皮书”35条，发出停工通知书2份。完成长寿湖“铁人三项赛”以及中考、高考等保电任务，得到区委、区政府肯定。强化“大安全”管控，全年未发生信息、车辆、消防等安全问题。

【营销工作】 2017年，长寿公司强化营销安全管理和本职安全落地，全年管理人员三重现场检查289人（次），查处一般性行为违章147人（次），班组自查违章107人（次），工作票培训5次；使用大权限申请391次，审批手续全部规范，处理国网信息预警4条；查处不规范使用派车单64次。加强营业管理，完成18.07万户客户档案基础信息清理、整改；排查学校、普通工业及非工业742户，发现问题并整改229户；完成1户（100千瓦）分布式光伏客户并网，总计并网客户8户、容量281.98千瓦；落实工业企业稳增长政策业务办理194户（次），优惠金额3237.85万元。构建互联互动业扩报装智能服务体系，深化跨专业流程融合和信息共享，促进业扩报装协同效率，制订宣传贯彻业扩工程管控规则，理清出资界面、出资渠道、工程实施职责，优化流程，规范过程管控，缩短办电时长。全年高压业扩报装平均接电时间123.4天，比2016年提升18.7%，完成新装、增容21286户，新增容量27.54万千伏安，减少20.13万千伏安，降低42.24%。业扩结存容量压降18.06万千伏安，完成市公司下达任务的164.18%；高压业务线上办电率100%、低压业务线上办电率93.64%。加强八颗增量配电网竞争政策研究，形成有利的竞争态势。协助市公司成功收购110千伏望江变电站，及时化解经开区20号地块形成“电源＋配网＋客户”局域网的风险。结合川维“三供一业”的实施，提前完成川维地区配电网络的布局，防范该区域成为增量配网竞争区域的风险。将110千伏石桥输变电工程列入2018年新开工计划，提前抢占长寿工业园区市场。

强化营销基础管理，开展营业厅视频日监控，点名通报窗口服务问题173件（次），全年客户投诉同比降低2.67%，投诉件次实现连续4年下降，在夏季温度最高、负荷最大的8月份，取得营销服务“零投诉”的历史性好成绩。促进业扩报装协同效率，高压业扩报装平均接电时间缩短至123.4天，高、低压业务线上办电率均为100%。开展配网不停电作业385次，配网带电消缺率94.3%，超额完成全年目标。2017年底，提前圆满完成重钢电费全部回收的目标任务，在6月30日重钢进入司法重整程序前，全额收回12330万元欠费，避免电费被纳入债务清算而造成巨大损失。强化集体企业市场拓展，在客户报装容量大幅萎缩的不利局面下，集体企业主营业务签约合同金额较2016年同期增长9.13%。

【农电工作】 广汇长寿分公司认真梳理并领会广汇公司生产体系制度汇编文件，抓好业务站日常具体工作，创建国家电网公司星级业务站，成功开发“广汇生产管控系统”。年底前，该系统已通过市公司相关部门及总公司的验收。深化同质化评价结果应用，总结2016年同质化评价经验教训，修订《供电所同质化评价办法》；加强同质化评价成果应用，推行评价结果与月度绩效、年度绩效和管理人员年终奖励挂钩。每月的评价结果亮出各供电所劣势指标和管理短板，明确改进和提升的方向，各站形成你追我赶、整体提升的良性竞争局面。

【科技与信息化】 2017年，长寿公司贯彻“自主创新、重点跨越、支撑发展、引领未来”的科技创新方针，开展职工技术创新，2017年青年创新项目《区域电网自愈系统》获市公司铜奖，成功晋级国家电网公司片区决赛。输、配电类2项运检群创项目均获市公司三等奖；1项QC成果获重庆市质量协会优秀QC成果三等奖；探索电网前沿科技，2017年申报完成《大档距配电线路更换顶档设备简易装置的研制》和《长寿工业重污染地区输电线路绝缘子污闪预警装置研制》两项科技成果，授权2项发明专利，5项实用新型专利。开展创新活动，创新类项目“区域电网自愈系统”，成功晋级国家电网公司片区决赛；通信班QC成果“便携式多功能通信快速检测仪的研制”获得重庆市质量协会优秀QC成果三等奖和质量信的过班组三等奖，韩世海参加2017年中央企业网络安全技术大赛和国家电网公司2017年网络安全攻防比赛第一次区域赛中，均获得个人第一名的好成绩。

应对勒索病毒事件，在网络与信息安全特殊时期，成立信息安全快速响应小组，分工合作对所有网络设备配置进行优化，对信息安全策略进行总体推送，及时对每台计算机终端防病毒软件进行升级和补丁安装。确保长寿公司无一台计算机遭受勒索病毒入侵。牵头完成重庆地区首个区域备自投装置投运，主动创新，联合南瑞继保开展重庆地区首个区域备自投建设。编制区域备自投试验方案，合理选取和安排试验逻辑，最大限度地减少用电客户停电时间、降低对主设备冲击。协调片区重要用电客户召开试验停电协时间，顺利完成区域备自投系统投运，弥补长寿东部110千伏葛兰、云台及长寿湖电网网架结构不足的问题，有效提高供电可靠性。落实信息安全责任制，公司、部门、员工层层签订信息安全承诺书。开展季度全员信息安全现场检查，全面落实信息安全责任，确保信息系统安全平稳运行，杜绝违规外联事件和违规发送邮件事件的发生。成立信息安全快速响应小组，应对勒索病毒事件，未发生勒索病毒感染事件；完成信息、自动化2名安全防护专责到岗到位。推进渝东南纵向加密装置升级改造，纵向数据通信密通率达99.7%。实现渝东南10家地县调远方控制调度数字证书应用，提高网络安全综合保障能力。

【党建和企业文化建设】 2017年，长寿公司年内召开党委会进行集体决策26次，党委成员开展基层调研8次。召开长寿公司第一次党员代表大会，选举产生新一届“两委”委员，完成长寿公司党委、纪委换届选举工作。落实“一所一支部”，挂牌成立8个供电所党支部。修订完善《党支部建设考核评价实施意见》，开展党支部月度量化评比考核，从思想政治学习、党组织建设、党风廉政等6个方面入手，从二季度起对党支部基础工作进行月考核、季排名、年评价，全年考核金额近万元，党支部的基础党建工作有显著改善。将“两学一做”作为“三会一课”的主要内容固定下来，各支部开展专题集中学习讨论4次，集中学习1600余人（次），专题讨论1400余人（次）。市公司副总经理曹宁宣讲十九大精神1次，长寿公司领导班子讲党课9次，公司各党支部书记按季度讲党课69次。结合支部每月主题党日活动，在重钢电费回收、同期线损治理、重点建设工程等重难点工程中深化“三亮三比”“三无四当”主题活动，设置“党员责任区”36个、“党员示范岗”14个。组织红岩共产党员服务队开展“电保姆在行动”“降损攻坚行动”等活动28次。开展爱心帮困活动，帮扶结对石堰镇普子村5名困难党员；党支部组织看望病重的党员和困难职工26人（次）。抓好阵地建设，完成21个党支部支部园地上墙工作。组织34人（次）参加市公司党员教育培训，新发展党员13名，组织3人参加市公司党建制度调考，邀请市公司党建部对口管理人员对50名支委成员进行基层党务专项培训。组织推优工作，获国家电网先锋党支部1个，市公司先锋党支部4个、优秀共产党员10人、优秀党务工作者4人，市公司党内信息统计报表先进个人1人，公司先锋党支部4个、优秀共产党员30人、优秀党务工作者6人。

深化品牌传播，年内新闻媒体上稿487篇，其中中央电视台1篇，重庆卫视新闻联播2篇，中电媒体25篇，国网媒体63篇。重点策划开展迎峰度夏（冬）、贯彻落实中共十九大精神、抢险救灾等27项主题传播。在9月特大暴雨期间，与长寿电视台联系，《暴雨导致大树倾倒 上百户居民煤气电力受影响》电力工人奋力抢修的报道在中央电视台新闻直播间、朝闻天下等栏目播出。策划实施“富民兴渝、电力先行”履责行动，全面推进“故事妈妈”社会责任根植项目，成立“长电小种子”故事妈妈团，在全区设立3处固定故事舞台，定点定时开展亲子阅读活动、安全用电小课堂、家庭教育沙龙，扩大社会各界对公司工作的情感认同。开办长供文化讲坛3期，举办“礼赞劳动者·卓越国网人”故事会活动，用企业文化凝聚人心，输电党支部的《25年把线路当舞台》在市公司卓越故事会决赛中获三等奖。挖掘先进集体和个人的生动故事，完成逐梦“最美国网人”先进人物、集体事迹11篇，新华网、《中国电力报》等媒体均有报道。调整组建瑜伽、舞蹈、乒羽、足球等10个分会；长寿公司在市公司足球决赛取得第六名的好成绩，在长寿区第三届篮球运动会取得企业组第四名的佳绩；职工的摄影作品《堆砌与构成》获得一等奖，推荐到国家电网“卓越之路”职工美术书法摄影巡回展中获三等奖，在第七届重庆市摄影艺术展览中获艺术类金奖。（陈　骁）

2017年国网重庆市电力公司长寿供电分公司领导人名录

总经理、党委副书记：丰　强

党委书记、副总经理：李洪扬

副总经理：田　勇　杨文蓉（女）　杨雪松

纪委书记、工会主席：李卫平

总工程师：肖　辉

中国石油西南油气田公司重庆天然气净化总厂

【概况】　重庆天然气净化总厂（本分目简称总厂）隶属于中国石油西南油气田公司，是综合配套齐全、技术先进的大型天然气净化厂。下辖9个分厂，分布在川渝两地9个区县，还担负着土库曼斯坦阿姆河A区天然气处理厂、B区天然气处理厂和机修厂的生产运行管理。总厂下设12个职能科室、6个直属部门、5个直属单位、14个厂属基层单位。截至2017年底，有员工2256人，其中高级技术职称72人，集团公司、公司技能专家13人，高级技师和技师191人。具有年处理原料天然气200亿立方米的生产能力；拥有固定资产原值43.5亿元，净值25.68亿元；天然气净化装置19套，机械设备3387台，电气设备1560台，仪器仪表7630台（套）。

重庆天然气净化总厂生产指挥中心于2018年1月，由重庆市长寿区桃花大道44号搬迁至重庆市江北区龙山路。

【生产管理】　2017年，总厂结合各生产装置负荷不均衡的常态，加强上下游联系，优化气源调配、预处理，满足装置生产需要；推动设备全生命周期管理体系建设，加强设备监管与维护保养，全年无重大设备事故，设备完好率99.54%；严格工艺纪律，规范生产操作，全厂生产装置安全平稳运行。抓好低负荷生产管理，精心测试装置低负荷运行临界参数，全面落实装置节能经济运行措施，有序关停长寿、綦江分厂，对引进、忠县、渠县分厂实施单套运行，川东地区在运装置平均生产负荷由52%提升至66%。打造龙王庙净化厂“精品工程”，优化操作参数、强化生产管控、抓好基础管理提升，龙王庙装置管理专业化、规范化、精细化水平提升，持续高产稳产。整合全厂检维修队伍，组建开停产专家组、现场监管组两支专业化队伍，细化检修方案，做好检修全过程管理，圆满完成龙王庙净化厂首次全停检修，提前39天高质量、高标准完成全厂装置大修，为年度处理量超额完成做出突出贡献。2017年处理原料气121.22亿立方米，完成年度计划的105.41%；生产硫黄14.15万吨，完成年度计划的141.54%。天然气处理量和硫黄产量均创历史新高，获公司2017年度先进单位称号。

【安全环保】 2017年，总厂从严推进QHSE体系建设，持续完善审核问题闭环整改机制，审核得分连续5年名列公司前列；体系管理水平持续提升，获公司2017年度HSE先进单位。开展科股级领导干部QHSE履职能力评估，成绩较好以上达86%，干部个人安全能力稳步提升，有效引导全员安全责任落实。推进基层站队QHSE标准化建设，完成公司净化专业"三册一图"编制，7个主要生产单位高分通过公司达标验收，生产作业现场管理更加规范。优化隐患管理模式，全方位开展隐患排查治理，每月定期组织设备诊断，逐步建立设备在线监测系统，本质安全不断增强。完成《典型事故事件案例汇编》《优秀生产技术分析报告汇编》，启动自建厂开始的事故事件案例汇编工作，事故事件管理日益健全。强化应急管理，突出"双盲"演练，成功承办重庆市应急管理规范化建设现场会。突出QHSE精准监督，规范现场"四个一"行为，操作员工风险管控能力不断提升。加强环保设施运行维护管理，编制尾气二氧化硫排放和危废管理要求，突出废水废气点源治理，环保精细管理水平不断提高。突出质量管理，长征牌硫黄持续获四川名牌产品称号，QC小组活动成果在集团公司、公司均获佳绩，天然气产品合格率始终保持100%。

【经营管理】 2017年，总厂坚持效益优先，发挥规划计划龙头作用，强化工程造价管理，开源节流、降本增效，经营业绩创历史新高。围绕创效主力关键，精心组织生产，商品气比计划增加输出7.58亿立方米；优化硫黄销售策略，实施灵活营销，全厂增销硫黄4万余吨，为总厂盈利创历史最高水平奠定基础。加快拓展外部业务市场，顺利实施川中广安轻烃厂、磨溪净化厂等5套装置检维修业务，继续承担阿姆河天然气处理厂、川东北高含硫项目等技术支撑，完成塔西南对外培训，全年对外技术支撑装置处理天然气162.06亿立方米，探索深化机构改革、推进产业升级，实现多元化的科学、可持续发展方向。把控重点工作环节，持续推进集约选商、集中批量采购，持续推进"电力直接交易"和"改变基本电价计费方式"两项措施，持续加大液硫销售量，持续开展"人均节约千元"等工作，控投资、降成本、提效益，降本增效成效突出。

【净化技术】 2017年，总厂有效解决万州分厂系统频繁拦液、操作不稳定、运行负荷低等难题，装置运行负荷从45%提高至80%，日处理量持续稳定在160万立方米以上，安全平稳运行周期显著延长。加强与科研院所和高等院校的交流合作，突破设备腐蚀、硫黄回收等天然气净化关键性问题，在龙王庙净化厂成功应用尾气深度脱硫溶剂改造研究新成果，在忠县、渠县分厂超级克劳斯装置进行工艺升级，尾气二氧化硫排放浓度大幅下降，攻关取得新成效。完成集团公司天然气净化操作工、分析工职业资格鉴定系列标准、教程、题库，通过集团公司专家审核。完成股份公司《天然气净化厂检维修规程》，在龙王庙净化厂、忠县分厂成功试点并推广应用。完成8项公司级和厂级科研项目的研究与现场试验工作，《硫黄回收装置停车过程优化操作研究》成果获得公司科技成果三等奖；完成7项实用新型专利申报工作，其中《管道过滤器》等3项已授权，《阀杆保护套》等4项已受理，知识产权保护取得新进展，行业领先地位不断巩固。

【企业管理】 2017年，总厂从机构、制度、管理模式等深层次问题着力，优化机构职能，将綦江分厂托管到长寿分厂，对长寿分厂管理机构进行合并，试点开展财务集中核算、辅助装置无人值守等，科学整合相关单位、精简部分岗位，管理效率有效提升。编制出台《专业技术岗位薪酬待遇实施方案》，修订完善《预算费用管理办法》等16项制度，规范职业技能鉴定管理，首次完成天然气提氦操作工、炭黑操作工、炭黑分析工技能鉴定工作，在公司鉴定机构年检评比中获得第一名。对关停装置分流人员引入竞争激励机制，开展竞争上岗；在两级管理模式单位聘用"大班长"，基层自主管理水平不断提升；探索建立“大工种、大岗位”模式，打破工种界限，培育复合型人才，激发员工潜能，优化人力资源。抓住互联网、大数据、物联网等技术发展浪潮，开展净化、数字化“两化”融合贯标工作，建成龙王庙净化厂物联网系统，试点应用忠县分厂数字化巡检平台、大竹分厂风险项目闭环管理系统等匹配项目，完善数字化巡检和远程控制系统，数字化办公深入推进，总厂生产数据信息化程度提升。停运綦江分厂，终止业务外包，彻底消除綦江分厂历史遗留劳务用工法律风险；扩大长发安装公司立项审批、接受签约、业绩奖再分配等10项管理权限的授权，有效激发自主经营活力；全面接手遂宁净化公司股权托管工作，完成公司治理结构变更，推动公司与总厂一体化发展；“三供一业”分离移交、物业管理收费制度改革稳步推进。

【人才建设】 2017年，总厂坚持围绕总厂发展实际，编制未来5年《人力资源发展规划》，统筹推进各类人才队伍建设。开展净化操作工、净化分析工职业技能竞赛，完成公司技能专家、高级技师及首批首席技师选聘工作，全员“比学赶帮超”氛围更加浓厚，净化操作水平不断提升；建立全厂专业技术人员年度考试机制，抓好专业技术岗位序列改革，完成首批二、三级工程师岗位聘任，建功企业平台更加宽广，技术人才支撑能力逐步显现；举办科股级干部管理培训班，加大基层技术骨干到机关管理岗位轮训力度，选派优秀人才参加公司青年干部和党务干部培训，管理能力不断加强，各类人才协调发展。创新开展“形势目标任务责任”教育，分片区举办青年技术干部座谈会，开展职业道德宣讲活动，弘扬工匠精神和石油精神。全年完成总厂级各类培训1068人（次）、分厂级培训6294人（次），涌现出公司“十佳百优”班组长、公司十佳大学生、中央企业青年岗位能手等榜样模范，各级员工适应企业发展新要求的能力提升。

【党群工作】 2017年，总厂召开第二次党代会，完成第二届党委和纪委领导班子换届选举。编制发布总厂《党务工作质量标准》，加强党建工作与生产经营的深度融合。开展基层党组织书记述职评议，推进“动态”党支部活动阵地建设，创新开展“党员政治生日”“党课五分钟”“大修我为党旗添光彩”等活动。强化干部队伍建设，开展“四好”班子创建；加强青年干部培养，新提拔、交流科股级干部70人次，各级班子年龄结构和专业配置更加优化。强化党风廉政建设“两个责任”落实，首次举办纪检监察业务培训和反腐倡廉专题教育、探索“立体式”监督新模式，开展公务用车合规监督、龙王庙净化厂物资管理专项检查，落实公司党委巡察问题线索整改，夯实全面从严治党。在集团公司、公司新媒体创作大赛中，总厂多部作品获得一、二、三等奖；企业文化建设优秀案例在公司获奖并推荐到集团公司。发挥群团组织优势，广泛开展劳动竞赛、巾帼建功和青年创新创效活动，在公司组织的各类职工文化体育活动中屡获佳绩。（徐尊萍）

2017年中国石油西南油气田公司重庆天然气净化总厂领导人名录

厂长、党委副书记：喻泽汉

党委书记、副厂长：陈胜永（2017年7月离任）

梅　林（2017年7月任）

副厂长：佘　建　杨培昌　唐荣武　王晓东　王鸿宇（海外）

总会计师：赵小波

副厂长、总工程师：岑　嶺

党委副书记、纪委书记、工会主席：罗　斌

副厂长、HSE总监：曾　刚（2017年7月任）

重庆长风化学工业有限公司

【概况】 2017年，重庆长风化学工业有限公司（简称长风化学）围绕老厂区升级改造、加强新产品研发及创新、MDI配套缓建项目优化调整、整体搬迁项目实施等核心任务开展各项工作，全年实现营业收入30672万元。

【供应营销】 2017年，长风化学调整经营策略，不断完善供销体系。开拓苯胺市场，将苯胺外销至内蒙、江苏、浙江等地；细分二苯甲酮、碳酸二苯酯、四丁基脲、碳酸二乙酯等光衍产品市场用途，采用差异化营销策略，超额完成年初销售目标。加强供应商渠道的开拓，强化针对厂家的直接采购，减少贸易商中间环节，加强对采购成本的控制，截至年底，降低采购成本约200万元；完善采购模式和销售模式，重新修订产品定价机制，完善授信管理制度，制定采购和销售合同模板，严控经营贸易风险。

【技术创新】 2017年，长风化学制定全年降本增效目标计划，落实部门责任，督促跟踪了解实际完成情况，全年降本增效实现900万元以上。做好柔性生产安排，提升装置利用率，实现608装置联产氯甲酸苯酯和碳酸二苯酯，实现蒸馏Ⅰ号中定剂、四丁基脲和碳酸二苯酯的功能切换。结合企业生产经营状况，强化蒸汽、热水、液态联苯、氮气、压缩空气等紧缺资源调配，执行资源向优势产品倾斜，保证各资源的充分利用。

【安全环保】 2017年，长风化学夯实基础，提升本质安全水平。全年投入安全环保整改资金870万元，完成安全环保整改项目30余个。全面推行生产区与办公区分离管理，按照光气、非光气生产性质和使用功能，将生产区域进行隔离划分。印发《2017年安全环保工作计划》，部署全年安全环保工作任务，各二级单位与工段（班组）、工段与职工签订职工安全环保职责书；制定完善日周月隐患排查表，引入第三方独立安全环保督查小组；对全厂应急救援设施设备进行检验、维修、新增，加强企业应急基础条件建设。加强安全培训，年内日常教育培训4500余人（次）。

【产品研发】 2017年，长风化学投入研发经费2961.5万元，占营业收入的9.65%；对质检研发楼、抽风系统、气路设施、实验和质检器材进行升级改造，建设完成专业化的光气衍生物实验室；完成光气衍生物及下游产品技术储备项目13项，如氯甲酸烯丙酯、氯甲酸异辛酯、二苯甲醇等；不断改进工艺技术条件，顺利打通维果灵连续化生产全流程。成功获批重庆市光气衍生物工程技术研究中心称号。全年申请8件实用新型专利、1件发明专利，其中已有4件获得授权。

【基础管理】 2017年，长风化学完善企业内部管理，全年修订并发布企业管理制度25项。根据经营管理需求，将综合管理处拆分为人力资源部和经济运行部，新设消防保卫处、整体搬迁项目部，优化管理界面。组织管理体系内审、评审，通过IS09000、IS014000、GB/T18000管理体系监督审核；完成3个企业新产品标准、11个原、辅材料企业标准、45个中控规程的修订并实施。加强风险管理，制定企业《全面风险管理体系建设实施方案》，推行事故后追责机制，提升风险制度执行力度和员工的风险预判意识。

人力资源管理，全年职工平均人数516人，较2016年减少11.19%，清退返聘退休职工60人。按照集团公司要求，完成三定工作，细化各岗位工作任务和工作要求；配合福来德剥离工作，顺利完成福来德职工劳动关系、相关社保关系平稳转移。优化企业绩效考评体系，各二级单位考核模式由过去单纯吨位考核改为综合考核，建立员工转正考核、年度考核、中干评优考核制度，实现绩效系统化、全面化管理；全厂范围内引进指纹考勤系统，加大员工规范化管理。

【供给侧结构性改革】 2017年，长风化学开展重庆化医长风投资有限公司关闭注销工作，成立领导工作组，聘请专业第三方评估公司对可能存在减值的低效、无效资产进行评估，形成初步方案。持续推进粘合剂厂改革改制工作，召开粘合剂厂职工大会审议通过《职工安置方案》，完成改制后公司预核名。完成长风医院注销，与长寿盛伟医院签订原医院办公楼的房屋租赁协议；完成重庆龙溪镇闲置土地处置工作，签署《重庆市渝北区国有土地上房屋征收协议书》。“三供一业”移交工作中供水、供气、物业，签订框架协议；稳步推进退休人员档案移交工作。

【搬迁工作】 2017年，长风化学完成搬迁项目地块地形图测绘、地下管网测绘，成功拿到土地建设规划许可证；完成二恶英和常规污染物合同签订及监测工作；根据国家开发银行专项基金协调会安排，完成整体搬迁项目核减项目投资事宜；完成光气衍生物及芳胺类化学品项目（一期）可研报告、总体规划、车间设备布置图编制，项目环评报告和安评报告编制完成并一次评审通过，年底前已拿到项目安全条件审查意见书。

【MDI项目工作】 2017年，长风化学实现福来德平稳运营和剥离，做好MDI项目优化调整。甲醛装置总体运行良好，全年生产折百甲醛31160吨，销售收入9739万元。制定福来德独立试运行方案，于4月1日起按照独立运作模式运行，5月底完成甲醛项目的资产转固，10月底完成福来德公司100%股权划转飞华环保相关事宜。终止MDI缓建项目合同30个，开展缓建项目盘活，与多家企业进行商谈，完成报告（含投资机会分析、项

目规划、考察报告等）21余份。　　　（邓银婕）

2017年重庆长风化学工业有限公司领导人名录

董事长、党委书记、总经理：周卫平

副总经理、总工程师：周树新

监事会主席、党委副书记、纪委书记、工会主席：张贵谦

副总经理：王　征　张光兵　唐　勇

杨振宁（2017年6月任）

国家电投集团重庆狮子滩发电有限公司

【概况】　国家电投集团重庆狮子滩发电有限公司（简称狮电公司）前身为始建于20世纪40年代的龙溪河水电工程，是新中国“一五”计划国家156项重点工程项目之一和中国自行设计、自行开发的第一座大型梯级水力发电厂，周恩来、朱德、李富春、李先念、刘澜波等老一辈无产阶级革命家曾到厂视察并亲笔题词，对在龙溪河流域水力资源的综合利用中所取得的成绩给予高度评价。

2017年，狮电公司全面落实国家电力投资集团公司（本分目简称集团公司）、国家电投集团重庆电力有限公司（本分目简称重庆公司）工作部署，围绕“强安全、重效益、抓改革、促发展”的工作思路，攻坚克难，扎实工作，取得连续安全生产718天、完成发电量6.74亿千瓦时、实现利润总额4589万元的成绩，全面完成与重庆公司签订的综合业绩责任目标，获得重庆公司2017年度先进集体，连续4年盈利的经营业绩创厂网分家后的新纪录。

【安全环保】　2017年，狮电公司组织修订《安全生产管理职责规定》《到岗到位工作管理规定》，明确岗位安全职责、到位及考核标准，有效落实安全责任。全员参与“做表率模范、做安全卫士”活动，培育安全文化；施行车间安全奖励基金和百天、年度、千天责任目标奖及总经理安全特别奖等，将安全文化融入管理制度。围绕提升应急处置能力，持续开展HSE管理体系建设，确保国庆及中共十九大期间泄洪安全，完成高水位期间抢发电量的设备应急和进水口浮渣打捞。强化安全监督，坚持在工程现场开展旁站式安全监督、安全检查、隐患排查治理，将外包单位及人员纳入公司等同化管理，确保工程安全。开展基层、基础、基本功建设，完成电站门禁系统安装，打造4个示范班组，组织班组长到兄弟单位和长寿经开区交流学习，提高班组安全水平。

【生产管理】　2017年，狮电公司持续提高设备安全生产水平，完成15台机组大小修、13项技术改造，投入资金1200万元。规范管理生产工作，按期获得14台机组发电许可。制定并严格执行敏感时期保电方案，完成“十九大”“两会”等重大保电任务。开展网络安全隔离建设，实现内、外网分开管理，确保电力生产设备通信安全。完成狮子滩、大洪河、下硐大坝在第四次定检、运行近60年的大坝能评定为最高级（正常坝A级），是对公司几十年大坝管理工作的肯定。加强与市、区防汛办汇报联系，自行组织编制大洪河水库汛期调度运用计划和防洪防汛抢险应急预案并通过评审，体现市、区防汛办对狮电公司防汛管理和防汛专业技术的认可。认真履行防汛职责，科学、规范、安全地完成国庆及十九大期间泄洪工作，既确保公司利益，又化解有关政府的难题，提升人民群众的满意度和政府对狮电公司积极认可。

【经营管理】　2017年，狮电公司加强电力市场营销，参与大用户直接交易和市场化交易，协调解决好发电与旅游、发电与城区供水之间的矛盾，做到发电生产与履行社会责任两不误，实现发电收入18100万元。强化质量管理，稳固承运承检业务，高水平、严质量地完成与业主约定的工作任务，实现对外运行检修创收2100万元。拓展培训（旅游）业务，修建狮子滩大坝水电文化长廊，“电文化”为特色的旅游风景线形成，全年完成培训班37期及长寿湖系列活动等旅游接待，实现培训（旅游）创收450万元。持续开展提质增效工作，盘活闲置资产实现收入200万元。回收应收账款，收回陈欠账款2800万元。全年，公司为国家创税4230万元。

【改革发展】　2017年，狮电公司开展“三供一业”（供水、供电、供气，物业）分离移交工作，顺利完成上硐家属区对外供水移交改造，是集团公司系统2017年度第一家率先完成“三供一业”分离移交工作的单位。稳步推进“三项制度”

改革，施行全员绩效考核，制定《全员绩效考核评价管理办法》，实现分层分类、逐级考核，激发员工活力。合理利用土地资产，推进乡村旅游建设，回龙寨电站乡村旅游打造初显成效，为进一步盘活公司土地资源提供思路；全力推进企地共建，与洪湖镇政府协同推进大洪河电站家属区环境整治，电站环境得到不断改善、土地价值持续升温。持续推进依法治企，修订公司章程及决策制度，将党的领导纳入公司治理结构中的核心地位，撤销董事会、监事会，设立执行董事、监事；开展内控合规体系建设，实现资金、合同、决策管理表单线上运行；制定物资采购类、服务类和生产工程类格式合同，规范合同管理。

【党建工作】 2017年，狮电公司加强党的建设，贯彻落实全国国企党建工作会议精神，制定并落实党建工作“52个行动项”；推进“两学一做”学习教育常态化制度化，引导党员增强“四个意识”、筑牢“四个自信”；狠抓领导班子民主生活会问题整改，促进班子作风建设。落实责任重防范，抓好党风廉政建设，严格执行集团公司“5条禁令、30个不准”，开展“四风”政治专项检查，违规操办和参加“升学宴”“谢师宴”排查，出台加强作风建设8项措施。推进企业文化建设，开展“优秀奋斗者”评选活动，弘扬奋斗者精神；制作公司宣传片，延续狮电文化脉络；开展企业宣传语征集活动，提炼出“绿色能源、和美狮电”企业宣传语。（陶　超）

2017年国家电投集团重庆狮子滩发电有限公司领导人名录

执行董事兼总经理：岳宗科（2017年6月任执行董事，10月任总经理）

党委书记兼纪委书记、工会主席：张君生（2017年2月任工会主席）

副总经理：邱存兵 邢建模

副总经理、财务总监：刘　强（2017年10月任）

重庆长航川江船业有限公司

【概况】 重庆长航川江船业有限公司（简称川江船业）隶属招商局集团重庆长江轮船有限公司，前身是重庆长航川江船厂。始建于1970年7月18日，1980年12月竣工投产，注册资金2371万元，营业范围包括“在港区内提供货物装卸、仓储（不含危化品仓储）；普通货运；设计、建造、修理各类客船、货（驳）船和推、拖船及各类特种船舶；船舶停靠”，位于长江北岸的长寿周家沱，拥有岸线1500米，是天然的深水港区，有可供常年使用的深水泊位码头3个，陆域占地面积22公顷，各类房屋总建筑面积2.97万平方米。根据国务院办公厅《中央企业公司制改制工作实施方案的通知》、招商局集团有限公司《关于招商局集团公司制改制工作有关事项的通知》及《公司法》规定，进行全民所有制企业改制，于2017年10月24日完成工商登记变更（领导班子年内未变动）。

2017年，川江船业以强化风险管控，推进“十三五”规划落地，促进“三大产业”提质增效为工作主线，团结带领干部职工奋勇拼搏，攻坚克难，各项工作取得新的进展，实现全年奋斗目标，保持企业的职工队伍和安全状况稳定。

【生产经营】 2017年，川江船业面对依然严峻的经济形势和激烈的市场竞争，强化经营，深化改革，规范管理，迎难而上，外拓市场，内强管理，扎实推进各项工作。利用1200吨浮船坞不受库区水位消退影响，可常年进行船舶水线下修理作业的优势，与斜架车上下排作业形成互补，全年完成修船145艘次（其中坞修船舶60艘次），再创历史新高。在做强修船过程中，开展内控体系建设，完善规章制度，防范经营风险。重点抓精细化管理，更加注重细节和过程的管理，取得预期的效果。

【物流业发展】 2017年，川江船业按照港口经营许可的相关要求落实整改软硬件设备设施，于2017年11月取得港口经营许可证，能够依法合规开展港口装卸业务。与中储油重庆长寿四三五油库建设公司续签《钢材仓储合同》；引进重庆渝商再生资源有限公司钢材仓储中转业务；继与南通华粮集团开展粮食中转合作后，成功开发大豆卸船、转运入库、打包装车出库一揽子中转服务业务。收入规模和利润总额均实现大幅增长。

【环境监测业务】 2017年，川江船业陆续通过重庆市质监局组织的专家组对监测站搬迁评审和准则评审。通过准则审核，监测站有2名授权签字人，可开展检测项目19项。监测站在完成交通运输部环保中心下达的监测任务的同时对外开展监测业务，加强与交通部环保中心、重庆海事局的业务对接，在政府购买服务方面取得明显实效；船舶监测服务范围从重庆延伸到上至四川宜宾，下至湖北宜昌的长江沿线。

【安全管理】 2017年，川江船业落实招商局集团和重庆公司安全生产“五适”管控要求和安全工作部署，坚持日常巡查、领导带队检查和职工代表安全巡查，处罚“三违”，落实隐患整治。投入资金100多万元对安全隐患进行治理和环境整治，安全生产条件大幅改善，保持连续20年无工亡事故，安全局面保持稳定。

【党群工作】 落实从严管党治党要求，深入推进“两学一做”教育常态化制度化，紧扣生产经营中心工作，在“学”上做实，在“做”上重效，发挥政治、思想和组织保障作用；在与安全生产目标任务结合上，以结对子“一帮一、一带一”责任到人头的形式开展“党员身边无事故”活动。继续深入开展主题劳动竞赛、职工技能展示活动和“安康杯”竞赛活动，组织发动职工，立足岗位，增收创效。继续为在岗职工参加重庆市总工会“医疗互助保障”和“大病医疗互助保障”，全力服务职工。（刘　权）

2017年重庆长航川江船业有限公司领导人名录

厂长、党支部书记：杨　强

副　厂　长：向先彬　刘志凯

工会主席：张德明

西南油气田分公司重庆气矿长寿天然气运销部

【概况】 中国石油西南油气田分公司重庆气矿长寿天然气运销部（简称长寿运销部）是集天然气生产、集输、增压、气田水处理、销售为一体的综合性生产单位。2017年内部管理机构有党政办公室、生产技术办公室、计划财务办公室、HSE办公室、维修站；有在岗员工236人。管理范围涉及重庆市长寿区、渝北区、涪陵区、垫江县境内的铜罗峡、苟西、黄草峡、双龙、新市、卧龙河6个气田，面积2000平方千米，管理气井87口（其中生产井21口），集配气站11座，增压站3座，污水处理站1座；管理卧渝线A段、申倒线等天然气集输干线408.37千米。全年生产天然气2527.2万立方米，销售天然气148564万立方米。

2017年，长寿运销部深入贯彻落实气矿“筑底企稳、蓄势勃发，二次创业、科学发展”的工作方针，以“六次夺旗”为主线，完善“红旗文化”，建立“三大体系”，做实“五项工作”，实现“一个目标”的工作思路，组织生产、保障安全、强化管理、加强党建，确保运销部党建工作和生产经营工作的有机融合和相互促进，呈现出平稳有序发展势头。

【生产运行】 2017年，长寿运销部精细组织生产。年初，生产办根据每口井的特点，印发《关于下达2017年度产量指标及考核的通知》。生产安全受控。通过流媒体服务器直观监控生产现场操作全过程，及时对生产现场420张关键岗位操作卡、属地范围内的121起施工、检维修作业等关键环节实现过程监控；完成运销部范围内新版作业许可培训及考核，考试合格198人（次）。场站监督到位。对生产现场关键岗位操作卡、属地范围内施工、检维修作业强化受控管理。运销部对作业许可票签发实行A类作业全过程监督，对B类作业巡查监督方法，确保全过程安全受控。全年，运销部签发作业许可票证228份。应急处置得当。2017年二季度开展长寿运销部自然灾害及环境影响突发事件应急演练，利用演练机会对处于高速公路附近易滑坡地带的申倒线露管段进行回填，并根据现场的实际情况，对自然灾害应急处置卡进行修订完善；集中力量编制班组突发事件应急处置卡，建立针对性强，操作性高的“一案一卡”。信息化稳步推进。选派人员参加《分公司两化融合管理体系知识讲座》《重庆气矿两化融合体系贯标推进会》及《通信运维技术与信息化运维平台培训》，结合各场站实际情况修订《基层站队三手册一图册》中信息化部分，针对信息化规章制度和信息化设备的使用及维护，全年开展培训11次，培训153人（次）。管道运行受控。成立管道运维小组，推广第三方施工作业“六步管控法”，持续完善安全标识，加强管道保护宣传，有效提升管道保护水平。运销部先后对高后果区、施工点警示标识进行整改完善，提升管线规范化管理；全面开展在役管道风险评估工作，采用管道每隔50米定向连续照相的方法，建立起管线照片库，全方位记录、评估管线风险；加强与地方政府沟通联系，明确规划、设计、施工等各个环节中各区域内的天然气管线，构建地企联动联控长效机制；制作管道保护宣传扑克牌、挂历，以宣传小分队等方式到管线周边进行宣传11次。

【营销工作】 2017年，长寿运销部加大监控力度。落实“特殊时段”供气预案等措施，严格执行上级营销指令，确保产销平衡；协调好供气用气矛盾，加大监控力度；确保井站人员、营销人员、统计人员数据准确，做到层层保险，万无一失。加强调研协调。开展卡贝乐用气调研，为年度天然气保供工作打下基础；对富源化工公司的输差进行校对，解决客户用气过程中的实际困难；与卡贝乐公司协同配合，及时处理渡舟站内供气管线调压阀故障，避免客户停产。气款足额收取。采取每天计算“困难客户”的天然气气款精准到小时收取，联系该客户负责人进行催款，若找不到相关负责人再联系该客户的领导，采取层层递进的联系方式，多方面有效催款。

【安全环保】 2017年，长寿运销部反复验证审核工作。根据《西南油气田公司2017年QHSE管理体系审核问题清单》，利用6—8月时间，查找业务范围内资料及现场的短板；根据《气矿2017年QHSE体系审核集中审核清单》进一步梳理，举一反三，整理完善整改资料等措施并做好问题的整改落实。抓好基层站队建设。运销部始终遵循“继承融合，优化提升；突出重点，简便易行；激励引导，持续改进”的工作原则，最终形成运销部管理手册1本、井站管理手册6本、井站操作手册16本、井站标准化图册6本、管道管理手册1本、管道操作手册1本以及管道标准化图册1本，按照手册内容推进“管理标准化、现场标准化、操作标准化”三个标准化现场落地。10月12日，重庆气矿到运销部进行QHSE标准化验收，验收合格率100%。10月20日，西南油气田公司到运销部开展QHSE标准化验收及QHSE体系验证，验收合格率100%。夯实辖区环保工作。运销部对87口井站（重点32口生产井站）及415.41千米的管线进行环境风险评估，建立完善危化品管理制度、台账及目视化；协调长寿区环保局，就重庆市工业企业场地调查、风险评估与治理修复相关资料备案工作中涉及运销部所属的新5井和草4井土地污染现状，开展现状评估调查。按期完成重庆市环保督查问题的整改。加强交通安全。年内开展“百安”交通、“交通安全里程碑”等活动，提升驾驶人员的安全行车意识；开展“驾驶技术双过硬”、交通事故应急预案演练，着力驾驶人员的防御性驾驶能力和驾驶技能；全年开展交通安全学习37次，专项交通检查9次，车辆自检及回场检查2125台次，安全行车28万余千米。

【员工培训】 2017年，长寿运销部自办培训班20个，委外2个培训班和组织送外各种培训等培训1192人（次）；通过各种会议、竞赛、专题学习、视频培训350人次，全年总计培训1542人（次），达到重庆气矿提出的员工人均每年参加培训时间的目标。（杨　琪）

2017年西南油气田分公司重庆气矿长寿天然气运销部领导人名录

经理、党委副书记：马代强

党委书记：李建川（2017年1月任，同时离任副经理、副书记）

副 经 理：朱厚明（2017年5月离任）

车常飞（2017年2月任）

熊东宁（2017年3月任）

重庆凯源石油天然气有限责任公司长寿分公司

【概况】 重庆凯源石油天然气有限责任公司长寿分公司（简称凯源长寿分公司）位于重庆市长寿区长寿湖镇。是隶属于重庆凯源石油天然气有限责任公司的二级管理单位，下设机构有综合、财务、生产技术、营销和安全5个办公室，1个营业所和1个管网所；营业所下设桃花、晏家、长寿湖3个营业点。主要负责长寿桃花新城、晏家、葛兰、长寿湖等部分地区的城市天然气输配、销售，燃气工程设计、安装、验收和运行维护管理，服务区域100平方千米。截至2017年年底，有员工总数117人，党员28人（其中，合同化员工58人，市场化员工10人，业务外包49人；大学本科含成人本科及以上学历23人，大学专科含成人专科25人；高级技术职称2人，中级技术职称11人）。

【经营管理】 2017年销售天然气3741.71×104立方米，市场开发结算数10731户。

天然气终端市场开发与管理。长寿区发展的重点在长寿中心城区的菩提组团、阳鹤组团和渡舟组团，立足市场前沿，把握发展重点，全力做好3个组团的燃气管网专项规划，与长寿区城投集团沟通，了解市政道路的建设计划及进度，保证燃气管网同市政道路同步建设。坚持“拥有管线才占有市场”理念，紧跟地方市政规划，推进重点区域重要燃气设施建设，重点是在菩提组团、阳鹤组团和渡舟组团市场区域内，做到市政道路建设到哪儿，凯源长寿分公司管线就延伸到哪儿。坚持“守土有责、寸土必争”的市场竞争理念，打破传统思维，变“坐商”为“行商”，主动出击，加强市场调查，开展市场巡查，加强与政府、开发商的联系沟通，安排专人每周巡查周边楼市动态，主动上门服务。2017年年底前，凯源长寿分公司管理用户达到10万余户。

天然气合同管理严格执行重庆凯源公司《合同管理办法》，规范合同的申报、审查、审批、签订流程。

加强天然气用户管理，做好收费管理和通气维修工作，现场监督、用户回访、随机抽查、考核评价，严格规范操作流程；年内受理用户来人来电2430人（次），维修265人（次），未出现一例安全事故。狠抓用气安全宣传教育，入户安检和在人口密集区域组织开展集中安全用气宣传活动，发放各类安全知识宣传单和安全手册5.8万余份。

【生产运行】 2017年，凯源长寿分公司的主要气源是西南油气田公司重庆气矿和重庆公管中心。截至2017年底，巡查管网53892千米、阀井维护巡查255座（次），调压箱保养1971台（次），做好调压柜26台、阀井201座、加臭装置9台、交通运输车辆7台的保养工作。确保各类生产设施设备安全平稳运作。

加强生产组织，建立完善的生产运行应急机构，明确管理职责和相关人员的应急职责、工作范围、操作程序等。建立各种应急物资台账，确保应急消耗材料齐全、完好，储备到位。实行24小时应急值班制度，保证应急处置及时、应急通讯畅通、人员到位迅速、应急抢险（修）记录、台帐完善。严格停气、通气作业程序，按规定及时上报生产运行信息，强化节假日值班制度，及时组织队伍处理管线泄漏故障。强化施工单位的责任主体意识，落实工程开工前技术交底、安全交底工作，落实关键环节、重要工序的质量控制点，严格现场管理人员及监理单位履行现场监理职责；加大检查力度，对重点工程、重点部位进行严格监督。加强对施工单位的技术指导，全年组织施工单位及生产管理人员召开施工单位座谈会15次，及时向施工单位传达公司工程管理的相关制度，向施工单位推行QHSE管理工具，重点是工作前的安全分析。全年各类工程建设45项，完工并验收工程14项。

【安全生产】 2017年，凯源长寿分公司持续强化安全基础管理。全年定期召开QHSE委员会议22次，运用会议、培训班等开展安全经验教育分享活动。组织开展“春节前安全大检查”“夏季安全环保大检查”“冬季安全环保工作”“天然气终端销售业务安全隐患排查”“工程质量专项检查”“安全生产月”“百日交通安全专项整治”等活动。全面落实安全生产责任。组织全体员工签订《QHSE责任书》，调整建立领导干部安全联系点7个、安全监督小组5个。全年领导干部开展安全联系检查54次，行为安全观察与沟通78次、安全监督小组检查52次。落实全体员工岗位危害因素辨识，编制完成长寿分公司及各办公室、配气站危害因素清单。组织全员制定“个人安全行动计划”并严格按计划实施，年终时统一对完成情况进行审查。加大隐患整治力度。采取安全专项检查、安全日常巡查、安全监督检查等方式，全面排查并及时上报存在的安全隐患。进行隐患整治，落实责任人、验收人和完成时间，实行督办销项，严格执行闭环管理。加强交通、消防安全管理。严格执行驾驶员“十不准”规则、车辆回场检验、定点停放和派车有据等交通管理制度，利用GPS监控系统，强化车辆运行监控，全年车辆安全行驶16.17万千米。加强应急管理，提升全员应急处置能力。全年修订、完善凯源长寿分公司突发事件应急总预案及6个专项应急预案。应急物资及机具储备齐全、有效。全年开展分公司级应急演练3次，分别是车辆交通事故应急救援演练、防治自然灾害（防洪防汛）抢险应急演练、桃花配气站加臭剂泄漏应急处置演练应急演练。加强设施设备维护保养工作。全年巡查管网53892千米、阀井维护巡查255座（次）、调压箱保养1971台（次），确保各类生产设施设备的安全平稳运行。关心员工身心健康。夏季向全体员工发放防暑降温用品，更换各班组、车辆的急救箱药品；9月，组织全体职工完成健康体检工作，体检率100%。

【企业改革与管理】 2017年，凯源长寿分公司修订完善凯源长寿分公司《工程项目管理实施细则》《员工奖罚规定》和《车辆运行管理实施细则》等制度，修订完善《生产突发事故（事件）应急总预案》及6个专项应急预案，调整《安全生产监管小组》等27个各类领导小组成员构成。

【党建与企业文化建设】 凯源长寿分公司党支部从多个方面加强党风廉政建设，筑牢反腐倡廉"防腐网"，不断净化公司廉洁从业风气。落实廉政责任制，从书记、经理到副职领导到主任、所长，层层签订廉政建设责任书和廉洁从业承诺书。开展廉洁谈话教育活动，采取集体谈话与个别谈话相结合的方法，与员工开展交心谈心活动，了解和收集班子成员和干部员工在思想作风、工作作风、廉洁自律等方面的情况，及时发现问题、解决问题、防微杜渐，筑牢拒腐防变防线。宣传廉洁文化，利用办公楼橱窗制作"廉洁文化园地"宣传专刊，开展廉洁教育专题演讲活动，宣传廉洁规定、廉洁故事和廉洁警句，营造廉洁氛围。

（张丽娟）

2017年重庆凯源石油天然气有限责任公司长寿分公司领导人名录

经理、副书记：马世权

书记、副经理、工会主席：张　伟

副 经 理：张　彬（2017年8月离任）

刘　勇（2017年12月任）

冉　林　吴德才

中国化学工程第七建设有限公司重庆分公司

【概况】 2017年，中国化学工程第七建设有限公司重庆分公司（简称重庆分公司）有在册员工460人，其中管理层107人，作业人员353人；具有大专以上学历97人，高级职称21人，中级职称7人；技师43人，高级技师6人；有8人具有一级建造师执业资格。由于连续10多年没有补充作业层人员，当年30岁以下的年轻人37人，40岁以上的373人；5年后自然减员和特殊工种退休以后，员工队伍为390人（减员118人左右）。有离退休人员700余人，劳保抚恤人员70余人。

重庆分公司党委下辖党支部3个；截至年底，有党员126名（其中，预备党员2名，在职党员48名，离退休党员81名）。在职党员中，男党员31名，女党员17名；管理层党员35名，作业层党员13名；大专以上学历党员29名，大专以下学历党员20名；35岁以下的党员6名，35岁以上党员43人。年底前，有11人申请入党。

【生产管理】 2017年，重庆分公司重点抓好在建项目的管理，开展相关任务信息的跟踪工作。打造经营部门的商务职能、结算职能。抓好和完善在重庆施工许可，做好公司各类项目管理、技术与经营等人员的报备工作，配合、策应在重庆各类项目投标工作等。

重庆分公司管理的贵州（六盘水）武警反恐训练营地项目和贵州贵安新区截污项目处于停工阶段，中石油长庆油田项目处于竣工收尾阶段。

年内完成办公楼、大学生临时宿舍的屋面维修（防水工作），重庆巴斯夫项目大型材料堆场搬迁与发往其他（包括国外）项目等工作、古佛变压器失火后维修工作；古佛土地置换工作进展顺利，年底前地方政府已经确定归还土地的位置，正在办理相关确权手续。协调地方航空运输部门办理公司外派劳务人员的血样运输工作，确保公司国内外工程的顺利实施。

2017年，实现主营业务收入3450万元，陕西长庆油田完成年初公司下达营业收入7000万元的生产经营指标的49.29%。全年发生的费用为1255万元，占年初上级公司下达费用预算1267万元的99.05%。所属各项目实现利润99.50万元，完成年初上级公司下达全年实现项目利润350万元利润指标的28.43%。重庆分公司本部全年业务招待费发生额8万元，超出年初上级公司下达5万元的费用指标。

年内没有新签合同，当年所实现的营业收入及项目利润均为以前年度未完工项目产生的。所属的几个未完工项目中，贵州六盘水武警训练基地项目和贵安新区截污工程项目两个项目当年的主营业务收入和利润均低于年初预期；陕西长庆油田项目因业主中石油长庆油田分公司的特殊规定，一般在项目进行过程中不确认工程进度，待项目全部完工后才能一次性结算，该项目的几个单项工程已全部完工；长寿化工园区铁路专用线项目也已完工，完成主营业务收入150万元；分公司其他项目均处于已完工未结算状态。

年初计划完成工程项目清理7个，收回工程款及保证金2558.72万元，归还公司贷款918.69万元，截至2017年年底前，化医乙炔项目的法律诉讼准备工作已完成、恩力吉项目结算工作即将完成，长庆油田项目归还公司贷款100万元，其结算与收款工作进展顺利。

【费用控制】 2017年，重庆分公司制订8条措施控制费用开支。出差必须提前申报本部门领导或公司领导，并办理相关OA手续，不允许出现事后补手续。出差必须按公司规定乘坐交通工具，如果需要乘坐特殊交通工具（火车硬卧以上、动车、飞机）的，必须事前申报并办理相关OA手续，不允许出现事后补手续。在长寿城区（含晏家）范围办事，如非紧急，原则上不派车，只能乘坐公交。统一到办公室领取公交卡使用，使用完后交回办公室。在长寿城区范围以外出差，3人以下原则不派车，原则上只能乘坐公交、动车；3人以上需要派车的，由办公室请示分公司领导后决定。出差开会的，会期在1天之内，原则上不发生住宿费用；1天以上确需住宿，必须提前申报部门领导或分公司领导，不允许出现事后补手续，出差的住宿费用标准必须符合公司规定。职能部门的周期性工作自行提前做好日常工作，不允许临近时限节点发生派车抢时间等情况。因经营活动发生的出差与用车，自营项目的费用和用车由分公司承担，分包（合作）项目的费用和用车由分包（合作）单位承担。分公司投标工作中，需要向公司借用合同、文件、资质或相关人员的证件、申请盖章等，投标的相关职能部门和责任人员尽可能提前10个工作日办理；在依据公司流程办理完审批手续后，尽量使用快递方式寄送办理。费用控制有效。

【国有资产管理】 2017年，重庆分公司代管的国有资产中，经过与长寿地方政府及相关部门交涉，古佛土地的置换工作顺利推进，截至2017年年底前与地方政府及有关方正在推进土地交接、产权完善等工作；原重庆办事处的房产产权完善工作将通过法律程序解决，已经开始诉讼准备工作。重庆分公司的工程项目清理和工程款清缴工作滞后，几个需清理的工程项目均为多年遗留未解决的，除长庆油田归还公司100万元贷款外，年内的“两清”工作没有更多的进展。

【人力资源管理】 2017年，重庆分公司强化管理，打造纪律严明型团队。选拔培养不同年龄、不同层级、不同岗位的接班人。让一批政治素质高、群众基础好、具有一定文化学历和较高专业技术水平，业务工作能力强，有一定管理经验，敢于管理、有创新思维的年轻人进入到公司的基地管理和项目管理岗位。建立完善人才梯队制度，形成老中青一起进步的局面。在重点岗位、关键岗位推行轮岗和交叉任职，打造一批复合型人才。做好各类培训，年内组织5次培训教育，有138人参加（其中，特种作业人员取换证培训111人，俄罗斯PE项目焊工培训6人，新进大学生培训11人，无损探伤培训2人，特种设备作业人员培训8人）；先后组织特种作业人员取换证培训、央企远程教育培训1人、施工间歇期间培训、马来西亚项目出国人员储备焊工培训37人、计量培训、广联达软件培训、营改增培训、《公司工作任务指导监督执行管理系统操作手册》培训、3P项目的投融资模式中各种财务、金融知识等各类培训11次，参加人员218人（次）。

在“双定”（定员定岗）工作中，对基地管理部门根据职能和岗位职责进行重组、精减；对基地上岗人员定员定岗、裁减冗员，摒除以人设岗的现象；适时推行竞争上岗；按公司规定严格清理退休留用人员。最大限度提高工作效率、降低管理成本。

做好国内外项目人员动员工作，把技能合格的员工派遣到项目上工作，年内有170人派遣到公司项目部工作，其中国内项目部29人，国外项目部141人。全年解除劳动合同6人。

加强人力资源管理的体系建设、信息化建设，发挥人力资源管理人才优势，提升体系建设工作和关键管理手段在人力资源管理工作中的贡献率，强化人力资源管理技术创新，完成人力资源统计信息系统以及员工信息数据的电子信息化建设。发掘人力资源基本信息、教育背景、专业技术职务、技术工种、继续教育、社会保险、离职人员管理、信息查询等功能，提高人力资源工作效率。

【党建工作】 2017年，重庆分公司有专兼职党务工作者11人，专职党务工作者1人；兼职党务工作者10人（其中在职党员9人，离退休党员1人）。年内组织专兼职党务工作者培训，党务工作者能胜任本职工作。开展“两学一做”活动，4月开展党组织与党员个人双“承诺”活动；把落实“八项规定”、纠正“四风”问题作为一项政治任务；将“两学一做”要求落实到各支部、每个党员中，建立健全基层党员管理系统，坚持做到每月开展1次组织生活。继续深化“三严三实”专题教育、“四风”问题整治情况“回头看”等工作；落实“一岗双责”和“两个责任”，把党风廉政建设、干部的廉洁自律落到实处。严格程序和工作步骤，不突击发展，不盲目发展，全年培养入党积极分子3人。

【存在问题】 2017年，重庆分公司虽然国内外项目中标不少，但一些大型与超大型项目还未到施工高潮（高峰）期，重庆分公司仍然有相当部分员工处于待岗状态，给基地管理工作造成压力；部分长期待岗的员工为生存，在外打短工或谋得长期职位，再安排上岗时消极对待，甚至不服从安排。待岗员工的日常管理与学习还需要加强，重点是转岗培训（主要是员工年龄变化，随体能下降需要转换工作岗位的情况）和取（换）证培训（主要是人员不在国内、证件到期的情况）还存在诸多问题，需要解决。企业改革与改制工作推进较慢，企业向地方移交社会职能的工作滞后，需要利用好国家和地方的一些政策，让企业摆脱社会与历史包袱的束缚，轻装上阵。双清（三清）工作还需要进一步加强，要科学合理、安全高效完成在建项目的实施，狠抓已完工项目的交竣工及验收工作、结算与收款工作；对于一些因结算、赔偿久拖不决的项目，要采取法律手段确保公司的利益，防止国有资产的流失。 （付新轶）

2017年中国化学工程第七建设有限公司重庆分公司领导人名录

党委书记、经理：袁向东

副经理、工会主席、纪委书记：段　波（女）

副 经 理：韩明旭 何小兵

重庆化工码头有限公司

【概况】 重庆化工码头有限公司（简称化工码头公司）截至2017年底，下设11个部门；有在册职工140人，有专业技术人员20人、特殊工种人员130人、大专以上文化程度53人。全年完成装卸自然吨149.03万吨；吞吐量完成147万吨；内外贸集装箱完成1.5万TEU。

【业务发展】 2017年，化工码头公司强化优势资源，延伸服务链条，件散货源处于放量增长态势。2017年，件散货完成105万吨，为自然吨总量的70.47%，为2016年同期的137.25%，是总收入的49.48%，是上年同期的179.6%，处于放量增长态势。抓好水泥熟料、煤炭、石油焦、钢材、叶腊石等客户群的服务和稳定，逐步形成以水泥熟料、煤炭、石油焦以及废钢为主的件散主打货源，同期分别增长96.25%、88.30%、78.31%和67.46%，叶腊石与上年同期持平，形成强有力支撑。针对客户需求，量身制定物流方案，通过全程物流、车船代理等服务方式，满足客户需求，提升市场份额，扩大货物中转量，为全面完成公司生产经营指标提供基础保障。2017年，首次启动以水泥熟料为主、煤炭为辅的车船运输代理业务。

稳定已有液化品种，不断开发新货源，液体化工稳中有升。2017年，液体危化品完成22万吨，为自然吨总量的14.76%，是2016年同期的125.14%；是公司收入总额的27.97%，为上年同期的119.15%。液体危化品主要以柴油、燃料油为主，其它化工产品为辅。燃料油较上年增长率11.52%，面对竞争日益激烈的市场积极开发新货源，通过走出去引进来，使液体化工货源量不减反增，收入提高，品牌效应逐步凸显。开发新货源，引进新客户，多次走访南京、四川等地，新引进4家柴油客户、1家硫酸客户，弥补其他货源下滑空缺。

集装箱箱量虽有下滑，努力提升服务质量，在困境中寻求突破。在大环境的影响下，普通箱、危险品集装箱、港装箱都受到不同程度的减量影响，集装箱中转量比2016年下降31.14.%。集装箱箱量虽未实现预期目标，但通过加强货源信息跟踪、强化内部管理等多种措施确保集装箱箱量的最大稳定。

【工程建设】 2017年，化工码头公司推进危险品集装箱堆场建设相关工作。市委、市政府决定和集团安排部署，将重庆市危化品集装箱集中转移到化工码头公司中转。2017年，化工码头公司成立危品集装箱堆场改造工程工作领导小组，推进工程建设相关工作；参加长寿区政府组织的相关单位考察学习有类似项目的太仓港集装箱码头和南京港集装箱码头，借鉴学习先进做法；通过减少危化品品种、减少堆场面积等措施，优化建设方案，力争通过环评；及时与相关职能部门沟通协调，力争突破瓶颈问题。经过反复沟通，努力协调，确定堆场另行选址方案，待通过相关部门确认后实施。

【生产管理】 2017年，化工码头公司强化生产组织，优化生产工艺，提高作业效率。2017年，以“强化生产组织指挥、提升码头昼夜产能”为基础，科学合理运用生产资源，以加强信息收集，强化车、船、货三方衔接和内部生产管控为抓手，本着“高效低耗、优质服务”的工作原则，最大限度挖掘码头潜能，减少船舶在港作业时间，提高作业效率。

针对件散货和集装箱的作业，在特定水位阶段、船舶集中到达时期以及大型船舶受水势限制无法靠泊20吨浮吊的情况下，加强指挥，合理安排，确保双浮吊、20吨浮吊两条作业线的稳定运行；对双浮吊实施双船双机作业，形成生产经营强有力支撑。

针对液体危化品经营品种结构性变化，燃料油、柴油船舶作业不平衡状况和新进货源硫酸的作业，认真组织，周密部署，及时制定作业方案，优化生产工艺，及时出台《柴油、燃料油装车安全操作规程》，确保安全生产。对液化新增3号、4号作业平台进行调试安装和相应技改工作，对柴油储罐实行独立单进单出，对2号装船管线进行工艺改造，提高作业效率。

【人力资源管理】 2017年，化工码头公司重新修订和完善《部门职责》和《员工岗位说明书》；制定《重庆化工码头有限公司工作效能与绩效挂钩暂行管理办法》；对计时岗位的绩效工资、中干职务津贴以及节日加班费进行适当调整；对员工工伤、非因工负伤的相关规定进行完善和修订，确保员工和公司之间利益的平衡以及合法有效性；开展职工教育培训，全年完成348人（次），其中法律法规、操作手册、应急与危险源辨析等各类业务知识培训249人（次），各类资质证照新训及复训79人（次），以师徒形式开展岗位技能培训14人（次），员工自费参加学历和职称培训6人（次）。

【设备管理】 2017年，化工码头公司完成大修2台（次）、项修10台（次）、定保25台（次），计划兑现率100%。完成船舶检验4台（次），特种设备检验12台（次），公司防雷防静电装置检测2次，液化压力表检验2次，液化探头18台（次），10KV配电工具2次，地磅检验1次。完成28吨液压遥控抓斗的选型及购置，液化新增平台设备安装调试验收工作，2号多功能泊位岸电改造工作以及公司消防主机维修工作。完成1号地磅的改造，液化作业区可燃气体探测器安装的验收，8－浮4501变幅变频器的修复，液化氮气机组压力不够的恢复工作以及50吨轮胎吊变幅撑杆的自制安装工作。

【安全环保】 2017年，化工码头公司强化安全管理，杜绝安全事故发生。认真传达贯彻安全工作会议及文件精神，全年44次；开展以“强化安全发展观念，提升全民安全素质”为主题的6月全国“安全生产月”活动；加强安全目标管理，层层签订安全目标责任书，落实安全生产主体责任；加强对重点部位的管控，落实相关责任和安全措施；夯实安全基础管理工作，完善安全规章制度，年内修订出台《安全奖惩实施细则》《生产安全运行暂行办法》《安全环保生产目标考核办法》《生产安全事故应急预案》《消防管理制度》《职业卫生管理制度》《2017版安全规章制度汇编》《危险货物危险源辨析手册》等制度；制定《2017年安全生产教育培训计划》，组织内外安全消防培训10次，提高全员安全意识；完成3号泊位的安全现状评价、2017—2019年安全生产标准化达标建设评审、职工职业卫生现状评价和检测、港口经营许可证换证审核办理、港口危险货物作业附证、储罐附证的办理工作；开展各类应急演练6次；汲取鹏凯精细化“12.27”燃爆事故教训，开展危化企业安全生产隐患大排查工作，对检查出的8个问题进行整改落实，排除安全隐患；开展安全生产大排查大整治工作，确保十九大期间和节日期间的安全稳定；开展水上交通“防事故险情、保冬春安全”百日攻坚专项行动，做好迎国考和迎国检工作，开展2017年质量体系内部审核工作；全年安全资金投入80余万元。（黄　井）

2017年重庆化工码头有限公司领导人名录

党委书记、执行董事、总经理：孙　勇

党委副书记、纪委书记、工会主席：宋　伟

副总经理：詹冠寿　吴立方　霍彰忠　秦　宇

重庆渝长燃气自来水有限责任公司

【概况】　重庆渝长燃气自来水有限责任公司（本分目简称渝长公司）是重庆燃气集团股份有限公司全资子公司，专业从事城市供气、供水及设计安装等，承担长寿城区30万人口的天然气、自来水的供应。2017年有在册在岗职工173人，退休职工97人。其中各类专业技术人员37人（中级职称11人，初级职称25人）；高级工78人，中级工7人，初级工9人，普工9人，大专以上学历108人。党员83人，其中在职党员60人，退休党员23人。下设2室7科2站1厂［党群办公室（人事科）、办公室、财务科、技术质量科、安全科、市场科、经营管理科、工程科、生产运行科、河街客户服务管理站、黄桷湾客户服务管理站、长寿自来水厂（水务管理科）］；另下设1个控股公司，即葛兰供用有限责任公司（简称葛兰水厂）。各职能部门主要负责燃气工程和自来水安装工程及自来水生产的业务操作和标准的制定、指导和监督执行。

2017年服务范围主要覆盖长寿主城区及晏家、渡舟、江南、八颗、葛兰等地区。拥有处理能力10万吨/日水厂1座，供水量最高9万吨/日；有自来水加压泵站3个，输水管网427千米，自来水用户19万户。拥有天然气配气站1座以及新六中站、倒水桥站、渡舟站、晏家首站、江南循环经济区站等5个气源下载点，供气量最高可达50万立方米/日，一般供气量为25万立方米/日；输气管网330余千米，天然气用户12万户。年底前自来水、天然气管理总户数为31万户。

渝长公司按照“强化创新驱动，加快结构调整”的工作思路，提升公司发展质量和效益，抓好各项重点工作，在市场发展、供气保障、安全管理、规范管理、作风建设等方面取得成绩，圆满完成2017年生产经营目标任务。被长寿区委、区政府授予“长寿工业发展贡献企业”“长寿规模工业经济稳定增长企业”等荣誉称号。

【基础建设】　2017年，渝长公司严格执行建设质量好、安全生产好、费用控制好、工期保证好、廉洁形象好的建设标准，重点工程有序推进。全年投入基础建设资金471万元。望变集团D219燃气管道，东方水岸DN500自来水管道，市政消防栓、管网安装工程完工并交付使用；桃花新城蓄水调节池、水东门至桃花转盘DN600供水管道等一批重点工程有序推进。

【市场发展】　2017年，渝长公司按照“抓住现有、挤进新区”的发展思路，成功争取到望变集团、科顺化工、华彩化工等天然气及自来水供应项目。成立市场调研工作组，及时收集市场信息，挖掘争取到供区内金科、古镇、合谊等房地产开发楼盘；执行落实集团公司在非居客户市场拓展的有关要求，持续发展营业气、营业水客户。新发展御府华庭、葛兰顺帆等新建楼盘二次供水用户，纠正并新安装美丽泽京二期、中央公园二期等二次供水用户。把握长寿区二次供水新建市场，积极协商，改造接收美丽泽京、东海假日花园、中央公园、时代国际等新建楼盘项目二次供水用户，其中0.8元/吨的二次供水运营费用将成为公司新的利润增长点。

【基础管理】　2017年，渝长公司坚持“三重一大”事项依法依规决策，全年召开党委会、执行董事办公会、经理办公会32次。落实信息披露机制，做到“应批尽批、内外一致”规范化管理。逐步完善规章制度，修编安全管理、客户服务、接待管理等规章制度6项。实现合同网签全覆盖，规范合同审签程序，建立健全合同管理台账，防范经营风险。以“五了解、五提醒”、加强党风廉政建设和廉洁从业为主题，约谈各部门负责人和敏感岗位人员，建立问题整改台帐，提升内部风险管控能力。严格执行《招投标管理办法》，完成工程项目、物资材料招标9个。强化审计工作，向集团公司审计工作部送审21个工程项目，完成外委施工单位工程结算审核37项，审减率4.2%。严格执行工程立项报备制度，备案工程项目13个，确保项目合法合规。召开对标管理专题工作会，对照对标管理内部层面指标开展自评和短板分析，分析统计40项指标，针对短板项明确责任领导、责任部门推进改进。建立供水调度管理平台，已经实现管网压力在线监测。建立完善信息安全管理制度，协调长寿区公安局网监对配气站自控系统进行信息安全定级和备案，对内、外网络进行剥离，开展配气站自控系统安全测评和安全漏洞整改工作。协调区经信委将用电纳入优惠调价单位范围，每年减少电费100万元。完成水厂一级站4号机泵改造工作，每年节约用电费用42万元。协调长寿区政府以及发改委、经信委等职能部门，推动自来水安装价格调整、供区调整划分、二次供水改造等工作。

【安全管理】 2017年，渝长公司强化安全生产责任制，深入学习国务院、重庆市委市政府、燃气集团系列文件和会议精神，贯彻落实安全工作新要求，强化各级安全意识和责任担当，定期研究部署安全生产工作，组织开展安全议题讨论部署52次，技术质量办公室审议安全议题18个。落实“党政同责、一岗双责、齐抓共管、失责追责”，签订责任书56份，签订率100%。年内召开安全生产例会、防重安全工作会14次。全年安全投入902万元。各级安全生产责任人缴纳安全风险金9.05万元。强化安全管理制度建设，建立完善安全生产规章制度15个，修订安全职责11个。加强制度执行的监督检查，严肃处理违反规章制度人员。强化风险识别和隐患排查，开展“岗位安全风险识别与防范”活动，制作“安全风险提示牌”13个。开展总经理、安全总监月度安全检查12次，强化依法履职。建立“日周月”排查机制，排查隐患104处，完成整改104处，整改率100%。加强隐患管线排查治理，改造燃气管道3205米，自来水管道2950米。更换气表8848只，更换水表4389只。加强第三方施工安全防范管理工作，加大管线巡查力度，加大地段管道标志桩、警示牌的设立，及时制止并向政府职能部门报告危及管道安全运行的违法违规行为。排查防范地质灾害，对滑坡地段管道及设施设备重点监测监控。完成94千米在役钢制管道阴极保护措施，覆盖率100%。更换单回路调压箱50台，整改阀井74座。强化客户安全管理，全年进户安检52635居民户，非居民进户安检3058户。检出居民户内一级隐患4391处，整改3993处，整改率90%，其余已作停气处理；非居民户内检出一级隐患192处，整改192处，整改率100%。对特殊用气场所、重点场所、大型城市综合体开展清理，补全基础档案资料。加强宣传工作，坚持开展燃气安全进万家、进社区、进校园等主题活动、“安全生产月”活动、“大排查、大整治专项行动”，宣传安全用气知识。全年发放安全用气宣传资料9800份、围裙4500件、便利袋6500个，媒体宣传1200多次，上街及进社区进学校宣传17次，悬挂安全标语21幅。加强应急抢险管理，严行24小时值班制度和首问责任制，做到抢险信息及时报告和处置。全年抢险1539次，其中天然气抢险1292次，自来水抢险247次。开展阀井燃气泄漏事故应急演练，办公楼消防应急疏散演练，应急取水演练，反恐防恐演练，参加长寿区金盾防化专项演练，提升应急抢险能力。加强员工安全培训，讲授安全基础知识，岗位风险防控措施及安全注意事项。完善从业人员个人安全教育档案。展开“入户安全检查导则培训”“调压箱维修工技能培训”“消防安全培训”“安全生产条例竞赛”“安全风险管理培训”等，参训人员568人次。组织参加重庆市经信委举办的培训，18人通过培训考试合格，获得执业资质证书。实现安全平稳供气供水、安全责任事故为零的目标。

【党建工作】 2017年，渝长公司将党风廉政建设与经济发展工作同研究、同部署、同落实、同检查，签订《党风建设和反腐倡廉责任书》。定期开展领导班子专题民主生活会，落实“两个责任”约谈制度，梳理落实全面从严治党责任问题整改台帐。深化作风建设监督执纪问责工作，定期召开党风廉政建设和反腐倡廉工作会，签订《廉洁从业承诺书》；组织部分党员干部及重点、敏感岗位人员赴凤城监狱开展反腐倡廉警示教育活动。坚持召开党群工作例会，搜集职工热点问题和建议。印发党员应知应会手册，综合运用党员远程教育等，持续开展学习培训，设立党委、党支部和党小组三级微信群，实现学习教育常态化。坚持召开中心组学习、专题学习会，党委书记、支部书记上专题党课，开展党建纪检业务培训。抓好班子建设和干部培养工作，建立梯级后备人才队伍，完善后备人才库。建立干部选用纪实档案，实行干部选任全程纪实，严防干部“带病提拔”。年内提拔任用党群、行政、财务科级干部3名。严把党员发展质量关，做好培养、发展、纳新工作。严格规范工人转岗程序，引用内部竞争机制，在公司内部组织开展转岗选拔考试。做好信访稳定工作，群众来信来访处理率、回复率100%。群团工作亮点突出，团支部在共青团重庆市委城市系统“青春喜迎十九大，不忘初心跟党走”演讲比赛、集团公司“改革创新，青春担当”主题团日发布等活动中取得优异成绩，打造“大手牵小手，安全带回家”为主题的燃气安全小知识进校园宣传活动和“关爱留守儿童，传递青春正能量”等品牌主题活动；工会组织开展趣味文体活动、女职工体检、游园踏青、慰问困难党员和困难职工等活动，组织参加长寿区第三届职工篮球联赛。

渝长公司无任何形式的“小金库”，未发生公车私用的行为，不存在公款旅游、公款吃喝、铺张浪费等问题，“三公经费”和各类会议、活动等费用均有所下降。（戴　璐）

2017年重庆渝长燃气自来水公司领导人名录

执行董事、党委书记：李　明

总经理、党委副书记：彭定川

副总经理：陈德全

副总经理、安全总监：李兆吉

党委副书记、纪委书记、工会主席：宣　见

2017年4月，重钢股份公司中厚板厂技术攻关

商贸服务业

综　　述

【概况】　2017年，长寿区商务工作以建设区域商贸物流中心为总目标，以产业规划、项目建设、聚商选资、产业发展、物资保供、行业管理、统筹城乡为总抓手，加强商贸基础设施建设，完善商贸服务网络，改善消费环境，激发城乡消费活力，促进消费快速增长，全区商贸物流产业实现新的跨越。

【聚商选资】　2017年，长寿区重点引进重庆市汽车运输（集团）有限责任公司、三科控股集团有限公司，打造现代商贸物流市场园区。完成重庆东部智慧物流中心、汽贸城、农副产品交易中心项目签约，投资金额总计62亿元，集中打造集聚化、集群化、规模化、专业化的市场园区，年交易额可突破400亿元。

【产业规划】　2017年，长寿区完善《长寿区“十三五”商贸服务业发展规划》以及商业设施、商贸物流体系、成品油分销体系、再生资源回收、电子商务、粮油购销等专项规划的编制工作，明确全区商贸服务业发展思路、发展目标、主要任务、保障措施，解决未来五年建设区域商贸物流中心战略布局，为全区商贸发展做好顶层设计。围绕区域性商贸物流中心建设目标，完成沿江现代物流园区、中央商务园区和渡舟专业市场群园区三大空间功能板块规划。根据铁（路）公（路）水（路）联运规划和国家中长期铁路规划网，将支撑现代商贸物流产业发展的铁路干线、货运站台、港口码头、铁公水物流节点项目产业作出规划。

【商贸业发展】　2017年，碧桂园酒店抓线上市场，利用携程、艺龙、美团、微信等线上APP实现网络营销，拓展婚宴市场、会议市场、住餐市场，全年营业额实现4360万元。金凤山酒店发展各种宴会和外包业务，组建管家式服务团队，全年营业额实现2580万元。重百商场通过VIP一对一服务等措施，加快调整商业业态，引进集修理、洗染、订票等一站式服务店进驻商场，增大人流量，实现销售额1.73亿元，比2016年增长8.6%。你我他超市全年新增连锁超市5家，总计24家；实现销售额1.1亿元，增长27.3%。永辉超市协信分店实现销售额2亿元，增长0.5%。永辉超市盛世桃园店实现销售额1.26亿元。苏宁电器实现销售额1.38亿元。国美电器桃花新店实现销售额2800万元，国美电器协信店实现销售额2000万元。

城中城商业广场完成18万平方米建设工程，成功引进建玛特，于10月28日开业，经营面积4万平方米，实现一站式购物和线上线下融合发展，已入驻建玛特商家150户，销售额5000万元。成功引进圣苑大酒店，经营面积6000平方米，于10月8日开业。发展社区便民财富超市5家，销售额1300万元。

【商贸行业监管】　2017年，长寿区落实文明长寿建设，投入500万元对城区14个农贸市场进行规划改造和专项整治。加大对城区301家三星级以下宾馆进行创建工作氛围营造和人员培训。加强对城区商场、商业街和大型超市的管理，明确各企业负责人是文明城区创建第一责任人；张贴公益广告、制作宣传展板、发放宣传资料营造氛围。实行“酒类批发经营、零售经营备案登记和溯源”“随附单”制度，把好流通渠道关，建立和完善酒类流通溯源制度，建立健全酒类流通台帐管理制度。开展酒类经营企业、个体工商户等经营备案专项检查，总计出动260人（次），出动车辆60台（次），检查酒类经营户200余户，查处2起假酒案，查获五粮液、茅台、剑南春等假名酒163瓶。做好商业预付卡、典当行、成品油、粮油、再生资源回收、拍卖、租赁、直销、特许经营、液化石油气、二手车流通、散装水泥等行业管理工作；加强行业自律培训，开展商贸行业诚信经营、优质服务活动，营造公平、有序、规范的市场环境。四是加大行业安全宣传力度，利用“5.12”防灾减灾、“5.27”科技宣传、“6.5”环保、安全生产月等活动，在协信广场、商贸企业等重点区域进行安全宣传，让安全深入人心，提升安全意识。加强物资储备，建立保供应急、应急投放体系建设，完善保供应急网络，形成快捷便利、协调运转的市场应急供应机制，确保应急货源在最短时间内投放到急需要的地方。

【精准扶贫和安全维稳】 2017年，长寿区按照区扶贫办《关于开展2017年扶贫日纪念活动有关事项的通知》要求，区商务局联系区政法委、区财政局、区档案局、中国银行长寿支行、凤城监狱等部门，做好贫困村洪湖五龙村的扶贫工作，组织区商务局机关干部向对口帮扶的洪湖镇五龙村爱心捐赠活动。做好改制企业遗留问题、退休职工医疗保险、养老统筹等协调服务工作；做好对邪教人员的帮教、回访、监控管理工作，确保“两会一节”“防邪敏感期”的防邪工作实现“两个决不”“五个不发生”目标。十九大期间制定商贸领域安全生产工作预案和值班制度，落实“在岗位、在现场、在状态”的要求和24小时领导带班制度，确保信息畅通；加大执法检查频次，监督检查计划，各科室人员按照分级分类的原则，加大对行业内重点企业、环节、区域的检查力度和频次；加强与各单位协调联动执法，建立部门联动机制。开展人员密集场所安全检查，夏季消防、冬春火灾防控安全检查，高温汛期深化安全生产大排查大整治大执法工作，加强节日期间安全检查，落实商贸领域安全工作季度会议制度；配合相关部门做好“打非治违”工作，全年检查企业250家（次），发现问题106个，下达整改指令1个，罚款1.3万元。

（程　哲）

【重庆市长寿区农产品商贸流通协会】 长寿区农产品商贸流通协会（本条目简称协会）原名重庆市长寿区果品商贸流通协会，于2010年9月成立，2012年3月更名。是经长寿区民政局注册的长寿农产品种养殖企业、农产品批发企业、商品流通企业、农产品加工企业、农资企业、专业大户、专业合作社、微型企业、行业协会和行业经纪人自愿成立的法人社会组织。协会是政府联系广大农、林、牧、渔商业的桥梁纽带。主要任务是：宣传政策法规、推广先进技术、组织经验交流、提供咨询服务、反映会员合理意见和要求，维护会员合法利益。协会实行理事会下的会长办公室负责制，下设一室（会长办公室）、四部（会员发展部、技术开发咨询部、商贸流通部、市场网络部）。2017年，协会有会员2000余个，分布全区14个镇、5个街道、20余个相关企业、10余个专业合作社、10余个微型企业、5个行业协会，会员中有200余名农村经纪人。截至2017年底，经过协会申请，成功注册长寿地区中国地理标志商标3个，即：“长寿沙田柚”“长寿夏橙”“长寿血豆腐”；“长寿薄脆”“长寿鱼面”正在申报中；成功注册国际马德里商标1件：“长寿血豆腐”；成功申请注册重庆市著名商标2个：“长寿沙田柚”“长寿夏橙”；重庆巴渝老字号1个：长寿沙田柚。

2017年，协会利用网站建设平台与重庆易网有限公司签订建设独立重庆特色农产品网站协议，发放全区农产品供求信息（包括产品简介、协会简况、会员情况），为会员提供销售信息。组织参加重庆市政府、重庆市商委组织的网商采购会，组织区内农产品在该会展销与采购商对接；让全国各地了解长寿区农产品品牌情况及进行采购。协会直接与农资厂家联系农业物资（肥料、农膜、农药、种子等）厂价直供会员及有关单位，使会员降低成本，提高收入。全年协会上门走访会员20余次，接洽咨询120次、1100余人，收集会员建议5件，采纳3件，上报2件。

加大品牌保护力度，协会同区工商分局每年3—5月对长寿夏橙，10—12月对长寿沙田柚，11—次年3月对长寿血豆腐，开展市场专项整治和市场行为进行日常监管。重点揭露四类不法行为：即对未经协会同意，擅自印制地理标志、包装箱和商标标识行为（长寿沙田柚、长寿夏橙、长寿血豆腐）；擅自挂有长寿沙田柚、长寿夏橙、长寿血豆腐牌子误导消费者的行为；利用外地产品冒充长寿特产（长寿沙田柚、长寿血豆腐）的假冒行为；严格检查印刷单位是否具有商标印制资格。2015—2017年，协会同区商务局、区工商分局开展地理标志保护为主题的专项整治10余次，配合执法60

余次，实地核查走访经营户和农户800余户，配合查处销售假冒产品50人（次），收缴冒牌包装箱2000余个（长寿沙田柚、长寿血豆腐），打击假冒侵权行为。

加大宣传力度，采取多种形式普及地理标志知识，在全区营造了解地理标志就是了解地方品牌，重视地理标志就是重视地方品牌，保护地理标志就是保护地方品牌，运用地理标志商标就是占领市场品牌的氛围。先后在有关街镇张贴宣传标语和横幅100余条，制作光盘300余张，“3.15”期间发放宣传资料10000余份、商标5000余枚、包装箱200余个。2013年10月开始在长寿晏家快速通道设立长15米、宽8米的T型户外广告展示牌2块，重点展示“长寿沙田柚”“长寿血豆腐”地理标志产品的人文内涵和独特品质。长寿地标产品还多次在《长寿日报》、长寿电视台、《重庆商报》《当代中国报》、重庆电视台、中央电视台七频道（农业、军事频道）重庆特色农产品网、中国特色农产品网上宣传。11—12月参加重庆商委组织的冬季农产品巡回展销，分别在重庆南坪、垫江、合川、武隆、梁平、重庆悦来会展中心和四川省多地展示。2017年协会组织经纪人200余人、经纪公司10余家，在水果、水产、血豆腐上市期间召开产品营销工作会、销售培训会、产品订货会10余次（如邻封镇长寿沙田柚订购会，市商委网上订购会等），组织销售长寿夏橙2万吨、长寿沙田柚4000余万个、血脐甜橙5000吨、杂柑4000吨、水产品6000吨、鱼面30000余袋、长寿血豆腐30000袋、果树肥200吨，销往新疆、吉林、北京、上海、福建、四川、广东等地，农民直接创收1392万元。2017年，长寿农产品长寿沙田柚、长寿夏橙、长寿血豆腐顺利进入重庆盘溪农贸市场、菜园坝水果批发市场、重百集团商场等100余个市场（超市），解决长寿买果难的问题；北京、上海、福建、四川邮购长寿沙田柚、长寿血豆腐数量倍增。（余志鹏）

2017年重庆市长寿区农产品商贸流通协会领导人名录

会　长：罗淑明

副会长：余志鹏　王友明　石桂霜　李名泽　李玉兰　朱明英　郑　昕　余永舟

秘书长：余志鹏（兼）

地址：重庆市长寿区金山街11号附1号三栋

电话：023－85325823

批发及零售业

【概况】 2017年，长寿区社会零售总额实现130.8亿元，增幅11.6%。批零额实现377.1亿元，增幅20.4%。住餐额实现38.8亿元，增幅15.9%。

【限额以上企业】 2017年，长寿区有限额以上批发及零售企业147家。其中，全年增幅超过50%的1家，占总量的0.7%；增幅在20%～50%区间的122家，占总量的83%；增幅在0～20%的14家，占总量的9.5%。

大力发展限额以上企业，加快市场主体培育，激发市场主体活力，促进企业发展壮大。开展“两转一改”工作，即限额以上个体单位转为限额以上企业、限额以下企业转为限额以上企业、改变商品市场结算方式等手段，截至12月，全区限额以上企业新增26家，限额以上商贸企业总量为175家。

【会展经济】 2017年，长寿区举办消费惠民购物节、美食商品博览会、汽车展、第五届啤酒火锅节、首届美食音乐节、双十二电商节以及节庆、论坛和企业年会等113场（次）节庆会展赛事活动，提升人气，促进消费。全年实现会展直接收入3.49亿元，拉动消费24.43亿元。首届美食音乐节组织行业协会3个（区农产品协会、区餐饮行业协会、区厨师协会），参与商家108家，参与消费者5万余人，销售总额130余万元，提升长寿知名度，打造长寿商业品牌，增加参与商家的收入。双十二电商节会展以“品味电商，乐享生活”为主题，分为6个展区，规模1万余平方米，会展吸引135家电商企业参展，每天人流量5000余人（次），交易总量1000余单，交易总额300万元以上；电商节人才报告会邀请10名优秀电商青年和17家优秀电商企业分享创业历程和电商理念，吸引全区1000余名青年代表参加。

（张　闯　程　哲）

电子商务

【概况】 2017年，长寿区电子商务发展围绕市商务委和区委、区政府的决策部署，将电子商务作为转型升级、促进农村快速发展的重要抓手，传统企业与区内农村电子商务的合作更加紧密。出台产业发展扶持办法，针对电商类贸易、电商平台、区级电商服务中心、电商三级服务体系、电商经营企业和经营户等方面给予政策扶持。年底前全区有各类电商企业534家，电商个体户2500余户，年内全区电子商务交易额实现57亿元。

【电商产业发展】 2017年，长寿区产业电商有新发展。“胖胖狗”采取“互联网+”的模式，研发货主版及货车版（司机版）两套APP，降低物流成本，实现线上交易11亿元。“渝化工”通过24小时的挂牌交易和生产企业产品网上展示交易，为客户提供挂牌交易、竞价交易和网上商城服务，线上交易额达到32亿元。推动传统企业转型，发展服务业电商。碧桂园大酒店线上营业额实现313万元，占企业总营业额7.1%；金凤山饭店线上营业额800万元，占总营业额的31%。培育本土电商人才。重庆市长寿区阿源工艺品厂每月生产工艺品6万件，免费培训家庭妇女200人，带动周边群众实现年经济收入100万元以上；重庆春亚同电子商务有限公司将长寿的沙田柚、红薯、玉米等土特产通过网络销售到全国各地，年销售订单量达到17万余单；重庆七七七电子商务有限公司，利用互联网销售百货、建材、工艺品、电子产品、网站建设、电子商务信息咨询等，先后在长寿、涪陵、江津、武隆成立分公司，日销售额超过10万元。

（程　哲）

物流业

【概况】 2017年，长寿区商贸物流业围绕打造区域性商贸物流中心目标，按照以产业聚集为基础，以商贸交易为主体，以物流配送为依托，以信息平台为手段的“四位一体”的发展模式，推进聚商选资、企业服务、项目推动等各项工作，助推商品市场及物流基础设施建设，成效显著。全年铁路物流量477万吨、水路物流量1885.5万吨、公路物流量5614.5万吨，铁路、水路、公路3种方式的占比分别为6.1%、22.1%、71.8%。

【政策扶持】 2017年，长寿区出台《现代商贸物流服务产业发展扶持办法》25条，针对商贸物流服务企业、专业市场、总部经济、中介服务业、高管人才、商业综合体、会展产业、限上企业、特色商业街（城、商场）等方面给予政策扶持，达到大项目能入驻落地，传统企业能转型升级，新兴产业能集聚发展，龙头项目能培育壮大，各种资源要素向长寿汇聚。

【港口码头】 2017年，长寿区有港口码头20座（生产性码头14个，包括未建符合规划拟增加的2座码头，分别为四三五油库码头和重庆长航钢城鱼梁骨码头，年底前业主正在申请办理相关手续；非生产性码头6个，分别设航道、海事、港航、公安、市政、消防应急各1个），泊位35个，其中生产性泊位29个，非生产性泊位6个。

29个生产性泊位中有化危品泊位7个（分别是重庆化工码头有限公司2个泊位、川维物流有限公司4个泊位、重庆新恒阳储运有限公司1个泊位），散货、件杂货泊位22个。码头靠泊等级以3000吨级为主，设计通过能力为2130万吨/年，其中化危品设计通过能力343万吨/年，件散货设计通过能力1787万吨/年。

【铁路运输】 2017年，长寿区已实现高、快、普三级铁路线路全覆盖，境内铁路总里程125千米，总运力可达3000万吨/年。对外联通方面，直接服务核心城区铁路线3条，包括渝怀铁路、渝利铁路和渝万铁路，总体形成“Y”字型联通主城、辐射渝东南和渝东北的铁路大通道格局，是主城区向东方向的铁路门户，是主城与华中、华东和华南等区域综合运输主通道上的关键节点，铁路货物运输比例远高于全市平均水平；内部衔接方面，已建成川维、重钢和MDI三条企业专用线，为企业发展提供良好运输条件。

【公路运输】 2017年，长寿区对外公路联系东西向为主，依托渝万和长涪高速形成“Y”字型的对外高速通道，有效促进长寿区对外城际的客货运输交流，总里程78千米，总运力4.5亿吨/年。城市道路网络体系健全，建设速度较快，快速路一纵线和二纵线城市主骨架搭建成型，长江二桥的建设强化长寿经开区内部联系，有效支撑城市空间拓展。但港区通道建设相对滞后，现状是长明码头由16米宽港区大道连接，川维码头由8米宽维江路现状连接，新恒阳码头由4米宽援建路连接。

（程　哲）

商贸物流建设

【概况】 2009年，长寿区根据《关于成立区物流中心规划建设领导小组的通知》《关于区商贸物流中心建设专题会议纪要》《关于成立重庆市长寿区商贸物流发展有限责任公司请示的批示》等文件，成立长寿区商贸物流发展筹备领导小组；2010年1月由原重庆市晏家工业园区建设发展有限公司和重庆化工园区开发建设有限公司各出资500万注册成立重庆市长寿区商贸物流发展有限责任公司，企业性质为国有企业；2012年3月晏家园区公司将所持的股权全部转让给化工园区公司，同年11月化工园区公司更名为重庆长寿经济技术开发区开发投资集团有限公司。按照“政府主导、市场运作、企业管理”的模式，受区政府委托，承担商贸物流产业招商引资和企业服务，以及商贸物流中心平台搭建。2012年1月，根据区编委《关于同意设立重庆市长寿区商贸物流中心的批复》，成立长寿区商贸物流中心（本分目简称中心），机构性质为事业单位，规格为正处级。2013年5月，经区委、区政府研究，长寿区平台公司进行合并规范，由于原重庆市长寿区商贸物流发展有限公司参与经开区相关经济及业务活动，难以剥离，经2013年8月区政府第三十次常务会议研究，区委第四十二次常委会审定，同意新组建商贸物流公司。2013年11月重庆市长寿区商贸物流中心开发投资有限责任公司（本分目简称公司）注册成立，注册资本1亿元，公司性质为国有企业。原商贸物流发展有限公司的基本业务、组织架构、人事及劳动关系等续转到新公司。公司以建设物流园区和专业市场为载体，完善物流设施和信息平台，培育和壮大商贸物流企业，使商贸物流成为为长寿大工业、大城市服务的大枢纽、大市场，成为长寿经济的又一增长极，把长寿打造为长江上游的区域商贸物流中心。2017年10月，根据《关于印发长寿区区管重点国有企业改革方案的通知》文件，区商贸物流公司和区商贸物流中心分离。

【聚商选资】 2017年，长寿区引进商贸物流企业16家，其中签约重大项目3个、重点项目6个，合同引资额37.8亿元，完成年度目标任务36.5亿元的103%。入驻企业实现商贸物流额187亿元，实现到位资金22.3亿元，利用内资15.1亿元，实现进出口总额39.25亿元，分别完成目标任务130亿元的143.85%、21亿元的106.2%、15亿元的100.6%、7亿元的561%，商贸物流额、利用内资、进出口总额分别较2016年增长15%、152%、813%。实现固定资产投资190450万元，完成年度目标任务19亿元的100.23%，增长45.49%；重大项目完成投资85115万元，完成年度投资任务7.8亿元的109.12%。

【企业服务】 2017年，长寿区协助30余家入驻企业办理各类经营许可手续；协助出台《现代商贸物流服务产业发展扶持办法》，三季度统计的2016年入驻企业实现税收5400万元（仅含企业所得税和增值税），按照优惠政策，完成760万元的企业奖励资金兑现工作；实地走访入驻企业60余次，问计于企、问需于企，完成久久物流“一企一策”的优惠政策，为天旭等8家企业申请并通过作为贸易结算中心享受总部经济和高管人才政策，培育入驻企业做大做强。中心领导定期带队走访各重大建设项目及化危品运输企业，详细了解在安全生产管理和农民工工资支付方面情况，传达相关法律规章、会议精神、政策文件，督促企业加强管理，狠抓落实，确保全年无安全事故及拖欠农民工工资情况发生。

【重点物流项目建设】 2017年，长寿区新恒阳化工专用码头及罐区项目4号、5号泊位及配套设施建成并投运，1号、2号、3号正在建设中，趸船正在设计招标中，罐区项目已完成招标，正在开展平场报件工作。

【专业市场建设】 2017年，长寿区经过多轮谈判磋商，最终选择经济实力强、投资意向浓的深圳三科集团、渝运集团、贵州利海源房地产开发投资有限责任公司，于8月31日，促成重庆东部农副产品交易中心、智慧物流中心、汽贸城三大专业市场在长寿区成功签约，项目总投资约62亿元，投运后年交易额可突破400亿元。年底前，农副产品市场一期用地40公顷土石方平场工程已完成竣工验收；农副产品市场二期、智慧物流中心土石方平场方案已完成，准备启动地勘和预算编制工作；渡舟专业市场园区内横三路东段道路等级城市主干道全长2295米已启动招投标程序，纵次路一线北延伸段道路等级城市主干道全长3131米正在实施预算编制。

长寿二手车交易市场路桥的基础设施建设已完成工程进度的百分之九十，其中小石溪西路564米已全部完工，桥梁（长170米、宽22米）主体结构已完成。

以“互联网+”为切入点，实施创新驱动，加快发展电商产业，培育“绿安”“胖胖狗”等龙头电商企业。古镇绿安电商平台“小青蛙（长寿）电商孵化园”已有入园企业39家，服务长寿区内企业72家；开展创业培训7场、电商技能培训9场，培训人员450余人，协助17名返乡农民工成功创业；年底前，孵化园有8家企业落实相关知识产权并纳入到重庆市科技型企业数据库，重庆补贴猫电子商务有限公司获得资本投资，重庆艾里芸网络科技有限公司成为重庆市科技小巨人企业。胖胖狗“互联网+”供应链项目已全面运营，APP端及PC端平台正在优化升级，2017年年底，运输量达两百万吨，交易额10亿元，大幅降低西南地区钢铁物流运输成本，助推化解产能过剩和降本增效，成为重庆市“互联网+物流”的典型示范项目。

【综合管理】 2017年，长寿区加强制度建设，对《“三重一大”决策制度》《绩效考核制度》《分散采购制度》等制度进行修订和完善。完善组织结构及人才队伍，根据工作需要对部分工作人员岗位进行调整。开展“两学一做”学习教育活动，使党员领导干部进一步认清不严不实的严重危害，强化从严从实的行为规范。对接帮扶江南街道大堡村和扇沱村；对渡舟街道河塘村2户贫困户进行精准扶贫，与贫困户交心谈心了解其家庭状况，制定脱贫帮扶措施，宣传惠民政策，帮助贫困户实现脱贫。推进工会、共青团、妇委会等群团工作，做好对外宣传、政务公开、信访、综合治理、精神文明建设、节能减排、效能监察、法制宣传等基础工作。（王　林）

【现代物流建设】 2017年，长寿区完善区、街镇、行政村三级仓配网络建设，建成1000平方米的区级电商运营中心、3000平方米的仓库配送中心，建成云台、双龙、邻封、葛兰、龙河、洪湖、万顺等7个镇级服务中心，132个村级服务点，59个城区末端取送点。优化调整邮运网络，构建完善农村电商物流体系，将原有的钞车带邮件的邮运组网模式调整为钞车线路与又见物流线路相分离的邮运组网模式，将“城区——农村邮政网点”两级物流体系调整为“城区——农村邮政网点——农村电商站点”三级物流体系，对投递网络实施城区摩托化、农村汽车化改造，拓宽配送范围，提升投递能力。在城区中心商贸区、居住区、大型公共活动场地等区域设置智能包裹柜，实现快速高效配送；整合圆通、顺丰等快递物流资源，合理布局物流快递公共取送点。（程　哲）

粮油购销

【概况】 2017年，长寿区实施粮食流通管理监督检查、促进粮食市场有序流通，重点把好收购资格准入关，按照《粮食收购资格审查管理暂行办法》的有关规定为符合条件的企业和个体办理粮食收购许可证。全年，10家粮食企业办理粮食收购许可证审核，纳入国家粮食统计系统开展粮食统计。区商务局会同区工商分局、区公安局、区食药监分局等部门开展粮食收购“打非治违”专项行动，重点打击无证收购违法行为，有效维护全区正常的粮食流通秩序。督促粮食经营企业和经营者按照收购政策入市收购，年内全区购入粮食197920吨，其中：小麦293吨、面粉205吨、稻谷36241吨、大米11800吨、玉米120201吨、大豆24328吨；食油购入6637吨（其中：菜籽油3961吨、大豆油2664吨、调和油1.5吨）。粮食销出195884吨，其中：小麦374吨、面粉262吨、稻谷36162吨、大米13061吨、玉米120895吨、豆饼豆粕19794吨；食油销出6671吨（其中：菜籽油3965吨、大豆油2695吨、调和油0.4吨、其它油33吨）。库存小麦66吨、面粉46吨、稻谷868吨、大米1362吨、玉米4018吨、豆饼豆粕5231吨，菜籽油68吨、大豆油135吨、调和油1.1吨。

【粮油管理】 2017年，长寿区实现地方储备粮、中央储备粮、市级储备粮、跨省移库粮“四无”储粮98%，宜存率95%以上，全年粮食储备安全，数量真实，账实相符。落实地方储备粮增储，提前完成15000吨区级储备粮任务，数量真实、质量良好、储存规范、资料完备，是全市启动和完成任务最快、管理最规范、资料最齐备的少数区县之一。加强粮食仓储设施建设。占地7.33公顷、可储存10万吨的粮食仓库及150吨粮食加工厂项目已完成基本建设；投资150多万元对危仓老库进行维修。四是狠抓粮食收购工作。出动人员40余人（次），先后开展粮食收购资格检查、粮食流通统计制度执行情况检查、大春粮食收购、夏季秋季粮食收购检查，建立粮食经营者信息库和检查工作日志，做到以质论价，优质优价，保证农民得到实惠，足额完成2017年全区政策性粮食收购任务。

【应急保供网络建设】 2017年，长寿区制定区粮食安全应急预案，作为指导粮食应急保供工作的纲领性文件。新增市级成品粮储备3000吨（重庆穗花食为天粮油有限公司储备），区级成品粮储备500吨，其中，国有企业300吨，民营企业200吨，成品粮储存和管理规范程度在全市领先。确定3家粮食应急加工企业、2家粮食配送中心，以万村千乡工程示范店、大型超市、放心粮油示范店等为基础，设置26个应急保供网点，全区已建成粮食应急保供体系。

【粮食安全监管】 2017年，长寿区为确保区粮食存储安全，数量真实，质量良好，结合清仓查库、夏秋粮收购、粉尘防爆、消防安全、“四无”普查、储粮安全和生产安全等专项检查任务，对辖区内粮食企业开展每个季度不低于1次的监督检查；重点是区级储备粮和区级成品粮储备检查，做到每月1次的监督检查。将检查过程中发现的问题和潜在的隐患建立档案，实行销号整改。

（艾长明）

供销商业

【概况】 重庆市长寿区供销合作社联合社（简称区供销社）系政府其他机构。2017年区编委以《关于调整区供销社机构编制事宜的批复》，增核事业编制2名，所需编制由区畜牧局下属事业单位划转，增设农村电商科，增核内设机构领导职数1名。至此，区供销社编制由19名增至21名，内设机构由4个增至5个，内设机构领导职数由8名增至9名；有内设办公室、财务资产科、合作指导科、业务发展科、农村电商科1室4科；年末机关在职人员19人，退休人员39人。服务管理葛联、葛兰、云台、石堰、海棠、新市、云集、双龙、狮龙、长寿湖、邻封、但渡、龙河、朱家、城西、洪湖、万顺、菩提、凤城19个基层供销社有限公司，鑫智农资、人人向往农业、村村淘电子商务、物汇回收、恒源农资、渝长烟花爆竹、渝长棉麻、城郊农贸8个专业公司，亿茂花椒、顶尖食品、恒昌回收、成栋食品4个成员社。

2017年，区供销社推进供销社综合改革和发展，启动强化基层社合作经济组织属性专项试点工作，在重点领域和关键环节取得成效。全年实现销售总额199753.80万元，农产品经营额122662.91万元，再生资源销售额14047.80万元，连锁销售额25725.60万元，汇总利润974.50万元，分别比2016年同期增长16.25%、32.36%、44.72%、74.04%、5.72%；实现电子商务销售额15215.64万元。

【专项试点】 2017年，区供销社基层社合作经济组织属性专项试点工作启动，制定《强化基层社合作经济组织属性专项试点工作实施方案》，区政府办印发实施。成立区政府分管领导任组长的专项试点工作领导小组，召开全区专项试点工作动员部署会议；举办试点工作专题培训，邀请市总社合作指导处负责人就合作经济组织属性，农村“三变”改革，供销合作社在乡村振兴战略中的地位和作用，基层社示范社建设等内容，对基层社负责人、区供销社机关全体干部职工作讲解。

【合作经济组织发展】 2017年，区供销社服务指导龙河镇、长寿湖镇供销社实施基层社服务能力提升项目，扶持资金40万元。完成但渡、葛兰等6个基层社示范社建设竞争立项，获得市级财政扶持资金360万元。服务指导19个基层社巩固规范健康创新发展。规范和新建综合服务社6个，完成市总社计划的150%。

（其余详见《非公有制经济》类目《农村合作经济组织》分目）

【农村现代流通网络】 2017年，区供销社建成农资“放心店”10个、庄稼医院5个、“绿优鲜”连锁超市5个，总计建成“放心店”90个、庄稼医院13个、“绿优鲜”便民超市26个，各类经营网点1200余个，涵盖农产品、农资、日用品（含烟花爆竹）、再生资源、快递物流等领域，全区街镇全覆盖。全区烟花爆竹专营安全规范，解决

1500余人就业；恒昌废旧物资及报废汽车回收拆解持续居长寿业界之首，解决1200余人就业；长寿金属回收公司加盟供销社；村村淘电商、亿茂农业、标杆合作社等农业经营主体，购销柑橘、鸡蛋、畜禽、花椒、蔬菜及加工农产品3万余吨；创源农业公司帮助双龙、龙河种植大户经电商销售晚熟柑橘300万千克，助农增收550万元；凤城供销社上联蔬菜合作社和基地30家，月均为30余家学校、机关、企事业单位配送蔬菜200余吨。全年供销社系统有组织销售农特产品11亿余元。

【农业社会化服务】 2017年，区供销社完善农资供应服务体系，推广应用有机肥，依托鑫智公司等农资经营企业，实现农资销售3万吨，淡季储备化肥2万吨，化肥供应量足价稳、服务经营优质诚信。所属企业各尽其能多形式开展农业社会化服务，汇鸣供销社投资100万元配置智能化无人机4台、智能化配肥设备1套，围绕农业园区37家新型农业经营主体，开展“代销、代购、代管、代服”于一体的全程社会化服务，深松土壤153.33公顷、机收机割水稻140余公顷、智能人机防控及修枝采果66.67公顷，吸纳农民务工1500人（次）。亿茂农业、农业科技服务协会等涉农企业和组织，开展测土配方施肥、病虫害防治、科技宣传等农业生产服务，服务面积四万余亩，免费发送资料5000余份；石堰供销社开展耕种收一体化农业生产服务七百亩；金功同城、正坤安能等物流公司运输、快递农产品及各类商品4500吨以上。

【农村电子商务】 2017年，区供销农村电商三级服务体系形成。村村淘电商公司继续履行全区农村电子商务公共服务和运营服务两大职能；新建凤城、双龙、但渡等镇村服务站点68个，总计建成88个，履行代购中心、业务代办中心、物流集散中心、综合信息服务中心职能，服务周边农民群众的生产生活。引领农村电商企业逐步发展壮大，传统涉农企业逐步向电子商务转型升级，全区涉农微型电商有200余家。长寿地标性产品得到推广，新注册“三洞沟”“三道拐”“乐温”3个本土商标，总计注册近30个本土名特优产品商标；“长寿菜园”“保合农场”“八世同堂”等品牌影响力日趋扩大，长寿沙田柚、血脐等60多个本土农特产品上线销售；电商运营服务中心及网销农特产品展厅建成。村村淘自建微信公众号平台，以电商带动农产品线上线下融合销售。供销社与专业团队品培公司达成合作发展意向。

【扶贫增收】 2017年，区供销社产业扶贫助农增收。分别给予顺牛种植股份合作社示范社、三条沟专业合作社示范社建设资金7万元、10万元，用于购置拖拉机、苕条机等农机具，带动云集镇大同村、云台镇拱桥村（市级贫困村）产业发展，辐射130余农户，其中贫困户50户。服务引领农业企业带动农民就业增收。清迈农业耘田农机专业等4家合作社、振财等4家家庭农场共同带动周边200余农户近300农民务工，人均年收入2～6万元；平伟农业公司在洪湖镇流转土地四千亩，整合田地三千亩，种植果蔬水稻，开发上市晶妙冷水米知名品牌，解决周边800余农户1200名农民就业，人均务工年收入2～3万元。农村电商助力农民增收。创源公司等农村电商，在线上实现晚熟柑橘销售3000万元左右；焦邻合作社、柚香合作社线上线下融合销售沙田柚8万个以上。

【安全维稳】 2017年，区供销社以烟花爆竹经营储存、报废汽车回收拆解和老旧房屋安全为重点，年内定期与不定期开展安全大排查大整治20余次。紧盯重点人群和人头，做好日常和特殊敏感时期不稳定因素的排查化解和调处工作。层层签订安全稳定责任书，传导压力、压实责任，严格党政同责、一岗双责、各司其职、失职追责。妥善解决历史遗留问题4个，有效调处（化解）群访3起以上，全力做到中共十九大期间实现进京上访“零目标”、到市非访“零目标”和5人以上到市集访“零目标”。800余名改制企业退休人员续缴大额医疗保险费服务工作完成，下岗失业人员养老保险和医疗保险补贴申报工作平稳开展。

【党建工作】 2017年，区供销社推进“两学一做”学习教育常态化制度化，结合“三会一课”“主题党日”等载体，重点学习中共十九大报告、《习近平总书记系列重要讲话读本（2016年版）》等，强化理论学习；多次召开党委专题会议和全体干部职工大会原文学习中共十九大报告，撰写学习十九大心得体会19篇，在政治上思想上行动上与党中央保持高度一致。抓好党风廉政建设，落实从严治党主体责任和“一岗双责”，党委与科室、所属企业签订《党风廉政责任书》，开展群众身边的不正之风和腐败问题专项整治，排查出廉政风险点

7个，执行主要领导不直接分管人财物制度；落实中央“八项规定”和市委“八严禁”“十二不准”，坚持不懈纠正“四风”。（周建村）

烟草商业

【概况】 2017年，长寿区围绕卷烟营销，抓住税利增长核心，综合施策、精准发力、深挖潜力，最大限度满足市场需求，卷烟营销稳中向好。精细工作挖掘销售潜力，加强订单跟进，引导卷烟消费，对客户订单情况进行全天候跟踪，挖掘消费潜力。领导班子主动深入市场，及时了解市场动态，有效解决实际问题。增添措施，加强地产烟销售。强化销售地产烟激励措施，调动零售客户积极性，加大促销活动宣传力度，狠抓地产烟品牌培育，确保地产烟销售目标的实现。推进“五个一”营销策略。明确分档维度、权重、分档结果应用，稳定紧俏、新品卷烟零售价格，发挥对销量的拉动作用。建立全员营销机制，组建20个党员（干部）带队的突击队，建立日达标、周奋斗、月考核、队激励四位一体激励约束机制，“五加二，白加黑”向任务目标发起冲击。全年，销售卷烟26071.50箱，比2016年增长2.48%；实现税利12190.36万元，增长0.20%；实现含税销售收入77490.23万元，增长1.73%。（张洪维）

盐商业

【概况】 重庆市盐务管理局长寿区分局、重庆市盐业（集团）有限公司长寿分公司［本分目简称分局（公司）］承担全区90多万人口的食盐安全供应和储备任务，担负全区包括长寿中学校、长寿实验中学校、重庆市医药学校等多所学校在内的几万师生的大米、食用油、调味品的安全配送责任。2017年销售食用盐、行业用盐9035吨，比2016年增长4.9%。其中：食用盐销售2401吨，下降34.99%；行业用盐销售6634吨，上升34.84%。实现盐和非盐商品销售总收入1840万元。

【食盐营销】 2017年，长寿区贯彻国务院印发的《盐业体制改革方案》，从1月1日起，全面放开食盐价格，打破区域垄断，允许跨区域销售。面对竞争白热化的市场环境，分公司实行以普通绿色、腌制盐为主抢占市场，多品种盐为利润点补充满足需求的食盐销售策略，坚持“建真网、建实网”“销售走终端”的工作方针，下苦功夫、花大力气，优化、完善渠道网络，提升营销网络质量，增强对零售终端的影响力和控制力。（刘　睿）

药品商业

【概况】 2017年，长寿区有药品生产企业13家（其中原料药生产企业10家、制剂1家、医用氧1家、药包材1家）；上市公司3家；有药品生产线48条，药包材生产线2条；药品批准文号80个，已通过新版GMP认证45个、出口欧盟原料药证明文件10个，境外药品GMP认证6个。

有药械经营企业446家。其中药品批发企业7家、药品连锁有限公司1家、医疗器械批发企业13家、药品零售企业425家。

全区有医疗机构516家。其中，医院41家（其中三级甲等医院1家、二级甲等医院2家、二级乙等1家、一级甲等4家）；区级医院7家、镇卫生院12家、社区服务中心9家、私营医院13家）、村（社）卫生站（室）335家、诊所140家。有床位4624张。（杨　娜）

住宿、餐饮业

【概况】 2017年，长寿区已建成五星级酒店、四星级酒店、四钻级酒店、绿色酒店各1家，三星级酒店1家，成功创建中华美食街1条、市级美食街2条、中华名店1个；有规模以上酒店16家，正在建设的五星级酒店3家。全区有餐饮服务企业2915户，有证餐饮服务企业2890户。其中特大型（3000平方米）5户（美丽泽京酒店、凤凰酒店、金凤山大酒店、圣苑酒店、长寿湖山庄）；大型（500～3000平方米）69户，占2%；中型（150～500平方米）391户，占14%；小型（150平方米）以内1602户，占55%；微型406户，占14%；学校、幼儿园、养老院、机关事业和工地食堂417户。

【商旅餐饮业】 2017年春节假期7天，长寿湖接待游客21.7万人（次），商文旅收入13237万元；菩提山接待游客40.3万人（次），商文旅收入24583万元；长寿菩提古镇接待游客43.3万人（次），商文旅收入26413万元。国庆黄金周首日，长寿区接待游客14.94万人（次），实现商旅收入9113.4万元。2017长寿菩提古镇第五届乐堡重庆啤酒火锅节在7月1日至7月9日9天时间里，长寿菩提古镇接待游客17.2万人（次），千人火锅宴消费1300桌（次），营业额45万元，啤酒消耗量2000件（每件12瓶，每瓶500毫升）。11月3日，在长寿湖铁人三项赛期间，长寿湖畔富盈湾广场区首届鱼文化美食音乐节在此举行，烤肉串、鱿鱼须、锅巴洋芋等特色小吃吸引过往游人，菊花鱼、干烧鲫鱼、石锅鲜椒鱼等美味诱人的全鱼宴吸引外地游客和当地市民，喝美酒、品美食，观表演，鱼文化美食音乐节提升长寿区特色美食知名度，助推全区餐饮行业的发展。

【农家乐】 2017年，长寿区有农家乐70家，其中星级农家乐15家；从业人员逾千人，年接待游客10万人（次）以上。农家乐的发展，为乡村旅游提供保障，让城市人能够远离城市的喧嚣，以住农户房屋、吃农家饭菜、赏农村风情的方式与大自然亲密接触。

邻封镇利用邻封、汪塔、三化等村的闲置农田成片种植油菜，打造“十里柚乡·百里花海”乡村生态观光园。短短20多天的时间里，接待游客11.5万余人（次），自驾游车辆3万辆。

渡舟街道黄连村巴乡谷生态园占地面积133.33公顷，形成集农业观光、生态旅游、休闲度假、商务会议等为一体，成功创建为全国农业旅游示范点。龙河镇明星村老陈菜生态农庄集餐饮、钓鱼、游玩、爬山、住宿、会议培训于一体，让游客置身于乡间田野之间，感受那份自然祥和与宁静之美。福村创意农耕项目由休闲农业体验区、现代农业教学区和定制化农产品种植区三部分组成，既可以享受天然美食、欣赏田园风光，还可以体验农耕文化、民风民俗。云台镇八字村清迈良园，将现代农业与乡村旅游业融合，打造山水相融的诗意田园，形成独具特色的乡村旅游景点。（柯长林）

【食品生产业】 2017年，长寿区有食品生产单位200家，其中食品生产企业61家、食品添加剂生产企业4家、食品生产加工小作坊135家。有食品流通经营户3158家，其中大型超市5家、大型批发商5家、中小型经营户3112家，农贸市场36个。有餐饮服务单位2915家，其中大型74家、中型391家、小型2032家、学校食堂191家、机关企业食堂191家、养老机构20家、工地食堂16家。

全区有保健食品经营企业474家，化妆品经营企业945家。（杨　娜）

广告业

【概况】 2017年，长寿区抓好广告主体发展工作，新增各类广告主体78户（其中专业广告公司57户），广告经营额7785万元，税收765万元。年内监测报刊、电视广告1800余条（次），广播、电视、报媒广告轻微违法率控制在1%以内。

【广告管理】 2017年，长寿区清理整治含有“特供”“专供”、使用或变相使用国家机关、国家机关工作人员的名义或形象等具有不良影响广告专项行动，出动检查人员160人（次），检查各类市场主体3860户（次）（其中检查超市、商场、集贸市场、批发零售市场等各类销售场所370个次），检查户外广告650幅，拆除违法广告2幅，立案查处2件。协调沟通区网上行政审批工作联络组，在规定时间内完善网审平台建设工作，网审平台运行良好。加强广告事中事后监管力度，开展虚假违法广告等专项整治、重点领域广告监管、文明城区广告整治等行动，检查各类市场主体3800余户（次），重点区域8个，检查各类广告4500余幅（次），加强片区广告监管工作的同时，针对重点企业进行督导检查。全区各工商所开展违法广告处理工作，办结12件广告违法案件，罚款18.27万元；开展广告企业和房地产企业、医院的行政指导，重点针对长寿区广播电视台、长寿日报社、长寿文化报等广告企业发布广告审查提示。

（杨雪莹）

中介业

【概况】 2017年，长寿区及时认领中介组织，将中介组织的认领纳入常态化工作来抓，确保中介组织机构认领准确率在98%以上。全年新发展中介组织749户，总计达到4826户。做好中介组织日常监管，严格中介组织企业经营异常名录管理，及时将未按期年报公示的11户中介组织依法列入经营异常名录，纳入信用约束监管，及时办理异常名录移出中介组织2户；开展中介组织“双随机”抽查检查，对37户中介类市场主体进行核查，将检查结果通过“国家企业信用信息公示系统”进行公示，对2户未在注册地从事经营活动的失联企业依法列入异常名录，纳入信用约束监管；依法开展中介类企业主体退出，完成7户中介类企业的营业执照吊销处罚；启动新一轮3户中介类企业的营业执照吊销处罚程序，引导15户中介类市场主体主动完成营业执照注销登记，腾出市场空间。开展各类整治，以开展民办非学历教育培训机构专项整治、人力资源市场专项整治、二手车经纪主体专项整治、房地产开发销售中介专项整治为重点，严厉打击中介组织违法违规行为；先后对8家中介组织违法违规行为依法立案查处，罚没入库35.6万元。

（杨雪莹）

外经外贸

【概况】 2017年，长寿区实现外贸进出口总额107.7亿元，比2016年增长65.6%，总量位列渝西地区第一位。其中，出口88.7亿元，增长58.7%；进口19亿元，增长107%。全年有88家企业有外贸进出口实绩。

2017年，全区实现离岸服务外包执行额1.2亿美元，完成目标任务1亿美元的120%，比2016年下降3.3%。截至年底，全区服务外包企业有28家，年内新发展国乾百纳实业发展有限公司、环松科技有限公司、中投实业有限公司、美嘉奇科技有限公司等4家服务外包型企业。

（胡小敏　汪纯刚）

表19　　2017年长寿区进出口成交及完成情况

单位：万美元

序号	单位	进出口实绩		出口实绩		进口实绩	
		2017年	同比±%	2017年	同比±%	2017年	同比±%
1	重庆市中投实业有限公司	229 971.70	193.80	229 971.70	193.80	0.00	—
2	重庆莫米贸易有限公司	58 881.00	229.30	58 881.00	229.30	0.00	—
3	重庆亨灿贸易有限公司	49 296.14	-40.08	49 278.76	-40.10	17.38	—
4	重庆苍锦贸易有限公司	47 932.11	—	47 844.20	—	87.91	—
5	重庆韩节商贸有限公司	43 079.50	105.38	43 079.50	105.38	0.00	—
6	重庆珈迎商贸有限公司	37 964.93	1 371.29	37 964.93	1 371.29	0.00	—
7	重庆润凡贸易有限公司	37 890.57	-62.23	37 890.57	-62.20	0.00	-100.00
8	重庆旗乐树科技有限公司	36 139.62	—	36 139.62	—	0.00	—
9	重庆圆嵘商贸有限公司	32 739.17	586.29	32 739.17	586.48	0.00	-100.00
10	重庆苏斯维电子商务有限公司	24 795.96	—	24 795.96	—	0.00	—
11	重庆秀顺进出口贸易有限公司	20 124.83	—	20 124.83	—	0.00	—
12	重庆丽珍进出口贸易有限公司	18 643.68	-5.61	18 643.68	-5.61	0.00	—
13	重庆信炫进出口贸易有限公司	12 644.85	633.51	12 644.85	633.51	0.00	—
14	重庆博腾制药科技股份有限公司	69 522.54	-16.83	65 642.91	-19.69	3 879.63	109.76
15	重庆环松工业集团进出口贸易有限公司	37 185.39	-3.20	37 185.39	-3.20	0.00	—
16	重庆日发汽车零部件有限公司	30 215.77	17.12	18 596.42	16.72	11 619.35	17.75
17	重庆成元汽车部件有限公司	28 563.01	178.86	0.00	—	28 563.01	178.86

续表

序号	单　　位	进出口实绩		出口实绩		进口实绩	
		2017 年	同比 ±%	2017 年	同比 ±%	2017 年	同比 ±%
18	重庆凯林制药有限公司	27 177.83	25.89	26 978.82	25.35	199.01	200.89
19	重庆星宇海特克汽车部件有限公司	24 265.20	736.21	5.40	—	24 259.80	736.02
20	重庆环松科技工业有限公司	21 680.90	133.59	21 680.55	133.59	0.35	—
21	中国石化集团重庆川维化工有限公司	14 035.19	1.70	14 032.06	1.69	3.14	132.76
22	和信海纳川（重庆）汽车部件有限公司	11 578.06	—	4.72	—	11 573.34	—
23	重庆欣欣向荣精细化工有限公司	11 369.53	11.31	10 500.85	2.99	868.67	4 622.21
24	正新橡胶（重庆）有限公司	10 976.30	-17.01	0.00	—	10 976.30	-17.01
25	中石化国际事业重庆有限公司	10 835.17	-36.59	1 357.90	-68.07	9 477.27	-26.16
26	重庆天勤材料有限公司	9 183.74	50.76	7 217.65	55.43	1 966.09	35.78
27	重庆康普化学工业股份有限公司	9 030.10	52.50	8 836.75	49.50	193.36	1 785.64
28	LG 化学（重庆）工程塑料有限公司	8 233.52	-12.66	121.37	10 363.81	8 112.15	-13.94
29	重庆千信国际贸易有限公司	8 064.71	—	0.00	—	8 064.71	—
30	重庆金昌汽车部件有限公司	7 827.62	—	0.21	—	7 827.40	—
31	重庆爱尊汽车部件有限公司	5 845.46	—	0.00	—	5 845.46	—
32	重庆市国乾百纳实业发展有限公司	4 843.91	—	4 381.72	—	462.19	—
33	巴斯夫聚氨酯（重庆）有限公司	4 159.16	-13.19	1 204.18	-45.23	2 954.99	14.00
34	利富高（重庆）精密树脂制品有限公司	3 190.16	—	0.00	—	3 190.16	—
35	重庆日进汽车系统有限公司	3 032.10	—	0.00	—	3 032.10	—
36	重庆万斯金属特种成形有限公司	2 976.84	98.44	2 976.84	98.44	0.00	—
37	亚太森博（重庆）纸业有限公司	2 768.68	—	0.00	—	2 768.68	—
38	金刚化工（重庆）有限公司	2 376.27	—	0.00	—	2 376.27	—
39	重庆汇马供应链管理有限公司	2 326.20	—	2 270.50	—	55.70	—
40	重庆华彩化工有限责任公司	1 761.90	129.68	1 761.90	129.68	0.00	—
41	重庆云天化纽米科技股份有限公司	1 666.09	20.23	1 649.15	20.26	16.94	16.91
42	重庆帝尔鄂世稳汽车部件有限公司	1 665.56	-60.35	0.00	—	1 665.56	-60.35
43	重庆康乐制药有限公司	1 371.97	27.00	1 371.86	26.99	0.11	—
44	重庆英斯凯化工有限公司	1 347.08	-17.53	1 347.08	-14.36	0.00	-100.00
45	扬子江乙酰化工有限公司	1 287.01	185.90	0.00	-100.00	1 287.01	186.14
46	重庆卡贝乐化工有限责任公司	1 151.96	-39.02	0.00	—	1 151.96	-39.02
47	重庆长讯科技有限公司	1 089.46	-75.55	1 089.46	-75.55	0.00	—
48	重庆信誉通科技有限公司	1 088.09	-68.21	1 088.09	-68.21	0.00	—
49	重庆朗天制药有限公司	958.64	26.78	958.64	26.78	0.00	—
50	重庆攀华实业有限公司	863.41	—	863.41	—	0.00	—
51	重庆巍然矿业有限公司	364.16	-25.23	364.16	-25.23	0.00	—

续表

序号	单　　位	进出口实绩		出口实绩		进口实绩	
		2017 年	同比 ±%	2017 年	同比 ±%	2017 年	同比 ±%
52	福安药业（集团）股份有限公司	289.12	-81.61	289.12	-81.61	0.00	—
53	重庆株龙一山汽车配件有限公司	261.66	—	0.19	—	261.47	—
54	重庆鸽牌电工材料有限公司	151.05	—	0.00	—	151.05	—
55	重庆立万精密制管有限公司	118.60	—	0.00	—	118.60	—
56	重庆晶粒化工有限公司	117.44	—	117.44	—	0.00	—
57	秀博瑞殷（重庆）电子材料有限公司	81.10	73.56	0.00	—	81.10	73.56
58	中橡（重庆）炭黑有限公司	57.91	454.78	0.00	-100.00	57.91	—
59	重庆曲竟贸易有限公司	53.05	-20.03	53.05	-20.03	0.00	—
60	重庆鑫极泰克自动化设备有限公司	51.93	—	0.00	—	51.93	—
61	重庆思兰芙进出口有限公司	33.07	-97.84	33.07	-97.84	0.00	—
62	重庆达立先科技有限公司	31.51	-40.65	31.51	-40.65	0.00	—
63	重庆昊翔纸制品有限公司	24.68	—	24.68	—	0.00	—
64	重庆攀钢梅塞尔气体产品有限公司	21.36	—	0.00	—	21.36	—
65	重庆穗花食为天粮油有限公司	21.25	—	0.00	—	21.25	—
66	重庆鼎圣金机械设备有限公司	12.47	-9.78	0.00	—	12.47	-9.78
67	重庆市泓禧科技股份有限公司	9.12	-93.17	1.95	—	7.17	-94.63
68	重庆凯恩斯橡塑有限公司	6.85	—	6.03	—	0.82	—
69	林德化医（重庆）气体有限公司	2.58	—	0.00	—	2.58	—
70	福安药业集团重庆博圣制药有限公司	2.34	—	0.00	—	2.34	—
71	重庆金与云电子商务有限公司	0.02	-91.43	0.02	-91.43	0.00	—
72	杰富意金属容器（重庆）有限公司	0.00	-100.00	0.00	—	0.00	-100.00
73	重庆长风化学工业有限公司	0.00	-100.00	0.00	—	0.00	-100.00
74	重庆钢铁股份有限公司	0.00	-100.00	0.00	—	0.00	-100.00
75	重庆瀚海机械制造有限公司	0.00	-100.00	0.00	—	0.00	-100.00
76	重庆嘉银机电设备有限公司	0.00	-100.00	0.00	-100.00	0.00	—
77	重庆康美无纺布有限公司	0.00	-100.00	0.00	-100.00	0.00	-100.00
78	重庆世纪之光科技实业有限公司	0.00	-100.00	0.00	—	0.00	-100.00
79	重庆市皓宗进出口贸易有限公司	0.00	-100.00	0.00	—	0.00	-100.00
80	重庆市腾龙磨料磨具有限公司	0.00	-100.00	0.00	-100.00	0.00	—
81	重庆漱心斋商贸有限公司	0.00	-100.00	0.00	-100.00	0.00	—
82	重庆斯泰克瑞登梅尔材料技术有限公司	0.00	-100.00	0.00	-100.00	0.00	—
83	重庆望变电气（集团）股份有限公司	0.00	-100.00	0.00	—	0.00	-100.00

续表

序号	单　位	进出口实绩		出口实绩		进口实绩	
		2017 年	同比±%	2017 年	同比±%	2017 年	同比±%
84	重庆斯泰克瑞登梅尔材料技术有限公司	1 712.61	283.81	1 703.98	281.96	8.63	8 742.62
85	未知 5021910367	35 818.18	—	0.00	—	35 818.18	—
86	未知 50219604BJ	1 481.18	—	1 481.18	—	0.00	—
87	未知 50219604BK	388.67	—	0.00	—	388.67	—
88	未知 50219604BH	272.10	—	0.00	—	272.10	—
	合 计	1077002.6	65.64	887228.98	58.66	189773.63	107.03

（重庆市长寿区投资促进局提供）

集市贸易

【概况】 2017 年，长寿区有集贸市场 48 个，其中，城区菜市场 16 个，镇级农贸市场 32 个；面积 0.19 平方千米；从业人员达 9000 人，全年销售额 7 亿元。主要经营品种有：各种粮油、肉、禽、蛋、蔬菜、水果，各类副食品，各类型生产生活用具，各类服装等工业品。

2017 年，晏家农贸市场新建项目投资金额 8800 万元，建设规模 25000 平方米。洪湖、秤沱、万顺、双龙、邻封农贸市场进行标准化改造，总计投资金额 300 万元，改造面积 14000 平方米；新建凤城街道益兴街菜市场，投资金额 40 万元，新建面积 1100 平方米。通过农贸市场和菜市场的改造升级，全面提升市场的硬件设施，改善购物环境。

【城区菜市场整治】 2017 年，长寿区采取划片包干、划区定人分 4 个小组，落实 13 人牵头组织各街道和相关部门对全区 14 个集贸市场开展市场环境卫生、经营秩序和市场设施等方面的集中整治，改善市场脏乱差现象，查处出售假冒伪劣食品行为。

【亿元市场】 长寿区年交易额上亿元的市场有沙井市场。（艾长明）

大型商场和商贸公司

【重庆百货大楼长寿商场】 2017 年，重庆百货大楼长寿商场（简称重百长寿商场）位于桃花新城世纪广场内，营业面积 21000 多平方米，经营品种万余个，有 4 个经营楼面。一楼经营化妆品、名表珠宝、饰品、男女鞋品、箱包手袋、手机数码、生活家电；二楼经营少淑女装、文胸睡衣、流行饰品、童装童玩；三楼经营精品女装、成熟女装、精品饰品、针织床用、羊毛羊绒制品；四楼经营精品男装、时尚男装、青年休闲、运动户外用品。重百长寿商场自开业以后，曾先后获山城百店无假货市级示范店、长寿区文明单位、保护消费者合法权益先进单位、价格计量信得过企业称号；“重百”商标被认定为中国驰名商标。重百长寿商场一直秉承“顺应市场，优异服务，达成满意”的核心价格观和“顾客至尊，满意至上”的服务理念，竭诚为长寿人民服务。

重百长寿商场在品种、品质上狠下功夫，紧抓品牌调整，使商场荟萃众多知名品牌、时尚品牌，满足长寿市场各个消费层次的需求。截至年底，商场经营的知名品牌有雷达、英纳格、周大福、六福、欧珀莱、欧莱雅、理肤泉、薇姿、自然堂、汤普葛罗、百丽、他她、百思图、天美意、FED、富贵鸟、Kisscat、卡迪娜、欧时力、ONLY、VERO MODA、IM27、圣迪奥、艾托奥、百家好、－城画－、堂皇、梦洁、罗莱家纺、渔牌、玖迪诗、华菲型格、杰克琼斯、ALT 等。

2017 年，重百长寿商场有员工 700 余人，年创销售收入 1.77 亿元。（喻　莊）

2017 年重庆百货大楼长寿商场领导人名录

总 经 理：傅　勇

副总经理：陈　竹　王秋兰（女）

【新世纪百货长寿商都】 2017年，新世纪百货长寿商都实现销售17632.11万元，比2016年下降2.58%；上缴利税906.12万元；提供670人的就业岗位。

细化柜位空间管理，优化布局，引新汰旧。实施事业部柜位空间管理相关办法，横向排名销售，纵向对比毛利，利用象限分析和图表呈现等工具，剖析解决经营中的问题，一切以数据作为进行品牌淘换调整的依据。全年商都引进29个品牌，淘汰27个品牌，引进品牌销售与淘汰品牌销售同比增长43.89%；全年销售上百万品牌53个，增加1个。细化柜位空间管理，进行品牌布局汰换、业绩管控后，商都定位更为准确，卖场布局更为合理，塑造适合工薪消费群体的大众流行百货形象。

整合创新营销资源，加强VIP客户管理。注重促销氛围打造，商都从环境改造、美陈装饰、活动氛围三个方面着手，提升卖场环境、打造舒适的休闲购物氛围。活动宣传追求新颖，年内商都通过制作广告桌帖的方式，发动员工，利用各种人脉资源联系张贴；制作统一微信模板，由员工在朋友圈大量转发，制造各类热点话题，取得宣传效果。全年商都开展各类促销活动49次。其中4月份的员工内购会，活动3天销售459.94万元，比2016年同期增长30.71%，客流量增长6.33%。除建立VIP档案做好日常维护外，策划开展“‘2.14’情人节甜蜜观影”“VIP会员专享回馈”等卡友专属活动，与会员拉近距离。全年新办世纪卡2177张，达到9万余张，举办卡友维护及回馈活动17次。

加强管控，提升“三质”管理工作。全年商都抽查商品标识、品质、外观等3540件商品，对不合格商品处置165件；受理顾客投诉143件，投诉处理及时率100%。N+2特色服务，商都以顾客需求为出发点，开展多项特色增值服务项目。如皮鞋护理、凉席织补、特色修眉、生日美妆、配饰加油站、礼品包装等，使商都优质服务更加深入人心。

党工团合力互动，增强凝聚力。年内商场、商都两个党支部合并为长寿党支部，以“两学一做”为中心，党建促工建带团建的工作思路，关心看望慰问职工16人（次），开展党、工、团各类系列活动27次。开展党员自评、互评、党风廉政谈话以及全体党员和关键岗位人员专项自查等工作，使全体党员干部警钟长鸣，商都干部队伍的清正廉洁，商都无一例违法违纪案件事件。

加强安全管理，签订《安全责任书》181份，开展各类安全教育培训20余次，组织消防应急疏散演练3次；对商都和监管场店进行安全检查65次，查安全隐患181处，整改率100%。全年商都无重大安全事故发生。 （赵 勇）

2017年新世纪百货长寿商都负责人名录

总 经 理：傅 勇

副总经理：王秋兰（女） 陈 竹（男）

交通　邮政

交通综述

【概况】　重庆市长寿区交通委员会（简称区交委）是长寿区人民政府主管全区公路、铁路、水路、民航、邮政等交通行业的职能部门。内设办公室（信访科）、安全法制科、财务科、建设管理科、运输管理科、铁路民航科、内部审计科7个科室，下属区交通行政执法大队、区公路运输管理所、区港航管理处、区公路局、区交通工程质量监督站、区交通运行监测与应急调度中心6个直属事业单位。全系统2017年有在职职工219人。

2017年，区交委深入调研，按照“拓宽出口，畅通网络，关注民生，规范管理”的总体思路，加强交通设施建设，完善内外交通网络，全面推进依法治交，提高交通管理水平，加快构建现代综合交通运输体系，着力解决一批群众关心的交通热点、难点问题，受到市交委和区委、区政府赞扬。

（邱　林）

公路建设与养护管理

【公路建设】　渝长高速扩能改造项目。2017年渝长高速扩能改造项目完成征地260.47公顷（其中：集体土地213.56公顷，国有土地49.91公顷），补征地23.91公顷；丈量房屋581户，拆迁房屋572户。全面启动通讯、燃气、电力等管线迁改工作，长寿段土建推进顺利，完成投资21亿元。

火车北站综合交通枢纽项目。全年完成项目前期工作和施工招标工作，施工单位已进场施工。

普通干线公路改造项目。加快推进国省道改建工程。截至年底，完成投资5477万元，实施G351新市至付何段改建工程、G243一碗水至马桑垭段改建工程、G351长寿湖至涪陵段改建工程、S413全家垭口至云集镇改建工程。加快推进重要县乡道改造项目，投资11825万元，完成走马岭至卫东段（李长路）改造工程、云大路（义和至大坝段）改建工程和邻封镇农村旅游项目公路改造工程，实施葛兰镇响水凼至大坝村段（长大路）改造工程、夏家庄公路工程。加快推进项目前期工作，完成G351何石井至新市段改建工程、渝巫路葛兰段改建工程、石沙路和古十路施工招标，完成洪湖至统景三级公路施工图设计等前期工作。

农村公路建设项目。实施农村公路硬化改造项目114个260千米，工程总投资2.3亿元；投资450万元实施村道指路牌3000个；实施农村公路安保工程43千米，投资645万元。

【公路养护】　日常养护。2017年，长寿区公路辖区国省县道养护里程383.7千米，年投入养护人工（临工）资金364万元。全年，完成清理路肩堆积物2850立方米，清除水毁坍方8700立方米，清理边沟30000米，砍伐枯（断）树2600棵，投入资金120万元；完成19个街镇及村公路3个季度的检查考核和日常抽查；渝巫路市场养护化养护里程37.35千米，投入资金40万元；投入资金38万元，完成G319自查整改迎检工作。全年总计投入资金562万元。

小修养护。投入资金307万元，完成G351西山至洪湖段边沟治理；投入资金132.5万元，招标采购养护机具小型轮式挖掘机、高空作业车各1台；投入资金50万元，完成交调站建设；投入资金97万元，正在开展G319沙溪危岩治理，已完成工程量80%。总计投入资金586.5万元。

预防性养护。投入资金300万元，完成G319黄草山至桃东大桥、沙溪至晏家，G243十字道班至土桥、重钢三号门至会馆隧道，G351狮子滩至双龙、双龙至新市、西山至洪湖、梓潼至西山、洪湖场镇沥青混凝土路面挖补9400平方米，沥青灌缝约142088米。投入资金350万元，开展S412汝但路预防性养护，已完成工程量20%。总计投入资金650万元。

桥隧养护。投入资金72万元，完成53座公路桥梁定检，2座公路桥梁特检；投入资金30万元，完善桥梁养护公示牌；投入资金20万元，完成云芦路矿医院桥桥面维修；投入资金50万元，完成辖区84座桥栏杆刷漆和32座桥栏杆增高整治工作。总计投入资金172万元。

【路政管理】　2017年，长寿区巡查4.4万千米，出动执法车辆430车（次），执法人员2150人（次）；清理各类非公路标牌（横幅、广告牌、张贴物等）690余块、路肩堆积物900平方米、农作物280平方米、“牛皮癣”广告1200多处，取缔占路经营摊点19处；查处损坏公路路产及附属设施46起，已赔偿46起；审批路政行政许可6件，结案率100%。自4月11日起，所有固定治超检测站执行全市统一的执法标准，固定治超站点全年检测车辆324967台（次），收取公路补偿费车辆3378台，查处并卸载违法超限运输车辆60台，卸货93.4吨，超限率为1%，车辆超限率严格控制在国家规定的5%以内。

【安保工程】　2017年，长寿区路检、路查246次，出动检查人员489人（次）、检查车辆246台（次），发现一般安全隐患223处，整改223处。查出消防安全隐患12起，整改12起，更换失效灭火器42套。完成波型防护栏损毁更换与维修2544米、立柱189根、端头197个；完善增设安全警示提示标识标牌243套、诱导标识257套、标线6767.75平方米、振荡标线1985平方米、凸面反光镜6套、弹立柱48根、道口桩640根、反光棱角标损100块，反光膜363张、立面反光警示标识539米。开展应急抢险处置工作，加强应急物资储备，购置冬季除冰除雪工业盐5吨，完成因车辆碰撞事故导致路面油污应急清理整治工作以及暴雨天气公路行道树清理整治工作。　（史晋岳）

道路运输行业管理

【概况】　2017年，长寿区有公路货运企业3815户，客运企业11户（包含5户公路客运企业、6户出租车企业和2户公交公司，其中有2户兼营业户），客运车辆428辆，货运车辆18522辆。全年完成货运量5312万吨，货运周转量662872吨千米，货运周转量比2016年同期增长16.6%；完成客运量1181万人（次），客运周转69787万人（次）千米。

【运力完善】　2017年，长寿区优化和调整城市营运网络。调研城区公交运营线路，优化和调整公交线路2条，解决中医院、时代国际等小区群众的出行问题。完成51个巡游出租汽车指标到期重新延续经营许可。提升对内对外客运能力。开行长寿至两路、长寿至合川、江南至锯梁3条班线客运，完成道路旅客运输县内班线延续经营审批许可1条线路，完成3个行政村通农客工作。规范普通货物运输管理。规范道路普通货物运输行业管理，严格新办及到期年审换证经营业户许可工作，对企业办公场所、安全管理制度、安全管理人员方面严格要求，未达到条件的一律不予许可；清理未按期参加年度审验的货运车辆并登报，责令经营业户限期整改，对在规定时间内未完成整改的，依法注销货运车辆《道路运输证》1052个；对“未按期年审并超期90天未投入与经营业务相适应的道路货物运输车辆的业户”，登报并注销866户；分4批注销黄标车688台，根据区环保局认定，对区内黄标车进行排查，注销1997台黄标车道路运输证，对1510台车籍地是长寿、道路运输证非长寿（含渝中、九龙坡、忠县等21个运管处所）办理的营运黄标车，函告相关运管处（所）。

【驾培监管】　2017年，长寿区强化对驾校教练员、教练车的检查，重点检查教练员是否认真落实《教学大纲》，教练车是否在履行教学任务等。监督各驾校的结业考核情况，确保课时，把好培训质量，强化机动车驾驶培训管理，提升机动车驾驶培训质量。

【维修企业管理】　2017年，长寿区全面摸排区内机动车维修业户按时年审情况，清理出《机动车维修经营许可证》超期两年未换证的维修企业201家，按规定注销其经营许可。区交委配合政府对桃东路违建的拆除，走访62家维修业户，协调消除不稳定业户3家，到年底该项工作已完成。区交委与区人社局联合举办2017年机动车维修技能竞赛，组织20支队伍、40人参赛，全面提升行业专业技能。

【驾驶员从业管理】　2017年，长寿区强化对道路运输从业人员管理，全年核发从业资格证1000余个，换发从业资格证600余个，吊销、注销从业资格证60余个。对道路运输驾驶员进行诚信考核和执业备案，全年完成道路运输驾驶员诚信考核10000余人，培训网约车从业资格128人。

（黄金花）

汽车运输

【概况】　2017年，重庆市汽车运输（集团）有限责任公司六分公司（本分目简称六分公司），建有总支委员会，下设2个党支部，即机关支部、车站支部；设有团支部，有团支部书记1人，团支部委员2人。下设1室4科3站3队1厂：办公室、经营科、安全科、财务科、设备技术科、长寿汽车客运总站、凤城车站、长寿西站、公营车队、商务车队、网络出租车队、汽车修理厂。有在册职工168人（其中：女职工69人）。拥有中高档车辆、出租车309辆，营运线路66条。立足于发展网约车、门到门服务重要课题，干部职工团结一心，攻艰克难，为四面八方的旅客提供优质、高效、安全、舒适的出行服务，赢得赞誉。从2013年起，历年获得重庆市国资委“委级文明单位”、重庆市运管局“春运工作先进单位”、渝运集团党委“四强党组织”、渝运集团“先进单位”、渝运集团“情满旅途·平安春运”竞赛活动“先进集体”、渝运集团“先进单位”表彰。

【生产经营】　渝运集团六分公司是以公路客运、站场经营为主营业务的客运企业。2017年，抓住节假日客流流时、流量和流向特点，科学调配，合理安排，顶住旅客运营高峰压力，在确保安全的前提下圆满完成各项运输工作任务。抓改革发展，拓展新线路，年内新发展8辆车；应对铁路客运、网约车等强烈的市场竞争，以市场需求为导向，迎难而上，全力发展网络出租车、商务旅游包车、厂矿企业包车、校车业务，取得较好业绩。及时排查经营不稳定因素，解决多条营运线路的经营纠纷问题。由于受整个物业租赁市场影响，物业经营发展难度较大。

【安全管理】　2017年，渝运集团六分公司落实企业安全生产主体责任，汲取发生的重特大事故教训，分析事故原因，制定相关防范措施。坚持“安全第一，预防为主，综合治理”的方针，开展消防培训、反恐演练及“日周月”安全隐患排查等活动，增强广大干部、职工、驾驶员、租赁经营户的安全防范意识，主动排查并消除安全隐患，有效减少安全事故，事故垫支额大幅下降；年内未发生特大事故、重大事故，各项安全生产指标均控制在集团公司下达的目标范围内。

【企业文化建设】　2017年，六分公司通过开展一系列活动丰富职工业余文化生活，增强爱岗敬业、安全运营、廉洁从业意识。将党的活动与安全经营工作有机结合起来开展“七一”创先争优表彰暨职工安全演讲比赛、客运安全警示教育、廉洁从业教育、阅读与分享活动；开展“全民健身”职工运动会，引导职工健康地工作和生活；开展青年志愿服务活动，助力车站应对客流高峰，引导乘客有序乘车。

（刘学瑜）

2017年重庆市汽车运输（集团）有限责任公司六分公司领导人名录

经理（兼党总支书记）：周　陵（2017年2月离任）

党总支副书记（兼副经理）：聂　凤（女，2017年3月任党总支副书记）

副经理：叶　云　李　全（2017年2月任）　苏健伟

经理助理：马　江（2017年6月任）

公共交通

【凤城公交公司】　重庆市长寿区凤城公共交通有限公司（简称凤城公交）成立于2006年11月15日，原由重庆汽车运输（集团）有限责任公司、重庆亿思达实业公司、重庆顺庆集团有限责任公司共同出资组建。2012年8月，重庆亿思达实业公司和重庆汽车运输集团有限责任公司经过重组后，重庆汽车运输集团有限责任公司由原来39%的股份上升为51%，重庆亿思达实业有限公司的股份由原来的61%减少为49%，由重庆汽车运输集团有限责任公司控股经营。在成功收购109线路后，企业注册资本已增至1000万元，拥有公交车辆158台，投入运行公交线路9条，分布在北部新区、长寿城区以及位于晏家的经开区，市场占有率为82.2%，经营模式为全公司化经营。2017年年底前在职员工336人，其中管理人员30人，后勤和一线生产人员306人均属合同制用工。

凤城公交公司注重安全培训教育，提高全员安全意识。全年召开安全生产领导小组会议4次，交通安全专题分析会2次，安全生产工作例会12次，驾驶员安全学习24次，学习培训率100%。严格抓好人、车、路、环境管理。严把驾驶员的准入关，每月定期对驾驶员违章违纪进行查询，坚决杜绝不合格驾驶员入职。加强一对一监管，节假日、黄金周、天气变化的时候，通过现场调度、一对一监管等形式对驾驶员做好安全告诫，提高驾驶员的安全意识、业务素质和突发事件的处置能力。从法规教育和制度约束入手，通过各种形式加大安全法律法规宣传力度，与驾驶员签订年度安全责任书236份，做到有章可循，有据可依。坚持“安全第一，预防为主，综合管理”的方针，利用GPS平台对营运车辆时时进行动态监控，做到早发现早提醒，杜绝超速和越线行驶的发生，以科技管安全。实行线路分包管理模式，纳入绩效考核，从源头抓好营运和生产安全。开展宣传活动，全年办简报13期、悬挂安全标语6幅，举办“安康杯”知识竞赛活动1次、宣传活动2次（1月13日在火车北站的“情满旅途，满意在公交”，6月16日在火车北站的“安全生产宣传咨询日”活动）。继续抓安全管理体系建设、抓源头安全隐患整治、抓日周月隐患排查，以道路运输平安年活动为契机，组织开展“春运”“道路运输平安年”“平安交通专项整治”和“安全生产月”“安全生产大排查、大整治、大执法”以及防暑防汛、防火灾事故等专项活动，各项活动都有方案、有要求，早安排、早部署，层层落实责任。落实排查制度，加强隐患治理，全年检查车辆1929台（次），其中主管领导带队30次，分管领导带队45次，发现一般隐患4台（次），整改4台（次）；日排查4560台（次），周排查52次，线路隐患排查12次，月排查（综合检查）12次，发现一般安全隐患108台（次），整改隐患108台（次），把事故隐患消除在萌芽状态。

凤城公交公司全年完成运营收入3342.9万元，与2016年同比下降337万元，下降率10%；营运里程981.79万千米，下降1.8%；客运量2228.6万人（次），下降11.76%；安全服务质量全年有效投诉1件，下降75%。完善制度，规范管理。针对管理中出现的问题，组织职工代表和法律顾问修订完善《员工手册》和《驾驶员管理办法》等制度，对劳动纪律和运行秩序强化检查和处罚力度。全年不定期进行突击检查50余次，拍照150余张，现场纠违10余次，处罚违规违纪28人（次），扣款3420元，停班学习28人（次）。教育与处罚相结合，增强员工遵章守纪的意识。节能减耗，增创效益。对部份耗气量较高的车辆进行排查、分析和跟踪，查找耗气原因，逐一进行发动机大修和调试，使耗气量得到控制。为拓宽公共交通运输市场，优化线路资源，承揽区内包车业务，为园区企业和学校提供的个性服务。全年包车1400台（次），增收18余万元。强化服务意识，提升服务质量。始终把运营服务作为中心工作，强化管理，坚持不懈地抓形象。工作态度认真，服务周到，乘客投诉减少，企业的社会效益明显提升。全年助人为乐、拾金不昧等好人好事11人（次），拾到现金4730.4元、银行卡3张、身份证3张、手机2部等，全部物归原主。抓好“文明创建”工作，从“氛围营造、文明服务、环境卫生、友善礼让”4个方面制定工作方案，分解任务，明确责任，抓好落实，创建工作达成既定目标。为方便铭宇江南、时代国际、半岛香颂及朵力8号等几个小区的居民出行，优化部分线路，对105、106线路进行延伸调整，解决市民的出行问题和区中医院站点逆行掉头的安全隐患。注重协调与“双参”（即参加过战争和核试验的退休军人。下同）人员的关系，要求驾驶员对拒绝投币的“双参”乘客耐心做好解释工作，并将人数和乘车站点做好记录，对故意肇事者，立即报警。全年持优抚证免票乘车7325人（次）。

附：2017年长寿凤城公交公司各条线路运行线路

101路：（渡舟）火车北站—黄桷湾—重钢二号门

102路：圣天湖—凤岭路—古佛

103路：菩提古镇—牛心山—（晏家）长寿火车站

104路：桃源小学—长寿路—长化大营门

105路：重钢朵立七号—长寿路—江南

106 环一：圣天湖—半岛香颂—时代国际—长寿中学—凤岭路—长一中—桃西路—圣天湖

106 环二：圣天湖—桃西路—长一中—凤岭路—长寿中学—时代国际—半岛香颂—圣天湖

107 路：黄桷雅居—快速通道—经开区—晏家西站

108 路：瀚林港湾—缆车站—校骑路—长寿中学—圣天湖—菩提山

109 路 B 线：（渡舟）火车北站—黄桷湾—牛心山—川维车站—川江船厂

109 路 A 线：（渡舟）火车北站—长寿路—牛心山—川维车站—川江船厂

（戚晓容）

2017 年重庆市长寿区凤城公共交通有限公司领导人名录

董 事 长：叶　云

副董事长：曾维国

总 经 理：叶　云

副 经 理：杨贵兵　阳建平

【渝运长寿公交公司】　重庆市汽车运输集团长寿公共交通有限公司（简称渝运长寿公交）系重庆市汽车运输（集团）有限责任公司投资 500 万元，于 2013 年 8 月 27 日在长寿区注册成立的法人独资公司，经营范围为长寿区公共汽车客运。2017 年设置 1 室 4 科（办公室、财务科、安全科、经营科、设备科）；有员工 96 人，其中驾驶人员 68 人；开行公交线路 3 条，拥有公交车辆 38 台［天然气（CNG）汽车 26 台、气电混合动力的新能源汽车 12 台］。收入来源于公共汽车客运，日均客运量 2 万余人（次）、营运收入 2.6 万余元。

渝运长寿公交一直以优质、舒适的车辆，文明、安全的服务，获得全区人民群众的好评与赞许。2018 年 1 月 18 日，在区交委组织对公交车 2017 年度服务质量考核中获得 95 分，服务质量考核成绩均为优秀。

渝运长寿公交于 2013 年 12 月 10 日正式投入车辆运行，服务范围覆盖长寿老城、桃花新城、渡舟街道、长寿菩提古镇及菩提山片区。201 路以“火车北站”为起点“桃花新城顺时针环线”；202 路以“化工职院”为起点“桃花新城逆时针环线”；203 路公交线路于 2017 年底已由“长寿菩提古镇——在水一方”进行线路延伸，运行“长寿菩提古镇——在水一方——火车北站”。

渝运长寿公交发挥国有大型客运企业的优势，运用“渝运品牌”成熟丰富的客运管理经验、标准化的安全管理措施、规范化的优质服务模式，努力为长寿市民提供“文明、便捷、安全、舒适”的乘车环境。有安全管理人员 6 人，坚持“安全第一，预防为主，综合治理”的方针，成立以经理为主任，副经理为副主任，各科室部门负责人为成员的安全生产委员会。注重制度建设，重视检查考核，落实主体责任，层层签订《安全生产责任书》《驾驶员安全生产服务承诺书》，安全责任落实到每一个驾驶人。每月召开安委会会议 1 次，每月召集驾驶员参加安全生产会议 2 次，将安全生产动态和各项安全要求传达到每一个驾驶员。

渝运长寿公交着力建设的企业文化是以“文明生产、安全运输、优质服务、礼貌待人”为宗旨，本着“安全发展、优质服务、方便群众、服务社会”的理念，打造“公益公交、安全公交、便捷公交、智能公交”。每年都开展“公交出行宣传周”活动，宣传“绿色出行、优选公交”，创造“文明、和谐、绿色、环保”的交通出行环境；推出“渝运长寿公交”微信公众服务号，为市民出行提供智能化的互动交流服务。年内组织员工参加征文及演讲等比赛活动，提高员工的责任和担当，提高敬业精神。

附 1：2017 年渝运长寿公交公司线路站点站名

公交 201 路（桃花新城环线顺时针方向）。火车北站—幸福站—民生佳园—阳光小镇—菩提山—菩提小学—菩提山—阳光小镇—民生佳园—北城中学—天工睿城—桃源小学—南桥圣天—阳光世纪城—碧水天城—丽水菁华—永辉路口—长寿中学—体育中心—东方之骄—桃花市场—骑鞍车站—西门—工商局—黄桷雅居—实验中学—寿城水岸—长寿菩提古镇—金科世界城—御临城—桃西三路—菩提小学—菩提山—小康工业—化工学院—小康工业—菩提山—阳光小镇—幸福站—火车北站

公交 202 路（桃花新城环线逆时针方向）。化工学院—小康工业—菩提小学—菩提山—阳光小镇—晶山站—御临城—金科世界城—长寿菩提古镇—寿城水岸—实验中学—黄桷雅居—工商局—西门—骑鞍车站—桃花市场—东方之骄—体育中心—长寿中学—沁园坊西—永辉路口—丽水菁华—碧水天城

—阳光世纪城—南桥圣天—桃源小学—天工睿城—北城中学—幸福站—火车北站—幸福站—民生佳园—阳光小镇—菩提小学—菩提山—小康工业—化工学院

公交203路（往返）。长寿菩提古镇—寿城水岸—实验中学—黄桷雅居—实验二小—公园后门—凤城车站—向阳路—协信广场—区医院—水务局—西门—骑鞍车站—桃花市场—东方之骄—体育中心—区党校—水墨林溪—清明上河坊—外婆桥—晶山小学—碧桂园—沁园坊北—冉师桥—中医院—时代国际—在水一方—站东路口—北站路口—火车北站

附2：2017年渝运长寿公交发车时刻表

201路：桃花新城环线（顺时针方向），起点“火车北站”（7：30—21：18）根据客流时段8—15分钟发1班

202路：桃花新城环线（逆时针方向），起点“化工职院”（7：30—21：15）根据客流时段8—15分钟发1班

203路：长寿菩提古镇——在水一方——火车北站（5：40—21：30）根据客流时段6—15分钟发1班

火车北站——在水一方——长寿菩提古镇（6：20—21：20）根据客流时段8—15分钟发1班

（余勇士）

2017年重庆市汽车运输集团长寿公共交通有限公司领导人名录

执行董事：周　陵（2017年2月离任）
　　　　　聂　凤（女，2017年3月任）
经　　理：周　陵（2017年2月离任）
　　　　　聂　凤（女，2017年3月任）
副 经 理：高万辉

港口建设与水路运输

【港口建设】 2017年，重庆市长寿区公安局消防支队水上应急救援中心扇背沱码头项目。位于长寿长江南岸扇背沱江段。拟建设1000吨级应急救援专用泊位1个，使用岸线长110米。配套建设执勤及训练设施，建筑面积5000平方米，包括执勤楼4155平方米，训练塔845平方米。为船舶、码头等提供水上消防安全保障。截至2017年底，已投资1500万元，完成陆域部分房建工程5000平方米和水下部分地勘工作，接着开展该项目水下部分初步设计工作。

重庆港主城港区长寿胡家坪作业区二区团山堡码头建设工程。为5个3000吨兼5000吨级液体化学品泊位及后方水平管廊、消防、变电、公用工程及辅助设施，自开工建设已经完成投资9182万元。该项目5个泊位中，4号、5号已于2014年完工，1号、2号、3号泊位于2017年开工建设，计划2018年完工。

重庆主城港区朱家坝作业区冯家湾化工码头危险品集装箱泊位及堆场改扩建工程。正在开展前期报建手续。截至2017年底，已完成投资150万元，取得国土、规划、通航论证、航道影响评价、安全预评价、安全技术条件审查、行洪论证审批手续和工程可行性报告，环评报告正在修订完善中。

重庆长寿开发投资（集团）有限公司船舶废弃物接收处置工程。位于长寿区凤城街道复元村17组（长江北岸詹家沱河段）。选址岸线长36米，拟建设船舶废弃物接收处置码头100吨级污水泊位1个。2017年已投资2700万元，完成项目基础建设工作，计划2018年主体工程完工。

截至2017年年底，全区有生产用泊位25个，货物年通过能力1841.3万吨、集装箱2万标箱/年，全年实现港口吞吐量647.03万吨。

【水路运输】 2017年，长寿辖区内水路运输经营者38家，其中水路运输企业4家，个体工商户34家。水路运输企业包括普通货物运输企业2家，危险化学品运输企业1家，旅客运输企业1家。有营运船舶103艘，载重吨144999吨，总载重吨94625吨，载客人数1687人。全年货运量198.5万吨，货运周转量41.2亿吨千米；客运量3.86万人，客运周转量40.8万人千米。

【重点工作】 2017年，长寿区完成“两湖”非法浮动设施整治。开展长寿湖、大洪湖水域非法浮动设施整治，销毁非法浮动设施5008.35平方米。完成船舶抗风能力提升工作。拆解退市老旧船舶8艘，撤销无群众过渡需求的渡口5个（但渡镇渡口4个、万顺镇渡口1个）。区港航管理处深化内部队伍建设。商调进入水上交通工程专业技术人员1名，单位有在编人员24名。（洪永良）

邮　政

【概况】　2015 年 5 月 1 日，中国邮政集团公司“子改分”改革，取消重庆市邮政公司第二级法人资格后，重庆市邮政公司长寿区邮政局更名为中国邮政集团重庆市长寿区分公司（本分目简称长寿分公司），接受重庆分公司、渝北片区分公司2 级领导管理。长寿分公司 2017 年年底前下设 6个部室（市场营销部、金融业务部、集邮与文化传媒部、包裹快递部、渠道平台部、综合办公室），设 6 个中心支局（凤城、晏家、洪湖、双龙、云台、狮子滩），设 5 个班组（驿盾中队、库管班、后勤班、行政驾驶班、凤城投递部）；支局所辖 41 个金融网点、6 个纯邮政所。

【代理金融】　2017 年，长寿分公司新增总资产 8.77 亿元，创历史新高。代理金融余额规模达到 47 亿元，列全市第二十位；期末余额市场占有率 13.62%，长寿当地排名第二，比 2016 年同期提升 0.54 个百分点；实现收入 7697 万元。新增储蓄余额 5.02 亿元，列全市第二十三位；增幅10.61%，列全市第二十二位；新增余额市场占有率 21.08%，当地排名第二，提升 4.38 个百分点。新单保费规模 3.06 亿元，列全市第二十位，排名上升 1 位；增幅 37.64%，列全市第二十位。

【邮政寄递】　2017 年，长寿分公司实现包裹收入 436 万元，比 2016 年同期增长 29.29%；全年协议有效客户开发 5 户，总计有 48 户，收入316.16 万元，收入占比 76.43%，较 2016 年提升57.05 个百分点。融入地方经济，围绕长寿沙田柚特色经济，实施邮政专业联动，打造“寄递 + 电商 + 金融”邮政增值服务链，为当地政府排忧解难，收寄沙田柚包裹 4.85 万件，实现收入 84.37万元，增长 212%，市场占有率 80% 以上。

【农村电商】　2017 年，长寿分公司全面建成农村电商三级服务体系，获得政府政策支持补贴建设资金 200 万元。在长寿区凤城核心地段建成 500平方米电商运营培训中心，在江南建成 3000 平方米电商公共仓配中心和 500 平方米运营中心。建成7 个镇级服务中心、253 个村级服务站站点，覆盖完城区 7 个街道以及农村 12 个镇。总计开发注册邮乐小店 6500 户，线上“长寿特色馆”运营初见成效，洪湖、万顺等 7 个网点建成邮乐购直营点。11 月 15 日，重庆市委副书记唐良智实地考察长寿特色农产品沙田柚邮政快递包裹收寄现场，给予肯定。

【文化传媒】　2017 年，长寿分公司通过参与政府文化活动，举办“文化惠民消费季”和“长寿区第一届电商文化季”销售图书和集邮品；组织销售《习近平谈治国理政》第二卷。发挥报刊发行主渠道优势，市级党刊《当代党员》《党员文摘》《党课参考》和集团统谈《中办通迅》等杂志回归邮发。筹建媒体资源，与 15 个小区签订智能阅报栏建设协议，为后期媒体广告收入实现奠定基础。

【党建工作】　2017 年，长寿分公司深入学习宣传贯彻中共十九大精神，举办专题辅导报告会，46 名党员干部、职工代表参会学习；开展“拥抱新时代、践行新思想、实现新作为”系列答题活动；开展中共十九大精神培训进基层活动。召开年度党的建设暨纪检监察工作会，将党建工作纳入企业整体发展规划；全年召开党总支中心组学习 6次；推动“两学一做”学习教育常态化制度化深入开展。落实全面从严治党“两个责任”，组织签订全面从严治党责任书；年内未出现违反中央“八项规定”精神、“四风”等违法违规行为；开展作风建设活动，制定《廉洁风险目录》，梳理出重点岗位廉洁风险点 166 个，其中普遍性风险点40 个。

（陈　维）

2017 年中国邮政集团公司重庆市长寿区分公司领导人名录

党总支书记、总经理：韦先兵

副总经理、工会主席：张　强

信息业

综　述

【概况】　2017年，长寿区完成新建成4G基站302个，完成年度目标任务300个的100.7%，比2016年增长20.2%（其中，农村新建成4G基站200个，完成年度目标任务200个的100%，增长26.9%）；完成老旧住宅光纤网络改造20000户，完成年度目标任务10000户的200%，增长5.4%；新增“两化融合”管理体系贯标企业2个，完成目标任务100%。

信息基础设施建设，全年新增互联网覆盖规模73240户，比2016年增长9.2%（其中，农村新增22361户，增长6.8%）；全区互联网实际用户达192319户（均包括电信、移动、联通、广电网络各自的用户数，下同），比2016年同期增加35139户，增长22%（其中，农村实际用户66586户，比2016年同期增加21182户，增长46%）。

信息消费情况，互联网实际用户中，光纤实际用户为172825户，比2016年同期增加45861户，增长36%（其中农村光纤用户达60263户，增加26338万户，增长77%）。

全区手机用户达到702354人（卡），比2016年同期增加21466人（卡），增长3.2%（其中4G手机用户为434464人（卡），增加228635人（卡），增长111%，占全区用户数的61.86%）。

每千人宽带接入数。全区宽带接入数量为192319户，按照长寿区统计局2016年11月发布的《长寿区2015年度统计公报》的全区常住人口为82.43万人（2016年度数据未查到），每千人宽带接入数量为233个/千人。

【工业与互联网融合】　2017年，长寿区已有6户工业企业和1个事业单位申报制造业与互联网融合、物联网应用试点项目，经市经信委组织专家评审，长寿区重庆世纪之光科技实业有限公司的基于全光物联网的塑料光纤电力抄表系统研发与产业化项目、重庆市映天辉氯碱化工有限公司的智慧云工厂管理系统、重庆小康动力有限公司的汽车发动机制造信息系统集成创新、重庆农药化工（集团）有限公司的吡蚜酮与乙螨唑柔性生产的智慧化工厂模块建设及示范应用、重庆博腾制药科技股份有限公司的医药全产业链柔性管控平台、和信海纳川（重庆）汽车部件有限公司的制造业与互联网融合项目成功进入全市的项目库，成为争取专项资金推动项目发展的基础。

建立信息基础设施建设的长效机制，起草《重庆市长寿区人民政府中国联合网络有限公司重庆市分公司推进长寿区“互联网+”战略合作协议》，区政府与联通重庆分公司成功签约。该“战略协议”的签署，全面开启全区信息化服务生产、生活行动和企业信息化的深层应用，为长寿区全面实施“互联网+”行动奠定基础。　（蔺红宾）

中国电信股份有限公司长寿分公司

【概况】　2017年，中国电信股份有限公司长寿分公司（本分目简称长寿分公司）完成业务收入15141万元，比2016年增加1168万元；收入市场份额达到34.30%，全市排名第二。净增移动用户40808户，达到18.5万户；移动过网份额达到23.23%，全市排名第十一；净增宽带用户12741户，达到100238户；电信电视用户净增30580户，达到100542户，电视对宽带的渗透率为100.3%。

【通信能力建设】　2017年，长寿电信程控交换机语音端口为0（2016年全面退网），EPON语音端口达到85405线（逐步退网），数据端口

26393线，有FTTH端口238762线。实现全区所有街镇SDH 2.5G环行保护网络接入，10G城域网环行网络或1+1链路汇聚保护接入。建有376个3G基站，新建523个4G基站。建成光缆线路12003皮长千米，439个光分线设施，形成四通八达的光纤通信网络，为满足用户多种业务、多种保护方式接入提供有效保障。

长寿电信在PTN传输网、SDH传输网、IP-RAN传输网、城域网等网络核心层、汇聚层局站之间实现光缆多路由保护接入；通过网络优化组网，打造长寿高质量和高效率的安全通信网络，多次经受住自然灾害和网络安全造成的考验。

【服务质量提升】 2017年，长寿分公司坚持推行全面质量管理作为企业管理的核心工作，将改善服务作为企业发展永恒的主题。坚持“用户至上，用心服务”的服务理念，提高通信服务意识和服务质量，完成中国电信重庆公司下达的各项通信质量指标任务。

2017年下设4个服务管控部门、14个支局（城区8个，农村6个）、2个政企服务团队，总计88个电信营业厅，覆盖长寿区各大商圈、街（镇），为客户提供方便、快捷、全方位的服务。

（黄　伟）

2017年中国电信股份有限公司长寿分公司领导人名录

总 经 理：孙伟山
副总经理：敬　钰　张中萍
　　　　　龚　璞（2017年6月任，同时离任总经理助理）
　　　　　姜　纯（2017年8月任）

中国移动通信集团重庆有限公司长寿分公司

【概况】 中国移动通信集团重庆有限公司长寿分公司（本分目简称长寿分公司）成立于1999年。2017年在职员工112人，下设4个部门4个营销分局。2017年长寿分公司围绕“发展”与“管理”两条主线，坚持以“大连接”战略为指引，聚焦“四轮驱动”，重点抓“卡”和“线”，用足优势资源，转型规模发展；在网络建设、用户发展、客户服务、集团信息化发展等方面取得新进展。截至年末，用户整体规模38.5万户，全年实现总收入2.36亿元，为地区经济的发展作出重要贡献。

【网络建设】 2017年，移动长寿分公司建成4G基站392个，总计达到1223个；2/4G基站总计2026个；实现7个街道、12个镇、221个行政村及化工职大等大型企业有效覆盖。建成驻地网112356户，总计达到34万户。专线建设1134条，将光缆资源和业务接入能力延伸至行政村。新建OLT站点4个，总计达到92个，网络承载能力增强。

【4G业务发展】 2017年，长寿移动客户4G客户总计达到22.15万户。继续贯彻实施“提速降费”政策，响应国家逐步取消漫游费的号召，推出“长市漫”一体化套餐；9月1日起，取消手机国内长途费和漫游费。不断降低和扩容流量套餐资费，4G用户DOU由2016年的不到1G，提升到年底前的2个G，移动用户流量增幅达到70%，用户流量使用满意度有较大提升。

【客户服务提升】 2017年，长寿分公司牢固树立“客户为根，服务为本”的理念，坚持三个抓手“强协同”“快转型”“树标杆”，打造客户预警及感知修复关怀体系，建立完善的回访机制。严格落实实名制，实名率达到100%。按统一标准对营业网点进行布置，防控垃圾短信，使客户免于垃圾短信彩信干扰。深化服务转型，健全服务考核体系，以价值服务推动市场健康发展。坚持诚信经营，获得政府颁发的201年度“长寿区消费维权诚信单位”和“重庆市消费维权诚信单位”称号。

（舒　莉）

2017年中国移动通信集团重庆有限公司长寿分公司领导人名录

总 经 理：郭朝斌（2017年3月离任）
　　　　　费文华（2017年3月任）
副总经理：马　林（2017年2月离任）
　　　　　常　鸣（2017年2月任）

中国联合网络通信有限公司重庆市长寿区分公司

【概况】 中国联合网络通信有限公司重庆市长寿区分公司（简称长寿联通），系国有中央企业，2017年有3个内设机构（综合部、建设维护中心、销售服务支撑中心），有4个营销中心（城区综合营销服务中心、乡镇营销服务中心、政企营销服务一中心、政企营销服务二中心），有员工63人。长寿联通坚持用心服务，已发展用户16.5万户，其中手机用户12.8万户，宽带用户2.8万户，固定电话用户0.9万户。

【网络建设】 2017年，长寿联通建成4G宏基站450个，3G宏基站248个，实现长寿主城区、江南、川晏片区和长寿湖景区等聚焦区域的4G网络覆盖；全面完成长寿主城区、江南、川晏片区的宽带覆盖，建设光宽带端口5万余门，有效改善网络质量提高用户满意度。

【服务质量】 2017年，长寿联通落实国家实名制政策，配合防范打击电信诈骗专项行动，提升老用户的服务感知，长寿联通推出免费换机、老用户流量升级等普惠活动，提升通信网络和服务支撑能力。加强服务窗口建设，提高中国联通的服务能力，为社会各界和广大客户提供优质的通信和信息服务。（江　霞）

2017年中国联合网络通信有限公司重庆市长寿区分公司领导人名录

总 经 理：苏　航（2017年7月离任）
　　　　　唐世友（2017年7月任）
副总经理：郑光云（2017年11月离任）
　　　　　周　伟

重庆市长寿区人民政府网站

【概况】 重庆市长寿区人民政府网站（简称区政府网站）属重庆市长寿区人民政府政务公开办公室管理。重庆市长寿区人民政府政务公开办公室（挂重庆市长寿区人民政府电子政务办公室牌子），为区政府办公室管理的公益一类事业单位，机构规格正处级，经费形式为财政全额拨款，编制11人。

【网站信息公开】 2017年，长寿区各街镇和区级各部门通过网站内容管理系统及时上传各类公开信息，由区政府政务公开办负责信息二次审核发布。继续整合推进区政府网站集群集约化建设，逐步将区内自建网站整合到区政府网站上来，定期修订安全防护设备策略，扩大政府网站信息容量；依托区政府网站服务器、安防设备等资源完成3个单位3个网站，节约年租赁维护费用30万元。全年区政府网站发布“长寿区扎实推动城乡教育均衡发展取得新成效”等头条信息53条；发布信息6715条，访问量388万余次。发布政务公开信息2380条，共享到市政府网站政务公开目录1820条，收到政府信息依申请公开40件，均按照《重庆市人民政府办公厅关于进一步规范政府信息依申请公开工作程序的通知》进行办理。

【网站管理】 2017年，长寿区政府网站按照《重庆市长寿区人民政府办公室关于印发〈长寿区政府信息公开制度（试行）〉的通知》和《重庆市长寿区人民政府办公室关于认真做好政务工作有关工作的通知》，督促各街镇、部门高度重视信息公开工作，提高工作人员业务水平和工作责任心，落实各部门相关责任领导和责任人，强化信息安全审核。

按照《重庆市长寿区人民政府办公室关于印发重庆市长寿区政府网站管理办法的通知》要求，对全区网站进行关停并转，2017年全区关停并转网站19个。按照国务院网站普查要求加强网站管理。

网站安全措施，继续使用用户登录短信二次网关验证系统杜绝账号被盗用的情况发生，定期对区政府网站系统安全防护设备（包括天融信网络卫士千兆防火墙系统、入侵防御系统、应用流量管理系统、网络审计系统、WEB防火墙、漏洞扫描系统、日志收集审计系统）和数据存储一体设备（数据安全管理系统）进行升级，定期观察设备和分析数据，及时修订各项设备的相关保护策略，做到实时监管。2017年8月通过重要信息系统年度等级保护三级测评。

网站值班巡检制度落实7×24小时读网制度，

继续完善政府公开信息审核发布机制，随时监测页面信息，做到网站信息防篡改、防泄漏，定期巡检服务器、网络设备、链路等，完善网站安全事故应急预案，网站故障点发生机率小、故障排查效率高。（叶佳龙）

长寿日报新媒体

【创新提高】 2017年，长寿区在全媒体内容上下功夫。每天编前会商定全媒体报道思路。分设报纸、客户端、微信、手机报的编辑，根据平台定位和目标用户，差异化处理、立体化呈现。把传统媒体的“稳”与“准”和新媒体的“快”与“活”结合起来，主动自信表达，在多元中立主导，让公众在主流渠道中获得自己的信息来源，在主流声音中找到自己的文化归属。

提高全媒体宣传影响力。2017年“两会”期间，长寿日报全媒体全程报道，精心制作《辉煌五年》图片展，数说成就、图说变化。设计制作“两会”指南，让“两会”日程一目了然。长寿湖龙舟赛、铁人三项赛、半程马拉松赛，实现客户端、微信、报纸、网站差异化呈现，专题、专版、直播、图文、视频多元化传播，每个活动全媒体刊发稿件上百条，新媒体阅读量超过100万，创造重大活动报道的新记录。市网信办在全市会议上点名表扬长寿。

强化全媒体平台粘连度。网络媒体不再是传统意义上仅仅获取新闻信息的平台，而是集新闻传播、网络问政、信息服务、消费支付、休闲娱乐于一体的融媒体。做好人人长寿客户端新闻、政务、生活、互动四大版块的信息更新、互动回应，让广大读者用户足不出户了解长寿事，满足用户多元化需求。（汪月琴）

2017年1月，长寿区开通“巴渝和事佬APP”手机客户端

城乡建设与管理

城乡规划

【概况】 重庆市长寿区规划局（简称区规划局）为区人民政府主管全区城乡规划及测绘管理的组成部门。局机关核定行政编制12人，内设4个科室，即：办公室、编制用地科、建设规划管理科、测绘管理科；下辖3个直属事业单位，即：区规划监察执法大队、区城乡规划服务中心、重庆市长寿勘测规划院。机关行政编制12人，2017年在职12人，退休2人；区规划监察执法大队核定事业参公编制18人，现在职15人，退休1人；区城乡规划服务中心核定事业编制17人，在职13人；长寿勘测规划院核定事业编制20人，在编13人，聘用54人，退休5人。

《长寿区云台镇八字村规划》获重庆市2017年度区县优秀规划设计类二等奖，《长寿区秀才湾集中居民点》获2017年度区县优秀规划实施类二等奖。

【城乡规划编制】 2017年，区规划局健全法定规划体系，强化规划引领。全年完成渡舟八颗城市"双修"规划等24项规划编制，225项（含185个村）规划有序推进。双龙镇总体规划等6项规划通过区规委会审查，长寿湖镇控制性详细规划等9个规划通过区规委会专委会审查。长寿区已经启动的规划编制及研究项目645项，截至年底前已结题420项，编制的数量和覆盖率在全市区县领先。

推进"多规合一"及专业专项规划编制，完善城市功能。"多规合一"协调解决各类规划矛盾图斑20.72万余处619.52平方千米，实现多规工作边界、坐标、精度、用地分类、规划年限"五个统一"，全覆盖、全口径、全域空间"一张图"呈现，该项成果作为全市区县工作"蓝本"推广。"规出多门，各自为政，相互打架"问题有效解决。科学划分全域空间，生态空间779.53平方千米，占比55%；基本农田空间440.52平方千米，占比31%；建设空间201.47平方千米，占比14%。完成城市综合管廊、海绵城市等重要规划编制，探索相关建设试点。围绕重大基础设施、城市"双修"及历史文化遗产保护等重点领域组织专业专项规划项目编制，推进城市功能不断完善。针对预征地用途、控规实施情况、城区绿化亮化等开展专项研究，有效支撑区政府决策。

完成铁路公路水运等重大交通设施规划，服务经济社会发展。制定铁路公路水运联运规划，形成"六干四支多专用，北客南货两枢纽"铁路网、"一横两纵七射三联络"干线公路网、"一客九货"港口布局，以"三基地三枢纽"为支撑，形成"两园四片多圈"的物流空间布局。论证明月山两江新区至长寿快速通道，全长20千米，其中穿明月山隧道长4.99千米，红线宽度54米，双向8车道，设计时速100千米/小时。争取渝汉高铁经过长寿区，过长寿北站穿明月山隧道后，双接重庆北（经江北国际机场）和重庆东站，设计时速为350千米/小时。

【城乡规划管理】 2017年，区规划局增强城乡规划的科学性、系统性、合理性和前瞻性。改革区规划委员会专委会审议方式，发挥区规划委员会的权威和民主审议职能。全年召开区规划委员会全体会议3次，审议规划方案11个，组织专家咨询30次，审查方案53个。有效利用首席规划师资源，邀请首席规划师全面参与长寿区规划编制项目审议，加强对城乡规划编制和重点建设项目指导。长寿区首席规划师应文2017年12次实地参与长寿区规划业务咨询27个规划项目；开展首席规划师集体咨询5次，审议项目12个，有效保障全区城乡规划设计质量。强化规划方案第三方技术审查、加强与行业主管部门对接、建立“城乡规划设计编制及测绘战略合作单位库”，提高规划编制水平。

提升规划服务意识，落实规划实施管理，引领城乡发展。及时将专项专业规划成果、规划研究成果及重大市政基础设施落地等纳入控规维护，促进城市用地结构更加合理，年内完成各类设施控规维护89项。梳理各项规划成果形成项目库，及时移交相关实施单位。梳理邻避设施、水、电、气、讯、绿地及广场等重大基础设施，教育及医疗卫生等公益设施，断头路、丁字路及人行过街设施等规划实施情况，提出建设意见。加强对建筑体量、天际线、重要景观通廊和城市风貌的控制，着力提升城市品质。

多方位入手抓城乡规划管理全覆盖，维护城乡规划的刚性和权威性。在全市远郊区县中率先将规划政务办公平台（BS系统）部署至全区19个街镇，用“一套表单、一个标准、一个质量”直接服务农村村民建房，2017年各街镇利用平台办理乡村规划许可308件。采取多种措施贯彻学习《重庆市城乡规划条例》，培训干部5次300余人（次）。深化“放管服”改革，把行政许可时限缩短至法定时限的25%～30%。全年办理各类规划手续559件（其中，用地规划许可总用地面积299.64公顷，95.4%为工业项目，占地285.9公顷；3%为商业居住项目，占地8.83公顷；1.6%为公共管理与公共服务设施等其他项目，占地4.91公顷）；建筑工程规划许可总建筑面积177.8万平方米（45.4%为工业项目，建筑面积80.72万平方米；44.7%为商业居住项目，建筑面积79.56万平方米；9.9%为教育及卫生等公建项目、建筑面积为17.52万平方米）；市政道路规划许可12件，道路总长约18.52千米；建设工程竣工核实总建筑面积309.38万平方米（80.3%为商业居住项目，建筑面积248.34万平方米；11.8%为工业项目，建筑面积36.62万平方米；7.9%为教育及行政办公等其他项目，建筑面积24.42万平方米）。严肃查处违反城乡规划建设行为，全年区规划局立案查处违法建筑229件，查处规模6.65万平方米；查处违法建设行为39件，处罚没金额372.17万元。

【城乡测绘】 2017年，区规划局夯实规划支撑体系，基础测绘及地理信息工作保持全市区县领先，无人机等新技术新手段形成一定能力，智慧城市建设有序推进，城市管理和服务水平提升。完成地理信息数据年度更新工作，2017年完成全区1:2000地形图、三维地形图、地下管网数据及地面高压铁塔数据等全覆盖，实测1:500地形图437.86平方千米。年内向各区级部门提供地形图21次地形图面积4157.63平方千米。长寿勘测规划院采购并成功执飞固定翼无人机，实现0.1米及0.05米分辨率数据采集工作。利用数字长寿基础数据，探索规划定位系统先进系统应用，实现全区影像图与城乡总规、控规叠合，为区领导、区级部门、街镇及平台公司部署“规划定位”系统136件，为领导决策、现场踏勘、方案审查等提供科学的支撑。区级各部门历年均基于统一的地理信息平台编制各类专业专项规划，地理信息建设成果为全区“多规合一”、明月山两江新区至长寿隧道规划研究、城镇污水收集处理设施完善、优秀历史建筑保护、“一河一策、一河一图”等制定工作提供必要且高水平的基础支撑。完成《智慧长寿建设顶层设计方案》，开展综合区情系统、城市运行监测应用等示范工程前期工程。

【规划效能监察】 2017年，区规划局强化规划执行刚性。抓违法建筑整治，多措并举扫除施策障碍，重点攻坚突破桃东路等整治难题，有效遏制新增违建增长势头，超额完成存量违建整治任务。在全市远郊区县中率先采取无人机倾斜摄影航拍、卫星影像遥感对城市建成区违法建设情况进行监测，将违法建筑整治占镇街、部门及执法单位目标考核分提高到8分，将违法建设行为纳入领导干部负面清单。全区整治违法建筑4384件，建筑面积42.79万平方米（其中，消除新增违法建筑446件，7.36万平方米）；整治存量违法建筑3938件，建筑面积35.43万平方米，占全区存量违法建筑总量的46.33%，为2017年计划整治违建面积总量的108.07%。城市建成区存量违法建筑整治2722件，建筑面积23.02万平方米，占城市建成区存量违法建筑总量的53.12%，为2017年计划整治违建面积总量的112%。

狠抓信访稳定及法制建设。全年收到规划信访和投诉举报并办结427件。其中，区信访办交办件76件，各类信箱交办件167件，区委、区政府交办件13件，区人大、区政协交办件6件，市举报投诉中心8件，“人人长寿”平台16件，群众投诉举报141件。公开接待来访群众1043人（次），其中局领导接访48次、接待群众137人（次）。全年无到市进京非正常上访现象发生。

【城乡规划宣传】 2017年，区规划局畅通公众参与规划渠道，开展城乡规划编制、规划实施、规划监察及测绘地理信息等宣传工作。通过微信、广播电视台、报纸、网站、电子显示屏幕及展板等多媒体多形式，开展城乡规划法律、法规，规划知识、工作动态等宣传，开展规划审批公示、公告。《长寿日报》《长寿文化》报刊载规划方面文章56期（次），区人民政府网发布城乡规划工作动态19条（次）、发布公示公告34项，人人长寿APP和长寿新闻网等各类电子平台发布规划信息50条（次），长寿电台开辟“长寿城乡规划”板块播出城乡规划报道及新闻15次。（黄　巧）

城乡建设

【概况】 2017年，重庆市长寿区城乡建设委员会（简称区城乡建委）有领导班子成员1正4副，机关行政编制人员16人，工勤编制2人；内设办公室（计财科）、法制科（区建筑执法支队）、建管科、勘察设计科、城乡建设科、民防科等6个职能科室；下属区建设工程质监站、区建筑施工安全站、区民防信息保障中心、区城建档案室（区招标办）、区村镇建设服务中心、建筑设计院等6个事业单位；下属集体企业长寿建筑安装有限公司。

2017年，围绕“城乡面貌全域改观”的建设目标，坚持推进新型城镇化，抓好城乡建设、民防建设，汇聚正能量，锤炼硬作风，合力求作为，圆满完成全年目标任务。

【城市建设】 2017年，区城乡建委完善“1+3+9”三级城镇体系，全年新增城市建成区面积1.93平方千米，总计58.79平方千米，城镇化率63.6%，城市建成区面积位列重庆主城区以外区县前列。牵头编制《长寿区“十三五”城市基础设施规划》，对2017年至2022年全区城市基础设施建设项目进行科学布局。两江新区至长寿穿越明月山快速通道纳入市级重点基础设施项目统筹推进，全面开工建设渝长高速扩能（城区段）、长寿长江二桥等重大路桥项目，快速推进经开区、站北片区、阳鹤山片区等路网工程建设，城市外联内通能力提升。加快推进区医院北城分院、城市公共停车场、排水管网、消火栓等项目建设，城市公共服务能力提升。

【镇村建设】 2017年，区城乡建委有序推进桃花溪黑臭水体整治，通过生态修复、河道清淤、河外截污、水体净化等治理措施，桃花溪水质得到明显改善，平均水质达到四类以上。投入2.2亿元，实施小城镇基础设施项目61个，海棠等6个街镇污水管网整改项目已完工；长寿湖镇成功申报为第二批国家级特色小镇。完成城市棚户区改造拆迁安置279户，2.1万平方米，均为货币化安置，完成投资7276万元。全年改造农村危房1220户，其中建卡贫困户D级危房318户，实现农村建卡贫困户现存危房改造全覆盖。加大农村人居环境改善力度，投入2700万元实施10个贫困村人居卫生条件改善项目67个，创建绿色示范村庄10个，完成整洁庭院建设849个，实施葛兰、邻封2个改善农村人居环境示范片项目。

【城乡建设监管】 2017年，区城乡建委强化行政审批服务，全年依法办理初设审批59件、施工图审查备案110件、工程发包241件、工程质量安全报监188件、施工许可101件、施工和监理合同备案各77件、建筑能效测评132件、建设工程档案验收87件、竣工验收备案53件；培训施工现场关键岗位人员287人、继续教育240人，培训鉴定合格技术工人123人。推进社会信用体系建设，实施建筑施工企业质量安全及诚信评价机制，先后6轮对全区建筑施工项目开展诚信体系评价500余次。加大力度监管建设工程招投标领域，全年查处违规施工企业72家、监理企业13家、招标代理机构1家，视情节分别给予“逐出长寿区招投标市场、暂停长寿区政府投资项目招投标、不予退还其投标保证金”等处罚。加强勘察设计质量管理，全面推行现场勘察、专家审查、抽查复审、问题项目负责人约谈等制度，规范从业人员勘察设计行为。推进建筑节能与绿色建筑工作，长寿区行政中心、长寿区人民医院顺利完成已有建筑节能改造并通过验收；全区有98栋楼、107.70万平方米建筑通过Ⅲ级能效测评。

开展“工程质量治理两年行动”、建筑施工“两防”专项整治，全区房屋建筑施工监督面积515万平方米，全年开展建筑工地一线检查900余次，印发隐患整改通知书166份，局部停工39份，及时消除事故隐患。狠抓中央环保大督察迎检和文明长寿等全区重点工作，严格安全文明施工行为，杜绝带泥上路、施工扬尘等违规行为，创建扬尘示范工地5个、市级文明工地1个。加强农民工考勤记实、工资发放、技能培训和安全考核一体化管理，全面推行农民工“平安卡”管理，总计发卡3.2万张。执行施工现场简易执法规范和程序，全年发出执法文书71份，罚款4.99万元。加大建设施工行政执法力度，办理一般程序行政执法案件立案13件，罚款金额30.2万元。加大清欠维稳工作力度，协调处理建筑领域农民工被拖欠工资2600余万元，涉及1100余人。开展房地产领域突出问题专项治理，落实“五定”“五包”措施，中钢·桃花源、金科·世界城、时代国际等3个项目均已结案。全区房屋市政工程安全生产形势趋于稳定，全年无一起较大以上事故发生。（陈秀菊）

城市基础设施建设管理

【概况】 2017年，长寿区根据《长寿区管重点国有企业整合改革方案》，整合组成重庆长寿开发投资（集团）有限公司（简称长寿开投集团），将重庆乐至置业发展有限公司、重庆庶康建筑有限公司、重庆市长寿北部新城开发投资有限公司、重庆市恒居置业发展有限公司、重庆市长寿区商贸物流中心开发投资有限责任公司、重庆市长寿区公益工程建设管理有限公司、长寿区住宅建筑公司作为子公司，转型为城市一级开发和运营的商业类国有企业；住宅建筑公司作为长寿开投集团子公司，按建筑施工企业进行市场化运作；丰碑建筑公司作为独立的一级法人单位，由长寿开投集团代管。长寿开投集团有员工80人，专业技术人员中拥有高级职称5名、中级职称30名、初级职称20名；内设机构有综合事务部、人力资源部、财务融资部、资产运营部、规划发展部、社会事务部、审计内控部、工程管理部、安全环保部9个部门。

2017年，长寿开投集团转型发展有挑战、有突破、有成效。全年完成固定资产投资15.13亿元，完成年度计划的101%；聚商选资完成合同引资20亿元，为年度计划的100%；到位资金20.04亿元，为年度计划的100.2%；到位内资0.72亿元，为年度计划的144%；到位外资4.74亿元，为年度计划的948%；资产性收益105.8万元；融资到位47.6亿元。2017年续建项目6个，新开工项目15个，前期项目4个。实际开工项目4个（投建一体化项目8个延至2018年开工，经开大道、二号商务楼、云峰寺公园不能按期开工），竣工项目4个，完成固定资产投资15.13亿元，为年度计划的101%。

【改革转型】 2017年8月，长寿开投集团按照区管重点国有企业改革方案规定，整合组成重庆长寿开发投资（集团）有限公司，转型为城市一级开发和运营的商业类国有企业。12月31日正式挂牌。11月，集团公司与区城市开发管理服务中心已经完成人员分流和工作交接，实现脱钩独立运行。集团公司以市场化改革转型为方向，理清发展思路，明确经营范围、组织架构、内设机构设置和人员调整方案等，完成办公用房改造和调整。长寿开投集团、北城公司、丰碑公司董事会监事会组建及法人、及开户行许可变更等工作有序推进，公司章程、管理制度形成，正在建立党群组织。

【规划设计】 2017年，长寿开投集团道路及管网工程设计。纵次路一线北延伸段道路工程完成至初设阶段并移交商贸物流公司；纵次路二线北段等7个项目工程完成除工程规划许可证外的前期手续；经开区快速连接道（经开路）改造工程初步设计完成，正在进行设计优化。渝宜高速长寿上、下道口工程完成概念性方案编制；阳鹤山鹅子沟溢洪道工程完成所有前期工作。城市公共停车场项目。格林广场等3处城市公共停车场完成选址、用地、方案审批、初步设计、施工图设计及审查；区人民医院城市公共停车场完成方案设计；老体育馆城市公共停车场完成城市设计研究及审批；长寿区政府广场城市公共停车场完成可行性初步论证。建筑工程项目。长寿区2号商务楼工程已完成初步设计，正在进行施工图设计；长寿菩提古镇AAA级旅游厕所完成方案设计、施工图设计及审查；汽运驾校培训基地完成方案审批、初步设计、施工图设计。绿化景观工程项目。完成渝宜高速桃花至古佛沿线带状休闲绿地、小康城市绿化带工程施工图设计；完成云峰寺公园景观工程选址、用地审批及方案设计。

【征地拆迁】 2017年，长寿开投集团征地报件工作。取得渡南路西延伸段征地批文；完成12个项目预征地的报件工作，办理301.2公顷国有农用地；办理拟建20个项目的建设项目的用地预审；报批经开路等5个项目的征地计划；推进经开路改扩建、横一路等10个项目的土地规划调整工作；办理21个项目的土地划拨手续，已取得14个项目的不动产产权证。征地拆迁工作。阳鹤南北一路（二期）等地段的征地拆迁和房屋拆除工作已完成任务量的97%；古佛高架污水等项目的征迁协调工作正在推进；完成桃花溪清淤项目的用地工作；解决长洪路20号楼廖某某、渡舟卫生院、高某某、朱某某等拆迁遗留个案问题；推进七化建拆迁置换地块相关工作；完成卫片督查需整改涉及4个地块的复绿工作；完成10条道路地勘的用地协调工作；完成已征未用地154.07公顷的环境整治。

【招标审计】 2017年，长寿开投集团招投标工作。完成工程类公开招投标项目20个，招标金额1.9亿元；工程类邀请招标项目4个，招标金额220万元；监理、设计、预算、地勘等服务类公开招投标项目13个，招标金额520万元；竞争性比选项目12个，金额200万元；政府采购项目3个，金额350万元。合同管理情况。全年签订工程施工类合同50个，招标代理合同44个，监理合同13个，预算、结算咨询合同94个。工程项目投资管理。全年施工图预算的工程有54个，报送政府投资项目评审中心审核及备案项目32个。办理结算的工程135个，其中集团公司自行办理结算75个；委托咨询单位结算审查的工程49个；审计局完成审计的工程11个。完成材料核价31份。

【基础建设】 2017年，长寿开投集团交通畅通工程。完成重钢大道连接卫古路段、菩提大道粮站段、AH7线接北城大道段等断头路道路畅通工程；完成长邬路西延伸段、支三路施工；北城大道高兴会处管网施工，2018年初全部完工。景观提升工程。桃花溪城区段环境综合整治绿化景观工程北部新城段及桃花新城段（不含3个示范段）开工建设，高铁城区段绿化廊道及隔音带工程开工建设；渝涪高速古佛至桃花段景观工程开工建设；桃花溪景观示范段打造工程已完成（碧桂园示范段及蓝光幸福满庭段）；北部新城展示区AH6、AH7、纵次路一线、纵次路二线、纵次路五线道路绿化工程已完成；北城中学旁渡南一路高切坡治理工程完成。功能提升工程。开工建设（火车北站）站北片区污水管网（一期）工程，桃花溪西岸截污干管完成70%，站南片区截污干管完成97%，凤西片区古佛高架污水管网重新进场施工。东新村二三级管网完成95%；推进桃花溪污染整治相关工作，完成桃花溪干流水体修复及渡舟至石堰全段清淤工程和桃花溪流域、龙溪河流域、城区污水管网应急抢险维修；建立名桂园污水提升泵站。完成卫古路货运停车场建设；菩提小学公厕开工建设。以文明长寿建设为契机，完善各类市政设施。在辖区内新装垃圾箱1270个，更换树圈4100个，更换古镇片区铸铁防盗井盖300余个，在古镇片区各小区周边人行道施划小车停车位500余个、施划摩托车停车位540平方米，安装大理石石柱131根，安装U形桩7500余米，完善各类交通标志牌20余块；完善巡查工作制度，发现破损井盖425套，更换率100%，发现破损护栏、路灯等其他问题200余起，年底前整改完成率95%。

【资产管理】 2017年，长寿开投集团存量资产利用。经全面清理，集团公司有房产1744宗，建筑面积347871.54平方米；土地86宗，土地面积147.53公顷。全年房屋资产出租收益105.8万元。新增资产注入。协调增加集团公司有效资产，收购原长寿中学、顺盛公司6.47公顷土地和火车北站站前广场LED显示屏系统等；购买商业用房974套，98000平方米。新增资产价值6亿元。市政设施移交。采用现状移交的方式，将集团公司开发建设的市政道路、公园、地下管网、雨水泵房等市政设施移交区城管局管理，区城管局自2018年1月1日正式接管。推进市政设施移交后签订租赁协议。其他工作。完成重棉七厂、长寿瓷厂两户破关企业C、D级危房排危避险工作；完成轻化路和东新村汽修门面32户租赁协议的签订；完成已征未用地和预征地807.9公顷土地交由区保安公司代管协议的签订；完成地方政府债务投资项目及融资平台公司资产清查登记、国有闲置房屋土地资产的清理工作；加强抵押资产管理，及时办理融资抵押物的解押；配合市环投公司办理已建成街镇污水处理设施资产清理、评估和划转等工作。

【融资工作】 2017年，长寿开投集团筹集到位资金56亿元；融资到位资金47.6亿元，财政拨付土地出让收入成本及税收返还8.4亿元，资产经营收入105.8万元。截至12月，实现各项支出61.4亿元，其中，还本付息45.6亿元（含整改不规范融资提前还款及土储审计整改提前还款），缴纳土地款和各种税款8.88亿元，规划设计、土地征收房屋拆迁、项目建设及运行管理等费用支出6.92亿元。全年融资综合成本为5.98%，全部为3年期及以上。

【安全稳定】 2017年，长寿开投集团专门成立安全环保部负责安全生产、环境保护和工程质量检查等工作。落实安全生产“一岗双责”，完善安全生产管理体系，制定出台系列安全生产制度与实施方案，加强预防和过程控制。全年开展安全环保检查69次，发出隐患整改通知书60份。完成重棉七厂破关企业C、D级危房排危避险，重棉七厂堡坎开裂排危抢险隐患整改等较大安全隐患的排查治理。做好稳定工作，民工工资监管取得新成效。

（高　勇）

公共民生工程建设管理

【重大项目建设管理】 2017年，长寿区保障性住房及配套项目（详见《民生》类目《住房保障》分目）

代建项目（详见《建筑 房地产》类目《公共民生工程开发建设》分目）

【资金筹集】 2017年，长寿区公共民生工程建设管理服务中心抓住融资切入点，积极与相关金融机构对接协商，多渠道融资；争取政府支持到位部分成本补差资金，销售房屋回笼部分资金。全年筹集资金19.29亿元，其中融资到位资金14.2亿元，成本补差款到位3.09亿元，闲置房销售收入2亿元。确保归还银行到期本息、债务整改、项目建设、公司正常运行的资金需求。

【公共民生房屋安置及管理】 2017年，长寿区公共民生工程中心精心组织，与区公安局、区国土房管局、区地税局、区征收办及长寿湖镇、江南街道等有关部门和街镇的互助和配合，按计划推进房屋安置、过渡费计算、产权证办理、后期物业管理以及江南门面回收等工作。全年安置定销房1415套，完成晏家十期、十一期、民生佳苑、德瑞悦城过渡费的计算工作。年内办理在水一方等项目的房屋产权证1678件，完成寿城水岸等项目的备案、测绘、测量工作，完成区检察院办公楼、地下车库及长寿湖中心检查室的产权证办理工作。加强对物管公司的监督和管理，与电梯维保公司对接，完成顺风庭、新市华府等小区93台电梯维保单位的招标工作，落实电梯维保信息化管理。处理好群众房屋质量投诉，年底前完成35件信访回复，办结率100%；受理房屋质量投诉736户（包括历史遗留问题297户），已处理668户。加强固定资产管理，年内对定销房房屋资产开展全面清理、统计和现场核实工作；在区公安局、区信访办、江南街道等单位的配合下，完成江南定销房配建的506个商业门面的收回和规范管理工作。

【国企改革】 2017年8月，长寿区为进一步理顺国有企业管理体制机制，按照区委、区政府安排，区公共民生工程建设管理服务中心与所属公司脱钩，体制内干部自愿选择是否留任企业，乐至公司及子公司作为开投集团公司的子公司履行有关建设管理职责。截至2017年年底，区公共民生工程中心减少领导4人，保留领导2人。 （张情隆）

市政园林

【概况】 2017年，长寿区根据市委、市政府关于理顺城市管理执法体制改进城市管理工作的要求，区委、区政府组建城市管理体制改革工作领导小组，于12月18日印发《重庆市长寿区城市管理局（重庆市长寿区城市管理综合行政执法局）主要职责内设机构和人员编制规定》《重庆市长寿区城市管理综合行政执法支队机构编制方案》，将原重庆市长寿区市政园林管理局更名为重庆市长寿区城市管理局（简称区城管局），加挂重庆市长寿区城市管理综合行政执法局（简称区城管执法局）牌子，为区政府工作部门；明确部门职责、内设机构和人员编制，重庆市长寿区市政管理监察支队更名为重庆市长寿区城市管理综合行政执法支队，为重庆市长寿区城市管理局（重庆市长寿区城市管理综合行政执法局）管理的综合行政执法机构，机构规格为副处级。2017年区城管局完成执法人员换装、干部轮训、机构挂牌、印鉴更换、部门职责移交等工作，明确权责清单。区城管局调整的职责有5个方面：一是划入区环保局原承担的露天烧烤污染、城市焚烧沥青塑料垃圾等烟尘和恶臭污染、露天焚烧秸秆落叶等烟尘污染的执法职责；二是划入区水务局原承担的主管城市供（排）水的行业管理以及节水管理职能；向城市河道倾倒废弃物和垃圾的执法职责；三是划入区交委原承担的侵占城市道路的执法职责；四是划入区工商分局原承担的户外公共场所无照经营、违规设置户外广告的执法职责；五是划入区食药监分局原承担的户外公共场所食品销售和餐饮摊点无证经营执法职责。改革后，区城管局有7个内设机构，分别为办公室、市政公用科、市容环卫科、园林绿化科、行政审批科（督查考核科）、信访安监科、法制科；5个下属单位，分别为区城市管理综合行政执法支队、区市政设施与环境卫生管理处、区园林绿化管理所、区数字化城市管理中心、区市政设施安全监管中心。改革后，区城市管理综合行政执法支队为9个内设机构，分别为办公室、法制科、一大队、二大队、三大队、四大队、五大队、六大队、七大队。10月，区城管局从凤城街道校园路23号搬迁至桃源西路10号城乡建设业务大楼。

2017年9月，长寿区城市管理执法体制改革——执法人员换装仪式

【市容管理】　2017年，长寿区城管局制定网格化管理方案，全面铺开网格化城市管理工作，按照定时、定人、定岗、定任务、定标准的“五定”作业模式，做到“网中有人，格中有责”。做好设施管护，配备专职工作人员全面巡查和维护；在环卫作业方面，确保城区主次干道环卫作业无盲点、无死角，无暴露垃圾；市容秩序管理按照“重点区域定人管，一般区域车辆查”的模式，重点治理占道经营、乱停乱放、擅设广告等违规行为，城区主次干道市容秩序保持良好。

在元旦春节期间，按照“喜庆吉祥、安全美观”的原则，牵头制定《长寿区2017年春节灯饰工程建设方案》，投入资金580余万元，在城市重要节点和主要城市道路设置迎春灯饰，美化城市环境，营造欢乐祥和的春节氛围。更换城区主干道7.5千米道路中间隔离设施，配置时令鲜花，外形美观、质量优良、安全性高，提升城市对外形象，塑造靓丽的道路交通环境。

市容市貌综合整治按照“疏堵结合、规范治理”的原则，区城管局联合街镇、部门开展多个区域的环境综合整治。全年新增市政执法协管人员120名，新增执法巡逻电瓶车5台，开展大规模执法培训1次，市容环境综合整治36次，清理劝导违规占道20000余处，清理不规范广告2102块，查处违规运输案件166件，处罚乱张贴57件，查处各类城市管理违章案件246件。

探索环卫作业新机制，变“清扫”为“洗扫”模式，做到时间、任务、质量、地段“四落实”。新增环卫工人400余人，实现“全方位、无盲区”管理，城区主干道、重点路段机械化清扫保洁率88%以上。深入开展农村生活垃圾治理工作，新增垃圾收运车辆及箱体，农村生活垃圾治理效果明显，顺利通过市级验收。

市政设施维修建设

【市政设施】　2017年，长寿区全面统筹市政基础设施改造，制定道路整治、公交站台改造、

停车场建设等工作计划，按照“建管分离”的原则分别转交区级相关建设平台公司有序实施。投资5000万元，集中整治城区85条道路34.6万平方米；投资1760万元，实施城区公交车站改造工作，全年完成20个公交站台改造；完成部分人行道改造，桃花河截污干管建设等项目有序推进。组建设施维护队伍，维修整改城区破损道路总面积约32.97万平方米，疏通雨水管道26000米，更换水篦子窨井盖1205套，维修果皮箱721个，市政设施完好率98%以上。维修路灯5601盏，修复路灯故障710次，维护路灯变压器41台，城市主干道照明设施完好率99%以上，完成城市绿色照明设施改造项目PPP模式招投标及部分安装，全年完成更换7758盏。

【绿地建管】 2017年，长寿区创建重庆市生态园林城区，补植绿地12500平方米，修剪行道树2860棵，查处毁绿占绿案9件，生产及布展鲜花100万盆，新增城市绿地63.35公顷，城区绿地率44.37%。年内办理园林绿化行政审批事项53件。

城市绿地洒水作业

【公共行业监管】 2017年，长寿区有序推进二次供水“一户一表”改造，编制完成《长寿城区居民住宅一户一表及二次供水设施改造实施方案》。城市水质综合合格率99%以上，设备完好率96%以上，管网维修及时率100%，巡检率100%，无任何安全事故发生。统筹推进污水管网建设改造，加强行业监管，保证管网的建设质量和安全，城镇污水集中处理率92%。

【停车管理】 2017年，长寿区牵头编制完成《长寿城区停车专项规划》，在城区设置5097个路内停车泊位，其中1801个泊位纳入收费管理，其余3296个停车泊位暂时免费。以“规范停车秩序、严格依法收费、热情为民服务、促进社会稳定”为宗旨，采用全市领先的手持式PDA+地磁感应作为管理手段及收费依据，严格实行收支两条线管理。全年安装隔离桩2000余米，设置道路临时停车泊位1300余个，劝导违停行为6128次，联合查处违停车辆16786台。

【智慧城市建设】 2017年，长寿区完成“数字化城市管理系统”升级，升级后上报案件的时间节点更明确，数据统计更精准。“重庆市城市园林绿化管理信息平台”顺利接入长寿区数字化城市管理大厅，该平台具有对园林绿化数据的统一管理、审核、查收、实时计算等功能。接入环卫车辆定位系统、路灯管理系统、停车收费管理系统和对讲巡查系统。开展“12319城市管理宣传日“活动。截至年底，数字城管普查面积为20.25平方千米，受理监督员主动上报案件136009件，市“12319”管理服务热线转办案件604件，市政信息中心转办案件109件，区“12319”城市管理服务热线案件503件。

（张　婷）

勘察设计

【概况】 2017年，长寿区加强勘察设计市场准入和施工图审查质量管理，加强勘察设计人员从业资格管理，从设计源头把好建设工程质量关。严格勘察外业见证管理。重点对工程勘察单位钻探劳务业务承揽和开展情况、现场钻探工作质量情况、勘察外业见证情况、工程勘察“四员”（外业见证员、现场司钻员、描述员、土工试验员）培训合格上岗情况进行监督管理。全年系统统计项目120个，已抽查12个，抽查比例为10%；抽查发现外业见证人员或技术人员不到场的违规行为3次。强化初步设计审批管理。建立初步设计审查结果通报、初步设计行政审查与专家技术审查并重、专家意见限期回复及审查不通过书面退件等制度，将工程勘察、高边坡支护设计、结构超限抗震、建筑节能等纳入到初步设计审查范围。全年办理初步设计审批58件，总投资58.54亿元（其中房屋建筑27件，总规模118.32万平方米，投资33.23亿元；市政项目31件，投资25.31亿元）。加强施工图审查备案管理。严格市外审查机构入渝备案管理，每季度组织专家对备案项目进行抽查。在施工图备案时收取建设、勘察、设计单位的法人授权书和质量承诺书，落实各方主体设计质量责任。全年办理施工图审查备案110件，总投资81.72亿元（其中房屋建筑18件，总规模84.3万平方米，总投资27.24亿元；市政项目53件，投资39.92亿元）。加强检查严格执法。将勘察设计质量监管与区质监站现场监督相结合，定期开展质量监督检查，严肃查处勘察设计质量违法违规行为，保障建筑质量安全。2017年，检查发现违规审查行为2起。针对该违规审查行为，区城乡建委对该审图机构和设计单位分别进行处罚，罚款13000元，将相关情况上报市城乡建委。

（陈秀菊）

长寿区桃花溪滨河景观

建筑 房地产业

综 述

【建筑业】 2017年，长寿区新办建筑业企业资质20家，全区有建筑业企业191家（其中，总承包一级8家、总承包二级17家），资质结构更趋合理。全年完成注册地建筑业总产值232亿元，比2016年增长20.8%；增加值77.7亿元，增长10.3%。征收城市建设配套费1.8亿元，收取农民工工资保障金3525万元。

（其余详见《城乡建设与管理》类目《城乡建设》分目《城乡建设监管》条目）

【房地产业】 2017年，长寿区核发开发企业资质3家，区内注册企业达到50家，其中二级资质15家，三级资质13家，暂定资质22家。全区有房地产开发建设项目31个，其中在建项目28个。全区完成房地产开发投资80.8亿元，比2016年减少19.2%，占全区社会固定资产投资13.5%。商品房在建面积189.3万平方米，新开工商品房面积64.23万平方米，竣工商品房面积102.48万平方米。商品房销售面积83.16万平方米，下降28.24%。落实全区支持房地产实体经济发展的政策措施，房地产市场回暖，住宅建筑面积成交均价4028.55元/平方米，增长12.63%。从实加强项目建设方案备案、配套设施建设承诺公示等新制度的执行，对在建开发项目预售资金和项目资本金实施动态监管，动态使用1800万元，监管金额分别为8325万元、4255万元。落实全区支持房地产实体经济发展的政策措施，调整项目资本金及预售资金监管方式，为3家企业解控监管资金6962万元。科学把控供地节奏和房地产开发数量，举办房交会、加快房地产业转型升级发展等多措并举去库存，全区可售商品住房去库存周期为7个月的合理区间。开展房地产领域突出问题专项整治和清欠维稳工作，中钢·桃花源、金科·世界城、时代国际等3个项目均已结案。（陈秀菊）

房屋管理

【物业管理与住用安全】 2017年，长寿区物业纠纷属地治理成效明显，城镇危房监管工作有序推进。按照“政府组织领导、街镇具体实施、部门依法履职”的原则，建立住宅小区综合管理联席会议制度，明确职责分工，形成街镇牵头抓总的工作体系，有效化解物业小区各类矛盾纠纷。在全市率先开展社区居委会代行业主委员会职责试点工作，有效推动将物业管理纳入社区治理体系。发挥行业自律作用，逐步形成行业信用信息量化评价机制。发挥示范推进作用，建立五方考评机制，区内维丰·沁园坊、区人民医院分别获市级物业管理示范住宅小区、市级物业管理示范大厦。全年归集物业专项维修资金8953万元（累计归集8.7亿元），受理使用申请146起，使用资金337万元。完成物业专项维修资金专户银行招投标工作，年底前划转资金3549万元。完成物业专项维修资金管理系统升级工作，完善工程造价第三方评审机制，全年经造价评审审减维修资金84万元，审减率17%。完善维修资金紧急使用程序，全年经属地街镇现场查勘确认，紧急划转维修资金22起、91万元，有效缓减维修资金使用签字难问题。

指导属地街镇全面完成8家驻长市属国有企业职工住房管理分离移交框架协议签订工作任务，涉及房屋9000户、面积42.68万平方米。完成240户直管公房C、D级危房和原重棉七厂、长寿瓷厂、东山煤矿职工家属区避险搬迁工作。2017年排查全区尚余疑似存在安全隐患城镇房屋134栋、6.77万平方米。建立安全隐患核查移送制度，经市建科院核查，全年向属地街镇移送房屋安全隐患

信息11期，涉及城镇房屋74栋，全年未发生城镇房屋安全责任事故。（袁国勤　余　杰）

房地产市场

【概况】　2017年，长寿区按照供给侧结构性改革的要求，以“稳市场、防风险”为目标，落实房地产市场调控政策，制定商业商务房地产市场去库存工作方案，成功举办第十届房交会，促进商品房销售，有效化解房地产库存。全年新增商品房市场供应建筑面积46万平方米；商品房成交建筑面积83万平方米；住宅建筑面积成交均价4028.55元/平方米，比2016年同期增长12.6%；二手房交易建筑面积54万平方米；商品住房去库存净减22万平方米。全区可售商品房面积约210万平方米，其中可售商品住宅面积41万平方米，去化周期为7个月，处于合理健康区间。

【房地产市场监管】　2017年，长寿区审批商品房预售许可29件。联合区级相关部门对全区在建在售的20家房地产开发企业和68家房地产经纪机构进行专项检查，督促落实整改措施。完成93家房地产经纪机构登记备案工作。组织和引导房地产经纪机构参加市国土房管局组织的二手房网签培训。对房地产市场实行动态监管，严格查处各类违法违规销售行为，维护良好的市场交易秩序。

（袁国勤　余　杰）

公共民生工程开发建设

【概况】　2017年，桃源派出所及交巡警四大队业务用房项目建成投用；区中医院扩建项目、北城分院、妇幼保健院完成土建施工及初装修；晏家社区卫生服务中心完成土建及装修在进行环境施工；区法院审判综合大楼扩建工程在进行装修，地下连接通道已进场施工；江南消防综合应急救援大队已完成土建、装饰施工在推进环境施工；晏家壹号商务楼工程已进场施工；教育系统维修整改项目正常推进；重庆市医药学校扩建工程在进行基础施工。（张情隆）

住房公积金管理

【概况】　重庆市住房公积金管理中心长寿区分中心（本分目简称长寿区分中心）2008年8月上划至重庆市住房公积金管理中心管理，是不以营利为目的的直属事业单位（其中：党组织关系挂靠在区国土房管局党委，群团组织均由长寿区群团直属管理）。其主要职责有9项。内设有综合管理科、财务管理科、归集提取管理科、住房信贷管理科。

长寿区分中心采取多种方式推进制度扩面和缴存额增长。2017年，新增缴存额7.04亿元，比2016年同期增长9.83%，完成年度目标的114.35%；新增缴存职工4990人、净增缴存职工2590人，分别完成年度目标的130.70%、122.11%。截至年底，全区有597个缴存单位，56052名缴存职工，总计归集53.49亿元，归集余额17.74亿元。

2017年使用住房公积金8.45亿元，较2016年同期减少5.69%，资金使用率120.03%。截至年底，全区使用住房公积金60.85亿元，资金使用率116.91%。全年20842人（次）提取公积金5.25亿元，提取率74.57%（其中购房、还贷、租房等住房消费类提取4.18亿元，占提取额的79.62%）。提取公积金179815人（次）34.57亿元，提取率64.63%。全年发放贷款1175户3.2亿元（含：贴息贷款296户7700万元），完成年度目标145.51%；支持项目（楼盘）21个，实现城区重点楼盘全覆盖。实现放贷12658户，26.28亿元（含：贴息贷款673户，1.78亿元），贷款余额15.40亿元，市场占比约20%，个贷比率86.81%，个贷逾期率0.03‰，低于年初值，资产运行良好。

2017年，实现增值收益2490万元，比2016年增长15.81%，增值收益率1.12%，住房公积金资金运用率86.81%，提供廉租住房补充资金1954万元，总计提供廉租住房补充资金1.16亿元，资金运作安全高效。

2017年，分中心先后获“重庆市国土房管系统先进集体”“重庆市住房公积金管理优秀单位”“重庆市三八红旗集体”“全国巾帼文明岗”“先进基层党组织”等多项称号，在长寿区2016年“执政为民、服务发展”评议工作中获第五名。

【规范缴存业务】 2017年，长寿区分中心强化催收催缴。引导缴存单位做好年度缴存基数、比例调整工作和服务回访工作，全年对已开户单位走访300余次；加大对“保底”清理力度，63个单位中已有59个单位完成整改；建立催收机制，及时分配暂存款，有效杜绝截留挪用；有序推进缴存信息清理工作，全面完成单位基础信息修改550个，多帐户2543个已合并1454个、零余额帐户清理35个；组织业务培训，全年分批次对全区住房公积金建缴单位经办人员及银行工作人员开展业务培训。行政执法工作取得突破。4月，在与社保数据比对中发现区某医院聘用职工未建缴住房公积金，区分中心启动行政执法程序，该医院已于7月为126名聘用职工建缴公积金。全年对泓禧科技股份有限公司等6个单位送达住房公积金催建函并取得实效，6个单位为300余名职工开设住房公积金帐户并建缴。推进扩面工作。针对区某局聘用职工、重庆润荣实业公司未建缴住房公积金问题，分中心上门宣传，分别于4月、7月送达催建函，于11月成功建缴，某局为聘用职工开设帐户并从1月起补缴，以此促进全市该系统聘用职工逐步开展公积金建缴工作。重庆润荣实业公司因集团公司未建缴公积金，区分中心与永川区分中心协调共同开展督促建缴，11月，利安地产及下属5个分公司150余名职工全面建缴公积金。调动银行积极性，合力推动非公企业建制。发挥银行营销积极性，全年组织归集承办银行，针对性走访民营企业150余家，对《住房公积金管理条例》及市、区出台的有关政策和规定进行详细解读。全年新增缴存单位56个，全部为非公企业，其中银行自主营销17个缴存单位。指导长化公司制定补缴方案。在2016年稳妥处理长化公司因整体搬迁引发职工对公积金缴存基数不足的诉求之后，2017年年初指导长化公司制定《住房公积金缴存基数不足补缴办法》，年内分期为4000名职工补缴住房公积金，6月已为1617名职工补缴1300多万元。分中心将持续关注长化厂的资金状况及职工情况。

【提取审核】 2017年，长寿区分中心全面协查，严格审核要件。针对职工购房、租住房屋等不同提取类别，推行房产、身份、民政、税务等信息联网协查，保持与市外相关部门的联动协查，确保提取资料的真实性。区分中心以群众的满意为出发点，提升工作效率，从2017年4月起提取办理时限从15个工作日缩短至10个工作日，得到办件群众赞许。严防骗提套取。区分中心与经侦支队建立联合整治机制，通过“打击和防范经济犯罪‘5.15’集中宣传日”集中宣传、办件大厅滚动播放宣传短片、向各缴存单位发放宣传资料等方式，重点就合法合规使用住房公积金，严厉打击骗提套取行为进行宣传。全年未发现骗提套取行为。

【信贷服务】 2017年，长寿区分中心抓好业务交流及培训。每季度召开一次协作银行业务工作会，传达政策、学习业务、指出问题、交流经验，对10余个合作开发企业开展上门政策宣传和业务培训，强化协作银行及开发企业经办人员的业务素质；对贷款发放速度较慢的楼盘召开专题研讨会，邀请金科等办件效率高、环节把控好的开发企业工作人员做经验交流，逐一梳理分析参会开发企业的办件状况，提出改进措施，多方联动提升效率；设置月度考核表，每月专人对协作银行的办件质量、效率，逾期贷款催收等情况进行考核打分，协作银行个贷负责人和分管行长核实、签字，促进协作银行对公积金业务的重视程度和配合力度。防范贷款风险。防范资金流动性风险，每半年开展一次市场调查，每月进行供需状况分析；建立逾期贷款催收机制，发挥协作银行和担保公司的作用，要求担保公司每月反馈逾期催收情况，及时揭示风险贷款。处置风险资产，运用保证人代偿、扣划公积金余额、权利相关人承担还款责任等多种方式结清6户风险贷款，涉及贷款本金105.6万元；对风险贷款及时采取措施，2户风险贷款已启动司法诉讼程序。关注市场，保障资金需求。年初，区分中心个贷比率达到93%，争取贴息贷款资金支持，缓解短期资金压力。随着区内部分楼盘已经开发完成，在售房源较少，房地产交易量下降近40%，区分中心自有资金基本能够满足市场需求，从3月起通知银行停止办理贴息贷款。开展便民服务。推广“12329”短信服务、微信平台；继续做好延时服务、预约服务，上门服务，全年开展上门服务近50次；构建畅通有序信访格局，全年处理近180余件。做好服务满意度调查，设置举报投诉信箱、公布举报电话，每周五双人开启并作好记录；走访服务对象，走访24个单位，52名职工；开展明察暗访，回访服务对象300人（次），其中询问办件大厅办件职工40人，电话询问60人，发放调查问卷200余份，群众对分中心服务很满意。

【内部管理】　2017年，长寿区分中心全面落实2016年审计中未整改落实的问题，强化制度建设，先后出台《公务接待管理暂行办法》《公务车辆及驾驶员管理暂行办法》等。强化财务管理，对在“两个专项”整治中查找出的职工工作服清洗费、驾驶员区内包干补贴等违规发放津补贴的问题进行及时整改，规范专项资金和“三公”经费管理。加强办公用品使用管理，完善台帐，进出库登记，按月核对，确保账实相符。配合审计组完成徐国宣同志离任审计工作。及时提供资料，加强对问题根源与预防机制的研究，提出整改方案，强化内控机制。通过经常性思想教育增强窗口工作人员责任感和服务意识；开展“服务明星”评选及公示，树立榜样引领作用。

【党建工作】　推进“两学一做”学习教育经常化制度化，落实“三会一课”长效机制；多形式、多载体学习相结合，“学习与实践”的有效结合，创新开展主题党日活动；坚持以学促做，以问题为导向，在服务中做好表率，树立良好的窗口形象。强化组织建设，优化支委班子成员结构，落实党支部换届选举工作，选优配强支委班子；抓好党员发展工作，年内推荐1名优秀职工作为党的发展对象；深化党建带群建工作，群团组织负责人被推选为支委会成员，做到党群共建。多形式开展作风建设，抵制违反中央“八项规定”的行为，严防“四风”反弹，未发现分中心职工有不规范行为；开展基层党组织结对共建，为江南街道锯梁村送去帮扶资金10000元，开展系列慰问活动，帮助贫困农户修补围墙；组织党员到菩提街道古镇社区报到并开展文明劝导及环境卫生清理等活动；组织参与志愿服务活动，年内分别组织参加创建全国文明城区、妇联、共青团等多项志愿服务活动。四是从严治党推进廉政建设，全面落实从严治党主体责任，支部书记严格履行第一责任，各科室负责人按照“一岗双责”要求抓好职责范围和科室的党建、党风廉政建设工作；强化监督执纪问责，以“责任落实年”“两个专项”活动，抓好日常排查，健全制度，增强干部职工“四个意识”；坚持利用每周职工例会强化对职工的教育引导和行为规范，做到常态化廉政教育监管。（傅歆芯）

2017年重庆市住房公积金管理中心长寿区分中心领导人名录

主　任：徐国宣（2017年2月离任）

副主任：敬　行（女，2017年2月主持工作）

表 20

2017 年长寿区住房公积金缴存情况

项目	单位个数(个)			职工人数(人)			缴存金额(万元)					
							2016 年止累计		2017 年度实际数		2017 年止累计	
	应缴数	实际数	实际数占计划数的比例(%)	计划数	实际数	实际数占计划数的比例(%)	合计	结转利息	合计	结转利息	合计	结转利息
甲	1	2	3 = 2/1	4	5	6 = 5/4	7	8	9	10	11 = 7 + 9	12 = 8 + 10
合计	591	597	101.02%	109628	56052	51.13%	450414.72	14102.31	68022.16	2328.09	518436.88	16430.40

注:1. “应缴数”是统计局公布的社会单位数和社会在岗职工人数。

2. 长寿区行政事业单位、国有企业住房归集覆盖率 100%。

表 21

2017 年长寿区住房公积金使用情况

单位:万元

项目	贷款合计				个人购建住房贷款								单位贷款				个人提取额
	发放额	回收额	贷款余额	逾期贷款额	贷款户数(户)	建筑面积(万平方米)	购建房总价款	发放额	回收额	贷款余额	逾期贷款额	逾期户数(户)	发放额	回收额	贷款余额	逾期贷款额	
甲	1 = 8 + 13	2 = 9 + 14	3 = 10 + 15	4 = 11 + 16	5	6	7	8	9	10 = 8 - 9	11	12	13	14	15 = 13 - 14	16	17
2016 年止累计	222866.70	75990.93	146875.77	74.20	11455	113.28	359818.04	222866.70	75990.93	146875.77	74.20	14	-	-	-	-	293266.57
2017 年数	24273.30	17137.91	/	0	879	8.55	37199.94	24273.30	17137.91	/	0	0	-	-	-	-	52477.94
2017 年止累计	247140.00	93128.84	154011.16	40.05	12334	121.83	397017.98	247140.00	93128.84	154011.16	40.05	8	-	-	-	-	345744.51

（重庆市住房公积金管理中心长寿区分中心提供）

环境保护与管理

综　　述

【概况】　长寿于1979年设立长寿县环境保护办公室，隶属科委；于1983年成立长寿县环境保护局；2002年撤县设区成立重庆市长寿区环境保护局（简称区环保局），为区政府组成部门。负有13项主要职责。

区环保局内设1室5科，即办公室、生态环境保护科、行政审批科、污染防治科、大气保护科、固废和放辐射管理科；下辖环境行政执法支队（副处级，参公管理）、生态环境监测站2个事业单位。2017年有编制85名（实有在编75人，临聘21人），其中行政编制9名，实有9人；参公事业编制40名，实有39人；事业编制36名，实有27人。

坚持全民共治、源头防治，持续开展五大环保行动，实施大气、水、土壤等污染治理攻坚行动。2017年，城区环境空气质量优良天数282天，占比77.3%；长江长寿段水体稳定在Ⅲ类水质，御临河、龙溪河长寿段水质达到水域功能要求，城区集中式饮用水源地水质合格率100%，34个乡镇集中式饮用水源地水质合格率由2016年的85%提升至91.2%；桃花溪水质下半年由劣Ⅴ类改善为Ⅳ类；噪声达标区实现城市建成区100%覆盖；危险废物和医疗废物规范处置率100%。

【生态体制机制优化】　2017年，长寿区委、区政府重视生态文明建设和环境保护工作，将生态环保摆在发展的“三条保障线”（生态环保、安全稳定、廉政勤政）之首常抓不懈。转变发展理念。牢固树立绿水青山就是金山银山的理念，尊重自然、顺应自然、保护自然，坚定不移走生态优先、绿色发展之路。优化环保实绩考核指标体系，增加环保考核权重，将街镇、部门年度实绩考核中环保考核分值由3分提高到9分，引导全区各级干部树立正确的政绩观，坚定“保护生态环境就是保护生产力、改善生态环境就是发展生产力”的认识。建立健全领导体制。完善区环境保护委员会职责，成立区委全面深化改革领导小组生态文明体制改革专项小组，统筹全区生态文明建设和体制改革。研究制定五大环保行动实施方案、加快推进生态文明建设实施意见和大气、水、土污染治理实施意见、深化环保体制改革方案等系列文件。优化工作机制。健全基层环境保护管理体制，加大对街镇环保所的业务指导，街镇环保所工作人员轮流到区环保局挂职锻炼；推进环保机构监测监察执法垂直管理改革试点，完成区环保局领导班子管理权限交接，按要求上交环境监察职能和生态环境质量监测事权，科学划分区环境执法和监测事权。四是层层落实工作责任。制定实施《长寿区环境保护工作责任规定（试行）》，明确区委区政府、区级部门、街镇、园区管委会四级环境保护主体责任，强化落实环境保护“党政同责”“一岗双责”；落实责任追究，建立信访投诉和案件查办机制，对生态损害行为实行终身追责，做到发现一起、查处一起、曝光一起。

【环保资金投入】　2017年，长寿区坚持“生态优先、绿色发展”，加大环保资金投入，不断完善环保基础设施，打造天蓝、地绿、水清、空气清新的生态宜居长寿。投入近8亿元，完成长寿经开区晏家片区卫生防护距离内4400余户群众生态搬迁；委托贷款7.5亿元用于长化厂环保搬迁；投入450万元，完成集中式饮用水源地规范化建设；投入7000余万元，开展街镇污水处理管网修复，投入3000余万元用于污水处理设施运行维护；投入8.2亿元持续开展桃花溪整治；投入1350万元，规范城镇垃圾处置。全年区级财政投入4.3亿元用于节能环保支出，比2016年增长2%，将生态转移支付资金用于保护生态环境和改善民生。

（张　群）

环境保护

【环保源头控制】　2017年，长寿区树立绿色发展理念，走高效、清洁、低碳、循环的绿色发展道路，夯实绿色发展的生态本底。优化生态格局。统筹生产、生活、生态三大布局，在重点生态功能区、生态敏感区和脆弱区等区域划定生态保护红线范围337.12平方千米。建成2400公顷“两山一带”城市森林屏障，优化园区生产、城区生态与生活空间布局，全区森林覆盖率45.5%。严守耕地红线，全区耕地保有面积56133.33公顷。坚持“面上保护，点上开发”，打造国家级长寿经开区和市级特色长寿工业园区“一园一区”工业平台，推进工业产业集聚集群集约发展；加快建设现代农业“三园五区”，适农区域实现现代农业产业布局全覆盖；实施畜禽养殖禁养区、限养区、适养区“三区”划分和分类管控。优化产业结构。改造提升综合化工、钢铁冶金等高耗能、高排放产业，发展新材料新能源、装备制造、电子信息、智能家居及健康等产业，钢铁、化工、装备制造、新材料、电子信息、智能家居及健康六大产业结构比为17:24:17:19:10:13，重工业比重持续下降，绿色GDP占比不断提高。2017年，单位GDP能耗下降2%，二氧化硫、氮氧化物、化学需氧量、氨氮四项主要污染物年排放量比2016年分别下降8.0%、3.8%、4.3%、15.3%。削减过剩产能。关闭煤矿2家，去除产能12万吨；关停长寿西南水泥100万吨水泥粉末、60万吨水泥矿粉生产线；压缩重庆川江船厂7.5万载重吨船舶产能，德雅化工完成兼并重组实现扩能增产；回购吉利斯丹服饰公司地块及厂房，建设园区企业孵化器平台；全年梳理空壳公司228户；推进永航钢铁去产能任务，提前完成钢铁去产能90万吨。严格环保准入。强化环境硬约束，落实差异化环境准入政策和产业投资禁投清单政策，加强源头严防、过程严管、结果严惩，促进产业特色发展、绿色发展、集群发展。严格环评“三同时”和执行排污许可证制度，发挥排污许可证“闸门”控制作用，做到“不交易、不发证，不发证、不排污”；全区360家排污单位实现持证排污，工业企业排污权交易180余家（次），涉及交易金额4000余万元。全年否决或劝退不符合环保规划等要求的项目6个，计划投资金额2.8亿元，不新增过剩行业产能。五是发展循环经济。长寿经开区投入180余亿元，建成循环经济项目30余个，固体废物综合利用率99%，构建天然气化工、化工新材料、氯碱化工、钢铁冶金、特色副产品、产业废弃物六大循环经济产业，成功创建全国循环经济试点园区；以氯碱化工循环经济产业链为例，用氯碱化工副产品氯气和天然气制甲醇副产尾气合成碳酰氯生产MDI，天然气制甲醇副产尾气分离出来的氢气用于生产MDI关键原料苯胺，MDI装置副产品氯化氢经过吸收、电解重新生成氯气和高纯盐酸循环利用，盐水返回氯碱化工企业作为原料。推动畜禽粪污综合治理与资源化利用，推广使用成品有机肥3.9万吨，畜禽粪污综合利用化率达90%以上。

【环境综合治理】　2017年，长寿区大气污染防治。划定19.52平方千米高污染燃料禁燃区和高排放非道路移动机械禁止使用区，推进秋、冬、春三季大气污染百日攻坚专项行动。主次干道每日冲洗160车（次），各街镇总计查处露天焚烧1400余起；建筑施工场地和混凝土搅拌站均严格执行扬尘控制“十项要求”，新建5个扬尘示范工地和3条扬尘控制示范道路；完成机动车路检2100余辆，淘汰黄标车4228台，高居全市第一；35家加油站油气回收装置运行稳定；完成29家餐饮油烟治理，整治餐饮油烟污染。完成1台0.5蒸吨燃煤锅炉清洁能源改造，城市建成区、经开区、工业园区内未新建20蒸吨/小时及以下的燃煤锅炉；实施小康动力10余家化工企业有机废气深度治理；推进23家砖瓦窑企业大气污染专项整治；火电、水泥、钢铁等重点燃煤企业实现在线监测全覆盖和污染物达标排放，全面实施水泥行业和砖瓦窑行业错峰生产；随着长化厂永久性关停，城区臭气投诉量大幅下降。完成PM2.5污染来源解析研究和空气质量达标规划编制工作，修编重污染大气应急预案；与涪陵等周边区县建立大气污染联防联控机制。水污染防治。完善重点工业企业和工业污水处理厂在线监测系统建设，实现与市、区两级环保部门联网，重点工业企业实现水污染物稳定达标排放。完成辖区60%以上一般环境风险源企业的突发环境事件风险评估。全面开展乡镇污水处理厂及管网整改修复，全面提高污水收集率；对排放不达标的污水处理厂进行提档升级，开展城市污水处理厂和长寿湖污水处理厂一级A标提标改造工程；启动街镇污水厂在线监测系统建设，完成后将实现全区域城镇污水处理厂24小时在线监测全覆盖。投入450万元完成全区51个集中式饮用水水源地规范化建设。推进桃花溪污染攻坚整治，陆续实施河外截污、河道清淤、景观打造、河面清漂、沿岸村庄垃圾清运、延时曝气和城区段截污干管建设等工程，桃花溪水质改善明显。出台《长寿区全面推行河长制工作方案》，全面建立三级河长体系。联合垫江、梁平、四川邻水开展龙溪河、打渔溪及御临河跨区域污染整治，切实减少跨境污染输入。土壤污染防治。工业危险废物规范化考核达标率、依法转移率和规范处置率均实现100%。全区300余家机动车维修企业危险废物处置得以规范处置，医疗废物在全市率先实现延伸到村级的全区域、全覆盖规范化处理。合理优化全区畜禽养殖“三区”划分，投入1.2亿元整治畜禽养殖场污染441家，关闭或搬迁禁养区内养殖场382家；推行种养循环模式，推广使用生物有机肥3.5万吨；完善农村垃圾“户集、村收、区运、区处理”系统，区级财政每年按每村3万元标准拨付440余万元垃圾清运专项资金，有效保障整治项目长期环境效益。出台《长寿区土壤污染防治行动计划实施方案》，在全市率先完成农用地污染状况土壤详查；开展《土壤污染治理与修复规划编制》，对7块已关闭企业污染场地风险评估调查。噪声污染防治。投入1000余万元启动高速公路长寿段3千米隔音墙建设。创建1个市级安静居住小区，完成2家社会源企业噪声污染达标整治，建成54平方千米的噪声达标区。

【中央环保督察整改】 2017年4月12日，长寿区在中央第五环保督察组召开督察意见反馈会后，区委、区政府立即组织相关部门专题研究，连夜向市委、市政府作专题汇报。4月14日，区委、区政府组织全体区级领导、所有部门及街镇主要负责人召开专题会，第一时间传达督察意见反馈会议精神，第一时间安排落实全区整改工作。到年底大半年时间里，全区上下凝心聚力、扎实开展督察反馈问题整改。截至年底前，督察组通报长寿区存在的12个问题已完成9个，整改总体进度90%。

【重化工基地环保安全】 2017年，长寿区完善基础设施建设。完成化工园区污水处理厂4万吨处理能力提标改造、电镀园污水处理厂6000吨废水处理设施建设、晏家移民生态园污水输送管网工程和重点区域管网可视化工程；建成处理能力120吨/天的危险废物处置场和填埋总容量384万立方米的一般工业固体废物处理场；城镇污水处理设施实现全覆盖。筑牢经开区水污染风险防控体系。投入1.8亿元，建成“装置级、工厂级、片区级、经开区级、流域级”五级水污染风险防控体系、“政府——部门——园区——企业”四级应急管理和污染事故联防联控体系。优化码头功能布局，完善码头以及水上船舶污染防治措施，制定码头和船舶污染事故应急处置预案，严格危险货物港口管理。完成沿江1千米范围内化工企业环境风险风险评估及风险隐患排查整改，全区长江沿线化工污染风险隐患得以全面控制。强化环境法制保障。全面实施环境执法“双随机”制度，实现重点监管对象全覆盖；出台协同打击环境违法犯罪联动、环境违法行为曝光、违法企业约谈等办法，强化环境司法保护，严格执行按日计罚、查封扣押、限产停产、移送刑拘等规定。全年现场监察企业2200余人（次），约谈企业负责人20人（次），实施行政处罚102件，罚款1081.7万元，移交公安部门3件，查封6件、扣押1件，对3名环境违法人员实施刑事拘留。 （张　群）

环境监测

【日常基础监测】 2017年，长寿区按时、保质保量完成环境质量例行监测任务。全年完成对18个地表水水质监测断面、2个城区集中式饮用水源地（一用一备）、11个桃花溪“河长制”水质监测断面、34个街镇集中式饮用水源地、109个城市区域环境噪声监测点、7个声环境功能区噪声监测点、21个交通噪声监测点以及2个环境空气监测点、1个酸雨监测点、4个降尘监测点的例行监测工作，总计获取有效监测数据11.1万余个，如实反映区域环境质量。完成国考地表水监测点位断面桩的设置工作。先后完成幺滩、黎家乡、运输桥、六剑滩等4个国考地表水监测点位断面桩的设置以及水质自动监测站的建设选址工作。完成国控土壤点位的采样分析工作。先后配合市监测中心完成全区14个国家网土壤环境监测点位的采样工作；按时完成市监测中心分配的80个国控土壤样品640个项次的分析工作。

【污染源监测】 2017年，长寿区对14家国控重点污染源每季度开展一次监督性监测，对60家区控及以上重点污染源年内开展一次监督性监测，对涉重金属企业每2个月开展一次监督性监测；密切配合区环保局规划建设、污染防治、农村环保等科室，开展竣工环保验收、限期治理、环评及其他委托性监测。全年完成污染源监督性监测418次、排污申报监测15次、污染源限期治理或建设项目竣工环境保护验收监测50余次、环境影响评价监测20余次、服务性委托监测150次，全年获得有效监测数据2.6万余个，为及时了解和掌握重点污染源污染物排放情况，为污染源监管、总量减排、环境统计、排污申报、环境执法、排污收费等环境管理工作提供数据支持。

【采测分离试点】 2017年，长寿区环境监测站与第三方监测公司合作，完成第四季度区内所涉的4个国考地表水断面的采测分离试点工作；将水样送至涪陵区生态环境监测站进行分析，同步开展上述断面的水质分析工作，及时为区内水环境保护提供数据支撑。

【环境信息公开】 2017年，长寿区及时、准确公布国控、市控及以上重点污染源监测信息。公开信息内容包括污染源名称、所在地、监测点位名称、监测日期、监测指标名称、监测指标浓度、排放标准限值、按监测指标评价结论等；在重庆市环境保护局信息公开平台上公布，全年重点污染源监督性监测公布率100%。督促、指导国控重点污染源企业公开自行监测结果。全区14家国控重点污染源企业均按照环保法律法规要求开展自行监测，将监测结果在重庆市国控污染源企业自行监测信息公开平台进行公示。区环境监测站每月对企业自行监测信息公开情况进行网络抽查，对公开不及时、执行标准错误、监测污染因子不全等问题的企业，督促其限期完成整改。全年企业自行监测信息公布率100%。依法、全面公开全区环境质量监测数据。按照《中华人民共和国环境保护法》要求，每日在重庆市空气质量发布系统等网站公布城区环境空气质量达标状况和空气污染指数，每月在区政府网站公开对辖区内地表水的水质监测数据。按照《全国集中式生活饮用水水源水质监测信息公开方案》要求，每季度在区政府网站公开对城区集中式饮用水源地的水质监测数据。

【环境应急监测】 长寿地处长江上游地区，长寿经开区是重庆最大的化工园区，企业点多面广，污染因子错综复杂，环境风险等级高。区环境监测站在长寿经开区专门设立环境应急监测站，安排6名环境监测人员专职经开区范围内突发环境事件的应急监测工作，确保事故发生时环境监测人员能够第一时间到达现场并开展监测工作；针对重点企业的高环境风险环节以及可能发生的典型突发环境事件，专门制定“一源一策”“一案一策”的应急监测操作流程，确保事故发生时不同的环境监测人员都能够规范地开展监测工作。除定期开展环保系统内部以及多部门联合突发环境事件应急演练外，在平时不定期地开展突击检查、拉动训练、桌面推演、现场模拟等活动10次。全年开展突发环境事件应急监测15次，提供应急监测数据1000余个。

【环保联合行动】 2017年，长寿区环境监测站与区环境执法支队建立环境监测与环境执法协同工作机制，配合开展“利剑执法”、大气污染攻坚整治、餐饮油烟整治、高中考期间噪声整治、经开区夜间臭气扰民巡查监测、长寿湖非法投肥等环保执法专项行动，协助查处环境违法行为102起，处罚金10817846元；移交公安4人、拘留1人，帮助7家企业完成挥发性有机污染物整治，帮助17家砖瓦企业开展废气整治，帮助29家餐饮企业进行餐饮油烟整治。有效控制机动车排气污染，加快推进黄标车、老旧车淘汰工作，联合区交巡警支队开展机动车排气路检工作，全年抽查车辆2071台，获得监测数据4142个。

【环境管理服务】 2017年，长寿区确保所出具数据结果的公信力，对检测标准（方法）选择、样品前处理和保存运输、样品交接和编码、实验室分析等每一个步骤、每一个环节进行质量控制，严格落实环境监测人员持证上岗、环境监测技术和质量管理人员培训等质量管理制度，将质量管控工作贯穿于日常监测工作。在监测数据核对、监测报告审核方面，实行逐级审核签字和重点报告联审、会签三级把关等制度。全年新购置仪器设备29台套，更换老旧设备4台套，对所有仪器设备均按照规定进行检定或校准，确保所有仪器设备量值传递统一、可靠，始终处于有效受控状态。2017年全市检验检测机构能力验证（总汞、硫酸盐）、环境监测能力考核（氨氮）以及市控土壤盲样（4个样）测试中，区环境监测站考核结果均为合格，于12月通过市监测中心的环境监测质量督查。

【环境科研监测】 2017年，长寿区完成颗粒物污染来源解析研究项目。经过一年多的样品采集和4个多月的实验室检测、建模数据分析，最终形成《长寿区大气颗粒物来源解析研究技术报告》，为下一步颗粒物特别是PM2.5的精准施策控制提供科学依据。开展长寿区小型水库——龙桥水库水质现状及铁、锰超标原因分析。年底前，已完成2017年度龙桥水库水样采集和29个项目的检测工作，即将开展后期数据统计分析工作。推进固相萃取——气相色谱法测定水中硝基苯类化合物的不确定度研究及其运用。年底前，已完成9种硝基苯类化合物气相色谱分析方法的建立、水样固相萃取方法的确定以及气相色谱分析平行性实验工作。试点开展桃花溪城区段水质分布图绘制工作。为桃花溪水环境深度综合整治提供详实的水质数据参考，将桃花溪城区段近10千米的河段分为23个断面，每周定期开展采样监测。年底前，已完成丰水期和平水期的采样监测，获取监测数据1200余个。

【队伍建设】 2017年，长寿区环境监测站紧抓监测垂直管理机遇，新招聘环境监测人员3名，开展新进人员持证上岗和老员工的培训工作，采取集体学习与自学相结合、外派学习和集中培训相结合等多种方式，提升人员业务技能和水平。全年参加国家、市、区各类业务培训50余人（次）。每月至少开展一次环境监测理论知识学习，每年开展一次环境监测技能竞赛，营造比学赶帮超的学习氛围，人员的综合素质得到提升，在2017年全市环境监测人员岗位大练兵暨技术大比武活动中，取得全市一等奖1人、三等奖1人的成绩。

（张　群）

污水垃圾处理

【生活污水处理】 2017年，长寿区落实责任，狠抓污水处理费征管工作。加强城市污水处理费征收工作领导，成立专门的工作领导小组，层层落实，明确责任，确保征收目标任务落到实处。加大宣传工作力度，采取多种形式广泛宣传城镇污水处理费征收的必要性和重要性，提高广大市民自觉缴纳城市污水处理费的主动性和积极性。积极开展城市污水处理费征管的各项工作，全区城镇生活污水处理费征收已实现全覆盖，2017年收取污水处理费2255.56万元。

加强巡查，做好日常监管工作。安排专人定期巡查烟坡饮用水源水水面及岸坡环境卫生、水位等情况，发现问题及时通知责任单位整改，定期、不定期检测水源水、出厂水和管网水等各项指标，配合区卫生计生监督执法局、水务局、环保局等部门做好水源的水质化验工作，在《长寿日报》等公共媒体公布检测结果，城区饮用水水质合格率100%。配合但渡镇政府对狮龙电厂废水流入龙溪河进行巡查和监控，防止重大污染环境事件的发生。

细化措施，推进截污干管工程建设。按照三峡后续工程申报项目的有关要求，继续协调和督促区城投公司对长寿区桃花河西岸城区段的截污干管工程建设工作。加强监管力度，配合和协调各建设单位的各项工作；在建设单位的建设施工过程中，进行全方位监管，保证质量和安全；严格管线竣工验收，由相关部门专技人员组建验收组，实地查勘合格后才予以移交相关单位使用和维护。

全面统筹，推进污水处理厂提标改造工作。督促重庆三峡水务长寿排水公司加快污水处理厂提标改造工作，已于12月22日建成投入运行。

强化监管，确保污水处理达标排放。随着城市规模的扩展，结合城市道路的新建和改造以及工业园区、农业园区建设的实际，推进管网建设改造工作。强化各个污水处理厂的运行监管力度，严格实行雨污分流和接沟许可制度，保证各个街镇的污水全部接入市政污水管网，确保污水处理达标排放。全年处理城镇生活污水2828万吨，城镇污水集中处理率98.92%。

【生活垃圾处理】 2017年，长寿区农村生活垃圾治理通过市级验收。经过4年多的摸索和运行，全区农村生活垃圾集中收运处置系统进一步完善，近20个区县到长寿区考察学习，“户集、村收、镇归、区运输、区处理”的垃圾收运处置模式已在全市推广应用。加强农村生活垃圾治理工作，配置收运设施设备，加强督查考核，顺利通过市级验收。全年城乡生活垃圾无害化处理量为17.47万吨。

常态管理，辖区水域干净整洁。按照“江面清、江岸洁”和“以清为主、清捞结合”的水域环境综合治理要求，采用定点、定船、定人、定岗的方式，开展水域清漂工作，及时清理打捞长江、龙溪河、桃花溪水面漂浮物及沿岸垃圾。按照“属地管理、分级负责”的原则，区城管局积极统筹，各街镇认真实施，完善水域清漂保洁长效工作机制，督促和指导街镇完成辖区次级河流清漂和岸坡保洁，全年清理漂浮物4315吨，消落带垃圾清理2947吨。

严格操作，垃圾处理场规范运行。加强对垃圾场操作人员的专业技术培训和安全教育，规范生活垃圾填埋处理工序，确保处置规范、运行安全。全力整治垃圾裸露覆盖，探索场内填埋方式，着力减少运行成本。使用片石、碎石等对场内道路进行加固、铺实，加强对污水排污管线、防洪沟、涵洞、污水调节池的巡查力度，及时整改安全隐患。全年启动生活垃圾二次转运站项目建设，完成立项、初设、概算等前期工作；马家沟垃圾填埋场渗滤液处理项目已完成膜处理设备采购、安装、调试及试运行，生化池建设已启动前期工作。（张　婷）

【畜禽养殖污染治理】　2017年，长寿区加强畜禽养殖粪污生产有机肥管理。推行畜禽养殖粪污商品化模式，引导企业利用畜禽粪便生产有机肥，完善畜禽粪污收储机制，减少畜禽养殖污染，实现畜禽养殖粪污资源化利用，商品化增效。全年收运粪污4.3万吨，生产有机肥3万吨，实现销售额1820万元。建立畜禽养殖及屠宰场污染综合整治长效机制。贯彻落实中央环保督察要求，牵头制定《关于中央第五环保督察组反馈问题整改实施方案》，督促相关街镇落实整改措施，于7月21日通过市中央环保督察反馈问题整改领导小组现场核查，区畜牧兽医局牵头整改的中央环保督察反馈的问题全面整改完成并销号；畜禽养殖及屠宰场污染综合整治工作已结束，关闭、转产382家，整改441家，完成资金兑付，消除养殖污染环境隐患；在禁养区制作安装148块禁止养殖公告牌，强化街镇禁养区内禁止规模养殖主体责任，督促各街镇采取措施及时制止禁养区内恢复畜禽养殖行为，防止畜禽养殖污染死灰复燃。（肖玲娜　覃琳玲）

旅 游 业

综 述

【概况】 重庆市长寿区旅游局（简称区旅游局）是长寿区政府组成部门，财政全额拨款正处级单位。肩负13项职能和职责。有综合科、行业管理科2个内设机构；有区旅游宣传营销中心、区旅游质量监督中心2个下属事业单位；2017年，有核定编制人数15名：其中，市级机关正局（处）级工作人员1人、副局（处）级工作人员2人、局（处）级以下工作人员3人、事业编工作人员8人、工勤编工作人员1人；实有人员15人，其中，市级机关正局（处）级工作人员2人、副局（处）级工作人员2人、局（处）级以下工作人员3人、事业编工作人员6人、工勤编工作人员1人、临聘工作人员1人。

全年全区接待游客850万人（次），实现旅游收入52亿元，比2016年分别增长10.4%、10.6%；过夜游客72万人（次）。全区旅游业完成投资82亿元，其中政府类项目完成投资70亿元，市场类项目完成投资12亿元。

【2017年旅游十大亮点】 2017年，长寿湖与台湾日月潭缔结“姊妹湖”。11月23日，《南投日月潭与重庆长寿湖进一步加强交流合作协议》在台湾南投县签署，长寿湖与台湾日月潭缔结为“姊妹湖”。长寿湖和台湾南投县将围绕自然环境保护，生态文明建设主题，整合利用自然文化资源，互相宣传推介旅游资源和文化，打造旅游品牌，实现优势互补、资源互通、文化互动、客源互济。菩提山成功创建国家AAAA级景区。6月14日，菩提山文化旅游区成功获批国家AAAA级旅游景区。其核心景点有菩提寺、菩提圣灯、菩提广场、菩提山印、万寿天梯等。菩提寺是截至2017年全国唯一一个同时拥有菩提圣火、菩提圣树、贝叶真经、佛陀舍利子四大佛教圣物的寺庙。万寿天梯由19999个风格各异的“寿”字打造1567级台阶，创“世界上刻最多寿字的石梯”纪录。恒大地产100亿特色小镇落户长寿湖。9月14日，长寿区政府与恒大地产集团签订战略合作协议，拟投资逾100亿元，在长寿湖构筑一个集旅游、养生、休闲、高端特色住宅为一体的特色小镇。该特色小镇占地约266.67公顷、建筑规模逾200万平方米，包括欢乐童趣娱乐区、半岛养生体验区、滨湖休闲商业区、高端生态居住区四大核心区域，将成为西南地区乃至全国的旅游新地标。定慧寺文物保护修复竣工开园。定慧寺文物保护修复项目于2017年12月竣工，随即正式开园，喜迎八方游客。复建后的定慧寺拥有山门殿、天王殿、大雄宝殿、藏经楼（说法堂）、南北厢房、定慧晓钟、青龙阁、“天风海涛”、王爷庙、江西庙等景点。承载八百年历史文脉的定慧晓钟，再次敲响于凤山、长江之间。“天赐长寿·人人向往”全国摄影大展落幕。11月21日，历时一年的“天赐长寿·人人向往”全国摄影大展落下帷幕。该次摄影大展引来全国各地摄影家及摄影爱好者的广泛关注和热情参与，收到参赛作品10000余幅，选出优秀作品100幅，堪称长寿旅游的“最美写真”。“中国旅游日”长寿区主题活动成功举办。5月19日，“中国旅游日”长寿区主题活动在菩提古镇举行。活动集中推出长寿主要旅游景区、特色乡村旅游项目、特色旅游商品、特色酒店等旅游资源及成果展示，评选表彰2017年度“十佳最美农家”和“十佳特色旅游商品”，表演具有长寿特色的文娱节目。七是长寿湖龙舟赛系列活动精彩纷呈。5月28日，长寿湖龙舟赛系列活动启动。思屈原祭祀大典、千年穿越跑、龙舟竞技、水上飞人表演、水上音乐焰火、啤酒音乐节、抢鱼大赛等活动精彩纷呈。端午节3天，长寿湖接待游客29.6万人（次），实现旅游

收入1.9亿元。长寿湖国际铁人三项赛、半程马拉松赛举行。11月4—5日，长寿湖国际铁人三项赛吸引近千名“铁人”齐聚长寿湖，展现毅力、技能的运动之美。12月10日，长寿湖半程马拉松鸣枪开跑，近4000名跑友展开领略湖光山色的竞跑。期间，还上演鱼文化美食音乐节、亲子跑、水上特技表演等活动。长寿湖郁金香展、菊花展开展。2月18日，长寿湖第二届郁金香展暨第五届风车节开幕，60余万株郁金香和十万只各色风车，将长寿湖装扮成花海风车梦幻乐园。11月1日，长寿湖第二届菊花展开幕，30万盆菊花竞相开放，吸引众多游客游湖赏菊。2018年重庆市新年登高活动在长寿菩提山开赛。2017年12月28日，2018年重庆市新年登高活动在长寿菩提山举行。该次活动分为市级部门组、区县组以及群众体验组3个组别，全市21个市级部门、28个区（县）、83个长寿区机关事业单位的1600余名登山健身爱好者登高迎新年。

【旅游发展规划】 2017年，长寿区完成《重庆市长寿区旅游总体规划》（2017—2025）、《重庆市长寿区旅游十三五规划》《五华山乡村旅游总体策划》文本编写，配合规划主管部门完善长寿区“多规合一”工作。推动《长寿区乡村旅游总体规划》落地，完成全区乡村旅游项目调研工作。

【重大项目建设】 政府类重大项目。2017年，长寿区政府类重大旅游项目20个，其中续建项目2个、新开工项目8个、前期项目10个，全年完成投资约5.58亿元。续建项目2个：长寿湖东岸环湖路工程，路基完成总量的90%，护脚墙完成总量的90%，涵洞完成总量的90%；长寿湖远恒佳国际学校道路竣工验收完毕。新开工项目8个：长寿菩提山文化旅游区环山公路项目土石方工程完成总量的80%，涵洞完成总量的75%，挡土墙完成总量的50%；长寿湖高铁站换乘中心项目2号站房首层浇筑完成，1号站房基础浇筑完成；长寿三贤园旅游建设项目已进场施工；长寿湖岛屿生态修复工程乔木栽植完成90%；长寿湖西岸生态修复（回龙至老槽口）项目准备进场施工；长寿湖高铁站至景区旅游专线项目招标完成，准备进场；长寿三倒拐历史文化街区保护修复项目示范段、长寿湖休闲渔村正在抓紧推进。前期项目10个：长寿湖西岸环湖路景观带打造工程、长寿湖东岸环湖路景观带打造工程、长寿湖景区道路绿化提升项目都已纳入PPP项目，前期手续已完成；长寿湖民宿文化村正在进一步方案调整；长寿湖旅游新村建设项目准备启动策划工作；菩提山游客接待中心正在方案优化；滨江长寿谷库岸整治工程前期手续已办理完毕，正在进行方案调整；黄草山竹海项目、五华山森林公园项目和大洪湖旅游综合开发项目已纳入旅游局乡村旅游规划。

市场类重大项目。2017年，长寿旅游市场类重大项目7个，全年完成投资15.6亿元。康普山水茗家度假村一期工程主体已完工，年底前正在结合市场情况优化二期方案；金鹏五星级酒店工程已全部完工，二期工程主体结构已完成，正在进行外墙装饰；长商悦湖荟一期工程主体完工，准备竣工验收，二期工程土方施工已完成；长寿菩提古镇尾期工程古镇EF区1~33栋主体已完工，其中6~33栋正在做竣工验收，H区98~143栋主体结构已完成90%；长寿湖远恒佳国际学校项目主体完工，已举行封顶仪式；重庆医科大附三院长寿康养中心项目正在优化项目方案和办理施工用水用电，年底前进场；迪信通长寿湖国际房车营地项目于2017年5月26日完工并营业。

【旅游招商】 2017年，长寿区与河北邢台龙鑫游乐园公司签订《长寿湖龙鑫欢乐世界项目》合作协议，拟投资5亿元在长寿湖建立大型游乐园；与恒大集团重庆有限公司签订《长寿湖旅游度假区特色小镇项目》协议书，拟投资100亿元在长寿湖建设融旅游、度假、生态、运动、休闲、居住于一体的特色小镇；与上海均和集团签订《长寿湖国际运动健康养生小镇项目》框架合作协议，拟投资100亿元在长寿湖打造融旅游、度假、健康、运动、养生、购物、居住于一体的国际运动健康养生小镇。

【旅游行业管理】 2017年，长寿区菩提山景区成功创建国家AAAA级景区；完成3家星级酒店、AA级景区评定性复核；推进长寿湖国家级旅游度假区创建前期工作。持续推进旅游环境集中综合整治，菩提古镇文化旅游区整治效果明显；开展旅游安全大排查大检查大执法行动，排查安全隐患4处、处罚1处。持续推进旅游厕所革命，新建旅游厕所6座、改造旅游厕所15座；完成长寿菩提古镇AAA级旅游厕所方案及选址工作。开展全域旅游创建，启动市级全域旅游示范区创建工作，指导长寿湖镇市级全域旅游示范镇、邻封镇邻封村市级全域旅游示范村创建工作。建立旅游投诉行为规范；完善景区、星级酒店安全设施设备、安全管理体制、应急预案、反恐怖防范规范的建设，开展菩提山景区市级“平安景区”创建工作。启动AAAA级景区视频系统接入、区旅游产业监测和应急指挥平台建设。

【旅游宣传营销】 2017年，长寿区利用重庆卫视、江北机场、重庆火车北站、轻轨站台、主城商圈、高速路户外T型牌、公交车身以及移动大数据平台、重庆交通广播、华龙网、新华网、长寿旅游网、微信微博等宣传长寿旅游品牌；编印《长寿游》杂志4期，拍摄2017年版长寿旅游宣传视频，编写《2017年版长寿旅游导游词》，新版《长寿旅游地图》《长寿旅游折页》正在编印。成功举办长寿湖第二届郁金香展暨第五届风车节、第二届葵花节、第二届菊花展、2017长寿湖龙舟赛暨渝东北区域旅游互动营销长寿行系列活动、长寿湖长寿菩提古镇巴渝文化节、啤酒火锅节等活动；开展2017年中国旅游日“5.19”长寿区主题活动；开展“天赐长寿·人人向往”全国摄影大赛、“最美农家”“特色旅游商品”评选活动。参加第五届中国西部旅游产业博览会，组织参加上海、宁夏、洛阳、杭州、成都等市外旅游博览会及渝东北区域旅游协作组织互动营销活动。继续实施旅行社奖励政策，1—12月通过组团旅游社到长寿旅游40万人，比2016年同期增长176.4%。

【旅游特色商品】 长寿柚（长寿沙田柚）。长寿柚素有“天然罐头”之称，自清末（1887年）由广西容县沙田村引进，栽培历史逾百年，经过多年不断的选择培育，形成独具特色的水果。长寿柚果形似葫芦，橙黄色艳，醇甜芳香，果肉醇甜如蜜，汁多味浓，脆嫩化渣，营养丰富。2001年被评为中国国际农业博览会名牌产品，2006年荣获中华名果荣誉称号，2009年成功注册长寿沙田柚地理标志商标。

长寿血豆腐。长寿血豆腐内嵌制猪肉，外裹精制豆腐，以其色泽红润而得名。外形椭圆，色金黄、味咸鲜、腊香、麻辣爽口，令人回味无穷；含丰富的蛋白质及多种微量元素。

长寿鱼面。长寿鱼面所用的鲜鱼是长寿湖的翘壳鱼，经去骨取肉后，将鱼肉打成鱼糅，制作成普通面条般粗细的鱼面条，经特殊烹制煮熟而成，爽滑柔韧，鲜香嫩细，全无腥味。

长寿米粉。是长寿民间的传统食品，以优质大米做原料，用传统工艺加工制作而成，下到开水锅中煮开即可食用，可依个人喜好配蔬菜和调味，色白如玉、口感细腻、滑爽筋道，深受市民喜爱。

长寿薄脆。长寿薄脆薄如纸，纯甜芳香，酥而化渣，脆而不碎，益气和血，为长寿独有的特产。在清朝咸丰年间风行长寿及长江一带，是绿色、保健的休闲食品。

长寿夏橙。长寿是全国发展最早、面积最大的夏橙生产基地，种植区域主要分布在长寿湖湖区周边的云集、长寿湖、双龙、龙河、石堰等5个镇。长寿夏橙果形高桩，颜色深橙，甜酸适度，汁多味浓。被农业部授予“绿色食品”称号，被国家工商总局评为地理标志商标。

长寿鲜鱼。长寿区渔业发达，水产品产量位居重庆市前列。长寿湖产的白鲢、花鲢获得国家有机食品认证，长寿湖翘嘴红鲌滑嫩爽口，营养丰富，口味独特；大洪湖产的白鲢、花鲢、翘嘴红鲌、甲鱼4个品种先后获得国家有机食品认证，成功注册“渔缘”牌商标。长寿区先后引进推广黄颡鱼、叉尾鮰、大口鲶、鳜鱼、湘云鲫、翘嘴红鲌等名特优新品种，八成以上的产品进入重庆主城批发市场及大型超市销售。（孙　祥）

重庆市长寿湖风景名胜区

【概况】 2017年，长寿区围绕“天赐长寿湖、菩提长寿山、滨江长寿谷”三大百亿级旅游板块，推进各类重大项目建设，创新开展各类文旅结合的活动，旅游发展管理服务迈入新时代。长寿

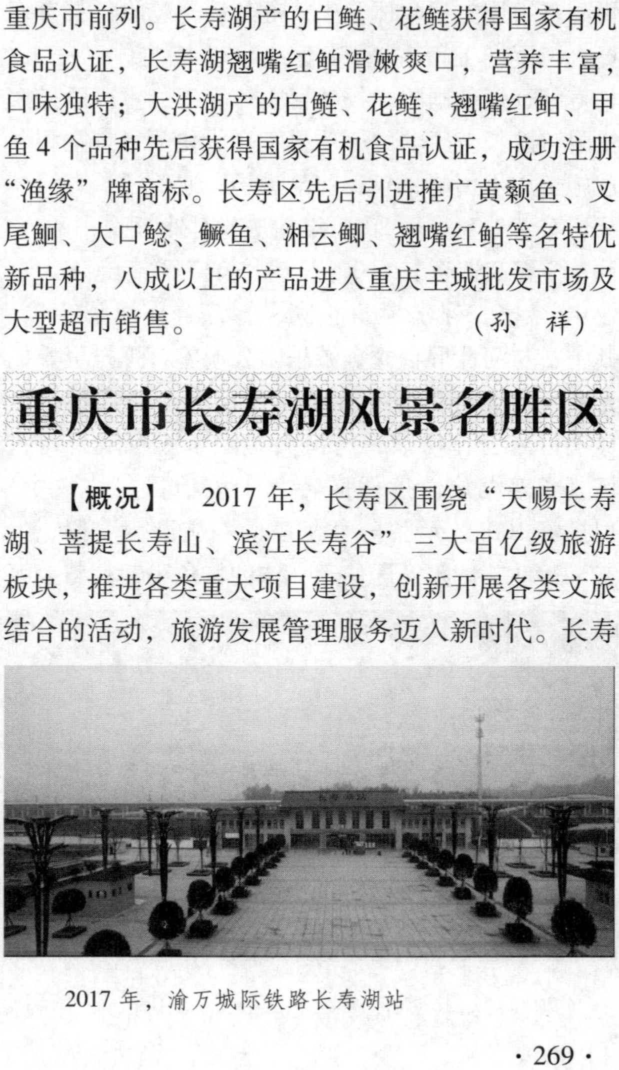

2017年，渝万城际铁路长寿湖站

湖接待游客257.4万人（次），实现旅游收入15.7亿元，比2016年同期分别增长12.5%、18%。

【景区建设】 2017年，长寿区推进政府类重大项目22个，其中续建项目2个、新开工项目9个、前期项目11个，全年完成投资6.89亿元。其中，长寿湖东岸环湖路工程按照进度推进；长寿湖高铁站至景区旅游专线项目、长寿湖西岸生态修复（回龙至老槽口）项目准备进场施工；长寿三倒拐历史文化街区保护修复项目示范段、长寿湖休闲渔村正在推进。菩提山游客接待中心正在方案优化；滨江长寿谷库岸整治工程前期手续已办理完毕，正在进行方案调整；长寿湖民宿文化村项目已完成方案设计；长寿湖景区道路绿化提升项目已完成施工图设计。

推动市场类重大项目8个，全年完成投资15.6亿元。长寿湖罗山半岛旅游综合开发项目正式签订投资协议。康普山水茗家度假村一期工程主体已完工；金鹏五星级酒店工程已全部完工；长商悦湖荟一期工程主体完工，准备竣工验收；长寿菩提古镇尾期工程古镇EF区1～33栋主体已完工；长寿湖远恒佳国际学校项目主体完工；重庆医科大学附三院长寿康养中心项目正在优化项目方案和办理施工用水用电，年底前已进场；迪信通长寿湖国际房车营地项目于2017年端午节对外营业。

【聚商选资】 2017年，长寿区接待到访企业40余家，外出考察4家，签订合作协议3家。其中，与河北邢台龙鑫游乐园公司签订拟投资5亿元在长寿湖建立大型游乐园《长寿湖龙鑫欢乐世界项目》合作协议，与恒大集团重庆有限公司签订《长寿湖旅游度假区特色小镇项目》协议书，拟投资100亿元在长寿湖建设融旅游、度假、生态、运动、休闲、居住于一体的特色小镇；与上海均和集团签订《长寿湖国际运动健康养生小镇项目》框架合作协议，拟投资100亿元在长寿湖打造融旅游、度假、健康、运动、养生、购物、居住于一体的国际运动健康养生小镇。2017年完成合同引资205亿元，远远超过20亿元的目标任务。

【旅游营销】 2017年，长寿湖景区不断增强综合配套服务设施、提升旅游发展管理服务水平，开发水上游船观光、陆地亲湖观光、水上游乐三大特色组群服务。宣传营销造势，把花展做成品牌，成功举办第二届郁金香展、第二届葵花展、第二届菊花展。活动造势，推进旅游+体育模式，成功举办第二届龙舟民俗文化节、中国·长寿湖水上特技表演活动、长寿湖第八届国际铁人三项赛、长寿湖半程马拉松赛、迎新亲子运动会等体育赛事活动。借节庆活动、体育赛事、花展等，运用全国网媒、特色小镇拍摄、户外广告、T形牌、主城大型LED显示屏、微信微博等多种形式和媒介，开展景区大宣传大营销。

【文旅融合】 2017年，长寿湖景区突出“运动长寿湖、浪漫长寿湖、养生长寿湖”的主题，创新“一年四季有鲜花，一年四季有活动”的旅游营销思路，通过“互联网+旅游”的营销模式增强游客的体验性和参与性，铁人三项赛、龙舟民俗文化节、郁金香展、葵花展、菊花展等活动精彩纷呈，唱响“长寿人人向往”的旅游品牌。

郁金香展于2月18日拉开帷幕，60万株郁金香盛情开放，“童话世界”“七彩飘香”“香远溢清”“浪漫情缘”“如意花海”等主题展示区深受游客喜爱。菊花展从11月1日开始，至12月10日结束，总计用菊花30万盆，各类草花130万盆，

2017年，长寿湖龙鑫欢乐世界项目签约仪式

2017年长寿湖龙舟文化系列活动之穿越跑

精品艺菊15000盆，用不同造型、不同颜色的菊花，体现长寿湖景区“运动、浪漫、养生”三大主题和长寿“寿”文化底蕴，营造出一种“不是花中偏爱菊，此花开尽更无花”的意境。40天时间里，接待游客28万多人（次）。

传承古代重要的民间传统节日，举行郁约长寿湖之花朝大典，赏花吟诗，传颂国学经典。3月，时值长寿湖郁金香盛情开放，以“狮子滩下泥城坝，长寿湖畔又飞花”为主题诗句，在长寿湖阶梯花田、露天演艺场进行献花香礼，再现古时花朝节盛况。

2017长寿湖龙舟文化节系列活动暨渝东北区域旅游互助营销活动于5月28日在长寿湖开幕。以承传优秀传统文化、弘扬民族精神为主题，将文体活动与节日庆典、旅游资源和民俗民风相结合，以旅游为平台，以文化为内核，促进全市民间文化交流，打造长寿特色文化品牌，展示长寿独特的自然风光、历史文化、长寿风情，促进文旅融合发展。该届龙舟文化节有七大系列活动，包括思屈原·长寿湖千年穿越跑、水上飞人表演、渝东北区域旅游互动营销长寿行活动、水上音乐焰火表演、抢鱼大赛、啤酒音乐节以及长寿湖龙舟赛。各项活动结合端午民俗文化，融入大量传统文化元素。

12月9日，首个长寿湖水上特技表演活动正式启动。为期两天的水上特技表演活动中，来自全国各地的摩托艇、艺术滑水明星在湖面上为人们展示各自绝学。节目分为三大类，摩托艇项目方面有坐式水上摩托表演、立式水上摩托表演（6人编队和个人自由式特技表演），水上飞人表演（团体飞人和个人特技），艺术滑水则可欣赏到水上金字塔、多人技巧、水上芭蕾、赤脚特技、尾波特技等经典项目，给广大市民游客带来精彩的视觉盛宴。

（张小敏）

菩提山文化旅游开发

【概况】 2017年，长寿区为实现“天赐长寿湖、菩提长寿山、滨江长寿谷”三大景区协调发展，菩提山文化旅游开发建设取得显著成绩，菩提山被正式批准为国家AAAA级旅游风景区，各项旅游综合配套服务项目持续推进。菩提山全年接待游客170万人（次），实现旅游收入10.37亿元，分别增长13%和18.1%。

【景区建设】 菩提山文化旅游景区于2013年开始动工建设，2014年10月1日正式对外营业，历经3年时间，于2017年6月14日成功创建国家AAAA级景区。景区拥有佛教四宝：菩提圣火、菩提圣树、贝叶真经、佛陀舍利子，以菩提寺和菩提圣灯两大标志性建筑为代表，环山步道8个佛教禅宗文化小品及13幅摩崖石刻为点缀，万寿天梯、长寿宝典作为游览主线，包含大小30余个文化景点。

菩提山综合楼及商业门面配套工程位于菩提山景区菩提寺旁，单体建筑2栋，占地面积1897平方米，总建筑面积2610平方米（综合楼2030平方米，商业门面580平方米），工程造价681万元。工程于2016年11月1日开工，2017年底前，综合楼、商业门市已完成主体建筑和配套设施，已竣工投入使用。

巴寡妇清、谯定、还珠楼主统称“长寿文化三贤人”。为纪念他们，在菩提山北部片区，修建以怀清台、还珠楼主纪念园、谯定风雨廊为主要建筑的三贤园。三贤园占地8.8万平方米，其中怀清台占地5466平方米，还珠楼主纪念园占地5935平方米，谯定风雨廊占地260平方米。年底前正在筹备前期工作。

菩提山环山公路工程位于菩提山北部片区，是景区连接菩提山三贤园的唯一路线。起点为菩提山景区道路2号门岗处，终点接菩提北路。公路等级为四级公路，全长3.7千米。截至年底，已完成总量的90%。

（张小敏）

滨江长寿谷景区建设

【概况】 2017年，滨江长寿谷建设是构建“一湖一山一谷”空间格局的重要支撑，年底前正在筹备实施滨江长寿谷库岸整治以及三倒拐历史文化街区保护修复等项目。

【库岸整治项目】 2017年，滨江长寿谷库岸整治工程位于长寿三洞沟，西南方向接青龙嘴定慧寺，西北方向接三倒拐历史文化街区，地理位置十分重要，属于国家三峡后续工作项目，是市级重点项目，总投资31526万元，2017年成功申报三峡后扶资金2.8亿元。

【青龙嘴文物保护修复】 2017年，长寿青龙嘴片区文物保护修复项目总用地面积为31563平方米，总投资2.45亿元，含片区内保留建筑、新建仿古建筑、道路、广场以及景观绿化等。项目于12月竣工验收。建设内容为山门殿、天王殿、大雄宝殿、藏经楼、江西庙、王爷庙等。长寿旅游又添江上一景，定慧寺古建筑群遗韵再现。

【三倒拐古街区修缮】 三倒拐（含和平街）全长2.5千米，石梯5000余级，俨然一座小城，存有古建筑64栋，大多为清代至民国建筑，已有600多年历史，布局奇特，设计巧妙，反映长寿城市数百年的兴衰，具有一定的历史价值和文化价值。保护修缮建筑面积33183平方米，总投资32297万元，于2017年12月底进场施工。

（张小敏）

大洪湖生态旅游开发

【概况】 大洪湖位于明月山西部与铜锣山东部之间，山、水、林场、温泉构成其独特的自然景观；湖内盛产的鲤鱼、鲫鱼、鲢鱼、鳙鱼、鳊鱼、鲶鱼、甲鱼等20余种鱼类，满足爱好者泛舟垂钓的闲情逸致，提供食客们尽享舌尖上美味的口福；大洪湖湖中岛屿密布，湖湾港汊迷离，素有“千岛洪湖”之称，景色十分迷人。明朝建文皇帝避难邻水时特封的“无粮寺”，曾辖长寿、江北、邻水三地，后改名玉溪寺的玉溪府，雕刻精美的摩崖造像及成群汉墓更形成承载厚重历史的人文景观；玉溪里儒学文化、猴儿石传说、杜天官与建文帝传说、无粮寺传说等为大洪湖旅游注入灵魂，铸就大洪湖旅游的独一特质和不可替代性。

【农旅融合】 2017年，长寿区发展壮大有机水产养殖。在大洪湖形成以有机甲鱼、翘嘴红鲌等为主的特色水产养殖二万余亩，已获认证有机品牌9个。正在建设全市规模最大、管理最规范、技术最先进、效益最好的浮式低碳高效池塘微循环流水养鱼槽，启动建设全市最大鱼苗繁殖基地，逐步形成农旅结合的发展模式，大洪湖节假日休闲“垂钓天堂”品牌价值逐渐凸显。

做大做强特色效益农业。建成集育种、种植、观赏、加工等产业链为一体的中药材种植基地一千余亩，年产值580余万元。培育发展新型农业经营主体，组建柑橘专业合作社4个，提质增效五千余亩柑橘种植基地。建成蔬菜、瓜果种植基地五千余亩，年产蔬菜、瓜果8000余吨。发展无公害优质水稻种植，年产松鹤香米7.5万千克。

探索发展乡村田园综合体。重庆洲晟农业公司投入上千万元，建成占地一千三百余亩，集旅游观光、种植、餐饮、农副产品销售、休闲、养生、度假、娱乐等多功能为一体的东篱田园乡村综合体，是长寿美丽乡村发展的首例民宿经济模式。

厚植历史文化底蕴。挖掘玉溪里儒、道文化，组织人员对谯定、?渊传道授业遗址进行清理整理，推进?子山谯定活动遗址保护，构思再现谯定、?渊讲学场景；以建文帝逃亡为主线，收集整理与建文帝相关的无粮寺、御临河等传说；以院子村袁家祠堂等历史村落保护申报为载体，厚植传统建筑文化内涵，丰富地方特色，开展美丽乡村建设。

提升人文素养。加强对中华文化的传承与弘扬，支持传承创新民间文化艺术，组建坝坝舞、腰鼓、诗会活动等民间文艺队伍。突出抓好重点人群作用发挥，传承优良家风，开展“十大乡贤”“十大孝星提名”“最美家庭”“重庆好人”评选，树立万顺典型，提升人文素养。（陶　亮）

库区移民

三峡库区移民

【概况】 2017年，是三峡后续工作二期项目规划实施的收官之年。重庆市长寿区移民局（简称区移民局）贯彻落实国务院三峡办、市政府移民工作会议精神，围绕“库区产业发展及移民安稳致富、生态环境建设与保护、地质灾害防治”三大目标任务，各项工作有新的发展和提高。

【三峡后续工作】 2017年，长寿区以“两个帮扶”为重点，项目申报实现新突破。抓住重点，优化项目，采取加减法，对规划库2018年34个项目进行优选，把握民生和生态环境建设与保护两个重点，增加江南街道、晏家街道、但渡镇等的7个村农村精准帮扶和凤城街道2个小区、江南扇沱集镇综合帮扶项目，增加滨江长寿谷库岸综合整治项目，申报获批2018年度项目13个，核定补助资金4.03亿元，其中“两个帮扶”8500万元，滨江长寿谷2.4亿元，“两个帮扶”和“库岸治理”均实现零的突破。落实振兴乡村战略，申报2019年市移民局规划项目库项目31个，总投资7.6亿元，拟申请补助资金7.2亿元，其中农村精准帮扶项目15个，拟争取资金1.5亿元。加强后续项目管理，推进项目实施。三峡后续项目是推进后三峡工作的主要载体，由区移民局牵头建立督查监管机制，各相关部门形成合力，实行全过程绩效管理，简化项目建设审批程序，落实未开工项目倒计时责任制、强化在建项目安全质量管理、加大项目实施专项督查力度，对推进不力项目发函督办，加快推进项目实施。全年区政府常务会议5次听取专题汇报、召开全区性工作推进会4次，分管副区长多次专题研究和现场督导项目实施工作并对2个进度滞后的项目业主进行约谈。截至年底，2011—2017年度已下达三峡后续补助资金项目85个，完工75个、在建9个、待建1个，项目开工率99%。2011—2014年项目完工率96%，项目竣工验收率96%；2015—2016年项目完工率88%，项目竣工验收率83%，所有完工项目建设质量合格率均为100%，无任何安全责任事故发生。取消长寿区滨江长寿谷调节坝建设和重庆长寿区钢材物流仓储中心建设2个无法实施的项目，补助资金调整用于长寿移民生态工业园东西大道工程等13个推进较难的项目，从源头上解决长寿区三峡后续项目推进的老大难问题。

【库区移民安稳致富】 2017年，长寿区落实移民直补政策，兑付农村移民后期扶持补助资金325万元，涉及移民5510余人；兑付解决移民遗留问题补助资金和特殊救济资金202万元，涉及6610余人；资助高职学历教育45人，为移民群众提供最为直接有效的帮助和支持。项目扶持。实施库区基金、“两项结余”资金等后扶项目55个，投入资金1748万元，着力完善库区基础设施、培育库区特色产业、改善移民生产生活条件；获批“两个帮扶”项目5个，补助资金0.85亿元，服务库区脱贫攻坚大局。培训帮扶。完成就业技能、岗位技能提升和农村致富带头人、新型农民科技等各类培训2221人（次），就业技能训后就业率86%以上，移民就业创业能力显著提升。开展全区移民镇（街）、村（社区）移民干部能力提升班培训40人。对援补给。争取落实广西自治区无偿援助资金400万元，实施长寿区人民医院北城分院消毒供应中心建设项目，解决移民群众日益增长的医疗服务需求。

【库区综合管理】 2017年，长寿区“共抓大保护、不搞大开发”，加大库区生态环境建设与保护的力度，把环境保护摆在突出位置。不断强化库区生态环境建设和保护。抓好水污染防治，八颗、新市2个污水处理厂建成投用；取消滨江长寿谷调节坝项目，申请滨江长寿谷库岸综合整治项目，抓实抓牢大保护项目的实施与落地；推进生态屏障区建设，“接断带”“补天窗”，实现长江长寿段两岸绿化全覆盖；全面启动消落区治理和保护分类调查工作，从根本上解决消落区环境问题；开展库区水污染防治，出动船舶240艘（次），打捞长江干支流江面漂浮垃圾3600余吨；开展消落区“八乱”行为整治，组织联合检查55次，制止违法违规行为6起。贯彻落实但渡镇河长制工作。全年联合巡河10次，召开专题协调会议5次，清理垃圾10余吨，发放宣传资料2500余份。抓好环保督查项目的实施。截至年底，区移民局负责的4个环保督查项目完工2个，在建项目全部稳步推进。抓好库区地质灾害防治。完成滨江路大码头排污管、梅村临江排污管和小石溪排水管道3个管基垮塌险情点治理项目；完成三洞沟片区175米试验性蓄水影响避险搬迁2318人（全面完成目标任务）、完成其它涉水避险搬迁230人。全年开展巡库检查70余次、重点隐患排查20余次、处置险情22起，持续实现“三无一稳一畅”目标。

【移民资产管理】 2017年，长寿区摸清家底，健全台账。组织力量，集中精力，全面摸排移民资产，理清移民资产19处（其中土地6处、房屋12处、停车位1处），建立健全管理台账，全面反映资产规模、经营收益等状态，移民资产做到“管理无盲区，处处有人管”。加强处置，发挥效益。对老旧移民资产存在的安全隐患、破损等问题，落实30余万元集中整治改造；顺利处置运输桥电站残值资产，彻底解决移民遗留问题和信访压力；全年租金收益230余万元，实现资产的保值增值；将移民资产收入作为移民派生资金，纳入专户管理，专款专用，单独核算，严格执行收支两条线。持续投资、实现增值。争取落实8889余万元资金投入黄桷湾综合市场移民资产项目，做大移民资产量，实现移民资产的持续增值增收。

【移民信访工作】 2017年，长寿区把维护稳定作为第一责任，构建和谐库区。抓责任落实，落实“属地管理、分级负责，谁主管、谁负责”的信访稳定责任制，形成一级抓一级、层层抓落实的工作格局；以保障移民合法权益为重点，认真办理来信来访，全年受理移民来信来访44批（次）、134人（次），移民信访处置回复率均为100%；下访移民群众220余人（次）、化解矛盾隐患15个、解决实际问题6个。突出重点领域，开展重点领域信访隐患、重点信访问题和重点信访人员集中整治活动，在党的十九大、市第五次党代会等特殊敏感时期开展矛盾纠纷化解攻坚活动，在三洞沟片区175米试验性蓄水避险搬迁前开展引发信访、集访的摸底调查、风险评估、应急预案等的防范工作。全区移民信访稳定形势总体可控，未发生到市进京集访和非访事件，呈现“三降一稳一确保”良好态势。

（赵玮炜）

大中型水库移民后期扶持

【概况】 2006年成立“长寿区大中型水库移民后期扶持工作领导小组”，是区级水库移民管理机构；由区发改委牵头大中型水库移民后扶政策的实施，区水务局负责具体实施管理工作；2008年，区编制办公室批复成立“水库移民科”和“水库移民后期扶持工作管理站”2个水库移民管理机构，其中“水库移民科”行政编制1人，“水库移民后期扶持工作管理站”事业编制5人，专门负责全区水库移民工作；各街镇相应成立水利站并配备移民后扶工作人员。截至2017年底，区级移民后扶专职工作人员8人、兼职1人；各街镇专职移民后扶工作人员19人，兼职36人。全区64人。

2017年，长寿区大中型水库移民后期扶持工作范围主要包括区内狮子滩水库、大洪河水库和范家桥水库三座大中型水库以及区外十几座大中型水库的搬迁移民。截至年底，全区大中型水库移民扶持人口有92974人，其中能核实的有44525人，不能核实到人的有48449人。移民扶持人口广泛分布于区内7个街道、12个镇及221个村，相对集中在水库周边街镇。2017年，区内农村移民人均住房面积44平方米，人均耕地面积0.06公顷；已实现新型农村合作医疗全覆盖，移民所在村均设立医疗诊所；移民收入持续、稳步增长，2017年区内农村移民人均可支配收入13252元/人，较2016年增长20.97%，与农村居民人均收入13373元/人相当；全面实现道路村村通。

【后扶资金使用】 2017年，长寿区各级安排下达移民后扶资金6317万元，其中600万元包干指标资金5579万元，中央和市级切块下达结余资金604万元，0.5厘电价加价资金134万元。2017年，全区安排使用资金29029.90万元，其中发放移民直补金27278550元，拨付街镇避险解困资金19910.8万元，拨付后扶项目资金63912450元。截至年底，全区后扶资金账面余额11939万元。

【后扶计划实施】 2017年，长寿区发放2016年第四季度至2017年第三季度移民直补资金27278550元。全年审批下达移民后扶600元包干指标项目27个2812.20万元，市级结余资金切块下达项目7个604万元；截至年底，2017年度项目已全面启动实施。2017年，长寿区主要实施完成2016年度项目计划，已验收完成项目33个，剩余7个项目由于工程占地赔偿、重大设计变更等因素影响，尚无法实施，准备收回重新安排。

【后扶民生】 2017年，长寿区移民后扶重点民生工作主要是大中型水库移民避险解困试点。全区有6267户12439名大中型水库移民纳入避险解困安置计划，总计争取帮扶资金26378万元。多次组织摸底调查和研判，出台《重庆市长寿区大中型水库移民避险解困试点工作实施办法》和《关于进一步做好大中型水库移民避险解困试点工作的通知》。按照实施办法和通知规定的流程和要求，12439人安置计划已全部下达镇街。截至年底，已完成各类帮扶安置4289户8197人，完成投资16394万元。加大对农田水利设施的投入，提升农田灌溉效能，年内整治提灌站3座、新建山坪塘4口、整治渠道39.52千米，整治河道（河堤）0.7千米；硬化道路54.60千米、新建道路42.20千米、建设钢筋砼人行便桥1座；完善人畜饮水、输水和净水设施，缓解饮（用）水困难，年内已新建蓄水池8口，铺设各类输水管网7.3千米。

【移民信访维稳】 2017年，长寿区水务局联合相关区级部门，协同洪湖镇、万顺镇等重点镇街做好并将继续做好移民信访稳定工作，重点放在大洪河水库移民前期安置补偿诉求群体的稳定和积案化解。年底前，调查办理移民信访自收和交（转）办件20件，受理办结假移民举报3起，接待并劝返以刘某某、黄某某和李某某等移民来访11批（次）33余人（次），其中刘某某等人集访2批次11人（次）；每个工作日均接听、接访和回复大量前来咨询避险解困试点政策的来电、来信和来访。在党的十九大召开期间，长寿区制定专项工作方案和应急处置预案；联合重点镇街成立移民信访稳定专门工作班子；组织专项动员对接，形成从村（组）、街镇到区级移民管理部门对信访重点人员稳控责任到人工作格局；启动重要敏感信息报告和移民信访维稳值班工作机制，完成党的十九大会议期间移民维稳安保任务。全年没有发生移民进京上访、移民到市非访、移民个人极端事件和影响社会的安全事件。

【信息系统应用管理】 2017年，长寿区移民后扶管理信息系统重庆分系统投入使用后，进行数据对接和全面更新，配合博通公司进行系统调试、优化，反馈好的建议。全年更新水库工程、人口核定登记、移民所在村现状、省市区经济发展情况、后扶规划、年度计划、项目完成情况和资金管理等系统模块的绝大部分数据，开始服务全区移民后期扶持管理工作。仅部分人口核定登记数据因信息系统行政区划设置功能障碍尚未能成功更新，经与博通公司协商后进行后台调试，正在完善有关数据。

【移民后扶统计工作】 2017年，长寿区根据大中型水利水电工程移民统计报表制度（试行），完成年度水利枢纽和水电工程移民安置和后期扶持基本情况表、全口径月报表、大中型水利水电工程移民统计预测报表和大中型水利水电工程征地移民安置实施表等填报工作；完成项目实施进度、移民扶持人口增减变化等统计工作。

【移民后扶档案工作】 2017年，长寿区按照国家档案局、水利部和国家能源局联合印发的《水利水电工程移民档案管理办法》等文件规定，开展档案收集、整理、分编和管理培训等工作。文件档案按照文种类别、来文单位分年度进行收集整理、分类归置和统一装订存放，编制检索目录。工程档案实行建卡立档，按照图文并茂、资料齐全、一个项目一个档案的总要求，印发《关于加强大中型水库移民后期扶持项目档案管理的通知》文件全面规范工程实施全过程材料、技术和财务等方面的资料内容。

【后扶政策实施】 2017年，长寿区水务局对34个移民后扶项目实施监督检查，涉及后扶资金3461.20万元，发现问题36个，提出建议意见39条，责成建设单位就提出的问题和意见进行全面的梳理和整改，未发现工程质量事故和安全事故。保障广大群众的参与权、知情权和监督权，项目实施前和完工后在公众媒体上组织开工公示和完工公示；项目竣工验收后设立项目标识牌，告知工程建设情况、资金使用情况和运行管护责任情况。

（孙　洁）

2017 年 3 月，长寿现代农业种植园区晚熟柑橘丰收

财政 税务

财　　政

【概况】　机构情况。长寿区委办在2010年发文核定重庆市长寿区财政局（简称区财政局）下设办公室、预算科、国库科、行政事业科、社会保障科、经济发展科、会管监督科6科1室；2015年增设内部审计科，将会管监督科的监督职能划转至内部审计科，内部审计科更名为监督科，加挂“内部审计科”牌子，会管监督科更名为会管采购科；2016年增设农业科；在区财政局设立并增挂区国有资产金融管理办公室牌子，设国资管理科和金融管理科2个内设机构。2017年设立区国有资产管理中心，为区国有资产金融管理办公室管理的正科级事业单位。截至2017年年底，区财政局下设办公室、预算科、国库科、行政事业科、社会保障科、经济发展科、会管采购科、农业科、监督科、国资管理科和金融管理科11个科室；下属2个参照公务员管理事业单位（区国库集中支付中心、区街镇财政管理办公室，规格为正科级）；直属副处级全额拨款事业单位1个（区政府投资项目评审中心），内设机构有综合科、项目优化科和预算审核科。

人员编制情况。根据长寿区委办2010年文件核定区财政局行政编制35名，核定机关后勤服务人员编制3名，领导职数：局长1名，副局长4名，内设领导机构领导职数18名；2015年机关后勤服务人员编制核减为2名；2016年将局行政编制核减为33名，区街镇财政管理办公室（正科级）编制增加至153名，核准领导职数1正1副；2012年核定区国库集中支付中心（正科级）编制16人，核准领导职数为1正2副；2017年将区国库集中支付中心编制核减为13名；2009年核定区政府投资项目评审中心全额拨款事业编制10名，其中设主任1名，副主任1名（正科级），内设3个机构，内设机构领导职数4名。截至2017年年底，区财政局机关实有行政编制人员32人，参公事业单位街镇财政管理办公室人员145人，国库集中支付中心人员8人，机关后勤编制人员2人，政府投资项目评审中心实有在编人员9人。

财政指标。全年完成地方财政收入91.3亿元，比2016年增长1.2%。其中，一般公共预算收入36.8亿元，增长1.3%；税收收入27.8亿元，增长1.9%。辖区税收完成51.2亿元，首次突破50亿元，其中区级税收收入占一般公共预算收入的75%，辖区内工商税收和财政收入质量在渝西片区考核排名第一。地方财政支出实现122.5亿元，下降3.7%（下降的主要原因是法检两院及审计上划、机关事业单位养老保险基金财政补助改为上解，结转部分资金用于平衡2018年刚性支出）；其中一般公共预算支出66.8亿元，增长3.6%。全年财政民生支出42亿元，占一般公共预算支出的比例为62.9%。

财政收入。面对财政增收困难、刚性支出不断加大的局面，全区财政始终把强化收入征管作为缓解财政收支矛盾的核心工作。坚持总量和质量并重的原则，狠抓财政收入。组织执收部门按月度定期分行业、分企业、分税种进行精细分析、精准调度。成立长寿区综合治税领导小组，形成政府主导、税务主管、部门协作的综合治税工作机制。搭建综合治税信息平台，为下一步强化税收征管打下基础。

【实体经济支持】　2017年，长寿区统筹资金7200万元，助推化解钢铁过剩产能。安排2964万元兑现房交会契税补贴，化解房地产库存。落实减税降费政策，把“营改增”、西部大开发、小微企业税收优惠等各项政策落到实处。按规定取消（停征、减免）部分行政事业性收费和政府性基金，坚持实施社保降费政策，减免企业社保费

8600万元，减轻企业负担。运用“助保贷”帮助26家企业续贷7460万元，发放转贷应急周转资金24595万元解决47家中小微企业资金周转困难问题，降低企业成本。落实资金6701万元，支持创新驱动发展战略、产业技术创新、专利资助奖励等，推动重点领域和重点区域创新，提升综合竞争实力。安排资金33026万元，支持长化搬迁、中小企业技术改造、扭亏脱困和传统产业转型升级，扶持新兴产业发展，持续激发经济活力。安排4924万元，推进国有企业职工家属区“供水、供电、供气、物业”分离移交改革，加快剥离中央和市属国有企业办社会职能，着力解决历史遗留问题。

【财政公共服务】 2017年，长寿区助推教育事业均衡发展。教育支出116910万元。主要用于提高财政教育经费保障水平，促进学前教育、义务教育、高中教育和职业教育发展。支持特殊教育、民办教育和成人教育发展；继续实施学前教育三年行动计划和中小学生营养改善。支持农村薄弱学校改造，改善学生食宿和学校办学条件。落实学生资助、乡村教师岗位生活补助、校园安保等经费；支持教师培训工作，提高教师整体素质；支持龙河、葛兰中心幼儿园、云台镇中心小学校、黄葛九年制学校等农村学校新建、续建，提升办学条件。完善社会保障体系建设。社会保障和就业支出63957万元，主要用于落实城乡低保、农村“五保”、城市“三无”和重点优抚对象等补助政策，支持完善社会救助和福利体系。保障行政事业单位退休人员退休待遇，推进机关事业单位养老保险制度改革；加大就业投入力度，支持职业培训、兑现就业小额担保贷款财政贴息、落实社会保险补贴等就业援助政策，促进城乡就业困难人员实现再就业；支持殡仪馆建设和就业服务大厅建设。提升医疗卫生服务能力。医疗卫生与计划生育支出110771万元，主要用于推进公共卫生服务均等化，落实城乡居民合作医疗和基本公共卫生服务财政补助，完善农村三级医疗卫生服务网络和城市社区卫生服务体系。落实区级公立医院综合改革财政补助资金，深化医药卫生体制改革；支持落实“全面两孩”政策，加强出生人口性别比治理，促进人口均衡发展；支持创建国家食品安全示范城市，强化食药品安全监管；支持区人民医院北城医院、中医院、妇幼保健院和基层卫生院建设。丰富城乡群众文体活动。文化体育与传媒支出5468万元，主要用于支持公共文化服务体系建设，保障文化、体育、广播电视等事业发展。实行基本公共文化和体育场馆免费开放，加强文物、非物质文化遗产传承和保护；开展政府购买公共文化演出服务，支持文艺创作；支持文化产业和竞技性、群众性体育发展。支持平安建设。公共安全支出32227万元，主要用于支持社会治安防控体系建设及创新社会综合治理工作，保障政法部门办案业务经费。支持社会安全事件应急联动指挥系统、区法院审判法庭、三峡库区综合应急救援中心长寿综合应急救援大队建设项目和消防装备购置等公共安全重点项目建设。支持生态文明建设。节能环保支出43134万元，主要用于开展污水、垃圾处理和大气、土壤污染防治，实施主要污染物总量减排。保护农村环境和天然林资源，治理湖泊、水库污染，开展江河综合整治，维护饮水和库区水环境安全，支持创建市级、国家级生态示范区；开展医疗和工业等固体废弃物污染防治，加强环境监测与监察执法；发展循环经济，促进资源综合利用；化解钢铁过剩产能，发展可再生能源，促进能源节约利用。

【城乡建设支持】 2017年，长寿区农林水支出46712万元，主要用于支持推进精准扶贫、精准脱贫，巩固提升扶贫成果，落实各项惠民补贴政策。支持创建现代农业示范区，促进特色效益农业发展；支持推进高标准农田建设、山坪塘整治、中小河流整治等农业基础设施建设；强化资金保障，支持全面推行河长制；继续实施新一轮退耕还林政策，加大森林防火基础设施建设和绿色生态的投入；安排村级公共服务和社会管理专项资金，推进村级民主建设和社会治理水平不断提高，农村基础设施更加完善；落实经费，保障村级组织正常运转。城乡社区支出83552万元，主要用于支持统筹新区老城协调发展，完善城市功能设施配套，缓解部分区域交通拥堵、停车难等问题；支持继续分类推进“两违”和市容环境整治；推进农村场镇基础设施建设，支持解决场镇饮用水、给排水、市容环卫等问题；支持做好城市、小城镇和乡村规划，完善场镇生活垃圾集中收运处置系统，提升管理水平。

【财政改革管理】 2017年，长寿区加大存量资金盘活力度，盘活存量资金15722万元；优化调整财政支出结构，确保2016年、2017年行政事业单位增资调待、民政优抚提标的及时兑现。建立区级部门预算零结转管理制度，收回部门 2017 年底未支付的区级资金 1617 万元，补充预算稳定调节基金余额达到 15302 万元，统筹用于平衡 2018 年刚性增支。推进预决算信息公开，细化公开内容，强化部门公开主体责任意识。继续深化预算管理改革，通过调整优化支出结构，调整 2018 年行政事业单位部门预算公用经费定额，逐步理顺基本支出和项目支出，规范支出管理。统筹加强政府采购、预决算公开、财政监督检查和财政信息化等综合管理，注重审计、会计等监督检查结果的运用，夯实财政财务基础工作；贯彻执行政府采购法规，加强政府采购内部控制管理，不断规范采购行为，全年实施政府采购 5895 件（次），节约财政资金 2642 万元，节约率 8%。发挥投资评审作用，完成评审项目 234 个，审减资金 6100 万元，审减率 3%。持续推进“放管服”改革，持续开展涉企收费清理，规范涉企收费公示制度，将代理记账业务行政审批事项入驻行政服务中心，通过行政许可标准化验收检查，全面推行“双随机、一公开”监管。

【财政风险管控】 2017 年，长寿区落实《预算法》和国务院、财政部、重庆市强化债务管控的相关规定，加强政府性债务风险防范，严格实行政府债务余额限额管理。出台《政府性债务风险应急处置预案》，成立政府债务管理领导小组，加大债务管控力度。完善融资和债务管理制度，对融资平台公司债务实行限额和融资方案备案管理，动态制定全区融资成本指导线，整改不规范融资行为，按照市场化原则规范政府投资基金运作模式，全面统计 PPP 项目和政府购买服务等涉及的财政支出责任情况，完成政府债务对应的资产清查工作；实时掌握融资平台公司资金情况，做好融资平台公司的资金平衡预判，对存在风险的公司及时预警，有效防控债务风险。继续按照“打早、打小、打苗头”的工作思路，严守风险底线、严查风险苗头、严控风险增量、化解风险存量，积极作为、主动出击，依法严厉查处非法集资活动，构建打防结合高压态势，有效遏制非法集资高发势头；全区非法集资风险总体可控，未发生重大群访集访事件，守住不发生区域性、系统性风险的底线；全区打非工作多项经验做法得到国务院处非联办表扬并向全国推广。（陈　航）

国家税务

【概况】 长寿县国家税务局于 1994 年成立，2002 年更名为重庆市长寿区国家税务局（简称区国税局）。2017 年，区国税局内设行政机构 11 个，事业单位 2 个、直属机构 1 个、下属机构 9 个，有在职干部 165 人、离退休干部 58 人。区国税局肩负着辖区内工商企业的增值税、消费税、内外资企业所得税、储蓄存款利息个人所得税以及车辆购置税的征收管理工作。年底前有征管户 29240 户，比 2016 年增加 3790 户；其中一般纳税人 2506 户，小规模纳税人 8958 户，双定户 17358 户。

【国税收入】 2017 年，长寿区国税局完成税收 304818 万元，比 2016 年同期增长 40.5%，增收 87935 万元；组织区级财政收入 96791 万元，增长 37.3%，增收 26291 万元。

表 22　　2017 年重庆市长寿区国家税务局税收收入情况

单位：万元

税种	税收收入	同比增减	增（减）收
增值税	246924	49.5%	81778
消费税	8090	3.6%	278
企业所得税	41428	14.5%	5243
个人所得税	0	0	0
车辆购置税	8376	8.2%	636
合计	304818	40.5%	87935

2017 年 10 月，长寿区国税、地税共建实体办税服务厅

【税收改革】 2017年，区国税局承接《深化国税、地税征管体制改革方案》各项改革事项，完成改革任务69项。贯彻落实《国家税务局、地方税务局合作工作规范（3.0版）》，加强国地税合作。区国税局、区地税局继续深化共建实体办税服务厅的深度融合，实现“一人一窗一机一POS”和一窗通办，有效减轻征纳负担，实现税企双赢。加强同工商、邮政等各部门之间的合作，定期召开联席会议，共建涉税信息共享机制和平台。

推进税制改革各项任务，着力构建后营改增时期税收征管新机制，推进税收综合改革。按照分类分级管理思路和要求，根据地区差异、税源分布实际，改革属地固定管户模式，对原有税务所、办税服务厅职能进行调整，探索“属地＋行业”的综合管理模式，提升征管效率。与区地税局共建办税服务厅，命名为“长寿区办税服务厅”，设立1个重点税源所、1个典型行业所、3个属地税源所、1个个体税源所。

【税收征管】 2017年，区国税局提升征管质量，加强欠税管理，完善欠税清缴工作台账，全年清理陈欠1198万元，新欠3191万元。全面落实各项税收优惠政策减免退税6.4亿元，其中落实小微企业、西部大开发、节能环保、支持金融资本市场四大类优惠政策减免2.4亿元。强化税收风险管理，成立1个风险管理部门，负责统筹市国税局推送的风控项目和区国税局重大风险项目，各税务所负责风险应对。全年开展税务核查110户，纳税评估21户，评估入库税款及滞纳金493万元，增值税调减留抵税金102万元，企业所得税弥补亏损额860万元。加强管理，堵漏增收，完成代征地方税收3500万元。

【依法治税】 2017年，区国税局办理行政审批事项566件。开展税收执法督察，降低税收执法风险。严格规范行政处罚自由裁量权，建立健全内控管理组织体系，落实税务系统内部控制基本制度、专项制度、流程指引和管理制度。

在全区范围内部署开展税收专项检查和专项整治工作，打击发票违法犯罪活动，建立完善综合整治发票违法犯罪活动长效机制。全年检查各类企业37户，查补入库税款1505万元，比2016年入库税款增长24.27%。加强部门合作，完善警税合作机制。加强出口退税管理，落实国家出口退税政策，有效防范出口骗税行为发生。

加强税收宣传，组织开展“税收宣传月”“法制宣传月”和“12.4”法治宣传日活动，借助网络、报刊等宣传媒介，加强税收政策和税收法律法规的宣传普及。推进纳税信用管理，与区地税局联合开展2016年纳税信用评价工作，成立纳税信用联合评价机构，评价出A级纳税人35户、D级纳税人38户。守信激励和失信惩戒，增强纳税人的税法遵从度。

【纳税服务】 2017年，区国税局落实便民办税服务，持续开展“便民办税春风行动”，聚焦加快实现征收现代化，持续减轻征纳负担。推广“12366”电子税务局，新建电子税务局体验区暨“12366”纳税服务平台。推行“一表集成申报”“税邮合作”“一票清税”等便民举措，增强发票业务办理“网购式”体验。办税服务厅再次提档

2017年7月25日，市国税局局长李杰调研长寿区国税局办税服务工作

2017年，长寿区国税局到云台镇桥坝村开展“结对共建”

升级，新开辟100平方米办税空间，作为自助办税体验区，为纳税人带来新的便利。与区地税局联合建设纳税人学堂，使纳税人进一家门，听两家课，提升税法遵从度。

【队伍建设】 2017年，区国税局党建工作被区直机关推荐为“党建工作示范点”。加强基层组织建设，落实“三会一课”制度，全年开展党课活动10次。选齐配强各支部党务工作者，完成党委、支委委员改选补选20人。全年吸收预备党员2人，培养入党积极分子2人。

加强干部能力建设，做好干部选拔任用工作，按照《党政干部选拔任用条例》年内选拔任用正科级干部3人。实行干部交流轮岗和中层干部挂职锻炼，全年交流轮岗135人（次），其中科所长40人（次），一般职工95人次。“业务能手”竞赛活动考试考核合格，7名同志获“货物和劳务税”“进出口税收”“国际税收”业务能手称号，其中2人获得市局“业务能手”称号。

实施考评管理，推进绩效管理5.0版的承接工作。制定各项绩效配套制度，注重考评结果运用，发挥绩效管理的“紧箍咒”和“指挥棒”作用。及时维护数字人事系统，对每日填报全程跟踪提醒，确保系统的正常运转。绩效管理与数字人事双管齐下，让考评管理规范透明，提升工作质效。

加强党风廉政建设和反腐败工作，制定党风廉政建设和反腐败工作分工责任制，全局干部层层签订党风廉政建设责任书，落实“两个责任”实行进度化管理。层层开展廉政提醒谈话182人（次），交叉电话回访纳税人400户（次）；深入基层进行实地巡察，走访22个单位，及时发现问题，立即整改。落实中央八项规定，全年实现落实中央八项规定每月“零报告”。常抓廉政教育，采取不同形式，将集中学习与网上自学相结合，丰富学习内容；坚持每月“互动式”廉政学习，加强警示教育，参观警示教育基地，进行案例剖析，筑牢思想防线。（阳 倩）

2017年重庆市长寿区国家税务局领导人名录

局　　长：王廷奎（苗族，2017年7月离任）
副局长（主持工作）：张 尧（2017年7月任）
副 局 长：刘德荣　熊 群　刘 澜
纪检组长：杨 彦（女）
总经济师：傅伟峰（2017年8月任）
总会计师：骆志高（2017年4月离任）
　　　　　徐盛航（2017年8月任）

地方税务

【概况】 2017年，重庆市长寿区地方税务局（简称区地税局）有在职干部职工126人，内设8个科室，辖稽查局、风险控制中心、纳税服务中心和6个税务所。在2017年全市地税系统绩效考评中获得“优秀”等次，实现绩效考核先进“五连胜”；获得“先进领导班子”称号。

【税费收入】 2017年，区地税局组织各项收入44.53亿元，比2016年同期增长10.58%，增收4.26亿元。其中，组织税收收入20.8亿元，下降2.98%，减收0.64亿元；组织非税收入23.73亿元，增长26.01%，增收4.9亿元。

产业分布，税源高度集中在二、三产业，占比分别达到38.25%、60.99%；产业分布，制造业、房地产业，水利、环境和公共设施管理业，电力、热力、燃气及水生产和供应业四大行业实现税收收入15.61亿元，占税收收入总额的75%；税种结构，城镇土地使用税、房产税合计入库10.70亿元，占税收收入总额的51.42%；企业所得税、个人所得税合计入库3.56亿元，占税收收入总额的17.10%，4个税种入库总额占税收收入总额的68.52%。平台公司缴税量大，占税收收入总额的46.55%，其中一次性因素税收占比52.6%，收入质量偏低。全年收入结构整体较好，税收收入占总收入的46.72%，社保费收入占总收入的49.53%，

2017年4月，长寿区地税局“12366”分中心正式启用，建立专业化的咨询服务团队

其他非税收入占比3.75%。

【税收政策落实】 2017年，长寿区落实各项税收优惠政策，全年减免税款3.06亿元。其中，西部大开发企业所得税优惠63户，减免税额5877万元；小微企业税收政策优惠212户，减免税收150万元，优惠面100%；高新技术加计扣除4户，减免税额170万元；残疾人工资加计扣除优惠企业27户，减免税款294万元；固定资产加速折旧优惠企业17户，减免税款92万元；其它优惠政策的企业6户，减免税额54万元。

【税收征管】 2017年，区地税局落实简政放权、放管结合、优化服务的“放管服”改革和征管改革各项部署，统筹推进税收征管体制改革和机构改革。设立重点税源管理所，调整部分税务所管辖范围。强化税收风险管理，推动个人管税向团队管事、零散单一管理向集约化管理的转型。将135项依申请事项前移到办税服务厅“一窗”受理，简并纳税人申报缴税次数。完善涉税信息交换平台建设，全年从28个区级部门采集涉税信息5万余条，利用信息增收9500万元，有效防止漏征漏管。内部任务扎口管理，风控中心分级分类推送税收风险任务，风险应对入库查补税款及滞纳金共8536万元。

【税种管理】 2017年，区地税局开展营业税清理结算，全年清理576户，入库154万元。加强土地增值税清算管理，通过规范清算审核流程、组建专业团队、加强业务培训进一步加大清算审核力度，“碧桂园”“凰冠一号”等5个项目已完成清算审核。开展所得税清缴，完成871户纳税人2016年度企业所得税汇算清缴工作，汇算清缴率100%。积极追缴欠税，通过对欠税纳税人提请国税收缴或停售发票、欠税公告、依法采取税收强制与保全措施、阻止欠税人出境等，全年追缴入库欠税5200余万元。

【纳税服务】 2017年，区地税局通过硬件资源、窗口设置、人力资源、税款征收、业务培训五个“一体化”，实现国地税办税服务深度融合。推行“互联网+税务”，进行电子税务局网上注册、发票领购、自助开票“一票清税”、二手房交易网上办税、跨区域涉税事项网上办税等涉税自助事项辅导，提升纳税人自助办税服务体验。成立“12366”长寿纳税服务热线，打造听得见的纳税服务。加强纳税人培训，开办10期纳税人学堂，建立纳税服务微信群，提供在线咨询解答。优化行政审批流程，压缩办理时限，对14项行政审批事项办理时限提速30%，优化区内营商环境。

2017年9月，长寿区地税局到晶山小学校开展“开学第一课——我与税收共成长”税法宣传进课堂活动

【税收宣传】 2017年，区地税局加大政策宣传辅导力度，在第二十六个税收宣传月开展“税收热点面对面”、税法进校园、走访民营企业、小微企业税收宣传周等12项宣传活动。制作专题宣传册、宣传活页、展板，在长寿电视台、《长寿日报》、“人人长寿APP”、办税服务厅电子显示屏等开展宣传，拓展宣传广度和深度。9月，先后在长寿晶山小学、长寿区实验一小古镇校区开展了“开学第一课，税法进课堂”“小手画税收，童心绘梦想”“我眼里的税收”等活动，华龙网等媒体进行过报道。

【社保及代征规费管理】 2017年，区地税局坚持税费“同征、同管、同查、同服务、同考核”，严格落实社保费及规费征管规程，加大社保费扩面征收和欠费清缴力度。加强与社保局、就业局、财政局、银行等部门的沟通协调，形成工作合力。全面实行网上办费、银行端查询缴费等多种费款征收模式，为缴费人提供更优质的服务。全年完成社会保险费收入22.06亿元，比2016年增长27.74%，增收4.79亿元，超额完成上级下达的任务。

【依法治税】 2017年，区地税局秉承“奉法聚财，善治强税”理念，坚持依法治税，着力清理日常管理、税收执法、纳税服务过程中存在的问题，及时建立完善各项机制。严格执行领导干部日常学法制度，每年集中学法4次；制定一般干部学法计划，集中学法20学时以上。开展交叉执法督查，推行税收执法督察工作常态化制度化，及时发现、堵塞执法漏洞。加强部门协作配合，与审计部门建立监督检查联席制度，建立问题台帐和整改台帐，对号销帐。与区法院建立涉税信息传递等5项机制，推进地方税收司法协助。2017年区地税局成功创建“重庆市地税系统法治税务示范基地”。

发挥稽查最后一道关口作用，全年稽查立案检查23户，查处大要案5件，查补总额4118.60万元，入库总额3928.30万元。其中，立案检查收入入库1432.40万元，稽查案件罚款250万元，综合处罚率10.07%，处罚面52.63%，查补收入入库率95.39%。完善税警协作联合执法机制，优势互补，实现办案资源最优配置。

【队伍建设】　修订绩效考核办法，制定绩效考核指标，完善考核体制。年内开展绩效培训6期，绩效讲评会4次，坚持考核指标巡查“周公示、日提醒”。开展规范化管理，办公室、人事科、监察室组成检查小组，不定期抽查各单位内务管理、劳动纪律等情况，以查促改，全年通报3次。

长寿区地税局纳税服务中心“青年文明岗”热情导税

推进“两学一做”学习教育常态化制度化，以“6+X”模式创新开展“我的主题党日活动”，主题党日活动评选取得小组第一名。加强干部职工轮岗交流力度，对28名一般干部、9名中层干部进行轮岗。坚持公开、公正选拔干部，年内选拔5名正科级、8名副科级、2名挂职副科级领导干部；推荐2名干部走上区管副职干部领导岗位，1名干部被提拔为梁平区局稽查局局长。

组织全员参与“岗位大比武、业务大练兵”，在纳税服务序列练兵比武考试中，初赛平均成绩获系统第6名；复赛中2名干部分获全市第九和第三十七，被评为纳税服务明星和岗位能手。抓好“夜校工程”，96名干部分5个小组集中学习，年内新增初级会计职称9人、中级会计2人，司法执业A证1人。

成立党风廉政建设工作领导小组，2次召开党风廉政建设形势专题研判会，严格执行科所一级党风廉政建设“两个责任”清单，开展廉政谈话207人（次）。组织廉政书画摄影比赛，“好家风好家教好家训”图文征集活动，举办“廉洁在我心中”廉政知识测试，邀请区纪委做廉洁从税专题讲座，与区检察院联合召开预防职务犯罪座谈会。组织干部职工到江津聂荣臻纪念馆、长寿湖预防职务犯罪警示教育基地开展警示教育。狠抓“强内控、严监督、促规范”主题年活动，建立明察暗访常态机制，落实廉政跟踪回访制度、廉政风险排查制度、兼职监察员制度，贯彻落实“中央八项规定”精神，持之以恒纠“四风”，营造风清气正的良好氛围，全年无一名干部掉队。

积极开展文明单位创建工作，加强细胞建设。纳税服务中心创建市级“优秀青年文明号”，人事科通过市级“青年文明号”复查；区地税局成功创建第五届“全国文明单位”。　（朱天一）

2017年重庆市长寿区地方税务局领导人名录

党组书记、局长：胡成国（2017年12月离任）
　　叶　茂（2017年12月任）
副局长：田　奇（女，2017年12月离任）
　　黄　平（2017年12月任）
　　张小文　罗　旋
纪检组长：黄荣明
局长助理：曾　晶（女）

金融业

综　述

【银行金融业】　2017年，长寿区有银行业金融机构14家。其中，政策性银行1家（中国农业发展银行长寿区支行），国有商业银行4家（中国工商银行长寿支行、中国农业银行长寿支行、中国银行长寿支行、中国建设银行长寿支行），股份制商业银行3家（交通银行长寿支行、招商银行长寿支行、浦发银行长寿支行），邮政储蓄银行1家（中国邮政储蓄银行长寿区支行），地方性商业银行4家（重庆银行长寿支行、重庆三峡银行长寿支行、重庆农村商业银行长寿支行、大连银行），村镇银行1家（重庆长寿中银富登村镇银行）。银行业金融机构经营状况良好，总计实现净利润3.96亿元，比2016年减少0.89亿元，下降18.44%。

存款总量总体平稳。截至2017年年末，长寿区银行业金融机构各项本外币存款余额508.2亿元，比年初增加11.51亿元，比2016年同期增长2.32%，增幅比2016年低6.91个百分点。其中，单位存款余额148.35亿元，比年初减少17.96亿元，下降10.8%，少增17.61个百分点；个人存款余额347.77亿元，比年初增加23.9亿元，增长7.38%，低1.79个百分点。

贷款增速回落。截至年末，长寿区银行业金融机构各项本外币贷款余额294.7亿元，比年初增加0.49亿元，比2016年同期增长0.17%，增幅比2016年低4.12个百分点。其中，中长期贷款余额229.02亿元，比年初减少3.53亿元，下降1.52%，少增10.7个百分点；短期贷款余额61.8亿元，比年初增加4.05，增长7.02%，增幅比2016年高13.1个百分点；票据融资余额3.87亿元，比年初减少390万元，下降1%。全年贷款总计投放156.32亿元，下降15.67%

【证券金融业】　2017年，长寿区有证券业金融机构1家（西南证券公司长寿营业部）。截至年底，证券机构开户总数26951户，比年初增加62户，比2016年同期增加739户；托管余额市值13.06亿元，增加2621万元；证券交易量241.58亿元，增加9.4亿元；利润1093万元，减少626万元。

【保险金融业】　2017年，长寿区有保险业金融机构22家。其中，财险机构12家（中国人民财产保险长寿支公司、太平洋财险长寿支公司、太平洋财险长寿园区支公司、平安财险长寿支公司、天安保险长寿支公司、大地财险长寿支公司、安邦财险长寿支公司、安诚财险长寿支公司、富邦财险长寿支公司、中华联合财产保险公司、中国人寿财险、阳光财险长寿支公司），寿险机构10家（中国人民人寿保险长寿支公司、中国人寿长寿支公司、太平洋寿险长寿支公司、平安寿险长寿支公司、新华保险长寿支公司、泰康人寿长寿支公司、生命人寿长寿支公司、中新大东方寿险长寿支公司、幸福人寿长寿支公司、阳光人寿长寿支公司）。长寿区保险机构全年保费收入12.91亿元，比2016年同期增加10.17亿元；赔付支出2.47亿元，增加2.47亿元；纳税额增加2553万元。

（卢昱彤）

【金融体系】　2017年，长寿区新引入大连银行、华康保险代理、安诚保险代理、泛华保险代理、鹏诚资金结算中心等在长寿设立分支机构，年底前全区有金融机构55家。其中，银行业14家、保险业27家、证券公司1家、融资性担保公司1家、小额贷款公司3家、股权投资企业4家、要素市场1个、结算中心1个、典当行3个。形成以四大国有商业银行分支机构为主导，全国性、地方性商业银行、政策性银行和合资银行为主体，保险、证券、地方性非银行金融机构为补充的金融服务体系。

银行服务实体经济不断发展，截至2017年底，区内银行金融机构存款余额508.2亿元，贷款余额294.7亿元；各银行当年新发放各种贷款150亿元（其中，投放区管重点国有企业贷款62.1亿元，中小微企业贷款69.93亿元，农村产权抵押贷款0.75亿元，其他行业贷款17.22亿元）。

非银行业补充作用加强，通过整合区属晏家园区担保公司、宏昌信用担保公司为宏昌融资担保公司，实现增资至1.02亿元。截至2017年底，区宏昌担保公司在保141笔，在保余额4.18亿元，实现新增担保贷款4.2亿元（其中，中小微企业担保贷款3.53亿元，农村产权抵押贷款担保0.67亿元）；西南证券长寿营业部客户托管市值余额13.05亿元，股民26951户，当年上缴税金213万元，实现利润1093万元。

2017年，全区保险业实现保费收入11.68亿元，其中寿险保费收入7.94亿元，受理理赔案件0.41万件，理赔支出0.48亿元；财险实现保费收入3.74亿元，受理理赔案件3.57万件，理赔支出2.13亿元，保险市场呈现出全面协调发展的良好态势。

【资本市场体系】 2017年，长寿区与重庆证监局签订战略合作协议，聘请深圳交易所创业企业培训中心总监担任区上市企业政府顾问；出台拟上市企业财政扶持办法，支持企业改制上市，推动全区企业加快进入资本市场发展。年底前，全区已有安仁工业、九龙橡胶等23家企业进入重庆市拟上市企业储备库。其中福安药业、博腾科技2家企业进入创业板上市，纽米科技、望变电器、康普化学、泓禧科技4家企业登录新三版，新川塔、鼎盛印务、劲旗科技等4家企业进入重庆股权转让中心OTC挂牌交易。

【金融服务】 2017年，长寿区“三权”抵押贷款。加强涉农贷款抵押和担保体系建设，鼓励金融企业探索抵押融资新模式，扩大产权抵押融资规模。年内全区发放农村产权抵押贷款5366笔4.97亿元（其中，土地承包经营权91笔，金额1.19亿元；农村房屋抵押116笔，金额0.6亿元；农户小额贷款2126笔，金额0.68亿元；林权抵押贷款28笔，金额0.94亿元；其他创新型贷款3005笔，金额1.56亿元）。

降低融资成本。设立“长寿区中小微企业转贷应急周转资金”，全年完成转贷应急周转资金47笔，使用转贷应急周转资金24595万元，帮助企业取得续贷资金26000万元，收到资金占用费15.55万元，帮助企业节约1230万元。

保险服务创新。在全市创新开展巨灾保险，长寿区安排200万元财政资金为全区群众购买巨灾保险，探索商业保险与政府职能相结合的新的管理模式；探索保险公司参与政府主导保险产品多元化模式，对政府主导的涉及民生的各保险公司无差别化的保险产品，尝试采取在长寿所有保险公司按照业绩和贡献等指标分比例共同承保的模式。

投融资模式创新。探索创新地方建设投融资模式，发挥政府对支柱产业和创新型产业的引导和支持作用。成立政府产业引导基金，推动成立区级的重庆长寿城乡发展股权投资基金管理有限公司，弥补全区短板；成立长寿重银双创基金，投放10亿元用于支持全区基础设施建设；新引入盛世投资基金，支持产业发展，增强地方重点项目和重点企业的投融资能力，促进全区经济发展和产业升级。

（陈　航）

表23

2017 年长寿区金融机构本外币信贷收支情况

	本月余额	今年比上月增减数	去年比上月增减数	今年比年初增减数	去年比年初增减数		本月余额	今年比上月增减数
一、各项存款	5082034.53	-225806.06	65445.67	115117.80	419905.50	一、各项贷款	2946960.14	-156912.36
(一)境内存款	5080856.93	-225882.18	65448.53	114683.70	419954.49	(一)境内贷款	2946881.99	-156900.92
1. 住户存款	3477674.88	41211.98	74215.19	238964.72	272046.53	1. 住户贷款	1329040.07	-19462.55
(1)活期存款	923636.05	34529.76	37997.06	5251.61	57302.56	(1)短期贷款	233816.82	784.13
(2)定期及其他存款	2554038.82	6682.22	36218.13	233713.11	214743.97	消费贷款	71475.75	694.77
2. 非金融企业存款	855558.45	-216166.52	102016.06	-279295.90	82803.58	经营贷款	162341.08	89.36
(1)活期存款 2	517052.23	-166884.03	67033.89	-148269.62	36204.81	(2)中长期贷款 2	1095223.25	-20246.68
(2)定期及其他存款 2	338506.22	-49282.49	34982.16	-131026.28	46598.77	消费贷款 2	994495.04	-20647.17
3. 广义政府存款	747609.69	-50909.81	-111019.10	157362.26	66098.51	经营贷款 1	100728.21	400.49
(1)财政性存款	119658.90	24160.45	-89525.23	57695.38	42912.41	2. 非金融企业及机关团体贷款	1617841.92	-137438.36
(2)机关团体存款	627950.79	-75070.26	-21493.87	99666.88	23186.10	(1)短期贷款	384203.84	-12157.41
4. 非银行业金融机构存款	13.92	-17.83	236.38	-2347.37	-994.13	(2)中长期贷款	1194978.61	-126054.32
(二)境外存款	1177.60	76.12	-2.86	434.10	-48.98	(3)票据融资	38659.47	773.36
二、金融债券						(4)融资租赁		
其中:境外发行						(5)各项垫款		
三、卖出回购资产						3. 非银行业金融机构贷款		
四、借款及非银行业金融机构拆入						(二)境外贷款	78.15	-11.44
五、联行往来(净)						二、债券投资	-61.00	
六、应付及暂收款	74042.67	-2863.14	4201.15	-4918.68	-8007.66	其中:境外债券		
七、各项准备	22092.69	-366.34	-1560.61	5523.53	4051.56	三、股权及其他投资	6500.00	6500.00
八、所有者权益	38424.08	2839.34	-15602.18	2076.38	1037.16	四、买入返售资产		

续表

	本月余额	今年比上月增减数	去年比上月增减数	今年比年初增减数	去年比年初增减数		本月余额	今年比上月增减数
其中:实收资本	6000.00					五、存放非银行业金融机构款项		
九、其他	-144537.09	-13833.79	119418.53	-30447.79	-78314.67	六、联行往来(净)	2068289.22	-95100.29
						其中:境内存放二级准备金	74245.03	-3814.20
						七、金银占款		
						八、中央银行外汇占款		
						九、应收及预付款	17563.39	5510.35
						十、投资性房地产		
						十一、固定资产	32805.14	-27.71
资金来源总计	5072056.89	-240030.00	171902.56	87351.24	338671.89	资金运用总计	5072056.89	-240030.00

（中国人民银行长寿中心支行提供）

中国人民银行长寿中心支行

【概况】 中国人民银行长寿中心支行（简称人行长寿中心支行），同时挂“国家外汇管理局长寿中心支局”及“中华人民共和国国家金库长寿区中心支库”两块牌子并履行相应法定职责。2010年7月由原分管长寿、渝北两区的片区支行升格为管辖长寿区和垫江县两个行政区的地市级中心支行，内设货币信贷管理科、调查统计科、货币金银科、国库科、外汇管理科等14个科室；机关有正式职工60人，有行级领导5人，处级非领导职务1人。

【货币信贷政策传导】 2017年，人行长寿中心支行贯彻落实稳健中性货币政策，利用多种形式向辖区党政领导、相关部门、银行业金融机构解读货币政策，争取各方对金融宏观调控的共识，将《信息参考》等资料的发送范围扩大至地方融资平台公司等企业。强化货币政策的定向支持作用，指导农发行运用9229万元抵押补充贷款支持地方重大项目和农村基础设施建设，获区领导肯定批示。联合搭建“央行再贷款+银证保合作”贷款体系，推动长寿区建立以政府投入资金作为扶持专项资金，以银行信贷资助金为基础，以保证保险为保障的合作贷款体系。发挥支农再贷款作用，向辖区村镇银行发放500万元支农再贷款。

【金融稳定】 2017年，人行长寿中心支行加强重点领域风险调研分析，联合银行业金融机构对辖区信贷资产质量、产能过剩行业、房地产行业、地方政府债务置换等重点风险领域开展调研分析，把握辖区信贷风险状况。强化金融风险处置责任，对8家金融机构和27家企业进行风险提示和约谈，督促6家金融机构对违规行为和高风险业务进行整改。加大协调力度，主动联系地方政府相关部门推动建立防范和打击非法金融活动长效机制，协助开展互联网金融风险、非法集资风险、洗钱风险专项排查工作，全年向上级行和公安机关报送6条可疑金融活动线索。

【金融改革】 2017年，人行长寿中心支行落实存款保险制度改革，完成对辖内2家投保机构的风险评级、保费征收和现场核查工作。推动落实利率改革各项政策，按季对辖区内法人金融机构开展合格定价评估；引导参与长寿区物业专项维修资金存款招标的8家银行业金融机构遵守市场利率定价自律机制。深入推进外汇管理改革，鼓励境内主体自主开展本外币跨境融资，全年指导中资企业境外融资新增6887万美元；支持民营企业“走出去”，助推辖区3家企业参与境外投资。辖区银行涉外收支总额2.32亿美元，比2016年增长40.4%。其中，涉外收入1.5亿美元，增长139.2%；涉外支出0.83亿美元，下降23.29%；涉外收支由2016年逆差0.34亿美元转为顺差0.75亿美元。

【金融监督管理】 2017年，人行长寿中心支行推进“两管理两综合一保护”工作，严格考核并通报对各金融机构的综合评价结果，中心支行领导班子集体约见上年度综合评价居于末位的3家银行机构、4家保险机构领导班子成员。组织执法检查骨干力量，到农业银行、建设银行、三峡银行、幸福人寿、太平洋人寿保险等金融机构，开展反洗钱、金融统计、征信管理、国库、人民币收付、跨境人民币等专项执法检查11次，发现并指出不规范问题10余个。加大外汇监督管理力度，立案查处1起外汇违规案件，收缴罚没款5万元。建立金融广告治理内、外部工作机制，成功治理4起违法金融广告乱象。优化完善反洗钱监管方式，强化实施分类监管。全面落实国库“负面清单”监督模式，规范集中支付拨款112笔，金额34.35亿元。严格假币收缴、鉴定工作，年内收缴假币29.24万元。

【普惠金融】 2017年，人行长寿中心支行聚焦脱贫，助推村镇银行与政府签订贷款额度为3000万元的扶贫贷款协议；推动精准扶贫信贷落到实处，截至年末，金融精准扶贫贷款余额3.2亿元。聚焦“三农”，年末，涉农贷款余额比年初增加2083万元；引导金融机构加大对农村基础设施建设的金融支持，在辖区设立农村现金服务便民点260余个；安装惠农支付工具1092台；建立覆盖长寿区全部贫困村的“四融”综合服务平台11家；搭建“邮掌柜”电子商务平台代收水电费68万笔；发展手机支付农户1055户。聚焦便民，着力将长寿菩提古镇打造为全面受理银行卡和条码支付、标识规范、服务优良的移动金融示范街。年底前，长寿菩提古镇已有近300家商户可以全面受理银行卡和条码支付；建行长寿支行制定工作方案，将投入50余万元，开展“助力长寿普惠·乐享移动金融大型优惠促销活动”，推动普惠便民服务；搬迁、重装征信查询室，方便群众查询征信；利用群众喜闻乐见的微电影、微信答题抢红包、情景剧形式，打造指尖上的金融知识宣传平台；部署1台纸硬币兑换机，撬动居民“沉淀”硬币25954枚，面值合计17705.2元。（卢昱彤）

2017年中国人民银行长寿中心支行领导人名录

行　　长：郭　力

副 行 长：左　鹏　何先哺

纪委书记：黄宪荣

工会主任：吕　军

中国农业发展银行重庆市长寿区支行

【概况】 中国农业发展银行重庆市长寿区支行（简称农发长寿支行）属国家政策性银行，主要职责是按照国家的法律、法规和方针、政策，以国家信用为基础，筹集资金，承担国家规定的农业政策性金融业务，代理财政支农资金的拨付，为农业和农村经济发展服务。农发长寿支行成立于1996年12月，为重庆市分行直管支行。2017年有在职职工26人，内设机构为办公室、信贷业务部、会计结算部。

2017年，农发长寿支行投资基金项目7个、金额45200万元；支付基金44797万元，支付率为99.11%。截至年末，非贷款企业在支行开立结算账户42户，存款余额12975万元。全年实现中间业务收入51.45万元，其中实现代理保险手续费收入38.37万元，实现国际结算业务量138.03万美元。不良贷款余额与不良贷款比例保持为零，各项经营指标完成较好，各类安全事故为零。

【业务管理】 2017年，农发长寿支行认真执行国家粮改政策，做好全区粮食生产预测和粮食收购资金供应的准备工作，积极支持企业进行储备粮轮换，强化库存监管，维护种粮农民利益，确保粮油市场稳定和国家粮食安全。坚持以政府主导的非经营性贷款为重点，支持新农村建设和水利设施建设。以服务地方经济为己任，已审批贷款4笔37485万元，新上报获批重庆长寿开发投资（集团）有限公司长寿区桃东片区棚户区（城中村）改造及配套基础设施建设项目棚户区改造中长期贷款100000万元，储备棚户区改造项目2个、贷款需求金额9亿元。履行政策性银行职能，更好地发挥在“稳增长、调结构、惠民生”中的重要作用，积极扶持产业化龙头企业做大做强，促进农民增收致富。

【综合管理】 2017年，农发长寿支行会计结算部1人被评为先进工作者；细化考核内容，强化内控管理，夯实管理基础，加强监督检查，努力防范操作风险；积极开展反洗钱、反假币宣传工作；立足现有支付结算平台，推进支付结算产品创新，加强与商业银行在网上银行、联名卡等方面的深度合作；强化安防工作，推进纪检、安全保卫、贷款三包、廉政建设等工作，确保安全案件事故为零目标的实现。

【队伍建设】 2017年，农发长寿支行秉承以人为本的理念，加强干部职工队伍建设，提高职工综合素质，倡导员工外塑形象、内强素质，着力提高自身综合能力。组织政治理论和党的方针、政策学习，提高员工的政治素质；打造“政治引领力强、推动发展力强、改革创新力强、凝聚保障力强”的党组织和“政治素质优、岗位技能优、工作业绩优、群众评价优”的共产党员。深化创建“学习型银行”活动，制订培训计划，有序开展培训工作；利用卫星远程教育网络系统，采取内部交流与外聘授课相结合的形式，定期安排内容丰富的职工培训，对员工分层次、抓重点进行培训；各部室每月定期开展专项学习，加强专业技能的培训，不断提高员工履职能力。推进内部综合改革工作，顺利完成业务岗位竞聘和新进员工转聘工作。

【企业文化建设】 2017年，农发长寿支行召开年度职代会，倾听员工意见建议，上下联动，共谋发展。继续做好文明单位和职工之家的创建工作。完善活动室设施，开展经常性的文娱活动，丰富员工业余生活。开展“送温暖”活动，加强退休员工的走访慰问，走访关心特殊教育学校儿童、爱心帮助孤寡老人，完成对口精准扶贫工作任务，在社会公众中树立良好形象。（邹乔璐）

2017 年中国农业发展银行重庆市长寿区支行领导人名录

行　长：游　云

副行长：陈　磊（2017 年 4 月离任）

陈国权（2017 年 4 月离任）

彭翰林（2017 年 5 月任）

中国工商银行股份有限公司重庆长寿支行

【概况】 中国工商银行股份有限公司重庆长寿支行（简称工行长寿支行）成立于 1984 年。2017 年末，有在岗员工 141 人，设有办公室、公司金融业务部、个人金融业务部、业务运行管理部、信贷管理部等 5 个内设部室，有营业部、凤城支行、黄桷湾支行、桃花支行、文苑支行、川维支行、晏家支行、洛碛支行等 8 个营业网点。

2017 年，工行长寿支行围绕实现存贷百亿目标，调动全行员工工作激情，做实经营短板，加快业务发展，做好经营保障，实现拨备前利润 14651 万元，增幅 11.17%，各专业管理工作平稳有序推进。

【业务发展】 负债业务。2017 年，工行长寿支行采取多项措施，抓好重点存款客户资金的稳定和提升，对公基础客户资金的维护和提升，有贷户销售收入归行管理和沉淀，招商引资新客户新资金营销和落地，源头性资金揽存，代发客户价值提升，储蓄存款新产品销售，阵地吸储能力提升，重点客户维护及资产提升等工作，促进各项存款的增长。年末本外币各项日均存款较年初增长 15925 万元。

资产业务。寻求平台融资新途径，先后营销投放项目贷款 3.2 亿元和理财直投 3 亿元，支持地方建设。支持优质房地产客户，发放房地产开发贷款 8400 万元，审批通过辖内开发贷款 1.6 亿元。寻求重点客户业务，营销流贷客户，获批本地项目贷款 6000 万元，成功营销流动资金贷款 4000 万元，支持地方客户流动资金需求。做好个人住房按揭贷款，推动新兴个贷项目，全年投放个人住房贷款 4.8 亿元和个人二手房按揭贷款 4300 万元，投放个人信用消费贷款 3100 万元，自助质押贷款 2600 万元，支持当地群众购房及其他信贷需求。

中间业务。发展投行业务，抓好信用卡收单业务和票据业务，做好重点产品销售，做实利润增长点，全年实现中间业务收入 6555 万元，比 2016 年增长 1385 万元。

【结构调整】 2017 年，工行长寿支行继续加强转型发展，抓中间业务收入发展，优化收益结构；抓贸易融资、小企业、票据贴现、个人贷款等业务发展，优化信贷结构；抓产业类客户、中小企业客户、个人经营性客户拓展，优化客户结构，经营结构调整持续向好。

【综合管理】 机构管理。2017 年，工行长寿支行继续做好网点建设，新购置长寿古镇门面并装修，拟将桃花支行迁址更名为古镇支行，优化网点布局；抓好柜面业务智能化分流，发挥智能设备作用，释放柜面人力资源；对黄桷湾支行、川维支行按新标准进行装修改造，靓化网点环境。

队伍管理。加强班子自身建设，班子及其成员认真学习宣传贯彻习近平新时代中国特色社会主义思想和党的十九大精神，做好巡视专题民主生活会整改措施的贯彻落实，班子成员带头深入一线、网点、市场和客户，开展调查研究和业务营销。抓好干部队伍思想、业务素质及管理能力培训；完善干部制度体系建设，形成“能上能下”的选人用人机制；加强后备干部培养，多渠道、多专业、多岗位培养年轻员工，促进青年人才快速成长；加强销售队伍建设和对客户经理的动态管理，完善客户经理客户维护制度。

民主管理。2017 年，召开职代会、设立党务行务公开栏、建设职工之家、领导深入调研、召开党团组织生活会、组织工会活动等工作，传递温暖、关怀和爱心，调动员工的积极性和创造性。

【金融服务】 2017 年，工行长寿支行开展服务学习宣讲、组织主题讨论、设立党员服务岗、观摩学习同业、召开客户座谈会、厅堂动线管理、内外环境整治、优化柜面及大堂人员组合、电话回访客户等工作，改善网点服务环境、服务态度和服务效率等问题。试行电话回访评价制度，将回访评价结果纳入服务考核，促进员工强化客户服务理念；加强机关服务管理，落实《二线为一线服务标准》，为网点提供服务支持保障。

【内控案防】 2017 年，工行长寿支行签订

《案件防范责任书》，落实案件防范责任；开展内控合规及案防意识教育，增强员工内控合规及案件防范意识；加强干部员工行为动态管理，有效防范和化解各类案件风险；加强对“十大重点领域和关键环节”的专项检查和专项治理，消除案件隐患；加强运行操作风险管理，规范员工操作行为。确保内控案防“零案件事故”目标的实现，没有发生重大差错事故和案件，持续保持安全营运。

【党群工作】 2017年，工行长寿支行落实“两学一做”学习教育常态化、制度化；党委书记带头讲党课，其他班子成员、各支部书记结合工作讲党课，把活动与业务工作结合落到实处；党员把“一名党员就是一面旗帜”落实到实际工作中，发挥先锋模范作用。坚持标本兼治、综合治理、惩防并举、注重预防的方针，加强反腐倡廉建设。按照中纪委“四个统一”和“六个要”的新要求推进党风廉政建设；严格落实从严治党、从严治行，廉洁自律、廉洁从业的要求；继续落实“八项规定”，坚持勤俭办行思想，坚持反对“四风”和加强作风建设。

工行长寿支行持续着力文明单位建设工作，加强文明单位动态管理，加强对文明单位的监督和考核。支行继续保持重庆市文明单位称号，辖属营业网点都继续保持区级文明单位称号；支行“职工之家”继续保持重庆市“模范职工之家”称号。

（彭　娟）

2017年中国工商银行股份有限公司重庆长寿支行领导人名录

行　　长：胡显明

纪委书记：罗兴国

副 行 长：杨　斌　严子清

中国农业银行股份有限公司重庆长寿支行

【概述】 中国农业银行股份有限公司重庆长寿支行（简称长寿农行），成立于1979年8月22日。2017年末，有在岗员工198人，在岗员工中大学本科及以上学历108人，在岗党员86人。内设机构有个人金融部、公司业务部、运营财会部、风险管理部/信用管理部、综合管理部5个部门；下设营业机构13个，分别为支行营业部、菩提支行、黄桷湾支行、桃花支行、晏家园区支行、文苑支行、渡舟支行、葛兰支行、洪湖支行、石堰支行、云台支行、双龙支行、新市分理处。2017年，长寿农行获长寿区人民政府授予金融贡献奖，获农行重庆市分行2017年实体贷款贡献先进集体称号，被长寿区公安局授予长寿区银行业金融机构第五轮安全评估先进集体称号，被授予公积金贷款先进金融单位称号。

【业务发展】 2017年，长寿农行各项存款余额55.67亿元，各项贷款余额48.41亿元，不良率为0.33%，比年初实现“双降”；全年到期贷款收回率为99.18%，信贷资产质量保持健康。全年实现中间业务收入3174万元，比2016年增加311万元；分别实现拨备前、拨备后利润11675万元、8366万元，分别增加2334万元、52万元，经营效益逐步提升。

2017年，长寿农行组织党员利用周末休息时间到社区宣传金融知识

【金融服务】 2017年5月17日，农行重庆市分行与长寿区人民政府签订战略合作协议，自2017年起5年内向长寿区授信200亿元人民币，在信贷资源、资金利率方面等给予倾斜，全力支持长寿区“三地一中心”建设。年末，长寿农行存贷款余额104亿元，当年增加15.97亿元。全年投放贷款30亿元，贷款余额比年初净增14.66亿元，增量居全区同业第一，均投向基础设施建设和支持实体经济生产。

截至年末，涉农贷款余额7亿元，比年初净增3644万元。对葛兰镇、双龙镇一千多户贫困户进行详细调查，对124户贫困户进行立档建卡。2017

年长寿农行成功探索发放“农家乐”贷款、农村房屋抵押贷款、“精准扶贫”贷款等业务新产品，惠及农户实现脱贫、扩大再生产。搭建惠农电子渠道，年底前该行注册“惠农e通”核心上游商户10户，下游终端商户600户，全年发生交易笔数186笔，交易金额383.24万元。在长寿率先打造集“融通、融资、融智、融商”于一体的综合服务“四融”平台，解决三农服务“短腿”问题；完成全区11个行政村的“四融”平台惠农服务站点建设，渠道布局得到完善。

建立全行抓落实工作机制，建立工作任务清单，按月总结，按季结账，推动各项重点工作落地见效。实现具体工作任务可明责、可落地、可量化、可验收，层层压实工作责任。将办结率作为重要指标纳入季度综合绩效考核，纳入干部年度考核，作为评优评先的依据。机制建立以后，2017年，全行办结率为97%，5个部门、13个营业机构办结率均超过90%，全行工作运转进一步理顺，各项金融服务工作得到改善。

【党建工作】 2017年，长寿农行密切党群关系，开展“党员奉献活动”“面对面心连心”活动、听取意见，帮助网点和员工解决实际困难。创新开展“党员奉献日”活动，制定“党员奉献日活动”日程表，定期组织党员利用休息时间进商圈、进社区、进企业等开展“六进”活动，开展金融知识宣传、公益活动奉献等，带动青年员工志愿者积极参与；3月到年底，开展9期奉献活动，70余名党员、40余名青年员工自愿者参与到奉献活动中。加强上下联动，建立行领导挂钩网点、部门挂钩网点、前台客户经理挂钩网点制度，党群关系和党员责任意识得到强化。

2017年，长寿农行组织青年员工志愿者深入村社为群众激活社保卡

【企业文化建设】 2017年，长寿农行鼓励员工利用周末休息时间到群众中去开展公益活动，与长寿区有关部门、单位成功开展“迎七一、强两学”知识竞赛、足球友谊赛、文艺汇演、中共十九大知识竞赛等。培养团队意识，开展党建知识竞赛、运营知识竞赛、秋季运动会等；关心青年员工，开展“青春有约·天赐良缘”联谊活动，2次召开座谈会沟通交流、组织征文活动引导青年员工献计献策；加强教育培训，建立“学用考”制度，开展外拓营销培训、客户经理培训、多期新业务新知识培训。开展各类金融宣传、公益活动，连续多年向区慈善总会“双日捐”；结对帮扶云集镇玉龙村、玛瑙村15户贫困户实现脱贫。临近春节时，长寿农行组织开展“欢迎您回家”主题营销活动，在长寿火车北站、长寿湖火车站、骑鞍汽车站3个站点设置暖心服务站，向返乡农民工宣传防范电信网络诈骗等金融知识，发放矿泉水，获得返乡群众好评，成功地履行与国有大行相当的社会责任。

（周　强）

2017年中国农业银行股份有限公司重庆长寿支行领导人名录

行　　长：谭晓东（2017年1月离任）
　　　　　任　容（女，2017年1月任）
副行长、纪委书记：罗　军
副 行 长：舒光明　覃　波　廖　骏

中国建设银行股份有限公司重庆长寿支行

【概况】 中国建设银行股份有限公司重庆长寿支行（简称建行长寿支行）成立于1972年。2017年有内设部门7个，营业网点7个，离行式自助银行3个；有在岗员工112人，平均年龄39岁，其中35岁以下40人（员工占比35.7%），平均年龄42岁，大学本科以上文化程度58人（员工占比51.8%），大学专科44人（员工占比39.3%）。

【业务发展】 2017年，建行长寿支行一般性存款日均余额48.38亿元，新增2.86亿元；各项贷款余额41.59亿元，新增9256万元；实现大资产投放15.38亿元；中间业务收入5306万元，在长寿的工、农、中、建四行排位第二；拨备前利润1.46亿元，四行排位第一；贷款不良率2.64%。

【地方经济支持】 2017年，建行长寿支行积极介入长寿区重大建设项目，配合区域经济建设，加大贷款投放力度。克服政策障碍和存贷比过高等不利因素，主动适应消化地方财政收入增速减缓、财政账户清理等不利因素，梳理资金路径，加大政府高层及重点机构客户维护，突出大资产业务的带动作用。强化项目储备，重点做实抓好政府平台公司、学校事业单位、工业企业项目储备投放。加大对招商引资客户资金营销，持续狠抓重点客户，客户账户基础不断夯实；持续优化信贷结构，不断提升客户综合服务水平。重点支持储备新材料、装备制造等行业客户（项目），做大总量、做优结构，通过贷款、投行、资管业务等满足客户的融资需求，各类融资余额61.97亿元，比年初新增16.3亿元。

【内控管理】 2017年，建行长寿支行不断强化风险条线团队建设。设立贷后管理团队，加强合同审查、逾期管理和问题督促整改，加强重点关注客户和逾期贷款贷后管理；优化明确内控检查团队职责，分管行领导牵头、高级风险经理定期组织实施，每月检查所有部门网点全覆盖。优化风险防控机制，持续完善风险条线对业务条线的检查考核机制；推进单位账户集中管理和反洗钱业务集中处理，重塑业务流程；针对在押品管理、重要单证代保管等易发风险部位出台制度规定，做到关键风险操作都有制度覆盖。强化风险监控检查，加强对区域、行业分析研判，明确风险控制重点领域，重点做好平台公司、房地产类客户以及小企业的风险监测和排查。做好案件防控，坚持将内控案防管理作为保障业务发展的重点工作，制定风险内控与安全案防绩效考核办法，完善中干积分考核和重点关注人员管理办法；建立风险内控分析例会制度，扎实开展风险排查、员工行为排查、警示教育、反腐倡廉教育、“两学一做”、“六比六增强”活动。进行防抢、防火、防诈骗的模拟演练，员工风险防范意识和应变处理能力得到提高。风险内控团队有效开展工作，发挥监督职能，促进内控案防基础得到夯实，实现全年无案件、零风险、无重大责任事故“三无”目标。

【企业文化建设】 2017年，建行长寿支行持续加强队伍建设，学习贯彻党的十九大会议精神，持续推进“两学一做”学习教育常态化制度化，发挥党员干部先锋模范作用，坚持行领导联系网点和家访等制度，积极参与慈善募捐和精准扶贫工作，加强群团工作，成立青年志愿者组织。提升员工满意度，开展员工联谊活动、员工读书活动、健步走户外登山、踏青野炊、卡拉OK大赛、拓展训练等活动；完成局部办公环境改造，提高用餐标准，为网点配置小厨宝等生活设施设备、远郊网点配送午餐；增强员工归属感，员工生日、结婚送祝福，员工生病送慰问、员工困难送帮扶；成立羽毛球、乒乓球、足球、瑜珈等兴趣小组，采用多种方式关爱异地员工，组织员工集体生日、退休员工欢送仪式等，营造和谐向上的企业文化氛围。加强员工培养，提拔80后部门负责人2人，聘任专务14人、公司客户经理3人、后备客户经理7人、后备营运主管4人；开展青年后备人才推荐选拔，拓宽青年员工职业成长空间。 （黄 婕）

2017年中国建设股份限公司重庆长寿支行领导人名录

行　长：杨　东

副行长：何　峰（2017年6月离任）

舒潆葶（女，2017年11月离任）

唐　宏（2017年12月任）

王小波（2017年7月任）

高级风险经理：王强升

中国银行股份有限公司重庆长寿支行

【概况】 中国银行股份有限公司重庆长寿支行（简称中行长寿支行）成立于1992年11月28日，是中国银行重庆市分行下辖的一级支行。2017年有在岗员工90人，退休员工16人，党员31人。内设机构为综合管理部、公司业务部、个人金融部、营业部4个部门；下设凤城支行、晏家支行、桃花新城支行、桃源支行4个经营性支行；分布有关口、区医院、中医院、川维4个离行式自助服务点。

【业务发展】 2017年，中行长寿支行各项人民币存款时点余额28.88亿元，较年初的28.57亿元新增0.31亿元，增幅为1.08%；年日均存款余额30.39亿元，较上年日均28.15亿元增加2.24亿元，增幅为7.96%（其中个人存款时点余额16.31亿元，较年初的16.08亿元新增0.22亿元，年日均余额16.71亿元，较上年日均15.65亿元新增1.06亿元）；公司存款时点余额12.57亿元，比年初的12.49亿元增加0.08亿元，年日均余额13.68亿元，比年初12.5亿元增加1.18亿元，增幅为9.44%，日均存款呈稳步增长态势。

各类贷款余额24.46亿元，较年初的15.49亿元增加8.97亿元，增幅为57.93%。其中个人贷款（含信用卡）余额11.26亿元，较年初的11.03亿元增加0.23亿元，增幅为2.1%；公司贷款为13.21亿元，较年初的4.47亿元增加8.61亿元，增幅为195.53%。

不良贷款余额为2976万元，较年初的1059万元增加1917万元，增幅为181.02%。支行整体不良率1.22%，较年初0.68%上升0.54个百分点。

完成计费收入9700.78万元，较2016年同期增加1243.67万元，增幅14.71%；实现净利润2161.52万元，增幅－41.44%；人均净利润23.43万元，减少16.55万元，增幅－41.39%。

【地方经济支持】 2017年，中行长寿支行促进房地产行业发展，支持供给侧结构性改革，去库存，为房地产行业发放委托贷款7500万元；与17个优质房地产开发商保持联系，全年发放个人购房按揭贷款8743万元。支持中小企业发展，发放各类授信225258万元，其中提供传统贷款支持97214万元，办理票据贴现80403万元，开立银行承兑汇票47641万元。刺激地方消费市场，2017年信用卡消费月平均占用额13353万元。关注民生经济发展，为个体微型客户发放贷款290万元。依法诚信纳税，为地方经济提供直接的财政支持，2017年上缴各类税金600.77万元。

【金融服务】 2017年，中行长寿支行发挥国际结算优势，为招商引资企业优化综合服务。为国际结算客户全球询价，降低客户结算成本，为企业提供外汇汇率分析与预测咨询服务，获得客户好评。为营业部、桃花新城支行、凤城支行等人流量大的网点配备智能柜台（集开卡、激活、签约、理财、人民币汇款等业务为一体的智能化设备），缩短业务办理时间，为客户带来更为优质、便捷、安全的金融服务。全面实施理财与代销产品网络公示平台上线，2017年在全辖所有营业网点均实现理财及代销产品登记与公示系统的上线。

【党建工作】 2017年，中行长寿支行狠抓党建责任落实，以从严治党为重点，确保党建各项工作全面得到落实；将“两学一做”学习教育常态化、制度化；推进“职工之家、党员之家”联建改造工作，夯实企业文化培育。抓好基层组织建设，支行制定党建工作绩效考核方案，将党建工作纳入各部门和网点绩效考核，明确支行本部和网点党建工作责任；健全基层党组织架构，将党建工作下沉到基层，支行5个网点全部建立独立党支部，消灭网点党员“空白点”；班子成员每月下网点调研，为网点业务发展进行指导帮扶。狠抓宣传工作，在综合管理部设立党务工作部，选拔年富力强、熟悉业务、精通党建的人员从事党务工作，配备专职党务干事，经办党建、团建具体事务；加强党建宣传队伍建设。突出工作重点，务实创新抓党建。找准党建融入业务切入点和结合点，创新性结合党团工作，在各党支部开展“营销发展我带头”竞赛活动和“党建共建”“团建共建”活动，激励党员团员带头跑市场、做营销、加强银企沟通，各党支部先后到区医院、渝长燃气公司、凤西社区等地开展三进活动12场，与农业发展银行长寿支行、川维物流公司、映天辉等企业开展共建活动7场。

【企业文化建设】 2017年，中行长寿支行加强人才队伍建设，通过公开竞聘、组织选聘的方式，选拔多名优秀员工走上营销岗位。开展内部各项业务培训、外购专业化商务礼仪培训、中层干部核心管理技能培训等，为员工创造自我提升的机会，增强队伍的专业素质和综合能力。关爱员工生活，坚持班子成员接待日制度，拓宽上下沟通的渠道，利用妇女节、端午等节点和与企业共建的契机，开展职工乒乓球比赛、摄影比赛、足球联赛、拔河比赛等文体活动，举办文艺汇演、青年员工座谈会等主题活动，丰富员工业余生活；坚持每月为员工举办生日，增强集体凝聚力。

【社会责任担当】 2017年，中行长寿支行多次开展金融知识宣传活动，到重庆市医药学校，宣传金融安全知识，发放安全知识宣传折页和实际案例解说开展宣传活动，普及金融安全知识，提高学生防诈骗意识；到社区开展“金融知识进万家”活动等。开展“结对传递温暖 关爱留守儿童”公益活动，长寿支行团总支联合长寿区妇女联合会、长寿区妇幼保健院，前往区云台镇“留守儿童之家”，为孩子们捐赠书籍，激励他们自强不息、奋发学习；进行视力、心肺、血常规等体检，向孩子监护人提出日常保健和诊疗建议；给孩子们赠送牛奶、画笔、书包、跳绳、毽子等礼品，为孩子们带去温暖和关怀。（任思虹）

2017年中国银行股份有限公司重庆长寿支行领导人名录

行　长：黎　历（2017年11月30日离任）
　　　　夏黎露（女，2017年11月任）
副行长：廖志勇　程建波（2017年11月任）
　　　　王　尧（2017年6月任）

重庆农村商业银行长寿支行

【概况】 重庆农村商业银行长寿支行（简称农商长寿支行）成立于2008年6月28日。截至2017年末，有51个营业机构、16个便民服务点，内设公司金融部、零售金融部、会计结算部、风险管理部、计划财务部、审计稽核部、保卫监察部、人力资源部、综合部等9个职能部门，3个贷款营销中心和1个集中作业中心；正式在岗员工378人、派遣工8人，其中30岁以下124人，大学本科以上学历237人，党支部有中共党员111人。

【业务发展】 2017年，农商长寿支行坚持“根植地方、服务大众”的信念，以服务“三农”、服务“中小企业”为重点，着重支持小微企业、个体工商户等实体经济发展，为长寿区经济发展提供金融支撑。截至年底，长寿支行各项存款余额141.58亿元，比年初净增5.44亿元，增幅4%（其中，储蓄存款余额110.91亿元，比年初净增7.86亿元，增幅7.63%；对公存款余额30.67亿元，下降2.42亿元，降幅7.31%）。各项贷款余额55.93亿元，下降2.64亿元，降幅4.51%。各项存贷款余额在长寿区银行同业中市场份额排名第一。全年发放贷款36.91亿元，其中，小微企业贷款27.21亿元。支行不良贷款余额4649.9万元，不良率0.83%。当地纳税7370.64万元，增长3.5%。实现业务规模稳健增长、市场份额稳步提升、资产质量保持稳定，经营效益稳中向好。

【地方经济服务】 2017年，农商长寿支行始终本着“服务区域经济、服务中小企业”的初衷，支持当地经济的发展，做好小微金融业务。服务园区企业，采取小微企业集群与商会、商圈“双线”策略，按笔追踪，掌握客户第一手资料，为客户提供金融服务；调动全员发展小微企业业务的积极性，从源头营销、寻找客源，依靠与政府相关部门的持续跟踪营销，运用创新业务品种作为切入点，加快业务结构调整，向区内中小企业提供融资服务。全年向重庆长寿开发投资（集团）有限公司发放内保直贷6887万美元，折合人民币4.4亿元。

【金融宣传】 2017年春节期间，农商长寿支行继续开展“服务众乡亲、情暖回乡路”春运公益活动。以进单位、进村镇、进街道、进市场、进务工聚集地的“五走进”活动为载体，以送关爱、送健康、送财富、送防诈骗知识、送专业知识的“五送”活动形式进行普惠金融宣传。全年开展“五走进”金融知识进万家活动147场，“农商个贷、贷你腾飞”个人贷款产品推介会181场。保护金融消费者权益，开展金融知识宣讲、普及法律知识等系列活动，讲解生动案例，提高群众防范金融风险的能力。

【社会责任担当】 2017年，农商长寿支行认真执行长寿区委、区政府相关工作要求，履行窗口单位的职责和义务，促进全区文明城区建设。通过粘贴公益广告及禁烟标志、安排文明引导员、设置学雷锋志愿服务岗、设置无障碍通道等举措，尽可能为客户提供帮助，提升服务质量。

2017年“服务众乡亲 情暖回乡路”春运公益活动中，在春节前夕农民工返乡期间，组织50余名青年志愿者到重庆及长寿汽车站、火车站，迎接长寿区返乡农民工。为每一位长寿籍返乡人员送矿泉水、糖果、晕车贴，为他们讲解金融知识等；践行社会责任，为实验三小、乐温小学送去关爱，向留守儿童捐赠逾万元的书籍和学习用品；开展龙河镇太和村9户扶贫户的帮扶工作，送去生产生活资料、定期走访，了解致贫的根本原因，从源头上解决根本问题，在“输血”的同时，更注重“造血”。

【案防安保】 2017年，农商长寿支行将安全保卫工作与业务工作同计划、同布置，同检查、同考核。将安全保卫及信访工作纳入全年经营管理目标中进行考评，奖优罚劣，做到安全工作落实有步骤、有目标、有措施、有考核。与各机构层层落实责任，签订责任书。做好外部协防，齐抓共管。四是加强安全培训，提升管理能力，就消防安全“四个能力”建设、火灾预防、灭火及火灾逃生知识进行培训，网点演练覆盖率达到百分之百。长寿支行一直保持案防工作高压态势，全年无重大风险和案件。（孔　杰）

2017年重庆农村商业银行长寿支行领导人名录

行　　长：赵国忠

副 行 长：唐　平　阳登照（补遗：2016年4月任，同时离任行长助理；2017年3月离任）

行长助理：郎　均（2017年4月任）

重庆银行长寿支行

【概况】 重庆银行长寿支行（简称长寿支行）有支行营业部、凤城支行、晏家支行3个营业网点，支行内设综合部/保卫部、公司业务一/二部、零售业务一/二部、计划财务部、风险管理部等部门。截至2017年年末，有员工74人，其中男员工29人，女员工45人，平均年龄34岁；支行17人拥有中级以上职称，58人拥有大学本科以上学历。支行党、团、工会等组织健全，党支部有中共党员16人。

【业务发展】 2017年，长寿支行员工团结协作、努力拼搏，经营业绩逆势增长，主要经营指标完成任务，实现业务稳健发展。截至年末，支行总存款余额为46.6亿元，较年初增长2.35亿元，增长5.3%；广义信贷资产日均40.15亿元，较年初增加8.82亿元；实现考核利润1.15亿元，增长2.53%；当地纳税2651万元；不良贷款率为0.33%，风险可控。

【经营管理】 2017年，长寿支行创新发展资产业务，做大广义信贷资产，运用“双创”基金、平台流贷、信托等方式支持地方社会经济发展。支行注重服务实体经济、支持小微企业，在控风险的前提下全年发放小微企业贷款266笔，金额3.77亿元，新放贷款继续保持不良率为零。

【内控案防】 2017年，长寿支行严控信贷风险，确保资产安全。严格贷款“三查”制度，支行领导带头参与贷前调查。风险部及时充实力量，支行定期分析风险，继续坚持开好每月信贷质量分析会，一户一策应对，坚持关口前移，严防死守，确保不出现大的信贷风险。采用司法诉讼、追偿核销等方式加快不良贷款处置工作。

开展业务条线和内部管理自查。支行开展银监“两两”自查、总行“四加强”内部管理自查、“员工行为管理深化年”系列活动以及合规文化建设等。以思想政治工作统领员工行为管理，配合家访与员工交心谈心，多次开展员工行为排查，从做好“人”的工作入手有效施行案件防控。

持续做好支行安保、消保、信访投诉等工作。部署落实长达两个月的在岗值班工作，确保十九大期间支行的安全稳定。面对银行业第五轮安全评估检验，支行做好自查自纠，最终以优秀的成绩通过评估。继续做好金融消保信访工作，提高全员声誉风险和服务意识；做好文明优质服务工作，防控声誉风险和外部风险传导。2017年，长寿支行继续保持零案件、零事故的工作成果，确保稳健运行。

【企业文化建设】 2017年，长寿支行通过员工家属进支行、工会户外活动、好声音海选、员工故事会、“五有”巡讲进支行、职工小家创建等活动，抓发展驱动内核，增强员工向心力和凝聚力。年内，支行企业文化研究成果获得2015—2016年全国企业文化科研成果二等奖。

【社会责任担当】 2017年，长寿支行继续开展精准扶贫，努力践行重庆银行“五有”文化核心价值中有爱心、有担当的社会责任，扶贫小组多次到偏远贫困村，走访慰问，帮智、送资、赠物对口帮扶。支行通过进校园、进社区、进商圈等开展数十场涉及反假货币、防电信诈骗、打击非法集资、征信等内容的义务金融知识宣传，惠及上千市民，有效履行银行社会责任。（陈　侃）

2017年重庆银行长寿支行领导人名录

行　长：殷　斌

副行长：刘锦波　颜小川（2017年2月离任）

罗　展　杨升达

中国邮政储蓄银行重庆长寿区支行

【概况】　中国邮政储蓄银行重庆长寿区支行（简称邮储长寿支行）于2007年12月28日正式挂牌成立。2013年10月，机构改革后，由原6个部门（综合管理部、公司业务部、个人业务部、信贷业务部、会计核算部和审计组）合并为3个部门，分别为：综合管理部、个人金融业务部、公司业务部。支行营业部及办公场地于2013年9月26日搬至桃花新城桃源西路15号，毗邻区行政中心。2017年年底前，有员工93名，5个自营网点（支行营业部、平湖路支行、渡舟支行、葛兰支行、向阳支行），42个邮政代理金融储蓄网点。

邮储长寿支行已开办各类个人贷款、小企业贷款、公司贷款、供应链融资、银团贷款、票据融资等贷款业务；理财、托管、贵金属等中间业务；绿卡（绿卡通）、信用卡以及IC卡等卡类业务；手机银行、微信银行、网上银行等电子渠道类业务；国际结售汇和国际贸易融资等新业务。中国邮政储蓄银行已从邮政储汇业务拓展到银行多元化业务和服务领域，具备全功能商业银行的综合业务体系，于2016年9月28日成功上市。

邮储长寿支行坚持向大型现代零售商业银行转型的发展战略，坚持走差异化特色发展道路，深入贯彻落实市委、市政府总体要求和工作部署，以服务“三农”、服务中小企业和服务社区为发展定位，发挥资金和网络优势，长寿区支行成立10年为地方经济社会发展提供超过31.87亿元的资金支持。

【业务发展】　2017年，邮储长寿支行完成收入5335万元，实现利润918万元；自营网点存款余额12.25亿元，公司存款余额2.13亿元，贷款结余11.87亿元。小额贷款，与长寿区总商会的小额互助担保贷款项目得到顺利推动，截至年底发放贷款435万元，结余388.68万元。小额担保贷款工作考核获得95分，按分值分配担保金1442万元。争开新业务，拓展业务品种。2017年先后取得家庭农场贷款、烟草贷款、保证保险贷款的开办权限，是信贷业务的新突破。全年实现家庭农场贷款发放575万元，保证保险贷款65万元。

营销小企业及公司项目，成功实现渝长高速路公司贷款放款，全年放款24119万元，收入完成超目标68.73%；取得公司存款回报2000万元。实现小企业税贷通新产品落地。政采贷新产品成功落地，成为全市第一笔政采贷业务。成功营销广平高速路公司授信业务。

【人力资源管理】　2017年，邮储长寿支行对关键岗位人员进行岗位轮换，全年安排岗位轮换28人（次），完成率100%。支行领导对轮岗人员进行离岗前谈话，做好思想工作，激励员工勇于挑战新的岗位。按照年度培训计划组织员工参加总行、分行、支行及外部机构培训，参加银行从业考试、上岗资格证考试，年内长寿区支行邀请专业的外部培训机构对全行员工开展1次外拓培训。支行制定绩效考评办法及相关重点业务考评办法，强化员工绩效管理。年内分行开展一次劳务工转聘工作，长寿区支行转聘1人，总计转聘46人。按照分行关于一级支行人力资源配置优化工作的意见，长寿区支行开展后台人员优化工作，盘活人力资源，后台人员从26人精简到22人，充实前台人员配置，利于支行业务拓展。

【内控案防】　2017年，邮储长寿支行案防安保工作总体成效好，全年保持零人员/车辆安全事故以及零案件的发生，确保无风险事件发生。安全防范能力得到提高。制定切实可行的安全预警方案，通过2次警示教育、3次学习讨论、按季进行检查提醒、半年一次应急演练等，提高全员安全意识；加强对安全防范设备和设施的投入和维护，加大安全隐患整改督促和责任追究的措施。每月对“110”报警器进行系统测试演练，提高员工安全防范意识和人防水平；网点配置24小时保安值守，提高安防能力。重视声誉风险，理清服务投诉处理流程。组织“声誉风险防范、危机事件应对”专项培训。明确声誉风险的牵头部门及联系人员，每季度定期进行声誉风险排查工作，各条线、各部门总结每季度工作情况，按照声誉风险等级划分标准，每季度对各条线的各项工作内容进行风险等级划分；每季度由支行办公室定期组织网点进行声誉风险的演练，形成演练报告，留存影像资料。通过定期的声誉风险演练，提高支行应对声誉风险各种突发状况的能力。有效化解支行声誉风险，沉着应对，冷静处理。

【党建群团工作】 2017年，邮储长寿支行推进思想政治建设，年内召开中心组学习12次，其中反腐倡廉专题学习3次。开展“学雷锋志愿服务月”活动。组织全行员工捐赠闲置衣物，活动期间收集衣物120余件，统一捐赠至郭家沱“百姓衣橱”。开展“两学一做”学习教育活动和党员承诺践诺活动，个人自学、集中学习、支部书记讲党课等方式，把开展“两学一做”学习教育常规化制度化，尽好责、抓到位、见实效。按季度开展党员“政治生日”活动，多形式抓好基层党员、干部的学习教育工作，全方位提高全体党员的党性修养。不断强化组织建设，坚持“三会一课”制度和中心组学习制度，严格执行“三重一大”决策制度，严格执行行务、党务公开，领导班子带头执行反腐倡廉各项规章制度。推进作风建设，领导班子成员经常到基层调查研究，现场走访、召开座谈会等，搜集基层网点经营管理工作中存在的问题和困难，对反映的情况落实对应的部室和人员限期解决。持续深化党风廉政建设，支行领导班子及其他成员在党风廉政建设中的责任分工进行重新明确，层层签订责任书，明确工作职责。

抓好工会组织建设，开展工会活动，在全辖范围开展“凝聚共识 共谋发展”大讨论及岗位竞赛活动，形成共识，围绕储蓄、理财、保险和信用卡等重点项目比学赶超，激发职工干事创业的热情，参与率99%。完善爱心重病互助保障、补充医疗保险，长寿区支行爱心重病互助保障会入会率100%。持续开展冬送温暖、夏送清凉活动。在重大节假日，对重病职工、困难职工、退休职工等开展慰问活动。开展“邮爱公益”健步走、捐献活动，发动客户、朋友为渴望学习的贫困高中生实现梦想出一份力。在“职工小家”验收年中，组织人员迎接验收，取得优异成绩。按季给员工举行集体庆生晚会，使员工感受到长寿区支行大家庭的温暖。（龚 静）

2017年中国邮政储蓄银行重庆长寿区支行领导人名录

行　　长：黄淑娟（女）

副 行 长：马旭升

招商银行股份有限公司重庆长寿支行

【概况】 招商银行股份有限公司重庆长寿支行（简称招商银行长寿支行）于2008年12月25日成立，位于重庆市长寿区桃源大道6号，2017年年底前有1家营业网点；有员工21人，全部为大学本科以上学历，平均年龄33岁。招商银行长寿支行秉承总分行“因势而变、因您而变”的经营理念，推行“二次转型”“轻型银行”“一体两翼”战略，得到稳健发展。招商银行长寿支行党支部获重庆分行2017年度“五好党支部”称号；1名党员获评重庆分行2017年度“四好党员”，2名员工获重庆分行2017年MGM营销明星奖，3名员工获评重庆分行2017年零售银行业务双金拓客明星，1名员工获2017年重庆分行资产配置英雄奖。

【业务发展】 2017年，招商银行长寿支行致力于为长寿地区的个人和企事业单位客户提供最新最好最贴心的金融服务，支持当地经济发展。各项业务稳健发展，业务范围涵盖零售银行业务、公司银行业务、国际业务、同业业务、投资银行业务、中间业务等各方面的众多金融产品和服务：“一卡通”“一网通”“金葵花”财富管理、私人银行业务、个人消费贷款、个人住房贷款、信用卡、集团企业现金管理、手机银行、三方存管、保险、理财、养老金金融、跨境金融、离岸业务、融资租赁、资产托管、开立保函、黄金交易等，在金融市场上享有较高声誉，树立起品牌。

截至年末，招商银行长寿支行存款余额为162336万元；自营贷款19162万元。

【综合管理】 2017年，招商银行长寿支行坚持稳健经营与加快发展相结合的指导思想，注重合规管理和服务提升，将防范案件风险、打造优质服务品牌放在日常工作重要位置；强化队伍建设、创建学习型银行；遵循“服务、创新、稳健”的价值观，从成立开始未发生案件。多项内部管理工作受到上级行好评。（陶世英）

2017年招商银行股份有限公司重庆长寿支行领导人名录

行　　长：王维嘉（2017 年 3 月离任）
　　　　　吴小敏（女，2017 年 3 月任）
副 行 长：吴小敏（女，2017 年 3 月离任）
行长助理：张世韬（补遗：2016 年 11 月任）

上海浦东发展银行股份有限公司重庆长寿支行

【概况】 上海浦东发展银行股份有限公司重庆长寿支行（简称浦发银行长寿支行）位于桃源大道 10 号，地处桃花新城核心地段；内设办公室、营业部、公司部、零售部等部室，设立营业大厅、贵宾厅，自助银行，自助存取款机 2 台。2017 年以“建设具有核心竞争优势的现代金融服务企业”的企业愿景和“笃守诚信 创造卓越”的企业价值观，继续秉承和发扬“新思维、心服务”的企业理念，助推长寿经济社会发展，为客户创造价值，为长寿经济社会发展做出贡献。

【地方经济支持】 2017 年，浦发银行长寿支行以服务地方经济实现“银企双赢”和“政企双赢”为发展思路，继续加大营销力度和市场拓展力度。加强对区政府融资平台公司信贷支持，加大金融服务力度，先后与区内多家平台公司和行政单位、事业单位建立起良好合作关系，为相关单位排忧解难，全年投放贷款、承销债券 9576 万元；加强对各型实体经济的信贷和金融服务支持，有效解决企业资金问题，全年为区内外 12 家各型企业发放各类贷款 8040 万元；创新性开展投资银行业务和金融市场业务，创新开展股权基金业务，代理承销区内政府平台公司发债业务，两项业务在区内金融机构均处于领先地位。

【优质服务】 2017 年，浦发银行长寿支行为客户提供安全、快捷的个人业务。优秀的服务团队和一流的经营环境为消费者提供新的服务体验；有优质多样的资产保值、增值产品供消费者公开透明选择；结算方式安全，结算渠道通畅，可以选择网上银行、手机银行、微信银行、ATM 自助银行、营业网点办理，财务核算和支付合二为一，资金实时到账；加强对个人经营性贷款和个人消费贷款的支持，及时满足市民生活、生产经营需求。全年销售零售业务产品 20 亿元，未发生风险。

【业务发展】 2017 年，浦发银行长寿支行在监管部门的经营计划内，加大授信客户以及无贷存款户的营销力度，完成全年经营目标。在服务地方经济社会发展的同时浦发银行长寿支行也得到较大发展。

（陈文雯）

2017 年上海浦东发展银行股份有限公司重庆长寿支行领导人名录

行　长：李康明
副行长：刘小军

中国人民财产保险股份有限公司重庆市长寿支公司

【概况】 2017 年，中国人民财产保险股份有限公司重庆市长寿支公司（本分目简称支公司）保费收入 10704 万元，各类赔款 7017 万元，上缴各种税金 463 万元。全年支公司承担风险保障金额 19066174 万元，处理各种自然灾害和意外事故赔案 15897 件，承担“三农”风险保障 59694 万元，为逾 11000 人（次）种养殖业主提供保险服务，支付农险赔款 710 万元。

【保险服务】 2017 年，支公司以“人民保险、服务人民”为宗旨，以“做人民满意的保险公司”为使命，恪守“诚信服务、客户至上”的经营理念，履行优秀企业公民责任，发挥人保财险的网络、人才、实力等众多优势，为广大客户提供专业、高效、诚信、便捷、优质的保险服务，为长寿地方经济发展保驾护航。全年为长寿辖区内各企事业单位和人民群众提供风险保障，承办机动车辆保险、财产保险、责任保险、意外伤害保险、货物运输保险、船舶保险，信用保证保险、“三农”保险等业务。

首家承办长寿区“精准脱贫保”，为长寿区 15555 名农村建档立卡贫困人口提供意外伤害保险、大病补充医疗保险、疾病身故保险、贫困学生重大疾病保险和农房保险等一揽子风险保障，承担保险责任 40.77 亿元。

协同推进“政银保”农业增信保证保险工作，建立以政府产业政策为导向，以政府投入资金作为扶持专项资金，以银行信贷资金为基础，以保险公司的保证保险为保障的“政银保”合作贷款体系，为解决新型农业经营主体贷款难问题构筑融资平台，提升金融服务“三农”的能力。

险资直投助力农业发展，着力于解决农业企业在无抵押、无担保条件下，融资难、融资贵的难题，人保财险长寿支公司于9月启动普惠金融工作，开展保险资金直接投向“三农”领域的试点，农户可以直接向保险机构申请贷款，开创险资支农新模式。

做好城乡居民大病保险工作，为全区近76万城乡居民提供大病补充保险；为近3.5万人（次）城乡居民提供大病保险补偿，全年支付大病保险赔款2147万元。

持续推进《重庆市机动车辆保险理赔服务标准（试行）》，从业人员严格按照服务标准开展理赔服务工作；贯彻落实人伤案件提前介入、全程跟踪，加强对死亡、伤残等重大或疑难人伤案件的前期介入和过程管控，规范人伤案件专业化服务；推进微信理赔、免费救援、代办年审、代缴路桥费等增值服务工作；首家引进直升机救援服务，为符合条件的私家车客户赠送直升机救援服务。

做好防范非法集资和消费者权益保护宣传引导，履行反洗钱义务，维护金融秩序稳定和消费者合法权益。

【重要事件】 2017年11月29日，人保财险重庆市分公司与长寿区人民政府签订战略合作协议，双方将本着“合作共赢，共谋发展”“戮力同心，共促民生”“优势互补，推动双赢”的原则，开展多层次、多领域的全方位战略合作。

12月10日，人保财险长寿支公司引入直升机救援服务团队与地面服务团队共同为长寿湖半程马拉松赛事保驾护航。

11月28日，人保财险长寿支公司开展“关爱儿童、爱心捐赠”公益活动，向长寿区云集镇玛瑙小学84名学生捐赠过冬用的床单、被子、枕套、被芯和护颈枕芯。

1月，参加长寿区国资金融办组织开展的保险宣传周暨慰问孤寡老人、失独家庭、留守儿童和困难学生的爱心公益活动。

2017年，人保财险长寿支公司与龙河镇四坪村一位贫困户建立对口扶贫关系，帮助其实现旧房重建，资助其孩子上学和家庭部分生活物资和家具。（文　燕）

2017年中国人民财产保险股份有限公司重庆市长寿支公司领导人名录

总经理：李　林

天安财产保险股份有限公司重庆市长寿支公司

【概况】 天安财险是中国首家按照现代企业制度和国际标准组建的股份制商业保险公司。主要经营车辆保险、财产保险、船舶保险、货物运输保险、责任险、意外健康险等非寿险业务。2017年，天安财产保险股份有限公司重庆市长寿支公司（本分目简称长寿支公司）全年实现区内保费收入599.39万元，支付各类赔款673.2万元，上交税金31万元。长寿支公司地址在长寿区凤城街道桃花大道一号长兴综合楼3楼，客服电话：95505 023－40467733。

【风险防控】 2017年2月，长寿支公司开展2016年度合规经营风险排查，4—5月开展非法集资专项风险排查。为进一步提高机构反洗钱工作规范性、有效性、预防洗钱犯罪，不断提高风险防范能力，促进长寿支公司反洗钱工作有序开展，2017年10月开展反洗钱自查。

【宣传工作】 2017年，长寿支公司围绕“防范洗钱风险、维护金融秩序、共筑坚固防线”主题开展宣传活动，扩大反洗钱工作的社会影响，有效预防洗钱犯罪活动。

“3.15”宣传。围绕公司“一生相伴、为您而变”的服务理念，展开“3.15”宣传活动，在职场悬挂“诚信保险、自主消费”条幅。指导客户下载“车易赔”和“创盈平台”，加大保险教育普及及宣传力度，宣传“天安车易赔”等快速理赔方式，打造“简单理赔就在天安”的服务形象。做到“3.15”期间零投诉。（余剑梅）

2016年度天安财产保险股份有限公司重庆市长寿支公司领导人名录

总经理（主持工作）：袁美容

中国人寿保险股份有限公司重庆市长寿支公司

【概况】 2017年，中国人寿保险股份有限公司重庆市长寿区支公司（简称中国人寿长寿支公司）在岗员工36人，内设个险部、团险部、银保部、综合部、培训部和客户服务中心6个部门，下辖13个营销服务部。在“基础共建、价值共创、利益共享”经营理念指导下，始终把履行社会责任、促进“保障和改善民生”作为重要使命，参与和服务于地方经济建设。

2017年，中国人寿长寿支公司实现保费收入17473.54万元，其中，首年保费8791.50万元，首年期交保费3032.27万元。支付各类赔款2958件1185.34万元，满期及年金给付11138.27万元。向地方缴纳各种税费250.58万元。

【经营管理】 2017年，中国人寿长寿支公司秉承“成己为人、成人达己”的理念，坚持“创新引领、进位争先、强司富员”，加大营销力度和市场拓展力度，圆满完成全年目标任务，各项业务取得长足发展。坚持依法合规经营、诚信建设，持续认真履行反洗钱义务，专项治理非法集资，严格规范销售行为，防范销售误导，加强风险防范，确保全年不发生各类案件。严格履行保险合同，诚信服务，切实保护客户合法权益。加快业务发展，强化基础管理，全面提升公司核心竞争力。

【保险服务】 2017年，中国人寿长寿支公司突出强化理赔服务工作，提高现场查勘力度，小额理赔时限缩短，更好地为客户提供“快速、准确、方便“的理赔服务。加大“科技国寿”投入，为客户安装国寿E宝提供更加专业、便捷的服务，客户通过手机即可实现各种保全服务。不断丰富保险产品和服务内涵，增强风险管控能力和客户服务能力，始终保持专业领先的竞争优势。依托覆盖城乡的服务网络，致力于为社会最广泛的大众提供优质的保险产品咨询和服务。

【社会责任担当】 2017年，中国人寿长寿支公司贯彻落实新“国十条”“渝十条”和区委、区府文件精神，把“加快现代保险业发展”作为中国人寿长寿支公司的使命担当。积极发展“三农”保险，在全区各镇街开展小额保险、老年保险、计生系列保险、失独家庭保险等业务，让保险更好地服务“三农”。追求企业与社会共生共荣，和谐发展，通过各种方式回馈社会，坚持不懈地参与助学、扶贫、急难救助、环境保护等公益事业。

（杨家全）

2017年中国人寿保险股份有限公司重庆市长寿区支公司领导人名录

总 经 理：霍 春

副总经理：余中文 龙 宇

总经理助理：程睿祥

中国平安人寿保险股份有限公司重庆市长寿支公司

【概况】 中国平安人寿保险股份有限公司重庆市长寿支公司（简称平安人寿长寿支公司）成立于2003年6月30日。平安人寿长寿支公司下辖垫江支公司、澄溪营销服务部、坪山营销服务部；内设运营部、培训部、销售管理部、销售企划部、财务室、人事行政室等职能科室。截至年底，有内勤员工78人，外勤员工1980人。

【业务发展】 2017年，平安人寿长寿支公司立足于业务长期稳定发展，着眼于内涵价值提升，树立“可持续、稳健、健康发展”的经营理念，贯彻实施“不过于看重短期绩效，不片面追求保费规模，合理调整业务结构，不断提高服务能力”的经营思路，将稳健的可持续成长作为经营管理的第一要务，业务呈现出良好发展势头，空间不断扩展。截至年底，期末有效保单126519件，当年新增承保85716人（次），实现总保费收入56493.36万元，比2016年增长23.81%；赔付支出6204.1万元，增长35.48%；当年纳税1075.33万元，增长32.09%。

【风险管理】 2017年，平安人寿长寿支公司提升公司的风险管控能力，按照“坚决打好防范化解重大风险攻坚战”的要求，强化忧患意识，积极稳妥处置风险点，守住不发生系统性金融风险的底线。搭建合规组织架构，持续完善各项管理制度，积极主动防范、识别、化解各类风险，坚持依法合规经营，不片面追求规模和速度，确保公司发展稳健合规。

【服务创新】 2017年，平安人寿长寿支公司首先着力提供精准高效的理赔服务，理赔举措不断推陈出新。从2013年的“标准案件，资料齐全，两天赔付”承诺；2015年的“特案预赔、重疾先赔”；到2016年打造的3.0时代理赔服务平台、推出“安E赔”，理赔时间缩短至2.33天；截至2017年底，安E赔赔付金额2499.5万元，受理案件9135件，占总案件数的95.26%；3月，平安人寿又在“安E赔”线上理赔的基础上，持续优化系统、升级服务，推出更加简单快捷的“闪赔”服务，用“服务速度”和“科技创新”击破用户体验痛点，客户从理赔申请到理赔款到账30分钟内就可完成。2017年，平安人寿长寿支公司最快6分钟赔付到账。

【社会责任担当】 2017年，平安人寿长寿支公司为贯彻“以人为本、服务社会”的经营宗旨，积极参与公益活动。开展以“幕天捐书，向善向上”为主题的公益活动，活动形式包含“好书分享”“书籍捐赠”“捐步筹书”等，在2017年平安人寿公司举办的8场线上马拉松赛事中，长寿支公司完赛率75%以上，为乡村图书角的搭建贡献微薄之力；在长寿金融办及保险行业协会的组织下，平安人寿长寿支公司积极参与爱心公益活动，为乡镇孤寡老人等送去冬日祝福。（高　露）

2017年中国平安人寿保险股份有限公司重庆市长寿支公司领导人名录

经理：王拴牢（补遗：2016年6月任）

2017年“六一”前夕，平安人寿长寿支公司慰问留守儿童

非公有制经济

综　述

【概况】　2017年，长寿区非公规模以上工业企业达到225个，占规模以上工业企业数的96.7%，比2016年提升0.62个百分点；从业人数23万；营业收入934.5亿元，增长19.2%；利润34亿元，比2016年同期增加63亿元；税金5.8亿，增长8.1%。全区非公经济市场主体突破5.5万户，增加值增长16%，上交税金增长13.2%，从业人员增长3.6%，劳动者报酬增长3.6%；固定资产投资增长17.6%。

【生产经营成本】　2017年，长寿区非公有制经济生产经营成本有增长势头，用工成本比2016年增长4%，财务费用下降3.9%，物流成本增长4.5%，环保费用增长4%，税费增长4.6%。

【市场销售】　2017年，长寿区非公有制经济国内外市场订单比2016年增长16.9%，产品价格增长3.4%，流通环节成本减低3.1%，货款结算增长13%。

【影响因素】　2017年，国家不断强化对环保问题关注的力度，相关政策陆续出台，中央也已经连续组织开展3次环保大督查。国家环保部、国家发改委、工信部等部委均出台相关文件，对环保压力较大的部分地区和部分行业予以重点关注。长寿区国家级化工园区，环保政策对化工的企业的影响明显。从原材料到成品都需要大量经费投入对排污系统进行改造，使企业增加运行成本。

环保政策趋严对小型企业、民营企业生产经营行为影响或更加显著，自环保政策实施以后，大型企业景气度持续高于小型企业，国企盈利表现也明显好于私营企业。而环保限产对钢铁、火电、水泥、煤炭等主要工业品产量均产生一定影响。

（何　琼）

表 24

2017 年长寿区非公有制经济主要指标

单位：万元

甲	企业个数	从业人员年末数	增加值	总产值	营业收入	利润总额	净利润	上交税金	劳动者报酬	其中：工资总额	资产总额	固定资产原值	固定资产净值	负债总额	资本金	出口产品交货值	固定资产投资完成额
1	2	3	4	5	6	7	8	9	10	11	12	13	14	15	16	17	
总　计	55000	427371	3485693	9347218	8918788	694308	653485	265254	1235090	1181402	5523967	3216429	2651504	3450081	1087518	54060	2979706
一、按注册类型分组	2430	273216	2344921	7475637	7151402	343715	303318	221646	725573	704359	5172737	3011919	2482914	3422320	860651	54060	2711533
1. 内资企业	2412	267959	2106956	6850307	6560885	262935	242806	163099	708025	689624	4641919	2561586	2111677	3071127	644807	32436	2359034
2. 港澳台商投资企业	3	1743	121786	375417	362801	49630	37177	35970	6339	5225	158325	169299	139563	104749	81079	8109	342591
3. 外商投资企业	15	4730	116179	249913	227716	31151	23335	22577	11209	9510	372493	281034	231674	246444	134766	13515	9908
二、按国民经济行业分组	2430	273216	2344921	7475637	7151402	343715	303318	221646	725573	704359	5172737	3011919	2482914	3422320	860651	54060	2711533
1. 第一产业	267	2638	9426	24771	23392	3625	2716	2627	3934	3648	38976	22694	18708	25787	5002	0	6148
2. 第二产业	1712	263630	2241528	7302709	6988101	319275	285010	203933	712436	692170	4535868	2641090	2177216	3000962	829285	54060	2698966
其中：工业	1467	225918	1982958	5016736	4737446	169157	126713	122601	647889	567477	3665274	2312019	1667700	2424971	710656	54060	2321111
3. 第三产业	451	5348	93967	148157	139909	20815	15592	15086	9203	8541	241472	348134	286989	395571	26365	0	6418
三、个体工商户	50985	212705	1140772	1871580	1767386	350593	350167	43607	509517	477043	351230	204510	168590	27762	226867	0	268174
其中：工业	4107	21315	40906	111147	104959	11584	10992	432	36676	34014	28290	20591	16974	3312	13615	0	59732

（重庆市长寿区经济和信息化委员会提供）

中小企业

表25

2017 年长寿区中小企业主要指标

单位:个、人、万元

代码	指标名称	2016年12月止累计 合计	其中:工业	其中:规模以上工业	其中:农产品加工业	其中:食品加工业	第三产业	代码	主要产品产量	计量单位	本年本月止累计
1	企业个数	2200	1224	220	20	16	184	23	发电量	万千瓦时	194504
2	企业从业人员	214368	112530	19426	4036	1152	14238	24	锰矿石	吨	—
3	企业增加值(现价)	2835770.4	170367	1643168.46	55799.15	49005.18	82231.63	25	碳酸锶	吨	—
4	企业总产值(现价)	7562055.31	6876626.92	1194071.51	197628	157830	250994.18	26	原煤	万吨	15
5	其中:私营、个体	6298122.29	9313716.28	972158.54	193746	154589	237154.31	27	农用氮、磷、钾化学肥料总计	吨	11867
6	总产值中:农业产值	212592.75	—	—	—	—	—	28	水泥	吨	1504695
7	工业中:(1)机械制造业	902095	902095	—	—	—	—	29	砖	万块	193947
8	(2)建材业	24660	24660	—	—	—	—	30	布总计	万米	86
9	(3)采矿业	128270	128270	—	—	—	—	31	生丝	吨	—
10	建筑业	781857		—	—	—	—	32	机制纸及纸板	吨	126126
11	工业企业销售产值	6610235.39	6610235.39	—	—	—	—	33	皮鞋	万双	73
12	出口产品交货值	268835	268835	—	—	—	—	34	饮料酒	吨	9905
13	固定资产投资完成额	2811200	2811200	—	—	—	—	35	配(混)合饲料	吨	226000
14	营业收入	8392531	7739985	—	—	—	—	36	食用植物油	吨	3853
15	利润总额	336041	258942	—	—	—	—	37	茶叶	吨	139
16	劳动者报酬	556206	357706	—	—	—	—	38	罐头	吨	—
17	其中:工资总额	516382	316637	—	—	—	—	39	汽车配件	万元	265943
18	实交税金	355322	172619	—	—	—	—	40	摩托车配件	万元	79061
19	资本金	1152085.75	722463.33	—	—	—	—	41	摩托车发动机	台	—
20	金融机构贷款	35256.55	296355.29	—	—	—	—	42	摩托车(成车)	辆	—
21	亏损企业数	138.71	104.76	41.08	—	—	—	43	铝合金压铸件	吨	—
22	亏损企业亏损额	56836.91	5632.32	42591.4	—	—	—	—	—	—	—

(重庆市长寿区经济和信息化委员会提供)

农村合作经济组织

【概况】 2017年，长寿区紧扣区“1+5+2”特色效益农业产业，引领新建农民专业合作社51个、股份合作社21个，涉及水果、蔬菜、粮油、水产、畜禽等种养殖业；总计领办595个农民合作社。制定《2017年长寿区农民合作社发展和示范社建设方案》，给予43个农民合作社和2个合作社示范社扶持资金60万元。拓展农民合作社服务中心服务范围，为60家农民合作社代理记账，为30家农民合作社代理注册。（周建村）

【农业新型经营主体】 2017年末，长寿区有家庭农场624个。其中国家级示范家庭农场1个，市级示范家庭农场13个，区级模范家庭农场9个，区级示范家庭农场134个。产业类型种植业333个（粮食类15个、蔬菜类97个、水果类183个、林业类34个，其它4个），养殖类280个（水产类179个、畜禽类101个），混合类11个。全区有511家农民专业合作社，其中国家级示范社（供销）5个，市级示范社（供销）19个，区级模范社20个。产业类型种植类380个（粮食类46个、蔬菜类63个、水果类194个、果蔬类48个）；养殖类78个（水产类35个、畜禽类43个）；农机、养蜂、农资销售等其他类53个。全区有区级以上农业产业化龙头企业113家，其中国家级2家，市级24家。（唐　榕）

微型企业

【概况】 2017年，长寿区新发展微企1014户，全区总计有微企12625户，带动和解决就业88220人。新发展微企孵化园和微企村各1个，总计有17个孵化平台（其中8个孵化园，9个微企村），入驻微企1037户。

【微型企业服务】 2017年，长寿区微企扶持政策更加优化，及时完成创业补助兑现工作，兑现90户，金额225.37万元，妥善处理遗留问题。与区财政局共同出台区微型企业提质发展奖励文件，加强宣传，奖励提质发展明显的成长型微企7户，兑现后续扶持资金43.34万元，税收奖励51.30万元。服务管理机制更加完善，鼓励集聚发展，指导微企孵化园提升运营绩效，验收并通过1个区级微企孵化园及1个区级微企特色村（其中，雄光同济光伏微企孵化园，已帮助20余户贫困户利用光伏发电获得收益）；开创“公司+科技+孵化园”扶贫帮扶新模式，出台孵化园运营绩效奖励扶持政策，对运营绩效明显的孵化园给予奖励。创新建立创业风险警示机制，帮助创业者规避创业风险，制定发布《微型企业创业风险警示信息收集审核发布管理办法》，发布《长寿区微企创业风险提示》9期，接受风险咨询500余起，帮助近80余人规避风险；《中国工商报》以《帮扶帮到心坎上》作专题报道。监督管理措施更加有力，实地回访微企1200余户，梳理整改问题疑点381条，追回不符合条件的补助金34.81万元，向区公安局移送涉嫌骗取、套取财政资金创业者14名，其中3名国家工作人员移送区纪委处理；结合微企专项审计开展的微企“回头看”专项整治工作模式得到区主要领导肯定，在全区推广。（杨雪莹）

外资企业

【概况】 2017年，长寿区实际利用外资1.6亿美元，比2016年下降21.7%，总量列渝西地区第四位。截至年底前全区外资企业有57家，年内新引进重庆韩进机电有限公司、重庆震宇迪生实业有限公司、重庆乐峰汽车配件有限公司、重庆泰一陆精密模具有限公司、重庆贤明汽车配件有限公司、欧中电子材料（重庆）有限公司、爱德夏汽车零部件（重庆）有限公司7家外资企业。

（胡小敏　汪纯刚）

表 26

2017 年长寿区实际利用外资情况

单位:万美元

序号	项目名称	投资外方企业名称	投资中方企业名称	长寿注册企业名称	合同外资	2017 年实到位外资	累计实到外资
一、以前年度外资项目							
1	初级形态的塑料及合成树脂制造	巴斯夫欧洲公司	—	巴斯夫聚氨酯(重庆)有限公司	39858	700	98805
2	生产汽车零部件、模具;研发汽车零部件及模具;销售自产产品;汽车零部件制造技术咨询、技术服务、技术培训;货物进出口、技术进出口。	(株)金昌	—	重庆金昌汽车部件有限公司	1000	300. 0036	700. 0036
3	电子元器件、电子材料、橡塑制品及金属制品研发、销售	10 个台湾自然人	22 个中国自然人	重庆市寅帛商贸合伙企业(有限合伙)	12. 3102	4. 1802	12. 3102
4	制造:制动器总成、轴承、汽车零部件、普通机械设备;提供汽车零部件设计技术、工程技术及其咨询服务。	BEARING ART CORP.	—	重庆日进汽车系统有限公司	1200	600	1200
5	自动化设备的制造、安装、维修;普通机械设备及特种设备安装、维修;机械零部件销售	SMI ENG Corporation	—	重庆三盛工业设备安装工程有限公司	3. 5	2. 498	3. 5
6	涂料、染料树脂等	北京金刚化工有限公司	—	金刚化工	—	1056	—
7	—	—	—	长寿区开发投资集团有限公司	—	6887	—
8	—	—	—	重庆映天辉化工有限公司	—	260	—

续表

序号	项目名称	投资外方企业名称	投资中方企业名称	长寿注册企业名称	合同外资	2017年实到位外资	累计实到外资
9	—	—	—	重庆博腾科技制药股份有限公司	—	523.79	—
10	—	—	—	重庆日发汽车零部件有限公司	—	324.71	—
11	—	—	—	重庆川维林德气体有限责任公司	—	592.48	—
小　计(11个)					42073.8102	11250.6618	100720.8138

二、本年度外资项目

序号	项目名称	投资外方企业名称	投资中方企业名称	长寿注册企业名称	合同外资	2017年实到位外资	累计实到外资
1	销售、安装：机械设备及机电设备；加工、销售：汽车零部件、铁艺制品；销售：五金交电；道路货运；	郑百寿(韩国个人)	—	重庆韩进机电有限公司	20	—	—
2	设计、生产、销售非金融制品模具、汽车注塑模具、塑胶产品、电子产品(不含电子出版物)、五金配件；仓储服务(不含危险品及易制毒物品)；厂房租赁(以上范围依法须经批准的项目，经相关部门批准后方可开展经营活动	先駿精密有限公司(香港)	—	重庆震宇迪生实业有限公司	438	440.6	440.6

续表

序号	项目名称	投资外方企业名称	投资中方企业名称	长寿注册企业名称	合同外资	2017年实到位外资	累计实到外资
3	汽车零件的设计，生产；制造，销售；手推车、货架、展柜展台、电动车棚、五金交电、家具；铁制品生产、不锈钢加工；销售自产产品并提供相关的技术咨询服务及技术服务；上述产品同类商品的批发、进出口及售后服务	成旻俊（投资性公司投资；朝鲜）	—	重庆乐峰汽车配件有限公司	28.9	—	—
4	汽车零部件生产设备及汽车零部件的设计、生产、销售；销售自产产品并提供相关的技术咨询及技术服务；上述产品同类商品的批发、佣金代理（拍卖除外）、进出口，并提供相关配套服务	金容九、崔永植、崔进旭（韩国）	—	重庆泰一陆精密模具有限公司	20	—	—
5	销售：汽车零部件及配件、汽车装饰材料、物料搬运设备、五金产品、包装材料；汽车零部件组装及技术服务；以服务外包方式从事生产流程管理；货物及技术进出口。	陈永臻（创业投资公司投资）	—	重庆贤明汽车配件有限公司	4.37	—	—
6	生产、销售、研发、进出口：电子级特种气体及半导体生产过程中所需的电子化学品，和与之相关的应用技术及设备工程安装 。	邦盟（日本）资本有限公司	—	欧中电子材料（重庆）有限公司	590.46	311.25	311.25

续表

序号	项目名称	投资外方企业名称	投资中方企业名称	长寿注册企业名称	合同外资	2017 年实到位外资	累计实到外资
7	门铰链、机罩铰链、行李箱铰链、甲板铰链、升降门铰链、门检、动力升降门和制动器(包括手刹或脚刹系统)动力系统(包括动力门和电子控制元件)以及汽车及其相关行业的相关零部件的设计、开发、生产、组装与销售;上述产品与同类产品以及相关零部件的批发、进出口和佣金代理(拍卖除外),提供售后服务和配套服务。	Edscha Holding GmbH(德国)	—	爱德夏汽车零部件(重庆)有限公司	1000	200	200
增资	生产、研发、销售用于电子材料的化学原料制品等	Soulbrain(株式会社)	—	秀博瑞殷(重庆)电子材料有限公司	2000	180	3080
增资	研发、生产、销售工程塑料产品及塑料合金并提供相关的技术咨询服务和售后服务;公司自产产品同类商品的进出口、销售,工程塑料产品及塑料合金原材料的销售,佣金代理(拍卖除外),进出口及相关配套业务	株式会社 LG 化学(LG Chem, LTD.)	—	LG 化学(重庆)工程塑料有限公司	838.16	2466.65	3304.81
增资	生产销售炭黑	中橡(新加坡)有限公司	—	中橡(重庆)炭黑有限公司(独资)	4610	750	6760
增资	研发、生产、销售药用辅料、精细化工产品及相关技术转让;货物进出口;企业管理咨询。	Rettenmaier Asia Holding Gmbh	重庆斯泰克技术材料有限公司	重庆斯泰克瑞登梅尔材料技术有限公司	600	90.93	623
	小计(11 个)				9549.89	4439.43	14096.66
	总计(22 个)				51623.7002	15690.0918	114817.4738

(重庆市长寿区投资促进局提供)

经济管理与监督

发展管理

【长远发展谋划】 2017年，长寿区全面贯彻落实国家五大发展理念和中共十九大精神，按照十三届区委二次全会要求，研究提出加快推进“四个示范区”建设的定位，即：加快建设产业转型升级示范区、创新生态示范区、乡村振兴示范区、开放发展示范区建设。开展长寿区加快融入重庆主城一体化发展战略研究，启动两江新区至长寿区明月山隧道、渝汉高铁和都市快轨等前期工作，争取广涪铁路长寿段、长垫梁货运铁路长寿段、沪渝高速南线长寿支线等纳入市级规划，加快渝长高速公路扩能改造、长江二桥等工程。加强区域经济合作，务实推进与垫江县的结对帮扶工作，加强对龙溪河流域环境整治，推进长寿、邻水“两地四方”区域合作。抓好经济运行监测，年初提出全年经济社会发展目标任务后，坚持每月对全区经济运行态势进行监测，根据每季度各项主要经济社会指标完成情况进行经济分析报告，千方百计保持经济健康发展。

【项目统筹管理】 2017年，长寿区统筹推进322个重大项目，实施年度重大建设项目234个，完成投资301亿元，比2016年增长14%；年度新开工项目91个，完工项目81个。创新重大项目管理机制，修订完善重大项目工作考核细则，建立重大项目任务清单制、关键环节审批流程“一卡通”制、项目经理负责制。加强项目规范建设，制定《长寿区预算内基本建设资金监督管理暂行规定》，加快修订完善《长寿区政府投资项目管理办法》，加强对政府投资项目的监督管理。

【重点改革推进】 2017年，长寿区精准把握供给侧结构性改革。分解下达并统筹推进全区供给侧结构性改革21项重点工作和38项专项年度目标任务，“三去一降一补”成效明显，长寿经开区、工业园区成功获批国家首批产业转型升级示范区和示范园区。推进创新驱动发展战略。实施“一三五十百千”工程，按照《建设创新生态区2017年重点任务分工》工作要求，推进“强化企业创新主体地位、推动重点领域和重点区域创新”等8个方面55项具体计划任务落地见效，经开区科技创新产业园、中科未来城创新产业园、化工品交易市场等创新平台建设顺利推进。推进投资审批“放管服”改革。完成区级行政许可标准化建设，承接市级投资主管部门下放核准事项14个，精简核准及备案事项办理前置要件6项，承诺审批时限压缩率达59%。推进信用体系建设和政务信息共享。“信用长寿”网站、公共信用信息平台建成投用，区政务信息共享交换平台建设纳入全市首批示范试点。探索推进PPP投融资改革，长江二桥PPP项目加快建设，长寿湖旅游提升工程、长寿中科未来城创新产业园PPP项目正按程序报送市政府。争取纳入全市第一批增量配电业务改革试点。编制业主市场化优选方案，鼓励电网企业和社会资本组建联合体参与增量配网投资建设。推进农业转移人口市民化进程，促进城乡基本公共服务均等化。

【招标投标监管】 2017年，长寿区完成503个项目招标工作，招标总限价金额为30亿元，中标合同总价金额26.7亿元，限额以上政府投资项目招标率和公开招标率创多年新高。出台《长寿区进一步规范国有资金投资项目招标投标活动的通知》《关于国有资金投资项目招标投标信息集中统一公开工作的意见》《关于印发进一步加强招标投标活动监管工作方案的通知》《政府投资项目施工单位和中介机构备选承包商信息库管理办法》等4个规范性文件。牵头组建政府投资项目施工单位和中介机构备选承包商信息库。

【价格监督管理】 2017年，长寿区完成区发改委涉及的公立医院改革任务。制定落实全市全面推开公立医院综合改革方面的工作方案、应急预案、价格监测方案等文件，通过集中培训、政策宣传、日监测等方式，公立医院综合改革期间全区医药价格平稳。开展农业成本调查工作。全年完成农业成本调查任务 8 项，完成相关调查分析报告 8 篇，完成全区农资产品价格动态分析报告 12 篇。开展公共停车收费标准调查。出台全区公共停车包月服务收费政府指导价标准调整方案，全区公共停车包月服务收费政府指导价标准调整工作顺利实施。开展农村客运票价收费、教育收费、公立医院综合改革价格行为、涉农收费等价格专项检查 13 个，受理价格举报、投诉、咨询 145 件，查处价格违法案件 13 件，为群众挽回经济损失 131.4 万余元，行政罚没款 316.2 万余元。

【民生基础工作】 2017 年，长寿区编制完成电力设施及通道廊道规划，推进全区电力等能源保障工作，新增变电站 4 个，新增变电容量 48 兆伏安，110 千伏三坪输变电工程、220 千伏渝万铁路长寿湖牵引站供电工程稳步推进。成功纳入全市首批县域配电网（农网）规划试点区县之一，继续全面推进农村电网改造工程，投入 8000 万元，改造线路长度达 625 千米，惠及居民 2 万余户。实施农村基础设施建设工程，下达年度农村畅通工程及农村人居环境建设项目 68 个，总投资 3.34 亿元。强化脱贫攻坚工作，加大对长寿湖镇龙沟村扶贫政策宣传力度，通过进村入户、电话、微信等方式，向贫困户讲清讲透危房改造、医疗、教育、产业、培训、保险等扶贫政策，完善和落实一对一结对帮扶责任，做好一册两表的信息完善工作，巩固贫困房的脱贫成果。

【生态文明建设】 2017 年，长寿区完成区 3 条长江次级河流流域水环境综合治理方案编制工作。从场镇生活、畜禽养殖、工业、湖泊、饮用水、农业、河道等七大领域污染防治入手，分类施策，总计策划项目 81 个，总投资 22.84 亿元。推动龙溪河生态保护联防联控、经济社会协同发展新路径。会同垫江、梁平两区（县）开展龙溪河流域水环境综合治理和可持续发展试点流域申报工作并获得国家批复。实施生态环保与区域经济的协同发展建设。针对长寿区沿江 1 千米范围内化工企业存在环境风险问题制定实施方案，开展并完成区内资源环境承载能力监测预警评价，开展长江经济带负面清单复核工作。（贺　莉）

审　计

【概况】 2017 年，长寿区根据市审计局《关于印发重庆市长寿区审计局主要职责内设机构和人员编制规定的通知》《关于重庆市长寿区审计中心机构编制事项调整的通知》文件规定，重庆市长寿区审计局（简称区审计局）设 7 科 1 室 1 中心（增设 1 个内设机构法规审理科，增加 1 名副科级领导职数），编制 44 人（在编 43 人）。年内实施 5 名科级干部轮岗交流和 6 名科级干部选拔任用工作。根据区委《关于邱建斌任职的通知》、区政府《关于王涛等职务任免的通知》，提拔 1 名业务科室负责人为局党组成员、区经责办主任。

2017 年，区审计局完成各类审计项目 153 个，为区政府年初批准计划总数的 122%，占“五年轮审规划”任务的 28.3%；查出主要问题金额 325501 万元，其中：违规金额 63113 万元，损失浪费 963 万元；实现审计经济成效 43642 万元，其中：审计增收节支 4031 万元（含上交财政 3080 万元），审计后挽回（避免）损失 23055 万元，核减投资额 16556 万元；人均审计经济成效 1119 万元，以审计成效计算的审计费效比为 1/46（年度审计总支出/审计增收节支额）。审计移送案件线索 17 件，其中：向司法、纪检监察机关移送 14 件，行业主管部门移送 3 件。已处理完结并书面回复区审计局的 6 件，其中：被司法处理 1 人，被党纪政纪处分 3 人，被通报批评、补缴税款并罚交滞纳金等 2 件。向区人大常委会报告工作 2 次并获得高度评价，教育重点专项资金审计、卫生计生重点专项资金、区公安局主要领导干部经济责任审计项目获得重庆市审计局行业审计优秀项目表彰。

【重大政策落实跟踪审计】 2017 年，区审计局聚焦“及时深入”目标，推动重大政策措施落实。开展重大政策措施落实情况跟踪审计，将上级审计机关的要求与长寿区经济社会发展实际结合，全年持续组织实施国家重大政策措施贯彻落实跟踪审计，发挥现代通讯技术和大数据分析平台的优势，重点关注全区涉企减负 30 条政策落实情况、行业协会商会脱钩改革推进情况、铁路建设项目征地拆迁节点工作目标任务完成情况、钢铁行业去产能工作、大气污染防治目标任务推进情况、工业污染防治、城镇污染治理项目推进情况等民生实事、重点领域。揭示制度建设不及时、重点项目推进滞后等问题，推动完善区级管理制度1项，推动重大项目建设进度8项，促进及时落实简政放权相关措施3项。

【预算执行审计】 2017年，区审计局聚焦"层级预算"属性，推动预算执行规范高效。以区级预算执行审计为龙头，与税收征管审计、非税收入审计、部门预算执行审计结合，开展不同层级的预算执行情况审计。以重大专项资金、重大建设项目预算及其执行情况为重点，重点关注各部门执行中央"八项规定"执行情况和财政资金经济、社会、环保等方面效用的发挥情况，首次尝试抽调内审人员参与国家审计项目。移送纪检部门问题线索8件，移送主管部门问题线索3件，促进完善管理制度6项，规范财政资金管理34015万元。

【固定资产投资审计】 2017年，区审计局聚焦"五审并举"落实，推动公共投资规范节约。在政府投资项目中以促进政府投资项目规范管理、节约财政资金为目标抓好投资审计。印发《关于报送2017年政府投资项目结算和决算送审统计表的通知》，严格政府投资项目送审程序，规范资料清单，明确要求、落实责任。加强对中介机构的监督管理，严格核查中介机构出具的涉及政府投资项目的报告，1家机构因报告质量问题被核减审计服务费用10万元。坚持厉行节约、实事求是，挤掉工程造价水分，全年审计政府投资项目126个，送审额162042万元，审减投资额16556万元，审减率10.21%。

【经济责任审计】 2017年，区审计局聚焦"履职尽责"要求，推动领导干部依法履责。坚持"全面审计，突出重点"和"积极稳妥、量力而行、提高质量、防范风险"的方针，以促进权利规范运行为目标抓好领导干部任期经济责任审计。关注的重点从财政财务支出向其背后的经济事项、重大决策、关键程序等方面深入，抓住落实责任这个重点，探索开展领导干部自然资源资产离任审计，以统一的工作方案统领各审计组的审计重点、审计文书和质量标准，审计结果纳入区管领导干部任用负面清单。全年完成领导干部经济责任审计项目13个、被审计领导19人。揭示重大事项决策过程、结果记录不全或无记录、工程项目管理不规范应收未收履约保证金、应收未收社会抚养费、违规发放津补贴、赠送购物卡、超职数配备科级领导干部及长期往来款长期挂账等重大问题，在促进领导干部尽责履职、加强廉政建设方面发挥重要作用。

【专项资金审计】 2017年，区审计局聚焦"平衡充分"发展，推动重大民生实事落地。承担国家审计署和市局统一组织的2个专项审计或审计调查任务。在方法技术、力量整合、管理制度等方面进行创新探索，取得很好成效。在教育专项资金审计调查中揭示2个项目未按规定时间建设完成，涉及计划投资额1367万元；2个项目未取得土地使用许可证和施工许可证，仍开工建设；区公益公司代建完工交付使用的项目，14个未经验收就投入使用，31个项目未办理工程结算、财务决算，涉及计划投资额25184万元；贫困寄宿学生数据库信息不完整，证明材料不准确；少数享受营养午餐的学生无申报证明资料；将2016年度营养午餐24.7万元直接发放到学生个人等问题。在社会捐赠款及物资接收管理使用情况专项审计中，发现台式电脑1台计3950元未计入固定资产的问题。

【国有企业审计】 2017年，区审计局聚焦"国有资产"安全，推动国有资本改善经营。以促进国有资本保值增值、增强国有资本服务地方发展能力为目标抓好国有企业审计。坚持"全面摸底、揭示问题、剖析原因、提出建议"的总体思路，对全区国有企业进行全面调查摸排，推动解决历史遗留问题、推动全区国有平台公司改革、推动国有企业的规范经营，向区政府上报要情、专报2篇，移送纪检机关问题线索1件。

【内部审计】 2017年，区审计局聚焦"审计资源"统筹，推动全区内审工作规范。长寿区在所有镇街和16个区级重点单位（部门）设立专职内审机构35个，配备专职内审人员106人。加强内部审计年度计划任务的统筹；加强内部审计人员的统筹；强化内审业务指导，加强审计质量管理。全年完成内审项目145个，审计资金29.5亿元，查出违纪违规资金595.26万元，管理不规范资金1.18亿元，实现增收节支305.14万元，提出审计建议199条均被采纳。

【审计整改】 2017年，区审计局聚焦"有效整改”目标，推动审计整改落到实处。以促进审计发现问题整改落实为目标抓好审计回访。细化对审计整改工作的考核细则，加大对不执行审计决定、不采纳审计意见单位年度考核的扣分比重，对屡审屡犯的单位一次性扣5分；加强对整改落实情况的后续跟踪，持续发力、务求实效。

（刘园园　赵　勇）

统　计

【概况】　2017年，重庆市长寿区统计局（简称区统计局）设5个内设机构，1个参公事业单位，1个事业单位。即办公室、综合科、工业科、投资科、服务业科、农经科和长寿区社会经济调查队、长寿区统计执法队。有人员编制30名，在职工作人员26人。

主动作为，全力做好河长制工作。制定河长制工作方案，成立以副局长为组长的河长制工作小组，安排专人负责河长制工作。区统计局负责的晏家河流域，安排专项资金5万元，聘请专业中介机构编制晏家河一河一策方案。定期不定期地开展晏家河流域巡查，及时将发现的问题向有关部门汇报，协助相关部门对存在的问题及时整改。

【现代统计体系构建】　2017年，区统计局推进统计改革创新，配合市统计局和相关部门建立健全小康社会监测体系、经济发展质量效益评价体系、创新驱动发展战略实施进程监测体系等重要指标和监测体系，完善统计服务供给体系，提高统计服务质量，确保全面准确反映质量变革、效率变革、动力变革情况；开展教育事业、就业质量、社会保障、脱贫攻坚等关乎群众获得感、幸福感、安全感调查；落实推进三大核算制度改革，做好绿色评价工作，健全新产业新业态新模式等“三新”统计调查体系，用科学的指标和真实的数据为区委、区政府提供统计服务与统计保障。

学习领会《关于深化统计管理体制改革提高统计数据真实性的意见》（简称《意见》）《统计违纪违法责任人处分处理建议办法》（简称《办法》）等中央深化改革领导小组关于统计工作的最新文件精神，增强提高统计数据质量和真实性的责任感紧迫感、自觉性坚定性。创新统计工作方法，落实统计数据质量责任制，强化留痕管理，建立追溯机制，注重统计数据生产质量控制，提高基层数据质量，严肃查处各类统计违法行为，严禁弄虚作假，确保统计数据真实准确。

【依法统计】　2017年，区统计局遵守《中华人民共和国统计法实施条例》等统计法律法规，增强统计法律意识，坚持依法统计，严守各项统计规章制度，严守统计“四条红线”，坚持统计一套表“先进库，后有数”“要进库，走程序”的要求，杜绝编造虚拟单位、代填报、修改企业原始统计数据等统计违法行为，切实保障企业独立真实上报统计数据。规范统计数据采集、审核、评估、上报程序，严把统计工作各个环节、关口，充实完善各项业务制度，建立统计工作留痕制度，确保统计工作各个环节有记录、可追溯。严把统计数据质量，加强统计数据审核，通过指标间的对比审核，提高统计数据的逻辑性、关联性和匹配性，提高统计数据质量。

【工业统计】　2017年，区统计局为全面掌握工业发展情况，促存量、挖增量，到经开区、工业园区以及重钢、川维、长化等企业调研，指导企业建立健全原始记录、统计台帐和统计制度，要求企业严格执行统计报表制度，如实填报统计数据。利用统计专网对工业企业主要指标进行实时在线监控，对统计数据异常的企业及时进行核查，摸清数据异常变动原因，杜绝统计弄虚作假。

【建设项目统计】　2017年，区统计局到建设项目施工现场，对所有在长寿的项目施工现场进行拍照核查；继续对全区固定资产投资项目进行拉网式排查，督促项目单位、建设平台公司按照统计报表制度要求，准确及时地填报统计数据，客观反映全区发展实绩。全力抓好外地到长寿的建筑企业、在长寿施工的房地产企业统计工作，及时将其纳入建筑业及房地产业统计。

【服务业统计】　2017年，区统计局继续加强交通运输业、批零住餐业与新型金融业等服务业统计，多次召开专题会议研究，到企业调研，推动服务业企业入库申报。结合国家及市统计局制定的一系列服务业统计的工作方案、报表制度，全面准确及时地做好服务业企业统计工作。

【重点街镇统计】　2017年，区统计局将工作任务重的菩提街道、凤城街道确定为重点统计街镇，在这两个街镇设立独立的统计办公室，明确统计人员编制各4名。两个重点街道均配置独立办公场所，保证统计人员人手1台电脑，配备必要的电话、传真、打印复印以及办公桌椅、文件柜等办公设备，开通统计信息专网，给予统计人员工作经费保障。加强重点街镇统计督导检查，定期或不定期对统计基础建设情况进行督导和检查，发现问题及时整改，确保重点镇街统计工作制度化、规范化。

【基层基础工作】 2017年，区统计局提素质，抓统计队伍建设。区统计局对内设机构进行调整，撤销工业投资科，成立工业科和投资科；对人员分工进行调整，优化内部机构、人员配置。各街镇、各部门均抽调学历高、年富力强、责任心高的人员专门从事统计工作，配备2～3人专兼职统计人员，均开通统计专网，配备电脑、打印机等必要的办公设备，保障统计基础工作顺利开展。

加强统计基础工作指导。年内组织“以会代训”培训基层统计人员2000余人（次）。区统计局专业人员定期到企业、调查户进行统计工作指导，查看原始台账、统计报表等相关基础资料，对统计工作存在的问题和困难，及时进行纠正和指导，帮助基层建立健全统计台帐，完善基层统计工作制度，规范基层统计工作流程

【党建工作】 2017年，区统计局开展“两学一做”学习教育集中学习10次。建立健全机关党建工作责任制，落实机关党建工作局党组负主体责任、党支部负具体责任，调动发挥各方面作用；加强基层党组织帮扶工作，同云台镇八字村“结对共建”以及后进支部帮扶，支持帮扶资金10万元，全年开展“结对共建”组织活动2次；到云集镇华福社区开展党员进社区服务活动1次，结合创建文明城区，帮扶资金5万元。

严格执行《干部任免管理条例》，按照干部晋升程序，确保科级干部任免工作的顺利开展，年内有1名同志走上副处级领导岗位，2名同志走上正科级工作岗位。 （李永鑫）

国资金融管理

【重点国企改革】 2017年，长寿区开展区属国有企业全面摸底调研工作，出台《区管重点国有企业整合改革方案》《区管重点国有企业领导班子成员管理体制机制方案》《区投融资平台管理机构改革实施方案》和《区管重点国有企业薪酬及相关待遇管理方案》等区管重点国有企业改革方案。区管重点国有企业经营管理团队组建工作完成，改革方案推进平稳有序。

【非平台类国企改革】 2017年，长寿区开展专业第三方咨询机构全面摸底调研工作，开展区非平台类区属国有企业改革专项调研，对除区管重点国企以外的其他26家企业进行实地走访和座谈，核实非平台类区属国有企业的经营状况、企业职工人数和待遇、企业职工身份、企业存在的问题和企业改革的意愿等情况，根据调研的结果整理非平台类区属国有企业分类改革建议。拟按维持现状类企业、合并到区管重点国有企业和关闭、出让改制类企业等将企业分成三类推进改革。

【区属国企管理】 2017年，长寿区紧抓区管重点国企改革的有利时机，推进制定国企管理制度，完成《区属国有企业管理暂行办法》《区管重点国企领导人员管理暂行办法》《区管重点国企负责人绩效考核和薪酬管理暂行办法》《关于加强区属国企负责人履职待遇、业务支出管理的通知》《区属国有企业投资监督管理办法》文件的制定。

【金融风险防控】 2017年，长寿区防范化解重点领域金融风险，深化金融风险防控体制机制建设，防范化解非法集资、互联网金融等重点领域金融风险。创新宣传方式、丰富宣传内容，组织开展形式多样的金融风险防范宣传教育活动，提升群众金融风险防范意识。继续发挥多部门联动综合执法机制优势，持续开展各类金融风险排查整治工作，及时化解风险苗头；年内全区无非法集资、互联网金融等领域刑事案件发生。强化非法集资案件分类处置，落实专人，加快案件处置进度，推进非法集资积案化解工作，年内化解积案2件。主动搭建非法集资涉案资产处置平台，年内为2个非法集资受害群体挽回经济损失348万元。稳妥处置重要节日、敏感节点非法集资领域信访问题，维护社会稳定，全年未发生因非法集资引发的到区到市集访群访、进京非正常上访或个人极端事件。全区非法集资、互联网金融等重点金融领域风险总体可控，守住不发生系统性、区域性金融风险的底线，金融生态环境持续向好。相关经验做法及成效得到市领导、国务院处非联办、市金融办肯定。

（陈 航）

国土资源管理

【概况】 重庆市长寿区国土资源和房屋管理局系长寿区政府的工作部门，内设15科1室，下辖直属事业单位13个和片区基层管理所11个。2017年，职工人数471人，其中机关24人、直属事业单位157人、街镇管理所49人、招聘88人、退休153人。

【耕地保护】 2017年，长寿区落实最严格的耕地保护制度。层层签订耕地保护目标责任书，将耕地保护工作纳入对各街镇的经济社会实绩考核，落实耕地保护责任。按照国家“占一补一、占优补优、占水田补水田”的要求，完成建设项目耕地占补平衡任务，实现补充耕地149公顷。建成高标准基本农田1640公顷。调整提高耕地开垦费标准，全年收取耕地开垦费3874万元。完成耕地质量等级年度更新评价工作。全面完成市政府下达的2017年耕地目标任务，顺利通过检查验收。

完成永久基本农田划定工作。划定全域永久基本农田面积37658公顷，层层签订基本农田保护责任书1800余份，设立基本农田标志碑19块和村级基本农田保护宣传橱窗204块，下发村级基本农田保护图册660套。划定成果作为全市首批通过市级、国家级验收的5个区（县）之一，实现“目标不减少、质量有提高、布局更优化”的划定目标，为现代农业和农村发展留足空间。划定工作获国土资源部、农业部联合通报表彰。

完成全区第一批4个示范村村规划编制，启动62个村村规划编制工作。全区土地利用总体规划调整方案已经市政府批复，新增城镇建设用地空间6平方千米。全年获批用地计划23宗，面积386公顷。报批征地项目85宗，面积2497公顷。其中征转一体可作为建设用地的项目29宗，面积407公顷；化解历年“预征地”项目56宗，面积2090公顷。征地获批数量位列全市第二位。

【土地供应】 2017年，长寿区精心组织强化土地供应，在极其困难的情况下，全年供应土地123宗，面积1136公顷（其中国有建设用地107宗，面积372公顷；国有农用地16宗，面积764公顷），实现土地合同收入66.29亿元。办理国有土地储备4宗，面积16公顷。办理土地划拨转出让等补缴土地价款审批17项，实现收入4900万元。加大土地价款催缴力度，催缴入库土地出让欠款1.43亿元。全年实现土地财政入库收入53亿元，既保障全区招商项目落地，又完成土地出让任务。

依托土地市场动态监测与监管系统，落实土地利用动态巡查相关规定，加强土地供后监管，开展2013年及其以后居住用地出让合同执行情况清查工作。开展闲置土地查处，对13家企业14宗土地进行闲置土地调查处理，全年无新增闲置土地发生。加强地价管理体系建设，完善地价管理政策，补充制定公共服务项目用地基准地价，局部更新基准地价体系，更好地支撑和服务土地有偿使用。

【土地整治】 2017年，长寿区抓好农村土地整治，助推城乡统筹发展。按照“立项一批、实施一批、验收一批”工作思路，推动土地整治项目与现代农业园区建设、规模化特色农业发展、发展乡村旅游等方面相结合。全年实施土地整治项目14个，实施规模2746公顷，其中通过市级验收项目8个。编制完成“十三五”土地整治规划、废弃园林地调查规划、历史遗留损毁土地调查规划。中德合作·梓潼项目土地整理工程全面完工并通过市级验收，完成市级资金投入3900万元。完成洪湖镇五龙村等3个贫困村项目，助推脱贫攻坚。加大土地整治工作宣传力度，出品微电影《不会说话的土地》，拍摄《火与土的交响——土地整治在长寿》宣传片，编制《保护耕地 造福子孙——长寿区基本农田保护宣传掠影》图册，展现长寿区农村土地整治的成效和风貌。

以适应复垦新形势、探索补充耕地新渠道为目标，把握推进复垦工作着力点，探索引导贫困农民利用宅基地及附属设施发展民宿旅游、养老服务设施。开展历史遗留工矿废弃地调查、建立完善全区工矿废弃地数据库，完成全区第一批8个历史遗留煤矿复垦复绿环保督查任务。完成21.33公顷灾毁农用地认定工作，包装灾毁农用地开发整理复垦项目26.67公顷。完成全区建卡贫困户复垦项目市局备案工作。完成59个复垦项目专项资金检查工作。办理户改退地3批（次），涉及农户93户、167人。

【基础管理】 2017年，长寿区继续发挥全国不动产统一登记试点示范作用，在全市率先建立城乡统一的不动产登记体系。全年受理不动产登记656170件，办结不动产登记65138件。优化窗口建设，争创“全国百佳不动产登记便民利民示范窗口单位”。2016年度土地变更调查工作顺利通过市、部验收。启动2017年度土地变更调查和第三次土地调查工作。完成2016年度城镇地籍调查更新汇总。着力化解城镇房屋办证历史遗留问题和农民新村办证问题。

加强勘测规划管理，制定成果质量管理办法、限时办结制度等，强化派驻基层国土房管所测绘员“双重管理”模式。启动建设测绘成果运用管理系统及数据清理工作。全年完成287个用地项目土地勘界及报告编制，面积1090公顷，地形图测绘面积33公顷；完成不动产登记地籍测绘1551宗；完成其他土地勘测、界限核准、面积测算、报告编制业务507件；完成房屋测绘1436幢322万平方米，新建不动产登记附图3.1万幅，二手房配图2795幅，建楼盘表423幢；完成土地规划和调查类项目22个。

【科技创新】 2017年，长寿区强化国土房管科技创新驱动，提高信息技术支撑能力。提高国土房管信息化服务水平，建立完善涵盖土地、房屋、矿产和地质环境等31类业务数据，建成“一张图”核心数据库，国土资源“一张图”一期工程全面完成，正式启动二期工程建设。建立城乡一体的不动产登记档案管理系统及国土房屋业务档案管理系统，形成全数字化档案。推进国土房管各子业务系统建设，启用不动产登记数据自助查询终端。形成国土房屋业务全方位、多层次的数据管理体系及涵盖国土资源“一张图”、地质灾害应急指挥、档案管理、国土房屋业务管理系统的信息化建设整体框架，实现信息化建设逐步从内部专网向外网全面共享，以业务为核心的管理模式向以群众为中心的社会服务方式转变，国土资源和房屋管理信息化水平走在全市前列。

【地灾防治】 2017年，长寿区健全地质灾害防治综合体系，夯实防灾减灾工作基础。强化地质灾害防治共同责任机制、365天24小时应急值守和群测群防预警机制，建立健全地质灾害防治群测群防员、片区负责人、驻守地质队员、区地质环境监测站“四重”网格化管理体制机制。落实巡查排查、专家驻守、应急值班、灾情会商、信息报送以及应急处置等制度。突出抓好重点时段、重点区域地质灾害综合防治。完成高位地质灾害隐患点排查、库区危岩调查、影响长江航道地灾涌浪调查三项专项调查任务。编制印发年度地质灾害防治工作方案。完善地灾防治信息化管理系统和应急指挥中心建设，修订全区突发性地质灾害应急预案，强化应急物资的储存及管理工作。建立完善区、镇（街）两级地质灾害应急救援队伍。全年实施地质灾害治理项目22个，已完工9个，完成投资2086万元。下达小微地灾治理项目计划15个，已完工10个，完成投资221万元。实施“金土工程”搬迁避让项目1个，搬迁8户22人。完成地下水位监测建点13个。完成地质灾害隐患点销号32个，全区地灾隐患点由2016年的305处减少到273处。

【矿产管理】 2017年，长寿区依法履行矿产资源监管责任，严格落实中央环保督察反馈问题整改任务要求，制定全区矿山环保问题整改工作方案，完成25宗采矿权关闭退出任务。按照横向到边、纵向到底的要求，抓好矿产资源开发监管“八项制度”的细化落实，对全区矿产资源开发利用情况开展全面巡查，坚持按期对所有矿山企业开展矿业权实地核查，及时掌握矿山企业开拓开采、储量变化情况。持续开展矿产资源“打非治违”专项行动，全年依法查处越界开采违法行为17起，缴纳罚没款98万元。顺利通过国务院安委会矿产资源开发利用安全生产督查和回头看检查。严格执行矿业权人勘查开采信息公示制度，信息填报公示率100%。加快绿色矿山建设，执行矿山地质环境保护与恢复治理保证金制度，全年缴存保证金1300万元，累计缴存保证金4500万元，缴存率90%。推进矿山地质环境分类恢复治理，改善矿山自然生态环境。

【国土执法】 2017年，长寿区全面推进法治国土房管建设，深化“放管服”改革，组建行政审批科，在区行政审批服务大厅增设国土房管综合服务、公廉租房受理窗口，方便和满足群众办事。建立完善行政审批服务制度，推进网上行政审批改革，优化行政审批流程，实行行政审批业务网上标准化运行，促进行政审批提质增效。持续清理调整行政许可项目，行政审批事项从原来的39项减少为22项；按规定取消22项非行政许可事项和“物业服务企业三级资质”行政许可事项。

开展2016年度土地矿产卫片执法检查工作。国土资源部下发长寿区2016年度土地疑似违法图斑583个、新增建设占用耕地171.87公顷。经核查认定，长寿区违法用地图斑63个、占用耕地11.47公顷。立案查处整改到位图斑32个，耕地面积9公顷，已通过年度卫片执法检查市级验收。矿产卫片疑似违法图斑11宗，经核查认定合法开采5宗，违法无证开采5宗（越界开采3宗，无证开采2宗），停工停产1宗，已全部查处整改到位。

做好国土资源日常执法监管工作，全年立案查处土地违法案件90件，结案65件。组建国土资源专职巡查队伍，设立“12336”国土资源违法举报电话。开展2017年度第一、二期全天候遥感监测图斑查处整改工作。参与区违建办整治违法建筑3382宗，面积31万平方米；消除在建违法建筑106处，面积1.7万平方米。（袁国勤　余　杰）

土地储备管理

【概况】 2017年，长寿区根据2016年7月《关于调整我区土地储备机构的通知》文件，整合原重庆市长寿区土地储备中心和长寿经济技术开发区土地储备中心，设立重庆市长寿区土地储备中心（简称区土储中心）。为区国土房管局管理的公益一类事业单位，机构规格为正处级，经费形式为财政全额拨款；主要负责全区范围土地储备任务，负责土地储备资金的筹集和监督管理。根据2017年5月《关于收回区土地储备中心人员编制的通知》，区土地储备中心编制数减至16人，其中，主任1名，副主任3名，内设机构领导职数8名。内设机构分别为：办公室、财务科、土地储备科、工程管理科。年底实有编制人数14人，其中主任1名、副主任1名、科级及以下人员12人。

2017年，完成储备土地23宗，面积190.22公顷，提供资金15.45亿元。

【土地储备】 2017年，长寿区编制上报储备计划，科学编制并获批2017年长寿区土地储备计划57.53公顷。全年储备土地11宗107.24公顷，完成计划的186.4%；通过收购储备经开区2宗闲置土地26.92公顷，及时供给园区企业，有效缓解园区用地瓶颈。保障项目建设，为全区项目建设提供储备土地23宗190.22公顷，其中涉及区级重大项目建设11个，储备土地15宗160.02公顷。参与解决拆迁遗留问题和卫片违法斑图整改工作，配合区国土房管局、区城投（集团）公司开展长洪路拆迁工作中罗某某户的搬迁和长洪路园丁路20号大楼拆迁事宜；配合晏家街道储备土地支持卫片违法斑图整改工作。

【土地储备资金管理】 2017年，区土储中心合理调度，发挥土储资金使用效益，全年向平台公司提供资金15.45亿元，全部支持重大项目建设和偿还债务，有效缓解全区建设资金紧张困难。加强催收，确保土储资金安全，采取发函、电话、上门等方式催收借用土储资金，坚持每月、每季度编写资金平衡报告报区政府和相关部门，提前掌控债务风险，确保债务偿还和借款按期足额收回。全年收回借款本息11.84亿元。筹措资金，完成债务清偿，通过按期收回借出资金本息和积极争取政府债券资金等渠道筹措资金，提前偿清土储债务13.82亿元，完成区政府债务管控目标任务。彻底整改过去土储融资和土储资金使用中的不规范行为，通过提前收回土储借款和用政府债券资金置换土储债务方式，及时整改不规范融资5.63亿元；彻底整改长寿工业园区购买服务项目；整改收回违规使用土储资金9.54亿元。有序申报土储专项债券，对全区2018年建设项目进行调研，广泛征求意见，通过筛选，经区政府同意后，及时申报长寿区渡舟街道太平甘蔗村片区土地储备项目专项债券3亿元。

【党建工作】 2017年，区土储中心开展集中学习16次、专题讨论3次、上党课4次、主题党日活动7次。以党建带群团为抓手，到长寿湖廉政教育警示基地参观学习、党章党规党纪知识竞赛、清明节“缅怀先烈、重温入党誓词”、白公馆渣滓洞红色教育等活动15次。推进落实各项党建重点工作，制定《2017年在职党员到社区报到工作方案》《城乡基层党组织结对共建实施方案》《后进基层党组织帮扶工作方案》等，进村开展结对共建、帮扶、扶贫工作。支持石堰镇的金星村和木耳村办公经费1.4万元，帮扶项目全部竣工；协调区交委等部门帮助木耳村解决公路建设资金5万元；到凤城街道三洞村开展脱贫工作，实现分配贫困户全部稳定脱贫；支持菩提街道朝阳社区专项经费3万元。（韩　林）

土地房屋征收安置

【概况】 2017年重庆市长寿区土地房屋征收安置办公室（简称区征收办）实施渝长高速扩能、长江二桥、农副产品交易市场、比克电池、工业集群、汽车配套项目、中科未来城、长寿湖恒大地块等征收项目35个（含2017年前未实施完毕项目），征收土地1931公顷，拆迁农房4224户、拆房46万平方米，人员安置7132人，住房安置7574人。征收办与时俱进，针对户籍制度改革对征收工作带来的影响，与公安、社保等单位沟通协调，改进以往的户籍审核制度，实现征收工作与户籍制度改革的无缝链接，确保征收工作的顺利推进。

【重大项目征迁】 2017年，长寿区域物流中心初具雏形。为提升长寿区渝东南农副产品交易市场档次，2016年底启动农副产品交易市场项目建设，区领导高度重视、亲自督办，全办干部职工齐心协力，与渡舟街道密切配合，经过不懈努力，提前完成渡舟街道2个村、8个组、39.13公顷土地、275户农房拆迁安置工作。

交通建设征迁如期交地。长寿作为重庆特大城市向三峡库区辐射的重要中继站，渝长高速扩能项目是事关交通瓶颈疏通的重点项目；由于交地时间紧，又全是线型征地，矛盾突出。区征收办发挥主导作用，拟定征收工作方案，逐一落实工作责任，在两个月内完成260公顷土地、580户农房征地拆迁工作，按期交地，确保项目的施工建设；涉及北城大道连接道、南北中路（一路）、纵次路二线北延伸段等城市交通建设项目的62公顷土地、158户农房、607人的征收工作也提前完成。

生态建设征迁平稳推进。为确保长寿绿色发展，区征收办探索创新征迁工作方案，干部职工深入一线，克服困难，推进长寿湖恒大项目、罗山半岛、太极岛桂花村等旅游项目的土地征收工作，征收土地133.33公顷，拆迁农户600余户。

工业集群建设初具规模。工业集群的打造是长寿区2017年目标任务之一，随着比克电池、汽车配套项目、中科未来城等项目1100余户农房的快速拆除、240.47公顷土地的交付，长寿区工业集群建设已初具规模。其中中科未来城自8月底启动征收工作到年底，短短两个月内签订协议409户，完成率97%。

遗留问题攻坚。长寿区有征迁历史遗留未拆迁户732户，涉及9个街镇、10个平台公司、32个项目，年底前已完成江南菲力克斯、渡舟白鹤苑、晏家龙门桥水库等项目140余户遗留问题的处置工作。

【信访维稳】 2017年，区征收办坚持信访稳定工作“一岗双责”，全年办理信访件165件，接待来访群众600余人（次），配合到市进京劝返接访21人（次），及时有效化解八颗美满村、八颗干滩村和云台、石堰、双龙、龙河等镇渝万铁路建设项目村民的矛盾纠纷；及时对包案信访户朱某某等4人开展攻坚化解工作，相继组织召开专题会23次、公开接访约访21次、劝返12次；十九大期间压实工作责任，及时制定工作方案，坚持日研判制度，联系街镇配合开展政策解释工作，走访信访人180余人（次），公开接访65人（次），及时上报维稳信息28期，确保征地拆迁领域的信访稳定。

【司法强拆】 2017年，区征收办强化依法办事及尊法守法学法用法的意识。征收办普法工作任务全面完成，取得显著成效。渡舟路改扩建项目、经开区生态防护屏障项目等涉法涉诉案件全部得以依法处置。2名领导干部参加现场考试及旁听庭审，25名干部职工参加网络法治理论考试，全部通过考试。年内全区推进司法程序98户，其中集体土地征收67户，国有土地上31户。依法强制执行5户、促签约21户、促搬迁4户。对经开区生态屏障项目龚某某、北城大道高氏兄弟等户的司法强拆，起到拆除一户、带动一片的社会效果。

【党风廉政建设】 2017年，区征收办坚持党管干部原则，着力培养选拔党和人民需要的中层干部；严格干部选拔条件、程序和纪律，2017年选拔任用科长1名、副科长3名。

落实党风廉政责任，坚持用制度管权、按制度办事、靠制度管人，贯彻落实中央八项规定，开展“四风”及侵害群众身边利益专项整治活动，适时开展警示教育。2017年，区征收办按时向纪检组报送党风廉政建设落实情况，开展专项自查，开展廉政教育260余人（次）、警示教育活动5次，发送以廉洁从政为主题的手机短信25条、675人（次）。没有发生一起干部职工违规违纪行为。

求真务实，密切联系群众，关注民生，2017年区征收办领导干部下访、约访和基层调研等，解决群众反映的热点难点问题79个，有效化解朱某某、汪某某的信访积案。（简　勇）

公共资源交易管理

【概况】　重庆市长寿区公共资源交易中心（简称区交易中心）成立于2011年6月28日，2017年为区政府办公室管理的副处级全额拨款参公事业单位。交易中心有人员编制18名，设主任1名、副主任2名；内设机构6个，规格为正科级，分别是综合科、监察科、政府采购中心、政府采购服务科、工程交易服务科、产权交易科。办公地点2017年8月由原址桃源西路10号搬迁至菩提大道251号。

2017年，完成政府采购225宗，成交金额2.73亿元，节约资金4127.01万元，节资率13.13%；工程建设招投标503宗，成交金额26.73亿元，节约资金3.27亿元，节资率10.89%；国有建设用地使用权出让50宗，成交总价9.45亿元。全年增收节资3.68亿元。

【基础建设】　2017年，区交易中心统一交易平台建成。重庆联合产权交易所集团长寿直属支所年底前正式从区财政局移交到区公共资源交易中心代管，整合工程建设项目招标投标、土地使用权和矿业权出让、国有产权交易、政府采购等交易市场，建成统一的公共资源交易平台，对防止公共资源交易碎片化，加快形成统一开放、竞争有序的现代市场体系起到积极作用。运行管理水平提升。有新办公场地2324平方米，分设办公区、开标区、评标区、监控区和产权交易区5个区域；将开标区域和评标区域实行物理隔离，24小时录音录像，严禁未经监督许可人员进入评标区域，防止有关人员与评标者串联而影响评标。将长寿区公共资源交易网的服务器搬迁到水土浪潮机房，新增双机热备系统1套，通过等保三级备案测评，保证交易网站的安全稳定运行。新增2家银行承办投标保证金的代收代管，以相互制约方式防止信息被非法获取和泄露；及时查找招投标管理系统和保证金管理系统中存在的漏洞，修复和完善系统漏洞2起，防止工作人员通过系统漏洞泄露交易信息；对银行商户系统的帐号管理进行相互制约，防止泄露交易信息。

【协调联动】　2017年，区交易中心配合有关部门进行信息公开，在“长寿区公共资源交易网”“重庆市公共资源交易网”“长寿区政府门户网”“重庆市招标投标信息网”发布消息2000余条，且无错发、漏发、推迟等影响项目进度问题发生，市区两级公共资源交易网年内新增公开信息385条。协调国土部门完善土地出让竞买条件，将竞买人购地资金来源、企业信用报告、禁止参与竞买的市场主体名单等内容纳入竞买申请条件中，规范国有建设用地使用权招拍挂程序。协助财政部门完善采购程序，对《竞争性磋商采购方式管理暂行办法》的有关规定执行进行完善，凡公告期满只有2家投标人参与投标的情况，只要采购人同意，可按规定继续组织开评标，提升招投标工作效率。继续推进诚信体系建设，按照《重庆市人民政府办公厅关于进一步规范国有资金投资项目招标投标活动的通知》和《招标公告和公式信息发布管理办法》等相关规定，发挥公共资源交易平台作用，配合各级部门推进信用制度建设，落实诚信体系建设相关工作，开设发布窗口、制定发布流程，及时反馈，将信用评价结果运用到具体的招标投标过程中，严厉打击围标串标行为。

【队伍建设】　2017年，区交易中心坚持抓好业务素质教育，年内组织5批（次）职工参加有关部门组织的业务培训，全面系统地学习“五个标准招标文件”、财政部第八十七号令等，提升干部职工业务水平。坚持抓好思想素质教育，全年召开干部职工大会16次，传达贯彻十九大精神，以及中央、市区有关党风廉政建设的精神；组织党员参加区政府办党支部主题演讲、知识竞赛，观看微电影《2015年长寿区违纪违法典型案例》《两名严重违纪干部忏悔录》；认真贯彻落实中央八项规定精神，督促干部职工自觉遵守党纪政纪。严格日常教育管理，工作人员严格遵守交易中心工作规范，做到不泄露招投标、政府采购有关保密信息，不为投标人审核、制作投标文件，杜绝“吃、拿、卡、要”行为；重申操办婚丧喜庆事宜有关规定，规范职工的“礼尚往来”。（周　朋）

工商行政管理

【概况】 重庆市工商行政管理局长寿区分局（简称区工商分局）是主管长寿区市场监管和行政执法工作的，市工商局垂直管理的行政机构。其主要职责有15项。

2017年，区工商分局有内设机构12个［办公室、组织人事科（挂监察室牌子）、宣传教育科、法规科、财务装备科、非公有制经济组织党建工作科、微型企业发展监督管理科、企业注册登记科、企业和个体私营经济监督管理科、市场监督和消费者权益保护科、商标和广告监督管理科、企业信用体系建设管理科］，有直属行政单位1个（经济检查执法支队），社团组织1个（工商学会），有派出机构11个（电子商务监督管理所、城内工商所、与江南工商所合署办公的河街工商所、晏家工商所、江南工商所、渡舟工商所、葛兰工商所、云台工商所、双龙工商所、长寿湖工商所、洪湖工商所）。截至2017年年底，全局有人员205人，其中在职人员115人（专科学历18人，本科学历93人，研究生学历4人），退休干部90人。

2017年，区工商分局落实商事制度改革，履行工商管理职能职责，取得明显成效。宣传工作可圈可点，《重庆日报》、"重庆卫视"、《红盾之声》多次刊发，4篇作品荣登《中国工商报》重要版面，摄影作品《不忘初心》获全市工商系统摄影大赛一等奖，作品《守护学子》获《中国工商报》全国摄影大赛唯一一等奖。创新思路，发挥协会作用，助力行政监管，在全市开创社会共治监管的工作新模式。联合区农委开展"双随机、一公开"跨部门联合抽查监管，成立全市首个跨部门"双随机、一公开"联合执法抽查小组，成效显著，得到市局和区委、区政府肯定。江南工商所被团市委命名为市级青少年维权岗。

【商事制度改革】 2017年，长寿区新设立市场主体7634户，全区市场主体总量为57121户（其中内资企业15519户），总体呈现稳步增长、发展向好的态势。

实现"二十证合一"。在推行企业"五证合一"和个体工商户"两证整合"之后，实施"十证合一"改革，出台《关于印发长寿区"多证合一"登记制度改革实施方案的通知》，实现"二十证合一"。全区发放"一照一码"营业执照2.7万份。贯彻落实《国务院关于在更大范围推进"证照分离"改革试点工作的意见》，长寿区成为重庆市"证照分离"试点区县之一。提升注册便利水平，推行企业登记全程电子化，企业可通过互联网进入设立、变更、备案、注销等环节，截至年底，全区办理全程电子化384户。发放电子营业执照，依托网上注册登记系统，免费向企业并行发放电子营业执照，企业通过电子营业执照可在国家企业信用信息公示系统（重庆）进行身份识别、验证和查询。实施市场主体简易注销改革，建立未开业、无债权债务企业简易注销制度，改登报公告为网上公示系统免费公告，全区办理简易注销87笔。推行企业名称登记制度改革，对全区3万余户市场主体名称进行全面清理，注销失效主体名称，有效释放名称资源。全面开放市级和区县市场主体名称数据库，申请人可通过互联网进行自主查询和申报核准。

增强窗口服务效能。推行"网上办"，对企业名称登记、年度报告、信用信息查询等不用提交纸质材料的事项，实行互联网申报、核准和查询，企业直接在互联网上办理。推行"随地办"，个体工商户申请人可自主选择到全区范围内的任一工商所登记窗口办理相关注册登记业务，首批将个体工商户的名称预先核准、设立、变更和注销登记，纳入"随地办"范围。推行"马上办"，对企业简易注销、动产抵押、广告发布登记等事项，申请材料齐全且符合法定形式的，现场审核、立等可取。推行"辅导办"，对改制、重组、上市、"僵尸企业"注销等较复杂登记事项，实行"一企一策"，工商部门提前介入，安排专人辅导，提高办事效率。

【事中事后监管】 2017年，区工商分局开展企业年报公示，全区内资企业年报率94.41%，外商投资企业年报率98.8%，农民专业合作社年报率96.83%，个体工商户年报率56.4%。加强企业经营异常名录管理，119户企业、2744户个体工商户依法列入经营异常名录和经营异常状态。全面开展2016年度市场主体年报公示信息"双随机"抽查，对1572户市场主体进行核查和结果公示，对152户未失联主体和公示信息弄虚作假企业依法列入异常名录。开展"空壳"企业清理吊销工作，引导4776户各类市场主体完成营业执照注销登记。进行新增市场主体开业回访，检查回访率100%。围绕安全生产、校园及周边治安综合治理等重点工作，开展各类专项整治和无照经营综合治理，检查各类市场主体44500余户（次），发现无照无证经营线索180余条，发出责令改正通知104份，行政提醒120条次，引导规范市场主体登记事项137户，规范办理营业执照173户，抄告相关行政管理部门57户，依法取缔5户。

加强企业信用体系建设，与区发改委联合印发《关于归集报送企业信用信息有关事项的通知》，研究出台《重庆市长寿区公共信用信息目录》（2017年版），全年归集信息5668余条信息。

加大执法办案力度，立案查处案件49件，公用企业限制竞争和垄断行为专项整治成效明显。打击传销规范直销高效推进，成立由14个部门和辖区街镇组成、工商牵头日常工作的区打击传销领导小组，抽调9名执法人员形成多部门联动执法格局。建立举报奖励制度、传销人员黑名单数据库、违规房屋租赁名单档案制度和物建信息员（线人）制度。

严格网络市场监管，发挥联席会议制度作用，推动成员单位开展网络“双十一”集中促销活动专项检查1次；开展2017年网络市场监管专项检查和网上巡查，坚持数质并举，加强网络监管平台数据清理，撤销市级重点网站1个、区级重点网点6个、交易网站维权站4个，确保监管数据真实有效。强化合同指导帮扶，督报供水、供电企业和网络交易平台修改不公平合同格式条款11条；办理动产抵押登记77件，担保债权数额17.26亿元；推行土地经营权流转合同15份，流转土地33.96公顷，合同金额222.95万元。开展民办非学历教育培训机构、人力资源市场秩序清理整顿、二手车经纪行为和房地产开发销售中介行为专项整治，对重庆润荣实业有限公司等8家中介组织违法违规行为依法进行立案查处，罚没入库35.6万元。开展民办非学历教育培训机构整治，创新思路，发挥协会作用，助力行政监管，打造社会共治监管的工作新模式在全市尚属首创。

【市场主体服务】　2017年，长寿区实施商标品牌战略，全区拥有有效注册商标5159件、知名商标26件、著名商标25件、驰名商标3件、地理标志商标3件、涉外商标9件。指导区工业园区管委会开展“中科未来城”商标保护性注册工作。开展2016年度商标品牌兑换工作，兑付奖励资金209.92万元。

（发展广告主体详见《商贸服务业》类目《广告业》分目）

建立“守合同重信用”企业两次公示机制，分两批公示2014—2015年度区级“守重”企业14户，推荐市级“守重”企业32户，国家级“守重”企业4户，市级“守重”微型企业6户。办理动产抵押登记77件，担保债权数额17.26亿元。

推进非公党建工作，开展百堂党课进企业65次，组织开展非公领域党的十九大精神专题培训10场。区工商分局管辖的非公领域5名预备党员按期转正，新发展4名党员。向总局推荐非公党建视频1个，上报市局精品党课1个。指导江南个体联合党支部创建示范点。市局命名共产党员明星经营户1户。

2017年11月，长寿工商分局对长寿沙田柚市场进行检查

【消费者权益保护】　2017年，长寿区加强流通领域商品质量监管，对辖区内45家经营户开展农用化肥、电子电器、服装鞋帽等重点领域商品抽检，抽检商品149组。规范处理“12315”投诉举报394件，及时分流、初查反馈、办结率均为100%。组织开展“红盾护农”、烟花爆竹、汽油柴油等专项整治工作，有效规范重点领域市场秩序。加大消费维权力度，举办“3.15”系列宣传活动，以全市“百千万”放心消费创建示范工程为载体，在全区开展“放心消费、省心维权”为主

题的创建活动，印发《关于开展放心消费创建活动的实施意见》，召开长寿区创建“放心消费、省心维权”活动动员会。全年受理“12315”投诉举报案件394件，消委会受理投诉424件，挽回经济损失195.85万元，及时办结率100%；典型案件13件，挽回经济损失171.19万元。

【法治工商建设】 2017年，长寿区工商分局加强法治宣传教育，开展宪法宣誓活动。进行行政指导1569件，行政调解173件，调解率100%。牵头召开案审会9次，会审案件22件，核审商标侵权、产品质量、广告等行政处罚案件54件，提出核审意见244条。牵头组织开展与农委“双随机一公开”部门联合专项抽查，创新方法，成效显著，得到市局和区委、区政府肯定。

【基层基础建设】 2017年，区工商分局开展渡舟所更名为菩提所、城内所更名为凤城所相关工作。完成菩提工商所新办公楼的装修和办公设施的配置、基层建设规范化视频安装和标识更新，启动基层工商所规范化建设“十大要件”“雪亮工程”等相关工作。合理编制分局国有资产的配置规划及维修计划，细化固定资产登记台帐及资产卡片，实现区工商分局资产管理部门与资产使用单位责任人的双重监督管理。开展财务制度规范执行情况的自查和整改，完成领导干部离任审计，完成分局系统首批闲置资产的处置，实现全年年度预算执行到位。以2016年能源消耗量为基数，达到水、电、油料分别降低5.5%、4.4%、4.4%以上的目标。全区有1个AA级、2个AAA级，4个AAAA级工商所。

2017年6月，长寿区工商分局首次举行宪法宣誓仪式

【党建和队伍建设】 2017年，区工商分局召开2017年度全面从严治党暨党风廉政建设工作会，研判党风廉政建设和反腐败工作11次，将党风廉政建设纳入支部全面从严治党考核，制定《区局领导和区局各单位2017年党风廉政建设和反腐败分工责任制》《2017年度党风廉政建设主体责任书》，签订责任书30份。开展节日纪律作风建设专项检查6次，开展纪律作风专项检查20余次，印发督查通报7期。落实中央八项规定精神整治“四风”，开展干部任前廉政谈话6人（次），党组主要负责人、纪检组主要负责人开展日常廉政约谈69人（次），对9名有苗头性问题干部进行廉政提醒，对6名参加中考高考学生家长开展廉政提醒谈话。重点抓好“微企发展、执法办案、商事制度改革、商标发展”等领域的行业作风整治，及时转发中纪委、市纪委、区纪委和驻市局纪检组印发的各类违纪案例通报，教育干部职工坚持“高线”，守住“底线”，不碰“红线”。制定印发分局机关党委《2017年度党建工作意见》，落实“主题党日”制度，全局开展主题党日活动72次。开展新一轮城乡支部结对共建活动，从共建组织、共管队伍、共谋发展、共促和谐4个方面，帮助云集镇大同村党支部发展。

制定《分局2017年度干部培训计划》，开展全局干部职工信息化培训，全员通过考核。严格执行党员领导干部任用条例，实行干部任前廉政考试制度和季度集中述职述廉制度，纪检组、监察室全程参与，2017年新招录公务员4名，调整一般干部7名、中层干部9名，提拔科级领导干部6名。

（杨雪莹）

2017年重庆市工商行政管理局长寿区分局领导人名录

局长、党组书记：黄金平

副 局 长：祖能武　王　平　毛大金

陈绍中（2017年4月任）

纪检组长：刘文革（2017年4月离任）

黄　蓉（女，2017年4月任）

表 27　　2017 年长寿区商标发展情况统计

	项目	新增	总量	增长率
2017 年	注册商标	1277	5159	32.8%
	驰名商标	0	3	0
	地理标志	0	3	0
	著名商标	0	25	0
	知名商标	0	26	0

注：重庆市工商行政管理局已暂停重庆市著名商标评审，区工商分局也暂停长寿区知名商标评审

表 28　　2017 年长寿区市场主体发展情况统计

时间	项目	市场主体总数	内资企业	外资企业	个体工商户	农民专业合作社
2017	户数	57121	15519	95	40994	513
	户数净增长率	5.08%	3.43%	6.74%	5.72%	5.34%
	注册资本金	8099618.377 万元（不含外资）10247674.9393 万元（含外资）	7713253.752256 万元	2148056.5623 万元 注册资本折万美元：339484.86934 投资总额折万美元：659843.741481	275641.775 万元	110722.85 万元
	资本净增长率	33.52%	34.76%	−56.80%	13.10%	12.26%

（重庆市工商行政管理局长寿分局提供）

安全生产监督管理

【概况】　2017 年，长寿区发生各类安全生产死亡事故 27 起 30 人，占市政府下达控制指标 42 人的 64.3%，死亡事故起数和死亡人数较 2016 年分别下降 15.6% 和 6.3%（2016 年事故 32 起，死亡 32 人）。安全生产事故量实现“十连降”，区政府连续十年获评市政府安全目标考核先进单位。非煤矿山、烟花爆竹、特种设备、消防、农机渔船等重点行业领域实现“零死亡”，安全生产形势总体平稳可控。

【机制完善】　2017 年，长寿区按照《重庆市 2017 年安全生产工作考核办法》文件要求，重点任务层层分解。区政府在年初全区安全生产工作会上与各级各部门签订《2017 年安全生产目标任务责任书》，编制印发《中共重庆市长寿区委 重庆市长寿区人民政府关于推进安全生产领域改革发展的实施意见》和《长寿区 2017 年安全生产工作考核办法》，建立区领导带队检查督查及区级 5 个部门（区委督查室、区政府督查室、区安监局、区监察局、区综治办。下同）检查督查机制。

完善“党政同责、一岗双责”，坚持以“依法治安”统领全局，创建全国安全保障型城市示范区和示范园区，推进安全生产领域改革发展，全面夯实安全生产基层基础基本素质。坚持常态化研究部署安全生产工作，在春节、五一、汛期高温、中秋、国庆、“十九大”、岁末年初等特殊敏感节点进行专题重点研究，区委、区政府主要领导和分管领导带队，深入基层开展安全生产集中大检查。区政府每次常务会听取一个行业领域安全生产工作汇报并研究解决相关问题；区安委会每季度召开安委会例会，通报全区安全生产情况，研究安全生产工作，安排布置下阶段安全生产工作；全区各街镇、部门严格落实安全生产“党政同责、一岗双责、齐抓共管、失职追责”责任机制，切实做到“五

有”（年初有文件、有指标和责任书、有工作行动记录、有考核办法、有奖惩并逗硬）；区级五部门每季度对全区各街镇及行业主管部门进行督查，及时通报督查情况，对重大隐患按项目管理模式实行闭环销号。

2017年1月23日，副区长张明万带队检查建筑施工场所安全生产工作

推动企业落实安全生产主体责任，按照“广宣传、全覆盖、零容忍、严执法、重实效”的总要求，持续深化安全生产“大排查大整治大执法”专项行动。坚持事前和事后并重的原则，事前严格按照“四不两直”（不发通知、不打招呼、不听汇报、不用陪同和接待，直奔基层、直插现场）的要求，开展执法检查，严肃事故查处，依法严惩事故责任单位和责任人。

推动各行业领域标准化创建工作，年内全区新报监的建筑施工项目100%纳入标准化考评范围，建筑施工企业安全生产许可证延期前企业标准化考评率100%；工贸企业安全生产标准化和技术服务体系样板企业创建分别为68家和12家；完成22家危化企业标准化复评，危化烟爆企业日周月排查治理制度全覆盖；20台以上特种设备使用单位安全标准化全部达到B级以上。

强化安全管理，规范安全检查，细化检查措施。各街镇、行业主管部门科学制定年度执法检查计划，依照执法计划开展执法检查、复查，确保闭环；持续落实安全生产有奖举报奖励制度，对生产安全事故严格按照“一案双查”（即既追究企业的责任又倒查政府监管人员的责任）“三责同追”（即依法对事故责任单位民事、行政、刑事三种责任同时追查）要求进行倒查追责，做到生产事故应查尽查；完成2个街镇安监办监管能力建设；常态化开展打非工作，全年未因打非不力而引发生产安全事故；对区内危化烟爆、非煤矿山、金属冶炼和重点工商贸生产经营单位及培训机构开展安全培训执法检查，确保全覆盖，应罚必罚。

【隐患整治】 2017年，长寿区各行业领域持续推进安全生产大排查大整治大执法专项行动，全年排查生产经营建设单位20000余个，排查出隐患21053余项，整改完成20632余项，整改率98%，对生产经营单位违法违规行为实施行政处罚3500余万元，警示约谈625人（次），行政拘留115人。

【专项整治】 2017年，长寿区道路交通持续深化“三化六体系”（即农村道路交通安全的保障标准化、管理规范化、手段科技化和责任、监管、防控、科技、宣传、评价六个体系）建设。农村劝导站规范化设置、区和街镇二级交安办规范化运行率、劝导队规范化建成率、劝导队规范化运行率、劝导站规范化运行率均为100%。持续深化交安联合执法行动，严格落实农村道路严重交通违法有奖举报制度，摩托车守法率、公交车驾驶员按规定佩戴安全带守法率均在90%以上；农业安全以“平安农机”建设为抓手，年内全区创建“平安农机”示范村居5个，持续开展变型拖拉机专项整治，建立变型拖拉机台账。纳入最新调查摸底统计的用人单位职业病危害因素检测率50%以上；全区旅行社百分之百购买责任险；非煤矿山、特种设备、民爆物品、水利、电力、旅游、中小学校等行业领域，均深入开展专项整治。

【安全生产科技创新】 2017年，长寿区农村劝导站视频监控、呼叫系统建成率20%以上，视频监控联网接入率100%，涉及农村道路监管的街镇农村信息系统规范使用率、基础信息录入率100%；校车GPS实时监控平台建设实现全覆盖；全区民爆销售企业年检通过率、安全监控率两项指标均为100%。

【安全生产保障完善】 2017年，长寿区新安装道路“生命工程”43千米；完成消防市政消火栓、区域性火灾隐患整治、老旧居住建筑消防设施改造等任务，重大火灾隐患政府挂牌整改率、火灾高危单位城市消防远程监控系统接入率100%。持续深化安全生产应急救援的应急管理、应急指挥、救援战斗“三支队伍”建设，健全应急处置评估和专家技术支持制度并组织专家参与事故应急处置评估；科学制定并实施区政府安委会成员单位及街镇安监干部培训计划，规范高危行业企业主要负责人、安全生产管理人员和特种作业人员考试，执行国家考试标准、使用国家或市级题库机考、使用国家证书样式；进一步强化安全宣传工作，持续开展安全生产月、“安全生产长寿行”、安全知识“十进”活动、“安康杯”竞赛、“青年安全生产示范岗”创建等活动。

2017 年，长寿区安全生产知识进社区宣传活动

【应急管理】 2017 年，长寿区建立危险化学品事故、矿山抢险等 10 支专业应急救援队伍，成立医疗、通信、电力等 12 支应急保障队，开通安全生产手机短信平台，及时发布安全生产预警信息，提醒各生产经营建设单位做好防范。全区所有街镇均完成综合应急预案编制，陆续编制各个单项应急预案。在重要时段，各街镇和行业主管部门坚持领导在岗带班，保证三分之二以上的值守人员参与现场安全检查，确保全区安全稳定。

【治本攻坚】 2017 年，长寿区持续深化安全生产“五大行动”，推进非煤矿山整合关闭、道路交通防撞护栏安装及劳动密集型企业消防隐患整治三大治本举措；持续巩固全国 60 个危化品安全生产重点监管区县攻坚阶段性成果，对攻坚项目明确的 25 项重点任务完成情况“回头看”检查，各项任务均取得较好效果。全区已关闭煤矿未出现死灰复燃现象，关闭矿区安全状况良好；投资 4000 万元安装道路交通防撞护栏 200 余千米；30 家劳动密集型企业消防隐患实现全部整治。经开区整体安全评价、地下管网清理建模、危险化学品专用停车场及消防特勤站建设迅速；集应急、公安、消防、医疗、安全和环保于一体的经开区应急管理中心整体建成投用，完善经开区五级事故水防控系统，经开区封闭化管理稳步推进；重庆市应急救援指挥中心长寿分中心、国家级西南危化救援中心和三峡库区长寿片区水陆综合应急救援中心建设初具规模，人员装备等陆续配齐。（王正伟）

表 29 2017 年度长寿区安全生产死亡事故统计

事故类型	起数（起）	死亡（人）	其中：较大以上事故	
			起数（起）	死亡（人）
总　计	27	30	1	3
煤　矿	—	—	—	—
非煤矿山	—	—	—	—
建筑施工	5	5	—	—
危险化学品	1	1	—	—
工矿商贸	2	4	1	3
冶金机械	3	3	—	—
火　灾	—	—	—	—
道路交通	15	16	—	—
水上交通	1	1	—	—
铁路运输	—	—	—	—
农业机械	—	—	—	—
渔业船舶	—	—	—	—

（重庆市长寿区安全生产监督管理局提供）

价格管理

【概况】 2017 年，长寿区居民消费品市场总体涨跌互现，主要农副市场供应充足，供求平衡，市场价格以小幅波动为主，整体市场运行稳定。

一、居民消费品运行情况

（一）粮油类价格小幅下降

1、粮食类综合销售均价 3.13 元/500 克，比 2016 年同期（下同）上涨 0.38%，其中绿豆、东北大米、标准面粉全年销售均价分别为 5.95 元/500 克、2.67 元/500 克、2.07 元/500 克。

2、散装食用油类综合销售均价为6.04元/500克，桶装食用油综合销售均有所下降，均价为76.65元/5L，下降2.33%。其中下降幅度最大的为大豆调和油，当年销售均价为56.49元/5L，下降5.84%。

（二）肉禽蛋类价格基本持平

1、肉类综合销售均价为26.48元/500克，下降1.73%。其中猪肉综合销售均价别为13.4元/500克，下降11.7%；牛羊肉综合销售均价为37元/500克，上涨6.3%。

2、禽类综合销售均价为16.59元/500克，上涨5.98%。其中鸡场白条鸡、活土鸡综合销售均价分别为12.19元/500克、20.99元/500克，分别上涨2.77%、9.18%。

3、鸡蛋综合销售均价为8.47元/500克，下降4.91%。其中土鸡蛋、鸡场蛋综合销售均价分别为12.82元/500克、4.11元/500克，分别下降3.32%、6.5%。

（三）水产类价格总体上扬

全年水产品综合销售均价为19.6元/500克，上涨5.76%；海产品中基围虾销售均价为61.22元/500克，下降1.64%。淡水产品普遍上涨，其中白鲢、鲫鱼、草鱼分别上涨6.52%、14.22%、8.96%。

（四）蔬菜类价格较2016年有所回落

纳入监测的21种蔬菜价格同比18升3降，综合销售均价为3.08元/500克，下降11.08%。其中芹菜、大白菜、飘儿白、白萝卜、莲白等价格涨幅较为明显。

（五）水果价格回升

主要水果综合销售均价为3.46元/500克，上涨6.61%。其中苹果、梨子、西瓜销售均价分别为5.95元/500克、3.09元/500克、2.1元/500克，分别上涨4.15%、7.77%、22.66%。

（六）农副产品收购价格以降为主

粮食综合收购均价为2.4元/公斤，下降1.96%。其中玉米、稻谷收购均价分别为1.95元/公斤、2.73元/公斤，分别下降9.57%、0.79%；小麦收购均价为2.64元/公斤，上涨4.48%。

（七）农资类价格整体上涨

饲料综合销售均价为2.47元/公斤，上涨9.81%。其中豆粕同比下降0.64%，麦麸上涨20.26%。化肥综合销售均价为1.51/公斤，上涨1.55%，其中低浓度复合肥、高浓度复合肥、过磷酸钙价格分别上涨1.46%、0.72%、1.75%。

（八）日用品价格大幅提升

黄金销售均价为348元/克，上涨3.36%。高档白酒销售均价为1096.5元/瓶，上涨23.55%，其中茅台、五粮液价格分别上涨25.62%、21.48%。奶粉综合销售均价为78.7元/盒，上涨10.76%。

【收费管理】 2017年，长寿区按照全市统一部署，通过区政府官网、《长寿日报》等媒体公告《重庆市2016年行政事业性收费目录清单》《重庆市2016年涉企行政事业性收费目录清单》等，及时转发全市取消、减免、降低、暂停行政事业性收费文件；开展2016年度行政事业性收费清理自查，完成2016年度行政事业性收费报告工作。做好全市新物业服务收费管理办法落地工作，完成全区物业服务收费外围调查。完成《重庆市定价目录》评估修订相关工作，对2015版《重庆市定价目录》公布后长寿区贯彻落实情况及存在的主要问题进行全面总结梳理，提出进一步改进措施及对策建议。做好长寿经开区蒸汽价格管理工作，定期向蒸汽生产企业发布煤炭价格信息5期。做好物管、停车、水气等价格收费政策解释及信访维稳工作，参与金科世界城、菩提印象、保利壹号、新康璞山、碧桂园等住宅小区停车收费矛盾纠纷调处，完成10余件信访咨询及投诉件的回复。

【价格制定】 2017年，长寿区参照国家相关政策规定及时核定焜田燃气公司配气费试行标准。做好全区公共停车包月服务收费政府指导价标准调整工作，拟草全区公共停车包月服务收费政府指导价标准调整方案并上报区政府审定同意；开展全区公共停车包月服务收费政府指导价标准调整稳定风险评估、维稳预案及宣传工作，确保全区公共停车包月服务收费政府指导价标准调整工作的顺利实施。完成降低非居民用天然气销售价格调整工作，9月1日起全区非居民用天然气价格下调政策执行到位。

【价格监测】 2017年，长寿区做好辖区居民消费价格常规采价工作，完成煤炭价格监测、劳动力市场价格监测、食盐价格监测、旅馆客房价格信息采集发布等工作常态化；完成地产工业品出厂价格监测品种调整完善工作，全区地产工业品出厂价格监测品种达 81 种，涵盖钢铁、化工医药、新材料新能源、装备制造、电子信息、消费类制造业等六大类，涉及工业企业 62 个。高质量做好价格监测动态分析工作，完成月度市场价格动态及居民消费价格动态分析各 12 期。

【价格改革】 2017 年，长寿区全面推开公立医院综合改革，集中学习《重庆市全面推开公立医院综合改革实施方案》《重庆市全面推开公立医院综合改革医疗服务项目价格调整方案》，对涉及该次公立医院综合改革的 6 家公立医院的负责人、财务及收费等相关人员进行取消公立医院药品加成改革医疗服务项目价格政策集中培训。按照全区全面推开公立医院综合改革工作部署会要求，制定落实全市全面推开公立医院综合改革工作方案、公立医院综合改革价格监测工作方案，抓好价格监测预警，实行日报告制度，公立医院综合改革期间全区医药价格平稳。

【价格监督检查】 2017 年，长寿区价格监督检查工作立足于关注民生，开展涉及全区十多个领域的专项检查。农村客运票价收费专项检查。对长寿区付何八颗线路农村客运进行专项检查，检查发现部分客车存在擅自提高票价、未张贴农村客运票价表或不按规定在醒目位置内张贴农村客运票价表、违规收取 0.5～1.0 元的站务费、不按照规定实行相关优惠减免政策，违规对 1.2～1.5 米儿童收取全票等价格违法行为，针对检查中发现的问题，检查人员进行现场处罚，作出罚款的行政处罚 6 起，罚款总计 5500 元。教育收费专项检查。5 月 19—26 日对全区范围内的中小学校及幼儿园自 2016 年秋季开学后的教育收费情况进行专项检查。检查发现，龙溪中学对 1 名择校生一次性收取 3 年的择校费；菩提小学的食堂学生生活费标准未进行明码标价公示；长寿湖九年制学校的幼儿园教师配备不足。通过责令限期整改等方式，规范该 3 所学校的教育收费行为。农贸市场收取市场管理费的专项治理。6 月 12 日，区发改委会同区商务局联合发放《关于规范农贸市场收取市场管理费的提醒告诫函》，于 6 月 22 日联合商务局召集城区的农贸市场管理者进行座谈，再次进行提醒告诫。6 月 23—24 日，执法人员会同区商务局工作人员对城区农贸市场进行专项督检，检查发现，城区内的各农贸市场收取市场管理费均已进行明码标价收费公示。旅游市场价格违法行为专项整治。区发改委联合区旅游局进行专项整治工作，发现长寿湖镇麒源大酒店停车场未明码标价、长寿区漫湖雅舍度假酒店住宿收费标准未明码标价的行为，均已按照相关法律法规对其价格违法行为进行价格行政处罚。通过检查，规范区内旅游市场价格秩序。老年人优待政策专项督检。4—6 月，区发改委接到群众投诉有公立医疗机构未执行老年人优待政策，对 60 岁以上老人收取普通门诊挂号费，侵犯群众的合法权益。调查发现区内大部分公立医疗卫生机构未执行对 60 岁以上老年人免缴普通门诊挂号费的优待政策。6 月 9 日，区发改委会同区卫生计生委、区老龄办联合发文，要求各公立医疗机构严格执行《关于进一步做好老年人优待工作的实施意见》文件规定；8 月，组织专项督检，督促落实 60 周岁以上的老人在公立医疗机构免收普通挂号费的规定，检查发现各医院较好执行老年人优待政策，保障老年人的合法权益。涉企收费专项检查。根据《国家发展改革委关于开展涉企收费检查的通知》，由国家发改委统一部署，市物价局直接实施，2017 年 7 月对区城乡建委、区国土房管局、区规划局、区环保局、区交委开展涉企收费专项检查工作。自查发现区国土房管局下属的重庆市长寿区土地房屋勘测规划院涉嫌自立收费项目的价格违法行为，通过调查取证，7 月 5 日，区发改委对该单位作出没收违法所得 3044440 元并处 5 万元罚款的行政处罚。医药价格监管。规范医药市场价格行为，维护价格秩序，确保公立医院综合改革平稳推进，开展医药价格专项检查及公立医院关联药房专项调查，区内公立医院在此次改革中能够执行管理规定，未发现违规行为。2017 年涉农价格与收费专项检查。10 月对区卫计委、区城乡建委、区农委、区民政局、区水务局、区畜牧局分别开展涉农收费专项检查。未发现违规设立行政事业性收费、超标准收费、强制服务并收费、搭车收费等价格违法违规行为；未发现涉农收费取消、停征和免征的行政事业性收费项目不按文件规定时间节点执行的违法违规行为；发现部分单位涉农价格及标准未进行收费公示，已责令进行整改。商品房价格销售行为专项检查。区发改委联合区国土房管局对全区在建在售的 20 个房地产企业及 4 家房屋中介机构开展专项检查，区内商品房销售明码标价和代收费行为总体较为规范，全区治理商品房销售明码标价和代收费工作取得明显成效；检查发现部分房地产企业仍存在收费公示不规范、政策理解不到位等问题，针对检查发现的问题，检查人员及时指出并进行告诫，责令限期整改，对拒不改正的将处以行政处罚。民办幼儿园收费监管。区发改委联合区教委开展民办幼儿园收费监管工作，随机抽取10家民办幼儿园开展检查。区内有少数民办幼儿园存在教育收费不规范行为，存在跨学期预收各项费用、代收商业保险费、教师配备不足、收取接送卡费、监控视频费等相关费用。对检查发现的问题，区发改委与区教委召开工作联席会，规范全区民办幼儿园收费行为；对涉嫌违规的民办幼儿园，责令立即进行整改。

【价格认证】 2017年，长寿区完成刑事案件涉案物品价格认定138件，标的金额82.23万元。与地税部门共同创新开展存量房涉税价格认定工作，减少征纳税双方的争议，杜绝交易中的“阴阳合同”；全年完成二手房（住宅和非住宅）交易涉税价格认定4974件（其中：住宅4765件，非住宅209件），标的金额221561万元，增加契税收入5253万元；完成有价格争议的存量房应税价格认定4件，标的金额321.87万元。

【成本调查】 2017年，长寿区做好农产品成本调查工作，2017年完成农户种植意向、存售粮情况及农资购买情况调查专项调查任务；完成中籼稻和玉米的成本收益预测工作；完成全年生猪及中籼稻直报工作；完成有机鱼特色农产品成本调查工作；完成每月的涉农商品的询价及走势分析工作。全年总计完成农业成本调查任务8项，其中直报调查任务2项，预测分析任务2项，专项调查任务3项，开展特色农产品成本调查任务1项。完成相关调查分析报告8篇，完成全区农资产品价格动态分析报告12篇，相关分析报告及时准确地反映长寿区农资产品价格及相关农产品成本收益变化情况，为各级政府和相关单位决策提供前瞻性资料。

【成本监审】 2017年，长寿区全程参加市物价局组织开展的“中石化川气东送天然气管道运输定价成本监审”工作，历时2个多月，完成监审任务。做好区内公益性服务项目成本测算（调查）工作，先后完成区医院康复中心和云台镇卫生院的床位费成本测算工作，测算过程客观公正、依据充分，为科学合理制定相关收费标准提供依据。做好小区车库成本应急调查，针对部分群众对小区停车收费标准不满而发生围堵车库的情况，区发改委成本科克服困难，用较短时间完成地下停车库成本调查工作，调查的车库面积24.6万平方米；形成小区停车库成本，为合理调整小区停车库收费标准提供翔实可信的成本依据。按国家发改委和市物价局的测算要求，规范测算长寿区非居民用天然气销售价格，降低企业的生产经营成本。

（李祥运）

表30　　2017年长寿区主要产品市场价格监测情况

名称	规格等级	单位	2017年均价	2016年均价	同比
1. 粮油、副食品类					
黄豆	标准品（三等）	元/500克	3.77	3.87	-2.46%
绿豆	一级	元/500克	5.95	6.24	-4.59%
大米	地产大米	元/500克	2.10	2.09	0.29%
大米	东北大米	元/500克	2.67	2.65	0.75%
面粉	特一级	元/500克	2.16	2.18	-0.98%
面粉	标准粉	元/500克	2.07	2.04	1.44%
玉米粉	精制玉米粉	元/500克	3.22	2.98	8.20%
菜籽油	一级散装（红蜻蜓）	元/500克	6.50	6.50	0.00%
大豆油	一级散装（红蜻蜓）	元/500克	5.58	4.60	21.30%

续表

名称	规格等级	单位	2017 年均价	2016 年均价	同比
菜籽油	一级桶装（AE 金龙鱼）	元/5 升	69.80	69.85	-0.07%
大豆油	桶装一级压榨	元/5 升	50.63	51.55	-1.79%
食用调和油	一级桶装（金龙鱼）	元/5 升	69.10	72.54	-4.74%
花生油	一级桶装（压榨鲁花）	元/5 升	147.57	149.68	-1.41%
菜籽色拉油	一级桶装（红蜻蜓）	元/5 升	66.34	66.42	-0.11%
大豆调和油	一级桶装（红蜻蜓）	元/5 升	56.49	59.99	-5.84%
2、肉禽蛋类					
鲜猪肉	精瘦肉	元/500 克	14.89	16.10	-7.52%
鲜猪肉	三线肉	元/500 克	11.58	14.11	-17.91%
鲜猪肉	去骨后腿	元/500 克	10.38	12.68	-18.18%
鲜猪肉	纤排骨	元/500 克	16.75	17.31	-3.24%
鲜牛肉	腱子肉	元/500 克	46.18	45.80	0.84%
鲜牛肉	牛腩	元/500 克	35.66	34.11	4.53%
鲜牛肉	新鲜去骨	元/500 克	37.80	35.80	5.59%
鲜羊肉	新鲜带骨（10-4）	元/500 克	32.67	30.88	5.80%
鲜羊肉	新鲜去骨	元/500 克	32.48	28.36	14.52%
鸡场鸡鸡肉	白条鸡上等	元/500 克	12.19	11.86	2.77%
鸡	活土鸡	元/500 克	20.99	19.23	9.18%
鸡蛋	新鲜完整、土鸡蛋	元/500 克	12.82	13.26	-3.32%
鸡蛋	新鲜完整、鸡场蛋	元/500 克	4.11	4.40	-6.50%
3、水产品					
大黄鱼	冻 500 克左右一条	元/500 克	20.80	22.61	-7.99%
海虾（基围虾）	冻体长 10cm 左右	元/500 克	61.22	62.24	-1.64%
带鱼	冻 250 克左右	元/500 克	4.74	18.86	-74.84%
白鲢	活体 1500 克左右	元/500 克	21.56	4.45	384.39%
草鱼	活 750 克左右	元/500 克	9.09	8.34	8.96%
鲫鱼	活 750 克左右	元/500 克	10.39	9.10	14.22%
花鲢鱼	活 750 克左右	元/500 克	9.25	8.73	5.93%
4、蔬菜类、水果					
芹菜	新鲜一级	元/500 克	3.76	4.24	-11.23%
大白菜	新鲜一级	元/500 克	1.62	1.94	-16.38%
瓢儿白	新鲜一级	元/500 克	2.44	3.11	-21.58%
黄瓜	新鲜一级	元/500 克	2.81	2.91	-3.59%
白萝卜	新鲜一级	元/500 克	1.08	1.35	-19.96%
茄子	新鲜一级	元/500 克	3.13	3.44	-9.16%
西红柿	新鲜一级	元/500 克	3.04	2.92	4.26%
四季豆	新鲜一级	元/500 克	3.85	4.19	-8.18%

续表

名称	规格等级	单位	2017 年均价	2016 年均价	同比
土豆	新鲜一级	元/500 克	2.13	2.21	-3.47%
胡萝卜	新鲜一级	元/500 克	2.48	2.83	-12.35%
青椒	新鲜一级	元/500 克	2.93	3.26	-10.11%
尖椒	新鲜一级	元/500 克	3.82	3.93	-2.81%
莲白	新鲜一级	元/500 克	1.25	1.70	-26.47%
蒜苔	新鲜一级	元/500 克	4.85	5.42	-10.57%
韭菜	新鲜一级	元/500 克	3.74	3.97	-5.89%
莴笋	新鲜一级	元/500 克	2.56	3.46	-26.06%
冬瓜	新鲜一级	元/500 克	1.52	1.90	-20.03%
花菜	新鲜一级	元/500 克	3.04	3.32	-8.47%
洋葱	新鲜一级	元/500 克	2.24	2.68	-16.56%
大蒜	新鲜一级	元/500 克	7.00	7.64	-8.38%
生姜	新鲜一级	元/500 克	5.40	5.18	4.30%
苹果	新鲜一级	元/500 克	5.95	5.71	4.15%
香蕉	国产一级	元/500 克	2.71	2.95	-8.13%
梨	新鲜一级	元/500 克	3.09	2.87	7.77%
西瓜	国产一级	元/500 克	2.10	1.71	22.66%
5、农副产品收购类					
玉米	—	元/公斤	1.95	2.16	-9.57%
稻谷	—	元/公斤	2.73	2.75	-0.79%
小麦	—	元/公斤	2.64	2.53	4.48%
生猪	中等	元/50 公斤	775.69	942.20	-17.67%
鸡蛋	新鲜完整	元/50 公斤	311.00	330.42	-5.88%
6、农资类					
仔猪	20-30 公斤左右	元/500 克	12.31	16.33	-24.62%
豆粕	国产	元/公斤	3.10	3.12	-0.64%
麦麸	国产	元/公斤	1.84	1.53	20.26%
尿素	—	元/公斤	2.03	1.98	2.53%
碳铵	—	元/公斤	0.80	0.79	1.27%
低浓度复合肥	—	元/公斤	1.39	1.37	1.46%
高浓度复合肥	—	元/公斤	2.79	2.77	0.72%
过磷酸钙	—	元/公斤	0.58	0.57	1.75%
7、日用品					
黄金饰品	纯金 24K	元/克	348	336.69	3.36%
白酒	飞天茅台（53 度 500ml）	元/瓶	1282.33	1020.78	25.62%
白酒	五粮液（52 度 500ml）	元/瓶	910.67	749.64	21.48%

续表

名称	规格等级	单位	2017 年均价	2016 年均价	同比
奶粉	国产三段幼儿配方牛奶粉盒装 400 克	元/盒	83.01	68.56	21.08%
奶粉	进口三段幼儿配方牛奶粉盒装 401 克	元/盒	74.40	74.08	0.43%

（重庆市长寿区发展和改革委员会提供）

劳动管理

【劳动关系规范】 2017 年，长寿区加强国有企业薪酬管理。1 月，按照市人力社保局关于区管国有企业负责人薪酬制度改革的总体要求，印发《重庆市长寿区深化区管国有企业负责人薪酬制度改革实施意见》，以保障改革的时效性。8 月上旬，在研究中央、市委市政府和区委区政府相关文件，调研涪陵、江津、永川等周边区县之后，反复论证，制定《长寿区区管重点国有企业薪酬及相关待遇管理方案》印发实施。结合关于建立符合区管重点国有企业特点的薪酬管理制度要求，强化方案的可操作性，在原管理方案基础上拟订《长寿区区管重点国有企业薪酬管理办法（暂行）》讨论稿，多次征求区委组织部、区国资金融办等单位以及区管重点国有企业负责人的意见建议，对区管重点企业薪酬进行核算，组织召开专题会议，对《薪酬管理办法》进行修改完善。企业薪酬调查及制造业监测。5 月，对区域内企业人工成本及职工薪酬进行抽样调查，完成 52 家企业薪酬调查工作。6 月，市人力社保局对部分区县的制造业实行制造业专项抽样监测，长寿区 7 家企业参与监测，圆满完成本年度监测采样任务。持续构建和谐劳动关系。推进特殊工时行政许可、劳务派遣经营许可事项行政审批标准化管理。对特殊工时行政许可、劳务派遣经营许可行政审批事项实行目录化、编码化、数字化管理。编制行政审批事项办事指南和工作流程图，实行行政审批事项全面网上运行，事项均入驻行政审批服务大厅，实现限时办理、规范办理、透明办理，提高行政审批效率。当年度特殊工时行政许可受理 101 家，办理 95 家，审批量比 2016 年增长 25%；劳务派遣行政许可续办 3 家，办理新申请 10 家，完成年度年检工作，2017 年，全区有劳务派遣企业 30 家。指导企业用工备案，督促 175 家企业完善用工备案，涉及职工 1.8 万余人。强化“三方四家”协调机制。落实“三方四家”联席会议制度，强化成员单位信息互通、协调配合，实时预判排查区域内阶段性、群体性劳动关系风险，完成 4 家集体合同备案，指导 23 家企业制定集体合同。推进和谐劳动关系示范点工作。在调研走访和情况摸底之后，制定《重庆市长寿区构建和谐劳动关系示范点建设方案》，完成示范点选址工作。发挥“三方四家”在和谐劳动关系示范点创建工作中的重要作用，召开示范点企业动员会，根据企业经营情况、劳动关系情况等合理分组，实行点对点创建帮扶，推进和谐劳动关系示范点创建工作。劳动关系和谐企业受理申办 3 家，推荐并审核一家企业成为 AA 级和谐企业；完成劳动关系和谐企业创建调研课题《以评价标准为核心论劳动关系和谐企业创建工作的思路探索》，参选人力资源社会保障论文征文活动并获得二等奖。探索和谐企业指标纳入政府项目招投标，在行政中心联建楼物业项目中得到适用，实现实体化推动零的突破。严格依法行政。加强法制宣传，全年发放资料 1.18 万余份，覆盖企业 200 余家，受众量 3.1 万余人；利用专题讲座、集中宣传、法制知识竞赛等形式，建立“校园——企业——机关”普法结构，发放宣传资料 4000 余份，受众量 1500 余人；开展法制理论知识定期学习，人社干部参加人力社保网络学习，促进法治学习制度化、常态化，组织参加市人力社保系统法治知识抢答赛，取得片区第二名。加强行政复议和应诉工作，2017 年人力社保局作为被申请人行政复议案件 13 件，增长 116%，案由均集中在工伤认定，复议机关集中在区级政府（12 件，占总比 92.3%）；行政复议案件中已审结8件，撤销1件，终止1件，维持6件，未审结4件。全年行政应诉案件72件，新收67件，上期结转5件；案件总量增幅大，新收案件同比增幅109%；全年已审结57件，其中驳回28件、撤诉7件、维持1件、中止3件，未审结15件；人力社保局全年未收到司法建议；行政负责人出庭应诉出庭10件，占比20%。提升依法行政能力。落实“双随机一公开”，严格行政执法人员培训及资格认证，全面实行持证上岗，组织工作人员参加行政执法上岗培训，全区参加人社部、市人力社保局等各级培训120余人（次）；区人力社保局有行政执法人员35人，全部通过执法人员资格考试，取得执法人员资格证书。在重大行政决策事项中加强风险评估，安排法律顾问配合合法性审查并参与决策反馈纠错，加强对决策实施的督促检查，降低决策风险。工龄认定，年内对下乡知青、因父母错划下乡人员、成户下乡人员等28人进行工龄认定。

【劳动保障监察】 2017年，长寿区以保障农民工工资支付为重点，推进劳动保障监察工作规范化、常态化、优质化。开展专项检查，推进“两金三制”全面落实，细化日常监管，优化案件办理，规范用人单位用工行为，坚持稳中求进的工作总基调，完成农民工工资基本无拖欠的目标任务，维护全区社会和谐稳定。举报投诉案件办理。全年网上办理各类案件26件（其中工资类20件，社保类2件，其他类4件），比2016年下降23.5%，办结率100%。日常巡查和专项检查。重点开展清理整顿人力资源秩序、遵守劳动用工和社会保险法律法规、农工工资支付情况等专项检查，巡查检查企业632户，涉及劳动者61090人；责令规范企业劳动合同条款28家，规范企业用工管理制度19家，完善实名制管理项目4个，补签劳动合同804份，印发劳动保障宣传资料1610份；立案查处违反劳动用工和社会保险法律法规企业4家（责令2家企业依法进行社会保险登记，责令1家企业依法支付未足额支付劳动报酬51.69万元，对1家严重违反工作时间规定的企业给予2万元的行政处罚）；其中清理整顿人力资源秩序专项检查受到人社部、国家工商总局通报表彰。保障农民工工资支付。健全清欠长效机制和台账建设，强化日常排查、报送、调处和支付监管力度，区人力社保局联合区城乡建委、公安、总工会等部门开展3次工资支付专项检查，检查在建项目企业462户（次），督促兑现民工工资1447.09万元（比2016年下降92.2%），涉及农民工656人（下降93.3%），全年未发生因工资拖欠引发的重大群体性事件。落实“两金三制”。全区建设领域在建项目159个（其中房地产开发项目8个，招商引资项目38个，政府投资项目113个），实行实名制管理的项目159个，占比全区在建项目总数的100%；已建立农民工工资专用账户159个，占全区在建项目总数的100%；实行银行卡代发工资的项目74个，占比全区在建项目总数的46.5%；政府投资项目113个，建立民工工资专用账户113个，实行银行代发的项目42个。五是突发事件处置。年内区人力社保局协调处理因工程款、民工工资纠纷引发的群体事件10件（下降68.75%），督促兑现民工工资1428.34万元（下降74.65%），涉及民工638人（下降77.1%）。“两网化”建设。建立健全“网络化网格化”工作制度，完善劳动监察机构信息和人员信息，以金保二期工程为依托，将全区划分为7个三级网格，录入企业信息，接通网络，实现所有案件网上办理，其中协调案件13件，立案案件13件，办结率100%。守法诚信等级评价。按照《重庆市企业劳动保障守法诚信等级评价暂行办法》规定，采取资料审查、实地走访等方式，对215家企业进行企业劳动保障守法诚信等级评价，评出A级企业7家、B级企业208家。

【劳动人事仲裁】 2017年，长寿区收到劳动争议案件937件，其中立案817件，不予受理75件，上年旧存45件；处理劳动争议案件857件，未结案件5件，结案率为99.42%；立案调解撤诉案件620件，立案调解撤诉率为71.9%；受理农民工案件318件，处理318件，结案率为100%；群体性劳动争议案件7起涉及171人（次），其中调解撤诉125人次群体性劳动争议案件。实现基层调解组织的网络化全覆盖，指导帮助街镇（经开区、工业园区）组建基层调解组织。2017年通过“组建一批、规范一批、宣传一批”的方式，以点带面、循序渐进地推进基层调解组织建设，实现19街镇、4家国有企业调解组织的全覆盖。在长寿区经济技术开发区组建区域性基层调解组织、制定严密的实施方案，在福安药业等4家园区大型非公企业组建企业基层调解组织，鼓励、指导社会公益人士、律师等组建专业性调解组织，发挥基层调解组织在化解劳动纠纷、创建和谐劳资关系方面的排头兵作用。指导各基层调解组织完善劳动争议预防、调解工作制度，规范调解程序。采用“请进来”“走出去”方式加强调解员的业务培训，定期邀请西南政法大学法律专家、区法院负责人、区仲裁委员会业务骨干普及法律法规知识，对基层调解员进行岗位培训、技巧培训，对典型劳动争议案例进行评析等，全年举办5期培训班，实现19个街镇基层调解组织119名调解员“持证上岗”。与法律援助中心等机构建立协作机制，为困难劳动维权提供渠道。全年区法律援助中心法律援助的劳动争议案件474件。

【劳动人事信访】 2017年，长寿区受理信访事项301件，其中市政府公开信箱137件，市人力社保交办4件，区级领导交办6件，区信访办转办154件。办信接访、群众工作、维稳处突、基层基础工作实现初信初访按期办结率100%，网上信访信息系统信息录入100%，网上信访按期办结回复率100%，上级及领导阅批交办案件按期办结率100%，群众合理诉求100%及时有效解决。重要节点和特殊敏感时期做好信访维稳工作，重点是十九大期间，制定安全稳定工作方案，按照“属地管理、分级负责，谁主管、谁负责”的原则做好相关人员教育疏导、稳控化解工作。按“三到位一依法”对突出信访人员周某某开展攻坚化解工作，周某某本人及其家属表示不再上访，签订《息诉息访承诺书》。超龄退役军人、原棉纺厂临时工、原肉联厂职工、原西山煤矿职工、企业军转干等重点群体整体可控，未发生重大到市进京上访事件和大规模群体性事件，未出现一起通报事件，未发生一起媒体炒作事件，实现“七个坚决防止”总体目标和三个“零目标”。（雷福中）

质量技术监督管理

【概况】 2017年，重庆市长寿区质量技术监督局（简称区质监局）有编制23个，领导班子成员4人，临聘人员4人；下设6个职能科室，分别为办公室（法制科、监察室）、质量科（标准化管理科）、计量科（认证认可监督管理科）、执法大队、特监科、行政许可管理科。承担长寿辖区产品质量、计量、标准化、认证认可、特种设备和食品相关产品安全监管职能。区质监局把握“创新提质增效深化年”主题，围绕深化质量服务发展项目化、质量安全监管标准化、技术提升链条化、干部队伍建设制度化“四化”建设主线，全面从严抓党建、创新驱动提质量、从严依法保安全、精准施策优服务，质监工作有新作为、新地位、新形象。

【质量服务发展】 2017年，区质监局自觉服务“三地一中心”建设，按照区委、区政府质量工作部署，调整区质量标准化联席会议人员。联合参加“我心中的质量”少儿绘画比赛，获得市一等奖1名、三等奖1名、优秀奖2名；弘扬“工匠精神”，组织企业职工开展岗位练兵活动5次、技术比武活动3次；开展质量专家企业行活动，邀请专家帮助企业提质量、查隐患。落实质量管理措施不走样。开展行业性质量问题分析，召开家居门业质量分析会议，帮助企业提出质量提升建议37个。围绕长寿智能家居产业，联合工业园区帮助家居协会制定联盟标准，促进家居门业产业换挡升级。加强品牌培育，联合工业园区组织41家重点企业开展质量状况调查，指导帮扶培育名牌，2017年公示全区重庆名牌产品9个；帮助正新轮胎导入卓越绩效管理模式，提升质量管理水平，培育市长质量管理奖；开展质量成本管理，邀请专家为40家企业负责人讲解质量成本管理知识；组织开展QC小组活动，申报QC成果9个，获市级二等奖1个、三等奖3个。夯实质量技术基础不松劲。发挥标准引领作用，推进企业产品标准备案改革，自我声明公开产品标准22项；推进认证认可“双提升”工作，区政府制定认证认可激励措施，组织区内检测机构开展认证认可区域联动学习；开展“认证服务园区”建设，与长寿经开区签订认证认可合作备忘录，邀请认证专家为园区127家企业、163名企业负责人培训认证知识，为长寿经开区规模工业总产值增长15.6%以上作出质监贡献。加强能源计量帮扶，指导川维、扬子乙酰等7家企业建立能源计量管理制度。

【质量安全监管】 2017年，区质监局在党的十九大等重点时段，确立45个重大危险源，制定计划严格巡查，维护十九大期间等重点时段特种设备安全稳定。按照“党政同责、一岗双责、失职追责”要求，制定日常监督检查计划和专项检查方案，确定56家检查企业，严格组织实施。实施网格化和专业化融合监管，标准化制定特种设备检查项目表格、规范检查流程。落实企业主体责任，推行20台以上在用特种设备使用单位标准化管理，评定A级企业17家、B级企业50家，实现百分之百达标。重点整治，持续开展特种设备安全“三大攻坚战”，加强电梯安全监管，保障老百姓安全出行；依法实施新建农村天然气压力管道安装过程监督检验；举办19个街镇分管领导和安全生产办负责人专题培训班，提升街镇特种设备安全履职能力。完成燃煤锅炉节能减排攻坚战年度工作。开展特种设备安全大排查大整治大执法工作，制定大排查大整治大执法工作方案。重点开展场（厂）内机动车辆、起重机安全、充装单位专项执法检查。全年排查并整改一般安全隐患247个、重大安全隐患7个，整改率均为百分之百；下达安全监察指令书55份，立案23件，罚款56.8万元，未发生一起特种设备安全责任事故。加强信息化建设，完善特种设备综合数据平台，清理修改数据3307条。加强应急救援体系建设，完善风险信息管理，梳理安全隐患风险源174条；开展充装事故应急演练。加强其他安全监管，制定食品相关产品巡查计划，按计划定期开展食品相关产品安全巡查；不定期进行抽查，做到辖区9家食品相关产品百分之百巡查。强化机动车安检机构监督检查，督促安检机构按规范进行检验。

【技术提升】 2017年，区质监局响应民生需求，实施基层医用计量器具免费检定工作，检定医用计量器具876台件，检定合格率比2016年增长5.18%；响应企业需求，对接和沟通长寿经开区服务站运行工作，就地检测安全阀5130只；响应发展需求，区政府将认证双提升工作纳入创新驱动战略，制定奖励措施。推动长寿区建设工程质检站建成电子监控系统，减少人为数据干扰，2017年，全区9家实验室能力验证合格率均百分之百。

【改革创新】 2017年，区质监局无条件承接上级下放行政许可4项，建立7项行政许可清单，办理特种设备使用登记932件、办结移动式压力容器充装单位资格许可3件，气瓶充装单位资格许可1件，受理食品相关产品生产许可1件，办结率百分之百；优化审批流程，压缩三分之一以上审批时限。依法公正对区内4个产品、42家企业进行“双随机”摇号抽查，合格率百分之百。完善执法打假责任制，加强工业产品生产许可证、强制性产品认证、能效标识等专项执法检查。优化措施推动树立亲民质监形象。服务民生委托市特种设备检测研究院对全区10年以上128台老旧电梯进行现场安全评估，经过分析梳理，报区政府同意将37台问题电梯纳入2018年民生工程进行更新改造；做好计量惠民工作，固定摊位1170台件计价秤、11台公平秤、246台加油（气）机、362台出租车计价器检定合格率达100%；严打计量欺诈行为，抽查计量使用和销售单位34家，查处计量违法案件11件，切实保护了民众利益。服务企业继续开展“走转改”活动，及时收集企业需求，举办培训班23期、培训909人（次），总计帮助企业节省培训成本28万多元。服务政府决策，区质监局牵头开展农村“土锅炉”安全隐患整治，落实专人到街镇社区调研摸清情况，根据百姓需求，协调重庆锅炉专家实地考察并设计，目前新设计锅炉正进行试用。

【党建和队伍建设】 2017年，区质监局推进“两学一做”学习教育常态化制度化，制定《推进“两学一做”学习教育常态化制度化》方案，全年集中学习16次、讲党课4次、专题讨论5次，查找整改问题9个。完善管理制度，制定规范请销假、公务接待审批等方面制度。明确党组书记党建第一责任人，分管领导分管责任和班子成员“一岗双责”，制定《2017年党建和党风廉政建设分工责任制》，定期分析研究解决党建问题，全年党组专题研究党建工作9次、听取全面从严治党工作报告2次。用好中心组第一学习形式，局党组将每年第一课定为集体党课，反复学习《党章》和《中共重庆市委落实全面从严治党责任实施办法（试行）》等文件精神，全年中心组研讨5次、集中学习7次、邀请专家讲课2次。加强党风廉政建设，定期分析研究党风廉政建设，逢会必讲廉政，全年分析研究党风廉政工作7次、讲廉政党课4次。加强党风廉政约谈和教育，梳理廉政风险点12个。召开集体约谈会，组织干部职工学习《党员干部必须牢记的100条党规党纪》。开展警示教育，全年开展警示教育3次。加强机关支部建设，每月

20号为“主题党日”活动时间，“党旗下质监人主题党日”案例被区直机关工委评为优秀案例；与但渡镇党委共同举办庆“七一”系列活动，重温入党誓词、联合上党课，举办“廉政在我心中”演讲比赛。加强意识形态工作，全年党组研究意识形态工作3次，中心组学习2次。加强干部队伍建设，严格按照干部选拔任用程序，选拔任用行政许可科副科长1名；开展思想政治分析，全年分析思想政治工作5次；落实精益管理规范，建立“外训内讲”“小课堂”制度，全年开展小课堂学习14次、外训内讲8次；强化法治教育培训，组织干部职工积极参加法治理论考试。完善管理制度，规范干部职工工作行为、严格工作纪律，推动干部职工积极作为、依法履职，获得一致好评，连续两年在全区政风行风民主评议中列市管部门第三名。

（刘良安）

2017年重庆市长寿区质量技术监督局领导人名录

党组书记、局长：刘德明

副 局 长：张轩明　高　忠

纪检组长：雷现用

食品药品监督管理

【概况】　重庆市食品药品监督管理局长寿区分局（简称区食药监分局）主要是围绕贯彻实施食品（含食品添加剂、保健食品，下同）安全、药品（含中药、民族药，下同）、医疗器械、化妆品监督管理的法律、法规、规章和方针政策实施9项监督管理职能。2017年内设办公室、综合科、法制监督科、行政审批科、食品生产监管科、食品流通监管科、餐饮服务监管科、药械监管科、保化品监管科8科1室；人员编制56名（其中行政编制53名、机关工勤编制3名），实有人员52人（其中公务员50人，工勤人员2人）。

2017年，推进基层机构规范化建设，强化5个直属所、14个非直属食药监所（办）建设，配备基层食品药品安全监管执法人员90名、村社协管员263名；落实办公场所41间，面积1080平方米，建成快速检测室19个，配备计算机、照相机、摄像机、打印机、执法记录仪、食品快速检测设备等执法装备827台套；统一制作户外指路牌、灯箱、吊牌等标识19套，网格化监管示意图展板、快检室上墙制度、办公室上墙制度513块，统一基层所（办）外观形象和内部装饰。各基层所办理食品药品违法案件241件，罚没收入89.76万元。

（食品、药品监管对象概况详见《商贸服务业类目《药品商业》《食品餐饮业》分目）

【责任落实】　2017年，区食药监分局争取区委、区政府、区财政局支持，将食品药品安全工作纳入长寿区“十三五”规划、全区经济社会发展实绩和区政府综合目标考核，写入政府工作报告和区财政预算报告，制订对食安委成员单位、街镇的考核评价方案，出台《重庆市长寿区食品药品安全“十三五”规划》。狠抓地方党委、政府“党政同责”责任体系的落实，区政府与区级各有关部门和各街镇签订目标责任书，企业签订承诺书，层层落实责任。区政府督查室、区考核办、区食安办组成联合督查组，对辖区19个街（镇）和区级相关部门的工作开展情况进行全面督查督办，确保工作落到实处。区人大专题调研全区食品药品安全工作1次。全面实行网格化监管和风险管理，统一制作街镇食品网格化监管示意图展板、监管人员公示栏9000余张，实现“定格、定岗、定员、定责”的格局，制订完善联席会议、督查督办、信息联络通报、信息公开、行刑衔接、应急处置等多项制度。

【宣传培训】　2017年，区食药监分局组织创建食品安全示范城市“我承诺我负责”宣誓活动，全区400余家食品生产经营单位参加并签订承诺书。在《长寿日报》《长寿文化》报开辟食品安全示范城市专栏，刊登食品安全监管工作动态和创建活动动态358条；利用《长寿日报》、分局微信公众号及头条号等新媒体平台推送创建和监管工作动态395条，向社会发布《长寿区创建国家食品安全示范城市倡议书》。年内成功举办“12331宣传日”“安全用药月”“食品安全宣传周”等各类大型宣传活动28次。利用辖区食品生产经营单位、银行等社会单位和300台出租车的LED显示屏以及长寿电视台，滚动播放创建宣传标语；制作宣传展板、宣传海报、横幅标语8万多幅，在各街镇、社区、居民小区、食品药品科普宣传站、食品生产经营单位、学校食堂等地方摆放和张贴，制作创建示范城市餐纸盒45000个，在全区各餐饮单位、食堂等地方摆放；在桃源大道、文苑大道等城区主干道悬挂1000余幅宣传道旗。开展食品药品专题培训，全年培训监管人员25次，培训协管员22次，培训食品药品从业人员65次，总计2万余人次参训。畅通“12331”举报渠道，建立有奖举报制度，接收群众举报、投诉和咨询271件，处置259件（其中立案10件），规定时限内处置率100%。

【食品安全示范城市创建】 2017年，区食药监分局制定实施方案，细化分解创建任务。召开食品生产经营单位创建工作培训会、现场会27次，创建工作推进会7次，集中宣传10次。在全区广泛开展示范街镇（社区、商圈、食堂、企业）的创建活动，全区重点打造2个示范街镇、1个示范农贸市场、2个示范社区、2个示范商圈、4条示范街、30所示范学校食堂；250个食品生产经营示范店和3个“放心肉菜超市”。年底前，区内首批51家创建国家食品安全城市示范单位已验收并授牌。

【餐饮、食品安全监管】 2017年，区食药监分局参与食品生产许可现场核查14次；开展日常监管，检查食品生产企业198家（次），食品生产小作坊557家（次），食品流通企业3411家（次），餐饮服务单位、学校食堂1821家（次）。贯彻落实餐饮服务环节监管检查“三合一”制度，完成餐饮服务单位量化分级2806家，其中A级231家、B级1124家、C级1451家。完成2017年“两节”“两会”、长寿湖龙舟民俗文化节、高（中）考、铁人三项赛等重大活动和节日期间的食品药品安全保障工作52次。开展火锅类专项整治，与火锅经营单位签订责任书200余份，张贴《食品守法生产经营告知书》250余份；制作监督意见书、责令整改通知书21份，查处“不合格火锅底料”2起。完成“明厨亮灶”463户。

【药械安全监管】 2017年，区食药监分局年内开展GMP认证5家，药品注册现场检查8家（次），通过新版GMP的生产线47条。推进新版GSP宣传教育及贯彻落实，完成药品零售企业GSP认证及跟踪检查422家。联合公安部门开展诊所和特殊管理药品专项整治，检查诊所140家（次）、药店231家（次），发出整改通知书28份，立案5件。开展家庭过期药品回收与处置工作，确定10家零售药店为家庭过期药品回收定点药店，年内回收家庭过期药品463个品规，发放家庭过期药品回收专项经费7232.94元。成功创建3家化妆品经营安全示范店。

【风险监测预警】 2017年，区食药监分局开展食品药品监督抽验，全年开展食品药品抽验5375批（次）。其中示范创建专项抽检2512批（次）；食品生产环节413批（次），任务完成率119.77%；开展评价性抽检15批（次）；食品流通环节419批（次），任务完成率100%；开展评价性抽检20批（次）；餐饮服务环节247批（次），任务完成率100%；药品抽验157批（次），任务完成率100%；医疗器械抽验12批（次），任务完成率100%；保健食品监督抽验35批（次），任务完成率100%；化妆品监督抽验29批（次），任务完成率100%。完成食品快检1476批（次），其中异常结果90批（次）；化妆品快检40批（次）。抽检中不合格51批次，已全部完成后处置。强化风险监测，上报药品不良反应报告1153例，医疗器械不良事件报告286例，药物滥用报告332例，化妆品不良反应监测报告62例。

【风险排查】 2017年，区食药监分局按照市局“四大”专项行动统一安排部署，制定印发《重庆市食品药品监督管理局长寿区分局关于印发〈长寿区食品药品安全风险隐患大排查大整治大执法大督查专项行动方案〉的通知》。举办食品药品监管系统执法人员培训会3次，召开动员部署会8次、现场培训会10次。坚持“预防为主、风险管控”的监管理念，组织培训、企业自查、自查整改、监管督查、问题整改，推进食品药品各环节风险管控工作。开展风险隐患排查，企业自查1963家（次），上报风险752条，出动执法人员3201人（次），排查食品药品企业5042家（次），发现隐患和问题929个，下达责令改正通知书644份，办结行政执法案件141件，罚没收入56.26万元。

【专项整治】 2017年，区食药监分局开展食品生产、调味面制品、食盐安全、畜禽水产品、婴幼儿配方乳粉、校园及周边儿童食品、火锅类食品、旅游景区餐饮单位、散装白酒、无菌和植入性医疗器械、非法医疗美容等35项专项整治，出动执法人员2.2万人（次）、车辆6015台（次），检查食品药品经营企业10214家（次）、保健化妆品经营企业1158家（次）。年底前办结食品药品违法案件418件，罚没收入199.5万元（其中食品生产29件，罚没收入19.2万元；食品流通139件，罚没收入55.67万元；餐饮环节152件、罚没收入70.89万元；药品55件，罚没收入30.87万元；医疗器械28件，罚没收入17.2万元；保健食品6件，罚没收入2.67万元；化妆品9件，罚没收入3万元）。成功破获公安部交办的特大生产有毒有害食品案件，抓获犯罪嫌疑人7人，捣毁生产仓储窝点6个，收缴成品胶囊40万粒、空心胶囊120万粒、原料1000余公斤、设备10台套。

【优化服务】 2017年，区食药监分局创新审批模式，优化审批流程，全面启动网上行政审批工作，将食品流通许可、餐饮服务许可、药品经营许可、第三类医疗器械经营许可纳入网上审批范畴，开展行政许可标准化建设，对区食药监分局行政许可事项进行全面清理，建立行政许可事项动态调整清单，提升审批效率。年底前办理行政审批及备案3347件（其中，食品经营许可事项2813件、药品144件、医疗器械16件），完成“三小”食品及家宴服务者备案和第二类医疗器械备案管理374件。加大指导力度，支持鼓励经开区福安药业、康乐制药、莱美制药、凯林制药、睿哲制药等药品企业和尚蔬坊、恒河果业、伟达食品等食品企业的发展壮大。长寿区被列为转型升级国家级原料药示范基地（重庆唯一），福安、凯林、莱美等生产企业的47条生产线通过新版GMP认证；全区药品生产企业固定资产总额24.23亿元，年销售收入32.05亿元，利税5.63亿元。健康产业基地发展迅速，入驻企业41家，投入生产企业35家，年产值56亿元。

【内部监管】 2017年，区食药监分局党组中心组安排反腐倡廉专题学习12次，观看警示教育片2场，邀请区纪委、区检察院领导开展廉政专题讲座4场。区食药监分局党组负责人同各科（室）、所负责人开展集体廉政约谈，主要领导和班子成员、班子成员和重点岗位重点人员开展多层次约谈提醒谈话50人（次），签订《处、科级干部廉政承诺书》27份、《2017年党风廉政建设和反腐败工作责任书》27份。加强意识形态工作，抓好思想引导、管理创新和制度落地。贯彻落实中央八项规定，开展“四风”专项整治，成立“四风”专项整治工作领导小组，制定《关于进一步深入落实中央八项规定精神坚决整治“四风”的工作方案》，召开动员部署会1次、党组会4次、局长办公（扩大）会14次，对“四风”、群众身边不正之风和腐败问题专项整治工作进行动员部署和专题研究。推动“两学一做”学习教育常态化制度化，召开党组会2次、支委会会议1次、动员部署会1次，局领导参加所在党支部学习讨论15人（次），班子成员讲党课3人（次），党支部书记讲党课2人（次）。开展结对共建活动，开展节日慰问3次，送节日慰问品价值1.5万余元。

（杨　娜）

2017年重庆市食品药品监督管理局长寿区分局领导人名录

局　　长：戴俊明

副 局 长：谭晵覃　杨　涛

纪检组组长：余　科

烟草专卖管理

【概况】 重庆市长寿区烟草专卖局、中国烟草总公司重庆市公司长寿分公司［简称局（烟草长寿分公司）］组建于1984年12月，实行“统一领导、垂直管理、专卖专营”的专卖体制和“两块牌子、一套班子”管理模式。局（烟草长寿分公司）内设机构设置“一室五科一部两基层单位”，即办公室、政工科、综合科、专卖监督管理科、财务审计科、客户服务部、专卖内管与法制监督科、城区队部、城郊队部；2017年有在岗职工91人。

【专卖管理】 2017年，长寿区落实市局“四全”监管（全时段、全类别、全地域、全过程）新要求，立足本土市场，保持卷烟打假打私高压态势，整治真烟非法流通，持续加强终端市场管理，提升市场净化水平。终端市场监管按照“天天管、管天天”的新理念，开展名烟名酒店专项整治行动、卷烟零售大户专项整治行动和打假打私打非“铁拳”专项行动，净化辖区市场。严控卷烟非法流通以常态化查堵物流寄递渠道非法卷烟，提炼总结出符合长寿监管实际的“一看二摸三称四扫五确认”的监管方法，在全市专项会议上作交流发言。全年查获物流寄递渠道非法流通卷烟5647条，占全年查获总量的87%，寄递渠道非法卷烟流入势头得到遏制。推进打假破网，紧盯线索，深化协作，成功收网“4.06”假烟网络案件，刑拘2人，批捕2人。许可证管理严格落实“宽进严管”要求，强化许可证后续监管，定期开展异常许可证清理，构建进退有序、健康良好的管理秩序。全年依法新办许可证413个，依法注销许可证429个，年末法定许可证数量3133个，比2016年下降0.51%；有效许可证数量2955个，下降4.65%。

【企业管理】 2017年，长寿区控制成本费用做到“应招尽招、真招实招”，落实招标管理，杜绝采购和积压浪费，加强物资采购管理。强化财务管理、预算管理、费用控制，确保重点费用不突破市局下达的控制目标。对闲置老办公楼及其门面进行招租，有效盘活闲置资产，增加企业实际效益。历经3年，老办公楼实现整体出租，一租五年，将增加税利840406元。全年招待费使用3.43万元，比2016年下降55.86%。实施精益管理，形成以调研督查、党建、安全稳定、营销、专卖五项“党组211工作”为主线的精益管理体系。推行网络办公，控制会议和纸质文件。加强安全稳定管理，明确重点，深化安全文化建设，把为干部职工提供安全的工作环境为出发点，全面提升安全稳定管理水平。开展危险源辨识和风险评估，全年梳理危险源20个，其中重要危险源5个。坚持每月定期开展安全检查，全年开展安全检查25次，整改安全隐患10处，整改率100%。

【党建和企业文化建设】 2017年，局（烟草长寿分公司）通过长寿区慈善会定向捐赠：凤城街道梅村社区居民委员会20000元，用于文明城区共建；捐赠区武警中队3000元，武警三中队3000元；捐赠云台镇小岩村困难党员1500元；捐赠受灾困难卷烟零售客户3500元。局（分公司）春节慰问困难卷烟零售客户6500元；开展“慈善双日捐”活动，员工捐赠3310元用于长寿区赈灾、安老、抚孤、济困、助学、助医等群众性应急救助。

突出党组责任，通过学习培训、党组例会、交心谈心、调查研究，分工协作，真正履职尽责，树立良好形象，引领正确方向。突出中层干部队伍建设，通过交心谈心、绩效优化、注重评估，落实习总书记提出的“一分部署，九分落实”。完成教育培训计划、开展思想政治工作、加强岗位绩效考核。加强各序列队伍建设，针对各序列特点，开展针对性教育培训，员工责任感、使命感增强，岗位成材、岗位建功能力提升。（张洪维）

2017年重庆市长寿区烟草专卖局、中国烟草总公司重庆市公司长寿分公司领导人名录

局长、经理、党组书记：刘　晗

副经理、党组纪检组长：窦远奎

副局长、党组成员：李宏岩

盐政管理

【概况】 2017年1月1日起，国家允许食盐跨区域销售，短时间内，全国各地的食盐生产厂家均进入长寿市场销售食盐，但其销售流程没有按照国家的相关规定进行，经销、配送商存在不具备相应资质，或者是手续不全等问题，致使整个长寿食盐市场混乱。长寿盐务分局继续坚持宣传、查处、走访、打击相结合的原则，联合区公安局、经信委、食药监分局、发改委等职能部门进行长期性、持续性的食盐市场整治综合执法。继续向群众，重点是食盐经销商和行业用盐客户做好《盐业体制改革方案》《关于加强全市食盐管理的通告》《重庆市盐业管理条例》《重庆市盐业改革方案》宣传、解释工作。每周定期召开盐政、销售业务联席会进行信息交流、沟通，对可疑情况做好稽查。与区食药监分局、发改委等有关职能部门配合，加强对市场的检查和涉盐违法行为的打击。年内对食盐经销商、农贸市场、餐饮店、厂矿企业和学校食堂等3357个点进行全面摸排检查，出动车辆247次，人员1261人（次），对经营资质、手续不齐的河南省平顶山神鹰盐业有限责任公司、中盐长江盐化有限公司、四川南充顺城盐化有限责任

2017年5月16日，长寿区盐务分局、盐业分公司办公及仓库搬迁至新地址

公司、四川久大蓬莱盐化有限公司、宜宾丰源盐业有限公司、四川久大制盐有限责任公司、湖北长舟盐化有限公司、湖南省湘澧盐化有限责任公司、益盐堂健康盐制盐有限公司等8个市外食盐生产商生产的系列盐产品及重庆索特盐化股份有限公司生产的“盐小厨”牌系列等9个品牌322.4吨食盐进行就地封存，133.8吨食盐没收处理，确保不留死角，全力保障全区食盐供应安全。加大对行业用盐客户的监管，不定期地对辖区内的行业用盐企业进行突击检查和回访，杜绝工业盐以任何方式流入食盐市场。在“3.15”开展宣传活动，提高消费者对伪劣食盐的辨别能力，增强消费者的防范意识。

【长寿盐务大事记】 2017年5月16日，长寿区分局（公司）办公及仓库地址从凤城长寿路85号搬迁到凤城轻化三村7号。（刘　睿）

2017年重庆市盐业（集团）有限公司长寿分公司（区盐务分局）领导人名录

经理（局长）：何明富（补遗：2016年12月离任）

郑光华（2017年5月任经理）

副经理（副局长）：李朝康（2017年9月离任）

刘哲豪（补遗：2016年12月任副经理，2017年1月任副局长）

2017年1月，长寿区工商分局获得企业赠送的锦旗

社会事业

- 文化　体育
- 教育　科技
- 医疗卫生　计划生育
- 社会事务
- 社会保障

文化 体育

综 述

【概况】 2015年4月，长寿区政府机构改革成立长寿区文化委员会（简称区文化委），为区政府工作部门。挂牌重庆市长寿区体育局、重庆市长寿区文学艺术界联合会。内设办公室、文化科、体育科、规法科、市场科、审批科、传媒科。下设机构有区文化市场行政执法支队、区文化馆、区图书馆、区文管所、区业余体校、区广播电视监测中心（2017年12月25日成立）、区电影发行放映公司（2017年9月改为长寿区全民健身中心），其中，区文化市场行政执法支队为副处级直属执法机构；全区有19个街镇文化服务中心。区文化委的职能职责有16项。

【文艺创作引导】 2017年，区文化委专题召开区文艺座谈会，承办市级文艺家协会会员学习贯彻习近平总书记系列重要讲话精神专题研讨班，学习习近平总书记在中国文联十大、中国作协九大上重要讲话精神，引导广大文艺工作者坚持以人民为中心的创作导向。

开展农村演艺、出版物市场、互联网网站、公共文化阵地非法出版物四大专项整治行动，全数收缴涉政治类、涉军事类、涉宗教类非法出版物。强化文化系统公共文化场所论坛、讲座管理，及时按程序申报备案。推进“扫黄打非”进基层工作，建成区、镇街、村（社区）三级管理联动机制，实现“扫黄打非工作”全方位覆盖。

【文化体制改革创新】 2017年，区文化委推进“放管服”改革，制定36项行政许可审批项目流程，建立《文体活动承办策划分散采购资源库》《民间文艺团队资源库》，出台《购买公共文化服务规则及标准》等系列规则。长寿湖龙舟赛、铁人三项赛、半程马拉松赛等大型品牌体育赛事走出市场改革之路。区电影公司成功改制，撤销区电影公司机构，成立全民健身中心。完成文化市场综合执法机构改革，区文化执法大队更名为区文化执法支队，增加编制和体育市场执法职能。强化安全播出管理，设立区广播电视监测中心。建成19个街镇文化图书分馆，试点新市街道“街头”图书角、区中医院图书角，完成城市边角地、新村居民点、公租房闲置用地摸排统计工作。引入仁人足球俱乐部落户长寿，激活体育中心场馆的使用效率。

【文艺创作】 2017年，区文化委建成长寿古镇文艺家协会活动点，举办“五一奇石展”、端午节民俗文化摄影大赛、市新诗联谊会暨老年书画作品展、第二届书法新人新作展暨职工书法活动中心汇报展，承办首届中国西部电影论坛，各文艺协会采风活动30多次、专题活动100余场，报刊上发表文章70余篇，83件作品入展市级美术、摄影、书法等各类展赛；10件作品入展全国第六届教师书法作品展，邓刚的《送光明》《延安座谈》雕塑作品入选全国美术作品展览暨第13届全军美术作品展。面向全国征集文明长寿原创歌曲158件，评选出30件优秀作品。完成《巴渝民居》地方文献资源库系列专题片。兑现2016年文艺作品创作奖44.5万元，涌现出一批文艺创作骨干。

【文体民生】 2017年，区文化委贯彻落实《公共文化服务保障法》，完成《长寿区文体设施空间布局规划》编制；投入400万元提档升级19个街镇文化服务中心，建成42个社区综合文化服务中心和8个社区健身点，更新30套农体工程，完成老城体育馆房产清理并移交和体育中心消防设施整修工程。借力人大代表视察、政协委员协商，文体阵地“还文于文还体于体”纳入议事日程。实施“两馆一站一室”免费开放和体育场馆免费低收费开放，服务群众293万余人（次）。区图书馆通过全国地区一级馆验收；区文化馆图书馆绩效评价为一等，两馆数字化建设正式启动。业余体校被评为市重点体校。完成888场“五送”流动文化服务进村民生实事。

【文体活动】 2017年，区文化委成功举办第二届长寿湖龙舟赛、第八届长寿湖铁人三项赛、首届长寿湖半程马拉松赛和新年登高活动等大型文化体育赛事；举办2017年新春音乐会、5场文化下乡、4场春节系列专场演出活动，10场全民艺术普及戏曲进校园活动，20场文化进社区演出活动，30场“渝州大舞台”演出，长寿区全民阅读系列活动，“贯彻十九大共圆中国梦”文明长寿原创歌曲演唱会，首届社区文化节，全民健身日系列活动，篮球羽毛球足球乒乓球四大球业余联赛，好体育人进社区等区级文体活动100余场。承办市第九届“红岩少年”读书活动讲故事大赛，组队参加市第五届社区文化节、“都市风采”京津沪渝四直辖市主持人大赛、市文化馆从业人员技能大赛、全国龙舟公开赛、重庆市片区羽毛球邀请赛、市第七届全民健身运动会等国家级、市级群众文体活动（赛事）；获全国群众体育先进单位、市七届全民健身运动会优秀组织奖、全国龙舟竞赛第四名，《春娃》（摄影）、《龙溪河柚花香》（歌咏）作品获市第五届社区文化节一等奖、二等奖。区文化馆1名专业干部参加“都市风采”京津沪渝四直辖市主持人大赛获银奖，1人获市文化馆从业人员技能（曲艺类）特别奖。

【文体产业发展】 2017年，区文化委坚持市场培育与规范并举，新发展文化企业56家，新审批文化经营单位23家，年检305家文化企业、普查48家体育规模企业；新增体彩销售网点22个，体彩销售额突破1亿元。举办长寿区第二届文化消费季活动。紫薇花海文化休闲旅游景区入选全市10个文化产业路演和签约项目；长寿菩提古镇文化创意产业孵化园被命名为市级文化产业示范园区，重庆长文传媒有限公司、重庆恒鑫雕塑有限公司被命名为市文化产业示范基地，紫薇花海文化休闲旅游景区被命名为市级乡村文化乐园。推荐邓强的抛沙画参加深圳博览会和市文化消费季活动。加大文化市场综合执法，统筹推进五大专项行动和日常监管，排查消除安全隐患567处，没收非法出版物698册，查处无证经营8家，依法办结违规案件12件，行政罚款7.3万元。 （吴彦林）

表31　**2017年长寿区文化工作获市级以上集体奖励情况**

获奖单位（项目）	颁奖（主办）单位	奖　　项
长寿区文化馆	中共重庆市委宣传部、重庆市文化委、市艺术馆	《春娃》（摄影）、《龙溪河柚花香》（歌咏）作品荣获市第五届社区文化节一等奖、二等奖
长寿区文化委	国家体育总局	2013－2016年度群众体育先进单位
长寿区文化馆	文化部	《送光明》《延安座谈》两件作品入展文化部“庆祝中国人民解放军建军九十周年全国美术作品展览”
长寿区文化馆	中国美术协会	《紫夜》《你与你的世界》入展中国美协“第二届全国工业美术作品展”
长寿区文联	中国文学艺术界联合会、中国摄影家协会	《棒棒来了》《墙外风铃》《穿山越岭》入选“全国第二十六届摄影艺术展”
长寿区文化委	重庆市体育局	市七届全民健身运动会优秀组织奖
长寿区图书馆	重庆市全民阅读活动办公室	第二届知网杯“我爱重庆”少儿数字阅读知识竞赛活动获“优秀组织奖”
长寿区图书馆	重庆市全民阅读活动办公室	2016年“开心木门杯”长寿区第二届传统武术锦标赛暨市第九届“红岩少年”读书活动分别获优秀组织奖2个、一等奖2个、二等奖1个、优秀奖1个、优秀指导老师奖2个。

（重庆市长寿区文化委员会提供）

广 播 电 视

【概况】 2017年，长寿区有播出传输机构2家，完成西山、罗围2座差转台的升级改造。长寿电视台开设综合、生活、影视3个频道。全区有线电视用户22万余户，其中网络分公司15万，有线电视入户率达到68%，免费安装直播卫星接收设施36070套，全区电视综合覆盖率达到99.02%。建成农村广播系统1个，因系统建成多年和设备老化修复困难，广播综合覆盖率下降到60.8%。

重庆市长寿区广播电视台（简称区广播电视台）于2013年2月18日根据重庆市长寿区机构编制委员会《关于同意设立重庆市长寿区广播电视台的批复》成立，同时撤销重庆市长寿区广播电视中心、原重庆市长寿区广播电视台和重庆市长寿区广电网络公司。区广播电视台为区委直属正处级公益二类财政全额拨款事业单位，核定事业编制57名，设有内设机构9个，即：办公室、总编室、新闻部、专题部、广告部、技播部、转播部、新媒体部、广播电台部。2017年年底，有在岗职工73人，其中在编职工50人，临聘人员23人，退休职工30人，提拔正科级1人，招录主持人和视频编辑各1人。

【安全播出】 2017年，区广播电视台制定十九大重要保障期间的网络安全和节目播出安全保障方案、应急预案。完善《长寿区广播电视台机房事故界定及处罚》《广播电视安全播出等级状态工作措施》《游动字幕制作流程审查制度》《长寿区广播电视台网络安全管理制度》，修订《广播电视应急播出预案》，从制度上强化安全播出保障。全年未出现重大安全播出事故。

抓好硬件建设标准化建设，根据节目生产、播出、传输需要，完成西山、罗围2座差转台的升级改造，无线覆盖率提高。结合开展全国新闻出版广电系统安全大检查，更新部分设施设备，完善基础设施建设，区电视台投资210万元完成播出系统改造、增添广播电视设施设备，成功创建为国家二级台；广播电视台启动标准化建设工作，制定创建一级台建设规划。加强农村广播系统和地面卫星户户通的运行维护管理，完善运行维护机制，督促街镇党委、政府、网络分公司加强农村广播系统和地面卫星户户通运行维护工作，及时抢修损坏终端和接收设备，确保农村广播户户通长期响、长期通的目标。区网络分公司完成城区0.5万余户网络双向化改造，推进高清互动产品为主的数字电视整体转换，建成110平方米首家有线电视营业厅，发展党员教育用户4500多户，2017年在线用户数76320余户（其中模拟用户20869户），实现有线网络收入5000多万元。

【广播影视节目】 2017年，区广播电视台在中共十九大召开前、中、后，策划“砥砺奋进的五年”“把总书记重要讲话精神落实到重庆大地上·长寿篇”“‘实干树形象、实绩惠民生’两学一做特别报道”“喜迎十九大”“十九大时光”“把党的十九大精神落实到重庆大地上·长寿篇”“‘榜样面对面’党的十九大精神宣讲团宣讲活动”等栏目，为文明长寿建设加力助推。

围绕区委、区政府中心工作，组织策划实施“供给侧结构性改革”“大众创业万众创新”“社会主义核心价值观”等系列报道。完成专题节目创作176期，时长2200余分钟，报道理念、方式、内容“三创新”和节目数量、质量、影响力“三提高”。其中《警方在线》《行走长寿》《环保在行动》等专题片成为受众喜欢的节目。

2017年，区广播电视台创新宣传手段，提升宣传水平，为全区经济社会发展营造良好舆论氛围。外宣播出165.5条。其中，上中央电视台新闻栏目12条［《新闻联播》2条（大综合），其他新闻栏目10条］，重庆电视台153.5条（其中《重庆新闻联播》64条）。

2017年，区广播电视台内宣播出自办电视节目《长寿新闻》227期、新闻2528余条，《新闻周报》48期，策划实施系列报道14个、连续报道9个、重大会议、重大活动新闻报道20多个。为保障党的十九大安全播出零失误，及时制定十九大期间网络安全和节目播出安全保障方案、应急预案，层层签订责任书，加大安全隐患排查力度，及时开展应急演练，实行24小时值班，确保十九大期间网络安全和节目播出安全。为给文明长寿建设加力助推，组织策划实施“建文明城，做文明人”等系列报道，制作15分钟宣传片。结合全区中心工作，组织策划实施“供给侧结构性改革”“大众创业万众创新”“社会主义核心价值观”等系列报道。完成专题节目创作176期，时长2200余分钟，呈现出报道理念、方式、内容“三创新”和节目数量、质量、影响力“三提高”。其中《警方在线》《行走长寿》《环保在行动》等专题片成为受众喜欢的节目。

【栏目创新】 2017年，区广播电视台恢复《人车路》广播节目栏目。更新电视栏目2档，将《法治长寿》改为《警方在线》，6月4日正式上线；《长寿新农村》改为《环保在行动》。新增编辑性节目2档，其中编辑半月播专题节目《巴渝看点》，6月18日正式上线。自办半月播专题节目《走遍长寿》，6月25日正式上线。实现从周一至周七自办节目全覆盖。

【媒体融合发展】 2017年，区广播电视台强化全媒体资源整合，提升内容生产力。按照“用户思维”和“产品思维”改革采编环节，整合资源、实现新闻信息的整合集成、加工生产。报纸、客户端、微信、手机报各平台根据自身定位和目标用户，确定不同的报道内容方式，实现差异化处理、立体化呈现。强化全媒体报道创新，提升宣传影响力。按照传统媒体突出“深”和“精”，新媒体突出“快”和“全”的指导思想，强调各新媒体平台之间的互动，扩大宣传影响力。“两会”宣传推出系列图说新闻，让报告数字化、成绩可视化；推出“两会”指南、《新起点新跨越》等H5场景应用，让五年发展成就一目了然。2017年长寿湖龙舟赛系列文化节等活动，长寿日报微信、人人长寿APP和长寿新闻网图文直播，总计曝光量120万次；新媒体平台“长寿手机台”点击量900万人次，长期位居全市广电系统前四位，其中“图文快讯”栏目居全市首位。全年发布快讯2800条；30个线上线下活动，有效提升市民对长寿广电新媒体的关注度和支持度；10场手机直播，充分发挥长寿手机台的视频直播优势。强化全媒体服务功能，提升平台粘连度。人人长寿客户端不断升级，新闻板块包括图文、视频、广播、专题等新闻内容；政务板块包括政情、旅游、重庆群工等内容；生活板块增加社保查询、电影、堵不堵等信息服务；互动板块包括在线问政、调查问卷、推广活动。先后联合开展“最美家庭”“最美教师”“最美学生”“长寿工匠”“最美农产品”“最美乡村公路”“最美环卫工人”等评选活动。结合重大节日和区内重要活动，编辑系列微视频在长寿手机台展播，如“我的主题党日”案例、“历届铁人三项赛回顾”“文明长寿原创歌曲展播”和“演唱会视频”“长寿英烈”“市五次党代会代表访谈录”“端午节龙舟赛系列活动”“长寿公安诵读平安”（诗朗诵、歌伴舞）、“社区文化节（广场舞、歌咏赛）”等。

2017年，区广播电视台新型媒体“长寿手机台”跻身全市先进行列，点击量近900万人次，其中“图文快讯”栏目居全市首位。全年发布快讯2800条；30个线上线下活动，提升市民对长寿广电新媒体关注度和支持度；发挥长寿手机台视频直播优势，全年开展手机直播10场。结合重大节日和区内重要活动，策划编辑系列微视频在长寿手机台展播。组织开展沙龙“诗朗诵”、选聘“小记者”、纪念“记者节”等大型活动，展示干部职工多姿的风采和较高的文化艺术修养。其中，“小记者”活动得到重庆网络广播电视台的高度评价。

【基础建设】 2017年，区广播电视台无线发射台站改造全面完工。西山、罗围差转台在2016年设施设备改造完成后，2017年争取中央财政补助项目200万元，对两个差转台道路、房屋、围墙、院坝、办公生活等基础设施进行升级改造。其中西山差转台新建会议室、篮球场，增加乒乓台、健身器材，添置住宿、餐饮等生活必须品，条件得到改善。于12月8日通过区发改委、文化委组织的竣工验收。（尧 敏 罗洪波）

报 刊

【长寿日报】 长寿日报社为区委直属正处级财政全额拨款事业单位，核定事业编制30人。2017年底实有在岗职工40人，其中，在编在岗职工27人，社聘职工13人；退休职工2人。内设机构为8个，即办公室、总编室、新闻采编部、副刊采编部、网络部、质评通联部、经宣部、新媒体部。其职能和业务范围为：及时准确地宣传党的路线、方针、政策和区委、区政府的重大政治经济活动，宣传全区经济社会和文明建设的成就、经验和先进典型。2017年，长寿日报社拥有7个媒体平台及1个公司，即《长寿日报》、人人长寿APP、长寿新闻网、长寿手机报、长寿日报微信、长寿日报微博、长寿日报头条号和重庆今日广告有限责任公司。

2017年，人人长寿APP下载安装量17.8万户；长寿日报微信关注者28万人，头条平均阅读量1.5万人（次），长寿新闻网日均访问量15万人（次）；长寿手机报用户17.7万户。《长寿日报》连续7年获评重庆市优秀区县报。

内宣工作方面先后推出“把习近平总书记重要讲话精神落实到重庆大地上·长寿篇”“喜迎十九大”“十九大时光”“把党的十九大精神全面落实到长寿大地上”“榜样面对面”“实干树形象 实绩惠民生”“双创英雄会”“不忘初心 逐梦前行”“新气象 新希望”“环保整治长寿在行动”“记者走基层”“培育和践行社会主义核心价值观”“文明创建让生活更美好”“做文明人 建文明城”“科技之窗”“巾帼风采女性榜样”“追寻长寿历史足迹”“保密微讲堂”“反邪教警示教育”等30多个栏目。精心策划、圆满完成2017年全区“两会”报道。深化“走转改”活动，开展寻找最美乡村公路、情满回家路、岗位上的年味、创新人才、创业人物、金牌工人、巾帼风采等主题采访活动。开展“赞劳动之美、做文明职工”和“最美长寿”女性随手拍大赛。改革报道风格。做深主题报道、做活新闻摄影、增加图说新闻，适应媒体读题、读图时代需要。重要会议和重大活动注重前后有机衔接，党的十九大召开前后，推出《把习近平总书记重要讲话精神落实到重庆大地上·长寿篇》系列专版报道，会中开设《十九大时光》，会后开设《把党的十九大精神全面落实到长寿大地上》专题报道，凝聚起决胜全面建成“三地一中心”的广泛共识，报道得到区领导的肯定批示。强化报道创新。《长寿日报》全媒体推出系列图说新闻、视频新闻、增加H5场景应用。开展“赞劳动之美·做文明职工”摄影作品大赛、“最美出租车司机”“最美公交车司机”“最美医生”“最美护士”“最美教师”“最美学生”“最美环卫工人”“最美交巡警”“最美物业人”“最美乡村公路”“最美家庭”“十大乡贤”和“十佳好书信”等评选活动。“家乡美随手拍”“最美长寿”女性手机随手拍大赛、最有创意手绘作品大赛暨金融服务体验活动、金融知识有奖问答等，读者的参与度和兴趣得到广泛提升。

外宣工作方面推发外宣稿件227条，其中《人民日报》头版1条、二版1条，《重庆日报》20条，华龙网180条，《重庆日报》农村版25条。

队伍建设方面培养全媒型的采编队伍。分期分批组织编辑记者参加采编业务创新与大数据新闻、全媒体时代编采策划与版式设计创新、媒体经济整合营销、用视觉传递新闻、微信公众号推广营销等专题培训，拓宽媒体融合发展思路。邀请重庆区县报审读专家、《重庆日报》优秀编辑记者授课，组织学习中国新闻奖获奖作品。坚持每周五集中业务学习，记者谈采访心得、写作体会，编辑讲评编辑思路、存在问题，面对面交流提高。培养接地气的采编队伍。深化“走基层、转作风、改文风”活动。质评打分和月度好稿向一线采访的稿件倾斜，引导编辑记者深入基层、深入一线、深入群众，接通地气，贯通正气。“将习近平总书记重要讲话精神落实到重庆大地上·长寿篇”“寻找最美乡村公路”全媒体采访活动、铁人三项赛、龙舟赛的报道全社采编人员总动员，在打好宣传总体仗、攻坚仗、常规仗中锻炼队伍。（汪月琴）

【长寿文化】 经四川省文化厅批准，连续性内部资料《长寿文化》（原名《长寿文艺》）报于1979年1月创刊；2008年1月，由重庆市文化委员会核准，重庆市长寿区文化委员会主办，区文化馆主管，组成长寿文化报编辑部编辑出版发行，《长寿文化》报成功改版为周刊；2010年1月，再次改版为周二刊（周二、周五出版发行）；2015年8月，根据市文化委员会整改通知精神，结合纸质媒体发展走向，改版为周一刊（周四出版发行）。2017年《长寿文化》仍然为周刊，每周四发行。长寿文化报社址原在科技文化中心区文化馆三楼，2017年2月6日搬迁至菩提古镇中街（长寿区文化创意产业孵化园）49栋1－1、1－2号。2017年，《长寿文化》报总编林家义（区文化委员会主任）任职至2017年3月，继任总编为蒋中尧（区文化委员会主任），副总编为王强（区文化委员会科长）、赵广辉（区文化馆馆长）、樊强（执行总编，重庆长文传媒公司董事长）。截至2017年年底，《长寿文化》编辑部有在册员工37名（含好图影视公司，不含发行人员），采编人员均为大学学历，有5名具有10年以上的新闻工作经历。

2017年，《长寿文化》出版发行38期（总

1016—1052期），248个版面。刊载图片400余帧，发表文字35万余字。每期发行10000份，全年发行38万份。

2017年，《长寿文化》报设置栏目主要有：综合新闻、长寿·城事、人物、特别·报道、重点报道、长寿·文化、长寿·体育、健康·养生、走玩长寿、长寿·视界、影视·娱乐；专刊主要有《文化动态》《长寿旅游》《长寿普法》《长寿交通》《长寿街镇工业》《卫生计生监督》《长寿食药监》《长寿规划》《长医在线》等。

2017年，《长寿文化》由都市类连续性内部资料转为以文化、旅游为主的连续性内部资料。2017年重要版面有4个。一是长寿旅游专刊。《长寿文化》报抓住文旅融合发展做大量报道，全年刊载"长寿旅游"40余个版面。较为详细地介绍长寿旅游状况和景点，深度挖掘推介长寿旅游亮点，重点是文化旅游景点；详实报道端午节长寿湖龙舟民俗文化节、中秋节长寿湖文化大型活动、2017年长寿湖国际铁人三项赛，以及长寿沙田柚文化节、邻封百里花海文化节等。二是开设"影像·世界""光影世界""影视·娱乐""聚焦·长寿（百万市民拍长寿）"等栏目，重点介绍长寿文化影视部（好图影视）拍摄的微电影。2017年由重庆长文传媒公司所辖的好图影视公司获奖、拍摄完成或完成大部分的微电影及纪录片主要有《五堡山》（获2017年"益言益行"全国网络公益故事微视频展映三等奖）《大山之恋》《板车人生》《长寿秘典》《我家女儿》《山上山下》《不会说话的土地》《巴渝民居》等。好图影视作品参加重庆市第八届党建微视频大赛，《我家女儿》《仙女山的月光》《德会妈妈》《窗内窗外》等4部微视频获选送中共中央组织部参展（全市15部）；微电影《棒棒来了》《墙外风铃》等2部入围国展多媒体类（全国入选作品20部）展。在全市，长寿区是自拍微电影唯一获得全国大奖的区县。长寿文化刊登许多文章，成为微电影等新媒体的推手。2017年长寿文化微信公众号受到网民的欢迎。三是长寿·人物、重点报道等栏目。2017年报道艺陶工艺家廖华山的陶艺创作和他的创业故事；网络作家邹军（笔名巫九）的创作历程和成就；著名篆刻家孟齐春的工匠故事；全国知名雕塑家邓刚的新成就；著名巴蜀笑星、中国曲艺家协会副主席、四川省文学艺术界联合会副主席、四川谐剧第三代掌门人、四川省十佳电视节目主持人、长寿籍著名影视演员张旭东（艺名吖当，国家牡丹奖获得者）；女性创业人物董静、马晓红等；健康寿星的后续报道，98岁的老寿星程晴初笔耕不辍的故事，百岁老人焦玉福的健康故事；长寿区留美学生佘奕沛参加全国最强大脑大赛，智战群雄、获得满分、代表中国参加国际最强大脑赛的事迹。2017年进一步结合区文化工作进行宣传报道，突出区文联及其下属文学艺术团体的报道。主要报道区摄影家协会、区书法家协会、区美术家协会、区诗词学会、区作家协会、区音乐家协会等的工作和重要活动。四是结合区委、区政府的中心工作进行宣传报道，2017年围绕长寿区创建全国文明城市这一全区重点工作进行宣传报道；围绕建设"三地一中心"进行报道，重点报道工业、农业、商业、旅游、物流建设等。

（周家修）

图　书

【概况】　1987年长寿县图书馆在望江路独立建馆，面积3200平方米。2007年8月，长寿区图书馆（简称区图书馆）新馆建成开放。新馆位于桃花新城长寿中学旁，占地面积近四亩，建筑面积6400平方米。2017年有职工20人，其中副研究馆员2人、馆员8人，工作人员都具有大专以上学历。馆内拥有读者坐席1500席，计算机110台，全馆无线网络全覆盖。建有图书馆网站、移动图书馆APP和微信公众号平台，配备有自助办证机、自助借还书机、博看4K触摸屏智能终端、电子书借阅机等现代化设备。2017年5月，区图书馆首次承办重庆市第九届"红岩少年"读书活动绘画大赛获市文化委领导及各区县图书馆肯定和好评。2017年7月，迎接文化部第六次全国公共图书馆评估定级验收，受到评估专家组肯定。2017年12月，申报全国文化信息资源共享工程地方资源建设项目《长江支流中的巴渝文化》专题片获文化部立项。12月，长寿区首个中医院公益图书角建成并投入使用。

【业务建设】　2017年，区图书馆总藏书量939306册，其中纸质图书372885册（含盲文图书5288册）、古籍3300册，报刊967种，视听文献

5023件（套），电子文献435058种，特色馆藏1500册《四库全书》、1800册《续修四库全书》1套，建有地方文献全文数据库、地方文献书目数据库、电子文献书目数据库、古籍图书书目数据库。全年文献购置费504500元，采用金盘集成管理系统。

【读者服务】 2017年，图书馆常年坚持365天开放，每周开放时间逾70小时，开放服务窗口13个，实行免证阅览，凭证外借。2017年新办证1429张，各服务窗口总流通人次378132人（次），文献外借366212册（次），馆外流动服务借阅15076册（次）、流通7415人（次）。举办全民阅读推广活动70场（次），参与人数逾25万人。举办名家进校园、菩提书院消夏品读沙龙37场（次），听众逾2.5万人。联合长寿新华书店开展“你看书，我买单”活动，受到读者欢迎。开展迎春送书画、“三下乡”活动、少儿数字阅读、“你我共读一本书”、十佳读书人及十佳书香家庭评选、“美丽长寿，人人有责”征文、“走进图书馆，体验阅读”等活动46场（次），吸引读者12万人（次）。组织参加全国电子绘本及书法征集大赛、第九届“红岩少年”系列读书活动、知网杯“我爱重庆”少儿数字阅读知识竞赛活动。实施“行走的图书”活动，免费向市民送书1500册。联合新市街道、区中医院建立图书服务网点，方便群众就近阅读。

【总分馆体制】 2017年，长寿区将19个街镇文化服务中心、21个村（社区）图书室、3个学校纳入总分馆一体化管理模式，年底前已建成分馆43家，形成以区图书馆为总馆，各街镇、村（社区）图书室为分馆，部分有条件的企业、学校图书室为补充的总分馆服务体系。截至年底，区、镇街、村社投入资金500余万元。总馆和分馆签订合作协议，由总馆对分馆进行业务培训与指导，实行总馆主导下的文献资源统一采购、统一编目、统一配送、通借通还和人员的统一培训，实现一馆办证、多馆借还、资源共享。2017年举办街镇、村图书管理员及共享工程技术员培训19场（次），辅导街镇、村级图书管理员500余人，实现总分馆“惠民、便民、利民”服务。

【管理工作】 2017年，区图书馆制定图书馆理念和未来发展愿景，出台《长寿区图书馆年度绩效考评实施方案》，规范部室职能职责、工作制度，每月定期召开工作例会，实现图书馆管理规范化、常态化。11月，区图书馆2名工作人员的论文在中国西部公共图书馆联合会第四届年会暨学术讨论会上获得三等奖，在专业学刊上发表。区图书馆工作先后13次受到上级相关部门表彰、奖励。在2017年重庆市、区、县（自治县）“三馆一站”免费开放绩效考核实评中获得重庆市公共图书馆免费开放绩效评价一等荣誉；参加由重庆市全民阅读活动办公室举办的第二届知网杯“我爱重庆”少儿数字阅读知识竞赛活动获“优秀组织奖”；参加由重庆市全民阅读活动办公室主办，市少儿馆、长寿区图书馆承办的重庆市第九届“红岩少年”读书活动分别获优秀组织奖2个、一等奖2个、二等奖1个、优秀奖1个、优秀指导老师奖2个；参加“最美朗读者”重庆市首届诵读大赛第三片区决赛获二等奖1个、三等奖2个。（胡小强）

电影

【概况】 2001年12月25日，经国务院批准，长寿撤县设区，长寿县电影发行放映公司更名为“长寿区电影发行放映公司”，是丰富全区文化电影事业的服务单位和重庆市惠民农村数字电影院线有限公司成员单位。核定编制15名，2017年有在编在职职工15人；内设经理室、书记室、行财办公室、电影综合服务部、长寿保利万和影城。2017年9月文化体制改革，撤销长寿区电影发行放映公司，成立区全民健身中心，承担区文化委委托的全区惠民电影放映工作，地址在长寿区凤城街道向阳路16号。

重庆长寿金逸影城影城建筑面积3500余平方米，设有5个一流水平的放映厅，总计902座。影城从规模到配套设施的完善，均按照五星级影城标准建设。坚持客户至上的服务理念，营造出长寿首家豪华的国际影城。于2007年2月正式开业。地址在长寿区凤城街道向阳路2号协信购物广场7楼。

重庆长寿横店影城是由横店影视股份有限公司全额投资的多厅影城，有7个数字影厅（其中5个偏振3D厅）917个座位。于2012年12月28日正式开业。地址在长寿区桃源大道8号4楼。

【公益电影放映】　2017年，长寿区按照“政府购买、群众受惠”的农村电影发展新思路，常年坚持把优秀的电影送到农村、社区、校园和广场。全年惠民工程在农村放映2676场电影，为农民工放映16场电影，观众84万余人（次）；在社区、广场放映174场，观众6万余人（次）；为学生放映400场，观众23万余人（次），区内中小学生观影率百分之百。

2017年开展“小康中国富美乡村”元旦春节金鸡之春送电影下乡放映活动，放映230场，观众7万余人。开展“迎十九大、共圆中国梦优秀电影展映放映活动”放映500场，观众15万余人。与区总工会联合的送电影下基层公益放映活动，放映8场，观众3千余人；与区政法委防范办联合开展反邪教电影公益放映活动，放映19场，观众6千余人；与区体彩办联合开展体育彩票千场全民健身知识公益放映活动，放映30场；与市扶贫基金会联合的爱心公益放映活动，放映30场。完成2017年在全区农村、社区广场及农民工电影放映的公益目标任务。

【经营性电影放映】　2017年，长寿区各影城坚持以“传播文化、分享快乐、服务群众”为宗旨，为长寿人民提供舒适的电影文化消费场所。2017年影城经营性电影安全放映2.28万场，观影市民38.1万人次，票房总收入1241.9万元。

（罗洪波）

群众文化

【文艺活动】　2017年，长寿区将全区性大型文化活动与社区、企业、校园经常性群众文化活动紧密结合，策划、组织开展各种文艺演出、艺术展览，组织送文化下基层进社区。举办2017年新年音乐会，“情暖百姓，文化进万家”“三下乡”送文化下基层文艺演出，新春广场文艺演出，十里柚香百里花海邻封第二届油菜花节开幕式，“赞劳动之美·做文明职工”长寿区庆祝“五一”国际劳动节创建全国文明城区职工在行动、2017年重庆·长寿邻封第二届油菜花文化旅游节文艺演出、重庆长寿湖龙舟赛啤酒音乐节、传统戏曲进校园等各类活动50余场；推进民生实事相关任务，截至年底，区文化馆完成演出任务855场（其中送演出进村505场），送图书阅览进村170场，送展览讲座进村90场，送辅导培训进村55场，送法规政策宣讲进村35场，服务总人数73.9万人，总投入资金92.9万元。

【阵地建设】　2017年，长寿区按照《重庆市长寿区基层综合性文化服务中心建设规划（2016—2018）》，对菩提、凤城、晏家、江南、渡舟、新市、八颗等15个街镇39个社区及61个行政村的基层文化服务中心进行整合建设。在全区机关、企业、学校、街镇、社区、部队建立图书馆分馆，挂牌分馆19个、学校33所，实现全区图书馆（室）管理全覆盖。以文明城区创建为契机，“两馆一站”对照考核标准，对创建全国文明城区实地考察工作涉及“两馆一站”的部分进行整改，先后设立志愿者服务站点和道德模范事迹专题展览、“爱国主义教育基地”、公示楼层及功能室分布图、刊播社会主义核心价值观等，完成文明城区创建指标任务。区文化馆通过手机、电脑等载体和微信公众平台，开展“指尖上的文化服务”，2017年3月区文化馆正式启用“长寿区文化馆免费培训网上报名系统”，完成春季免费培训网上报名工作，高速、高效、便捷的报名过程为群众节省大量的时间和精力，受到社会各界的广泛好评。推广全民艺术普及，为公共文化服务平台数字化建设和数字化文化馆建设奠定坚实基础。区文化馆官网上传各类信息600余条，点击量16万人（次）。

【文艺创作】　2017年，长寿区文化馆结合全年各级比赛计划积极创作文艺作品，从中优选具有冲奖实力的作品进行深加工、再提炼，出精品，全力参加各类文化赛事。创作出《龙溪河柚花香》《柚乡妹儿美柚乡》《长寿人人向往》《长寿人·长寿情》等富有浓郁地方特色的文艺作品参加各种比赛和区内外大型演出二十余次，其中由文化馆专业干部创作的摄影作品《春娃》获第五届重庆市社区文化节社区生活摄影展一等奖；梦组合演唱的《龙溪河柚花香》获第五届重庆市社区文化节歌咏会二等奖；文化馆1名专业干部肖举参加“都市风采”京津沪渝四直辖市主持人大赛获得银奖。

（肖　举）

地方文化传承

【非物质文化遗产保护】 2017年年底前，长寿区区级非物质文化遗产名录有35个项目，其中10项已纳入市级名录，7人成为市级非物质文化代表性传承人。本着“保护为主、抢救第一、合理利用、继承发展”的指导方针，长寿区公布巴村人手工糍粑、周家食仿伏羊汤、川剧变脸、空中顶人等4项第六批区级非遗保护项目和王亚明、肖举、邓强、王怀等4人为第五批区级非遗代表性传承人；完成项目名录和传承人信息更新、统计等非物质文化遗产保护相关工作；申报海棠镇中心小学校和石堰镇中心小学校为市级第三批非物质文化遗产传承教育基地，申报重庆怀达食品有限公司为市级第三批非物质文化遗产生产性保护示范基地，申报获批王怀为第五批市级非物质文化遗产项目代表性传承人；组织非遗传承人参加2017年重庆市非遗传承人群培训班（木雕、木板年画），开展“礼貌、礼节、礼信”非遗年礼消费大派送活动，组织节目《海棠唢呐》参加第二届重庆市民间文化艺术之星选拔赛；组织血豆腐等项目参加第二届中国（重庆）老字号暨非物质文化遗产博览会，组织专业干部观摩第六届中国成都国际非遗暨“文化和自然遗产日”主场活动；举办长寿区2017年文化和自然遗产宣传月活动，为市级非物质传承人给予经费补助、向海棠唢呐的小小传承人发放学习大礼包；举行长寿区2017年文化和自然遗产宣传月系列活动，展示长寿区优秀传统文化的精神内涵。

【物质文化遗产保护】 2017年，长寿区不可移动文物保护。全区36处文物保护单位全部落实安全责任单位或责任人，签订2017年度文物保护单位安全责任书，确保责任明确；与重点文物单位现场看护人员签订安全协议，提高安全防护意识，杜绝文物安全事故发生；完成全区220处未定级不可移动文物挂牌保护工作。开展大排查行动，完成文物单位现场安全检查，网上填报文物安全监管情况调查表，重庆市文物局检查组现场检查长寿博物馆新馆建设情况与长寿区“三线建设”遗址“卫东机械厂”保存状况，对长寿区在文物安全工作中取得的成绩给予肯定；对长寿区市级文物保护单位专项保护经费申请程序、一般文物保护方式等提出指导意见。开展长寿区“三线建设”遗址情况调查工作，长寿区现存3处三线遗址，分别是长虹机械厂、四川染料厂、国营卫东机械厂。

可移动文物保护。开展可移动文物普查总结工作，加强文物库房安全监管，人防、物防、技防结合，确保馆藏文物安全；上报馆藏精品文物，配合全市开展文物普查总结工作，馆藏宋三彩仪仗俑入选重庆市可移动文物普查宣传片；完成该次文物普查先进集体和先进个人申报工作。区文物管理所配合推进博物馆建设。启动长寿博物馆展陈大纲编写工作，协调土建责任单位推进博物馆建筑建设。完善馆藏文物保护体系。开展馆藏文物“镇馆之宝”评选，评选出6件（套）能够代表长寿区独特文化且具有重要历史、艺术、科学价值的文物作为长寿区馆藏文物“镇馆之宝”；接受民间捐赠青铜釜一件，最终鉴定为国家三级文物，获得重庆市文物局颁发证书；召开《重庆市长寿区文物征集办法》座谈会，区审计局、区文化委、各街镇文化服务中心以及文物爱好者参加会议，就征集办法提出修改意见和建议。

三峡库区文物保护。地面文物申报工作。三峡后续工程文化遗产保护项目桓侯宫（二期）工程和长寿文峰塔保护项目进入国家预算项目库，涉及经费1321万元，将在2018年划拨专项经费启动实施；林庄学堂旧址维修保护项目和聂氏宗祠维修保护项目进入重庆市实施项目库。地下文物保护工作。重庆师范大学考古队和重庆市文化遗产研究院考古队对长寿区库区消落区地下文物进行考古发掘，发掘总面积为1500平方米，出土器物102件，已全部移交区文管所。

建设用地文物保护。协调陈燮烈士纪念碑保护工作。渝巫路扩宽工程实施后，长寿区市级文物保护单位陈燮烈士纪念碑将位于公路中央，对文物安全造成极大影响。年底前正在协调施工方、市文物局等确定文物保护方案；已确定大足石刻研究院编制陈燮烈士纪念碑保护方案。推进巴妇清墓葬复建工作。巴妇清墓葬复建选址确定为菩提山“三贤园”建设范围内，年底前长寿旅业有限公司正在开展项目设计等建设前期工作。召开云峰寺保护会议。配合云峰寺公园的建设，组织召开云峰寺保护专家论证会，邀请重庆市文物保护专家及区国土房管局等单位相关负责人参加；通过现场查看，参会专家提出对文物进行原址保护的意见，专家意见已反馈相关单位。

其他文物保护工作。文化遗产保护宣传工作。2017年6月10日是中国“文化与自然遗产日”，长寿区举办非遗项目展演、碑刻文物拓片展等活动，展示长寿区文化遗产保护成果。协助侦破文物被盗案件。由石堰镇派出所侦破坪斗丘石室墓被盗案件，联系重庆市文化遗产研究院出具涉案文物鉴定意见书，确定被盗墓葬为不可移动文物，年底前案件仍在侦办中。

历史建筑保护工作。区文物管理所联合区规划部门完成长寿区历史文化街区划定和历史建筑预备名录的普查及申报工作，将长寿三倒拐街区纳入历史文化街区预备名录，申报历史建筑预备名录54处。推进《长寿区历史文化遗产保护规划》编制，科学评估长寿区历史文化遗产价值、特色、现状及存在的问题，已经完成第三次修改，提交至区规划局。（肖 举 张七昌）

档 案

【概况】 长寿区档案馆原名长寿县档案馆，成立于1959年11月24日；长寿县档案局成立于1980年9月13日，与长寿县档案馆合署办公。2002年长寿县档案局（馆）更名为重庆市长寿区档案局（馆），简称区档案局（馆）；2003年区人事局批准区档案局为区政府直属参公管理事业单位，编制13人。2010年设定编制15人，设办公室、档案业务指导科、档案保护利用科，内设机构领导职数6名。2015年6月增设档案信息技术科，增加内设机构领导职数1名，内设机构为3科1室。2017年12月设立行政审批科，挂靠在档案业务指导科。

区档案馆于1997年晋升为重庆市二级档案馆，2009年晋升为重庆市一级档案馆，2012年晋升国家二级综合档案馆；2014年入选全国最美档案馆；2015年成功创建国家级数字档案馆；2010年—2017年，连续8年获重庆市档案局档案工作目标考核先进单位。

【依法治档】 2017年，区档案馆制定《长寿区档案“七五”法治宣传教育规划（2016—2020年）》和《2017年普法工作目标任务》。围绕民生、重点领域，采取“双随机一公开”和专项督查的方式，对30家单位开展档案行政执法检查。结合《档案法》颁布30周年，组织开展档案法律法规宣传。推进深化“放管服”改革工作，推进行政许可标准化建设和档案信用体系建设。以授权接件的方式入驻区行政服务中心，所有行政审批事项实现网上办理。

【档案业务指导】 2017年，区档案馆结合区政府重点工作，将档案指导服务延伸到每个角落。年内开展各类档案培训9次，参训人员750多人，机关档案工作人员培训实现全覆盖。完成精准扶贫档案整理工作，整理分户档案5956件，文书档案5663件，项目档案150卷，照片档案267件，光碟档案1张。加强对重点建设项目档案工作的指导，验收7个区级建设项目档案，4个三峡后续工作项目档案；参加3个市级重点建设项目档案专项验收。

【档案馆基础业务】 2017年，区档案馆优化数字档案馆查阅系统，组织力量对馆内档案数据进行全面清理。推动全市馆际共享工作，完成30余例异地跨馆查阅。接收区林业局、长寿中学、区环保局、区婚姻服务中心等11家单位档案，接收婚姻档案29986件、个人档案15盒、文书档案20842件、环保档案306卷。接收档案数字化后案卷级条目321条，卷内条目54805条，原文幅面340731幅，实现纸质件与电子件同步移交。全年接待查阅7990人（次），复制档案、出具证明1.1万余份。强化档案安全责任制，与业务工作同部署同落实，坚持值班、定期巡查制度，及时整改发现的问题。实行档案数字化公司备案制度，加强对档案整理社会服务人员的监管。

【国家重点档案保护与开发】 2017年，区档案馆开展档案编研工作，推出《长寿行政区划调整》编研资料。开展国家重点档案保护和开发，完成民国县政府等14个全宗重点档案目录数据采集21047条，向社会公众开放民国档案20160件。

【档案宣传工作】 2017年，区档案馆在《长寿日报》、重庆档案信息网、中国档案网等媒体发表档案工作信息50余篇。档案馆爱国主义教育基地先后接待4批250多名小学生和200多名市民参观。在学生中开展“长寿记忆”征文比赛，收到征文250多篇。结合“6.9”国际档案日和全民族抗战爆发80周年，在区内开展“档案——我们的共同记忆”活动，制作展板、发放宣传资料，用大量馆藏史料图片，真实展现长寿人民积极抗日、共同抗日的历史。向群众宣传档案基础知识、档案的利用和查阅等，增强群众档案意识。

【党建工作】 2017年3月，区档案馆进行支部换届。开展“主题党日活动”，推进“两学一做”学习教育常态化制度化，先后组织集中学习24次。创新学习方式，用微信平台创建党员微交流群，全年转载党建知识、十九大知识、习近平总书记系列重要讲话等内容27次。与凤城街道长风村开展结对共建活动，与洪湖镇长生村对接的8户精准扶贫户全部脱贫。

党风廉政建设工作认真履行“一岗双责”，全面落实从严治党主体责任。开展《关于新形势下党内政治生活的若干准则》《中国共产党党内监督条例》等党规党纪的学习、宣传、贯彻。深入开展党风廉政建设工作，紧盯档案数字化、政府采购、重点档案目录录入等重点环节，强化监督和管理，确保不发生违法违纪案件。全年召开局办公会研究部署落实工作10次，组织班子成员学习关于党风廉政建设和反腐败工作的重大决策9次。

（李勇军）

体 育

【竞技体育】 2017年，长寿区备战市六运会，优化竞技项目布局，新增艺术体操、举重竞技项目2个，加强青少年训练。承办全市青少年羽毛球、象棋锦标赛、跆拳道冠军赛。继续坚持“体教结合”，推动青少年后备人才培养。全区开设有田径、游泳（跳水）、射击、射箭、摔跤、柔道、跆拳道、拳击、举重、武术套路、篮球、足球、羽毛球、乒乓球、体育舞蹈、棋类（中国象棋、围棋）等16个市运会项目，40支运动队，分布在15所体育特色项目学校。注册登记运动员1200人，常年训练学生2000余人。2017年参加市级青少年比赛获得金牌78枚、银牌77枚、铜牌83枚，输送到市级优秀运动队训练学生42人（其中试训28人，进队14人）；8名本土运动员代表重庆市分别参加第十三届全运会围棋、田径、摔跤、拳击、飞碟项目，摔跤项目获得全运会第五名，田径项目获得4×100米接力、男女4×400米混合接力第七名，400米栏获得第十二名，链球项目获得第十四名的成绩。

【群众体育】 2017年，长寿区新建社区健身点8个、健身路径15条，更新农民体育健身工程器材15套。体育中心室外场地24小时对外免费开放；五环健身中心和室内场地每天4小时免费对外开放，其余时段实行低收费开放。9月，成立区全民健身中心，地址在凤城街道向阳路16号。

年内先后承办2017年重庆市青少年羽毛球锦标赛、重庆市跆拳道冠军赛、重庆长寿湖龙舟赛、重庆长寿湖国际铁人三项赛、重庆长寿湖半程马拉松赛、2018年重庆市新年登高活动，举办篮球业余联赛、足球业余联赛、乒乓球联赛、羽毛球联赛等大型群众赛事活动12次以上，超过10万人（次）参与。

【体育产业】 2017年，长寿区体育市场主体审批实行“非禁即许”。新发展体育产业经营单位59家。以长寿经开区重庆环松科技工业有限公司为龙头，发展体育制造业。2017年全区体育产业产值16.28亿元。利用长寿湖得天独厚的自然资源，按照“浪漫长寿湖、运动长寿湖、养生长寿湖”的目标，集中布局打造亲水休闲、水上运动娱乐项目，年底前已建成铁人广场、环湖公路及自行车赛道、露营基地、露天游泳场、钓鱼基地、游艇俱乐部等，重庆市水上运动培训中心即将竣工。落实体彩优质网点奖励政策，全年体彩销量突破1.05亿元。

（张可宣）

教育 科技

教 育

【概况】 2017年，长寿区有各级各类学校213所（含教师进修校1所，农村成人文化技术学校18所），与2016年持平；在校学生91915人，减少1091人，下降2.29%；在职教职工7997人，增加105人，增长1.33%。学校占地244.01万平方米，增加2.47万平方米，增长1.02%；校舍建筑面积119.96万平方米，增加0.47万平方米，增长0.39%。教育经费总收入19.01亿元，增加2.33亿元，增长13.96%；总支出19.08亿元，增加2.38亿元，增长14.25%。

【机构变动】 2017年5月12日，长寿区编委印发《关于同意设立重庆长寿湖实验学校的批复》，设立重庆长寿湖实验学校；该校为区教委管理的公益一类事业单位，机构规格正科级，经费形式为财政全额拨款；核定人员编制100名。7月28日，区教委印发《关于同意撤销长寿区凤城东新小学校的批复》和《关于同意撤销长寿区云台镇桥坝小学校的批复》，撤销长寿区凤城东新小学校和长寿区云台镇桥坝小学校。9月8日，区教委印发《关于同意撤销长寿区长寿湖镇罗山小学校的批复》，撤销长寿区长寿湖镇罗山小学校。9月25日，区教委印发《关于同意撤销长寿区凤城古佛小学校的批复》，撤销长寿区凤城古佛小学校。12月22日，区编委印发《关于同意区教委设立行政审批科的批复》，长寿区教育委员会设立行政审批科，机构规格为正科级。

【学前教育】 2017年，长寿区贯彻《幼儿教育纲要》，落实《3～6岁儿童学习与发展指南》，实施第三期学前教育三年行动计划，坚持公益性和普惠性，构建覆盖城乡、布局合理的学前教育公共服务体系，保障适龄儿童接受基本的、有质量的学前教育。全区有幼儿园97所，其中公办幼儿园35所，民办幼儿园62所；示范级幼儿园1所，一级幼儿园35所，二级幼儿园23所，三级幼儿园30所，未定等级幼儿园8所；新增普惠性幼儿园6所，总计64所，普惠率72%；幼儿教师1499人，比2016年增加148人，增长11.02%；在园幼儿16363人，减少345人，下降2.06%；学前一年和学前三年入园率分别为96%和90.5%。

【义务教育】 2017年，长寿区有义务教育阶段学校96所，其中公办小学65所，九年制学校7所，街镇初级中学13所，高完中学校初中部8个，民办小学2所，民办初中1所。教职工5127人，在校学生57484人；每万人口在校义务教育阶段学生638.71人，比2016年减少12.86人，下降1.9个百分点。坚持划片招生、免费免试就近入学，义务教育阶段入学率100%。

【普通高中教育】 2017年，长寿区以打造优质高中群为目标，实施普通高中扩容工程，坚持普通高中招生“三限”政策，深化招生制度改革，市级重点中学招生指标85%分配到校，确保薄弱学校重点中学升学配额。有普通高中学校8所，其中市级重点中学4所；教职工1160人，在校学生13229人，普通高中教育入学率69.41%，比2016年减少0.53个百分点。推进捆绑发展战略，普通高中教育质量稳步提高，高考参考5538人，上线5367人，上线率96.91%，增长0.23个百分点（其中重本上线943人，增加132人，增长16.28%）。

【中职教育】 2017年，长寿区推进职业教育改革创新，创建市级示范中职学校，深化职业教育人才培养模式改革，调整专业设置，着力打造特色专业，巩固和增加“3＋2”（中职3年、高职2年）专业，提高办学竞争力，中职规模稳步扩大。有中等职业学校2所，其中公办1所，民办1所；

国家级重点中等职业学校1所，市级重点中等职业学校1所。全区有中职学生4696人，中职教职工214人。规范中职招生秩序，严禁买卖生源，招生1673人。拓宽就业渠道，中职毕业生1228人，其中升入高一级院校610人、就业588人，毕业生就业率96%，对口就业率86.4%。

【民办教育】 2017年，长寿区坚持“公办教育保均衡，民办教育促优质”的原则，依法审批、规范管理、科学引领，做大、做强、做优民办教育。严格按照标准、条件、程序，新审批教育培训机构1个、民办幼儿园4所、民办小学1所。规范办学行为，对32个民办教育培训机构、73所民办幼儿园、2所民办小学、1所民办初中、1所民办中等职业学校进行年检，全部合格；批准停办2所民办培训机构；9所民办幼儿园通过重庆市一级幼儿园检查验收。探索公、民办学校联建机制，把民办小学、民办普惠性幼儿园纳入公共财政保障范围，新增民办普惠性幼儿园6所，总计43所。

【成人教育】 2017年，长寿区开展社区教育，抓好区、镇（街）、村（社区）三级公共文化服务体系建设，完善阅读设施。“新市老年课堂”被评为2017年重庆市终身学习活动品牌。举办“长寿区2017年全民阅读暨‘4.23’世界读书日启动仪式”，800余人参加活动。成人高考报名157人，参考153人，参考率为97.45%；上线134人，上线率为87.58%；录取134人，录取率为87.58%。组织自学考试2场，报名1225科（次）；培养定向区内的合格专门人才13人，其中本科毕业生9人，专科毕业生4人。

【特殊教育】 2017年，长寿区实施《特殊教育提升计划（2017—2020年）》，坚持政府主导、部门协同、各方参与的特殊教育工作思路，健全财政为主、社会支持、全面覆盖的特殊教育服务保障机制。残障儿童少年在区内就读402人，区外就读12人。其中学前随班就读64人；义务教育阶段就读297人（“一人一案”送教上门5人），6名残疾儿童未接受义务教育，义务教育阶段适龄残障儿童少年入学率98.02%；普通高中随班就读23人，中职随班就读18人。

【基础设施】 2017年，长寿区按照《长寿区城区普通中小学布点规划（2013—2020）》推进重点项目建设，改善中小学重点是薄弱学校办学条件，公办义务教育阶段学校标准化率达到98%。全年实施“全面改薄”（改善薄弱学校）项目52个，投入9922.37万元，改扩建校舍建筑面积4.86万平方米，新建运动场地8.63万平方米、围墙（大门）1300米。新市中心幼儿园、长寿湖中心幼儿园建成投用，凤二小校舍加固工程竣工。有序推进重庆市医药学校和黄葛九年制学校扩建、石堰镇黎明小学迁建以及长寿二中学生公寓、云台中心校综合楼、寿城水岸幼儿园、葛兰幼儿园、龙河幼儿园新建等项目。施行校舍维修长效机制，投入2003.9万元，维修项目78个，学校办学条件持续改善。

坚持以“教育信息化带动教育现代化”为指导，持续实施教育信息化提升工程。出台《长寿区智慧校园建设方案》，将11所中小学校纳入智慧校园建设范围。投入528.33万元，新建录播教室30间，计算机教室12间，完善长寿中学晶山校区、实验一小古镇校区、晶山小学教育教学设施设备。投入160万元，完成城域网机房万兆升级改造工程。投入213.7万元，购置教师办公电脑460台、图书5.1万册、班班通电脑150套、投影仪180台、交换机83台。加强教育装备人才队伍建设，开展网络安全培训、图书管理员培训、“168人人通”平台培训7次，提高教育信息化管理水平。投入12.55万元，区教委机关添置电脑等设施设备，购买安装正版办公软件（微软操作系统Windows中文专业版），接入长寿区政府电子政务外网，实现无纸化办公。将长寿教育网关停并转向长寿区政府门户网。

【队伍建设】 2017年，长寿区加大师德师风建设力度，开展“教师作出公开承诺”“第二届长寿好老师演讲比赛”等师德主题实践活动，中小学教师职业道德考核评价活动，“创文明城、做文明人、文明教师我先行”主题教育和选树先进典型活动；评选并表彰长寿区第一届乡村优秀教师30名，2017年度师德师风十佳标兵10名，师德师风十佳标兵提名奖10名，师德师风先进个人70名。长寿湖镇红光小学1名教师被评为“2017年重庆市教书育人楷模”。

遵循公平、公正、公开原则，通过公开招考、考核引进、选调考试等方式招录教师247名，其中城区学校定点招录76名（含免费师范毕业生17

名），农村学校定点招录20名，农村边远高寒紧缺学科招录50名，引进研究生4名、特色体育教师5名，城区学校选调教师92名（其中，补充农村学校新教师70名，艺体学科新教师21名）。继续实施中小学教师交流轮岗，全年交流轮岗教师868名，其中变动组织人事关系的154名，不变动组织人事关系的528名，交流教师占专任教师的10.7%，占符合交流轮岗条件教师的78.57%；交流区级以上优秀人才176名，占交流教师的25.81%。调动教师243名（调出50名，调入39名，区内教育系统内调动154名），解聘教师15名，商调教师36名，借调教师43名。

建立编制动态调整机制，统一城乡中小学编制标准，在重新核定编制过程中向乡村学校倾斜。全区教育事业单位核定编制7151名，其中普通中小学教职工编制6051名（小学3014名，初中1749名，高中1288名），教育自定编制1100名（幼儿园770名、中职130名、特教41名、其他159名）；实有在编教职工6499名，其中普通中小学教职工5963名（小学2091名、初中2074名、高中988名），实有教育自定教职工536名（幼儿园269名、中职103名、特教37名、其他127名）；教职工与学生比高中、初中、小学分别为1∶13.39、1∶9.33、1∶13.04。持续推进岗位设置和职称制度改革，全区教育系统核定岗位7151个（管理岗位32个、专技岗位7005个、工勤岗位114个），实际聘用岗位6395个（管理岗位25个、专技岗位6240个、工勤岗位130个，不含试用期内的104名教师）。447名教师通过评审获得高、中、初级教师任职资格（初级153名、中级182名、高级112名）。

严格教师准入制度，加强教师资格规范化管理，认定并发放相应类别教师资格证书179个，为150名教师补办《教师资格认定申请表》《教师资格证书》。开展普法活动，加强教师法制教育，6459名教师参加2017年法制理论考试，合格6454名，合格率99.9%。开展高级教师、一级教师教学水平考评，参考622名，获得“优秀”等级63名，“合格”等级557名，合格率99.68%。推进教师培训学分管理，坚持“教科研训四位一体”培训理念，构建“国家级——市级——区级——片区——学校”五级培训网络，投入经费1195万元，开设培训项目70个，参培教师5.39万人（次），在职教师人均培训8.35次/年，人均年学时85.1学时。加强名教师、骨干教师队伍培养，有区级及以上名教师、学科带头人、骨干教师767名，占在职在编教职工总数的11.7%；实施“特级教师培养计划”，采取走出去、引进来等方式，重点培养2016年遴选的20名人才；新评市级学科带头人1名、市级学科名师6名、市级骨干教师24名、区级骨干教师100名，确认区级骨干教师84名。

根据区政府出台的《长寿区教育系统区级以上优秀人才待遇标准》，投入380余万元，对教育系统12大类区级以上优秀人才进行奖励。2500余名农村教师享受农村教师津贴、乡镇工作补助4210余万元；800名乡村教师享受生活补助1040余万元。通过新建、改（扩）建、租用等方式，解决402名农村教师入住周转房或公租房。建立健全乡村教师荣誉制度，发放30年乡村教师荣誉证书1000个，20年乡村荣誉证书2205个，10年乡村教师荣誉证书2130个。

【德育及艺术教育】 2017年，长寿区以立德树人为根本，以共青团、少先队辅导员队伍建设为重点，创建文明校园，挖掘社会主义核心价值观的丰富内涵，开展“青春喜迎十九大，不忘初心跟党走”系列活动，“共建文明城·校园在行动”系列活动，“弘扬优秀传统文化”系列活动，家校（社区）共育等各类主题教育活动3000余场（次）。开展“长寿区最美系列”评选活动，利用“人人长寿”APP组织参与投票7万余人（次），评出“最美学生”20名、“美德少年”10名、“孝心少年”100名，依托《长寿日报》、区广播电视台等媒体宣传先进事迹，印发《“最美系列”先进事迹宣传手册》1万余册。关心未成年人心理健康，建成长寿区首个青少年校外心理辅导站，有效帮助问题孩子100余名，受助学生满意率100%。贯彻《教育部关于印发中小学德育工作指南》和《中小学综合实践活动课程指导纲要》，新命名3个学生综合性社会实践教育基地，满足全区中小学生参加校外社会实践教育活动需要。学生在艺术展演、主题教育征文撰写、演讲、诵读比赛中，获得教育部等级奖5人（次），市教委等级奖400余人（次），受教育部表彰2人（次），市教委表彰16

人（次）。11月，长寿区成功创建全国未成年人思想道德建设先进区。

【体育及健康教育】 2017年，长寿区坚持“抓特色、促普及、育精英”的工作思路，各学校结合实际，自行研发跳绳、滚铁环、踢毽子等传统体育项目的校本课程，开展阳光体育运动，形成“人人有体育项目，班班有体育活动，校校有体育特色”的氛围。推选3所学校阳光体育大课间活动参加市级评比，获一等奖1个、二等奖1个、三等奖1个。以19所市、区级“青少年校园足球活动学校”和5所区级“青少年业余体校”为辐射点，广泛开展校园足球运动，参加校园足球渝东南片区联赛，高、初中女子足球队均获冠军，高中男子足球队获第五名。建立健全中小学生体育竞赛活动制度，组队参加市级及以上中小学生田径运动会、篮球、羽毛球、乒乓球、象棋、游泳比赛，获国家级团体第三名1次，市级团体第一名3次、第二名14次、第三名13次、道德风尚奖2次；个人获国家级7金8银3铜、市级83金76银86铜。在重庆市2017年田径冠军赛中，长寿中学1名学生打破全市少年组男子110米栏纪录。组织体育教师参加重庆市第五届中小学体育教师技能比赛，获团体总分二等奖，民族民间或新兴体育项目获团体一等奖。加强体育后备人才培养，36人考上体育单招重点本科。抓好学生健康及卫生教育，对全区7万余名中小学学生进行常规健康体检。

【科技教育】 2017年，长寿区从打造科技教育强区出发，把握“自主创新、重点跨越、支撑发展、引领未来”的新时期科技发展方向，培养学生仔细观察、缜密思考、善于创新的学习习惯，调动学生学科学、爱科学的积极性。在全国2017年青少年科学素养大赛中，葛兰镇中心校2名学生获一等奖，晏家实验小学1名学生获得三等奖，葛兰镇中心校1人获优秀指导老师奖。在第十三届宋庆龄少年儿童发明奖重庆市评选活动中，获金牌8枚、银牌6枚、铜牌9枚，区教委获优秀组织奖，葛兰镇中心校一分部被评为创新型学校。在第三十二届重庆市青少年科技创新大赛终评活动中，获一等奖5件、二等奖9件、三等奖14件、优秀奖9件。洪湖镇教管中心1名教师获2017年度重庆市科普发展基金会第五届绿色环保创意专项奖。

【教研科研】 2017年，长寿区以打造“高效课堂”为契机，以24项市级课题、183项区级课题为抓手，加强教研转型研究，组织开展区级教研活动110次、专题讲座72次、送课下乡76节，承办市级教研活动2次。加大教学教研指导力度，集体视导8所高完中和16所小学，听课2500余节，通过查、看、访等形式，针对学校教学方面存在的问题提出意见建议。围绕儿童课程、理想课堂和教师专业发展，持续推进新教育实验，组织50余名骨干教师到温州市参加新教育“未来学校”高峰论坛，实验一小在论坛上作题为《未来课程为孩子未来奠基》的发言。重视高三教学教研，聘请9名全国知名专家指导高三后期教学复习工作。注重教科研人才队伍培养，组织200余名中小学学科教研员参加市级及以上培训。在重庆市2017年“一师一优课、一课一名师”活动中，全区展示3155节课，获教育部级奖22节、市级奖122节、区级奖409节。组织中小学教师参加重庆市第十三届基础教育论文大赛，获一等奖76篇、二等奖179篇、三等奖415篇。

【安全维稳】 2017年，长寿区完善“五位一体”校园安保体系，持续推进安全法制进教材、进课堂、进头脑，做到师资、教材、课时、经费“四落实”。投入2100万元购买校园保安服务，校园安保人员2412人，其中专兼职保卫干部308人、护校巡逻队员1564人、专职校园保安534人。更换校园视频监控镜头372个，新安装“110”联网报警系统5套，校园安防器材配备率100%。分片开展4期培训，提升校园保安的思想素质和业务技能。建立健全安全工作制度，层层签订安全工作责任书，规范校车管理，坚持开展学校“日、周、月”安全隐患和矛盾纠纷排查、整治制度，全年排除9大类18项578处安全隐患。着力提高师生自纠自护和应急能力，各学校每学期开展应急演练活动4次以上。加强维稳工作，全年接待、受理群众来信来访238件（次），化解238件（次）。

【教育民生】 2017年，长寿区着力教育精准扶贫攻坚，区教委35名机关干部与双龙镇35户贫困户结对帮扶，找准致贫原因，制定帮扶计划和措施，帮助贫困户顺利脱贫。以建卡贫困家庭为重点，落实覆盖学前教育到高等教育的各项资助政策，资助资金1.14亿元，资助学生30.9万人（次）。其中学前教育资助436万元，惠及幼儿

2.77万人（次）；义务教育资助6143万元，惠及学生24.68万人（次）；普通高中教育资助1057万元，惠及学生1.31万人（次）；中职教育资助1416万元，惠及学生1.86万人（次）；高等教育资助2165万元，惠及学生0.44万人（次）［大学生生源地信用助学贷款1786万元，办理助学贷款学生0.24万人（次）］。发放重庆市渝联商贸有限责任公司助学专项基金10万元，资助贫困高考学生10人。投入791万元，持续实施营养改善计划，保障食品卫生安全，提高食堂饭菜质量，惠及学生1.4万人（次）。完善留守儿童家校联系、结对帮扶等制度，加强对留守儿童的关心照顾。推进教育机会均等化，出台《普通中小学招生考试实施办法》《义务教育划片招生方案》，农转非人口子女、流动人口随迁子女入学升学实现同城待遇。抓好“控辍保学”工作，小学学生巩固率100%，初中学生巩固率99.98%。

【教育督导】　2017年9月20日，长寿区成立重庆市长寿区人民政府教育督导委员会，坚持督政与督学并重、监督与指导并举，以推进义务教育均衡发展为核心，以促进教育公平和提高教育质量为重点，加强对全区教育督导工作的统筹、协调和指导。着力教育督导队伍建设，9人被聘为“重庆市基础教育督导评估专家”，5人被聘为“重庆市基础教育质量检测专家”，97人（次）参加区政府督学和责任区督学专业培训。开展《重庆市教育督导条例》实施情况专题调研，开展“全面改善义务教育薄弱学校基本办学条件工作”等9项市、区级专项督导。完善督导检查结果公告制度和限期整改制度，强化督导结果运用，教育系统综合督导评估评出集体一等奖26个、二等奖23个、三等奖12个、督导工作表现突出个人150人，印发教育督导反馈意见通知61个。加强教育民调工作，全年面向全社会拨打有效电话9869个，征求对教育的意见和建议213个，落实解决187个，限期整改26个。

【教育大事记】　2017年2月7日，长寿区、邻水县教育科技合作项目正式启动，旨在全面落实川渝两地务实合作座谈会和川渝“两地四方”（渝北区、长寿区、垫江县、邻水县）联席会议精神，共同推进长寿、邻水教育、科技持续健康协调发展。启动仪式中，双方教育及科技主管部门负责人分别介绍本地教育及科技改革发展情况，并就启动合作，探索教育及科技互利共赢、协同发展的长效合作方案，共建公共服务一体化发展机制、教育科研培训机制和科技创新协调机制，实现互培互认、信息互换，资源共享、人才交流，定期开展知识产权联合执法等方面达成一致意见。

为纪念新中国纺织工业奠基人钱之光做出的卓越贡献，纺织之光科技教育基金会2007年捐助长寿区邻封镇中心小学校30万元新建一幢综合教学楼，学校冠名为“钱之光希望小学”。2017年5月27日，钱之光希望小学开展10周年校庆活动。活动中，中国纺织工业联合会党委书记、纺织之光科技教育基金会理事长高勇介绍钱之光的生平事迹及纺织之光科技教育基金会有关情况，对钱之光希望小学的发展提出希望，代表纺织之光科技教育基金会现场向学校捐款25.39万元，用于购置广播系统、教学用品、课外读物和学生校服。纺织之光科技教育基金会及其爱心企业、爱心人士为该校10年总计捐款捐物146万余元。

【党建工作】　2017年，长寿区教育系统成立由79人组成的十九大精神宣讲队，年内开展76场专场宣讲和278场微宣讲，直接受众4.77万人（次），覆盖在职和离退休教职工、中学生、学校临聘人员和民办教育机构工作人员。加强党对教育工作的领导，深学笃用习近平新时代中国特色社会主义思想，全区教育系统2630名中共党员用实际行动贯彻上级决策部署，践行入党誓言，推动教育发展。开展“两学一做”学习教育和“主题党日”活动，成立5个指导组，到全区教育系统62个党组织进行指导和督查，推进“两学一做”学习教育常态化制度化。加强教育系统党组织建设，组建民办教育行业联合党支部。加大党员干部队伍培养力度，发展新党员21名，按照程序提任干部86人，分别组织70名校长（书记）、128名党组织书记集中培训。落实党风廉政主体责任、“一岗双责”，严肃查处各类违法违纪案件，全年处分党员7人、诫勉谈话14人、函询4人、组织约谈60人（次）。加强保密工作，全年未发生涉密文件泄密事件。重视意识形态工作，确保政令畅通，营造良好政治生态。

完善工会组织片区活动机制，开展健身步行、诗歌朗诵、演讲比赛、趣味运动会等群团活动80

场（次）。落实专项资金，关心、支持退教协、关工委工作。壮大共青团、少先队组织，年内发展团员5472人、少先队员5363人。开展“慈善双日捐”活动，筹集善款55.4万元。慰问困难教职工285人，发放慰问金17.8万元。加强教育系统统战工作，推动协商民主发展，建立社情民意征集、办理、回复机制，收集整理意见建议172个，落实解决156个，限期整改16个。加强与人大代表、政协委员的联系沟通，办理人大代表建议、政协委员提案48件，满意率100%。（聂　鹏）

表32　　2017年长寿区教育事业情况

单位：所、人

	学校数	毕业生数	招生数	在校生数	教职工数（人）	
					合计	其中专任教师
总计	194	26337	24220	91915	7997	7050
中职教育	2	1228	1673	4696	214	190
普通高中	8	4693	4325	13229	1134	1123
普通初中	21	6424	6911	19458	2373	2229
普通小学	65	7333	5634	38026	2743	2708
特殊教育	1	7	22	143	34	30
学前教育	97	6652	5655	16363	1499	770

表33　　2017年长寿区办学条件情况

单位：万平方米、万册、亿元、台

	占地面积	校舍面积		运动场地面积	固定资产值		图书		教学用计算机
		计	其中教学行政用房		计	其中教学仪器设备值	计	其中电子图书	
总计	244.01	119.96	74.2	85.1	11.71	1.39	181.97	51.49	11765
中职教育	25.3	14	10.3	4.8	0.56	0.21	13.91	3	1061
普通高中	68.1	32.7	18.2	25.5	3.71	0.43	53.25	19.22	3500
普通初中	42.7	21	10.7	13.5	1.15	0.23	37.57	1.96	1691
普通小学	89.24	39.4	25.6	35.3	6.29	0.52	66.27	25.16	5513
特殊教育	0.9	0.6	0.4	0.1	0.11	0.01	0.2	0.1	12
学前教育	17.77	12.26	9	5.9	0.59	0.06	10.77	2.05	608

表34　　2017年长寿区教育经费与办学水平情况

单位：万元、元、%、人、年

类别	数量	类别	数量
教育经费总收入	190182	每万人口在园幼儿数	181.81
其中：国家财政性教育经费	178667	每万人口在校小学生数	442.57
社会捐、集资办学经费	0	每万人口在校初中生数	216.54
事业收入	11505	每万人口在校高中阶段学生数	199.16

续表

类别	数量	类别	数量
教育经费总支出	190872	学前三年毛入园率	90.11
其中：事业性经费支出	190884	小学适龄人口入学率	100
基本建设投资项目支出	0	初中适龄人口入学率	100
财政预算内教育经费支出占财政支出的比例	16.74	高中阶段教育入学率	97.79
政府教育财政拨款的增长与财政经常性收入的增长比例	12.48	小学毕业生升入初中比例	100
小学生均预算内教育事业费	12114	初中毕业生升入高中阶段教育比例	97.79
初中生均预算内教育事业费	16955	教育人口占总人口的比例	10.34
普通高中生均预算内教育事业费	13358	人均受教育年限	12.17
中等职业学校生均预算内教育事业费	11622	—	—
小学生均预算内公用经费	1677	—	—
初中生均预算内公用经费	3547	—	—
普通高中生均预算内公用经费	1457	—	—
中等职业学校生均预算内公用经费	4233	—	—

注：以上3个表内数据包含民办教育，数据来源于《2017年全国教育经费统计报表》和《2017—2018年学年初长寿区教育事业统计综合报表》。

（重庆市长寿区教育委员会提供）

科　技

【概况】　长寿区科学技术委员会（挂长寿区知识产权局牌子）是主管全区科技工作的区政府工作部门，内设机构2个，即办公室（挂防震减灾科）、科技管理科（挂知识产权科）；直属事业单位2个，即长寿区地震观测站、长寿区知识产权服务中心（新设长寿区生产力促进中心挂牌其下）。

2017年是深化科技体制改革的重要之年。长寿区政府印发《关于开展创新生态区建设的通知》，修订出台《长寿区创新驱动发展战略专项资金管理办法（试行）》；区科委配套出台《重庆市长寿区创新驱动发展战略专项申报指南》；推动科技与经济社会发展深度融合。实施区级科技计划项目33项，资助230.5万元；奖励2016年度科技创新奖219个，奖金2118.4万元。建成市级研发平台25个、区级研发创新中心17个；签约法人化研发机构21家，建成研发机构独立核算20个；落实企业研发费用加计扣除项目52个；培育高新技术企业37家，科技型企业235家，比2016年分别增长23.3%和63.8%；新培育高新技术产品71个（总计173个），增长49%；有效发明专利为367件，万人有效发明专利为4.38件。培育国家知识产权优势企业9家，市级知识产权优势企业17家，市级知识产权试点企业56家。长寿经开区成功创建国家知识产权示范园区，长寿区成为国家知识产权试点城市创建单位。科技成果登记55件；技术合同交易10个，金额11135万元。

【开放合作】　2017年，长寿经开区成功引进重庆格络研究院、深鉴科技、世纪之光材料研究院等3家研发机构，开展石墨烯、塑料光纤等高附加值产业研发。长寿工业园区中科未来城成功落户6个校地合作项目，引进重庆大学宋永端教授、西南大学徐匡一教授等国家“千人计划”专家2人；重庆迪比研究院正式注册成立，研发出第一款新产品。分别与重庆工商大学、重庆邮电大学等院校签订战略合作协议，与荣祥达电子、香港佳信国际、简华科技、友为技术、美国塞弗赛迪等17家企业签订投资协议；与中航国际无人产业项目、重庆钛科三维、中科院科技成果评价联盟等项目达成合作意向。

【科技园区】　2017年，长寿区构建长寿经开区、工业园区和农业园区三大科技园区，重点打造经开区科技创新园、工业园区中科未来城、国家级现代农业科技园区三大服务创新服务平台。经开区科技创新园主体工程破土动工，重庆化工职大校企合作基地建成运行，长寿工业园区正创建市级高新技术产业园区，农业科技园区已申报创建为国家级农业科技园区。长寿经开区签约项目22个，入驻生物医药、新材料、智能制造、新能源汽车等战略新兴产业法人化研发机构17个，总投资10亿元，促进企业加大研发投入，优化资源配置，聚集创新资源，提升整体科技创新水平。长寿工业园区电子信息产业引进工作势头良好，已成功与彬鹏、好星发智能科技、汇马智能科技、重庆东方渝博电子、长芯半导体等企业签约电子信息类项目21个。逐步实现从过去“引资”向“选资”的转变，从“数量”向“质量和数量并举”的转变。

【科技创新】　2017年，长寿区全面落实普惠性创新政策，强化企业技术创新主体地位。组织实施科技计划项目。年内立项33个，资助230.5万元。开展长寿区科技创新驱动专项工作。奖励科技创新项目219个，比2016年增长6.3倍；兑现专项资金2118.4万元，增长近6倍。加快推进企业研发机构独立法人化建设。集中签约法人化研发机构21家，建成重庆川维精细化工研发有限公司、重庆云天化瀚恩新材料有限公司等独立法人化研发机构5家，独立核算研发机构20家。培育科技型企业和高新技术企业。出台《2017年度重庆市长寿区科技型企业培育工作方案》。总计培育科技型企业235家、高新技术企业37家；正式启用科技创新券，150家企业领取科技创新券。推进企业争创市区研发创新中心。总计培育市级研发平台25个，区级企业研发创新中心17家。

【科技金融】　2017年，长寿区出台的《重庆市长寿区创新驱动发展战略专项扶持办法（试行）》，采用现金补助的方式鼓励企业投融资。重点发展创业种子投资基金、天使投资基金、风险投资基金，为创新团队和科技型企业提供种子期、初创期、成长期不同发展阶段的融资服务，长寿工业园区已成功建立创业种子投资基金。年底前，与重庆盛世投资公司合作的经开区股权投资基金协议已签订，相关审批、注册工作已完成，前期资金已到位。与建信信托成立的经开区基金管理公司已提前开始工作，在园区招商工作中发挥积极作用，为入园的国际复合改造、世纪之光、飞尔康等企业提供多渠道融资服务，及时解决企业发展难题；为拟引进的五龙动力、杨杰科技、合力泰等企业进行前期调研立项，为园区引进企业提供及时服务。

【创新环境】　2017年，长寿区加强科技成果转化登录管理，贯彻落实全市促进科技成果转化实施方案。全年科技成果登记55件，技术合同交易10个，金额达到11135万元。建设高水平人才队伍。根据《重庆市长寿区人才引进培养和激励办法（试行）实施细则》建设长寿区人才公寓，实施长江学者、创新人才团队、科技特派员等各类人才培养计划；先后与清华大学、重庆大学等20余所知名高校、院所建立技术依托和协作关系；创建川维厂、重钢等国家级技能大师工作室2个，市级技能大师工作室3个，市级创新团队2个。年内区委组织部和区科委联合推荐申报重庆市创新创业团队4个。全区有高技能人才23260人（公有制经济领域高技能人才19010人、非公有制经济领域高技能人才4250人），高层次人才2667人（其中，两院院士2人、享受国务院政府特殊津贴专家13人、“百人计划”人选1人、重庆市委直接联系专家4人、省部级优秀专业技术人才21人）。加强科学技术知识的普及和宣传。开展文化、科技、卫生“三下乡”“4.26”世界知识产权日、科技活动宣传周、“5.12”防灾减灾日等宣传活动，展出各类成果展板70余块、发放资料5万余份；各级各类新闻媒体发布科技宣传信息报道280余篇，在全市39个区县科技宣传统计排名第四。　（邓君莉）

表35　　2017年长寿区高新技术企业一览

序号	企业名称
1	重庆康普化学工业股份有限公司

续表

序号	企业名称
2	重庆凯林制药有限公司
3	重庆小康动力有限公司
4	重庆万星彤泰科技有限公司
5	重庆宜高塑胶有限公司
6	重庆天勤材料有限公司
7	重庆云天化瀚恩新材料开发有限公司
8	重庆双驰门窗有限公司
9	重庆双渝工业陶瓷有限公司
10	重庆怡能钢管制造有限公司
11	重庆国浩永固新型建材有限公司

表36　　2017年长寿区科技型企业一览

序号	企业名称
1	重庆泰的绿色新材有限公司
2	重庆长寿西南水泥有限公司
3	重庆紫光国际化工有限责任公司
4	重庆清友园食品有限公司
5	重庆复融科技有限公司
6	重庆长寿科技节能材料厂
7	重庆市浙蔬农业科技发展有限公司
8	重庆豪淋机械制造有限公司
9	丰卓（重庆）机电有限公司
10	重庆市映天辉氯碱化工有限公司
11	重庆拓菱汽车配件有限责任公司
12	重庆市长寿区琏瑚农业有限公司
13	重庆天泽新材料有限公司
14	重庆国玻汽车配件有限公司
15	重庆斯泰克材料技术有限公司
16	重庆金华兴门业有限公司
17	重庆市长寿区竞择农业开发有限公司
18	重庆泰业农业开发有限公司
19	重庆思谷农业有限公司
20	重庆市长寿区银湖农业发展有限公司
21	重庆大田粮油有限公司
22	重庆旭松家具有限公司
23	重庆彦季农业发展有限公司
24	重庆牛队长生态农业有限公司

续表

序号	企业名称
25	重庆市禾丰生态园林有限公司
26	重庆市长寿区傲业农业开发有限公司
27	重庆市长寿区鑫宇化工建材厂
28	重庆长寿三峡建材厂
29	重庆乡村画卷农业开发有限公司
30	和信海纳川（重庆）汽车部件有限公司
31	重庆渝维家具有限公司
32	中荣（重庆）化工分销服务有限公司
33	重庆富美包装印务有限公司
34	重庆琅博宛冶金材料有限公司
35	重庆鑫锭教学设备有限公司
36	重庆龙浩木业有限责任公司
37	重庆萱海塑胶制品有限公司
38	重庆正煊汽车零部件有限公司
39	重庆地美康再生资源有限责任公司
40	重庆长寿长江建材厂
41	重庆祺璨科技有限公司
42	重庆松森门业有限公司
43	重庆冉升智能家具有限公司
44	重庆市友谊畜产品有限公司
45	重庆市长寿区智保农业开发有限公司
46	重庆中舜教学仪器有限公司
47	重庆腾安农业发展有限公司
48	重庆华夏农业有限公司
49	重庆市长寿区舒福食品有限公司
50	重庆美森门业有限公司
51	重庆市长寿区邻枫电子厂
52	重庆值地网络科技有限公司
53	重庆凯年食品有限公司
54	重庆碧洁实业有限公司
55	重庆乐谷乐享网络科技有限公司
56	重庆长寿渝兴机械厂
57	重庆市汇智农业科技有限公司
58	重庆舟乘波农业发展有限公司
59	重庆清迈农业有限公司
60	重庆博泰装饰工程有限公司
61	重庆市业驰农业开发有限责任公司
62	重庆恒美农业发展有限公司

续表

序号	企业名称
63	重庆伍舟建材有限公司
64	重庆信誉通科技有限公司
65	重庆长讯科技有限公司
66	重庆市长寿区杨颜黎泡菜加工厂
67	重庆雄光太阳能科技有限公司
68	重庆市长寿区蜂盈养蜂专业合作社
69	重庆敖汉科技有限公司
70	重庆芭莲科技有限公司
71	重庆曙光工业设备安装有限公司
72	重庆融旺家具有限公司
73	重庆城开生态农业发展有限公司
74	重庆市长寿区美全家具有限公司
75	重庆洋洋行实业有限公司
76	重庆智客科技有限公司
77	重庆缘欣机电设备有限公司
78	重庆欣璇网络科技有限公司
79	重庆沐川石膏建材有限公司
80	重庆立润生态农业有限公司
81	重庆同传创译科技发展有限公司
82	重庆西山农林开发有限公司
83	重庆市长寿区海东园林绿化有限公司
84	重庆自莲生物科技有限公司
85	重庆市长寿区惠平生猪养殖场
86	重庆华申皮革制品有限公司
87	重庆安身寨农业开发有限公司
88	重庆太子化工有限公司
89	重庆好弟兄食品有限公司
90	重庆市金利药包材料有限公司
91	重庆市长寿区可又可食品有限公司
92	重庆市长寿区微帮网络科技有限公司
93	重庆航晟工贸发展有限公司
94	重庆市展隆电子有限公司
95	重庆市精洪湖酒业有限公司
96	重庆翠屏农业开发有限公司
97	重庆市长寿区寿岛农业开发有限公司
98	重庆市长寿区老陈菜农业综合开发有限公司
99	重庆市长寿区临东酒业有限责任公司
100	重庆豪顺生态农业发展有限公司

续表

序号	企业名称
101	重庆市大洪湖水产有限公司
102	重庆市长寿区火花酿造厂
103	重庆市长寿区勤怡农业有限公司
104	重庆旅途牛科技有限公司
105	重庆掌驾御科技有限责任公司
106	重庆厚宇楼宇自动化工程有限公司
107	重庆北鸳农业发展有限公司
108	重庆捷弘农业发展有限公司
109	重庆市长寿区显如种养殖专业合作社
110	重庆市长寿区宣泓办公设备有限公司
111	重庆巨富机电设备有限公司
112	重庆梦怡食品有限公司
113	重庆原驰农业发展有限公司
114	重庆市长寿区众益鑫食品厂
115	重庆派克家具制造有限公司
116	重庆怀达食品有限公司
117	重庆市长寿区田寿植物油加工厂
118	重庆和乐包装有限责任公司
119	重庆市中润化学有限公司
120	重庆市长寿区毛彦宾水果种植场
121	重庆贺鸭子食品有限公司
122	重庆市腾龙磨料磨具有限公司
123	重庆卡贝乐化工有限责任公司
124	重庆华硕建设有限公司
125	重庆冬润果蔬产业发展有限公司
126	重庆国浩永固新型建材有限公司
127	重庆长风生物科技有限公司
128	美嘉奇科技有限公司
129	重庆市长寿区加多鑫科技有限公司
130	重庆航诺科技有限公司
131	重庆农正农业开发有限公司
132	重庆锦亿繁科技发展有限公司
133	重庆德腾农产品有限公司
134	福安药业集团重庆博圣制药有限公司
135	重庆美福斯机械制造有限公司
136	重庆寿禄养蜂股份合作社
137	重庆哈维斯特现代农业发展有限公司
138	重庆渝金源食品有限公司

续表

序号	企业名称
139	重庆皖渝纸制品有限公司
140	重庆市念湖食品有限公司
141	重庆市草根农业发展有限公司
142	重庆劲旗科技股份有限公司
143	重庆林佳建材有限公司
144	重庆志达家俱制造有限公司
145	重庆市佳禾家具制造有限公司
146	重庆宜高塑胶有限公司
147	友为技术有限公司
148	重庆旭鹏生态农业开发有限公司
149	重庆安格龙翔制药有限公司
150	重庆怡能钢管制造有限公司
151	重庆业康金属表面热处理有限责任公司
152	重庆平伟朝阳农业发展有限公司
153	重庆澳凯农业开发有限公司
154	重庆天霸农机研发有限公司
155	重庆市长寿区源创畜牧发展有限责任公司
156	重庆佰坛机械制造有限公司
157	重庆九橡化大橡胶科技有限责任公司
158	重庆万星彤泰科技有限公司
159	重庆小康汽车变速器有限公司
160	重庆路洋化工有限公司
161	重庆天勤材料有限公司
162	重庆紫光海力催化剂有限公司
163	重庆朗天制药有限公司
164	重庆小康动力有限公司
165	重庆市长太生猪养殖有限公司
166	重庆渝牛食品有限公司
167	重庆市长寿区豪麒生态农业发展有限公司
168	重庆市长寿区聚祥蔬菜种植专业合作社
169	重庆昊翔纸制品有限公司
170	重庆洋迪机电有限公司
171	重庆市豪迈家具有限公司
172	重庆市东森润建材有限责任公司
173	重庆顺泰食品有限公司
174	重庆新天包装材料有限公司
175	重庆名风家俱有限公司
176	重庆坤秀门窗有限公司

续表

序号	企业名称
177	重庆康发金属结构制造有限公司
178	重庆龙瑞化工有限公司
179	重庆市长寿区斌洁农业开发有限公司
180	重庆市长寿区鸾翔农业发展有限公司
181	重庆渝达六星动力机械有限公司
182	重庆博腾制药科技股份有限公司
183	重庆金合蚊香制品有限公司
184	重庆龙悦食品有限公司
185	重庆互通管道技术设备有限公司
186	重庆市长寿区瑞福龙汽车零部件有限公司
187	重庆煜琨珑冶金材料有限公司
188	重庆海德冶金材料有限责任公司
189	重庆博登冶金材料有限责任公司
190	重庆最巴适农产品有限公司
191	重庆江山农业开发有限公司
192	重庆燕蓝科技有限公司
193	重庆众瞻机械有限公司
194	重庆合得拢食品有限公司
195	重庆家由来家具有限公司
196	重庆双渝工业陶瓷有限公司
197	重庆健杰科技有限公司
198	重庆市恒固席勒装饰工程有限公司
199	重庆双驰门窗有限公司
200	重庆豪杰食品有限公司
201	重庆汇升套装门有限公司
202	重庆宇心门业有限公司
203	重庆双羽家俱有限公司
204	重庆市浩源门业有限公司
205	重庆达沃斯食品有限公司
206	重庆市库格尔电子有限公司
207	重庆瑞霆塑胶有限公司
208	重庆万斯金属特种成形有限公司
209	重庆强达力科技发展有限公司
210	重庆东源农业开发有限公司
211	重庆鸽牌电工材料有限公司
212	重庆广恒食品开发有限公司
213	重庆艾里芸网络科技有限公司
214	重庆环松科技工业有限公司

续表

序号	企业名称
215	重庆鼎盛印务股份有限公司
216	重庆长源饲料有限公司
217	重庆欧帆门业有限公司
218	重庆康乐制药有限公司
219	重庆天博环保有限公司
220	重庆千信能源环保有限公司
221	重庆新川塔实业股份有限公司
222	重庆望变电气（集团）股份有限公司
223	重庆佐恩家具有限公司
224	重庆科健冶金材料有限公司
225	重庆天珠科技有限公司
226	重庆康普化学工业股份有限公司
227	重庆欣欣向荣精细化工有限公司
228	重庆云天化瀚恩新材料开发有限公司
229	重庆尚蔬坊饮料食品股份有限公司
230	重庆市九龙橡胶制品制造有限公司
231	重庆市泓禧科技股份有限公司
232	重庆宝立通科技有限公司
233	重庆永宏石油化工设备有限公司
234	重庆市益丰生物肥有限公司
235	重庆莱美隆宇药业有限公司
236	重庆鸽牌电瓷有限公司
237	重庆沈通变压器有限公司
238	重庆长风化学工业有限公司
239	重庆一牛农业发展有限公司
240	福安药业（集团）股份有限公司
241	重庆海洲化学品有限公司
242	重庆长寿捷圆化工有限公司
243	重庆凯林制药有限公司
244	重庆英斯凯化工有限公司
245	重庆三联管道设备有限公司
246	重庆世纪之光科技实业有限公司
247	重庆拓阳科技有限公司
248	重庆鹏越科技发展有限公司
249	重庆斯泰克瑞登梅尔材料技术有限公司
250	重庆华彩化工有限责任公司
251	重庆云天化纽米科技股份有限公司
252	重庆天志环保有限公司

表 37　　2017 年长寿区研发平台一览

序号	依托单位名称	所获称号
1	重庆康普化学工业股份有限公司	重庆市高效金属溶剂萃取工程技术研究中心
2	重庆长风化学工业有限公司	重庆市光气衍生物工程技术研究中心
3	重庆市光电显示材料工程技术研究中心	重庆云天化瀚恩新材料开发有限公司
4	重庆千信能源环保有限公司	重庆市长寿区可再生能源应用研发创新中心
5	重庆天勤材料有限公司	重庆市长寿区玻璃纤维织物研发创新中心
6	重庆云天化纽米科技股份有限公司	重庆市长寿区锂电池隔膜研发创新中心
7	重庆云天化瀚恩新材料开发有限公司	重庆市长寿区功能性膜材料研发创新中心
8	重庆紫光国际化工有限责任公司	重庆市长寿区腈类化工研发创新中心
9	重庆川维科技有限公司	重庆市长寿区天然气精细化工研发中心
10	重庆鼎盛印务股份有限公司	重庆市长寿区复合软包装新材料研发创新中心

（重庆市长寿区科学技术委员会提供）

知识产权

【概况】　2017 年，长寿区按照“夯实基础，强化创新，突出应用，支撑发展”的总体思路，围绕服务全区“十三五”规划和“三地一中心”建设，树立“抓知识产权就是抓经济，抓创新就是抓发展”的理念，以知识产权助推转型发展，完善知识产权保护体系和服务体系建设，力促知识产权与经济深度融合，增强自主创新能力，提高企业核心竞争力和知识产权服务。

知识产权工作成效显著。开展“4.26 知识产权日”宣传活动、“双打”执法检查、企业知识产权质押融资、企业知识产权贯标、企业知识产权专题培训等活动、组织开展市级知识产权试点优势企业申报工作、完成 2016 年专利资助及授权奖励的集中兑付、完成市政府对长寿区 2017 年“双打”工作检查等工作。截至年底，全区申请专利 1134 件（其中发明申请 770 件，实用新型申请 301 件，外观设计 37 件）；授权专利 305 件（其中发明专利授权 37 件；有效发明专利达到 245 件，万人有效发明专利为 2.97 件，突破历史新高）。完成 2016 年专利资助及授权奖励的集中兑付 374.54 万元。年内新增国家级优势企业 3 家，市级优势企业 4 家。长寿区成功获得创建国家级知识产权试点城市资格。

【专利服务】　2017 年，长寿区完善知识产权工作服务体系。围绕企业开展专利服务工作，发挥知识产权保障作用，推进知识产权服务平台建设，健全知识产权服务功能，提升知识产权综合能力。突出企业知识产权主体地位，提升知识产权综合能力。分别在经开区和工业园区设立知识产权服务工作站，为园区内企业提供专利检索、专利信息分析、专利申请等服务。派驻专利特派员指导企业的知识产权工作，帮助、引导企业建立和完善知识产权工作机制，将知识产权的创造、运用、管理和保护纳入企业技术创新和经营管理的全过程。云天化瀚恩新材料公司、斯泰克公司及映天辉等 6 家企业开展知识产权贯标工作，12 月，云天化瀚恩新材料公司和斯泰克公司成功获得知识产权贯标认证；海洲化学、欣欣向荣等 4 家公司申创市级知识产权优势企业；洋迪机电、可又可食品、利利建材等 6 家企业强化知识产权创造及保护，与保险公司签订战略合作协议，对部分专利申请进行投保，实现区内科技保险惠企行动成功试水。全面推进各级知识产权优势、试点工作。年底前，全区有国家级优势企业 9 家，市级知识产权优势企业 17 家，市级知识产权试点企业 56 家。中石化四川维尼纶厂被认定为首批国家级知识产权优势企业，长寿经济技术开发区被评为知识产权示范园区，已批准为国家知识产权试点园区；长寿工业园区成功申报为市级知识产权试点园区。重点实施企业知识产权项目申报。组织园区企业申报市级项目，斯泰克公司、博腾制药公司等申报市级《专利风险防控示范项目》、康乐制药公司、福安药业公司等申报市级《企业专利战略项目》，重庆长风化学工业有限公司和重庆博腾制药科技股份有限公司分别承担的碳酸二苯酯相关专利分析、LCZ－696中间体合成路线专利研究2个项目，经市知识产权局的专业评审和综合评审，获得2017年度企业技术创新专利导航项目立项。建成全市首个行业领域专利数据库，已为园区40余家企业提供包括专利检索、分析和下载等服务8000余次，成功降低企业研发创新成本。

【宣传培训】 2017年，长寿区以"三下乡""4.26世界知识产权日"宣传周等宣传活动为契机，展出各种展板50余块、发放各种宣传资料2万余份；解答群众相关咨询5500余人（次），向群众重点宣传知识产权基础知识、专利申请流程，长寿区科技成果等方面的内容。先后在长寿工业园区和经开区针对园区内规模以上企业组织开展知识产权培训，针对企业贯标、专利申请、企业专利管理实务等，课程内容丰富且符合实际，从多个方面剖析知识产权在当前国内外环境和企业竞争中所起的重要作用，对区内知识产权政策进行全面解读；参会企业170余家，受训人数千余人。

【行政执法】 2017年，长寿区建立"两法"衔接机制。健全"信息联络员"制度。开展录入技能培训，实现案件录入、信息迅速公开。总计录入案件509件，其中2017年录入案件351件，公开案件占比100%。组织开展联合执法，形成民生领域专项行动高压态势。重点抓好市场流通环节的治理，对制售假冒伪劣药品、医疗器械、保健食品和化妆品等行为进行拉网式的检查和打击。强化从农资源头治理侵权假冒行为，狠抓生产源头监管，确保质量安全。强化监管，惩治犯罪，从严查处一批大案要案，全年查处假冒专利案件12件；商标侵权案件5件，涉案金额6.13万元，罚款11.3万元；查处销售不合格产品案件9件，涉案金额10.78万元，罚没款8.28万元；受理办结侵权假冒消费者申诉举报2件，办结2件；查获各类假酒163瓶；查办医疗器械违法案件13起，劣药案件3个；查获超过质量保证期、标签标注不规范、无登记证农药肥料品种1个，抽检发现不合格农药产品3个，不合格肥料产品5个；涉假刑事案件3件，破案2件，捣毁大型制假生产厂2家。

（邓君莉）

表38　**长寿区国家知识产权优势企业统计**

序号	企业名称	国家级优势企业	
		确定时间	批次
1	中石化四川维尼纶厂	2014	1
2	福安药业（集团）股份有限公司	2015	2
3	重庆博腾制药科技股份有限公司	2015	2
4	重庆鸽牌电瓷有限公司	2016	3
5	重庆鼎盛印务股份有限公司	2016	3
6	重庆瑞霆塑胶有限公司	2016	3
7	重庆长风化学工业有限公司	2017	4
8	重庆斯泰克瑞登梅尔材料技术有限公司	2017	4
9	重庆达沃斯食品有限公司	2017	4

（重庆市长寿区知识产权局提供）

防震减灾

【概况】 2017年，长寿区防震减灾工作以监测预报、震害防御和地震应急三大职能为重点，围绕全区工作大局，创新工作方法，防震减灾工作稳步推进，工作机构正常运行，监测水平提升，抗震设防加强，应急救援机制完善，人民群众的防震减灾意识逐步提高，全区综合防御能力增强。召开长寿区防震减灾联席会议，明确2017年地震应急重点。印发《2017年长寿区防震减灾工作要点》，安排部署年度工作任务。实施农居抗震改造工程；凤城街道黄桷湾社区成功创建市级地震安全示范社区，正推进全国地震安全示范社区创建工作。防震减灾科普宣传发放宣传资料10000余份，悬挂宣传展板26块，开展现场咨询、讲解地震有关知识。

【地震观测】 2017年，长寿区维护地震观测站设备设施正常运行和监测环境建设，长寿信息节点和长寿湖“陆态网”基准站运行正常，日常监管维护到位，全年不间断上传地震监测数据，上传率100%。地震监测网络基本健全，中国数字地震监测系统——长寿信息节点和长寿湖“陆态网”基准站运行正常，维护地震台站环境建设，确保观测质量；加强地震监测管理和维护，确保地震设备运行正常。落实《长寿区地震监测预报体系方案》《观测数据异常落实和上报制度》《岗位值班人员日常工作规定》等制度。实行24小时值班制度，坚持谁在岗谁负责、谁分管谁负责、谁主管谁负责的原则，工作责任得到细化。

【抗震设防】 2017年，长寿区按照“政府引导、群众自愿；整合资源、统筹安排”的工作思路和全市农村危旧房改造工作的总体部署，长寿区实施农村危旧房改造工作，在农民新村、巴渝新居建设和农村危旧房结合农房建设改造工作中，普及推广具有抗震措施的巴渝新农村民居通用图集，改进农村居住环境和居住安全品质，提升农房抗震防灾水平。危改户自行改造建设的房屋多为单层结构，为砖墙房屋居多，屋面多以瓦盖为主，建筑面积控制在60～80平方米范围内，大都具有堂屋、卧室、厨房、厕所等农房基本居住和使用功能。区规划局已编制农村房屋标准图集，结合农村危改户的自身实际情况，加大推广力度，以最经济的投入建造出安全合适的农房。2017年完成农居抗震改造工程181户，受惠人员633人。

【科普示范】 2017年，长寿区确保防震减灾科普教育深入持久地开展，更好地发挥防震减灾知识宣传和普及作用，成立“创建防震减灾科普示范”工作领导小组，分工责任明确，加强组织领导。由科委主任任组长，防震减灾科、地震观测站人员为成员，负责创建区级、市级和国家级防震减灾科普示范学校和地震安全示范社区有关工作。创建防震减灾科普示范学校和地震安全示范社区，把防震常识、自救互救、应急避险、应急设施、工程防震等普及到广大师生和社区居民中。

【科普宣传】 2017年，长寿区以“科技三下乡”“4.26”全国知识产权日、“科技活动周”“5.12”防灾减灾日为契机，开展防震减灾“六进”活动；以“家”为核心，在长寿骑鞍汽车总站开展“有梦·有家·有梦想”宣传；以“弘扬抗震救灾精神，普及防震减灾知识”为主题，精心组织、开展“纪念唐山大地震”“国际减灾日”防震减灾系列宣传活动；发放宣传资料10000余份，悬挂宣传展板26块，开展现场咨询、讲解地震有关知识。

【应急演练】 2017年，长寿区在防灾减灾周期间，以凤城街道黄桷湾社区、三峡路社区、菩提街道圣天湖社区为代表的16个社区开展地震应急演练；联合区教委在全区中小学校开展应急疏散演练，组织有关人员观摩演练。地震应急疏散演练活动使广大师生和民众掌握在紧急情况下机智疏散逃生的本领，增强安全防护意识，提高逃身自救和互救的能力。

（邓君莉）

气象事业

【概况】 2017年，重庆市长寿区气象局（简称区气象局）在市气象局目标考核中排名第二，获区安监局、经开区安监局安全生产目标考核先进单位，1人获得安全生产工作先进个人；在第五届重庆市气象行业天气预报职业技能竞赛中，获团体第五名、个人单项三等奖的成绩。

【防灾减灾】 2017年5月10日，长寿区政府召开长寿区防汛抗旱暨气象工作会议，落实责任分工。完成城市内涝风险普查数据采集工作，为城市内涝风险评估、风险区划及风险管理工作奠定基础。推进基础设施建设工作。综合改善项目已完成。建成葛兰标准化固定炮站，拟于2018年投入运行；启动双龙、石堰两个炮站建设。加强标准化气象灾害防御街镇建设，组织指导新市、长寿湖等6个街镇成功创建为标准化气象灾害防御街镇。加强气象灾害风险管理。实现对林业、旅游业、易燃易爆等行业气象灾害敏感单位管理全覆盖，通过市级认证气象灾害敏感单位17个。认真履行职责，深入推进防雷安全隐患排查。全年完成新建（构）筑物防雷装置竣工检测项目71项，隐蔽工程检查110项，年度检测252项（其中危化易燃易爆场所172项），发出整改通知书共100余份，排除隐患700余处。针对防雷装置不合格项目，建立整改台账，定期以电话、实地复查等方式督促企业完成整改100余次，全面落实企业主体责任和部门监管责任。深入开展安全大检查大执法。会同区安监局、经开区安监局对重庆卡贝乐化工有限责任公司等多家化工企业开展气象安全大检查大执法，发出整改通知8份，罚款5000元。全面落实防雷机构、编制、经费和政策"四个"保障。区编委同意设立重庆市长寿区防雷减灾中心，在区突发事件预警信息中心挂牌；落实全额拨款事业编制1名；落实防雷人员、工作、运行经费以及气象事业单位缺口经费，由地方财政足额保障；政府会议、发文，落实各街镇政府气象安全生产的政府领导责任，气象、安全行业落实监管责任，以及各企事业单位的主体责任，纳入政府考核，实现防雷安全对单监管。

【气象科普】　2017年，长寿区加强防灾减灾科普宣传，提升公众气象灾害防御意识和能力。围绕世界气象日、防灾减灾日等重要节点开展科普宣传活动10场（次）[其中现场宣传8场（次），科普讲座6场（次）]，发放宣传资料2.5万册（份），展出展板18块（次），接受咨询2000余人（次），科普讲座听众800余人。加强部门协作，做好公共气象服务。与区应急办、防汛办等部门开展节日和灾害性天气会商12次；在春耕春播、龙舟赛等期间发布《专题气象服务》75期，短信13条，151200人（次）接收，预警终端转发133条次，33454接收人（次）；加强与当地媒体合作，重点报道重要气象信息、气象知识等。

【气象服务】　2017年，长寿区精细化气象预报获69.66分，全市第四名；灾重预报质量74.6分；测报业务质量稳定，无重大责任性事故及一般错情发生。强化决策气象服务。全年发布《重要天气服务快报》等18种材料616期；向区政府专题汇报重大灾害性天气6次，传递服务短信64条（次）；"9.18"区域暴雨过程，通过突发平台等媒体发布《重要天气预警消息》《0～2小时强对流天气警报》等决策服务材料9期，54432人（次）接收，得到区委区政府肯定。密切监视天气，适时开展人工影响天气作业服务。持续加强人工影响天气安全管理；在装备、弹药、运输等方面加强安全管理，以培训、签订安全责任书、购买人身意外险、发布作业公告等形式将安全落实到人到岗；适时开展人工增雨和"蓝天行动"有效作业26次，发射火箭弹70枚。

【气象现代化建设】　2017年，长寿区完成《长寿区高温中暑气象风险防控研究》和《晚熟柑橘果品气候品质评估与认证技术研究》项目，发表论文3篇；建立高温中暑、低温监测气象业务系统和"互联网+"晚熟柑橘智能水肥药一体化灌溉系统，在高温干旱、低温冻害、水肥管理等方面充分发挥实效，效果显著。

【党建和文化建设】　2017年，长寿区气象局制定《学习宣传贯彻党的十九大精神工作方案》；党组中心组开展专题学习研讨2次；局党组书记开展专题党课1次；召开全局青年职工畅谈十九大座谈会1次；开展支部主题党日活动2次；撰写心得体会9篇。推进"两学一做"学习教育常态化制度化。重点围绕深化党章党规学习，学深悟透系列讲话，在政治、执行纪律、品德、发挥作用等方面做合格党员开展"两学一做"学习教育常态化制度化工作；开展党组中心组学习12次，召开党支部大会13次、党支委会14次、上党课4次，开展"我的主题党日"活动6次。落实"两个责任"，层层签订党风廉政建设责任书，确保工作有效开展。制定党风廉政建设和反腐败分工责任制，从7个大项15个小项进行责任分工落实，纳入责任制年度考核；主要领导与分管领导和纪检组长、分管领导与科室负责人层层签订"党风廉政建设责任书"。主动向区纪委专题汇报党风廉政建设工作。2月22日，党组书记带领班子成员向区纪委书记谭伟专题汇报党风廉政建设工作，得到充分肯定。多举措抓好警示教育，组织学习10次，参观警示教育基地1次，观看警示教育片2次，组织廉政知识竞赛1场、党课3次。全年无一违规违纪现象发生。开展以贯彻落实中央八项规定精神为重点的自查整改工作，完成清退精准扶贫等值班加班费16821元、汛期通讯费10700元、工会活动费10000元以及未休年休补贴1560元，总计39081元；完善制度，强化责任，加大政策理解和执行力度，明确政策界限。

深化文明建设工作。组织全体职工开展志愿服务4场（次）；倡导日读一小时、月读一本书活动，形成多读书、读好书氛围；开展“慈善双日捐”活动；看望生病退休职工2次，慰问品和慰问金合计5000元；继续开展结对共建活动；工会组织举办健身登山2次、其他体育活动3场。

（唐　婕）

2017年重庆市长寿区气象局领导人名录

党组书记，局长：田凤国

副 局 长：饶德华　徐进明（兼纪检组长）

2017年8月，长寿区图书馆成为暑期青少年学习场所

医疗卫生　计划生育

综　述

【概况】　2017年底，重庆市长寿区卫生和计划生育委员会（简称区卫计委）机关行政编制24名，后勤事业编制3名。实有干部职工23名，实有后勤编制3名。有委领导7名，含长寿区纪委驻区卫生和计划生育委员会纪检组组长1名。

有11个内设机构：党政办公室、组织人事科、规划财务科、法制信访科、行政审批科、医政医管科（干部保健科）、中医基层卫生科（宣传教育科）、公共卫生科、卫生应急办公室（信息统计科）、计划生育基层指导科（流动人口计划生育服务管理科）、计划生育家庭发展科。

区卫计委有6个全额拨款事业单位：长寿区疾病预防控制中心、长寿区基层医疗机构财务核算中心、长寿区卫生和计划生育委员会档案信息中心、长寿区卫生应急中心、长寿区公共卫生服务中心、长寿区红十字会办公室。有3个参公事业单位：长寿区卫生计生监督执法局、长寿区计划生育协会、长寿区爱国卫生运动委员会办公室。

有4个区级医疗卫生单位：长寿区人民医院、长寿区中医院、长寿区妇幼保健计划生育服务中心、长寿区第三人民医院。有17个基层医疗卫生机构：菩提街道社区卫生服务中心、凤城街道社区卫生服务中心、江南街道社区卫生服务中心、渡舟街道社区卫生服务中心、新市街道社区卫生服务中心、八颗街道社区卫生服务中心、长寿湖镇卫生院、云台镇卫生院、但渡镇卫生院、邻封镇卫生院、云集镇卫生院、双龙镇卫生院、龙河镇卫生院、海棠镇卫生院、石堰镇卫生院、洪湖镇卫生院、万顺镇卫生院。

全区有16所民营医院：川东医院、恒济医院、张勇中医骨科医院、盛伟医院、瑞恩医院、俪人医院、华都医院、九石坎医院、紫晶医院、泓源医院、桃源医院、协和医院、化工园区医院、理想口腔医院、菩提妇女儿童医院、盛伟医院长风分院。有3所社会办公立医院：重钢医院、长化医院、凤城监狱医院。

【重要数据】　2017年，长寿区有医疗卫生机构531个，其中“三甲”医院1所，二级医院4所（中医医院1所、妇幼保健院1所、综合医院2所），社区卫生服务中心6个，镇卫生院11所，村卫生室335个。有执业（助理）医师1971人，注册护士2727人，全区床位总数4644张（其中，民营医疗机构床位1165张，占25.1%）。全区每千人口拥有医院床位5.63张，执业（助理）医师2.39人，每千人注册护士3.31人。

全区医疗卫生机构2017年度总诊疗3305911人（次），比2016年同期增加8.64%。其中公立医疗卫生机构总诊疗2583125人（次），增加6.79%；民营医疗卫生机构总诊疗722786人（次），增加15.84%。全区医疗卫生机构全年出院人数135365人，增长3.72%。其中公立医疗卫生机构出院102509人，增长5.12%；民营医疗卫生机构出院32856人，减少0.41%。全区医疗卫生机构次均门诊费用175.69元，减少0.85%。其中公立医疗卫生机构次均门诊费用232.05元，增长3.33%；民营医疗卫生机构次均门诊费用54.53元，减少21.35%。全区医疗卫生机构住院病人人均医药费用5993.76元，增长4.12%。其中公立医疗卫生机构住院病人人均医药费用6542.88元，增长3.87%；民营医疗卫生机构住院病人人均医药费用4280.53元，增长3.06%。

2017年，长寿区常住人口82.43万人。其中，城镇人口27.7万人，0～14岁人口中、15～64岁人口、65岁及以上人口分别占14.66%、67.87%、17.47%。常住人口出生率9.43‰，死亡率

7.23‰，人口自然增长率2.2‰；符合政策生育率99.39%，继续实施全面两孩政策，促进人口均衡发展。常住人口性别比（以女性为100，男性对女性的比例）为104.8，出生婴儿性别比为106.28。2017年人均期望寿命77.78岁，孕产妇死亡率13.79/10万，婴儿死亡率5.65‰，新生儿死亡率2.90‰，三岁以下儿童系统管理率90.05%。户籍年末总人口89.5万人，年内出生8207人，死亡6474人。

家庭医生签约服务。长寿区常住人口家庭医生签约388761人，签约率47.16%，完成任务的159.35%（其中，城镇常住人口已签约109521人，签约率21.56%，完成任务的107.82%；农村常住人口已签约279240人，签约率88.26%，任务完成率196.12%。）

2017年11月15日，副区长张昌红率队到八颗街道石马村调研脱贫攻坚工作

首创建立健康扶贫对象精准识别信息系统，在专用信息平台实行定人定点动态维护，核准完成率100%，信息动态管理率100%。实施“三个一批”行动计划，长寿区建档立卡贫困户9类大病救治比例百分之百，光明工程救治比例百分之百；为每位农村贫困人口建立电子健康档案，慢病签约服务管理比例百分之百，已签约1.8万余建卡贫困户；各定点医院建立贫困患者综合服务窗口，对患重病的农村贫困人口在起付线、报销比例等方面给予重点倾斜，实施先诊疗后付费和“一站式”结算，大幅减轻贫困患者就医负担，全区贫困患者自付比例13.51%，其中大病贫困患者自付比例10.95%。开展贫困村对口支援支医工作，从区级医疗机构抽调10名医疗专家作为健康扶贫驻村医生，提升当地医疗卫生服务条件。设立100万元大病救治专项基金，用于贫困大病患者医疗费用报销，各区级医疗机构也建立不少于10万元（其中区医院救治基金30万元）的专项救治基金。

【目标管理考核】 2017年，长寿区卫生工作目标考核优秀的街镇：晏家街道、江南街道、渡舟街道、新市街道、长寿湖镇、云台镇、但渡镇、双龙镇、石堰镇、万顺镇。

全区计划生育工作目标考核优秀的街镇：菩提街道、江南街道、新市街道、八颗街道、长寿湖镇、云台镇、葛兰镇、但渡镇、石堰镇、万顺镇。

全区卫生计生工作目标考核优秀的单位：区中医院、区疾控中心、区监督执法局、区妇幼保健计划生育服务中心、区第三人民医院、区公共卫生服务中心、江南街道社区卫生服务中心、新市街道社区卫生服务中心、长寿湖镇卫生院、云台镇卫生院、但渡镇卫生院、双龙镇卫生院、龙河镇卫生院、石堰镇卫生院

【重要活动】 2017年，国家重点寄生虫病防治专家组到长寿区调研督导。4月13日，国家重点寄生虫病防治专家组王晓明带队到长寿区对重点寄生虫病防治工作进行调研督导检查，重庆市卫生计生委、重庆市疾控中心副主任肖邦忠和长寿区委常委相关领导参加检查。

国家卫生计生委指导司考核指导处调研长寿区出生人口信息管理工作。7月12日，国家卫生计生委指导司考核指导处处长柳清海带队调研长寿区出生人口信息管理工作。调研组对长寿区的人口信息管理工作给予肯定。

8月9日，长寿区召开全面推开公立医院综合改革工作部署会。会议由长寿区政府副区长张昌红主持。长寿区委常委、区政府常务副区长蒋牧宸安排部署全面推开公立医院综合改革工作。会议指出，2017年9月1日起长寿区将全面推开公立医院综合改革，要抓好落实“两取消、一调整、六配套、一建立”公立医院综合改革实施方案，即全面取消公立医院药品加成、取消药事服务费；调整部分医疗服务项目价格；配套完善医保报销、财政补助、药品供应保障、医院监管、便民惠民、分级诊疗等措施；建立现代医院管理制度。继续深入

推进落实药品采购“两票制”工作，着力解决“药价虚高”问题，有效降低群众用药负担。

【重要事件】 2017年5月17日，长寿区举行家庭医生签约服务启动仪式，全面启动签约工作。7月14日，长寿区开展《中医药法》宣传活动。8月23日，重庆市卫计委副主任刘克佳率第十督导组到长寿区，督查公立医院综合改革工作。9月9日，长寿区6家公立医院（区人民医院、区中医院、区妇幼保健计生服务中心、区第三人民医院、区公共卫生服务中心、长化医院）综合改革正式启动。9月22日，长寿区卫生计生委召开健康扶贫工作会议，全面推进疾病分类救治工作，深化实施“三个一批”行动计划。12月28日，长寿区中医院全面启动三级甲等中医医院创建工作。

【医药卫生体制改革】 2017年9月9日，长寿区公立医院全面启动公立医院综合改革。全部取消药品加成和药事服务费，同步调整医疗服务价格；全面落实临床路径管理，推行100个单病种收费；增加普通门诊号源，占比增至66.22%；开设便民门诊，接诊2000余人（次）；自启动改革到年底，门诊报销比例26.83%，比2016年同期上升2.45%；大型医疗设备MRI检查费用降低13.33%，CT检查费用降低17.33%。

推进分级诊疗制度建设。2017年实现基层医疗卫生机构标准化全覆盖，完成152个撤并村卫生室项目建设。区中医院成功创建二级甲等中医院，启动三级甲等中医院创建，区人民医院、区妇幼保健计生服务中心通过等级医院复评，长寿湖镇卫生院启动创建二级综合医院。医联体实现上联下通，区人民医院加入重医附一院医联体、重庆市康复专科联盟，区中医院加入重医附二院呼吸专科联盟，区妇幼保健计生服务中心挂牌重医附二院生殖中心长寿指导中心；组建以区人民医院、区中医院为龙头，覆盖长寿区所有街镇基层医疗机构的2个医联体，龙头医院先后选派17名业务技术骨干到基层医疗机构挂职业务副院长，以传、帮、带、教方式帮助基层医院提升业务水平。2017年，长寿区使用远程心电系统会诊32890人（次），医联体内上转患者892例（次），下转患者231例（次）。三级医院床位使用率在百分之九十五以内，区域内就诊率百分之九十以上。

巩固和完善基本药物制度。2017年底，长寿区基本药物采购联合体品种目录达到3934个；全年区级公立医疗机构在重庆市药交所基药系统中采购药品金额为294792377.11元，基层医疗机构在重庆市药交所基药系统中采购药品金额617252147.80元；2017年6月1日至12月31日，区级公立医疗机构采购符合“两票制”药品品规数为908个，“两票制”药品采购金额为176786586.74元，执行“两票制”的药品占比98.00%，基层医疗机构采购符合“两票制”药品品规为338个，“两票制”药品采购金额为14037791.77元，执行“两票制”的药品占比为96.47%，实现药物从生产、流通、使用全程可追朔，保障用药安全。

【地方经验】 2017年，长寿区构建科学高效的卫生应急处置体系。投入300余万元建立危化应急救治中心，形成“经开区现场急救站——区三人民医院急诊科——区人民医院——市级医院”应急医疗救护体系；设置5个卫生应急物资储备库房，储备卫生应急物资150万元。建立健全以检验应急中心、公安、消防、医疗、安全和环保组成的“六维一体”联值、联训、联勤，“平战”结合的应急模式，拥有3支（医学救援、传染病防治、中毒事件处置）“训练常态化、队伍规范化、技能专业化”卫生应急队伍。形成卫生应急25分钟快速响应圈，2017年，开展医疗救援29起，救治119人；处理突发公共卫生事件17起。

打造一流的医疗保障服务。建立三级医疗保障工作体系，认真安排部署，细化保障方案，抓好环节管理。2017年召开医疗保障工作会56次，制定医疗保障实施方案32个。抽调急诊急救业务能力强的医务人员组建医疗保障队伍，严格人员培训，全年培训8次，培训1126人（次）。全年实施重要活动医疗保障任务108次，出动救护车125趟（次），派出医护人员969人（次）[其中高年资医护人员321人（次）]，现场妥善急救处置263人（次）。

卫生信息化建设。有效整合各类医疗卫生信息，组建区域健康医疗大数据中心，建成区域卫生信息平台，实现以人为单位的数据归集和共享，区域卫生信息平台通过国家医疗健康信息互联互通标准化成熟度四级乙等测评；通过对区域卫生信息平台服务集成和信息交互，实现长寿区基本医疗、公共卫生服务、家庭医生签约服务、双向转诊服务、监督决策服务等工作的全程信息化管理与联动，形成全区卫生信息资源互联互通、共建共享格局，实现跨区县和跨机构电子健康档案和电子病历调阅；长寿区建成“市——区——街镇——村居”四级专用卫生信息网络，落实信息系统三级等保要求，全面保障网络信息安全。

2017年8月30日，长寿区卫生计生委党委组织机关和基层负责人前往铁山坪重庆市廉政教育基地开展警示教育活动

【党建和行业作风建设】 2017年，长寿区加强医德医风建设，落实行业作风“九不准”，百分之百的医疗机构实施廉政风险防控管理制度，所有医疗机构和医务人员执行不良执业记分制度；履行党风廉政建设党委主体责任和纪检组监督责任，特邀市卫计委纪检组一位副组长为全系统90名基层党支部书记举办培训班上廉政党课、邀请长寿区纪委相关领导上廉政党课；举办“喜迎十九大、永远跟党走——我身边的医改”主题演讲比赛，开展“贯彻十九大、永远跟党走”系列活动，促进行业作风转变。

财务管理和审计工作。继续对基层医疗卫生机构实行“核定任务，核定收支，绩效考核”的补助办法，年底前落实各级补助资金16942.04万元，其中用于经常性补助资金3598.96万元，确保基层医疗卫生机构的正常运行。落实村卫生室补助政策，落实村医专项补助311万元；落实村医实施基本药物制度补助资金289.1万元。督促各镇街用于村医基本公共卫生服务的补助资金不低于到位资金的百分之四十，全年落实资金625.21万元。进一步加强内部审计工作，强化卫生计生经费收支监管。

信访稳定工作。2017年新收行政诉讼案件1件，法院裁定驳回起诉1件；信访系统新收38件，处理37件；市卫计委转办件3件，处理3件；重庆市市长公开信箱新收信件85件，处理82件；接待群众来访130人（次），处理130人（次）；记录领导接访每人每月至少1次，主要领导至少2次，在信访系统中对主要领导接访情况进行录入，每人每月至少1次。有效化解信访老户吴某某、喻某某积案2件。党的十九大期间安保，全系统平安稳定。2017年，无行政复议、败诉；无个人进京、到市非访等情况，无因信访举报办理不力导致越级上访等情况。

提升基层医疗服务质量，持续开展建设群众满意的乡镇卫生院活动；启动建设优质服务示范社区卫生服务中心活动，葛兰、双龙、龙河、云台4所卫生院和江南社区卫生服务中心已创建成功。投入110万元，为村卫生室配置医疗设备并已全部到位。（文 星 柴 琳 李 强）

医 疗

【医疗质量管理】 2017年，长寿区组织开展宣传培训学习《医疗质量管理办法》，自6月14日起，在长寿区医疗机构开展“医疗质量管理天天学活动”。开展岗位练兵和“三基三严”岗位大培训、大练兵，全年组织医疗质量考试3次，医疗质量管理人员参考331人（次），合格率85%；4—5月开展护理岗位技能大比武活动；长寿区36家医疗卫生单位（包括13家民营医院）350名护士进行闭卷理论考试，从350名理论参考者中又随机抽取100人开展技能竞赛。

【中医药事业】 2017年，长寿区中医医疗服务能力不断提升，中医药强区建设迈出新步伐。学习宣传贯彻《中医药法》，创造全社会信中医、用中医的浓厚氛围。推进中医分级诊疗制度建设，将中医药服务纳入家庭医生签约内容；实施基层中医药服务能力提升工程和“十三五”行动计划。加大中医药事业的投入力度，有序推进长寿区中医院4.5万平方米的二期扩建工程，长寿区中医院向万顺镇卫生院捐赠一批价值10余万元的中医诊疗设备及相关设施；投入68万元建设4所中医馆，配备中医设备。强化中医特色，加强基层医疗机构针灸理疗专科建设，长寿湖镇卫生院针灸理疗科成功申报为市级特色专科。全区开展中医药服务的村卫生室297个，占总数的88.66%；中医处方占处方总量的32.57%。

【医疗行政管理】 2017年，长寿区落实行政审批许可制度，按照《重庆市医疗机构管理条例》的规定落实审批权限，依法开展对医疗机构设置审批，执业、变更登记管理；坚持公正、公平、公开的原则，邀请人大代表、政协委员和相关专家参与医疗机构设置可行性报告论证，对告知、公示等审批过程进行规范。全年新审批医疗机构13个（其中医院有长寿区理想口腔医院、长寿区菩提妇女儿童医院2个，门诊部2个，诊所9个），变更执业许可4件。加强医师、护士准入管理，组织开展执业医师（助理）资格考试，年内长寿区参加执业医师考试211人，其中实践技能考试合格162人；新注册执业医师（助理）51人；新注册护士310人，医师变更注册31人，护士变更注册85人，护士延续注册31人。

【平安医院建设】 2017年，长寿区卫生计生委和长寿区社会治安综合治理办公室联合制发《重庆市“平安医院”创建工作实施方案》，强化医疗机构安全防范体系建设，完善“三调解一保险”的医疗纠纷处置机制。全年发生医疗纠纷38起，自行协商处理医疗纠纷6起，赔偿7.8万元；经第三方调解区医调委组织调解处理32起，赔偿185.5万元。截至年底，区医院、区中医院、区妇幼保健计生服务中心、洪湖镇卫生院、云集镇卫生院、长寿湖镇卫生院、凤城街道社区卫生服务中心、江南街道社区卫生服务中心等11家医院已成功创建为长寿区平安医院。

【医疗人才建设】 2017年，长寿区按照《党政领导干部选拔任用工作条例》要求，选拔任用科级干部13人，其中正科级3人，副科级10人；转正定级3人，其中正科级2人，副科级1人。维护好公务员信息库信息，信息准确率百分之百。组织机关干部职工全面完成重庆干部网络学院在线学习任务。新发展党员20名，没有超出区委组织部核定的指标。全年招聘专业技术人员112人，其中，研究生学历10人、本科学58人、专科学历38人；完成高级职称评审申报工作，162人申报，其中申报正高10人，申报副高152人；申报特殊人才高级职称评审5人。加大基层卫生院扶持力度，通过中央专项农村卫生人员培训经费支持，定期开展医学专业知识免费培训，提高基层卫生服务人员的技术水平，全年总计培训农村卫生管理人员17人、农村卫生人员335人。强化乡村医生队伍建设，健全乡村医生养老和退出机制，启动离退岗乡村医生养老补助和医疗补助工作，涉及2000人，正按重庆市统一步调开展资格认定和审核工作。

【医疗惠民】 2017年，长寿区持续开展卫生计生巡回服务。长寿区30支公共卫生巡回服务队结合卫生计生下乡和“白求恩精神”巡回义诊持续开展服务，主动为“老、弱、病、残”群众提供上门服务。2017年义诊患者8000余人（次），开展公众咨询活动141次，健康知识讲座122次，赠送药品价值约8万元，减免患者费用51万余元。

【医疗帮扶工作】 2017年，长寿区卫生计生委精心组织、周密部署，开展对口帮扶西藏自治区类乌齐县工作。继续对西藏自治区类乌齐县人民医院、昌都市人民医院、察雅县人民医院开展“组团式”支援和“驻点式”帮扶。全年派出16人（次）援藏，接收类乌齐县人民医院、昌都市人民医院等派员进修学习人员5批29人（承担全部费用），其中3人年底还在进修学习中。2017年12月，选派的区人民医院6名援藏医疗技术人员圆满完成18个月的援藏任务；选派区人民医院另5名医疗卫生技术人员到类乌齐县人民医院开展为期18个月第二批对口帮扶工作。（文 星 郑延龄 叶凌云 韦爱群 陈文丁 刘政权）

卫 生

【公共卫生服务】 2017年，长寿区按照《国家基本公共卫生服务规范（第三版）》和重庆市卫生计生委的相关要求，落实政府购买基本公共卫生服务政策，促进长寿区基本公共卫生服务均等化。2017年，完成城乡居民建档640603人，建档率77.71%，总计录入621082人，总计电子建档率75.35%。完成0～6岁儿童健康管理48768人，新生儿访视率92.58%，儿童健康管理率92.12%；孕产妇系统管理6149人，管理率89.40%；65岁以上老年人健康管理人69599人，管理率67.39%；高血压患者规范管理29388人，规范管理率为60.34%；2型糖尿病患者规范管理9527人，规范管理率为61.07%；重性精神疾病患者规范管理3408人，规范管理率为86.43%；预防接种完成卡介苗、脊灰疫苗、百白破、含麻疫苗、乙肝疫苗、乙脑疫苗、流脑疫苗、甲肝疫苗等8种疫苗90222针（次），单苗接种率均在95%以上；年内举办健康知识讲座1464次，开展公众健康咨询活动278次，发放宣传资料68种，发放各类宣传资料612794份，制作音像资料28种，播放影像资料14552次，定期出版健康教育宣传专栏1583期；传染病报告及时率百分之百，传染病疫情规范处置率百分之百，突发公共卫生事件报告和规范处置率百分之百。

【卫生监督】 2017年，长寿区已全部覆盖卫生监督协管服务项目，有专、兼职卫生监督协管人员73人，信息员237人。全年未发现食品安全事故。全年235人（次）接受职业卫生咨询，未接到可疑职业病报告。饮用水卫生应巡查456户（次），实巡查459户（次）；饮用水卫生应培训27户（次），实培训27户（次）。学校卫生监督应巡查709户（次），实巡查710户（次）；中高考应检查11户（次），实检查11户（次）。打击非法行医和非法采供血，定期应巡访3047户（次），实巡访3099户（次）。年内开展职业卫生、放射卫生、传染病防治、学校卫生、打击非法行医和非法采供血等8项重点监督检查工作；出动执法人员863人（次），执法车辆266台（次），检查医疗机构527家、中小学校61所、集中式供水单位29家，取缔各种无证行医9起，立案查处142起，处罚金21.31万元，没收非法器械9件，非法药品12件，没收非法所得40325元。开展餐饮具集中消毒、学校卫生、职业卫生、放射卫生、医疗卫生等专项检查。

2017年8月10日，长寿区卫生应急队伍集结演习

【卫生应急】 2017年，长寿区开展卫生应急培训2次，培训135人（次）。重点开展卫生应急法规、卫生应急基本知识、基本理论、应急预案、应急处置、信息报告、指挥决策、典型案例、风险沟通等专业培训；开展医改应急维稳处置演练4次，开展卫生应急队伍集结演练3次，开展大型医院反恐防暴应急演练1次，组织医疗单位参加空袭条件下的防化防疫应急演练1次，开展H7N9禽流感防控应急实战演练1次。全年长寿区内各个卫生计生单位开展内部应急演练27次。应急处置海棠镇H5N6禽流感疫情，邻封镇艾滋病人影响当地村民的不稳定事件；开展医疗救援29起，救治119人。强化突发事件信息报告质量，做到首报快、续报准、终报全，确保信息报告时效性。全年处理突发公共卫生事件17起，事件均得到及时、有效地控制。

【学校卫生管理】 2017年，长寿区卫计委联合区教委对全区61所中小学开展春、秋季学校传染病防治、饮用水、教学卫生、公共场所等监督检查工作，对存在问题的学校下达监督意见书25份，对多次下监督意见书未整改的学校，处罚16所。对29所中小学校开展综合评价工作，均为合格学校。开展11所学校双随机工作，向社会公示。全面开展学校结核病筛查工作，完成长寿区8所高中、2所职业学校结核病免费筛查，纳入筛查学生5336人，实际筛查5248人；严防严控，扩大筛查全区26所中学和2所职业学校初一、初二、高一学生，纳入筛查18698名，筛查率98.71%。

【重症精神病患者管理】 2017年，长寿区各卫生计生单位对辖区内诊断明确的重性精神疾病患者，纳入规范化管理，每年至少随访4次、健康体检1次。截至年底，长寿区在册重性精神病患者3943人，规范管理3408人，规范管理率86.43%。

【儿童预防接种】 2017年，长寿区国家免疫规划疫苗基础免疫接种率为：卡介苗99.94%、脊灰疫苗99.90%、百白破疫苗99.89%、含麻成分疫苗99.97%、乙肝疫苗99.89%、乙脑疫苗99.97%、流脑疫苗99.88%、甲肝疫苗99.93%。

【妇幼保健】　2017 年，长寿区制定《长寿区 2017 年妇幼健康服务工作要点》，继续推进基本公共卫生服务和重大妇幼卫生项目实施，提高妇幼保健管理及服务能力，保障妇女儿童身心健康。开展农村妇女“宫颈癌”和“乳腺癌”检查，全年开展宫颈癌检查 15530 例，乳腺癌检查 13849 例。实施出生缺陷干预工作，为 1988 对适龄夫妇提供免费孕前优生健康检查，为 2564 名孕妇提供免费产前唐氏综合征筛查，为 764 人进行胎儿免费孕期缺陷筛查，长寿区出生缺陷率稳定控制在千分之六以下。长寿区剖宫产率大幅下降，全年机构内分娩产妇 5365 人，剖宫产 2391 人，剖宫产率为 44.57%（首次剖宫产率 27.02%）。

【采血供血】　2017 年，长寿区贯彻执行《无偿献血法》，采集全血 5984 人（次），采血量 9444U；采血人次及采血量比 2016 年同期分别增加 0.23%、6.04%。

【医疗废物处置】　2017 年，长寿区医疗废物产生总量 430.11 吨（其中感染性、损伤性由九腾环保公司处理 428.48 吨，天志环保公司处置化学性废物 0.54 吨、药物性废物 0.17 吨，殡仪馆处置病理性废物 0.93 吨），处置医疗废物费用 305 万元。

【死因监测】　2017 年，长寿区 25 家医疗机构开展死因监测工作，死因监测覆盖率百分之百。报告死亡病例 5687 例，死亡率 682.70/10 万（其中男性死亡人数 3314 例，死亡率为 784.53/10 万；女性死亡人数 2373 人，死亡率为 577.94/10 万；婴儿死亡率 3.29‰）。居民期望寿命 77.78 岁，其中男性期望寿命 75.46 岁，女性期望寿命 80.45 岁。按 ICD－10 疾病分类标准，死因顺位前五位为循环系统疾病（占 40.18%）、肿瘤（占 29.03%）、呼吸系统疾病（占 15.65%）、损伤和中毒（占 6.45%）、消化系统疾病（占 1.71%）。五类死因死亡人数占总死亡人数的 93.02%。

（罗　娟）

人口和计划生育

【概况】　2017 年，长寿区出生人口 8207 人，出生率 9.09‰，自然增长率 1.92‰，政策符合率 99.23 %，政策外多孩率 0.77%。编制计划生育政策宣传折页 5 万余份，开展“计生赶场”和“卫生下乡”300 余次面对面宣传，确保政策宣传全覆盖。建立“区、（街）镇、村”三级培训机制，开展培训 260 余次、3660 余人（次），确保各级计划生育干部知晓现行计划生育政策。全面落实生育登记服务制度，落实生育登记“全覆盖”，优化再生育审批程序，解决群众办证难问题。全年办理生育服务证 6215 件，其中一孩生育服务证 3140 件，二孩生育服务证 2783 件，办理再生育服务证 292 件；已出生 4950 名。办理独生子女父母光荣证 1658 件。对 238 个单位，2491 名各类评先评优、党代表、人大代表、政协委员推荐人选进行计生审核，根据计划生育审核标准建议取消 8 名推荐人的资格，维护国策的严肃性。

【流动人口服务】　2017 年，长寿区建立健全流动人口信息共建共享机制，实现与公安、房管、民政、农委等部门交换共享信息“无缝衔接”，全年交换信息 38861 条。做好流动人口均等化服务，流动人口健康建档率 69.85%，0～6 岁流动儿童预防接种率 100%，3 岁以下流动儿童健康管理率 99%，流动孕产妇产前检查率 65%；流动人口个案信息提交率 99.68%，协查反馈率 99.85%、反馈及时率 98.21%。江南街道龙山社区被授予重庆市“十佳示范社区”。完成 2017 年国家流动人口动态监测工作，会同计生协会开展“流动人口健康服务年”活动和“经开区流动人口协会”创建工作，以“人口流动健康同行”为主题，促进流动人口政策知晓、权益保障、健康生活和社会融合。

【计生执法】　2017 年，长寿区坚持依法、文明征收社会抚养费，做到规范征收标准、规范征收执法文书、规范收支管理，营造良好的计划生育执法环境；加强部门配合，把做思想工作与申请法院强制执行相结合；探索建立政策外生育不良记录，纳入征信系统。2017 年，新发现立案 133 件（含往年漏统，当年违法生育 50 人），立案率百分之百；处理 74 件，申请法院强制执行 5 件，结案 56 件，行政处理和行政处罚案卷合格率百分之百；征收社会抚养费 130.6 万元。未发生因违法行政、粗暴执法而造成的恶性事件。

成立打击“两非”专项行动领导小组，联合公安、妇联、卫生计生监督执法局等部门开展专项整治行动，综合执法2次；完善落实出生人口性别比综合治理工作责任制度，建立健全孕产期全程跟踪随访制度、妊娠14周以上终止妊娠手术管理制度、终止妊娠药品使用管理制度、妊娠14周以上超声检查管理制度、举报奖励制度等；开展打击“两非”工作督查2次，年底前未发现未经批准擅自从事非法为他人进行胎儿性别鉴定或选择性别的终止妊娠手术的行为。（韦爱群）

【重庆市长寿区计划生育协会】 2017年，重庆市长寿区计划生育协会围绕全区卫生计生中心工作，开展宣传教育、健康咨询、优生优育指导、计生家庭帮扶和维权等工作。开展宣传服务，全年通过义诊、健康咨询、健教知识讲座、政策宣讲、宣传资料和宣传品发放等形式，发放各类宣传品29300份、免费服务包3420个，免费义诊1530人次。关怀计生特殊家庭，全年走访慰问贫困母亲、留守儿童和计生特殊家庭4000人（次），发放慰问金100万元左右；奖励并落实普遍联系与重点帮扶相结合的“3＋X”的联系人制度，为长寿区1613名计生特殊家庭人员按照重庆市统一标准购买生病住院护理补贴保险，完善计生家庭扶助系统失独家庭信息，实现分类管理，精准帮扶。青春期健康教育常态化开展，把青春期健康教育作为长寿区计生协会品牌项目常态化开展，年内到全区部分中学开展青春期健康教育讲座15次。加强对流动人口协会指导，成立长寿经开区流动人口协会和昆明流动人口协会，建立长寿区计生协会与流动人口协会工作信息交流制度，及时互通工作信息，听取工作汇报，及时指导相关工作。（李　娅）

2017年1月，长寿区文化卫生科技“三下乡”活动

社会事务

社区建设

【概况】 2017年，长寿区不断创新社区工作理念，以塑造“社区品牌”为突破口，按照《长寿中心城区社区划分及社区服务设施布点规划（2012—2020）》要求，抓好基础规范和内涵提升，探索社区建设新的管理体制和运行机制，提升社区服务的质量和水平，提高居民群众的满意度和幸福感，将城市社区建设成为管理有序、服务完善、文明祥和的社会生活共同体。

2017年，全区城市社区总面积91.22平方千米，设置42个城市社区，管辖188192户、455002人（含暂住人口）。截至2017年年底，长寿区获重庆市和谐社区建设示范区称号，有全国和谐社区建设示范社区1个、全国减灾示范社区4个、市级和谐社区建设示范街道2个、市级和谐社区建设示范社区15个、区级和谐社区建设合格社区25个。

【社区专职工作者】 2017年，长寿区有社区专职工作人员255名，平均年龄36.7岁。其中男性55名、女性200名，中共党员168名；面向社会公招161名，机关事业单位下派5名；本科文化90名，占35.3%；大专文化135名，占53%；高中（中专）文化30名，占11.7%。

【社区基础设施】 2017年，长寿区42个社区全部完成办公服务用房建设，总建筑面积2.49万平方米（500平方米的5个，500～1000平方米的32个，1000平方米以上的6个），总投资1.1亿元，其中市级补助资金630万元。全年新（改、扩）建社区服务站2个，提升社区服务硬件设施水平。

【社区干部待遇及办公经费】 2017年，长寿区继续执行从2014年1月1日起的村（社区）办公经费补助及工作人员补贴标准。社区办公经费为6万元，其中包含居务监督委员会运转经费5000元。社区书记、主任月补贴为2100元，社区党组织副书记、居委会副主任月补贴为2000元，社区其他专职工作者月补贴为1900元；居民小组长月补贴为400元。实行职称与绩效挂钩，社区工作人员考取社会工作者职业水平证书的，由区民政局于考取当年给予一次性奖励，从证书登记注册当月起，按社会工作师100元/月、助理社会工作师60元/月、社会工作员30元/月的标准增加补贴。实行年度考核奖励机制，根据社区工作人员个人年度考核结果给予一次性奖励，被评为优秀的奖励两个月补贴；被评为称职的奖励一个月补贴；被评为基本称职和不称职的不予奖励。 （何　欣）

社会事务管理

【救助管理】 2017年，长寿区运用全区、镇街、村居三级救助服务网络，对生活无着流浪、乞讨人员实施“零距离”救助，街面主动救助、分类救助和应急救助常态化。全年接待求助人员383人（次），站内救助367人（次），站外救助16人（次）。其中：男性298人（次），女性85人（次）；未成年人（18周岁以下）8人（次），青壮年303人（次），老年（60周岁以上）72人（次）；危重病人、精神病人、痴呆傻、疑似精神病人88人（次），肢体残疾人员4人（次）；外省籍90人（次），地址不详47人（次）；全年通过各种方式寻亲，帮助25名流浪乞讨人员或走失人员及时找到亲人、回归家庭。

【殡葬管理服务】 2017年，长寿区抓好春节、清明节祭祀安全，制定安全隐患排查、突发社会安全事件专项应急预案；在区殡仪馆、公益性公墓、经营性公墓分别设置观察点，落实专人负责祭扫监测、观察、统计等工作。在节前，对殡葬服务机构进行全面检查，确保全区春节、清明节祭扫零事故。规范殡葬行政许可事项，制定长寿区殡仪服务站和农村公益性公墓建设许可服务指南、审查细则及通知单样表，明确办理流程，确保依法审批街镇公益性公墓、农村集中安葬点和殡仪服务站建设。规范公益性公墓建设和管理，用一个月的时间，对全区公益性公墓的接埋情况、用地情况、收费票据及收支情况等进行逐一摸底；分别对各公益性公墓存在的问题下发限期整改通知，组织召开相关街镇分管领导、民政办主任、公益性公墓负责人会议；对公益性公墓加强组织领导，严格政策规定，规范审批手续，强化日常监管。落实惠民殡葬政策，继续做好辖区内城乡低保对象、城镇“三无”人员、农村五保对象和生活困难的重点优抚对象死亡后的基本丧葬费用减免工作，把“便民、利民、惠民”政策落到实处；全年享受丧葬费减免的困难群众404人，减免基本丧葬费用35.21万元。深化殡葬服务提升年活动，巩固殡葬管理服务专项整治活动成果，围绕完善制度、健全设施、精准服务、廉洁从业等核心目标，全面加强行风建设，优化殡葬服务，改进殡葬管理，提升监管执法水平。

【婚姻收养登记】 2017年，长寿区全年依法在线办理结婚登记7309件、离婚登记4177件，补领婚姻证件3244件，办理收养登记2件；婚姻收养登记合格率均为100%。完成2016年的婚姻档案扫描及移交工作。2017年9月启动婚姻家庭社工项目，年内婚姻登记处“家和计划”社工项目开展困境家庭救助6例，4个社地小组各开展活动4次，沙龙活动4次，社区活动8次，咨询个案230对，治疗个案6例，直接受益3560人（次）。

（潘　艳）

民族宗教工作

【概况】 重庆市长寿区民族宗教事务局（简称区民宗局）成立于2005年2月，设1科1室。2017年有干部职工6人，其中行政编制人员5名，机关后勤事业编制1名。

2017年，区民宗局推进“两学一做”常态化制度化，围绕习近平总书记系列讲话精神，围绕中共十九大精神主要内容，坚持学思践悟、坚持学做结合，教育引导党员干部学习提高。组织党员干部到凤城监狱现场接受警示教育、谈“我心中的党”等主题党日活动，让党员干部敲警钟、知敬畏、懂感恩，做好民族宗教工作。

【民族工作】 2017年，区民宗局宣传民族政策，通过到黄桷湾小学、大洪河中学等少数民族学生相对集中的学校宣传民族政策，发放宣传手册1000余册。向社会公众公布少数民族政策咨询热线，确保民族政策公开透明、落实到位。

维护民族合法权益公平，严格执行文件精神，强化责任意识、担当意识，对有民族工作职责的单位进行督促指导。建立部门联动机制，由区维稳办、区公安局、区市政局、区民宗局等部门形成处置城市流动少数民族稳定问题联动机制。规范管理经营秩序，全年配合市政、公安依法拆除少数民族群众非法占有的摊位4处，在规范区域内为他们指定5处固定经营点；在重大节日等敏感时期，将少数民族重点人员稳控在当地。做好日常少数民族服务工作，全年办理高考学生升学照顾手续14件；帮助解决1名少数民族子女就地入学问题。

深化民族团结进步创建，全年向市民宗委争取创建活动资金60万元，在八颗街道石马村创建民族团结进步模范村，在八颗街道创建少数民族维权站，在黄桷湾小学开展民族文化进校园创建活动，在区中医院开展民族文化进医院创建活动，为推进民族团结进步发挥模范带头作用。

【宗教工作】 2017年，区民宗局加强领导，出台文件，印发《中共重庆市长寿区委、重庆市长寿区人民政府关于加强和改进新形势下宗教工作的贯彻实施意见》文件；成立区民族宗教工作领导小组，负责统筹全区宗教工作重大问题的调研、协调、解决和督查。区委、区政府建立民族宗教工作联席会议机制，每年定期听取民族宗教工作汇报并研究民族宗教工作。区委、区政府加大对宗教团体的支持力度，对每个宗教团体落实具体的工作经费。

依法规范宗教活动秩序，严格执行新修订的《宗教事务条例》。对批准开放的35个宗教活动场所，加强教育，督促他们正信正行，依法查处双龙基督教非法宗教活动1起。开展宗教政策法规学习月活动，组织和谐寺观教堂评比工作，对全区35个宗教活动场所进行考核评分，调动宗教活动场所争先创优的积极性。确保宗教活动安全有序开展，宗教会期、重大宗教活动、重要节日期间各个宗教场所制定相应的安全预案，区民宗局到现场拉网式排查，发现隐患及时整改；加强宗教网络舆情引导，确保无重大网络舆情发生；依法开展天台寺照方法师升座审批工作，确保升座活动安全有序进行。夯实基层宗教工作基础，全区建立宗教三级管理网络；完善宗教教职人员、场所、团体及其负责人基本信息采集、动态维护等工作，逐步实现网络化管理体系。

协调化解宗教矛盾纠纷，调处矛盾纠纷，规范宗教场所管理，统一规范35个宗教活动场所的制度建设，重新制定完善10项管理制度；成功调处东林寺僧人与信众的矛盾纠纷；及时调处道教协会内部矛盾，引导其注重内部团结。协调相关部门，解决宗教场所实际问题，针对部分宗教活动场所按商业供电、供水计费的实际问题，区民宗局与相关部门协调沟通，已落实全区所有宗教场所收费按民用水电标准收取。

强化学习，坚持宗教界人士的季度学习会制度，让宗教界人士学习时事政策，学习宗教法规。不定期组织各宗教界代表人士召开座谈会，交流宗教场所管理发展经验。开展讲经交流比赛，形成研讨经典、讲经说法的良好风气，全面增强宗教场所负责人、宗教教职人员爱国爱教、正信正行的意识和理论水平。（刘显碧）

2017年3月，长寿供电公司举办花艺活动

社会保障

就业与创业

【概况】　2017年，长寿区就业创业工作围绕全区经济发展大局，全面实施统筹城乡就业保障工程，紧抓人力资源保障、就业创业支持、劳动者素质提升等重点工作，全区年度就业局势总体稳定，就业质量稳步提升。实现城镇新增就业19867人，完成市下达目标任务的117%；帮助城镇登记失业人员就业6547人，完成市下达目标任务的131%；帮助就业困难人员就业2869人，完成市下达目标任务的96%；城镇登记失业率2.9%，低于市下达控制指标1.6个百分点；开展职业培训5569人，完成市下达目标任务的111.4%；发放扶持创业贷款6649.4万元，完成市下达目标任务的110.8%。

【就业服务】　2017年，长寿区扩大就业容量。依托产业扩大就业。发挥政策的帮扶作用，支持实体经济发展，多渠道增加就业岗位。将经开区和工业园区企业及长寿菩提古镇、长寿湖旅游等服务业密集地作为新增就业的主要单位，促成经济增长点与就业增长点的有机结合。落实政策援企稳岗。对聘用就业困难人员用人单位和灵活就业人员，发放就业补贴29.5万元、社保补贴1472万元、培训补贴550万元。搭好平台促进就业。通过“就业援助月”“春风行动”等系列活动，举办各类现场招聘会54场（次），为产业发展提供人力资源保障。

【重点群体就业】　2017年，长寿区开展过剩产能企业职工安置工作。区人力社保局对接区经信委、区安监局等部门及重钢等企业，制定分流职工安置方案，将拟分流职工信息录入人社部信息系统，开展针对性帮扶服务。引导农民工返乡就业创业。开展车站归途服务、院坝联谊宣传等“三项行动”，推进农转城进程，回引农村劳动力就业创业6985人。落实高校毕业生就业。依托就业服务平台抓好就业创业定制服务，指导帮助1020名高校毕业生实现就业。将就业创业与精准扶贫相结合，开发社区保洁、保安、市政协管等公益性岗位，帮助808名贫困人员实现就业。

【创业带动就业】　2017年，长寿区总结创业经验，强化政策宣传，发挥“以点带面”促进作用。开展SYB创业培训和微型企业创业培训，重点讲授创业机会与创新思维等知识，全年创业培训1311人。新培育区级创业孵化基地1个，总计孵化企业和个体工商户24户，带动53人实现稳定就业。举办大学生就业创业引领和创业大赛等，组织参加创业专项活动，推荐30个项目参加“泛海扬帆——大学生创业行动”和“渝创渝新”创业创新大赛选拔赛，其中6个项目获得18万元资助。

【职业培训】　2017年，长寿区围绕产业发展，开展精准化技能培训。结合产业发展新要求，着力优化培训专业设置，新增化工工艺操作、旅游服务、果树园艺等特色工种。推行“招工——培训——就业”三位一体，即由企业对新招录的员工进行培训，结业后再上岗，培训费用直接补贴给企业，实现招工与培训的有机结合、培训与就业的无缝对接。正新轮胎、泓淋科技、小康汽车等企业开展岗前培训和技能提升培训538人。根据农村建卡贫困户、残疾人等重点群体的培训需求，分阶段、分批次、分需求制定培训方案、设置培训内容，开展个性化技能培训，对342名重点人员进行免费技能培训和创业培训。

创新培训方式，着力提升培训质量。打造“互联网+就业”新模式。整合更新服务网络，实现各类业务网上申报、网上审核。优化创业担保贷款流程。开展农民工就业失业登记集中办理、承贷银行“一站式”受理等服务，发放创业担保贷款6649.4万元。创新职业培训机制。加强培训过程监督，在培训机构安装网络摄像头，通过网络地址和手机 APP 远程登陆控制，实现培训过程的实时监管，有效提升培训质量。（雷福中）

社会保险

【概况】 重庆市长寿区社会保险局（简称区社保局）于2015年12月由原重庆市长寿区医疗保险管理中心、原重庆市长寿区社会保险局整合而成，2016年5月完成组建。整合后，长寿区社会保险局为区人力社保局管理的公益一类事业单位，机构规格正处级，经费形式为财政全额拨款，具有独立法人资格。设12个内设机构，核定事业编制56名（其中局长1名、副局长3名）；内设机构领导职数30名（12正18副）。其主要职责7项。

【社保基金征收】 2017年，区社保局全力扩面征缴，确保应保尽保。通过“阳光114”热线、人人长寿客户端等媒体平台广泛宣传社保政策，发放各类宣传资料和宣传品万余份，开展政策现场宣传6场（次），开展社保业务培训10余次，推进全民参保登记工作。开展社会保险业务工作，逐一清理核对并调整全区2150个参保单位的工伤保险费率。强化工商、地税、建委、安监等部门的联动机制，共享部门数据资源，强化建筑业工伤保险参保的监督检查力度。

2017年，长寿区城镇企业职工基本养老保险参保人数为149463人、城乡居民社会养老保险341737人、城镇职工医疗保险135284人、城乡居民合作医疗保险755838人、工伤保险参保103725人，分别完成目标任务的100.26%、99.29%、103.77%、101.54%、94.72%；征收基金分别为：98881万元、5354万元、60738万元、11898万元、5674万元，分别完成目标任务的109.99%、102.76%、110.78%、100.41%、109.54%。（生育保险与职工医疗保险于2017年9月合并）

【社保基金支付】 截至2017年年末，长寿区城镇企业职工基本养老保险及“两类”人员（超龄退休人员和征地农转非退休人员）退休人数102001人，全年发放养老及死亡待遇231181.75万元；领取城乡居民社会养老保险待遇人数104392人，全年发放养老及死亡待遇15315.42万元。

医疗保险。职工医保全年就医3156967人（次）［普通门诊1075439人（次）、特病门诊222520人（次）、住院41306人（次）、药房购药1817702人（次）］，发生医疗费用73276.92万元，医保支出60028.85万元。其中：统筹支出28682.21万元，大额支付5481.48万元，个人账户支付25865.16万元。居民医保全年就诊1728538人次，发生医疗费用102128.66万元，医保支出51240.8万元。其中：统筹支出43093.22万元，门诊定额支出4711.63万元，一般诊疗费支出196.48万元，药事服务费1044.45万元，大额医保支出2195.01万元。

工伤保险。2017年，全区享受工伤保险待遇的参保人员4233人（次），支付待遇4560.52万元。其中，1447人（次）享受工伤待遇4120.47万元；863人（次）享受一到四级伤残津贴257.51万元；1523人（次）工亡职工遗属享受抚恤132.27万元；326人（次）老工伤人员享受定期待遇44万元；29人（次）老工伤人员享受医疗费用6.26万元。机关事业单位有45人（次）享受工伤医疗待遇54.83万元。

生育保险基金发生2726.91万元。其中生育医疗费报销351.58万元，生育津贴报销2375.33万元。

【特殊群体社保及补助】 2017年，长寿区特殊群体参保情况。全区征地农转非新增参保人数3790人，征收养老保险费17699万元，征地农转非总参保人数达到110086人；办理经济建设民工95人一次性补缴养老保险。

特殊群体财政补助情况。2017年，为3055名困难国有企业“单（双）解”人员以个人身份参保给予缴费补贴951万元；为227人（次）中年丧子夫妇落实财政代缴养老保险费36.71万元；为符合参保条件的859名村干部发放缴费补贴76.23万元；发放2151名原民办教师养老和医疗补助162.30万元；发放544名原农机（农技）员养老和医疗补助88.70万元；发放103名原电影放映员养老和医疗补助26.60万元；发放31名原林业员养老和医疗补助47.50万元；发放361名原乡镇企业员养老和医疗补助384.70万元；发放74名国有职教幼教机构退休教师生活补贴41.90万元；发放287名军转干部生活补贴406.20万元；发放1名建工人员生活补贴2.90万元；发放44名建国初期参加革命工作退休干部生活补助费和医疗补助120.50万元；发放1名未参加城镇企业职工基本养老保险的城镇集体所有制企业人员生活补贴0.55万元。机关事业单位医疗补助基金支出1481.68万元；特殊人群报销医疗费用338.87万元。

特殊疾病办理情况，年底前职工医保特病合格人数3733人，合格病种数6994个病种；居民医保特病合格人数5358人，合格病种数6334个病种。

【社保基金监管】 2017年，区社保局强化基金财务会计核算和监督职能，清理机构整合后的社保基金账户，全面规范社保基金收入与支出，完善社会保险征缴对账机制，落实社保基金管理。强化医保基金使用稽核监管，严格落实市社保局“医保监管强化年”会议精神，开展涪陵片区交叉检查、与主城二片区交叉检查、特病专项检查、区内医保专项检查等监管行动。全年检查70家协议服务机构，回访住院患者218人（次），抽查住院患者病历2450余份，涉及违规本金100.55万元，违约金326.59万元。加强养老保险稽核，开展养老保险重点指标核查工作和参保单位稽核工作。全年稽核城镇职工基本养老保险7930人，核查并追回虚假身份参加养老保险13人，追回养老金15.41万元；取消8人非法获得的重庆市城镇职工基本养老保险参保资格。

【各项改革落实】 2017年，区社保局推进机关事业单位养老保险改革。2017年2月，机关事业单位养老保险正式上线、日常业务经办有序运行。开展“中人”待遇复算工作，完成全区936名机关事业单位离退休“中人”信息核定，并导入了复算系统；完成2014年10月至2016年12月养老基金清算，涉及参保单位379个，应缴养老保险费57055.58万元，应支付养老待遇99906.9万元；完成2017年1月至启动前月养老基金清算，征收379个参保单位个人应缴养老保险费1315.57万元，单位应缴养老保险费大于养老金差额425.05万元。推进原试点机关事业单位养老保险清理工作。截至2017年年底，清理原试点机关事业单位参保人员936人，涉及单位缴费3594.65万元，个人缴费468.87万元，参保单位垫付2014年10月至2017年2月的养老金329.49万元。原试点基金支付退休人员养老待遇后，结余社会保险费2717.44万元。

推进医疗保险各项改革。做好公立医院综合改革，指导6家参改公立医院HIS系统调整，做好439项调价项目推演和改革前后药事服务衔接工作，确保区内参改医院调价标准和医保报销政策落实到位。推进医保基金支付方式改革，全面推行医保基金总额控费，实现按床日付费、单病种付费和项目付费等多种付费方式相结合。年内全区49家医疗机构（含分院）实行医保付费总额控制，单病种付费病种数为100种，精神病全部执行按床日付费。9月起，医疗保险与全国31个省（直辖市、自治区）实现跨省异地就医住院医疗费用联网结算，长寿区人民医院纳入全国异地就医联网结算定点医院。职工基本医疗保险和生育保险合并实施。强化协议医药机构管理，全区协议医药机构实现协议管理，2017年新增协议医药机构84家，其中协议药店58家、协议医疗机构24家、工伤机构1家、生育机构1家。

做好供给侧结构性改革相关工作。依法依规配合做好钢铁、煤炭行业化解产能过剩中的职工安置工作。贯彻落实企业社保优惠政策，做好小微企业、困难企业帮扶工作，降低企业用工成本。截至2017年年末，长寿区615家困难企业（2017年新增63家）全年享受社保费减免14375万元，153家小微企业（2017年新增10家）全年社保费减免500万元，1家笔电企业全年享受社保费减免188万元。

推进市属国有企业退休人员社会化管理移交工作。2017年，长寿区应移交在长寿市属国有企业16家，移交退休人员9872人，实际移交企业18家，移交退休人员10466人，移交率106%。

（程泽凤）

社会福利

【残疾人和老年人福利】 2017年，长寿区召开福利科室业务专题培训会，按照残疾人和老年人补贴政策，做好基础工作，严把审批关，严禁弄虚作假和虚报冒领，确保对象补贴资金及时足额发放。年内对以往审批对象进行一次清理，加强福利科民政对象动态管理。全年为4259名贫困残疾人发放生活补贴259.94万元，为7169名重度残疾人发放护理补贴448.06万元；为1147名经济困难的高龄老年人发放养老服务补贴340.78万元，为484名经济困难的失能老年人发放养老服务补贴117.52万元。

【养老服务】 2017年，长寿区投入18万元完成《长寿区养老设施布局规划2015—2025》编制工作，该布局规划覆盖长寿区整个城乡范围（区级、街镇、村居）的养老服务设施，包括确定养老设施用地布局及规模，提出具体规划控制要求和项目实施安排等。着力解决影响敬老院服务质量的突出问题，建立以质量和效益为导向的敬老院服务发展机制，塑造敬老院“安全、诚信、优质”的服务品质，落实250万元敬老院管理运行经费和管理服务人员财政转移支付工资，确保全区20所敬老院管理服务工作正常运行。投入238万元项目整改资金，完成凤城、葛兰、双龙和邻封等街镇敬老院安全隐患整治和室内设施设备添置，完善基础设施，消除安全隐患、改善人居环境，促进全区养老服务设施建设及其利用提档升级。

加强养老服务标准化管理，指导全区的所有已建社区养老服务设施和农村幸福院投入运营工作；引进重庆市涪陵区老来乐居家养老服务中心入驻凤城街道轻化路社区开展社会化居家养老服务，使居家老年人享受到就近、便捷、周到的社会养老服务。开展2017年度养老院服务质量建设专项行动，完成全区23家养老机构业务管理系统审核审批工作，养老院业务管理系统数据录入率100%。推进晏家街道福利院和长寿湖养老院的设立许可审批，全面完成全区养老机构的设立许可工作。确定长寿湖养老院和葛兰镇福利院为第一批市级养老服务标准化建设示范单位。安排部署2017年全区“民政服务机构安全管理月”活动、2017年夏季消防安全检查和社会福利机构消防安全标准化管理、汛期民政服务机构安全管理、2017年中秋节和国庆节期间养老设施安全检查，以及冬春火灾防控等工作。组织人力物力财力定期开展全区敬老院消防安全培训和演练活动。加强养老机构服务人员队伍建设，引导和鼓励全区养老服务人员参加养老护理员培训，提升养老服务水平。加大社会办养老机构政策的宣传力度，在养老机构设立条件和提交材料等方面为申请筹办者提供政策指导和支持，鼓励社会养老服务专业机构通过托管、承包等方式运营公办养老机构，年底前区养老服务中心入住特困人员和社会老人200余人。与工商部门对接，全区从事养老服务且在工商登记的社会力量办养老机构有10余家，通过电话告知从事养老服务的社会举办者、印发《重庆市长寿区民政局养老机构设立许可告知书》和《养老机构设立许可申请审批资料》等方式，对社会办养老机构作相应的指导服务，就加强其安全管理，向区工商部门做好有关函告工作。

【福利彩票发行】 2017年，长寿区抓销售网点建设，创新福彩销售方式，增大发行销售量，筹集福利资金，提高救助能力。全年设立销售福彩投注站点75个，总销量1025万元，比2016年增长23.65%（其中电脑票销售7778万元、即开票销售629万元、中福在线销售1844万元）。彩票安全运行、健康发展、机构健全，专人负责福彩工作，福彩发行安全运行率100%。

【彩票公益金管理】 2017年，长寿区完成2016年度及以前区级福彩公益金930.1万元的分配工作。收集各科室或局属单位对有关街镇和该业务工作进行调研的意见，提出区级福彩公益金分配方案，经过区级福彩公益金项目评审委员会审定，按程序报批，保证区级彩票公益金管理使用规范化。

（瞿勇强）

救助救济

【概况】 2017年，长寿区先后遭受“5.22”洪涝、“7.5”风雹等6次自然灾害，造成灾区农作物受损、房屋倒塌，给群众的生产生活造成较大困难。全区18个街镇35821人不同程度受灾，全区紧急转移安置935人，无人员伤亡，109间房屋倒塌，877间房屋损坏（严重损坏166间、一般损坏711间），835公顷农作物受灾，直接经济损失6269万元。

【灾害救助】 2017年，长寿区及时开展应急期紧急救助和过渡期灾民生活救助工作，按照20元/（人·天）的标准，全年发放紧急救灾资金36万元；调拨棉被380床、帐篷10顶、折叠床3张，保障受灾人员基本生活。推进倒房重建工作，下拨倒房重建资金46万元，分散重建倒房45户89间。落实灾民冬春生活救助，发放冬春生活救助资金

200万元、棉被2111床、棉衣1029件，保障灾区群众安全越冬。

【传统救济】 2017年，长寿区发放定期定量救济金291万元，救济5393人次；发放襄渝铁路矽肺病人员补助金264万元，救助3086人（次）。

【城乡低保管理】 2017年，长寿区加强低保动态常态化管理。截至2017年年底，全区有城市低保户3678户5652人，占比1.47%；农村低保户7422户13182人，占比2.55%；全年支出低保金7561.8万元；1—12月新增城乡低保对象3985人，动态退出城乡低保2771人，实现动态管理下的应保尽保。

严格按照保障标准和家庭人均收入落实补差。2017年城市低保月人均补差435元，补差水平达到87%；农村低保月人均补差273元，补差水平达到78%，均高于往年补差水平，增速高于辖区低保标准增长幅度。及时落实低保调标，4月起城市低保标准由460元/月·人提高到500元/月·人；农村低保标准由300元/月·人提高到350元/月·人。

落实低保标准与扶贫标准"两线合一"，及时将符合农村低保条件的扶贫对象纳入低保待遇。年内全区有1083名符合低保标准的建卡扶贫对象纳入低保保障范围，2017年全年发放兜底扶贫低保金2875083元，超额完成低保兜底任务。

定期比对核查，区、市两级核查系统平稳运行，对新申请救助对象逢进必查，对已纳入低保对象全面进行家庭经济状况信息比对。2017年1—12月完成19个街镇提交的170个批（次）1142户、2056人（次）的低保、五保、临时救助等社会救助对象的经济状况核查认定工作，出具单位核查报告159份、个人核查报告180份。

【医疗救助】 2017年，长寿区加强医疗救助监管，与区内36家定点医疗救助机构签订监管服务协议，明确双方责任、权利与义务；依托医疗保险信息管理平台，达到医疗救助与医疗保险"一站式"同步结算。

落实市政府健全医疗救助制度文件精神，2017年，全区医疗救助城乡困难群众18016人（次），救助金额3961.2万元。其中，门诊医疗救助126635人（次），支出933.5万元；住院医疗救助21215人（次），支出2589.6万元；资助参保32316人，支出438.1万元。2017年筹集扶贫济困基金456万元，扶贫济困救助支出258.9万元，救助1259人（次）。其中民政对象救助239.3万元，1140人（次）；扶贫对象救助19.6万元，119人（次）。

【临时救助】 2017年1月起，长寿区全面启用重庆市临时救助信息管理系统。年内全区发放临时救助金1100万元，救助困难群众6488人，次均救助1416.47元/人，发挥临时救助托底线、救急难的作用。

【特困供养】 截至2017年12月，长寿区特困人员4711人，全年新增特困人员413人。全年发放特困人员基本生活费3626.53万元、失能特困人员照料护理补贴费166.42万元。

（刘　强　陈　强）

【计划生育奖励扶持】 2017年，长寿区继续落实法定奖励扶助政策基础上，创新实施长寿区计划生育失独家庭救助制度实施办法。开展"朝阳伴夕阳"失独家庭"五个一"关爱活动（为长寿区1498名计生特殊家庭人员建立一份动态分类管理的信息档案、健康档案，发放一张亲情连心卡，指定一名家庭签约医生，每两月开展一次亲情联系，每年开展一次健康管理服务，每年至少一次走访慰问）。组建60人的计生特殊家庭志愿者社会关怀队伍。提升就医"绿色通道"服务质量，长寿区财政投入28.63万元，为全区计生特殊家庭购买生病住院护理保险。协调区财政、民政、司法、保险等部门及时解决经费投入、最低生活保障、法律援助、住院理赔等问题，区级财政配套投入512.64万元，确保各项扶助政策落地。年内走访慰问计划生育特殊家庭1022户，发放慰问金30.66万元。长寿区2017年有奖扶对象14731人、特扶对象1613人（其中失独家庭父母759人）、四级残疾扶助对象162人，计划生育手术并发症扶助对象30人，全年发放计划生育特殊家庭特别扶助金723.24万元，奖励扶助及时率达90.1%。

（韦爱群）

社会优抚

【双拥工作】 2017年，长寿区形成以报纸、电视、广播、网络"四位一体"的双拥宣传态势，扩大双拥工作的知晓度和影响力。成立以区委副书记任组长，人武部政委、区委组织部长、区委宣传部长任副组长，驻军、教育、法制、宣传、民政等有关部门主要负责人为成员的国防教育领导小组。建立领导小组议教制度、军地联席会议制度、国防教育责任制度、地方党政领导参与军事活动日制度、中学生军训制度和国防教育评比表彰制度六大制度，保障国防教育顺利有效开展。确立“以学校为阵地，学生为媒介，家庭为桥梁，带动全社会”的全民国防教育思路，构建出全方位覆盖的国防教育和双拥教育网络体系。征兵传宣到位，适龄青年踊跃参军。

军地关系紧密，驻长部队继承和发扬拥政爱民的优良传统，主动多办惠民生、暖民心、解民忧的好事实事。消防官兵到企事业单位对1500余名企事业职工自防自救能力开展消防安全知识培训；区武警中队、区武警三中队配合地方加强社会管理，搞好军警民联防联治，2017年先后出动兵力850余人（次），完成长寿火车站、长寿火车北站、骑鞍车站春运执勤、押解犯人、抓捕逃犯、抢险救灾等任务；区消防支队全年抢险救援362起、社会救助212起，出动消防车辆1034台（次）、警力56732人次，疏散被困人员769人，解救被困人员225人。驻长部队还开展多种形式的扶贫济困、扶老助残、捐赠救助等社会公益活动，帮助贫困学子，支持第二家乡教育发展，与驻地群众建立起军民鱼水情。

军民融合为驻军部队送温暖。《长寿日报》社每年向驻长部队提供6个实习锻炼的岗位，丰富官兵文化生活。区文联、文化委、老体协、老年大学等单位分别开展送戏、送联欢、送书画进军营活动，丰富官兵军营生活。定期举办法律知识讲座，强化官兵法律知识。多次举办退役士兵及其家属的专场招聘会，帮助解决官兵及其家庭所需。

【优抚工作】 2017年，长寿区及时调整兑现各项抚恤定补资金，全年发放抚恤生活补助资金8865.4万元。参照区机关事业单位退休人员健康营养费标准，及时调整无军籍职工健康营养费标准，由每人每年5000元提高到每人每年10000元，形成长效机制。对移交长寿区军队无军籍职工遗属生活困难定期补助标准进行调整，遗属是城市居民的，由每人每月420元调整为每人每月460元；遗属是农村居民的，由每人每月380元调整为每人每月415元。帮助困难重点优抚对象解决实际困难，发放优抚对象解“三难”资金206600元，解决1~6级残军医疗救助金421726.18元。发放无军籍职工陈某某死亡抚恤金32575元，补发军队退休干部曾某某病故后抚恤金41180元，使其家属及时得到精神抚慰。

落实各项优待政策，对城乡义务兵家属统一优待标准、统一经费来源、统一兑现时间、统一对象方式，2017年城乡义务兵家庭优待金执行每户每年8000元，全年发放优待金543.92万元。坚持元旦、春节、端午、中秋、八一等传统节假日和重大活动期间的走访慰问，2017年春节、八一建军节前，在区领导的带领下，完成对驻长部队、优抚事业单位和优抚对象的慰问；投入慰问经费330余万元。2017年向义务兵家庭赠送“光荣军属”牌匾402块，发放优抚对象光荣之家年画29600张。

开展烈士纪念设施保护工作及烈士公祭活动。投入22.36万元，对烈士陵园进行维修改造，改善陵园环境，提升陵园庄严肃穆感。对全区零散烈士墓就地进行实时维护管理，由所在镇负责管理。在烈士纪念日组织开展纪念活动，全区140余名各界干部群众参加活动。由10余名参战退伍老兵组建区爱国主义和革命传统教育宣讲团，在全区宣讲。

抓好涉军维稳工作，加大政策宣传力度和帮助解决困难的工作力度，从根本上减少矛盾的发生。全面落实维稳措施，狠抓“重点人”和敏感时期维稳工作，加大接访和劝访工作力度，减少和避免进京到市上访，维护复退军人稳定大局。做好优抚对象及涉军群体的上访、来访接待和稳定工作，以及来信、来访、来电等信访调查回复工作。截至2017年年底，建立1005条涉军群体人员信息台账（含105条重点人员信息台账），接待来访400余人（次）、来信80余件，开展稳控劝返工作20余次。

执行安置政策，圆满完成退役士兵接收及安置任务。2017年，接收、审核、归档退伍军人士兵档案300人。已安置到具体工作岗位4人，其余退役士兵均已领取地方一次性经济补助金897.18万元，全年安置任务已全面完成。

探索优抚对象服务管理机制，建立优抚对象三级服务平台。各镇街、村居均建立服务机构、规章制度，选配服务站、服务点工作人员283名。以平台为依托，开展“三难”（生活困难、医疗困难、住房困难）问题排查，有效做好“三难”问题化解。2017年以三级服务平台依托，落实困难救助资金40余万元，救助230人（次），6人家庭住房纳入危房改造，解决公益性岗位9个。

【优抚事业单位管理】 2017年，长寿区光荣院管理规范，服务水平和服务质量不断提高，管理规范化建设不断推进，孤老优抚对象生活、医疗得到最大保障。光荣院孤老优抚对象生活费标准每人每月600元，服装费每人每年800元，医疗费用实报实销。（李　鹏）

住房保障

【概况】 2017年，长寿区建成移交公租房1922套，面积10.3万平方米；完成实物配租3086套，解决近8000人的住房困难问题；开展公租房盘活处置工作，将8288套、49.27万平方米的公租房调整为安置房使用。截至年底，全区筹集公租房21707套，经批准已转为安置房10849套；建成移交公租房9326套，完成实物配租8702套，公租房分配率93.3%。建立和完善与民政等部门的住房保障户信息共享核查机制，规范保障性住房的准入退出动态审核机制。完成公房维修管理体制改革任务，修订公房维修管理办法，建立公房分散维修定额清单和备选库。完成对2016年保障性安居工程跟踪审计9户违规保障对象的整改工作。加强保障性住房租金管理，实现保障性住房租金收入2540万元，比2016年增长15%。协助区移民局办理三峡工程移民遗留问题困难补助家庭284户，补助金额24.2万元。改进公、廉租房并轨运行管理、准入退出、住用安全、运营管理等制度，保障性住房物业管理“兜底”体制不断完善，建立公租房、廉租房、直管公房“三位一体”的住房保障体系。（袁国勤　余　杰）

【保障性住房建设】 2017年，长寿区全面完成保障性住房的建设任务。最后一个保障性住房项目德瑞悦城于2017年5月分房入住，民生佳苑公租房装修完成，寿城水岸二期廉租房交付使用，晏家二期公租房装修完工，顺风庭定销房配套车库、幼儿园项目以及黄桷湾移民综合市场项目完成主体施工，在水一方定销房配套车库及公交首末站项目已完成土石方平场；其他定销房物业管理配套设施建设正按计划推进。（张情隆）

残疾人保障

【残疾人康复服务】 2017年，长寿区在全市首创“一二三四”精准康复服务工作模式。即采取“一人一策”的个性化康复服务计划，建立起残疾人“个人专属”的康复服务档案；按照“二就原则”，就近进行康复需求入户调查、就便安排残疾人到康复站接受康复服务；开展“三进家庭”服务模式，将康复知识、康复器材、康复服务直接送进残疾群众家门；利用“四式康复”，集合专业康复机构（医院）康复、街镇社区康复站康复、家庭医生签约康复、融合式康复等4种方式，提升康复服务专业化水平。全年开展精准康复服务管理培训、社区康复协调员入户调查和康复目录知识培训各2次，辅助器具适配980件，其中187件辅具按照申请实现“进家庭”适配；成年残疾人免费装配假肢矫形器28人；救助实施白内障手术患者483人；实施贫困精神病患者住院救助32名，救助流散精神病患者21人（次），贫困精神病患者康复药物救助927名，服药2167人（次）；完成康复训练1281人（次），支持性服务1818人（次）；全区精准康复服务率83.47%，辅具适配率98.10%，基本康复任务超额完成。

2017年12月1日，江南街道残疾人家庭医生签约

【残疾人教育就业脱贫服务】 2017年，长

寿区1287户残疾人家庭实现脱贫，120户残疾人家庭实施危房改造，7户农村残疾人种养殖大户、4个扶贫基地得到扶持，355名残疾人接受实用技术培训，261名残疾人接受职业技能培训；31名残疾人接受大病救助，80名残疾人享有寄宿托养服务，650名残疾人享有居家安养服务，100名残疾人享有日间照料服务，11000余名残疾人享有两项补贴。全年，200余名残疾人接受职业指导、介绍和咨询服务，109名残疾人实现就业。43名青壮年残疾人接受文盲扫盲，19名非义务教育阶段学生接受入学救助或生活补贴。

【残疾人宣传文体服务】　2017年5月18日，重庆市全国助残日主会场活动在长寿区举行，中央、国家、市级、区县等媒体报道30余条。全年当地主流媒体在全国助残日、换届以及残疾人家庭无障碍改造等民生工程进行专题、专版报道5次；利用残疾人自强模范和最美残疾人评选，全年向中国新闻文化促进会和市残联《同伴》杂志报送新闻和图片故事拍摄线索18条，涌现出熊本超、张玉芬、王朝青等典型人物；年内向《市残联简报》《同伴》杂志、《市残联公众信息网》和“重庆残联”两微一端（即微博、微信、新闻客户端。下同）报送信息160余条，报送量、用稿量均居全市残联系统首位。积极参加市残联组织的各种体育赛事，2017年全国残疾人射击锦标赛，李灵威代表重庆出赛，获个人金牌一枚，团体银牌、铜牌各一枚；2017年全市残疾人乒乓球锦标赛刘强、夏瑞等5名肢体和听力残疾人运动员组成的长寿区代表队获团体三等奖。

2017年9月，长寿区脊髓损伤类肢体残疾人活动

【残疾人维权保障服务】　2017年，长寿区残联开展“亮牌子、亮身份、亮联系方式”服务，为残疾人办事“找对人”“找得到人”提供便利。实行“理事长接访制”和“信访代理制”信访制度，畅通残疾人信访渠道；建立“一人一案”来信来访处理登记台账，实时检测残疾信访维权案件进度，确保残疾人信访事项案结事了、息诉罢访，处理率100%，全年无人参与、组织到市集访，无人参与进京上访，未发生重大群体性事件。全年区残联参加残疾人维权2次，处理群众来信1人次，办理市残联转交信访件1件，自录信访件24件，发放法律援助卡20张，区信访办转办2件，高质量完成“12385”热线接听解答和交办件办理。借助全国助残日、“12.3”残保法宣传日、志愿者法律助残等活动，宣传残疾人法律法规，惠及残疾人1200多人（次）。采取政府购买服务形式，引入律师开展法律援助和救助。全年为残疾人办理路桥减免21人次，发放燃油补贴48辆，C5驾照补贴18人。

（文　瑶）

老龄事业

【概况】　截至2017年12月底，长寿区年满60岁及其以上老年人有199512人，占全区总人口的22.3%。其中年满70周岁及以上老人93122人，80周岁及以上27593人，90周岁及以上老人2975人，百岁老人23人。

【老龄工作】　2017年，长寿区围绕“党委领导、政府主导、社会参与、全民关怀”的老龄工作方针，推进老龄事业持续健康发展。宣传贯彻《中华人民共和国老年人权益保障法》和《重庆市老年人权益保障条例》，落实老年人权益保障，完善养老社会保障和养老服务体系，健全老龄工作机制，推进老龄工作取得新进展。推进“孝老安康工程”，截至2017年12月底，参保人数49765人，参保金额263.4万元，为老年人出行发生意外提供保障。开展城乡老年人生活状况监测调查，对菩提街道等5个街镇16个村（社区）的96位老人的家庭状况、健康状况、经济状况和社会保障状况等问题进行调查，了解全区老年人基本生活情况。举办为期3天的长寿老年协会干部培训班，使255个村（居）的老年协会干部从政治理论、业务能力、业务水平上得到提升。开展以“老骥志千里 奉献新时代”为主题的长寿区十大“老有所为突出个人”和“老龄工作突出集体”评选活动，群众参与度高，有294232位网友关注，社会反响强烈；组织电视台、报社、网络等媒体，对“孝亲敬老”先进典型予以宣传报道，营造全社会尊老敬老氛围。完成老龄事业统计报表数据采集，做好老龄事业发展情况统计，完善统计台账制度，做好老龄信息档案工作；认真分析统计数据，提高统计数据的应用效率，为领导决策提供科学适用的参考依据。依法保障老年人权益，配合区公安局打击针对老年人的侵财案件，严查涉老治安案件，依法处理殴打、虐待老年人等侵害老年人合法权益的各类案件；区老龄办联合工商、食药监、公安等部门，专门针对诈骗老年人的行为开展专项执法检查，查处取缔“助老之家”等涉嫌保健品诈骗的单位2家；向老年人发放防诈骗资料12000余份。

【老年人社会优待】 2017年，长寿区发放高龄津贴，为百岁老人每人每月发放津贴500元，为96至99岁老人每人每月发放津贴100元；2017新增96岁高龄老人97人，截至年底，全区高龄老人366名。2017年为70岁以上老年人办理敬老爱心卡4153张；新办理老年优待证894个。看病就医优待，区人民医院、区中医院和全区19个街镇卫生院等公立医疗机构，对60周岁以上老年人看病就医实行“一免五优先”服务，即免普通挂号费，优先就诊、优先化验、优先检查、优先交费、优先取药，解决老年群体看病不方便的问题。法律援助优待，区司法局协调区律师事务所、区法律援助中心免费提供涉及老年人合法权益受侵害案件的法律咨询、代写诉讼文书，免费提供有关老年人赡养方面的法律服务。

【敬老助老活动】 2017年，长寿区开展主题为“关爱老年人，欢庆十九大”的敬老月活动，组建老年人文体队伍，举办文艺演出、健康知识讲座、趣味运动会、游园等形式，丰富老年人的精神文化生活。春节、重阳节均由区领导带队，对全区23名百岁老人进行慰问并发给每人1000元慰问金。

【老年福利事业】 2017年，长寿区投入200余万元对全区养老机构进行安全整治和添置养老设施设备；投入124万元新建菩提街道菩提社区养老服务站、凤城街道凤西社区养老服务站、晏家街道牛心山社区养老服务站和八颗街道莲花街社区养老服务站，完善养老服务基础设施，实现消除安全隐患、改善人居环境、扩增养老床位、提升服务空间的目标；投入81万元集中打造云台镇青云村老年活动中心和葛兰镇黄家坝村老年活动中心。（其余详见本类目《社会福利》分目）

【老年基层协会建设】 2017年，长寿区配齐配强街（镇）、村（社区）老协班子人员，基层老年协会与老年体育协会、老年学校、老年活动中心实行四块牌子一套班子。各街（镇）老年协会做到“六有”，即有工作机构、有活动阵地、有牌子、有制度、有经费保障、有活动记录，不断强化老龄工作队伍建设。（蒋昊邑）

慈善事业

【募捐渠道拓展】 2017年，区慈善会做好各项筹募工作，增强慈善会的实力。全年接受捐赠款（物）602.38万元。

【救助机制健全】 2017年，长寿区慈善会建立常态化的救助机制，发放救助善款199.85万元；发放定向捐赠物资折价281.65万元，用于改善区人民医院、区中医院和妇幼保健院、区中医院3家医院的医疗条件，促成八颗街道小学士敏学堂建成开学。各街镇稻草援助中心发挥作用，接收善款（物）23.3万元，发放26.73万元，扶助贫困群众282人。（瞿勇强）

镇（街道）

- ❖ 菩提街道
- ❖ 凤城街道
- ❖ 晏家街道
- ❖ 江南街道
- ❖ 渡舟街道
- ❖ 新市街道
- ❖ 八颗街道
- ❖ 长寿湖镇
- ❖ 云台镇
- ❖ 葛兰镇
- ❖ 但渡镇
- ❖ 邻封镇
- ❖ 云集镇
- ❖ 双龙镇
- ❖ 龙河镇
- ❖ 海棠镇
- ❖ 石堰镇
- ❖ 洪湖镇
- ❖ 万顺镇

镇（街道）

菩提街道

【概况】 菩提街道位于长寿主城区，辖区以区行政中心为中心，东接但渡，南连凤城，西邻八颗，北连渡舟，辖桃花、古镇、朝阳、胜天、菩提5个社区和松柏、东新、红花、阳鹤、田坝、菩提6个村，辖区面积37.71平方千米，森林覆盖率42%，规划人口29.02万人，2017年有户籍人口5.6万人，常住人口19万人。辖区内有长寿菩提山文化旅游景区、长寿菩提古镇两大国家AAAA级旅游风景区。菩提街道办事处驻桃源西四路1号。

【经济发展】 2017年，菩提街道有企业法人和产业活动单位2470家，个体工商户5431家。年内新增微型企业394家，主要以批发零售、住宿餐饮及服务业为主。有限额以上企业57家，其中批发零售业16家，住宿餐饮业10家，重点服务业10家，房地产业19家，建筑业2家。有大型商场7个。

菩提街道2017年农作物播种面积365.83公顷。粮食作物种植面积224.01公顷，其中水稻种植面积146.96公顷，玉米种植面积39.49公顷，其他粮食作物种植面积37.56公顷；油料作物种植面积30.36公顷；蔬菜种植面积96.38公顷；水果种植面积15.08公顷。生猪出栏1135头、存栏815头。有家庭农场3家，专业合作社6家。有土地流转26户，流转面积60公顷

【基础设施建设】 2017年，菩提街道重大项目推进按照“宣传工作前置、应急处置及时”的要求，化解矛盾纠纷，做好协调工作，保证东新村、菩提村电力设施建设，桃花河流域综合环境整治，经开区21家化工企业集体开工等区级重大项目如期开工建设。

“两违”拆除工作以“控新增、消存量”为工作目标，建立全方位、全天候、全覆盖监管机制。全面开展存量违法建筑片区整治，拆除国税小区存量违法建筑1000平方米；开展桃东路沿线违法建筑整治攻坚，拆除107家9.3万平方米。

多渠道争取资金203.5万元，搞好东新村冉家湾居民点道路及附属工程、三洞沟片区175米试验性蓄水避险搬迁等移民项目，启动菩提村二组公路硬化前期工作。

注重城乡生活环境改善，新增菩提、田坝、松柏3个村为一般生活垃圾治理村。持续做好背街小巷、无物管小区环境整治，清运单体楼栋乱堆乱放杂物130车400余吨；新增封闭老旧单体楼栋垃圾洞235个，配备垃圾车1台、垃圾箱体25个、果皮箱50个、垃圾桶140个，清除“牛皮癣”1.3万平方米。推进环保行动，开展露天焚烧整治工作，制止秸秆（杂草）焚烧56次，取缔露天燃烧垃圾点19个、露天烧烤点4个；加强环境监管力度，对辖区内汽修店、工矿企业、养殖业、医疗机构、餐饮企业等建立管理台帐，落实专人巡查。强化集中式饮用水源巡查工作，发现整治问题10个，整改率100%；全面完成畜禽养殖污染综合整治，整治达标9户，关闭销号3户。

市容市貌整治启动清明上河坊沿线环境综合整治，拆除各类乱搭、乱建钢架棚、广告牌，清理整治违规占道经营行为，涉及商家38家，拆除违法建筑达4700余平方米。取缔百寿大道及千寿广场的占道经营、移动推车、大型固定娱乐设施，规范临街门店墙外摆摊设点。宣传教育商户158户，发放整治通告331份，规范骑门摊78处，暂扣立式广告灯箱12个，拆除悬挂式布幅广告5个，拆除墙体广告8个，清理占道乱堆放物品5车。联合区城管局、派出所开展辖区主次干道市容市貌专项整治行动，拆除遮阳棚817个，规范店招店牌466

家，取缔金山支路、朵力7号、文苑大道等沿街摊位383处，市容秩序得到有效规范。新划小区停车位、摩托车停车位1365个，有效遏制乱停乱放现象；规范碧桂园小区停车秩序，确保小区业主停车有序、消防通道畅通。

2017年D级危房改造验收1户，C级危房改造验收3户。养护农村道路里程37.7千米；开展乡村道路隐患排查5处，整治道路0.3千米，安装警示牌9块，凸面镜2面；制作安装农村道路交通指路牌61块。申报农发行战略合作项目1个，争取建设补助资金120万元，立项新建东新村、红花村、阳鹤村4条零星公路3.73千米。投资260余万元整治山坪塘29口。落实一事一议项目7个，投入资金46万元。

【社会事业】 2017年，菩提街道文体活动丰富多彩，依托文化服务中心、道德讲堂、家长学校等各类宣传阵地，通过文艺演出、知识竞赛、小区院坝会等多种形式，年内开展社会主义核心价值观教育活动120余场（次），发放宣传资料5万余份。组织辖区群众、街道职工参加学雷锋文明长寿志愿活动、世界读书日活动、迎新登高全民登山活动以及职工篮球比赛等活动。推进全民健身活动，完善社区健身设施建设，加大指导培训力度；新增社区健身器材2套，新建社区健身点2个；组织太极拳、广场健身操等培训活动，壮大群众体育指导员队伍，提高群众体育活动的科学性和有效性。

2017年，菩提街道辖区内有学校28所、医院诊所45家。年内办理生育服务证626个，再生育服务证36个。建立流动人口健康档案308份，家庭医生签约人数2832人，完成孕优检查241对，65岁以上老年人体检2900人，农村妇女“两癌”筛查1132人。新增计划生育家庭特别扶助24人、奖励扶持79人，申报独生子女父母一次性奖励354人，结案7例违法生育案件。

全年新办理养老保险参保649人；办理城乡居民特种病156人；办理2018年城乡居民医保32913人，筹资金额496余万元。多渠道、全方位搭建就业创业平台，年内下岗失业人员再就业498人，移民劳动力转移就业400余人，办理“4050”人员社保补贴438人，培训劳动技能7次800余人。

2017年按照政策发放城乡低保金158万余元，发放2810户4864人；新增低保42户56人，停发34户43人，调整105户186人。优化城乡临时救助与医疗救助服务，338户困难群众获得临时救助46.63万元，争取慈善救助4人1.5万元、民政专项救助3人1.4万元，发放征地农转非大龄人员困难补助6157人49.26万元；加大特困人员供养帮扶，全年发放50人25.74万元；摸清农村儿童、妇女、老人“三留守”人员的现状，建立“三留守”人员台账；落实高龄失能生活保障制度，落实22名高龄失能老年人补贴2.54万元。发放贫困残疾人生活补贴353人（次）5.23万元；发放重度残疾人护理补贴704人次10.91万元。

惠农政策全面落实，按时足额发放种粮直补101万元、退耕还林直补35万元、移民避险搬迁资金544万元。农村贫困户建档立卡33户108人已全面脱贫。

宣传展示社会主义核心价值观、理想信念、市民公约、关爱未成年人等内容。安装设立LED宣传栏26个、社区宣传专用栏102个、墙体广告1500米、绿化带插牌1100个，其他类型公益广告5000余个。打造辖区61个小区氛围，设立创文景观标识564个，设置单元宣传栏1273个，电梯门张贴公益广告1085个。着力营造辖区文苑南路、桃花西路、朝阳路等19条主次干道宣传氛围。组建志愿服务队30支，注册志愿者7986人，持续开展文明引导、四点半课堂、治安巡逻、关爱老弱病残等志愿服务活动60余次。落实“门前新三包”责任，组成9个工作小组分区域分路段全面开展工作。辖区内临街门面5200余户，全面签订责任书，公示责任牌。建立数据台账，实行划片分段、定岗

2017年9月，菩提街道党工委书记带队进行国庆节前安全检查

定员网格化管理，严格督查考核，每月开展星级商户评定，实行奖优罚劣。深入开展“身边好人”“乡贤”“十大孝星”评选活动，报送优秀典型82人。策划开展文明劝导、法治宣传、环保生态等活动50余次，多层次、多角度倡导市民养成健康文明的生活方式和良好的卫生习惯。

【安全维稳】 2017年，菩提街道召开安全生产工作专题会12次；开展消防安全、乡村道路交通安全、危险化学品烟花爆竹安全等各类安全执法检查435次，出动执法检查1205人（次），检查安全生产经营单位和个体2108个（次）。检查机动车1781辆（次），查处违法、违规违章机动车895辆（次），处罚529人；道路交通检查劝导站全年运行215天，值守到岗率100%。排查整改各类安全隐患148件（次）。全年无重大安全事故发生。网格化监管辖区内食品药品安全，走访检查食品药品经营户7100余户（次），日常监督检查覆盖率100%。查处食药品违法案件60件，结案率100%，罚没款入库211240元。受理消费者投诉举报122件（已处置115件，处置率95%），立案查处11件，罚没款入库4.6万元。

健全应急管理机制，成立应急管理机构，明确工作责任，制定2个综合预案、18个专项预案，设立信息直报员20个；组织开展地质滑坡应急、火灾应急等演练4次，最大限度地减轻和消除突发公共事件造成的社会危害和影响。加强社会治安防控，2017年菩提街道有城区兼职巡逻队员300余人；加大对辖区公安派出所工作的支持力度，发挥警民联系点作用，坚持365天专职人员巡逻制度，及时发现处置各类治安问题；桃花社区、胜天社区侵财类问题市级挂牌整治成功摘牌，辖区社会治安形势良好。做好社会稳控，全年参与意外死亡、受伤纠纷处置41次，参与突发事件处置86次；坚持敏感时期稳定情况“日排查、日研判、日报告”制度，元旦、春节、市区“两会”以及市五次党代会、一带一路峰会、中共十九大期间无重大信访事件发生；及时化解信访纠纷，坚持每月定期排查矛盾纠纷，敏感时期前集中排查，对排查出的矛盾纠纷，建立台帐，逐案落实包案调处；全年街道调解纠纷433件，调解成功424件，其中调解重大疑难纠纷15件，调解成功率100%，涉及人数378余人，涉及金额450余万元；及时处理各类信访件264件，办理重庆市人民政府公开信箱群众投诉反映问题135件，接待群众来访160件317人（次），党员干部下访走访约访信访重点人员156件（次），解决信访问题52个。

2017年6月29日，区委书记赵世庆调研菩提街道党建工作

【党建工作】 2017年，菩提街道开展中心组学习12次，街道领导班子成员和基层党组织书记讲党课74次。组建菩提街道基层宣讲队，到机关、社区、村、非公组织、田间地头开展中共十九大精神宣讲20次。投入29.8万元新建田坝村便民服务中心，11个便民服务中心完成标准化建设。年内新发展党员9名，开展党员组织关系集中排查，将3名失联党员纳入有效管理。规范群工系统使用，全年受理群众反映事项252件，办结率100%，满意率92.57%。全面完成田坝村党支部和长峡公司党支部两个后进基层党组织整顿工作，群众满意度均达100%。推进非公党建，全面走访辖区非公党组织，摸排到党员92名，新建重庆长文传媒有限公司党支部，非公经济和社会组织党组织覆盖率超过74%，工作覆盖率100%。

作风建设坚持把“二十字”好干部标准落到实处，坚持正确选人用人导向，突出政治标准，年内提拔任用科级干部9人并进行任前廉政谈话。研究部署落实党风廉政建设和反腐败工作24次，组织班子成员学习中央、市、区党风廉政建设和反腐败工作重大决策14次，指导制定党风廉政建设防控措施制度解决问题83次，开展党风廉政建设和反腐败工作执行情况监督检查137次。参观风城监狱廉政警示教育基地、观看廉政教育片、传达学习中纪委、市纪委、区纪委案例通报和下发的警示录、忏悔录等方式开展警示教育67次。

（阳秀莉）

2017年重庆市长寿区菩提街道领导人名录

党工委书记：陈　勇

办事处主任：任明全

人大工委主任：袁长青

专职副书记：杨　玲（女，2017年3月兼任人大工委副主任）

纪工委书记：周　勇

政法书记：李泉勇

武装部长：戴远贵

办事处副主任：黄长丰　傅军化　戴远贵　叶建彬

组织委员：杨　一（女）

宣传委员：李超平（女）

统战委员：李超平（女）

凤城街道

【概况】　凤城街道依山临江，地处长江北岸，位于长寿城区，东与但渡镇相邻，南与江南街道隔江相望，西与晏家街道毗邻，北与菩提街道接壤，辖区面积44.76平方千米；下辖13个社区、9个村，214个居民组、133个村民小组；总人口19.76万人，其中户籍人口12.09万人。

凤城街道水陆交通便捷，长寿港居于其内，渝长、渝万、渝涪高速公路过境，村村通公路。旅游、教育、医疗资源丰富，有文峰塔、桓侯宫、定慧寺、三洞沟、三倒拐等自然和人文景观，有市区属学校13所，长寿区人民医院、长寿区中医院分院、长寿化工医院均在凤城街道。

【经济发展】　2017年，凤城街道统筹城乡发展，在复元村推进农村集体资产量化确权改革，完成社员身份界定及股权设置办法，成立农村集体资产股份合作社。开展第三次全国农业普查，顺利通过农业部验收，保质保量完成6700余户农户、规模户、普查单位的入户调查、登记、录入工作。加快培育新经济主体、发展适度规模经营、助推乡村旅游发展。流转土地8.67公顷，培育科技型企业9家，新增微型企业等市场主体1473家，服务辖区市场主体1.57万家。

“三农”发展。脱贫攻坚。对119户304名贫困人员逐一压实帮扶责任，针对出行难、居住难、上学难、就医难等具体问题，修建硬化道路3975米，改造危房9户，资助贫困学生21名，为186名贫困户购买大病医疗补充保险，通过就业培训、开发公益性岗位等解决就业24人，为100余户贫困户争取临时救助或节日慰问，102户270名已脱贫户无一户返贫，17户未脱贫建卡贫困户生活持续改善，新脱贫2户2人。支农惠农政策全面落实。及时对253.33公顷松毛虫、180余公顷松材线虫疫木和村民房前屋后疫木进行防治，发放森林生态效益补偿金等78.87万元；落实人员机构、宣传教育、隐患整治、应急演练及巡查检查，做好2266.67公顷森林防火工作，未发生一起火灾。春秋两季疫病防控、农畜产品安全检查、防汛抗旱和山洪灾害防治、大中型水库避险解困宅基地复垦核查、渔船安全及禁渔期宣传管理等全面完成，革命水库除险加固有序推进。

【基础设施建设】　2017年，凤城街道做好重大项目建设服务，高质量保障亚太纸业、三峡库区船舶废弃物接收处置工程、城市高架污水管网建设、云峰寺森林公园、经开大道等重大项目实施，完成征地8.42公顷，签订协议91户，交房75户，拆除房屋75户。推进黄桷湾移民休闲广场、4个公共停车场和经开路建设地勘、复元村手爬岩危岩治理、亚太纸业遗留问题化解、辖区26.67公顷已征未用地的管理及移交工作。

开展城乡“两违”整治，对骑鞍、凤岭、向阳、黄桷湾等集中成片区域开展“挂图销号”攻坚，抓实村（居）组、街道“日报告、周研判、月通报、季考核”，全年处置各类在建、存量违法建筑1919件，面积20万平方米，存量整治率100%，在建消除率100%。

落实“河长制”工作，明确目标，建立机制，责任到人，实现街村“河长”全覆盖，完善“街、村”联动河道水环境治理。清理完善街道河流分级名录，制定工作方案，完善工作机构，对所有河流进行污染源调查并建立台账，推进“一河一策”“一库一策”落实。通过召开专题会议和利用各种会议，宣传全面推行河长制的总体要求、主要目标、组织体系、主要任务、进度安排和保障措施，发放宣传资料4000余份，制作宣传广告牌25块，召开专题会议5次，开展巡查520余次，街村河长工作有序推进。

生态环保建立完善畜禽养殖户及企业污染源台账，与畜禽养殖户、排污企业签订环境保护目标责任书96份，对4户畜禽养殖户的环保设施进行排查、验收、备案、下达整改通知；对47户畜禽养殖污染户逐一关闭、整治。迎接中央环保督查，完成中央环保督查反馈问题整改。签订责任书、聘请专职巡查人员等加强饮水源保护。

移民项目完成古十路整治工程招投标等开工准备工作，长风水厂技改已完成并投入使用，复元敬老院整修如期推进，兑现移民后期扶持直补294.65万元，惠及4000余人。复元移民新村全面建成并交付使用。

【社会事业】 2017年，凤城街道为1608户低保户，发放低保金1236.58万元，及时取消不符合条件低保户83户，新增155户；清理医保系统和养老系统死亡人员1373人。抓“救急救难”和“扶贫帮困”，为7031名困难群众和重点优抚对象办理发放救助金184.01万元。加大宣传引导，为2533名老年人办理小额意外伤害保险。抓细民生服务，做好2.63万人的社保、医保认证和7.51万人集中参保，办理退休人员医疗费等1400余人（次）。

对“农转城”及45岁以上失业人员和农村转移劳动力进行就业适应性培训296人（次）；为1668人办理就失业登记，落实76名大学生的定制服务工作，为42名贫困人员提供公益性岗位，为辖区内165名未就业退伍士兵搭建平台，推荐就业；为1.06万名征地农转非和4050人员发放就业补贴1583万元。按照有关文件精神，凤城街道所属15家市属国有企业、8255名退休人员已实现移交管理。

助推卫计执法改革，完成880家监管对象摸底调查，联合相关部门对24所幼儿园、10所中小学校定期进行卫生监督检查。抓实公共卫生服务，开展农村妇女“两癌”筛查、孕前优生检查、老年人免费体检等工作，惠及群众8000余人，完成2.7万人家庭医生签约服务，做好严重精神障碍患者、失独对象等的管理服务。办理准生证、再生育服务证等830多个，卫计综治执法改革、基本公共卫生服务等全面推进。

实施文明长寿建设，在主次干道和背街小巷设置采用“凤凰”元素创文展架、公益广告牌等2300余幅，开展系列文艺活动、院坝会220余场次，打造集多种功能于一体的街道综合文化服务中心投入使用。整治背街小巷破损路面3万平方米，改造居民休闲场所等30余处，配备休闲座椅1370余套。落实“门前三包”责任5600多户，增设张贴栏700多个，清运杂物、卫生死角垃圾2000余吨；拆除7个农贸市场乱搭乱建1000多平方米，规整杂乱线路600余米，清运杂物300多吨；改造老旧楼栋336栋629个单元封闭垃圾门洞3686个，发放垃圾桶（箱）1999个。打造“以和为魂”的伍华小区和“以互助正能量为主导”的龙凤花园小区成为老旧小区环境综合治理的示范点。

【安全维稳】 2017年，凤城街道开展“渝安2号”“民转刑”命案防范专项行动和市区社会治安重点地区挂牌整治。指导村（社区）构建防控“五张网”，在347个村（居）民小组成立网格243个，配备网格人员2217名、义务巡逻队员和楼栋长995人、地质灾害应急抢险队伍23支526人。落实中央、市、区关于加强公共安全、推进平安建设各项要求，抓实安全生产“五不放过”、安全检查“六个到位”；开展大排查、大整治、大执法专项行动，针对重点领域加大执法力度。为乡村交通劝导站配备劝导员21名，开展各类安全检查451次，检查车辆1647台（次），查处交通违法558件，排查整改安全隐患256起，下达执法文书87份，罚款1.12万元；开展安全生产集中宣传7次，发放资料2万余份，开展应急疏散演练18次，安全培训10次、1400余人。凤城街道2017年度危险化学品、烟花爆竹打非治违工作被重庆市人民政府安全生产委员会办公室评为先进集体。

2017年，接访群众2300余人，受理信访事项1889件，办结率99.67%，调解纠纷2200余件。完成三峡路社区市级挂牌整治。凤城街道防邪工作被市人社局、市防邪领导小组办公室命名为重庆市防范处理邪教系统先进集体。

危房改造和排危避险搬迁。凤城街道先后抽调70余名职工，成立10多个专项工作组开展走访宣传、政策解释、信访化解、后勤保障及危房拆除工作。完成三洞村503户、2510人避险搬迁工作，拆除危房8.4万平方米；完成重棉七厂、东山煤矿、长寿瓷厂3家破产关闭国有企业165户住户的排危避险搬迁，拆除危房1.79万平方米；对走马村刘家湾7户23人实施地质灾害避险搬迁，拆除房屋825.64平方米。完成农村C、D级危房改造20户，做好地灾点的常态化巡查防治工作。

物业小区保持和谐稳定。在宣传教育和引导居民自治上下功夫，指导完成3个住宅小区的业委会换届选举、3个住宅小区物业管理公司的进场和1个住宅小区物业公司的续聘工作。召开业委会集中培训2次和协调会27次，召开区级部门联席会9次，处理物业领域矛盾纠纷41件（次），牵头处置化粪池及污水管网堵塞21处。指导8个住宅小区动用大修基金10余次。

【党建工作】 2017年，凤城街道结合党工委中心组理论学习、支部“三会一课”、支部主题党日、“两学一做”学习教育常态化制度化等，组织街道各级党组织带领全体干部职工和广大党员按计划、分章节进行中共十九大报告、党章、习近平新时代中国特色社会主义思想等内容的“集中学、交流学和个人学”，街道层面组织集中学习6次，各村（社区）、各支部分头组织学习10次。全覆盖宣传中共十九大精神，分层召开动员会、推进会50余场次，张贴宣传海报、公路道旗等10000余幅；成立街道宣讲小组，组织班子成员到村社、到院坝开展宣讲26场，受众5700余人。

推进“两学一做”学习教育常态化制度化。落实“三会一课”、民主生活会、双重组织生活、谈心谈话等制度，开展中心组学习14次、班子成员及支部书记讲党课120余场（次）、主题党日12次，整改突出问题4类12项。

统筹落实党建重点任务。为9个行政村选派本土人才9人，增派第一书记2名，完成永丰村、黄桷湾社区后进党支部整顿。完成三峡路社区党员活动阵地建设和三洞村、陵园村便民服务大厅选址，健全22个村（社区）阵地。固定每月20日为各支部“主题党日”；规范全街道党员党费收缴，全年按月收缴党费19.7万元。开展村（社区）干部作风及党建业务培训16次，失联党员全部查找到位，非公组织“两个覆盖”持续扩大。群工系统收集群众诉求1044件，办结率100%，满意率99.8%。按照程序标准和组织人事纪律提拔正科级干部2名、副科级干部2名。

建立街道党风廉政建设和反腐败分工责任制、街道党工委党风廉政建设主体责任等制度5项，开展新修订的《准则》和《条例》专题学习交流2次，组织班子成员集中学习党风廉政建设和反腐败工作重大决策29次、传达上级工作部署130余次，组织140余名党员干部到廉政教育基地接受教育，持续层层传导压力、从严从细落实责任。落实中央八项规定精神，坚持不懈纠正“四风”，紧盯元旦、春节、中秋、国庆等重要时间节点、重要人群不放松，成立“四风”专项整治工作组3个，持续整治违规吃喝、收送“红包”礼金和违规发放津补贴等，严查严处群众身边的不正之风和腐败问题。

（宁 娜）

2017年重庆市长寿区凤城街道领导人名录

党工委书记：邓永春

办事处主任：向长生

人大工委主任：聂小平

专职副书记：刘海容（女）

纪工委书记：李泽碧（女）

政法书记：操晓彬

武装部长：操展跃

办事处副主任：阳年志 杨 柳 操展跃 杨运全

组织委员：马 勇（2017年3月兼任人大工委副主任）

宣传委员：郭水英（女）

统战委员：郭水英（女）

晏家街道

【概况】 晏家街道地处重庆腹心，位于长寿城区西部，地理位置优越，区位优势突出，工业基础雄厚，基础设施完备，是长寿经济技术开发区所在地。辖9个社区、8个村，辖区面积95平方千米，户籍人口7.1万人，其中农村居民1.5万人；流动人口4万人。渝宜高速公路、渝怀铁路、渝利铁路、渝万铁路、长江水道纵贯全境，是长寿的交通枢纽、工业高地和物流中心。2017年晏家街道围绕“一确保、两服务、三提升”工作思路（即确保晏家地区安全稳定环保，服务经开区和人民群众，提升干部素质、城乡面貌、群众满意度），建设“实力晏家、和谐晏家、魅力晏家”。

【重大项目服务】 2017年，晏家街道推进渝长高速扩能改造项目，项目涉及12个村民小组，已签订拆迁协议365户，签约率100%，其中线内176户，线外189户；拆除房屋365户，完成率100%；搬迁坟墓223座，完成率91.77%，确保项目建设顺利进行。完成长江二桥项目征地拆迁工作，拆除已签协议房屋3户和8户违建棚房，搬迁坟墓287座，完成施工便道用地表土清理工作。完成望变集团、MTO、电子信息、福安药业等重大项目征地拆迁和安置补偿工作。协调宏大化工遗留问题处置工作，确保项目如期开工。启动汽车配套项目征地拆迁工作。

参与经开区快速连接道升级改造项目及尚城西路畅通连接道用地保障、协调服务工作。完成晏家综合交易市场用地签约拆房工作，拆除房屋16户，违章棚房9处；完成施工围墙修建，街道多次协调各部门单位，晏家综合交易市场已开工建设。协调晏家商务一号楼涉及的天然气管道改迁工作，推动晏家商务一号楼的开工建设。推进尚城中央森林公园规划、立项等前期工作。

【基础设施建设】 2017年，晏家街道的污染防治，落实河长制工作责任，建立河长会议制度、部门联动制度、长效管护机制和办公室联系制度等，完成“一河一策”编制；完成畜禽养殖及屠宰场污染综合整治42家，拆除畜禽圈舍面积14221.24平方米，拆除养殖场配套用房面积4347.57平方米，实现土地复耕面积16928.31平方米。加强集中式饮用水源巡查监管，完成石门、沙溪、石盘等村农村环境整治，强化秸秆露天焚烧管控。乡村旅游开启构建全域旅游新格局，抓住云龟山万亩樱花节契机，坚持策划规划先行，推进以龙门桥水库为核心的龙门湖景区建设，着力发展乡村旅游。完成石门村、三观村、晏家村人行便道硬化及龙门村龙杨路硬化工作，共计硬化人行便道4.9千米。

2017年，晏家街道办事处党工委书记实地查看农贸市场B区护坡治理

【社会事业】 2017年，晏家街道开展龙门村、金龙村精准帮扶项目申报、方案编制、评估评审等工作，成功申报三峡后续补助资金1920万元。组织6户贫困户申报产业扶持项目，安排产业扶持专项资金1.2万元，提供非全日制公益性岗位4个。开展档外对象普查和数据清理工作，清理出“四类人员”25户83人。开展各项养老保险的办理及服务工作，发放新制社保卡996张，全街道有享受各类养老保险政策的城乡居民11651人。做好就业保障工作，举办就业培训3期，培训158人（次），新增就业768人。做好医疗保险筹资申报工作，居民医保参保3365人，筹资466960元；以个人身份参加职工医保办理74人，总计参保916人。执行城乡低保申请制度，强化低保工作动态管理，城乡低保896户，1493人（其中，城市低保745户、1250人，农村低保151户、243人）。开展城乡特困群众医疗救助，扩大救助范围，提高救助标准，规范救助程序，简化救助手续，下拨各类救助资金118.61万元，救助各类人员901人。落实优抚安置政策，及时调整抚恤补助标准，维护优抚对象的合法权益，开展减灾救灾、留守儿童、双拥、老龄及慈善等常规性工作。

在文明长寿建设中，坚持“创建为民、创建惠民、全域创建”的原则，全面完成文明长寿建设各项工作任务，在区创建办4次考评中，晏家街道连续3次排名保持全区街道前3名，受到好评，群众满意。营造文明创建氛围。打造晏家赋、说文解晏、社区大门楹联、雕塑等，挖掘“以晏为魂”“以礼致和”人文理念，形成“工业大城、创新高地、共荣城乡、乐和家园”城市文化定位。完善城市配套设施。新建过渡临时农贸市场2000平方米、小百货摊区1800平方米，硬化公共地段4100平方米，修复破损路沿8205平方米、路面10265平方米，安装人行护栏、U型桩，完成停车位划线，更换和新置垃圾箱、果皮箱、休闲椅，配置灭火器、消防水带等，建成应急疏散点和化医项目部等4个公共停车场。改善城市市容环境。开展环境综合整治24次，清理530个楼栋“牛皮癣”，清理卫生死角380余处；开展违法建筑排查、整治、清理工作，完成城区862件38197平方米两违整治任务；集中开展市场秩序、经营秩序、交通秩序整治活动15次，完成“门前新三包”责任书签订和挂牌902户。提升市民文明程度。开展志愿服务，组织文明劝导、便民利民、困难帮扶等志愿服务活动106场；创新文体活动载体，组织开展演讲比赛、文艺汇演等综合性文体活动10次；开展“道德模范”等系列评选活动和市民公约、村规民约等宣传活动，引领提升社会文明程度，提高市民文明素质。

【安全维稳】 2017年，晏家街道坚持开展干部下访工作，倾听民意诉求，解决民生实事，走访下访群众12150余人（次），解决突出问题13件。落实“四位一体”稳控责任，推进“互联网+信访”模式，综合运用行政、经济、法律手段，妥善解决信访、重点人员管控、重点地区管理和矛盾纠纷处置。坚持“1+3”信访接访制度，现场解释、解决和办理群众信访问题560余件（次），接访接待群众3100余人（次），舒缓群众怨气。转变工作思路，细化工作措施，重视信息收集工作，街道在敏感时间段关键时刻点，坚持“日点名”“日接访”“日研判”“日调度”“日倒查”，按照“看、谈、查、稳、访、调”六字诀开展信访稳定工作。全国“两会”、市党代会及中共十九大期间，街道无信访人员和重点群体到市进京非访，社会大局平安稳定。

2017年，晏家街道办事处人大工委主任带队检查道路交通安全

落实安全生产责任，推进安全体系建设。从讲政治、保稳定、促发展的高度，强化红线意识和底线思维，推进安全体系建设。落实“一岗双责”，坚持每季度召开安委会成员单位例会，每周安监办例会制度，2017年召开各类会议60余次。开展安全生产大排查大整治大执法工作，盯紧消防安全、非煤矿山、道路交通等重点行业领域，年内开展专项整治410次，出动956人（次）。加强隐患整改，健全台账，按时追踪，闭环管理，排查出一般安全隐患17处，完成整改15处。街道全年未发生安全生产事故和责任事故，实现安全生产零死亡目标，安全生产形势总体平稳向好，达到国务院安全生产专项督查和上级的各类督查检查的标准。

（魏　溶）

2017年重庆市长寿区晏家街道领导人名录

党工委书记：梁德志
办事处主任：杨福仁（2017年10月离任）
　　　　　　王　宣（2017年10月任）
人大工委主任：王　宣（2017年10月离任）
　　　　　　杨　勇（2017年11月任）
专职副书记：吴　平
纪工委书记：但文胜
政法书记：付家利
武装部长：王　平
办事处副主任：杨　勇（2017年11月离任）
　　　　　　王　平　王　斌　廖明胜
组织委员：刘江红（女，2017年3月兼任人大工委副主任）
宣传委员：黄油华（女）
统战委员：黄油华（女）

江南街道

【概况】 江南街道辖区面积67.89平方千米，城市建成区面积0.9平方千米。下辖7个村、2个社区，总人口22077人（其中：农业人口2780人、非农业人口19297人）。人口密度为每平方千米332人。街道办事处驻江南街道江南中路3号。

江南街道区位优势独特，紧依长江而建，东与涪陵区相邻，西与巴南区接壤，北与凤城、晏家隔江相望，地处三区交界的地域要冲。江南交通条件便利，长江黄金水道绕城而过，境内有深水岸线21千米；茶涪路、龙石路、五庆路、大碉路等多条干线公路纵横交错，长江公路大桥及铁路大桥将江南与长寿主城紧密相连。江南自然资源丰富，万亩原始森林山峦起伏，连绵不断；五堡山森林茂密、溶洞交错，是都市休闲度假的胜地；龙桥湖常年水光潋滟、绿树成荫，素有“十龙宝地”之美称；怀清台、扇沱码头、王爷庙古刹遗址等人文景观，展示江南千年历史古韵。江南街道是重庆三峡库区的移民重镇、百年重钢环保搬迁、长寿南岸新城拓展区、也是长寿未来发展的重要经济增长极。

【经济发展】 2017年，江南街道实现民营经济总产值185212万元，营业收入21988万元，其中工业企业产值15042万元。计划生育政策符合率99.2%，人口自然增长率2.7‰。年内发展专业合作社4家，天星村电商、微商正式运行，大元村集体资产量化确权全面完成。完成玉米参保83.33公顷，稻谷参保69.8公顷，柑橘参保6.67公顷。江南枇杷、锯梁杨梅、英英蔬菜等特色产业发展壮大，知名度提升。

【服务重钢】 2017年，江南街道将“保姆式”服务重钢作为街道的中心工作之一，7月，重钢正式进入司法重整程序，为避免潜在矛盾激化和引发大规模纠纷，江南街道充分研判，多次和重钢管理层对接，组织安排警力加强巡逻，加大纠纷矛盾调解力度，确保重整过程平稳有序，社会秩序稳定可控。加强重钢周边基础设施建设，挖运重钢1号门匝道土石方6400立方米，栽植苗木3800平方米，整治重钢周边人行路板及排水设施。完善重钢生活服务配套设施，利用滨江路优势资源，打造集观景、餐饮、休闲于一体的“江南夜市”一条街；结合南城U街项目建设，引入大型超市，整合家具、家电、餐饮、娱乐等商业体，为重钢职工提供更完善的、多样化的服务。

【基础设施建设】 2017年，江南街道扩建江南中路中心环岛，新建朵力环岛，完善交通标识标线，消除安全隐患，美化城区环境，规范交通秩序。改造提升江南中路人行道、路沿、树圈等质量。整修城区水沟、井盖、阶梯、健身器材等破损问题，彻底解决A区9幢、10幢水沟盖板严重破损长期扰民问题。完成龙山社区孝文化广场的改扩建工程。按照节能环保的要求改造江南街道主次干道路灯。清除楼道墙面牛皮癣4.43万平方米，局部建设文化墙，打造楼道文化。新建重钢1号门匝道景观绿地，全面补植行道树，对绿地进行修枝整型，整修龙山社区门面外墙漆853平方米。精心组织，协同配合，完成江南街道门面规范工作。没有发生一起到区信访，受到区委、区政府的肯定。

推进交通基础设施提升战略，完成双高路、马四路、堰塘坪至锯梁沱等公路加宽改造排危工程。新建人行便道7.7千米。投资1000多万元的五庆路硬化改造项目全面开工。天星村陈王路、田殷路、二放路完成施工图设计。整治龙桥湖村、大堡村山坪塘6口，完成龙桥湖村至扇沱村人饮及灌溉管网改造6千米，龙桥湖村至扇沱村7千米的主管道改造升级项目前期工作完成。

天星村人居环境整治工作，75户整洁庭院创建工作全面完成，投资80多万元的绿色村庄建设顺利推进。

建立街道、村（社区）河长体系，落实“双总河长”制，设7个河库长及9个村（社区）河长。实行会研机制，编制一河一库一策方案，完成河长制标志标牌制定和氛围营造。建立常态化河长巡查制，联合相关部门开展联合巡查151次，督促整改问题9个，全面落实河库清漂工作，龙桥场镇污染治理改造提升工作有序推进。建立完善的农村生活垃圾收运系统，按照“分类处置、高效利用”原则，筹措资金20余万元，聘请兼职卫生监督员和保洁员44名，购入垃圾桶180个、垃圾车运箱3个，新建垃圾平台12处，及时彻底清除农村生活垃圾，实现常态化运转。合理划分畜禽养殖三区划，完成11户养殖户污染设施达标整治，关闭或搬迁养殖场7户，拆除圈舍2070.24平方米。清理防火线18000米，义务植树55300棵，除治松材线虫疫木307.27公顷，防治松毛虫223.33公顷。争取三峡后续资金2530万元，对扇沱场道路、污水、人行道、河岸绿化等全面进行改造升级。湿地公园建成投入使用。2017年锯梁村成功创建市级绿色新村。

【社会事业】 2017年，江南街道继续坚持7日推岗制度，通过公益性岗位和专场招聘活动解决就业240人。抓好创业政策落实，完成12名高校毕业生就业创业任务，办理就业失业登记258人（次）。发放低保金339.87万元，惠及468户768人。发放困难群众临时救助14.5万元，救助73人。发放生活补贴和重症护理补贴22万元，解决442名残疾人生活困难问题。脱贫攻坚效果明显，在精准上下功夫，清理“四类人员”26户77人，动态调整15户，自查验收15户29人脱贫越线，完成4户贫困户D级危房改造。12月下旬顺利通过市级脱贫攻坚工作交叉检查。2017年居民参保18373人，完成任务率100%。锯梁村三峡后续工作175米试验性蓄水地质灾害避险搬迁工作全面完成，搬迁32户79人，发放搬迁补助金316万元。

发放计划生育奖扶资金61万元。开展上门义诊、健康保健2300余人（次），举办健康科普知识讲座58场（次），实现健康扶贫建档率100%，家庭医生签约完成计划任务的170.2%。开展卫生场所监督执法56家（次），实现卫生许可证亮证率96.6%，健康证亮证率100%，食药品安全得到保障。江南九年制学校小学六年级在全区教学质量监测考核中名列第一，初中九年级重点高中指标到校考试完成率排名全区第一；学校柔道项目获重庆市第五届运动会6金4银4铜，足球项目分获长寿区2017年校园足球比赛男子、女子一等奖。

推进文明江南建设，在茶涪路、城区、湿地公园、村居便民服务中心等地宣传中共十九大精神、社会主义核心价值观、理想信念、孝文化等；组织机关干部、志愿者队伍开展志愿服务100余次，发放宣传资料5000余份；开展文明评比活动，评选出1个市级、3个区级十佳文明家庭，街道评出乡贤、孝星2名。在元旦、春节、五一、国庆等节假日举办“我们的节日”文艺汇演和慰问活动，组织开展“十九大精神文艺下乡”“中国梦巴渝风”系列文化活动，组队参加铁人三项赛文艺表演、全区职工篮球赛等文体活动，弘扬传统文化。

【安全维稳】 2017年，江南街道落实“党政同责、一岗双责、齐抓共管”安全生产责任制，坚持领导带队检查与专项督查、日常检查相结合，开展安全生产大排查大整治大整改活动，检查单位667家（次），发现隐患128个，全部闭环销号。查处道路纠违车辆906辆（次）。消防处罚2家（次）。坚持领导接访制，全年接待群众730人（次）、419件（次），群工系统受理各类信件415件，办结信访案件53件，调处矛盾纠纷293件。开展普法宣传工作，发放资料10000余份，接受咨询3000余人（次）。加强群防群治，常年有治安协警队伍1支、村居治安巡逻队9支、平安江南志愿者队伍11支开展巡逻，群众的安全感不断增强。完善应急体制，修订应急预案，建立完善三级防控工作组织机构，确保反映迅速，处置有效。全力做好迎接中共“十九大”等重大活动和重要敏感时间的维稳工作，确保“三个零”目标实现。

（张环环）

2017年重庆市长寿区江南街道领导人名录

党工委书记：余　罡

办事处主任：傅家成

人大工委主任：文定全

专职副书记：邹红梅（女）

纪工委书记：程　勇（2017年9月离任）

　　　　　　张铁彭（2017年9月任）

政法书记：李银元

武装部长：吴诗华

办事处副主任：雷光东　周建伟　吴诗华

　　　　　　李小凤（女）

组织委员：邹　涛（2017年3月兼任人大工委副主任）

宣传委员：杨建军

统战委员：杨建军

渡舟街道

【概况】 渡舟街道位于长寿城区北部，高速G50、长垫路、北城大道、渝利铁路、渝万铁路贯通境内，是长寿火车北站所在地。街道辖区面积50.43平方千米，耕地面积2563.4公顷，辖13个行政村、3个社区、170个村（居）民小组，户籍人口42570人（其中城镇人口21394人，乡村人口21176人），常住人员51026人。渡舟街道是区政府规划的城市拓展区，区政府对渡舟组团城市发展的定位为“城北绿苑、乐活智城”。渡舟城市配套功能初具规模，街道城郊生态观光农业发展喜人。先后获“重庆市文明单位”“重庆市级卫生镇”“重庆市安全社区”等称号。

【经济发展】 2017年，渡舟街道因为大规模拆迁，原有民营企业35家，年内减少13家，比

2016年减少27%；实现工业总产值11578万元，减少38%（其中工业增加值4867万元，减少30.75%）；营业收入25812万元，减少33%；利润总额3445万元，减少31%；商贸流通实现销售总额80410万元，社会消费品零售总额75495万元，分别增长16%、13%。

2017年末，渡舟街道经营户达到2193户，与2016年同比增加4%；从业人员13186人，增加5%；营业面积27.97万平方米，增加2%；销售总额实现8.04亿元，增加16%；社会零售总额实现7.55亿元，增加13%。

年内重点推进紫耘花海农旅结合建设项目，打造乡村旅游服务名片。该项目在渡舟街道境内占地四千余亩，已完成13千米主干道路的绿化、景观打造及鸡冠寺葡萄园与景区次入口连接道的扩宽及油化，鸡冠寺葡萄园、春季主题花园、区域内桃花溪河道游览项目已开工建设。

【重点工作】 2017年，渝长高速扩能项目、区医院北城分院、北城汽车站、桃花溪河道整治等重点工程在渡舟街道建设。年内涉及渝富集团、渝长高速扩能、南北一路、南北中路、白鹤园等重大项目，均稳妥推进征地拆迁，完成渝长高速扩能项目114户房屋丈量等征地工作；启动渝东农副产品交易市场征地项目，征地面积39.15公顷，已完成159户房屋丈量工作；启动南北一路、南北中路项目征地，征地面积25.96公顷，完成农房丈量212户，企业厂房丈量21户；历时两个月平稳有序完成2200余户民生佳苑选房分房工作。

2017年，街道拆除违法建筑369件，面积48746.19平方米。其中拆除在建违法建筑16件，面积2247平方米；完成卫片复垦复绿3件，面积5000平方米；完成计划外任务46件，面积3549平方米。

开展全国文明城区建设和文明长寿建设工作，投入260万元，制作大型专题宣传片1部、安装大型宣传活动展示牌257块、安装花草宣传牌3627块、安装理想信念标语832处，制作并发放志愿者服、环保袋、围腰、宣传单等37400余套。开展祭奠英烈，关爱老人、儿童，评选道德模范等活动133场次。投入550万元，修建停车场2个，车位划线1142个，斑马线刷新5584米，油化道路490米，安装健身器材、休闲椅289套，配齐消防设施734套，粉刷渡中路、长生桥墙体70000平方米。

建立完善全面推行河长制考核问责、激励约束宣传巡查和督导督查等制度，街道河长全年巡河12次，村级河长巡河226次；全年在各村（社区）河道附近挂横幅17条，张贴标语18幅，设置宣传橱窗2块，发放宣传手册600余册。

2017年，街道已全面完成249个贫困户、759名贫困人口的数据更新和信息化系统完善工作，实现贫困人口动态管理；全面完成对建档扶贫户清理核实工作，比对清理“四类人员”61户208人；全面完成区级部门、街道到村结对帮扶各项工作，落实结对帮扶干部180名。

【基础设施建设】 2017年，渡舟街道申报联网路、小康路和断头路43千米；投入900余万元，完成农村公路硬化14.3千米，新修泥结石路1.3千米，安装生命工程1.2千米，对198千米农村道路开展季度路面管养护工作，确保农村道路安全通畅。开展山坪塘整治40口。整修太平水厂，确保太平、白果、河塘等村安全饮水。修建农村便民道路10.5千米，安装太阳能路灯82盏，修建健身活动场所2处。

加强场镇路灯日常维护与管理，持续加强卫生基础设施建设。全年新建公厕2所，新配置垃圾箱体70个、垃圾桶1200个，清运农村生产生活垃圾1500余吨。

【社会事业】 2017年，渡舟街道辖区范围内有中职校一所，即重庆市医药学校，是一所省部级公办重点中等专业学校；中心校一所，即渡舟中心校；点校一所，即太平小学；幼儿园6所，师资

2017年，渡舟街道干部到福利院开展关爱老人行动

队伍不断壮大，教育事业蓬勃发展。

村居民文化生活丰富多彩。辖区内16个村居农家书屋全面投入使用，在中秋、重阳等传统佳节组织大型文艺汇演活动，组织渡舟地区体育爱好者参加长寿区群众健身活动。

2017年，全街道的城乡低保户337户、561人，发放低保金230万元。纳入特困人员185人（其中五保户184人、困境儿童1人），发放五保供养金143万余元。临时救助困难群众787户、1972人，发放救助金95万元；冬春荒救助692户，发放救助金19万元；涉军优抚政策惠及336人，发放各类优抚金301万元；残疾人救助518人次，发放生活、护理补贴48万余元。一事一议公共服务项目有序开展、村居务及时动态公开。开展民兵预备役训练和武装征兵工作，全年送兵11人。

全年开展城乡就业培训54人，结业44人；办理城乡“4050”等困难人员社保补贴444人，发放补贴280万元。城乡居民医保参保人数3.78万人，筹资428万余元；城乡居民养老参保人数2.01万人，参保率均达到100%；被征地农转非大龄人员生活困难补助7427人，发放补助金622.14万元；国寿农村小额意外伤害保险参保684人。

2017年，街道户籍人口（含漏统）出生人口363人，符合政策生育率100%。新增国家奖扶对象282人，享受国家奖扶对象1413人；新增国家特别扶助对象13人，享受国家特别扶助对象94人；新增独生子女父母一次性奖励230人，16027人享受奖励。免费对609名妇女开展“两癌”筛查。

【安全维稳】 2017年，渡舟街道建立完善治安防控体系，做好平安建设工作。加强矛盾纠纷的排查化解，全年协调办理各级信访件232件，成功化解各类矛盾纠纷190件。严厉打击邪教、传销和非法集资活动，铁路7个岗亭、13名护路队员做好日常监管，妥善处置“5.22”3人溺水死亡事故，在十九大召开前夕两次成功劝返到京集访非访的北城大道26户征地拆迁群体人员，有效稳控406名“法轮功”习练者和涉军涉教重点人员。在333.33公顷土地、房屋征收过程中，做好稳控工作，未发生一起新征地项目的群众非访集访。

2017年，辖区未发生安全生产领域死亡事故，安全生产持续稳定向好。按照生产安全执法计划开展检查137次，检查生产经营单位、个人2770个次，查出安全隐患192件，下达整改通知书43份，罚款1.9万元，整治安全隐患138件（次），投入100余万元重点整治白果、黄连、果园、河塘等村农村道路较大隐患和长生桥、渡中路社区消防较大隐患；开展安全培训10次，实现村（社区）干部、劝导员、企业负责人、烟花爆竹零售店负责人培训全覆盖。

2017年，渡舟街道落实十九大期间安全稳定工作

【党建工作】 2017年，渡舟街道层层压实全面从严治党责任，街道党工委与班子成员、二级班子、16个村（社区）签署廉政建设承诺书和目标责任书45份。组织干部学习《准则》《条例》，听取案例通报，集中观看警示专题教育片17次，时刻敲响防腐警钟。落实执行中央“八项规定”精神和专项整治“四风”自查工作，清退2014—2017年超标准发放津补贴等91万余元。年内约谈党员、干部27人次，接待群众来信来访34批（次），全年处理违法违纪党员5名。建立党工委党内法规工作联席会议制度，班子成员带头落实依法履职、依法行政、依法办事，全年开展法制讲座3次，开展法制宣传7次。

继续学好党章党规和习近平总书记系列讲话，采取“领学+发言+讨论”模式，学习中共十九大精神，学习习近平新时代中国特色社会主义思想。把握“做”这个关键，确保“两学一做”常态化制度化。落实基层党组织重点任务，清理处置违法违纪党员5名，摸排非公党组织331个，利用群工系统受理办结群众反映事项361件、满意率98.9%。抓好干部选任和党员发展管理，按期转正正科级领导干部1人，任用科级非领导职务3人，交流轮岗3人。强化村（社区）党组织战斗堡垒作用，配备大学生村干部2名、农村本土人才12名。新发展党员6人，慰问困难党员213人。

（徐小林）

2017年重庆市长寿区渡舟街道领导人名录

党工委书记：罗方全
办事处主任：高生洪（2017年5月离任）
张自力（2017年9月任）
人大工委主任：张自力（2017年9月离任）
洪　勇（2017年11月任）
专职副书记：洪　勇（2017年11月离任）
纪工委书记：李文秀（女）
政法书记：余明木
武装部长：王兴荣
办事处副主任：陈有苗　王兴荣　段小刚
王平贵
组织委员：黄　勇（2017年3月兼任人大工委副主任）
宣传委员：黄　颖（女）
统战委员：黄　颖（女）

新市街道

【概况】　新市街道位于长寿区主城以北8千米处，距重庆市区70千米；南与长寿北部新城相连，北接葛兰镇，东与双龙、龙河镇接壤，西与八颗街道为邻。街道办事处所在地河石井即为长寿"花眼偶文"历史典故的发源地。辖区面积37平方千米（其中耕地面积2407.53公顷），森林覆盖率39.1%。总人口30395人，11811户，其中农业人口14660人，非农业人口15735人；常住人口25698人，户籍人口30086人，人口密度为821.486人/平方千米；辖1个社区和8个行政村。新市街道地势平坦，交通便捷，长万高速公路、长垫路、何狮路、新付路穿境而过，是通往垫江、梁平、万州三峡库区的重要节点。桃花溪穿境而过，有叶家沟、龙家沟、东门、东风4座中小型水库，85口山坪塘，水资源丰富。境内浅层天然气资源储量大、品质高。新市街道是长寿区首批启动的五个工业集中区重点镇之一，获得长寿区"五快街镇""六好街镇党委""文明单位"等称号；是中国家居（木业）产业基地、重庆市小企业创业基地；是重庆市卫生单位、重庆市卫生城镇，重庆市文明镇。由长寿区政府和重庆研究院联合打造的科技产业综合体——中科未来城创新产业园，位于长寿工业园区新市组团，园区一期规划用地面积1.44平方千米，规划建筑总面积102.6万平方米。该产业园重点发展以新材料、新能源、人工智能和物联网应用、无人科技、智能家居、节能环保、高端装备制造为代表的战略性新兴产业，力求加速科技创新和产业孵化，推动产业集聚和优化升级。

【经济发展】　2017年，新市街道的新市工业组团立足家居产业集群优势，推进产业链横向融合、纵向延伸、高端利用，打造中国西部智能家居产业基地和"重庆长寿·中科未来城"科技创新基地。新市工业组团规划面积2.37平方千米，截至2017年年底，引进企业120家，合同引资152.83亿元，建成企业70家，其中规模以上企业42家；全年实现工业产值150.1亿元，比2016年增长92.44%。园区已形成500万套套装门、30万套橱柜、30万套办公家具的产能，其中套装门产能占重庆市的1/3，豪迈、佳禾、名风等5家龙头企业被评为重庆市十佳门业企业、全国门业50强。全面完成工业六期征地，签订拆迁协议149户，实现签约率100%，房屋拆除率100%。推进中科未来城征地拆迁工作，截至年底已拆迁房屋431户、拆迁养殖大户15户、迁坟450座（不含放弃搬迁的）。街道坚持抓重点、补短板、强弱项，精准服务园区，积极聚商引资，解决就业16809人。

2017年，新市街道紫耘花海鸟瞰图

农业。新市畜牧产业园是长寿现代畜牧园区的核心区，规划面积2.29平方千米，街道坚持“四结合”发展理念，打造绿色、生态、健康、高效和安全的国家级农业科技示范园区。2017年，温氏集团产值3900万元，猪场存栏种猪5000头，出栏仔猪12万头，为全区提供优质种源；源创公司年产值1100万元，出栏7670头育肥猪；长太生猪养殖年产值1200万元，出栏13474头育肥猪，种猪存栏600头。农业产业化规模化水平持续提升，土地流转率、适度规模经营率、农机综合化率分别达到65.06%、57.95%和66%。截至2017年年底，已发展农业专业合作社6个、家庭农场27个、股份制合作社1个，组织申报市农业特色项目1个、区农业特色项目2个。支持紫耘花海项目，搬迁坟墓210座，确保春花园建成投用；依托紫耘花海、新同果园、消防通道、黎家岩“最美梯田”和奶子山等旅游景点，抓业态融合、要素统筹和服务提升，打造农旅融合典范。完成义务植树78000株，推进商品林投保工作，全街道参保面积为483.7公顷，参保率100%。支农惠农政策全面落实，按时足额发放耕地力保护补贴323.8万元（惠及7995户，1392.71公顷）、农机购置补贴3.04万元和退耕还林补贴27.55万元。

【基础设施建设】 2017年，新市街道投资90万元完成11口山坪塘整治，投资80万完成叶家沟生态工程，投资70万元完成后扶项目（新市、东门2村渠道改造）竣工验收。投资40万元新修河石井村人饮项目，“红层找水”项目打井160口；铺设北城水厂到新市街道的供水管网，将长寿湖水引入新市水厂，投资200余万完成新市水厂升级改造，改善场镇水质，新市街道集中式饮水率91.2%。年内投入113万元完成市镇线二号支路改造工程，投入201万元完成市镇线节源改造工程，投入134万元完成葛园线联络改造工程，投入81万元改造新市老街线路。完成15户D级危房改造并通过区级验收。投资620万元改造黎井路、黎观路和指长路，总里程10.1千米，已全面完成前期工程。拓宽农村垃圾收运系统覆盖面，真正形成“户集、村收、镇归、区运区处理”的运作模式。

2017年，新市街道打造的“家风小镇”一角

场镇建设实施2016年人居环境项目2个，总投资140万元，整治道路240米，重修人行道2600平方米。投资100余万元，新建2个停车场，新增停车位210个；投入20余万元，在新市华府小区打造“家风文化广场”；投入30余万元，整治河石井农贸市场。投资140万元完成2016年河石井场镇零星污水管网项目，总长度1.5千米；投资1160万开工建设污水管网整改项目，包括新建一、二、三级管网各2100米、1600米和330米，新建化粪池3座、一体式泵站3座、排水检查井48个等。投入50余万元，聘请物管公司负责场镇的清扫保洁，新增垃圾箱体27个。申报2017年人居环境项目分别为河石井场镇基础设施、河石桥改造、长葛路临街门面改造和游园项目，总投资1150万元。

【社会事业】 2017年，新市街道城镇新增就业305人，帮助下岗失业人员及返乡农民工申请小额贷款200余万元，城镇登记失业率控制在2.5%以内。截至2017年年底，城乡居民医疗保险参保人数25568人，养老保险参保人数13903人；发放灵活就业人员社保补贴227684.25元惠及73人，发放征地农转非人员困难补助每月发放145180元惠及2074人；城乡居民医疗保险筹资2956440元，超额完成筹资工作，顺利完成2017年医保发票核销工作。民政救助工作日益强化，发放冬荒救助金30.8万元、临时医疗救助金14万元；五保对象供养182人，发放五保金143.19万元；严格执行低保政策，取消低保13户19人（次），将6户10人纳入城乡低保，全年发放低保金132.5万元；对辖区内689名退役军人进行信息登记，发放优待金26.6万元、优抚金205.6万元、节日慰问金10.5万元。

加大农技、农机和林业宣传推广力度，举办各种技术培训15次，受训人员7490人（次），发放宣传资料1.5万份，推广优质高产新良种1438.67公顷。街道辖1所幼儿园、2所小学和1所中学，实验小学、中心校分别成功创建为区艺术特色和市体育特色学校；投入1500万元，按市一级园标准建成总面积3077平方米的新市中心幼儿园；2017年初中毕业生升学率超过98.6%，高中升学率超93%，新市中学2017级升入重点中学25人；教管中心获国家级奖1人（次）、市级奖18人（次）、区级奖18人（次）。全年组织开展文化、培训类活动40次，参加区级文化比赛4场，标准化配置各村农家书屋，投入20余万元打造1000平方米的“家风文化广场”。全街道有乡村医生13名，有村卫生室11个和社区卫生服务中心1个。2017年建立城乡居民电子健康档案23383份，建档率96%；街道卫生服务中心医保住院报销率74.57%，门诊报销123万元惠及9600人（次）；完成家庭医生签约9723人，任务完成率149%；开展65岁以上老年人免费体检2698人，适龄妇女“两癌”检查1600人，0~6岁儿童免费疫苗接种2285人，重症精神病管理131人；发放健康教育宣传资料26126份，播放影音制品248次，街道社区卫生服务中心被区委区府评为“卫生计生优秀单位”。

2017年年内全街道出生305人，政策符合率100%；人口自然增长率0.15‰；生育登记服务目标人群覆盖率85%以上；计划生育贫困家庭财政专项补助13户，落实新增奖励扶助对象134人、退出144人，新增特别扶助对象16人、退出3人。兑现独生子女父母一次性奖励171人5.13万元，国家奖励扶助921人1113480元，特别奖励扶助68人382800元。

开展精准扶贫，2017年全街道有建档贫困户217户636人，截至年底有9户22人未脱贫，全年发放扶贫资金375112元。

【安全维稳】 2017年，新市街道强化安全监督和管理。全年开展安全隐患排查20次，整改隐患18处，整改率100%；开展食品药品安全知识培训3次，专项整治6次，检查食品、药品生产经营单位80余户，查处违法案件1件；开展消防专项排查12次，整治各类消防隐患26处；每月开展交通安全专项检查4次，查处违章行为838件，处罚、教育726人次。强化违法打击和治安防控。全年辖区发生刑事治安案件38件，比2016年下降19.8%；侵财案件25件，下降33%；打击处理各类犯罪嫌疑人9名，接警率、出警率均为100%；整合街道、派出所、村居三级力量，成立10支专兼职治安巡逻队，推进网格化服务管理，建立网格60个，配备网格人员240名，加强矛盾纠纷调处。强化信访处置和法制宣传。办理信访总量183件，处置应急突发事件12次，化解疑难信访案3件；整合多方力量建立矛盾纠纷调解联动机制，调解各类纠纷463件，调解成功454件，成功率98%；全年接收刑释矫正人员53人，解除矫正45人，无一例重新犯罪；全年开展法治培训3场，张贴法治宣传标语48张，发放宣传资料3000余份，全年提供法律咨询服务200余人（次），受理法律援助案件15件。

新市街道党工委书记带队下村看望扶贫户

【党建工作】 以党建工作为统领，健全完善“承诺、述职、评议、考核、问责”五位一体的责任体系，全面推行党建考核制度、问责办法，班子成员、党组织书记签订《党建工作责任书》。推进“两学一做”学习教育常态化制度化，制定实施方案，落实整改清单，2017年，新市街道解决群众反映问题40多条。推进城市基层党建工作，建立党建联席工作会议制度，抓组织融合、要素整合和力量聚合，推进社区党建、单位党建、行业党建互联互动。做好非公组织党建工作，新建3个非公企业党支部，非公党组织覆盖率95%。年内择优发展党员6名，春节、“七一”走访慰问党员70名、发放慰问金2.17万元，对147名40年以上党龄的老党员发放生活补贴16.15万元。（沈冯珍）

2017 年重庆市长寿区新市街道领导人名录

党工委书记：韦本能
办事处主任：李健康
人大工委主任：白腊泉
专职副书记：马志强
纪工委书记：向　青（女）
政法书记：廖柏树
武装部长：樊桥梁
办事处副主任：樊桥梁　叶立军　黄忠诚
　　邹世明
组织委员：周　昕（女）
宣传委员：徐向阳（2017 年 3 月兼任人大工委副主任）
统战委员：徐向阳

八颗街道

【概况】　八颗街道位于长寿主城区西部，东临桃花溪，西倚明月山，南靠晏家工业园区，北傍商贸重镇葛兰。八颗街道 2015 年由八颗镇撤镇设街，八颗街道办事处驻地八颗场，辖原八颗镇、付何镇所辖行政区域，辖区面积 99.25 平方千米，耕地面积 3900 公顷，林地面积 5000 公顷（其中退耕还林面积 880 公顷），森林覆盖率 48%，街镇建成区面积 66 公顷。辖 1 个社区及 15 个行政村，5 个居民小组及 126 个村民小组；2017 年末全街道 47173 人，其中非农业人口 8864 人，农业人口 38309 人。渝巫路、长洪路贯穿全境，菩提北路、菩提东路南段及延伸段和明桃一路已建成通车，村道 300 千米。有武华、高产、前进 3 座水库，库容 400 万立方米；有 500 千伏武华变电站、220 千伏变电站、110 千伏变电站各 1 座，7 家非煤矿山企业；有 2 所中学、3 所小学，1 所卫生院。

【经济发展】　2017 年，八颗街道调整产业结构，完成家庭农场 4 户、农民专业合作社 6 家和特色效益资金申报 3 户；正在开展集体经济量化确权试点工作；中德·合作梓潼项目解除天地间公司原有合同，重新招商 5 户落实土地流转 116.27 公顷，正在实施土地整治和项目建设。

重点项目。2017 年组建街道服务经开区办公室，保障重大项目推进。完成“三贤园”环山公路和“付新路”公路建设项目的前期工作，项目建设正在推进；落实渝长高速路扩能项目土地征收和房屋拆除工作，征地 85.24 公顷，完成房屋拆除 27110.71 平方米；启动经开区汽车配套项目 4 个村民小组的征迁工作，征地 113.05 公顷，完成房屋拆除 62661.02 平方米。

【基础设施建设】　2017 年，八颗街道投资 470 万元，启动核桃、水井、幸福、曙光、付何、高新等村的 6 个饮水困难工程建设；投入 30 余万元，完成八颗水厂扩建以及老旧管网改造、付何水厂老蓄水池维修工程；投资 360 万元，完成小农水山坪塘整治工程 40 口，启动 3 口大山塘整治工程，完成 11 个提灌站整治工程并投入使用。

争取资金 3300 余万元，启动 11 个村 57.56 千米公路建设工程；年底前，曙武路等 5 条公路 6 千米和新桥村村道改造工程已竣工，丰胜村联网公路已开展硬化前期工作。投入 137 万元完成人行便道建设 26 千米。

城市建设改造公厕 3 座，修建临时停车场 4 处，设置停车位 150 个、摩托车位 261 个，新安装路灯 47 盏，添置垃圾箱 36 个；投资 2000 万元的八颗污水管网整改工程正在实施；拆除违法建筑 144 户 11283.91 平方米；完成森香蓝庭社区游园、农贸市场改造、城市背街小巷路灯安装，正在实施城市主次干道人行道改造，即将实施汽车站及停车场和市民文化活动广场建设；正在规划设计八颗城市风貌整治、渝巫路公路环境综合整治和梓潼农村环境人居改造项目。

推进河长制工作。全面建立 18 条区、街道、村三级河道的信息台账，编制“一河一档”“一河一策”；完成 70.5 千米河道的首清；对桃花溪干滩段、龙潭寺支流杨家桥至谢家桥段和八桂河河道等 3 条近 5 千米河道实施工程治理。

环境污染治理推行“户集、村归、街运、区处理”模式，投入资金修建垃圾平台 123 个，增加垃圾箱体 112 个、垃圾桶 630 个，实行垃圾清运外包服务；委托专业物管公司（鸿恩寺物业管理公司）负责街道清扫保洁工作，确保城市干净卫生；突出畜禽污染防治，进行“畜禽养殖三区”划分，关闭 8 户、整治 22 户养殖场，关闭 1 个屠宰场，养殖污染得到有效整治；加强巡察执法，环保巡查 156 次，发出整改指令 135 条。

【社会事业】　2017 年，八颗街道开展低保核查，取消不符合政策和条件的农村低保156户230人、城市低保59户60人，做到公开公平公正并公示享受对象到湾。落实新增国家奖扶政策222人，特别扶助15人和独生子女父母一次性奖励金申报266人；完善33户特殊家庭关爱措施；“两癌”筛查完成2256人，任务完成率121%；孕优健康检查完成114对，完成率103%；推动流动人口、计划生育特殊家庭、健康贫困户等特殊人群签约服务，已签约1156人，完成率72.3%；常住人口家庭医生签约19676余人，签约率52%左右，完成任务数的162.45%。全面完成年度目标。

利用宣传栏、LED显示屏、宣传单、宣传册等各类宣传工具，开展固定公益宣传1500多处，文明长寿建设宣传全覆盖；推进“建文明城，做文明人”的活动，开展道德讲堂、文艺演出、演讲比赛等30余场（次），开展送文化、送法律、送科技、送健康知识、惠民电影等下乡200余次。

全力抓好人民武装工作，2017年年内征兵20人，完成夏季征兵任务；组织民兵骨干训练2次、专武干部集训2次，组织参加各种应急抢险任务，双拥共建持续开展。

开发利用公益性岗位176人，其中全日制公益性岗位42人；落实公厕管理、农村道路清扫和农村饮水加压管理维护；登记失业人数184人，完成就业人数179人，登记失业率控制在3%以内；做好两个煤矿关闭后失业工人的就业再就业工作。推进城乡居民养老、医疗保险工作。

贯彻落实中央及市委、区委扶贫政策，开展“回头看”工作。在精准脱贫上下功夫，选派驻村工作队，核查已脱贫享受政策人员未购买医保情况并动员其参加城乡居民医保35人；完成贫困户D级危房改造3户；核查并发放“雨露计划”资金2人10000元；安排非全日制公益性岗位134人（其中贫困户107人）；发放春节元旦慰问金293户14650元，中秋国庆慰问金292户11680元。规划贫困村人居环境改造项目整合资金270余万元，正在实施项目建设。

落实移民避险解困政策，申报人数180人，核实并公示141人，已经发放141人补助资金211.5万元。

【安全维稳】 2017年，八颗街道坚持安全生产“121”思路开展工作（突出一个重点即隐患排查治理闭环管理；狠抓两个落实即企业安全生产主体责任和属地安全监管责任的落实，实现“一个目标”即较大安全事故“零发生”），安全生产大排查大整治大执法活动取得阶段性成果，对非煤矿山、消防、民爆、建筑施工等安全检查906次，发现问题224个，均整改完毕。道路交通安全检查车辆950台，纠违721件，罚款631起。食品药品安全检查206家次，发现问题26个，行政处罚13起。抓好烟花爆竹、民爆物品、地质灾害、建筑施工、特种设备、消防、校园等方面安全工作，实现重大事故“零目标”。做好特殊敏感时段，重点是中共十九大期间保平安工作，实现“七个坚决防止”目标。全年排查矛盾纠纷1138件，化解1102件，化解率96.8%；成功处理各类信访件652件；领导走访200余人（次），接访168人（次），开展集中走访5次；调解纠纷721件；组织派出所和村居定期开展夜间巡逻2015次，严厉打击刑事犯罪和加强治安案件的处理，立案比2016年同期下降34.21%，街道社会面整体可控。

【党建工作】 2017年，八颗街道中心组集中开展12次学习；成立十九大精神宣讲队，进基层、院坝、企业、个体工商户等宣讲100余场。

街道党工委坚持把严肃党内政治生活纳入“三会一课”等基本制度，班子成员带头宣讲以履行全面从严治党为主题的党课32人（次）。坚持选人用人原则，选拔任用正科级领导干部1名，副科级领导干部4名；从严教育管理监督干部，保证干部队伍的纯洁性，坚持利用每周五政治学习会时间，常态化开展各类典型违规违纪案件学习，开展警示教育，持续加强村（居）干部工作日坐班、去向公示和双休日节假日值班的管理，强化对村（居）干部的管理监督；定期召开党建工作专题例会，研究安排上级的决策部署、分析存在问题和研究工作对策；建立完善班子成员联系基层党建工作制度，促进基层党建落到实处；健全谈心谈话沟通和约谈村（居）书记主任制度，抓好幸福村后进基层党组织整顿工作，幸福村后进基层党组织整顿满意度测评分为97.65%。抓好幸福、核桃、水井、武华、新桥等5个村的便民服务中心改造，完成八颗、梓潼2个村便民服务中心新建设计、预算工作；远程教育和群工系统实施全覆盖。

全年开展各类督查24次；支持执纪，加大监督问责力度。全年约谈39人（次），其中机关干部19人（次），村（居）干部20人（次）；诫勉谈话6人、党内严重警告1人、撤销党内职务1人、开除党籍1人、移送司法机关8人。

强化组织领导，统筹抓好思想意识形态工作，巩固统战群团工作。（喻　鹏）

2017年重庆市长寿区八颗街道领导人名录

党工委书记：袁轲七

办事处主任：刘洪英（女）

人大工委主任：黄洪飞

专职副书记：罗万川

纪工委书记：袁　方（女）

政法书记：刘作诗

武装部长：周泽渊

办事处副主任：周泽渊　李金荣　袁　健

组织委员：白　兵

宣传委员：唐远鸿（2017年3月兼任人大工委副主任）

统战委员：唐远鸿

长寿湖镇

【概况】　长寿湖镇距长寿城区18千米，位于长寿湖景区。全镇辖区面积104.5平方千米。辖14个村（居），115个村（居）民小组。

长寿湖镇区位优势明显，处于渝万、渝涪高速公路之间，在长寿——狮子滩公路与长寿——双龙——罗山公路和国道319线的交汇处，长狮路、狮云路、双狮路、云韩路、云丛路等穿境而过，与长寿湖旅游高速公路构成便捷的交通网络。境内水源、电力、旅游资源丰富，长寿湖以独特的自然风光和丰富的人文景观，形成具有浓厚地域特色的旅游休闲景区，列为重庆市新巴渝十二景的“长湖浪屿”，是国家AAAA级景区，重庆市省级休闲度假区。

全镇资源和农产品丰富，有长寿湖和1条次级河流，森林3400公顷，果园2400公顷；盛产沙田柚、血脐、猕猴桃、茶叶、鱼面等名优特色产品，“长寿湖牌有机鱼”被评为长寿十大最爱农产品，“梓雅红肉火龙果”“天赐寿岛牌茶叶”“长寿湖牌鱼肉面”和“顶派红心猕猴桃”被评为长寿区十大珍稀农产品。境内红色文化、水电文化、“寿”文化和众多文物景点并存，人文底蕴厚重。长寿湖镇先后成功创建为全国文明镇、全国生态镇、全国园林镇、全国重点镇、全国特色小城镇。

【经济发展】　2017年，长寿湖镇完成地区生产总值15.2亿元，比2016年增长7%；一般公共服务财政拨款收入4022万元；全社会固定资产投资完成32亿元；社会消费品零售总额11亿元，增长9%。

2017年全镇粮油生产种植面积5757.33公顷，总产量29866吨，蔬菜播种面积1458.13公顷（复种面积），产量33049吨；优化农业产业结构，因地制宜发展特色水果、绿色蔬菜、生态养殖等特色产业；发展适度规模经营，流转农村土地14.67公顷，发展农业龙头企业、专业合作社、家庭农场9家；完成2016年度中央现代农业资金项目3个、特色效益农业资金项目6个；发展种养殖业微型企业75户。

旅游开发推进征地拆迁，保障大景区、大度假区建设。罗山半岛生态环保搬迁新征地82.81公顷，签订拆迁协议321户，拆除农房313户3.1万平方米，安置人员783人；启动恒大特色小镇项目征地拆迁，完成湖边39户回购商品房定销房选房工作；及时解决用地矛盾，确保远恒佳学校、长商悦湖荟和重庆康养中心等项目用地，工程建设顺利推进。不断完善旅游发展规划，加强对宾馆、酒店、农家乐等旅游行业管理，注重农旅品牌的培育。参与筹备长寿湖菊花节、郁金香文化节、音乐美食节、龙舟赛、铁人三项赛、半程马拉松赛等活动，接待游客257.4万人（次），实现旅游收入15.7亿元，同比分别增长12.5%和18%。

【基础设施建设】　2017年，长寿湖镇D级危房改造47户、C级危房改造45户通过镇、区验收。投入640万元，完成李寨路、江苦路、吴作路等镇内联网公路5千米，硬化人行便道12千米，安装道路指示牌140块；整治、新建山坪塘83口；完成回龙、红光村133.33公顷果园水系路系配套工程的设计、审核工作。投资300万元，完成老安置房污水管网整改、石回便民服务中心建设、云集场镇农贸市场改造；完成云集场镇供水管网改造、石回场镇污水管网改造。启动2017年市级特色小镇项目，建设狮子滩休闲公园（包括广场、休闲步道、停车场）。

创新城镇管理，场镇安装人行护栏1000米、隔离栏150个、U型桩500米，新增公共停车位850个；拆除临街店面晴雨棚105个；新增塑料垃圾桶850个、3立方米的垃圾箱45个，全面清理牛皮癣，落实“门前新三包”。对4个安置小区75个单元楼栋刷白，清理杂物250车，补栽绿化1500平方米，拆除违章建筑137户2500平方米。整治农贸市场，新扩面积860平方米，配套部分停车位。

加强河流保护和水域生态环境改善，落实9条河流9座水库的河（库）长，定期进行巡查、清漂、清运。重新划定畜禽养殖“三区”，禁养区75平方千米，关闭养殖场21户、屠宰场2户，达标整治23户。农村垃圾实行户集、村收、镇运、区处理，农村公路清扫全覆盖，公路两旁院落卫生定期清扫。

【社会事业】 2017年，长寿湖镇有4所义务教育学校、2所公办幼儿园、3所民办幼儿园，在职教职工187人，小学生1519人，中学生591人，公办幼儿园入园201人，民办幼儿园入园441人。九年制义务教育入学率保持100%，2017年全镇重高上线学生94人；师生获国家级奖12人（次），市、区级奖183人（次）；5位教师获区政府“第一届乡村优秀教师”称号。

投入313万元，开展公共文化体育活动及创建文明长寿工作；实施阵地建设、图书阅览室管理等6个项目，增设宣传牌、宣传橱窗110处。组织、配合开展文化体育活动11次，举办送文化下乡演出8场。组建龙舟队1支，代表长寿区参加长寿湖龙舟民俗文化节龙舟比赛1次、参加全国（成都赛区）龙舟比赛1次，均取得好成绩。

全镇全年出生569人，其中政策内生育568人，政策符合率99.82%；办理生育服务证346个，其中一孩180个、二孩166个；办理再生育服务证25个；办理独生子女父母光荣证110个。网上办证率100%。组织98对夫妇到区妇幼保健院参加孕前优生健康检查；全镇人员全部参加医保。

全年发放征地大龄人员生活困难补贴150余万元。新增农村低保户100户190人、城镇低保户14户18人。发放农村低保金180.3万元、城镇低保金93.1万元，临时救助467户56万元。116名五保老人入住新的养老院，五保家园床位利用率100%。发放优抚金357.5万元、重度和贫困残疾人补贴29.5万元，残疾人危房改造16户。

年内城镇新增就业850人，农民工回引就业创业710人，城镇登记失业人员就业再就业480人，城镇登记失业率控制在3%以内。城乡居民养老保险参保率95%以上。

【安全维稳】 2017年，长寿湖镇投入280多万元，整治公路滑坡、塌方，新增乡村公路指示牌、减速带及安全防护设施；全年安全隐患排查205起，整改202起，整改率98%。开展道路、水上、食药品等各类安全生产执法检查320余次。提升警务效能和社会防控效果，强化治安防控体系，优化网格化治安巡控模式。全年受理行政案件88件，查处88件，行政拘留32人。刑事案件65件，下降9.2%，群众安全感明显提升。“渝安2号”专项行动获全区第一。在重点路口、节点、公共场所等区域规划建设140个监控设备，提升治安网络覆盖率。化解矛盾纠纷，全年受理各类信访163件，已办结158件，办结率96.9%。接待来访群众120余次400余人，调解处理重大矛盾纠纷（包括医疗纠纷、意外死亡、房屋办证等）14件。社区戒毒（康复）、流动人口和特殊人群管理、校园周边环境整治等工作有效开展。

【党建工作】 2017年，长寿湖镇开展党委中心组专题学习12次，全镇集中上党课60次、集中学习150次。11名班子成员主动参加双重组织生活，落实“三会一课”制度。年内选拔任用科级干部6名，发展党员5名，1名预备党员按期转正，处理违规违纪党员3名。建立非公党支部1个。强化作风建设，各级干部坚守岗位，联系群众、下村调研常态化，解决群众反映强烈的突出问题。强化依法行政、依纪监督，规范行政行为。

（郭　利）

2017年重庆市长寿区长寿湖镇领导人名录

党委书记：刘　明
镇　　长：叶海涛
人大主席：袁培英（女，2017年7月离任）
专职副书记：邓亚林（2017年11月离任）
纪委书记：赵雪峰
政法书记：张志强
武装部长：李家明
副 镇 长：王福明　李家明　胥宏亮

黄学梅（女）
组织委员：郑　颖（女，2017 年 7 月兼任人大副主席）
宣传委员：勾洪文
统战委员：勾洪文

云　台　镇

【概况】　云台镇位于长寿区北部，距长寿区行政中心 35 千米，距重庆主城区 100 千米。海拔 305～1009 米。辖区面积 85.72 平方千米。辖 13 个行政村和 1 个居委会，全镇总人口 5.11 万人。镇内基础设施齐全，天然气、煤炭、石灰石等矿产资源丰富，有川东石油钻探公司搬迁后留下的上亿元闲置资产，渝沪高速公路立交桥紧临城镇，渝巫路穿过场镇，是万州、武汉以及上海进出重庆的重要通道。是重庆市规划发展的“市级试点小城镇”“示范小城镇”“百强镇”“中心镇”“市级小企业创业基地”；被长寿区规划创建全国重点名镇、长寿北部地区中心镇、长寿街镇工业走廊金属结构件与工模具制造基地、五华山与范家桥乡村旅游发展区。云台镇围绕“农业稳镇、工业兴镇、城商靓镇、文旅兴镇、民生和镇”的发展思路，加快农村经济发展，加快城镇建设步伐，推进新农村建设，加大统筹城乡发展力度，促进城乡共同繁荣。

【经济发展】　2017 年，云台镇实现地区生产总值 21.54 亿元，比 2016 年增长 11.3%；工业总产值 11.79 亿元，利润总额 1.05 亿元，增长 18.5%；工业增加值 2.13 亿元，入库税金 684 万元；农民年人均纯收入 13514 元，增长 13.5%；固定资产投资 2.7 亿元，社会消费品零售总额 1.99 亿元；全年实现全镇财政收入 3816.5 万元。

云台镇农旅融合项目清迈良园俯瞰

巩固农业基础，抓好特色农业发展，打造“农业、人文、旅游”综合发展模式，依托五华山人文自然景观，加快八字村现代粮食园区核心区建设，支持清迈良园，志道农业、五华山农家乐、义明家庭农场等发展特色效益农业经济，带动周边农民就业增收，促进农旅融合发展。

2017 年开展粮食增产行动，把“稳定发展粮食生产，确保粮食播种面积，努力提高单产”作为一年重要任务来抓，实现水稻种植面积 1193.07 公顷，玉米种植面积 1016.87 公顷，粮食总产量 25270 吨。加强大春技术指导、春播、田间管理和病虫防治以及预测预报，以及清迈农业公司春播大棚温室育秧技术指导，全年无重大病虫害发生；引导农户参加商业保险，完成柑橘 233.33 公顷、玉米 757.47 公顷、水稻 924 公顷保险工作。

云台镇工业组团规模以上企业有重庆双渝陶瓷、重庆美福斯机械、重庆三贵机械、重庆一胜特 4 家，年内工业组团就业 1819 人，全镇就业人口 3956 人。启动工业组团二期 33.33 公顷施工建设，拆迁房屋 87 户，面积 8000 余平方米。投入建设资金 1.1 亿元启动云台工业大道建设，完成二期平场投资 8600 万元。镇政府把握“围绕经济抓环保，抓好环保促发展”的思路，严格执行工业园区发展规划聚商选资，引进附加值高、带动力强、经济环保的企业。

【基础设施建设】　2017 年，云台镇加强农田水利基础建设，扩宽渠道，引导农民按照“一事一议”筹资投劳办法加强农田水利建设，完成 62 口山坪塘竣工验收，交付村级管理维护；新开工 35 口山坪塘项目，完成投资 180 万元。推进水土保持生态环境建设，按照“碧水、蓝天、绿地”目标，加强水环境、水生态建设与保护，管护国家农业综合开发水土保持工程，保护好境内水资源。全面完成 588.58 公顷退耕还林直补申报兑现工作，加强绿化工程建设力度，人工造林 33.33 公顷，退化林修复 66.67 公顷，中幼林抚育 266.67 公顷亩，整改八字村绿化美化项目任务，义务植树 11.7 万株；完成天保二期公益林 1466.67 公顷的管护和生态效益补偿兑现工作，补偿兑现 25.8 万元。在八字村实施农田水土保持项目，涉及136.67公顷农田。

完善农村交通基础设施，全年投入农村公路建设资金840万元，完成甘雄路、河大路、小樊路、尖山路、海游路、锅黄路、梁驼路、马大路14千米乡村公路建设；在14个村居投入180万元新建30千米人行道、生产便道，做好全镇乡道、村道公路的管理养护工作。加快推进农村危房改造，验收完成贫困村C、D级农村危房44户，完成建档立卡贫困户11户D级危房改造建设。加强贫困村拱桥村卫生条件的改善，推进绿色村庄和美丽庭院建设，各村保洁新增500余个垃圾箱体。

推进小城镇建设项目，打造宜业宜居休闲城镇，依托场镇先期形成的商业步行街，加大商住小区建设力度，以文明城区建设为契机，打造云台镇商业、文化及景观中心。完成中心镇项目建设（云台镇市政休闲设施改造），增添居民幸福感；投入1040万元，整改全镇污水管网8.3千米，彻底改变城镇污水排放，提升河道水域质量；云台物业管理实现市场化运作，场镇卫生实行物业管理和“门前三包”，投入117万元在主干道安装102盏节能路灯，提档升级云台商业中心广场和滨河公园2处健身广场，新增健身器材。全镇“两违”整治顺利推进，无新增违法建筑。

【社会事业】 2017年，云台镇发放城乡最低生活保障金333.9万元，发放优抚、冬春荒粮等定向救助、补助金457.4万元。完善云台镇敬老院和应祝、梅沱、八字、利民4个村五保家园管理建设，妥善安置86名城乡特困老人。“9.18”洪涝灾害发生后，应急安置250人，发放应急救助金13万元。对352名城乡低保、城乡特困人员、重点优抚及贫困户实施大病医疗救助，补助资金42万元，发放征地农转非菜篮子补助360万元。

全镇2.29万人参加城乡居民养老保险，征收保费300万元，完成参保任务的99.4%；对4500名领保人进行指纹采集和人脸识别，保证老年人每月按时足额领取养老保险。开发公益性岗位197个，其中非全日制公益性岗位162个，全日制公益性岗位35个，促进就业困难人员就业；全年新增城镇就业300人，登记失业人员就业再就业40人，就业困难人员再就业50人，为农民工回流返乡720人建立台账；完成50户450万元的小额担保贷款，帮助8位下岗失业人员和42位返乡农民工创业，提供就业岗位45个解决再就业110人。完成小额保险1.1万份，征收参保金56万元，意外赔付40万元200余人，完善多层次社会保障体系。完成200个就业适应性培训，全民参保登记和人力资源调查40000余人（次），实行动态维护数据。

贯彻落实各项计划生育政策，2017年常住人口（含漏统）出生391人，符合政策生育率97.2%，完成全国人口生育状况调查、“三免计划”完成孕前优生检查81对。开展农村建档贫困人口医疗脱贫基本情况的调查等健康扶贫工作，完成农村妇女“两癌”筛查503人，对全镇193名建档精神障碍患者进行健康体检，家庭医生签约服务10913人，为65岁以上老龄人口进行健康体检以及建立健康档案，完成对离岗乡村医生养老和医疗补助的登记、审核；开展2次打击非法行医行动，开展世界无烟日、饮用水卫生、“5.29”计划生育协会会员日、公共场所卫生等宣传活动。完善历年违法生育信息，对资料完善、证据充分、有影响的案件及时申请法院强制执行，2017年申请区法院执行局执行17件，执行征收社会抚养费55万元。

加大对文化教育事业的投入，争取财政投入1000万元改善办学条件，新建中心校教学综合楼，完成六大功能室和综合楼环境建设；投入经费组织文化培训班，发掘民间艺术资源，营造镇域文艺氛围。

2017年4月1日，区领导巴川江、汤晓强等到云台镇检查森林防火工作

【安全维稳】 2017年，云台镇坚持落实

“党政同责，一岗双责”，明确各部门、各驻村村干部是安全生产监管主体，企业是安全生产主体责任，层层签订安全生产目标责任书。加大交通安全检查力度，重大节假日每天上路检查，主要领导每月至少带队检查一次，分管领导每旬检查3次；安监部门与交巡警八大队联合交通执法，全年检查交通安全150余次，处罚及警告700余次。加大对渡口、非煤矿山、烟花爆竹及危化民爆、重点企业的检查力度，开展“大排查、大执法、大整治”活动，年内各生产领域均未发生安全事故。

加强食品药品安全网格化建设，全年对88家餐饮服务单位、180家食品流通单位、8家学校食堂、46家涉药单位、8家食品加工企业进行全覆盖执法检查，下达整改通知书20份，立案调查2起。

提升社会治理能力，深化平安云台建设，加强重点地区、重点时段的治安巡逻防范，建立专职巡逻队1支，14个村居分别成立义务巡逻队，配备巡逻车4辆，坚持24小时街面巡逻。派出所全年接警1004人（次），处置率100%（其中包括纠纷447件，立刑事案件75件，破案30件，立行政案件114件，查处144件），打击起诉14名，处理强制隔离戒毒4人。全年未发生八类恶性案件；开展视频系统“雪亮工程”，建立视频监控终端，原有228个摄像头，增加多处摄像监控设备，提高技防网络的联网率和覆盖率。

【党建工作】 严格履行全面从严治党工作职责，加强党的组织和党员队伍建设，强化领导班子和干部队伍建设。定期开展党委中心组集中学习活动，把学习贯彻十九大和习近平总书记系列讲话精神作为重要政治任务来抓。坚持民主集中制，发扬党内民主，提升党委决策力和掌控大局的能力；坚持纵深推进基层党组织建设，加强村（社区）便民服务中心建设，严格执行村（社区）干部轮流值班制；自觉接受法律和群众监督，开展民意调查，落实专项民调资金，及时发现问题解决问题。

制定党风廉政建设分工责任制，党委与班子成员、各村（居）党支部、镇属部门签订《党风廉政建设责任书》，执行村（社区）干部“十公开制度”；开展“四风”整治，完善惩防体系，强化党风廉政建设责任，落实党员干部“一岗双责”要求，严肃查办违法违纪案件，保持惩治腐败的高压态势。

（冉永秀）

2017年重庆市长寿区云台镇领导人名录

党委书记：陶进文
镇　　长：高　波
人大主席：陈显华
专职副书记：余振勇
纪委书记：夏心明
政法书记：陈　华
武装部长：高　峰
副 镇 长：江凤梅（女）　江小洪　高　峰　高　强
组织委员：伍锋林（2017年7月兼任人大副主席）
宣传委员：王仁科
统战委员：王仁科

葛兰镇

【概况】 葛兰镇地处长寿区腹心地带，位于渝巫、长垫、葛狮、长邻路的交汇处，是长寿腹心地区交通要冲，距离重庆主城区80千米，距长万高速路合兴入口6千米，距离渝怀铁路长寿站和长寿港码头25千米。全镇辖区面积11090公顷，耕地面积3309公顷，辖1个社区、21个村、6个居民小组，162个村民小组。全镇年末户籍人口28628户71152人，城镇常住人口3万余人，流动人口3000余人。镇政府驻地葛兰场。葛兰镇是全市规划发展的“百个经济强镇”“百个中心商贸镇”“市级示范小城镇”“市级文明镇标兵单位”“首批启动的45个中心镇”“市级中小企业创业基地”“重庆市交通安全文明镇”。镇域内水资源丰富，桃花溪流经全境；矿产资源有煤、石灰石、白云岩、钾矿等11种，其中石灰石储量5000万吨，白云岩储量4000万吨。森林面积5418.5公顷，森林覆盖率46%。2017年葛兰镇机关行政在编人员48人（其中公务员43人，参公人员5人），事业在编人员35人。

【经济发展】 2017年，葛兰镇园区建设年度新预征土地30.67公顷，园区用地总面积94公顷，占规划总面积的56.2%；新修园区道路4.1千米，铺设地下管网10.2千米，平场三通率100%。引进亿级企业2家，引进企业总数为43家，投产企业35家，完成固定资产投资总计38.5亿元。2017

年实现工业生产总值78.1亿元，比2016年同期增长13.9%；规模以上工业生产总值59.3亿元，增长52.3%；新增用工人数1928人，增长21.2%。重粮集团10万吨现代化粮食存储及日产150吨优质大米生产、温氏15万吨饲料加工等园区重点项目全面开工建设。鼎盛印务股份有限公司获评“市级企业技术中心”“长寿区企业研发创新中心”。园区内龙悦、达沃斯等10家企业成功参展2017年重庆糖酒会。“长寿健康食品产业协会”年内正式成立。

2017年实现农业总产值1.1亿元，粮食总产量稳定在3.5万吨以上。新型农业经营主体和新型职业农民培育不断壮大，新增区级农业产业化龙头企业4家（达到21家）；新组建农业专业合作社6个（达到33家）；新增家庭农场2家（达到40家）；新增农业专业大户3个（已达39个）。开展农业技术推广，评定粮油示范基地1个，种养殖业科技示范户99户。启动农村“三权”改革，推进黄家坝村农村集体资产量化确权试点工作。全年发放农业综合直补涉及19319户3000余公顷280余万元；补助农机购置97户108台15.7万元；获批涉农项目财政扶持资金105万元。推进金融助农，政策性农业保险参保面积突破533公顷；涉农融资贷款2000万元，其中农业银行葛兰支行审核通过贷款322万元。

商贸物流提档升级，实现商品销售额32.8亿元，比2016年同期增长9.3%；以场镇商圈为核心，便民超市为基础的镇村商贸流通网络进一步成熟优化；葛兰步行街和农贸市场功能布局更趋合理，基础设施更趋完善，门面空置率低于5%；葛兰商都一期主体工程建成；“万村千乡”市场工程不断壮大，新增便民超市11家；注册微型企业723家，增长75.9%；限额以上个体户营业指标稳中有进，批发零售、住宿餐饮等行业营业良好，银行贷款余额增长10.5%。“互联网+”消费深入人心，微商、电商快速发展，物流配送体系逐步完善，快递网点增至8家，日均递送量超200件。

【基础设施建设】 2017年，葛兰镇完成镇控制性详细规划、镇生活组团控制性详细规划等编制。葛大（坝）路完成路面硬化75%。改造场镇道路2.6千米，建成5千米滨河慢行步道。整治违法建筑274宗31331平方米，完成卫片执法整改24宗。建成长垫路入场口3000平方米景观带，改建场镇免费停车场6000余平方米。铺设人行道板9000平方米，新装路灯98盏，新植、补植行道树400余棵。新增垃圾箱80个，垃圾桶120个，车载密闭生活垃圾箱15个，场镇生活垃圾无害化处理覆盖率100%。场镇二、三级污水管网全面整改工程有序推进。

美丽乡村建设完成21个村规划编制调查工作和规划管理系统信息更新工作。黄家坝村、盐井村人居环境市级示范片整治工程完成方案设计。全力保障农村饮水安全，新建应急饮水源2个；完成10千伏葛台线支路、葛镇线后段和1.3万户农村电网升级改造；安装天然气549户；行政村4G网络覆盖率60%；实施市级绿色示范村庄1个，硬化农村公路15.7千米，建设农村人行便道23.8千米。

筑牢生态安全屏障，严控生态红线，划定场镇规划红线和永久基本农田保护区；优化细化畜禽养殖“三区”划分，畜禽养殖等面源污染问题得到有效遏制；持续推进桃花溪（葛兰段）污染整治，完成19千米河道清淤，常态化河面清漂机制运行有效，出口水质监测结果稳中向好。打好大气、水、土壤污染防治攻坚战，开展秸秆露天焚烧和饮水源专项巡查，淘汰“黄标车”24辆，增补饮水源标识标牌12块，农膜回收利用率大幅提高。农村生活垃圾收运系统年处理垃圾超过1000吨，有效改善全镇人居环境。全面落实河长制，制定“河策”“库策”32个，安装“河长公示牌”45块，河道、水库巡查常态化。严格保护森林蓄积量，严厉打击乱砍滥伐，及时开展“松材线虫”除治，清除各类“病树疫木”1200余棵，全年义务植树10万余株。

【社会事业】 2017年，葛兰镇帮助各类民政对象和残疾人解决基本生产、生活问题，全年发放各类民政、残疾人资金1846.39万元。其中，农村低保户927户1836人，全年发放低保金617.3万元；城镇低保户134户203人，发放低保金102.1万元。全年发放冬春生活救助金26万元；全镇有定向救助对象47人，发放定救金32.15万元；全年救助因病致贫264余人，因就学困难的20余户，发放救助资金65.15万元。全镇有特困人员411人（含集中供养74人），全年发放供养金341.1万元。有孤儿和困境儿童9人，发放生活费8.64万元。各类优抚对象537人，发放生活补助495.4万元，发放优待金45.73万元。有残疾人2413人，其中一、二级重残613人；全年发放高龄、失能残疾人、特困残疾人、残疾人护理补贴和生活补贴等五类补贴102.19万元；发放残疾人D级危房改造补助金6.4万元。有60周岁以上老人15000余人，其中96～99周岁老人12人，发放高龄补贴1.44万元。抓好殡葬工作，加强对渣口石公墓、金山村公墓2个公益性公墓以及天台塔陵园的火灾隐患排查力度，确保3个公墓点的安全与规范化管理；及时发放特困人员火化补助金2.8万元。

全面完成城乡居民养老保险、城乡居民医疗保险征收任务，11个村安装指纹验证系统。年内新增城镇就业人口260人，落实困难人员再就业46人。公共卫生服务改善，全年开展医疗义诊50余次，开展健康咨询服务4000余人次，组织3119人次农村妇女宫颈癌、乳腺癌免费筛查，完成387名精神障碍患者复核工作；公共卫生场所监管实现全覆盖，食品药品监管网络更加健全，全年查处违法案件10件。文体事业繁荣发展，文化生活更加丰富多彩，文化市场管理有序，非物质文化遗产和文物保护有力；农家书屋免费开放普惠全覆盖，放映惠民电影48场，组织参加各类文化活动12场，整治网吧4家，新增网吧2家，“秦家大湾”参评市级传统古村落；录制“葛兰米粉”制作工艺视频，为30个文物点安装防护装置和标识标牌。教育公平和质量提升，九年制义务教育普及率100%，中、高考升学率稳步提升。

扶贫攻坚。全镇年底前有建档立卡贫困户538户1577人。其中已经正常脱贫473户1366人，稳定脱贫62户203人，2017年脱贫19户60人。发放节假日慰问、产业扶贫、雨露工程等各类扶持补助26.21万元，获批扶贫融资贷款9万元。建卡贫困户小额人身意外保险、大病补充保险、疾病身故保险等6种商业补充保险购买率100%，贫困人口健康档案建档率、家庭医生签约率100%。开展扶贫实用技术培训450人（次），公益性岗位安置就业83人。178户4类对象存量危房统计和系统录入全部完成，39户建卡贫困户D级危房改造全覆盖。整村脱贫投入270余万元实施塘坝村人居环境整治，新修人行便道2.8千米，改造村公共厕所1座，农户卫生改厕8户，配置垃圾箱体7个、垃圾桶40个，修建垃圾平台7个，整修庭院2115平方米，绿化主、支道路7千米。半坡果蔬专业合作社健康发展，带动村民增收致富。

【安全维稳】 2017年，葛兰镇加强矛盾纠纷源头预防、分类化解，初信初访办结率100%，纠纷化解率98.8%；全力做好重点信访群体稳控及严重精神障碍患者等重点人员管理工作，党的十九大安保维稳工作得到区委、区政府肯定。专项行动成效明显，开展“渝安2号”专项行动，顺利完成葛兰桥社区治安挂牌整治，全年治安、刑事案件分别下降54.2%、23.6%，群众安全感增强。加强立体化、信息化防控体系建设，布建“雪亮工程”公共视频监控探头64个，公安机关和综治部门监控主网实现联网运行。

积极创建国家食品安全示范城市，加强安全生产监管，持续推进企业安全生产标准化建设，坚持开展“打非治违”和重点领域专项整治行动，全镇安全生产形势保持稳中向好，社会和谐稳定。

（王　莉）

2017年重庆市长寿区葛兰镇领导人名录

党委书记：刘　勇
镇　　长：张麒麟
人大主席：王　伟
专职副书记：程伯超
纪委书记：彭继坎
政法书记：刘建平
武装部长：余和平
副 镇 长：王丽萍（女）　孙宏斌　余和平　焦跃彬
组织委员：王　涛（女，2017年7月兼任人大副主席）
宣传委员：甘　彦（女）
统战委员：甘　彦（女）

但渡镇

【概况】 但渡镇位于长寿主城以东，黄草山与阳鹤山之间，距离长寿主城6千米。辖区面积57.4平方千米，辖8个村，61个村民小组；2017年有8196户、18663人，人口密度为325.1人/平方千米。有耕地面积1789.8公顷，林地面积

5045.46 公顷，森林覆盖率 68.5%。

但渡镇为山里丘陵地形，有山、水、河、滩、谷等独特的生态资源，页岩、大青石、天然气、水能等得天独厚的自然资源，回龙寨、唐代鹿困寺（后名楠木院）遗址、清代小封洞石刻等富有历史底蕴的文化资源，主产沙田柚、花椒、笋竹、翠冠梨等特色农产品。镇内有长风化工公司、回龙寨电站、下洞电站等多家国企，镇属企业有 2 个石材厂、3 个砖厂、3 家工贸企业，有 2 个农业龙头企业、186 家微型企业。

【经济发展】 2017 年，但渡镇完成财政总支出 2263.63 万元，一般公共预算财政拨款支出 2190.84 万元，比 2016 年增长 28%，其中基本支出 1347.25 万元、项目支出 843.59 万元。产业结构调整加快，农业观光、避暑度假等市场主体新增 17 家。新增农民合作社 12 家，总量 32 家，年增长率 60%；新发展家庭农场 8 家，总量 20 家，增长率 66.7%。

推进农业发展，加快新型经营主体建设，新发展家庭农场 8 家、新增农民合作社 12 家。科学构建特色农业体系，成立黄草山翠冠梨、龙溪河沙田柚、血脐、蜂蜜、花椒等特色农产品合作社、特色微企。建立农业科教示范基地，创建集生产、试验、教育、推广、引领、服务为一体的示范基地，年底前发展有重庆金地农业开发有限公司、重庆亿茂农业有限公司、重庆市容丽平蜂业公司 3 个科教示范基地。加快推进特色效益农业集群发展，重点打造未名果酒庄、耕读农场 2 个项目 7000 万产业链。

落实种粮农民直接补贴政策，粮食直补面积近万亩，惠及农户 4800 余户，有效保障农民种粮收益。持续开展畜禽春秋两季防疫的免疫、消毒、疫病普查等各项工作，做到畜禽防疫应免尽免、不留空档和死角，确保全镇清净无疫。实施农业机械补贴政策，发放农机购置补贴资金 9600 元，补贴各类农机具 12 台，拉动农民投入农机消费近万元。落实 2017 年市级现代特色效益农业切块资金政策，补助 2 个家庭农场、1 个区级以上农业龙头企业合计 29.5 万元，推动农业快速发展。免费发放油菜种子 270 公斤，增长 22%。

推进农村改革，抓好楠木院村集体资产量化确权改革试点，完成股权设置及社员界定，年底前社员身份界定 1843 人，设置股份 1828.5 股。落实土地流转改革制度，加强土地流转监管，所有土地流转需符合镇产业发展方向，严格按照申请、备案、考察、获批的程序进行土地流转工作。严禁流转土地用于规模畜禽养殖，截至年底前，依法劝阻 2 家畜禽养殖户流转土地。

抓住乡村振兴战略机遇发展乡村旅游业，依托优越的区位优势和森林资源优势，全镇上下统一思想，坚定旅游业将是未来发展前景最好的产业的共识。及时组建镇旅游领导机构，精准定位旅游发展方向，确立建成长寿、涪陵“双城后花园”的奋斗目标，明确黄草山森林生态旅游区、阳鹤山休闲采摘旅游区和创意休闲民宿产业区建设任务。发掘整合资源，开展全镇自然、人文、地理资源普查，探寻旅游景点 30 余处，搜集楠木院、回龙寨等典故传说数个，整理汇编基础资料 2 万余字，资源普查取得阶段性成果。挖掘传统建筑元素，探索杉树坪穿斗结构民居特色，解读谯家祠堂木雕工艺，谋划创意民宿产业。以招商引资为镇旅游发展的突破口和着力点，接待有意投资的渝商、浙商、台商 20 余家，成功引进企业 4 家，吸引投资 5000 余万元，开工建设项目 1 个，建成并运营 3 家，为镇旅游发展开辟新路径。引导提档升级，支持已有农家小院等注入休闲娱乐、民宿元素，加大政策倾斜力度，鼓励“篁酒鄉”“爽哈谷”等农家小院率先提质，达到树典型、促升级的示范效果。引导特色农业企业贯彻以绿色、生态为核心的发展新理念，探索“农业+旅游”发展模式，未名果酒庄、龙寨宇瑶眼镜蛇养殖场等多家农业企业及血脐、翠冠梨等特色农产品发展植入旅游元素，促进观光农业发展。引导新晋企业提升产品附加值，探索“回龙寨”度假村等创新休闲旅游产业发展道路。

【基础设施建设】 2017 年，但渡镇民生工程新建 2000 平方米停车场 1 个，在新场老街划定停车位 300 余个，有效改善停车难状况；在新老街各新建市民文化体育广场 1 个，总面积约 3000 平方米；升级改造新街公厕，整治新老街人行道路面 6300 平方米，完成场镇供水管网升级改造 4 千米；新安装太阳能路灯 21 盏，新建场镇花台 217 个，栽植花卉苗木 3000 余株。加强农村公路建设，全面排查联网路、断头路、零星道路现状，完成绕场路路面油化 1 千米，完成乡村道路硬化 17.4 千米；

实施公共服务和社会管理项目8个、民调小项目39个，硬化人行便道14.28千米，新增防护栏0.95千米、警示标识40余块、减速带40余条，全镇农村路网等级、通畅通达水平不断提高。因地制宜完善农村饮水设施，完成黑沟山坪塘、五星水库整治，永益水库取水口建设全面完成，龙寨水厂、未名提灌站顺利投用，推动各村安装人饮项目表后设施1110户，实现3500余人安全饮水；新建4个供水工程，整治大山坪塘3口、小山坪塘32口，恢复灌溉面积七百余亩。提升电网质量和供电能力，新建及改造10千伏线路0.9千米、0.4千伏线路13.3千米，改造低压线路1.9千米，迁移配变1台，新增配变3台，全镇电网线路逐步规范，安全供电能力不断提升。

2017年，但渡镇辖区龙溪河三百墩处渔民劳作

强化红线意识严控流域污染，以畜禽养殖“三区划分”为契机，扩大生态建设范围，兑现48家畜禽养殖场关闭整治资金156.5万元；把住产业发展准入关口，全面推行“河长制”，建立“一河一策”，组建专职巡查队伍，坚持“组每日、村每周、镇每月巡查制度”，确保“河长制”落到实处。严控龙溪河流域污染，建立龙溪河巡查清漂常态机制，全年清运河面漂浮物110余吨，组织志愿者拾捡河岸垃圾15次60余吨，妥善处理“4.28”漏油应急事件，确保饮用水水质达标率100%。

完善环保设施保障运行体系。围绕“生态但渡”工作要求，把生态建设作为重要工作来抓，加大投入力度，狠抓具体落实，实现场镇垃圾清扫收运体系、镇村环境整治、生态保护宣传“三个全覆盖”。抓好农村环境卫生整治，投入资金30余万元，新建垃圾平台20个，投放使用垃圾箱20个，新增转运垃圾桶220个，农村生活垃圾治理顺利通过市级验收。每个村设置专职环保员负责转运垃圾，“户集、村收、镇运、区处理”的垃圾清运体系正常运行，万余居民直接受益，场镇干净程度群众满意度94.67%，比2016年提高4.67%。

管护森林资源夯实生态基础。坚持预防为主，清理防火阻隔带13.6千米、林区内防火线14千米，有效预防森林火灾发生。修订完善《但渡镇森林火灾应急预案》，组建一支由44人组成的专业森林扑火队和9支160余人的森林防火应急扑火队，确保森林资源和人民群众生命财产安全。1866.67公顷天保林得到有效管护，持续巩固绿化造林成果。投入40余万元，松材线虫除治566.67公顷，有效维护自然生态平衡。

【社会事业】 2017年，但渡镇民生保障印发《惠民政策汇编》6500本，组建4支队伍，实现惠民政策宣传全覆盖；持续开展民意调查大走访，实现在家群众走访多轮全覆盖，收集到意见建议200条，已整改150条，作解释50条。做好贫困人群帮扶救济工作，全年发放临时医疗和困难救助24.5万元、特困人员供养金140万元、优抚金160万元、农村低保和城市低保170万元。残疾人事业有序开展，动态更新583名残疾人基本服务状况和需求信息，92名残疾人享受精准康复；发放残疾人“四项补贴”27.93万元，惠及370余人。卫生计生工作有效管护重点精神病人30人，新增计生奖扶102人，建立特别扶助家庭档案管理36户，完善联系人制度和走访慰问制度，孕前优生检查98人，妇女“两癌”筛查802人，家庭医生签约近7000人。实施就业优先战略和积极就业政策，组织4期300余名失业人员参加免费技能培训，提高农村群众就业能力。教学质量显著提高，2017届初中毕业生38人，升入重点高中14人，重高指标完成率233%，名列全区前茅。推进住房安全保障工作，完成避险解困57人，C、D级危房改造65户，有效改善农村困难群众居住条件。抓好城乡居民养老保险、医疗保险参保工作，保障城乡居民基本养老和基本医疗需求。民生福祉有新改善，城镇新增就业182人，城镇登记失业率低于2%。

精准扶贫做好扶贫对象精准识别和动态管理，坚持实事求是、严进稳出原则，规范操作，严格把关，扶贫对象识别准确率提高。帮扶措施具体到位，建立“机关干部一对一帮扶”责任制度，发挥财政职能作用，统筹抓好富民产业培育，增强贫困户自我发展能力，新增设公益性岗位17个，发放产业扶持专项资金6万元，扶持贫困户创业、就业，助推岗位脱贫。落实教育扶持政策，帮扶9名贫困优秀应届高中生入学，切实推进教育扶贫。全镇已脱贫228户563人，未脱贫6户11人，返贫2户3人，未脱贫和返贫比例处全区较低水平。

【安全维稳】 2017年，但渡镇持续推进安全生产大宣教大排查大整治大执法大督查，开展“打非治违”和重点领域专项整治，排查安全隐患246处，整改率100%，生产安全事故连续三年“零发生”。在全区率先为所有交通劝导站配备空调，开展“交安”系列执法行动，查处交通违法行为732起。开展夏季消防与冬春火灾防控工作，辖区森林连续41年无火灾事故发生。加强食品药品安全监管，坚持日常督查与专项检查相结合，查处过期食药品23类68盒，行政处罚3家，人民群众饮食用药安全得到有效保障。

坚持“心中有数、手中有招、局面可控”12字方针，开展“渝安2号”专项行动，推进校园周边环境整治、重点地区挂牌整治，协力推进“雪亮工程”建设，全年破获刑事案件5起，侵财、可防性案件比2016年下降5%，治安案件发案率下降10%，社会治安形势持续向好。开展矛盾纠纷大排查大化解，做好源头处置，推进干部接访下访常态化，开展“化积案、解难题、办实事”专项行动，接访群众1000余人（次），排查交办矛盾纠纷70余件（次），化解率90%以上。加强对肇事肇祸严重精神障碍患者、社区戒毒（康复）、社区矫正等特殊群体管控力度，落实严重精神障碍患者以奖代补政策，开展社区戒毒（康复）人员追逃查失，确保对高风险群体管控到位、不留死角。

2017年12月12日，区委书记赵世庆在但渡镇楠木院村宣讲十九大精神

【党建工作】 2017年，但渡镇将全镇党建工作分解成4个大项46小项党建任务，责任到人，构建起上下同心、齐抓共建的良好运行机制。深化知责明责担责，对党委班子成员、各支部书记责任进行细化、量化、固化，强化考核评价，与各支部签订责任书14份，做到责任明确，自觉担责；深化追责问责，持续深化党委成员“一岗双责”和支部党建工作述职评议，成立党建工作督查组，坚持季度督查和不定期明察暗访相结合，督促党建工作落到实处。定期组织集体学习和中心组学习，开展《党员领导干部廉洁从政若干准则》等专题宣传教育活动。狠抓区管领导干部这个关键少数，缩短班子磨合期，坚定理想信念，引导党员干部增强宗旨意识，争做政治的明白人、发展的开路人、群众的贴心人。

打造廉政环境，预防腐败，组织镇村干部到廉政教育基地感受贪腐的代价，邀请区检察院检察长到镇举办廉政讲座，联合长寿湖中心检察室分片区对全镇8个村村组干部、村监督委员会成员全覆盖地开展廉政谈话和廉政教育。建立分级谈话制度，党委书记同班子成员个别谈话，班子成员同分管部门集体谈话，镇纪委对对资金往来量大、廉政风险等级高的重点岗位干部进行集体廉政谈话，廉政提醒实现全覆盖。及时对重点岗位干部轮岗，降低廉政风险。建立和完善《但渡镇机关事业单位考勤制度》等17个内务管理制度及《但渡镇村级财务管理暂行办法》等专项制度，制度执行坚持从我做起，向我看齐，以上率下。

探索“互联网+党建”模式，全镇14个支部已建立微信群，主动与广大党员互动交流，宣传党建及惠民政策。按照“标准化建设、规范化管理、人性化服务”的要求，先后投入80余万元对镇公共服务中心和8个村便民服务中心规范化提升；全面推行一站式服务、全程代办等做法，发挥群工系统作用，镇村两级窗口形象和服务水平提升。实现党建工作和脱贫攻坚工作“两加强、两促进”局面。有效将非公企业发展、员工成长、党组织活动相结合，非公企业动态管理机制不断完善。完善党员信息库，加强党员管理和党费收缴管理。后进支部整顿工作推进顺利。（余晓莹）

2017 年重庆市长寿区但渡镇领导人名录

党委书记：张冬芬（女）
镇　　长：陈　红
人大主席：夏　阳
专职副书记：李文宪（女）
纪委书记：刘　箭
武装部长：张　平
政法书记：廖仿志
副 镇 长：张　平　廖仿志　胡瑞清
组织委员：孔　轶（2017 年 7 月兼任人大副主席）
宣传委员：叶炳轩
统战委员：叶炳轩

邻　封　镇

【概况】 邻封镇地处长寿东部，位于风景优美的龙溪河畔，四周与长寿湖、但渡、渡舟、双龙和新市等街镇相邻，距长寿城区 20 千米。全镇辖区面积 55.85 平方千米，辖 10 个行政村、89 个村民小组，总人口 3.6 万人。邻封是全国优质沙田柚生产示范基地，有“中国长寿沙田柚之乡”“全国优质果品生产基地”美称。成功获评全国文明镇、重庆市生态镇、重庆市历史文化名镇、中国最具特色名镇、全国生态特色旅游镇、重庆最美养生小镇。

【经济发展】 2017 年，邻封镇全面完成第三次全国农业普查。年内种植优质高产水稻 776.53 公顷，再生稻 148.87 公顷，玉米 569.4 公顷，红薯 290.53 公顷，豆类作物 251.13 公顷，油菜 746.67 公顷。开展各类农业技术培训，参训 5000 余人（次），机耕机种 1040 余公顷；培育出粮食生产大户 1 家，油料作物 2 家。宣传和推广农业政策性保险，完成各类农作物保险 2000 余公顷。投入 6 万余元完成 2017 年春、秋两季动物防疫工作。培育微型企业 317 家，家庭农场 72 家（其中市级示范农场 9 家，区级模范农场 2 家，区级示范农场 20 家）；成功申报绿色食品基地 2 个，专业合作社 56 个（其中国家级 3 个、市级示范合作社 7 个），家庭农场和专业合作社数量均为全区第一。

发展乡村旅游业，全年接待游客 50 余万人（次），旅游收入 2500 余万元。围绕“以产业融合发展助推乡村旅游，以乡村旅游带动群众增收致富”工作思路，高起点编制《长寿区邻封特色旅游发展总体规划——禁不住的柚惑》《乡村旅游总体策划》《旅游区节点景观设计》《长寿区邻封镇历史文化名镇保护规划》。发动群众开办农家乐 39 家；成功举办邻封油菜花旅游节、长寿沙田柚文化旅游节；打响“中华名果——长寿沙田柚之乡”“十里柚乡·百里花海”乡村生态观光园、“邻封三绝”“邻封三宝”等旅游品牌。配合区政府引进中海外控股集团到邻封镇实施乡村振兴旅游度假项目，打造全国知名的静养主题小镇，该公司已和区政府签订框架协议和合作备忘录，正在进行全面规划设计。邻封乡村旅游发展大格局已形成。

【长寿沙田柚产业】 2017 年，邻封镇种植沙田柚 3533.33 公顷，投产 2000 余公顷，年产值近 3 亿元。按照现代农业产业园建设标准，完善核心区果园内水系、路系、导视系统和太阳能杀虫灯等配套设施，提高沙田柚标准化种植和抵御自然灾害能力。强化种植技术培训，完成春、夏沙田柚管理技术培训 10 余次，参会 3000 余人（次），发放资料 4000 余份。与重庆医药技术学校联合开展沙田柚管理技术及销售知识培训，培育科技示范户 90 余户，带动周边农户沙田柚种植技术。

全年网络销售长寿沙田柚 5 万余件，销售额 500 余万元。与农商行合作举办电子商务培训班，全镇沙田柚种植大户、专业合作社、电商等近百人参加培训。出台《邻封镇 2017 年沙田柚电商产业及物流服务扶持补助办法》，争取区及专项经费对销售沙田柚的网店、快递公司及快递服务点进行扶持补助，鼓励长寿沙田柚电商及快递物流发展。加强电商引进及本土电商培育，引进电商 4 家，培育本土电商 3 家。打造长寿沙田柚销售物流体系，引进快递公司 15 家，建成快递服务点 27 个。协调引导快递公司在邻封镇域内实行沙田柚快递特价服务，为长寿沙田柚电商发展提供保障。

【基础设施建设】 2017 年，邻封镇实施乡村振兴战略，推进美丽乡村建设。修建魏家河坎果园旅游步道 2.7 千米，在“十里柚乡·百里花海”

乡村生态观光园内修建油菜花体验中心1个、观景平台3个、旅游厕所3个、停车场2个，新修及扩宽观光园公路8.63千米、旅游步道11千米，形成观光园内旅游环道。推进水利建设，投入600余万元整治提灌站2座、山坪塘90口、病险水库1座，投入40万元完成全镇10个自来水厂改造，投资12万元完成邻封、汪塔、上硐、上坪等村果园灌溉工程的维修管护；完成655人移民避险解困试点工作申报，兑付资金230.4万元。全年新修公路23.86千米，油化公路11千米，新修人行便道17.48千米，公路里程达225千米，人行便道里程396千米；加大公路养护管理力度，投入50余万元对辖区水毁路段以及公路塌方进行整修清理，制作安装全镇100块道路指示牌。投入200万元实施邻封村、汪塔村美丽乡村项目，完善两村的公路、便道、照明等基础设施；投入400余万元完成上坪村农业综合改造，完成邻封场镇沿街墙面整治设计和审图，完成柚香广场停车场建设、进新村公路路灯安装、柚香广场公厕改造等项目。完成C级危旧房改造76户、D级危旧房改造36户。完成全镇辖区内国网110千伏安电网改造工程。

贯彻落实绿色发展理念，推进生态环保工程。推行河长制，成立河长办公室，完成全镇10条河流和11座水库一河一策及一库一策实施方案编制工作，落实镇村两级河长职责，开展日常监管巡查255次。投入463万元完成畜禽养殖污染综合整治，关闭养殖场3户，整治31户。投入34万元对龙溪河、焦家河河道进行全面清漂。投入90万元完成先锋水库等6座水库集中式饮用水源地规范化建设。实施三峡水库库周龙溪河流域护带建设项目，完成上硐村、青观村23.33公顷生态林验收。推进农村环境综合治理，投入38.4万元聘请专业物管公司负责全镇环卫工作，新增垃圾车2辆、垃圾箱60台、垃圾桶472个，农村垃圾收运实现“户集、村收、镇归、区运”；申报2018年重庆市改善农村人居环境市级示范片，编订改善农村人居环境三年实施方案，邻封等6个村已纳入2018年实施范围。

【社会事业】 2017年年底前，邻封镇288户贫困户已脱贫287户。全年申报非全日制公益性岗位100人，发放工资27万余元。开展雨露工程资助贫困大学生2人1万元。完成危房改造的贫困户5户，补助资金17.5万元。发放各类节日慰问金2.4万元。完成扶贫对象基本医疗保险全覆盖。组织贫困户实用技术培训，鼓励有劳力无门路贫困户发展产业，给予资金扶持。完成扶贫开发户、扶贫低保户、纯低保户、五保户“四类人员”稳定脱贫退出工作。

完善社会保障体系，推进就业培训，做好特殊人员就业情况调查；年内召开大型招聘会1场，发布用工信息千余条，提供就业岗位300余个。全镇居民养老保险参保1.9万余人，城乡居民医保参保3.3万人，实现医保全覆盖。健全民政救助体系，发放特困人员救助资金250余万元，发放城乡低保金218万元，临时救助58万元，发放优抚金265万元及弱势群体救助金77万元。完善退役士兵三级服务平台。

推进教育公平和质量提升，龙溪中学升学率多年稳居全区农村中学第二位，教管中心连续10年获得长寿区素质教育目标管理一等奖。实施文化惠民工程，年内开展送文化下乡20场，放映电影60场，组织各类读书看报、展览展示40余场，完善镇村图书室管理，全年借阅图书1500余册，建成柚乡广场、电厂健身广场两处文化广场，完成10个村农体工程建设。推进医疗卫生事业发展，开展村民免费体检3670人（次），完成家庭医生签约服务13913人，农村妇女“两癌”检查1047人；慰问计生困难家庭183户，发放慰问金9.66万元。

以提升市民素质为根本，以全民共享改革发展成果为目标，投入235万余元推进文明长寿建设。强化组织领导，成立由党委书记、镇长为组长的领导小组，多次召开专题党委会、党政联席会议，研究部署工作。强化宣传引导，投入近50万元设立电子显示屏1块、道旗265块、大型户外宣传阵地19处、墙体广告60余处近3100平方米；组织开展宣传咨询活动4场（次），发放宣传资料5000份；结合党的十九大精神宣讲，开展各类理论宣讲近100场次，受众2万余人（次）。强化示范引领，深入开展“道德模范”“十大孝星”“最美家庭”“十大乡贤”评选活动，报送优秀典型23人。成立志愿服务队伍19支，注册志愿者429人，服务时长1500小时，策划开展文明劝导、法治宣传、生态环保等志愿活动20余次。强化市容市貌整治，清除场镇“六乱行为”，推进“门前新三包”，签订责任书184份，投入130余万元规范场镇乱停乱放，建成停车场8600平方米，新规划公共停车位162个、摩托车停车位380个，投入5.5万元整治占道经营87家，拆除商户门面伸缩棚33个。

【安全维稳】 2017年，邻封镇加强矛盾纠纷排查稳控，全镇总体实现信访稳定5个零目标。全年调解案件305件，其中重大疑难纠纷2件，涉及人数620人，涉及金额210万余元，调解成功率100%。开展“渝安2号”专项行动，打击侵财案件2件，破案8件，收缴气枪1支，涉枪起诉1人，涉黄案件起诉确认拘留5人。组织街头法制宣传8场，发放宣传资料1500余份。开展安全监管行业检查，检查企业258家（次），下达隐患整改指令书25份，查处隐患77处，隐患整改率100%。设置10个交通安全劝导站，上路检查122次，统一交安行动8次，排查道路隐患23起，签订各类安全目标责任书104份。开展食药品安全宣传2次，发放资料500余份，完成抽检16件，快检82件。

【党建工作】 2017年，邻封镇开展警示教育17次，廉政教育19次，执纪监督检查21次。

严格执行“四选八不选”和“二十字”好干部标准，提拔任用科级干部2人，试用期满转正正科级干部3名，新招聘人员2名、调入4名、退休2名。选优配强村四职干部，开展村干部集中培训1次、专题培训7次。强化量化考核措施，加强镇村干部日常考核和实绩考核，保证工作落实。

（杨　静）

2017年重庆市长寿区邻封镇领导人名录

党委书记：李智勇
镇　　长：张常宝
人大主席：喻可君（女）
专职副书记：黄发中
纪委书记：胡韩霞（女）
政法书记：雷现平
武装部长：彭　渝
副 镇 长：雷现平　彭　渝　石坤君
组织委员：张雪彬（2017年7月兼任人大副主席）
宣传委员：陈　辉
统战委员：陈　辉

云集镇

【概况】 云集镇位于长寿区东北部，东与丰都县接壤，北临垫江县，西接长寿湖镇，南与涪陵区接壤，云集镇距长寿主城34千米；辖区面积115.32平方千米，辖1个社区11个行政村、93个村（居）民小组、3个场镇，政府驻地华中场镇。2017年底人口35155人，14258户。2017年年末耕地面积3926.67公顷，水域面积533.33公顷，森林面积3420公顷。夏橙、榨菜、中药材、油茶是该镇的四大支柱产业。

【经济发展】 2017年，云集镇全年地区生产总值8.49亿元，比2016年增长8.4%；农业总产值7.08亿元，增长8.1%；社会消费品零售总额1.62亿元，增长9.1%；农民人均纯收入达到13950元，增长12%；财政预算收入3160万元，增长11.3%；财政预算支出2928万元，增长18.9%；年末居民存款总额3.9亿元。

农业生产。全年粮食播种面积稳定在4465.07公顷，总产量22980吨（其中：水稻播种面积1206.47公顷，产量9189.6吨；玉米播种面积845.33公顷，产量5364.02吨）；粮食总产量稳定在1.4万吨。多年生和一年生经济作物稳步发展，收益增加，产业结构优化。镇级农产品检测室建设完成，培育新型经营主体（家庭农场、合作社、协会）10家。柑橘、榨菜、中药材、油茶四大支柱产业日趋壮大，农民收入稳定增长。2017年柑橘类种植面积1286.67公顷，高节换种533.33公顷，柑橘类产量6.7万吨，年产值1.67亿元，增加收入1100万元；榨菜种植2200公顷，产量8.3万吨，年产值6600万元，增加收入2605万元；以银杏为主的中药材产业，种植面积866.67公顷；油茶种植面积733.33公顷。

依托“互联网+”，实现线上线下相结合，加快传统农业和其他产业的融合。该镇在全区率先成立镇级电商服务中心；与团区委联合实施“新芽计划”，对30名创业青年进行为期两周的培训，成功孵化培育电商9户，全年销售血脐75吨，为全镇血脐等农产品价格的稳步上升发挥积极作用；与供销社联系成立大同村电商服务站，与京东快递合作解决快递延伸和快递费过高的问题；与邮政公司达成意向，将率先实现村级电商服务站的全覆盖。

在林业资源保护中加强领导、落实责任、目标考核等方式，认真做好14600公顷国家（重点）公益林、1400公顷地方（一般）公益林和66.67公顷商品林的管护工作；加强松材线虫除治，2017年投入20万元，对77个小斑408棵病死松树进行除治。

【基础设施建设】 2017年，云集镇解决群众出行难问题。投资1957万元实施农村联网公路工程30.1千米；投资2800万元实施全云路省道黑化工程，投资4500万元实施云丛公路国道升级改造工程，投资7000余万元新修沿长寿湖旅游公路等重点建设项目顺利推进；投资125万元，实施并完成玉龙村、玛瑙村通农客工程，完善村村通农客的硬件条件。完善美好场镇建设。投资740万元的场镇油化项目已进入施工阶段；投资580万元的强弱电线下地工程已全面实施，即将实现所有电线下地，场镇面貌得到美化；总投资650万元的市民休闲广场项目和总投资450万元的停车场项目，已完成规划调整和设计工作。改善农村居民生活条件。完成2016年第二、三批危房改造验收113户（D级74户，C级39户），资金已完成兑付；2017年建卡扶贫户D级危房改造79户，已完善相关资料上报区建委，申请拨付资金兑现；贫困村D级危房改造（卫生条件改善项目）20户，完成村镇建设管理系统和村镇规划信息系统录入工作。水利工程。投资135万元整治山坪塘20口；东山灌区建成渠道10千米，玉龙、雷祖、福胜、华中等村1000公顷农用地灌溉用水条件恢复改善；投资40万元完成S413省道沿线水管搬迁工程；投资70万元实施雷祖村五组饮水项目和福胜村九组、十组人饮项目；玉龙、雷祖、飞龙3座村级水厂及云集镇自来水厂正常运行管理，切实保障全镇3.2万人的安全饮水；推进移民避险解困帮扶（试点）工作，已完成自建房、购房、投亲靠友、新村安置移民874户1626人，验收帮扶对象598户1012人，兑现补助资金1518万元；移民避险解困自建房配套基础设施项目全面实施和镇级统筹部分基础设施项目在全区率先规划实施；投资100万元建设青丰村、大胜村安置点（农民新村）基础设施配套建项目，移民土地复垦意愿调查全面完成；移民后期扶持投资455万元，建成玉龙村、飞龙村、福胜村组级公路15.5千米。落实河长制，镇内2条区级河流、8条镇级河流，落实区级河长2个、镇级河长10个、村级河长11个，编制“一河一策、一库一策”方案，制订相关管理制度，污染源台账全部建立，河道日常巡查工作有序开展。环保整治成效显著。关闭禁养区33个养殖场、整治限养区6个养殖场、整治适养区8个养殖场；关闭雷祖屠宰场1个，将华中屠宰场搬迁至大同村，彻底解决屠宰场噪声扰民难题。

【社会事业】 2017年，云集镇新增城乡低保69户133人，发低保金334.6万元；为309名特困人员足额兑现供养金227.6万余元，为263名重度残疾人发放护理补贴12.8万余元，为361名困难残疾人发放生活补助金11.5万余元，为64名失能老人发放7.5万元失能补贴金；对109名困难人员实施大病临时救助23万余元，对37名精神病人住院医疗救助15万余元；向复员军人等重点优抚对象160人发放优抚金201万余元，定向救助对象13人发放资金8万余元。组织慈善双日薪捐款，捐款9000余元；启动分散特困人员结对互助计划，成立结对互助小组8个，56人实现一对一结对帮扶；华福社区爱心屋募集衣物950件，发放衣物287件；浙江通衢水电公司向爱心屋募捐资金14340元，为社区每位分散特困人员置办棉被一床；重庆南泰尼雅商贸有限公司捐赠围巾200条。

全镇居民健康档案建档25607人，建档率92.7%；计划免疫接种率96.88%，对全镇贫困户实行“先诊疗后付费”。计生新增奖扶对象69人，特扶对象6人，一次性奖励对象91人；签订严重精神障碍患者有奖代补协议120份，补发2016年以奖代补4.7万元；完成“两癌筛查”1140人，孕优检查80对，超额完成任务，未发现出生缺陷儿病例；流动人口协查接受和反馈率100%，准确率98%，通报接受率和平台运用率均为100%。春节、端午节、中秋节等传统节日期间，走访慰问计生特殊家庭26户，发放慰问品52份、慰问金2.06万元。

2017年，全镇登记失业人员220人，实现再就业218人（新增就业人员85人），城镇登记失业率低于1%；全年转移农村剩余劳动力13000余人，培训农民工1532人（次）；城乡居民医疗参保34196人，参保率100%；社会养老保险参保21640人，参保率90%以上。

文化服务。自办节目有特点。华福社区先后组织元旦书画比赛、新春团拜会、三八节游园、五一节歌咏比赛、端午节包粽子、中秋国庆诗歌比赛、重阳节座谈会、周末陪父母吃饭等活动，居民精神文化生活得到丰富。参赛节目有成绩。镇文化服务中心选送节目获区才艺比拼二等奖1个、广场舞和文艺调演三等奖各1个；镇龙舟队参加长寿湖第二届龙舟赛获区级组第一名。文物保护落实。对杨克明故居进行修缮保护，新增5处文物保护点。文化服务有保障。推进文化服务中心、村（居）文化室等基础设施建设，提升数字农家书屋管理质量。

开展文明城区创建，悬挂公益广告260余幅，安装灯杆广告120余块，新装果皮箱、垃圾箱77个，新划停车位130余个，挂牌门前三包400户，全面拆除场镇的乱搭乱建彩钢棚，组织志愿者和发动居民自觉参与清除牛皮癣6000余处。文明城区创建让城镇更美观、市场更有序，居民的文化生活更丰富。

教育坚持德育为先，开展教学教研和教育科研，提高素质教育质量，云集学校获得区级以上集体奖励10多项，教师参加区教师课堂教学技能大赛获奖206人（次），学生参加各类竞赛获一等奖19人（次）、二等奖26人（次）、三等奖30人（次）。用惠民资助金资助困难学生，受益学生520人（次），资助资金432190元。

落实扶贫工作，2017年，云集镇新识别贫困户78户140人，脱贫212户559人；建设贫困户产业扶持项目199户，开发非全日制公益性岗位解决贫困劳动力就业185人，完成贫困户危房改造128户，与教育部门合作让所有贫困学生都享受到“爱心午餐”、特困补助、学费减免、“雨露计划”等教育资助，健全贫困患者健康档案并完成医生签约服务全覆盖，对符合低保户条件的贫困户59户138人实现应保尽保；以人居环境改造项目为契机，改造贫困村的卫生、环保、绿化条件，建设农村公路2个改造工程硬化公路3.1千米，整治山坪塘3口；在贫困村新组建农民专业合作社1个，建设蔬菜种植示范基地3.33公顷（其中富硒蔬菜0.67公顷），成立大同村电商服务站，实现线上线下结合促销农副产品。

【安全维稳】 2017年，云集镇安全稳定保障线不断筑牢筑实，全面实现“七个坚决防止”“三个零”目标，实现“六连安、六连稳”。年内镇综治办调处426件各种矛盾纠纷，成功调处368件，成功率98.5%；受理群众来信来访59件，办理“114”阳光政务投诉信件12件、市长公开信箱信件1件，政府系统公开电子信箱11件，做好涉军、“善心会”“E租宝”等群体的帮扶维稳工作；派出所有警必出，出警必处，处警率100%；查处治安案件97件，查结91件，查结率为93.8%；调解治安纠纷186件。

2017年，处理交通事故47件，查处交通违法行为600余件，排查道路交通隐患20个；处理火灾事故2件，开展消防检查640家，办理消防案件10件，行政警告10人，印发消防责改通知120余份；各交通劝导站执勤劝导220天，劝导纠正1300余次。安监办联合派出所查处安全违法行为375次，罚款4000余元，查处安全隐患17件（次），完成整改15件（次），整改完成率88%。开展食品快速检测工作69批（次），独立查处食品药品一般案件6件，组织辖区内从业人员参加区食药监分局举办的各类食品药品工作培训，覆盖率100%。

【党建工作】 2017年，云集镇推进“两学一做”学习教育常态化制度化。抓好全镇12个村（社区）党员学习教育，依托“三会一课”制度，落实“两学一做”学习教育常态化制度化。通过集中专题培训、支部主题党日、党员冬训、网络学习等多种方式结合，组织基层党员学习贯彻党的十九大精神。全年，每位党员学习时间24学时以上。

用好用活便民服务中心和群工系统。规范12个村（社区）悬挂标识标牌、村（居）务公开栏和宣传栏，做到标准统一，规范服务大厅窗口设置，配齐办公桌椅、电脑、打印机、复印机、照相机、座机电话、指纹机等必要设施设备。加大群工系统的推广宣传，使群众找得到人、办得了事，群众反映的问题做到件件落实。全年收到群工系统反映事项381条，办结381条，办结率100%。

党员教育管理。做好非公党建系统以及“12371”党建系统信息完善，做好党员队伍动态管理，核档案、问情况，做到信息准确，党员关系转接有据可查。全年全镇转接党员22人，全部按

照程序规范转接。（刘　亚）

2017 年重庆市长寿区云集镇领导人名录

党委书记：刘伦科
镇　　长：雷现强
人大主席：马绍全
专职副书记：廖昆明
纪委书记：孙　静
政法书记：车选科
武装部长：车选科
副 镇 长：勾晓勇　车选科　张碧英（女）
组织委员：陈华强（2017 年 7 月兼任人大副主席）
宣传委员：王　千（女）
统战委员：王　千（女）

双龙镇

【概况】　双龙镇位于长寿城区东北部，地处长寿湖西岸，距长寿城区 22 千米，距长寿湖风景区 5 千米，镇政府坐落在双龙社区龙祥街 17 号。全镇辖区面积 56.97 平方千米，其中城镇建成区 1.8 平方千米，耕地面积 3001.8 公顷（田 2411.4 公顷、土 590.4 公顷）。全镇辖 11 个行政村、1 个社区，85 个村（居）民小组。2017 年户籍总户数 18864 户，总人口 38923 人，其中男性 19715 人，女性 19208 人；农业人口 32572 人，城镇非农业人口 6351 人；有农村劳动力 24512 人，外出务工 17685 人，其中常年外出劳动力 12489 人；常住人口 24638 人。人口密度 432.5 人/平方千米。辖区交通优势明显，渝宜高速公路、长寿湖旅游高速公路穿境而过；渝万高铁长寿湖站设站双龙，从双龙乘坐高铁到重庆主城 20 分钟、到长寿城区 8 分钟；龙湖迎宾大道、何华路、长（寿）双（龙）路、双（龙）乐（温）路、三（平）罗（围）路等多条公路在境内交汇贯通。辖区自然人文资源丰富，探明岩盐储量 15 亿吨，天然气储量 14.5 亿立方米；拥有秀丽的罗围寿山风景、宜人的田园风光、众多的历史古迹、神奇的民间传说和深厚的文化底蕴，其中“罗围寿山风光”入选“长寿新八景”。辖区产业兴旺发达，全镇发展个体工商户 1941 户、企业 452 户（含微型企业）、农民专业合作社 20 户，国家级农业产业园区集产业示范、休闲观光等多功能于一体，中盐重庆长寿公司已发展为全市重要盐卤输出基地。

【经济发展】　2017 年，双龙镇实现地区生产总值 8.2 亿元，比 2016 年增加 6000 万元，增长 8.0%。其中，第一产业 17142 万元，增加 692 万元，增长 3.6%；第二产业 18720 万元，增加 1510 万元，增长 8.77%；第三产业 40238 万元，增加 3398 万元，增长 9.22%；社会固定资产投资 3.05 亿元，增加 2600 万元，增长 9.36%；社会消费品零售总额 8.99 亿元，增加 7800 万元，增长 9.5%；城镇居民可支配收入 2.97 万元，增加 1800 元，增长 6.72%；农民人均纯收入 1.58 万元，增加 1500 元，增长 9.49%。

农林牧渔业。（1）粮油生产。2017 年全年总产 21404 吨，比 2016 年减产 130 吨，减少 0.06%（其中油菜籽产量 704 吨，减产 31 吨，减少 4.2%；小春粮食作物产量 1828 吨，减产 40 吨，减少 2.1%；水稻播种面积 1643.24 公顷，产量 14422 吨，减产 90 吨，减少 0.62%）。（2）经济作物。水果种植面积 864.5 公顷，产量 5995 吨，增产 3122 吨，增长 108.78%；蔬菜产量 12037 吨，减产 2200 吨，减少 15.45%。（3）林业。退耕还林直补 3516 户，直补面积 155.84 公顷，补助资金 29.22 万元；全镇森林覆盖率 43%，组建护林队 12 个，有专（兼）职护林人员 24 人。（4）畜牧业。全年出栏育肥猪 39278 头，增加 2108 头，增长 5.9%；家禽 232422 只，减少 101204 只；肉种鸡苗 0.76 千万羽，减少 90 万羽，降幅 10.5%；禽蛋产量 2376 吨，减少 269 吨，降幅 10.1%。截至 2017 年年底，全镇有规模养殖场 31 个（以 100 头生猪当量计算），其中猪场 18 个、鸡场 11 个、鸽场 1 个、鹌鹑场 1 户。（5）渔业。各类水产品面积 342.9 公顷，产量达 2398 吨，增加 118 吨。（6）开展农技培训班 35 期，培训人员 3755 人，开展科技下乡活动 14 场（次），培训新型农民 1060 人（次）；发展家庭农场 58 户，年内新增 11 户；新发展农业养殖股份合作社 2 个，建立大棚蔬菜基地 15 个，建有生猪养殖示范场 22 个，笼养鸡示范场 16 个；机械化耕作、收割培训 18 人次，有农耕机 590 台，农用车 189 台，机械耕作面积 1250 公顷、机械插秧 560 公顷、机械收割 265 公顷。

工业企业。盐卤生产 10.8 万吨，比 2016 年增产1.8万吨，增加20%；产值1618万元（盐卤价格调整），减少382万元，降幅19%。条石厂2个、建筑业2个、建材业6个、交通运输业1个，仓储业2个、农产品加工业5个，批发零售业3个。

财政收入。2017年上级转移支付补助收入3085.72万元，比2016年增加6.16%；基金收入153.85万元。财政支出。2017年一般公共预算支出3078.49万元，比年初预算数增加17.1%，比2016年同期增加16.1%。

全镇有银行分支机构3家，分别是中国农业银行重庆双龙支行、重庆农商行长寿支行双龙分理处、中国邮政储蓄银行重庆长寿区双龙营业所。2017年，总计存款额126062万元，比2016年减少6103万元，降幅4.6%。

长寿农业园区为“国家级农业示范园区”，面积846.8公顷，涉及9个村、1个社区，其中晚熟柑橘种植面积650公顷、蔬菜种植面积96.6公顷、花卉苗木种植面积100.2公顷；入园企业14个，其中柑橘企业9个、蔬菜企业4个、花卉苗木企业1个。2017年，农业园区企业柑橘产量2210吨，收入1326万元；蔬菜产量1.1万吨，收入881.1万元；土地租金每亩按350千克稻谷当年市场中等价格计算，村民应得土地租金1153.29万元，截至年底，企业已兑付土地租金984.04万元，兑付率85.3%。

【基础设施建设】 2017年，双龙镇小城镇建设完成楼顶彩钢棚违建整治34户，面积7487平方米，拆除殷某某等地面违建7户，整修路灯120余盏、雨水管网750米，整修场镇一级污水管网400米，整换下窨井盖40余套，绿化含原已征未用地在内6万余平方米。换垃圾桶45个，场镇生活垃圾日产日清，垃圾运输处理3700吨。解决渝万铁路遗留问题10余起，补办理农转非5户6人，拆除影响渝万高铁安全运行的夹钳口民房5户1004平方米。聘请专业物业公司每日对双龙场镇公共领域垃圾进行清扫，改变场镇“脏、乱、差”现象。建成井家堡、龙祥街公益性停车场2个，完成包括罗围正街在内780余株行道树修剪和树窝整治。完成农贸市场升级改造，新增摊位280个。

新农村建设完成农村危旧房改造7户；新增农村垃圾收运箱20个；农村房屋审批38户，建筑面积3446.83平方米。完成农村道路养护200千米，新建硬化公路24千米，整治公路隐患2千米，整修水毁公路2处，1.2千米；完成群力高张路、二碗路硬化3.97千米，连丰韩双路扩宽改造2.28千米，飞石王李路扩宽改造0.98千米，完成大罗山破石湾公路水毁治理、飞石村新房子公路水毁修复治理2处，安装村道路牌148根、警示牌及凸面镜81块。

全镇有集中式饮用水源地2个（吼水湾水库、文家冲水库），污水处理厂3个（双龙场、罗围场、龙滩新村）；次级河流1条，屠宰场1家，工业企业1家（中盐重庆长寿公司），食品小作坊15家，餐饮业61家，医疗机构15个，农贸市场2个，畜禽养殖场45家（其中规模以上31家），水产养殖450余处，汽车修理店7家。推进饮用水源地规范化建设，新设立界碑3块，新设置垃圾箱（桶）6个，清运藕叶、杂草等枯腐物4吨。畜禽达标整治，关闭养殖场24家，达标整治养殖场30家、屠宰场1个，新建沼气池1168.98立方米、化粪池3013.4立方米、干粪池1256.6立方米。

【社会事业】 精准扶贫。2017年，双龙镇新增贫困户4户、4人，截至12月底全镇有精准扶贫户503户、1020人。落实新增61户贫困户产业扶持项目，全面完成10户贫困户危房改造，按时支付145名建卡贫困户公益性岗位薪酬，建立1020名因病致贫人员居民健康档案，完成贫困村红岩村人居环境整治，全年发放各类扶贫帮扶资金122479.8元。

全镇有学校7所，其中区属高完中1所，镇教管中心管理学校6所（小学2所、幼儿园3所、培训机构1个）。（1）区属高完中双龙中学，在校学生831人，教职工166人。2017年，初中升高中169人，升学率75.45%；高考参考89人，上线69人，上线率75.38%。全校师生年内获得各类表彰、奖励307项人（次）（其中集体获表彰14项）；教师7人（次）获部级奖励，25人（次）在国家级、市级刊物上发表文章。29人（次）获市级奖励、119人（次）获区级奖励；学生6人（次）获国家部级奖励、10人（次）获市级奖励、97人（次）获区级奖励。（2）镇教育管理中心所辖学校6所，小学2所，其中中心校1所、寿山点校1所，在校学生1460人，教职工111人。2017

年学龄儿童入学率100%，小学升初中100%。幼儿园3所，其中中心幼儿园1所，在职教师11人，聘用教师15人，在园儿童301人；民办幼儿园2所，教师18人，在园儿童261人。培训机构1个，汇英文化辅导学校，教师5人。2017年全镇教师获市区奖励147人（次），其中一等奖30人（次），优秀、先进工作者19人（次），寿山小学1名老师被评为长寿区第一届乡村优秀教师；双龙中心校参加长寿区新风行动中外诵读、区级象棋比赛、羽毛球比赛、田径运动会分别获一等奖；双龙中心校获长寿区乒乓球体育特色学校、长寿区首批书香校园、长寿区卫生示范学校称号，双龙中心幼儿园被评为学前教育先进集体等荣誉。

全镇有文体阵地24个，分别为镇综合文化站1个、农家书屋11个、农体健身点12个，常年免费对外开放。年内新增健身设施5套，分别为双龙社区2套、红岩村1套、连丰村1套、天堂村1套。年内全镇举办新春文艺演出、“我们的节日·清明”专场演出、“国庆中秋”系列文化活动、“脱贫攻坚 你我同行”等文艺演出7场（次）；举办“美丽双龙随手拍”摄影大赛、“信仰的力量”演讲比赛、红岩展等文化活动5场（次）；举办承担、参加区“三下乡”活动启动仪式、社区文化节、龙舟赛等活动6场（次）；持续开展农村电影惠民放映活动，放映电影144场。加强文体市场监管。对全镇网吧、图书销售、打字复印等文化经营单位5家，福彩销售点1个，开展文体市场检查13次，辖区无重大违规经营行为和安全责任事故发生。做好文化遗产保护。全镇有文物30处，其中区级文物保护单位1处（罗围老街民居），全年无重大文物损毁事故发生；对8个不可移动文物挂牌进行保护，对19个不可移动文物点安排专人看护；全镇有市级非物质文化遗产2项，分别为长寿血豆腐制作工艺、花鼓。花鼓代表性传承人韩德禄在双龙中心校开办免费培训40余班（次）。

做好公共卫生服务工作，98对夫妇参加孕前优生检查，为农村妇女提供宫颈癌筛查902人，乳腺癌筛查590人，完成家庭医生签约16112人，完成区卫计委下达目标任务，审核完成83名离岗乡村医生养老和医疗补助。参与春、秋两季学校卫生监督检查以及公共场所、饮用水卫生和医疗卫生机构专项监督检查。计生工作在年内重大节日慰问计生失独家庭23户、独生子女残疾家庭12户、四级残疾家庭1户，计生困难家庭1户，送慰问金1.15万元；年内新增国家级计生奖励扶助对象169人、特别扶助3人，退出国家级计生奖励扶助对象61人，区级独生子女父母奖励金发放对象144人，全年发放各类奖励扶助金158.32万元。全镇出生婴儿377人（政策内生育377人），全镇人口出生率9.65‰，人口自然增长率控制在1.9‰以内；全镇流出人口7899人，其中育龄妇女2348人，已婚育龄妇女1969人；跨市流入人口20人，其中育龄妇女12人，办理《婚育证明》率达96.26%，验证率100%。全镇有双龙镇卫生院1所，属国家一级甲等医院，下设罗围分院、村卫生室11个、社区卫生服务站1个，设有内儿科、外科、妇产科、中医药科、针灸理疗科、口腔科、眼耳鼻喉科、医技科（放射室、检验室、超声心电室）、药剂科、公共卫生科等科室；医院有职工78人（含临聘6人），其中专业技术人员69人（正高职称1人、副高职称6人、中级职称24人、初级职称36人）。医院床位编制70张，开放床位70张，其中罗围分院10张。全年门诊20800人（次），住院1901人（次），住院床日16513人（次），业务收入770.41万元。开展手术53台，其中外科手术50台、妇产科手术3台。住院分娩7人（次）。急诊出诊356人（次），抢救危重病人198人（次）。

年内全镇有农村低保户187户、324人，发放低保金103.25万元；有城市低保户98户、145人，发放低保金69万元；临时困难救助242人，救助金额34.28万元；征地农转非医疗救助30人，救助金额5.39万元；儿童救助3人，按照每人每月1000元标准，发放金额3.6万元。有五保户258人，其中集中供养43人，散养215人；向特困人员发放供养金198.02万元；特困人员照料护理补贴22人，发放补贴9.72万元。有优抚对象365人，企业参战人员2人，企业复员2人，发放优抚金374.61万元。殡葬工作全年火化尸体25具。全镇有百岁以上老人1人，96～99周岁老人14人，发放补贴2.43万元。年内对残疾人大病救助2人；残疾人危房改造8人，发放补助金12.8万元；残疾人护理补贴321人20.52万元；残疾人生活补贴116人7.22万元。

开发全日制公益性岗位，解决就业困难人员就业15人，推荐信息产业招工45人；办理灵活就业社保、医保补贴69人；完成区就业局下达的离校未就业大学生定制服务工作6人。办理城乡居民基本养老保险指纹验证6000余人；办理征地农转非“4050”以上人员生活困难补助2351人。城乡居民合作医疗保险工作，全力配合区社保局做好具有金融功能的社会保障卡的发放工作，年内新办理社保卡786张，补（换）卡569张，发放社保卡492张；办理特病证300余人，办理城镇职工医疗保险申报100余人。

【安全维稳】 2017年，双龙镇开展道路交通安全检查260次，检查车辆5000次，查处违章车辆820车（次），处罚金额1.2万元，现场批评教育213人（次）；排查道路安全隐患12起，整改3起。开展非媒矿山安全检查14次，建筑安全检查2次，烟花爆竹检查12次，检查单位240个，限期整改16处。开展消防安全检查12次，检查单位420个，发出隐患整改通知23个；全镇有16名义务消防队员，全年出火警11起，挽回经济损失11万元；全镇发现马蜂窝30个，已全部清除。设专职治安员12名，建巡逻队伍13支、队员127人；普法宣传8次，调处各类纠纷347件，调解成功率100%。

年内办理《食品经营许可证》153件；实施食品安全快速检测77件（次）（其中餐饮服务环节11件、销售环节54件、生产环节12件），依法对检测出的6件异常件进行处置，处置率100%；检查食品、药品、医疗机构、美容美发、化妆品、小作坊等经营单位670余家（次），出动检查人员397余人次，办结食品药品行政执法案件5件。

及时处理区级以上交办信件33件，办结33件；镇上交办信件84件，办结82件，办结率97.6%；开展干部大下访活动，下访267次，接待群众251人（次），收到各类问题19件，解决率100%；化解历史疑难案件1件。

【党建和人大工作】 2017年，双龙镇党员总数1307名，农村党支部11个，党员1010名；社区党支部3个，党员128人；机关党支部1个，党员57名；退休党支部1个，党员111名；非公企业党支部2个。年内发展新党员5名。年内镇、村党组织集中学习130余次，送学100余人（次）；邀请专家专题讲座3次，党委书记讲党课6次，班子其他成员讲党课15次；开展党的十九大精神宣讲70余次，在各级媒体报道60余篇次。

首次召开年中人代会。2017年7月6日，召开双龙镇第十九届二次人代会，会议听取和审议通过《〈重庆市长寿区双龙镇总体规划修编（2014—2025）〉》《环境保护专项工作报告》和《镇政府半年工作报告》，听取镇人大代表建议办理情况。在全镇按照区代表选区建立6个标准化的村（社区）人大代表工作站，将13名区人大代表、67名镇人大代表划分到各个工作站，每个工作站设站长1名、副站长1名、联络员1名。年内开展代表活动20余次。 （刘　科）

2017年重庆市长寿区双龙镇领导人名录

党委书记：张光勇
镇　　长：叶俊英（女）
人大主席：邓建国
专职副书记：陶治国
人大专职副主席：徐　斌
纪委书记：郑小林
政法书记：江　洞
武装部长：王　伟
副 镇 长：王　伟　张青彦　郑　雪（女）
组织委员：张凤青
宣传委员：刘　科
统战委员：刘　科

龙河镇

【概况】 长寿区龙河镇位于长寿城区东北20千米处，东邻垫江县，南靠长寿湖镇、双龙镇、新市镇，西连葛兰镇，北接石堰镇。政府驻地合兴场，距长梁高速路合兴立交桥出口500米，全镇公路里程356千米，行政村畅通率100%；辖区内有17个村1个社区，115个村民小组6个居民小组；总人口47523人，其中农业人口41860人，非农业人口5663人。辖区面积89.9平方千米，其中耕地面积4747公顷，森林覆盖率38%。

龙河镇地处亚热带，地貌以浅丘平坝为主。气候温和湿润，热量丰富，雨量充沛，土壤肥沃，是长寿区的鱼米之乡，盛产优质水稻、杂柑、夏橙、蔬菜，是重庆市晚熟柑橘基地，畜禽养殖业发达，是长寿区特种畜禽水产养殖基地。

【经济发展】 2017年，龙河镇水稻种植1993.53公顷，平均亩产502千克，总产15011.3吨；玉米种植670.67公顷，平均亩产384千克，总产1671.9吨。全镇的小春主要以油菜种植为主，葫豆、豌豆为辅，全年油菜种植319.2公顷，平均亩产111.9公斤，总产498.85吨；葫豆种植175.87公顷，平均亩产113公斤，总产量298吨；豌豆种植面积37.87公顷，平均亩产94公斤，总产量53吨。全镇土地流转面积2800公顷，占总耕地面积的59%；年内新增土地流转面积20.33公顷，再次流转（转租）面积135.47公顷。2017年全镇实现地区生产总值（GDP）6.1亿元，比2016年增长6.7%；城乡居民可支配收入增长9%；财政总收入4162.8万元，增长34.29%（其中三项转移支付收入2223.03万元，专项补助收入1781.43万元，政府性基金收入158.34万元），与2016年同期同口径比较，财政收入完成年初预算的137.06%。

特色支柱产业发展依托现代农业园区培育壮大以晚熟柑橘为主的特色效益农业，统筹推进优质、高效、生态、安全的区域性特色产业发展，引进培育蔬菜、花卉、葡萄、柠檬等特色种植项目，丰富调整产业结构。全镇水果种植面积3465.13公顷（其中柑橘面积3387.8公顷）；蔬菜规模种植面积99公顷，社会蔬菜复种面积520.73公顷；花卉苗木基地120公顷；农旅融合发展，乡村旅游发展已见雏形，以秀才湾农民新村、老陈菜生态农庄、哈维斯特生态园林等为代表的乡村旅游节点初具规模，以龙河为核心区的“橘乡福地、长寿慢城”现代农业休闲综合体纳入全区整体规划。

新型农业经营主体培育以龙头企业为引领、家庭农场为基础、农民合作社为纽带的现代农业产业化联合体。2017年新发展农业公司2家、家庭农场5家、专业合作社14家，全镇家庭农场总数达到42家，农民专业合作社达到46家，农业公司达到13家（区级龙头企业8家，市级龙头企业5家）。新型农业经营主体队伍的逐渐壮大，农业生产经营逐步职业化，推动全镇农业产业结构调整，解决“谁来务农”的现实难题和“怎样务农”的深层次问题。

【基础设施建设】 2017年，龙河镇改善村组通行条件。全年投资603万元，新增硬化道路7.11千米，新增农村生产道路16千米，新增人行便道13.4千米。农田水利基础设施投资500万元，整治山坪塘20口，新建提灌站4座，整修提灌站2座；完成保合村农村人饮入户项目。改善农村居住环境，推进农村危旧房改造工作，完成32户C级危房、24户D级危房的建设、验收工作；启动永兴村改善人居卫生条件及绿色村庄项目；妥善解决镇内大中型水库移民避险解困安置问题，增加移民财产性收入，确保全镇1072名移民“搬得出、稳得住、能致富”。

规范场镇建设管理，率先在全区农村场镇修建2个免费临时停车场，新增停车位100个，安装中央隔离护栏200余米、路沿U型防护栏1200余米，规范场镇交通秩序；新增路灯41盏，路灯覆盖率达98%；利用场镇之前废弃的边角地打造“口袋公园”，增添健身休闲设施；维修场镇人行道道板2000平米，改造维修市场老旧公厕2座，引进专业物业管理公司管理场镇；新增移动花箱70个，补种植物300余平方米，让场镇美起来。

生态环保以全镇十三五发展规划为主线，谨守生态保护红线，以三级河长制全覆盖为抓手，制定“一河一策”整治方案，留住青山绿水，合理产业布局，将产业结构调轻调优调绿，保障群众饮水安全；大力发展低能耗低污染的第三产业，逐步压缩畜禽养殖业。探索完善科学的系统的农村生态保护体制，实施全镇环境保护网格化管理，构建全镇生态文明保护的“四梁八柱”，巩固创建市级生态文明示范镇取得的成果。

【社会事业】 2017年，龙河镇做好精准扶

2017年，龙河镇永兴村改造后的公厕

贫工作，全镇贫困户376户1120人（其中新增14户39人），全年发放产业扶持资金3.6万元，非全日制公益性岗位资金225885元，节日慰问资金26670元。向市级贫困村永兴村派驻第一书记和扶贫工作队，所有队员吃在村、住在村、干在村，启动投资约150万元的改善贫困村人居环境项目工程，包括改造公厕1座、农户卫生厕所132户、整治院落300平方米，硬化人行便道6千米；完成贫困户D级危房改造4户，新申报贫困户D级危房改造14户；投资160万元的永兴村新建和改造提灌站工程即将建设完成。全镇扶贫工作做到底数清、情况明、措施准，强化对扶贫领域监督执纪问责力度，确保所有扶贫项目和资金落实到位。

增强社会保障，实现农村新型合作医疗和养老保险全覆盖，城乡居民医疗保险参保率100%，城乡居民养老保险参保人数总计28666人；落实就业、创业政策，失业保险资格认证72人（次），办理小额贷款40件，贷款金额400余万元。困难群体救助力度增强，为全镇494户低保对象发放低保金274.92万元，发放大病临时救助33.22万元；执行五保供养条例，规范敬老院管理，发放特困供养金及慰问金271.95万元；关注孤困儿童生活状况，保障留守儿童合法权益，落实残疾人扶持政策和做好残疾人康复服务。

文教卫计事业做好卫生计生民生实事，发放国家奖扶683人、特别扶助65人，资金115.3万元；家庭医生签约14719人，完成比例157.83%。建立健全计划生育特殊家庭分类管理和“3 + x”联系人制度，抓好出生缺陷三级干预工作，落实重症精神病人以奖代补政策，开展农村妇女“两癌”筛查；开展卫生监督执法，确保公共场所经营单位全部卫生许可亮证经营。教育质量不断提升，中小学素质教育目标考核获全区一等奖；2017年初中毕业升学考试，重点高中指标到校完成率172%；参加全区教师优质课大赛获五个一等奖。重新免费开放镇文化服务中心，开展四点半课堂，挖掘龙河地方文化，打造“龙河剪纸”“摄影之乡”等特色文化，选调龙河地域特色节目多次在区内获奖，年内组织各类宣传文化活动20余场（次）。

2017年，龙河镇承办区第十一届农家乐街镇文体展示活动

以文明长寿创建为契机，开展群众性精神文明创建，制作巨幅宣传墙体12处，固定宣传457处，村居氛围营造300余处，评选十星级文明户10户；拆除场镇乱搭乱建篷伞、广告等38处，清除牛皮癣5000余处，规范场镇门面门前三包制度，种植三角梅、波斯菊持续美化净化场镇，文明长寿建设位居全区前列。

2017年，文明长寿建设龙河镇规范市场摊位

【安全维稳】 2017年，龙河镇社会稳定工作推进“雪亮”工程、夜间巡逻，打击违法犯罪，社会治安形势持续向好，群众安全感进一步提升。抓好社会治安防控体系建设，组建村居巡逻队18个。开展治安专项整治行动，加大对校园周边环境、出租房和流动人口清理等治理力度。加强重点群体、重点人员管理帮扶，加强矛盾纠纷源头预防、分类化解，全镇稳定形势总体可控，信访事项受理率100%，矛盾纠纷调解成功率90%以上，全面完成十九大期间“七个坚决防止”和“三个零目标”。

安全生产监管深刻吸取“1.22”贯岭码头意外交通安全事故教训，全面落实“党政同责”“一岗双责”，提请镇党委会专题研究安全生产工作18次，全镇召开季度安全工作会4次，专题研判17次，形成安全生产人人关注的氛围。持续推进安全生产“五大行动”，自筹资金30万元对村级道路安全隐患上安全防护措施，举一反三对镇内各类安全生产领域加大监管力度，全年排查治理安全隐患43项，下达整改指令书4份，开展消防安全检查142次。推动国家食品安全示范城市创建工作，强化道路交通、水上交通、食品药品等重点行业领域的监管执法，夯实薄弱环节，切实保障人民群众生命财产安全。

【党建工作】 牢固树立党建主责意识，书记履行“党建第一责任人”责任，坚持主动抓党建、带头抓党建，定期主持召开党委会26次、党建工作座谈会4次，专题研究部署重点党建工作，专题研究重点党建工作，推动全镇党建工作发展。推进“两学一做”学习教育常态化制度化，学习宣传贯彻党的十九大精神，抓好大学习、大宣传、大贯彻；2017年民调一直位居全区前列，各项工作均得到群众支持和认可。（李　婕）

2017年重庆市长寿区龙河镇领导人名录

党委书记：张新明（2017年2月离任）
镇　　长：邹翔名
人大主席：张　忠
党委副书记：樊广义（2017年2月任）
专职副书记：沈洪英（女）
人大专职副主席：刘成福
纪委书记：祝明合
政法书记：车　念
武装部长：杨洪文（2017年10月离任）
副 镇 长：杨洪文　罗　利（女）
　　　　　李　英（女）
组织委员：徐　嘉
宣传委员：程建军
统战委员：程建军

海棠镇

【概况】 海棠镇位于长寿区北部，北邻重庆垫江县、西接四川邻水县，镇政府所在地长寿区海棠镇正街，距G50高速公路云台出口、澄溪出口各5千米，距长寿深水港码头50千米，距渝怀铁路长寿站80千米，距重庆市中心90千米。全镇辖区面积45平方千米，辖9个行政村、58个村民小组、12280户，户籍人口32359人（其中非农业人口11878人）。耕地面积1027公顷，设施农业占地面积196公顷，有效灌溉面积815公顷，农作物播种面积2590公顷。海棠镇地势东西高，中部低，属浅丘平坝地形，亚热带湿润气候，四季分明，夏季长而炎热，春秋季短，冬季较暖和。雨量充沛，但分布不均，一、二、三月易出现春旱，五、六月常发生洪涝灾害，七、八月伏旱明显。

海棠镇天然气、硫磺储量丰富，境内有川东天然气净化总厂引进分厂。石灰矿在镇内东西两山蕴藏量丰富，在千万吨以上，未大量开采，只是少部分开采用于生产片、碎石。

【经济发展】 2017年，海棠镇财政收入2978万元，比2016年增长7.9%；固定资产投资完成1.15亿元，增长27%；招商引资完成7.6亿元，增长16.5%；农村居民人均可支配收入16730元，增收1100元；实现社会消费品零售总额累计22876万元，增长9.4%，超额完成区政府下达的工作目标；第三产业就业人数609人，增长4.4%；全镇批发零售商贸业商品销售总额14865万元，增长8.7%；全镇餐饮住宿业营业额实现2837万元，增长9.05%。

农村经济以市场为导向，加快产业结构性调整，建成现代农业粮油核心区266.7公顷，创建科技示范户60户、家庭农场15个、农业专业合作社2个、专业种粮大户4户及高标准13.3公顷示范集中基地。总计建成柑橘200公顷、沙田柚和李子各66.67公顷、蔬菜和枣子各33.33公顷、莲藕26.67公顷、花卉园艺6.67公顷、食用菌香菇3.33公顷，农机农技推广位居全区前列。

把土桥工业园区作为镇域经济工作重点，围绕木质绿色产品加工园区建设，加大招商引资力度，推动开工企业达产增效，适度扩大生产规模。截至2017年年底，已引进重庆盛百利防水建材有限公司、重庆太子化工有限公司、重庆东森润建材有限公司、重庆祥道建材有限公司、重庆奥鑫涂料有限公司、重庆瑞琦塑料管道有限公司6家企业，实现年产值9.44亿元，利润总额18995万元，解决就业人员 608 人，海棠工业组团取得跨越式发展。

第三产业发展推进商贸流通和现代服务业，加快海棠综合农贸市场开发建设，建成中型连锁超市 9 家、中小型餐馆 31 家、红白喜事“一条龙”家宴服务 17 家，建立农家便民店 37 个、农资供销店 13 个；新增微型企业 18 家、品牌电器专卖店 4 个，电子商务、网络消费等新兴业态快速成长，清泉张家古寨、小河天池原村已纳入长寿区乡村旅游发展总体规划。

【基础设施建设】 2017 年，海棠镇农村道路建设投入资金 514 余万元，全年村道加宽改造和硬化 11.53 千米；实现农村公路养护管理全覆盖，全年发放养护资金 13 万元。

城镇建设加快重点地域污水排放、垃圾整治，完善镇农贸市场建设和市民健身广场建设，城镇功能完善；开展场镇行道树乱牵乱挂、场镇乱搭乱建、占道施工等问题专项整治，对场镇内的化粪池和下水道进行建档管理，场镇环境优化；开展小城镇基础设施建设。聘请重庆洪恩园林物业管理公司对场镇卫生进行专业管护，坚持生活垃圾日产日清，每天清运垃圾 5 车（次），保障镇场镇卫生的干净整洁。

新农村建设。金子村上河坎滑坡点复垦项目 8 户房屋通过复垦项目审查，预包装复垦规模 3149 平方米；加大农村危旧房改造力度，完成全镇 36 户 D 级危房改造。

2017 年 5 月 2 日，区领导巴川江、宋平、汤晓强到海棠镇调研污水管网建设情况

污水管网建设完成改建海棠场镇、土桥组团的 13 千米污水管网配套建设，改造化粪池、一体式泵站、检查井等附属设施。制定环境长效管护制度，在镇村建立河长制，设立河长办公室，全面巩固建设成果，农村环境面貌得到进一步改善。

【社会事业】 2017 年，海棠镇中心小学校，学生 1503 名，教职工 126 人；学校占地面积 24803 平方米，校舍建筑面积 31932 平方米；小学段适龄儿童全部入学，学龄女童全部入学。海棠镇初级中学在校学生 1126 名，教职工 91 人；学校占地总面积 21462 平方米，校舍总面积 11373 平方米，其中绿化面积 9484 平方米；海棠镇中学初中升高中升学率及重点中学升学率连续 14 年排全区农村中学第一，中小学教师教书育人负责程度在民意调查中排名稳居全区前列。

2017 年 6 月 29 日，区领导左永祥、师明萌到海棠镇检查文明城区创建工作

丰富农村群众文化生活，完成全镇 9 个农家书屋、18 个图书外借点的标准化建设和规范管理；打造“海棠唢呐”等非物质文化遗产，深挖海棠非物质文化，成功申报“海棠打夯号子”为区级非物质文化遗产保护项目，“海棠唢呐”正在申报国家级非遗保护项目。

计划生育工作。全镇户籍人口总数 3.23 万余人，常驻人口 2.89 万余人。育龄妇女 9277 人，全年居住人口出生 201 人（其中一孩 98 人、二孩 92 人、多孩 11 人），政策内出生 197 人，政策内生育率 98%；户籍人口出生 231 人（其中一孩 118 人、二孩 96 人、多孩 17 人），政策内出生 219 人，政策内生育率 95%。人口自然增长率为 2‰。孕优完成 67 对，超额完成任务。全年走访流动人口 30 户，为外出流动人口办证 71 个，办证率 100%；

举办避孕节育知识培训2次，参训人员300多人（次）；免费发放避孕套800余盒；全镇98名使用药具人员全部实行知情选择，药具发放率100%，有效率100%，随访率100%。

落实精准扶贫，建设海棠村海棠佳苑、古林村垭口湾居民点，对明月山缺水村居小河村和古林村2个自然村实施移民搬迁107户319人。成立扶贫基金，2017年对已脱贫（享受政策）户，每户发放500元，合计13.45万元。2016年新增的扶贫户5户，年内每户发放产业扶持资金2000元。开设扶贫实用技术培训班，培训方向为种植和养殖两个方向，参加培训102人（次）。完成并通过验收36户D级危旧房，15户C级危房改造。完成雨露工程贫困大学生资助7人，建卡贫困户危旧房改造2户。全年聘用非全日制公益性岗位25人。

2017年发放发放城镇低保资金221352元，农村低保资金188884元，民政各类救助补贴资金226万元。

2017年征收养老保险金230余万元，新办理参保人员200余人，完成4438人的人脸指纹采集和认证工作；全镇20377人参加城乡居民医疗保险，筹资260余万元；政府解决就业人员全年完成新增就业人员608人，下岗失业人员再就业81人，就业困难人员就业46人，就业培训800多人（次），完成回引就业创业人数438人，成功为57个就业困难家庭或返乡农民工创业发放贷款40笔共320余万元。落实“春蕾计划”、“两癌”救助工作，让贫困妇女儿童受益。

【安全维稳】 2017年，海棠镇安全监管执行“一岗双责”，落实安全专管人员和管理员的职责，完善安全生产制度，建立安全生产台帐，做好道路交通、森林防火、城乡消防、食品药品等重点领域安全工作，彻底清查各类安全隐患。年内全镇出动检查人员683人（次），出动检查车辆172台（次），对辖区非煤矿山、建筑工地、9个人员聚集场所、43家工贸企业、228家个体工商户、224.5千米乡村道路进行有效监管。全年排查出各类安全隐患182处，印发隐患整改通知书53份，截至年底前已经整治完成隐患179处，整改率98.3%。

社会管理方面，建立“1+1”领导包村联系和包案负责制，加快推进治安防控体系“五张网”建设，强化食品卫生、交通安全等领域网格化监管，定期进行信息联席研判，重大事件预知、预警、预防能力逐渐增强，公众安全感指数连续6年保持在90%以上，社会大局总体平稳可控。各类矛盾纠纷妥善化解，深化“处积案、解难题、办实事”行动，推进领导接访、干部下访制度化。全年接访、下访、约访群众465次873人（次），解决群众诉求407件（次）、矛盾纠纷749起（含群体性纠纷11起）；成功稳控“两参”人员等七类重点群体，圆满完成重点时节维稳工作目标任务。安全应急管理严密到位。落实安全生产“五大责任体系”，每月例行开展道路交通、地质灾害、护林防火等7个重点领域安全检查，有效整治各类隐患176起，综合应急救援演练进入常态，安全生产形势持续向好，连续多年未发生一例重特大安全事故，成功通过市级安全社区复评验收。严格依法办事，强化村民自治，深入推行政务和村务公开。抓好社会治安综合治理，发放宣传各类法律法规等资料15000份，征订普法书籍220余册，现场普法宣讲场，受教育面78000余人。打击各类违法犯罪分子，社会治安秩序整顿成效明显。

打击邪教活动，年内全镇开展对防邪的宣传、排查和打击专项治理。全年印发反邪教的宣传资料12300余份，召开各种宣讲会、培训会800余人次，写大幅标语22幅，出反邪教专栏7期；组织反邪教知识竞赛240余人（次）。

2017年7月12日，区领导赵世庆、蒋牧宸、胡建川到海棠镇调研

【党建工作】 2017年，海棠镇推进“两学一做”学习教育制度化、常态化，落实每月20日“主题党日”活动。督促党员自觉参加组织生活，

完成党组织交给的任务，按期按规定交纳党费，自觉接受党组织的教育和培训；利用七一等节日广泛开展各种活动，党员领导干部无论职务高低，都能以普通党员的身份参加组织生活，自觉接受党组织和党员的监督。落实党风廉政建设责任，坚持执行中央八项规定，抵制“四风”。严格履行入党手续，把握发展党员工作中培训、政审、考察、审批、转正等各个环节。全年发展党员4名，党员按期转正3名。（蒋舰斌）

2017年重庆市长寿区海棠镇领导人名录

党委书记：黎维新
镇　　长：刘伯胜
人大主席：李　迅
专职副书记：袁永生
纪委书记：夏白川
政法书记：章　静
武装部长：殷家斌
副 镇 长：殷家斌　章　静　操千秋（女）
组织委员：黄　林（2017年7月兼任人大副主席）
宣传委员：陈　影（女）
统战委员：陈　影（女）

石　堰　镇

【概况】　石堰镇位于长寿区主城之北34千米处。东与垫江县包家接壤，西邻葛兰镇、邻水县丰禾镇，北抵云台镇，南连龙河镇。呈长条形，东南至西北14.1千米，东北至西南7.6千米，辖区面积107.18平方千米。辖20个村、1个社区、138个村（居）民组，总户数24619户，总人口60842人（其中农业人口52448人，非农业人口8394人）。耕地面积6217.4公顷。境内有中型水库范家桥水库、小（一）型水库三条沟水库以及小（二）型水库7座，桃花溪、打鱼溪、龙溪河等河流由北向南平行流经镇的东、中、西部，水资源丰富。石堰镇人民政府驻石堰镇正街165号，石堰镇机关内设14个办公室（所），2017年在职在编人员71人。

【经济发展】　2017年，石堰镇生产总值9.59亿元，比2016年增长9%；地方一般预算财政收入完成4317.05万元，一般公共预算支出4314.27万元，基金预算支出111.7万元；完成工业增加值5689万元（其中，机械制造业2039万元，建材业2485万元，电力、水力1165万元）；完成营业收入24782万元（其中，工业4006万元，农业5296万元，贸易3393万元，交通运输8945万元，建筑业3142万元）；农民人均纯收入12600元，比2016年增长11%；社会消费品零售总额41270万元。全镇有企业511个（其中微企438个），2017年，新增企业22个（其中微企13个）；有个体工商户1355家，新增94家。

全镇新型农业经营主体149个，其中家庭农场118个（占全区总量的1/5以上），市、区级龙头企业11家。全镇水果种植面积1866.67公顷，蔬菜733.33公顷，特色水产养殖86.67公顷；全年粮油产量3.7万吨，肉类总产量6429吨、奶类7721吨、禽蛋9494吨，出栏生猪5.4万头，出栏家禽70万只（其中蛋鸡61.2万只）。

【基础设施建设】　2017年，石堰镇农业农村基础设施完成山坪塘整治23口，新建生产便道39千米，建设高标准农田733.33公顷，实施水土保持项目1253.33公顷。推进石堰、麒麟、高庙、朝阳等4个村的土地整治工作。修复整治农村提灌站、排水沟、灌溉渠。新硬化农村公路9条13.26千米、人行便道69千米。完成2016年危房改造验收C级77户、D级46户和2017年危房改造D级29户。投放垃圾箱体174个和垃圾桶392个，实现乡村公路清扫和农村大村落垃圾收运全覆盖。

增强场镇基础设施功能，结合文明城区创建，新安装路灯43盏，场镇亮灯率95%，设置统一的张贴栏12处，增设垃圾箱20个，重新划定人行横道350米，安装中央隔离护栏400余米，规划停车位和摩托车位270个，安装交通标志牌15块，整修步行街花台8个，新种植行道树24棵；在5个农民新村安装消防栓，整治15处道路交通安全隐患。完成石堰场污水管网整改和兴隆场污水处理厂建设工程，新建污水管网1.3千米，疏通已有管网6千米。

投资700万元，建成占地1.67公顷的石堰市民休闲健身广场，集文化长廊、景观、健身场、舞台和停车场于一体。投资300万元，完成兴隆场镇改造项目，街道改造全长2千米，道路平均宽度7米，主要建设内容包括路基、路面、新铺装人行道砖，配套完善排水、护栏标识标牌等设施，改善兴隆场镇2万余群众的出行条件。

开展石堰场临街商铺风貌改造和市民公园，以及兴隆的农贸市场、车站和停车场等5个基础设施项目前期工作，建设内容包括新（改）建厕所2座、道路改造500米、人行道整治4000平米、路灯安装127盏，门头改造3360平方米及收购并改造综合农贸市场6690平方米等。

【社会事业】 2017年，石堰镇汇总走访接访、座谈调研等各种途径收集的意见建议860余条，建立总台账和民生项目需求库，筹措资金483万元，解决农村饮水、人行便道等群众反映突出问题796件，提升群众获得感。做好城乡居民医疗保险和养老保险工作，提高参保率。强化低保公示，年内为933户1496人发放低保金467万元，发放临时救助、节假日慰问等各类补助款431.17万元。规范敬老院管理，弱势困难群体关爱救济力度增强。

2017年全年落实各项扶贫资金270万元，推进干坝村人行便道整修3500米、庭院整治项目78户。2015—2017年702户1889人均已脱贫，投入275万元；完成建卡贫困户C、D级危房改造88户；贫困人口建立健康档案及家庭医生签约率100%；落实产业发展资金223.3万元，解决公益性岗位扶贫户就业635个；向贫困户发放慰问金27.6万元。

2017年年内组织大型招聘会1场，签订意向性用工合同306人。申报315个非全日制公益性岗位、9个全日制公益性岗位，办理340名创业人员失业证。城镇新增就业450人，帮助100个就业困难人员实现就业，全镇失业率控制在3.2%以内。帮助就业或创业人员办理小额担保贷款28笔280万元。

城乡居民养老保险全年新参保267人，办理征地农转非养老保险2738人，全年办理城乡居民养老保险初审615人；办理死亡救济金初审384人，新采集退休人员的指纹及人脸图像514人，验证指纹及人脸图像6894人。办理新参加城乡居民医疗保险623人，以个人身份参加职工医疗保险158人；办理特病卡269人（次），办理新制社保保障卡1156人，补换社会保障卡896张；完成2018年度城乡合作医疗保险筹资工作，参保45784人，筹资733万元。

成功创建市一级文化站，镇文化站各功能室常年免费开放。开设“义和锣鼓”等3个市级非物质文化遗产特色培训班，建成2个市级非物质文化遗产传统基地。开展文化节广场舞比赛等大型文艺演出14场，免费放映电影90场，送图书4683册。完成19个村篮球健身场地和健身广场设施建设，已投入使用；完成数字电视网络户1400户；文明石堰创建工作取得全面进展。

2017年石堰中学素质教学目标考核获区一等奖，全校毕业380人，升入高一级学校375人，升学率98%；指标到校考试完成率153%，区内升学率75%。全体师生获得国家级奖1人（次），市级奖励26人（次），区级奖励108人（次）。资助贫困生951人次574750元，慰问看望困难职工及家属30人（次），全年无一人因贫缀学。石堰镇卫生院有床位80张（其中沙石分院病床18张），年底前在职在编人员71人。年内卫生院完成门诊人次13946人（次），农村合作医疗报销17.5万元，报销比例77%；住院人次2527人（次），合作医疗报销335万元，报销比例75%。

2017年新增国家部分计划生育家庭奖励扶助219人，完成家庭医生签约34383人，是目标任务数274.58%；完成130对孕优检查任务，是目标任务数的123.8%；完成农村适龄妇女“宫颈癌”检查722人，“乳腺癌”检查406人，均超额完成上级下达的目标任务。

2017年户籍出生人口包含漏统出生482人，其中政策内生育476人，违法生育6人，死亡人口498人，符合政策生育率98.76%；常住人口含往年补报人数403人，其中政策生育399人，违法生育4人，死亡人数428人，符合政策生育率99%。登记办理一孩《生育服务证》155人，登记办理二孩《生育服务证》149人，登记办理《再生育服务证》17人，办理《独生子女父母光荣证》165人，办理《流动人口婚育证明》18人。

【安全维稳】 2017年，石堰镇落实“一岗双责、党政同责”要求，与辖区村居、企业、船主等单位和个人签订安全目标责任书112份。全年开展应急演练3次，对重点领域进行拉网式排查，开展安全执法检查1500余人（次）；开展各类安全教育活动15次，发放宣传教育资料1500余册；处理违法行为756起，排查整改安全隐患87个，整改率100%。实现“零事故、零死亡”的安全生产目标。

投入安全经费20万元，对兴隆、新滩、石安、燕耳、普子、木耳、麒麟、大塘、兴寨9个村28段危险路段进行整治，安装减速带12块、护栏58米、广角镜6个、警示标志13个。投入2.2万元，在5个农民新村安装消防栓。

2017年全年办理各类信访案件299件，排查化解矛盾纠纷245件（次），分类登记重点人员68名，有效处理非正常死亡事件20件。坚持打防整治，加大对重点时段、重点部位和重点路段的巡逻力度，持续对侵财、黄赌毒等群众反映强烈的违法犯罪行为保持严打高压态势，全年接警913起，立刑事案件75件，办理行政案件77件，移送起诉13人，行政拘留49人，强制隔离戒毒3人，提高群众的安全感。

【党建工作】 2017年，石堰镇学习贯彻中共十九大精神，设置中共十九大精神宣传公益广告牌85个、橱窗23个、道旗126块；在公共场所、场镇单位等24处电子屏循环播出公益广告；组织宣讲小分队9支，召开院坝宣讲会52场。走遍全镇28个党支部、138个村居小组，印制发放中共十九大宣传手册3万余份，覆盖党员群众2.67万余人，宣讲面100%。

深化“两学一做”学习教育，镇党政领导班子集中学习讨论交流18次，推动各党组织书记讲党课62场（次）。走访群众2.67万余人，全年受理群众反映事项1209条，办结率和群众满意率均达100%；已整改1723条，查找整改领导班子8个方面31个问题，已全部完成整改。整顿涣散基层党组织3个。真抓实干，办理民生好事实事10件。

持续推进基层党组织建设，新建、改建4个村便民服务中心，为15个村配备本土人才，新发展党员5名。调查摸底排查72个非公组织，全镇非公有经济党组织组建率100%。开展走访慰问活动，全年走访慰问离任村干部515人、贫困党员387人，发放各类慰问金19.31万元。加大年轻干部培养力度，全年选拔任用副科级干部5名、交流轮岗3人。

加强党风廉政建设，出台关于机关采购、三公经费开支等工作规范性文件5个，向党员干部传达上级党风廉政建设部署20余次，开展廉洁从政教育24次和新提任干部任前廉政谈话5人（次）。持续开展“四风”和“干部大吃大喝”专项整治，集中清退违规发放的津补贴资金76.11万元。对区巡察组反馈的问题核实线索，查清问题原因，按期完成10类48个问题的整改。办结违纪违法案件56件，约谈45人次，批评教育18人，诫勉谈话4人，立案1件，党纪警告处分1人，查处侵害群众利益的不正之风和腐败问题9起，追缴各类资金15.67万元。

开展国防教育活动，合理调整民兵组织，完善修订民兵应急预案，参加各级专武干部和民兵训练17人（次）。组织征兵工作，输送新兵26人。规范基层常规建设，做好参建参治和支援作战准备，完成多样化军事任务。（刘洪宇）

2017年重庆市长寿区石堰镇领导人名录

党委书记：张　涛
镇　　长：汪升平
人大主席：黄　媛
专职副书记：唐慧芳（女）
人大专职副主席：刘政林
纪委书记：余淑碧（女）
政法书记：甘立勇
武装部长：余超航
副 镇 长：王　剑　余超航　陈忠云
组织委员：康　彪
宣传委员：陈雪容（女）
统战委员：陈雪容（女）

洪湖镇

【概况】 洪湖镇位于长寿区西部，地处长寿、渝北、四川邻水三县（区）交界处，是长寿区4个中心大镇之一，辐射周边10余个乡镇、20余万人口，区位优势明显，自然条件良好，属生态农业大镇。全镇总面积103.65平方千米，耕地面积1894.67公顷，其中田1055.73公顷，土837.6公顷；森林面积4586.67公顷，其中生态林2666.67公顷（含楠竹林海200公顷），经济林1333.33公顷；水域面积200余公顷。辖14个行政村、1个居委会、108个村民组、18个场镇部门，全镇16787户，39950人。2017年新发展农业公司1家，农民专业合作社2家，家庭农场8家，全镇总计有农业公司8个、农民专业合作社20个、家庭农场29户、种养业大户134户和区级龙头企业3个。

【经济发展】 2017年，洪湖镇地区生产总值（GDP）实现164625万元，比2016年增长12.5%；工业增加值完成23906万元，增长11.5%；非规模全社会固定资产投资额11895万元，增长15%；社会消费品销售总额35641万元，增长16%；农民人均可支配收入实现12000元。

【基础设施建设】 2017年，洪湖镇成立专职市政管理队伍对洪湖市场经营秩序进行日常监管，开展违法占道经营大整治，场镇卫生实行“门前三包”。投资200万元，修复洪湖场镇破损路面；投资3万元，更换维修场镇路灯9盏；投资18万元，完成场镇道路指示牌建设；投资10万元完成洪湖场镇路口至万顺方向路沿整治；投资25万元，改建洪湖第二农贸市场（原老农贸市场），完善相关设施，安装彩钢篷1700平方米，设置固定水泥摊位300平方米；启动洪湖镇公共停车场建设。

投资177万元整治表耳村等6个村24口山坪塘，新增蓄水量25万立方米，受益人口1300人、农田47.47公顷；投资78万元整治梯子、草堰2个村灌溉渠5824米，受益人口3000人，改善灌面165公顷；投资3万元对凤凰村3座提灌站进行设备更新和管道恢复，保障一百多亩农田的正常灌溉；投资0.82万元对梯子村铁家湾山坪塘出水沟渠进行恢复；投资1.7万元对草堰村自来水厂进行管道修复。

建设八余路、赵梯路、三洋路、称院路等8条农村道路13.21千米，解决5个村6000余人出行难问题；投资79.5万元硬化梯子村等14个村17.2千米人行便道，方便10000余人出行；投资100万元建设码头村等4个村的机耕道6.9千米；投资47万元完成五龙村基本口粮田水沟整治及便道建设。

【社会事业】 2017年，洪湖镇内有小学校4所，成人文化艺术学校1所，幼儿园2所，私人办学1所，校舍面积15006平方米，固定资产822万元，教职工230人（其中在职103人，退休127人），全镇教学班小学37个、幼儿园10个，在校小学学生1056人、幼儿236人，寄读学生530人，儿童入学率100%，留守儿童托管650人。大洪河中学在2017年春招区市级重点高中招录考试中，大洪河中学被录取58人，指标完成率为207%，再创历史新高，居长寿乡镇中学榜首。年内先后获得长寿区中小学生足球比赛男子一等奖、女子二等奖；乒乓球比赛一等奖；朗诵比赛二等奖；班级合唱比赛获区二等奖；科技节活动获区一等奖2个、二等奖3个；连续三年以乡镇中学第一名的成绩获长寿区素质教育目标考核一等奖，连续4年获长寿区教育综合督导评估一等奖。

不断夯实全镇五保、优抚、城乡低保、定期定量救济对象及孤儿等民政对象基础工作，全镇2017年有五保人员226名，优扶对象320名，低保564户1057人，定向救助对象18名，襄渝铁路生活补助对象19人，五保金、优待金、低保金、定救金、生活补助金等全年足额发放到位779.08万元，无遗漏；临时救助243户245人49.7万元，高龄失能老人补贴358人次21.2万元，重度残疾补贴1262人（次）19.5万元，贫困残疾人生活补贴1051人（次）15.6万元，稻草援助61人8.4万元；组织5名优抚对象参加短期疗养；将城乡特殊困难人员41名纳入民政建档人员；资助参保1736人。

开展大中型水库移民避险解困工作，年内完成685户1097人，兑付资金1027.5万元。完成2017年度危旧房改造146户，其中C级危房106户、D级危房40户，已兑付C级71户、D级58户256.25万元。

农村小额意外保险筹集工作筹资4928人24万元，理赔110人10万元；完成医保筹资3.6万人456万元；截至2017年年底前2.4万人参加城乡居保养老保险，在12个村（居）设立养老保险指纹服务点，方便适龄群众指纹验证，采集领保人员头像、指纹6650人；为27名城镇失业人员办理失业登记，申领发放失业金15人，灵活就业11人；为14名大学生介绍工作实现就业；全年开展技能培训6次，培训800余人（次）。

妇女“两癌”集中筛查、孕优筛查均完成任务，其中乳腺癌筛查参检582人、宫颈癌筛查参检829人，孕优筛查63对126人。年内新增国家计生奖扶82人，独生子女父母一次性奖励87人，办理《生育服务证》212例，出具《婚育证明》219例。医疗服务体系不断完善，镇卫生院2000平方米的住院大楼完成主体建设，实现村级卫生室全覆盖。

扶贫攻坚坚持以点带面、整体推进的工作思路，开展现金慰问、购送农资、危房改造、技术指导、职业培训、联系就业、助学补贴、大病补助、兜底扶贫等精准帮扶，因地制宜发展蔬菜、果树、苗木种植，牲畜、家禽、水产养殖等产业，做到"产业发展与技术指导相结合、危旧房改建与就业扶持相结合、雨露计划与就业培训相结合、大病救助与医疗保险相结合"，有计划、有针对地实施产业帮扶；开展扶贫就业培训5次200人（次）；对五龙村4名致富带头人给予每人3万元补助。为2015—2017年未购买城乡合作医疗的128名贫困群众购买城乡合作医疗保险；完成12户贫困群众的危旧房改造，开发非全日制公益性岗位98个，兑现补助82.08万元。围绕扶贫对象精准、项目安排精准、资金使用精准、措施到户精准、因村派人精准、脱贫成效精准"六个精准"开展"回头看"，确保扶贫政策落实到位。全力做好314户，1073人"越线"脱贫贫困户的继续帮扶工作和2017年新增贫困户18户、42人的脱贫工作，为如期完成脱贫攻坚任务打下基础。

【安全维稳】 2017年，洪湖镇安全生产工作纳入政府工作的重要议事日程，强化落实单位主体责任，与14个村委会、1个居委会以及相关企业和从业人员签订安全生产工作目标管理责任书，形成全覆盖、无死角的安全工作体系。坚持每半月召开一次党政班子成员会，每季度召开一次安委联席会，研究和部署安全生产工作。对已有的23.1千米农村道路做好日常养护，对排查出的10处隐患，投资15万元进行整治，确保2000余人出行安全。各村居成立交通劝导站，重点时间段均在岗在位，全镇开展安全检查24次，印发整改通知书6份，整顿企业1家。开展食药品安全检查148户，其中学校6所、食品流通经营户56户、餐饮服务经营户53户、药品零售经营户10户，医疗机构1户、村卫生室14家、化妆品经营户8户。加大制止违法建设力度，下达停建通知书20户，拆除违法建筑5处，1200余平方米；建筑安全检查每月按计划进行，全年下达安全隐患整改通知书15户。防汛防灾落实专班负责，实行二十四小时值班制，组织防洪度汛演练1次，顺利完成大洪湖3次泄洪任务。开展专题消防知识培训及消防演练5次，受训500余人（次），接处火警25起，出动车辆45台（次），出动消防队员260余人（次），抢救被困人员2人，疏散100余人；排查重点单位消防隐患15处，下达限期整改书1份。

化解信访矛盾。加强领导，落实责任。坚持领导信访接待日制度和预约接待制度、信访工作联席会议制度、包案领导制度，按照"属地管理、分级负责，谁主管、谁负责"的原则，把稳定工作纳入年度工作目标责任制考核之中，实现"迎接十九大，忠诚保平安"。持续开展"渝安2号"行动和"敲门行动"，抓好普法教育，加大禁毒、社区矫正和社区戒毒工作；发挥人民调解"第一道防线"作用，预防和化解社会矛盾纠纷78件；推进突出信访问题专项治理，年内化解突出问题5件。

【党建工作】 2017年，洪湖镇基层组织建设先后完成7个村1个社区的便民服务大厅新建改建工程，全镇村（社区）可用办公面积200平方米以上。工作制度落实到位，"群工系统"使用办结率和满意率均为100%。全面完成黑岩、坪滩、长生和普兴4个村的提升强化工作，选派第一书记1名，改善村级组织软弱涣散状况。

党风廉政建设全面履行"两个责任清单"，连续开展"作风建设年活动"。认真落实党风廉政建设和反腐败工作分工责任制，强化权力监督制约，从严教育管理监督干部，加大案件查处力度，构建反"四风"、树新风和惩防并举、标本兼治的新时期反腐倡廉工作新常态。开展"查处发生在群众身边的'四风'和腐败问题"，层层传导压力，批评教育镇村干部6人。利用阳光"114"政务咨询平台，广泛接受社会各界监督，投诉办结回复率100%。树立艰苦奋斗、勤俭节约的工作作风，防止铺张浪费，确保"三公"经费开支持续降低，设立洪湖"办公超市"统一采购，费用比2016年减少35%。

宣传统战工作坚持和完善党委中心组学习制度，推进学习型党组织建设，加强与《长寿日报》、长寿电视台的合作，做好对外宣传工作。深入推进文明长寿创建活动；认真贯彻民族宗教政策，强化爱国爱教教育，坚决防治邪教入侵；健全统战成员议事协商会议制度，拓宽统战成员知情渠道，扩大政治参与形式和途径，提升党外人士建言献策的水平。（郭永乐）

2017 年重庆市长寿区洪湖镇领导人名录

党委书记：车晓琴（女，2017 年 9 月离任）
殷道川（2017 年 9 月任）
镇　　长：殷道川（2017 年 12 月离任）
魏　伟（2017 年 12 月任）
人大主席：魏　伟（2017 年 12 月离任）
熊道富（2017 年 12 月任）
专职副书记：席光勇
纪委书记：危　勇
政法书记：程光术
武装部长：周其明
副 镇 长：程光术　周其明　高雪莲（女）
组织委员：黄　帮（2017 年 7 月兼任人大副主席）
宣传委员：甘　松
统战委员：甘　松

万　顺　镇

【概况】　万顺镇位于明月山西部与渝北铜锣山东部之间的大洪湖畔，生态良好，环境优美，风光秀丽。万顺镇距长寿主城 42 千米，地处长寿城区、渝北城区、邻水县城“一小时经济圈”的“金三角”区域。全镇辖区面积 57 平方千米，耕地面积 1373 公顷；辖 8 个行政村，71 个村民小组；总人口 29406 人，城镇人口 1917 人。全镇支柱产业为农业种植业和水产养殖业，粮食作物主要有水稻、玉米、甘薯，经济作物主要有水产、畜禽、柑橘、油菜；辖区有水库 7 座、山塘 64 口，大洪湖岛屿 80 余个、轮渡码头 13 个，水域面积 1133.33 公顷，占大洪湖长寿段总水面的 90%。万顺镇既是长寿宜居的“后花园”，也是全区举足轻重的鱼米之乡，重庆市重要的淡水鱼类养殖基地。

2017 年，万顺镇柑橘园一角

【经济发展】　2017 年，万顺镇财政预算总收入 2529 万元，比 2016 年同期增长 27%，其中，一般预算收入 2269 万元，基金收入 155 万元。财政预算总支出 2514 万元，增长 20%。

产业结构优化升级。当年粮食产量 10500 吨，出栏生猪 1.35 万头，存栏蛋鸡 1.5 万只，出栏肉鸡 23.5 万只，年产松鹤香米 7.5 万千克；历年种植柑橘五千余亩；建成一千余亩中药材种植基地，当年产值 580 余万元。年内新增企业 15 家、小微企业 9 个、龙头企业 1 家、个体工商户 54 个、家庭农场 5 个、专业合作社 2 个，成功申报科技示范企业 3 个。年末储蓄存款 8805 万元，贷款 996 万元，城乡居民人均可支配收入增长 9% 以上。

旅游开发（详见《旅游业》类目《大洪湖生态旅游开发》分目）

【基础设施建设】　2017 年，万顺镇小城镇建设完成 5500 平方米人行道板建设，新安装路灯 110 盏，拆除乱搭乱建彩钢棚 1270 平方米，新种植行道树 288 株，新增设垃圾箱 30 个、果皮箱 30 个、垃圾筒 125 个。划定场镇固定停车位 178 个，摩托车位 88 个，划定道路标识标线 3500 米；新建 3 个停车场，增加停车位 100 个。对 2 个农贸市场实施改造整治，场镇市政设施不断完善。

2017 年，万顺镇实施农村道路硬化

道路交通建设新硬化石龙、垭口等村公路10余千米，完成四重杨白路、白合拱背桥等较大水毁公路治理，一事一议人行便道建设16千米。

实施水利项目建设，148个水利遗留问题项目绝大多数得到解决。新建提灌站3座，整修提灌站10座，整治山塘13口。整修隐患沟渠8千米，整治水毁拦河堰2座。场镇自来水厂扩规提质，完成80%进度。完成大中型水库移民避险解困申报人数3371人；截至2017年年底，完成农户自主建房安置959人，城镇购房安置421人，投亲靠友安置606人。

实施C级危房改造8户，D级危房改造60户，困难群众住房条件有效改善。

【社会事业】 2017年，万顺镇扶贫攻坚工作。帮扶10户新增建卡贫困户规划切合实际的产业发展项目，走访慰问278户建卡贫困户，为19人提供非全日制公益性岗位，为45名建卡贫困人员提供实用技术培训。通过“雨露工程”资助贫困大学生4人。帮助9户扶贫户申请小额贷款，已发放贷款4户12万元。

联合区就业局举办专场招聘会2场，提供就业岗位510个，达成就业意向76人。完成207名优抚对象信息核查，做好优抚对象的调查摸底，全年发放优抚人员待遇271人267万余元；救助困难群众121户，救助款16.96万元；帮助受灾群众解决基本生活困难，发放冬令款18.91万元，惠及1276人次；发放“五项补贴”1612人次，35.2万元；审核通过8户残疾人危旧房改建，完成全镇1060余名残疾人动态信息核查，提供康复服务251人。全镇城市低保29户40人，全年发放低保金19.92万元；农村低保227户399人，发放低保金136.21万元。居民养老保险参保18467人，缴纳社保金248.23万元；医疗保险参保28280人，参保资金376.98万元。菜蓝子补贴392人，每月补贴金额2.7万余元。

2017年6月，万顺镇组织村民参加全区广场舞比赛

卫生计生工作完成全部8个行政村卫生室的规范化建设任务，配备健康一体机。全镇建立完善居民健康档案29572份，新建档608份，更新档782份，免费体检2465人（次），规范化电子建档7479份，免费家庭医生签约服务13347人。2017年新增计生奖扶对象30人，新增特扶对象2人，当年年满60周岁纳入计生奖扶范围人数占当年新增计生奖扶对象的比例超过83%。完成育龄妇女宫颈癌检查457人，乳腺癌检查321人，孕前优生检查71对。

镇中学投入200余万元对教育教学设施进行维修改造；镇中心校投资40余万元完成塑胶跑道改造工程，投资15余万元完成厕所旱改水工程。镇中学教师及学生在各类比赛、竞赛及活动中获国家级奖2人（次）、市级奖4人（次）、区一等奖5人（次）、区二等奖14人（次），受区级表彰11人（次）；镇中心校被授予区级文明单位称号，2017年集体获奖10次，教师获奖40余人（次），学生获区级以上奖项38人（次）。2017年万顺中学97名学生毕业，被市级重点中学录取51人，完成目标数的170%，上线率居全区前列；万顺中学获得区教育教学质量考核一等奖、综合督导考核二等奖。

【安全维稳】 2017年，万顺镇集中开展安全大宣传、大检查、大整治和大执法专项整治行动，加强对饮食、医药、烟爆、危化品、交通、建筑、农电、农机、森林、地质灾害点等安全监管。联合区交委、交巡警、派出所开展交安专项行动和路检路查工作5次，检查过往车辆1200余辆（次），处罚各类交通违法行为350余起。联合区交委、农委、水务局等部门开展水上联合检查执法10次，检查客渡自用船舶230余艘（次），处罚超载9起。

全镇排查解决矛盾纠纷188起；办理群众来信来访案件104件，其中中央巡视组案件2件；录入干部接访下访55件；群众满意率100%。对23名三级以上严重精神障碍患者，建立“五包一”责任体系，与其监护人签订肇事肇祸精神病患者监护协议，确保减少肇事肇祸事件发生，维护社会稳定。

制定2017年敏感节点和特殊时期万顺镇维稳工作方案，加强重点人员的管控，落实“五个一”工作要求，成功途中劝返2起非访人员，做到重点人员24小时掌握行踪，全面实现“七个坚决防止”和“三个零目标”的要求。加强打击防范力度，社会治安持续向好，全年办理行政案件40起，行政拘留6人；受理刑事案件52起，刑事打击6人。

专项整治。对垭口、万顺等村8处在建违法建设给予制止，拆除违法建筑25宗1270平方米，清理核实疑似违法图斑48宗，完成卫片执法整改8宗，整改完成率100%；全部拆除2014年初全市挂牌督办的10户1809平方米非法浮动设施；整治畜禽养殖场48家，其中进行关闭及转产的37家，兑付整治补助资金6956991元；综合整治11家，兑付补助资金565150元；全面建立河（库）长体系，设立镇级总河长、副总河长和区域河流（库）河长制，落实河流保护治理责任。

【党建工作】 2017年，长寿区各类宣讲团到万顺镇宣讲4场（次），组织班子成员、院坝宣讲团、名嘴宣讲团和“五老”宣讲团到单位、村组、田间、院坝等宣讲中共十九大精神16场（次）。

推进“两学一做”学习教育常态化制度化，党委中心组带头学，每月开展一次集体学习，年内班子成员各到所联系支部讲党课3次；建立周五职工“讲学”制度，开展微党课比赛、演讲比赛及中共十九大知识竞赛等活动。各党支部坚持边学边查边改，查摆突出问题15条，督促整改销号15条。落实每月20日支部主题党日活动，组织各支部党员开展“三会一课”，做好交纳党费、服务群众、党务公开、民主议事等工作。

基层党组织建设着力强化干部队伍建设，提拔机关优秀干部2名，建立村干部后备人才库32名，调整4名不适合在村任职的本土人才。抓好党员发展、教育、管理、服务，扩大党内基层民主。强化阵地建设，对万顺村、万花村便民服务中心进行改建，修整完善各村公开栏；为8个村配置电脑、打印机、复印机、办公桌椅及空调等设施设备，便民服务中心实现规范化建设；建好用好群工系统，办结率100%，群众满意率100%。强化后进基层党组织整顿，约谈村“两委”班子，消除矛盾，增进团结，垭口村后进基层党组织整顿效果明显。

镇党委会先后8次专题研究部署党风廉政建设工作，与各村签订党风廉政建设责任书8份，组织党员干部签订廉洁自律承诺书100余份；先后就党风廉政建设和反腐败工作批示10次，约谈党员干部11次31人。运用监督执纪“四种形态”，调查处理违纪违规党员干部4人（开除违纪违法党员1名，党内严重警告处分1名，党内警告处分1名），其中村干部和普通党员各2人。（陶　亮）

2017年重庆市长寿区万顺镇领导人名录

党委书记：余代中
镇　长：苏　勇
人大主席：吴国全
专职副书记：潘正庆
纪委书记：操良超
政法书记：杨普顺
武装部长：杨普顺
副 镇 长：殷道学　杨普顺　张建美（女）
组织委员：刘俊材（2017年7月兼任人大副主席）
宣传委员：陶　然
统战委员：陶　然

人 物

- ❖ 领导人物
- ❖ 先进模范人物
- ❖ 2017年长寿区新评高级专业技术职称人员
- ❖ 专家人物
- ❖ 文艺人物
- ❖ 人物传略
- ❖ 长寿老人

人　物

领导人物

重庆市长寿区十八届人大常委会主任、副主任

（2017 年 1 月 12 日，重庆市长寿区十八届人大一次会议选举）

张明生

张明生，男，汉族，四川武胜人，1961 年 8 月生，本科学历，1981 年 8 月参加工作，1984 年 7 月加入中国共产党。现任重庆市长寿区人大常委会主任、党组书记。

潘晓林

潘晓林，男，汉族，重庆长寿人，1962 年 4 月生，研究生学历，1980 年 8 月参加工作，1984 年 8 月加入中国共产党。现任重庆市长寿区人大常委会副主任、党组副书记。

霍家勤

霍家勤，女，汉族，重庆涪陵人，1963 年 4 月生，本科学历，工商管理硕士，高级工程师，1983 年 8 月参加工作，民进会员。现任重庆市长寿区人大常委会副主任，民进市委常委、区委主委。

郑 勇

郑 勇，男，汉族，重庆开州人，1964 年 2 月生，研究生学历，1981 年 8 月参加工作，1984 年 10 月加入中国共产党。现任重庆市长寿区人大常委会副主任、党组成员。

唐 华

唐 华，男，汉族，湖北五峰人，1963 年 1 月生，本科学历，农学学士，1984 年 7 月参加工作，1985 年 7 月加入中国共产党。现任重庆市长寿区人大常委会副主任、党组成员。

李吉华

李吉华，男，汉族，重庆巫溪人，1968 年 11 月生，研究生学历，农学学士，1990 年 8 月参加工作，1996 年 7 月加入中国共产党。现任重庆市长寿区人大常委会副主任、党组成员，区总工会主席（兼）。

重庆市长寿区人民政府区长、副区长

（2017 年 1 月 12 日，重庆市长寿十八届人大一次会议选举）

巴川江

巴川江，男，蒙古族，内蒙古乌兰浩特人，1963 年 4 月生，研究生学历，工商管理硕士，1980 年 11 月参加工作，1984 年 4 月加入中国共产党。现任重庆市长寿区委副书记、区长、区政府党组书记，长寿经开区党工委书记、管委会主任（兼）。

蒋牧宸

蒋牧宸，男，汉族，重庆潼南人，1974 年 4 月生，研究生学历，管理学博士，1997 年 7 月参加工作，1993 年 5 月加入中国共产党。现任重庆市长寿区委常委、区政府党组副书记、常务副区长，长寿工业园区党工委常务副书记（兼）。

宋 平

宋平，男，汉族，重庆合川人，1966年12月生，研究生学历，管理经济学硕士，1985年7月参加工作，1990年10月加入中国共产党。现任重庆市长寿区政府副区长、党组成员。

汤晓强

汤晓强，男，汉族，重庆长寿人，1967年7月生，本科学历，1986年10月参加工作，1991年7月加入中国共产党。现任重庆市长寿区政府副区长、党组成员。

卓大林

卓大林，男，汉族，重庆南川人，1970年11月生，研究生学历，1990年8月参加工作，1990年7月加入中国共产党。现任重庆市长寿区政府副区长、党组成员。

何一波

何一波，男，汉族，重庆梁平人，1964 年 6 月生，本科学历，1981 年 12 月参加工作，1986 年 12 月加入中国共产党。现任重庆市长寿区政府副区长、党组成员，区公安局局长、党委书记、督察长（兼）。

张昌红

张昌红，女，汉族，重庆丰都人，1967 年 3 月生，本科学历，文学学士，1989 年 9 月参加工作，农工党党员。现任重庆市长寿区政府副区长。

张明万

张明万，男，汉族，重庆长寿人，1968 年 5 月生，研究生学历，工学学士，1990 年 8 月参加工作，1997 年 6 月加入中国共产党。现任重庆市长寿区政府副区长、党组成员。

政协重庆市长寿区十五届委员会主席、副主席、秘书长

（2017 年 1 月 11 日，政协重庆市长寿区十五届一次会议选举）

张　华

张华，男，汉族，甘肃宁县人，1968 年 2 月生，研究生学历，农学博士，1986 年 9 月参加工作，1992 年 4 月加入中国共产党。现任重庆市长寿区政协主席、党组书记。

付　恺

付恺，男，汉族，重庆万州人，1964 年 2 月生，研究生学历，1980 年 12 月参加工作，1985 年 6 月加入中国共产党。现任重庆市长寿区政协副主席、党组副书记。

李彬旭

李彬旭，男，汉族，重庆长寿人，1960 年 9 月生，本科学历，工学学士，1982 年 7 月参加工作，农工党党员。现任重庆市长寿区政协副主席、农工党长寿区委主委。

王永全

王永全，男，汉族，四川大竹人，1964年6月生，大专学历，1986年7月参加工作，民革党员。现任重庆市长寿区政协副主席，民革长寿区委主委。

邓有国

邓有国，男，汉族，重庆开州人，1963年5月生，研究生学历，1982年8月参加工作，1986年7月加入中国共产党。现任重庆市长寿区政协副主席、党组成员。

江　涛

江涛，男，汉族，重庆长寿人，1961年9月生，大专学历，1979年11月参加工作，1983年7月加入中国共产党。现任重庆市长寿区政协副主席（兼），区工商联主席、总商会会长，重庆市江北区盛达小额贷款有限公司董事长。

陈志洪

陈志洪，男，汉族，重庆长寿人，1963 年 5 月生，研究生学历，理学硕士，1982 年 9 月参加工作，无党派。现任重庆市长寿区政协副主席，长寿区知识分子联谊会会长。

陈　红

陈红，女，汉族，重庆铜梁人，1964 年 12 月生，本科学历，1984 年 8 月参加工作，九三学社社员。现任重庆市长寿区政协副主席，九三学社长寿区委主委。

杨华林

杨华林，男，汉族，重庆合川人，1967 年 6 月生，本科学历，1987 年 8 月参加工作，1993 年 9 月加入中国共产党。现任重庆市长寿区政协秘书长、党组成员。

（以上领导人物资料根据《长寿日报》整理）

先进模范人物

表39 2017年长寿区获市级以上表彰先进个人

获奖项目	获奖者姓名	获奖者性别	获奖者工作单位及职务	授奖单位	授奖时间
全国优秀共青团干部	朱鹏	男	川维中学团委书记	共青团中央	2017年5月
2017年全国“最美家庭”	席治德	女	长寿湖镇	全国妇联	2017年5月
2017年度全国“农机安全监理示范岗位标兵”	蒋兴利	男	长寿区农业委员会 农业执法队队长	农业部 国家安监总局	2018年1月
全国公安监管工作成绩突出个人	杨辉	男	长寿区公安局看守所所长	公安部	2017年5月
2017年度全国刑事执行检察理论研究征文活动二等奖	张力川	男	长寿区检察院干警	最高人民检察院	2017年12月
全国信访系统优秀督查员	周伟	男	长寿区信访办副主任	国家信访局	2017年7月
全国第三届“关爱明天普法先行”优秀辅导员	胡晓	女	长寿区法院干警	中央综治办 司法部 中国关心下一代工作委员会	2017年8月
	乔璟璟	女	长寿区检察院干警		
中共中央纪委嘉奖	余东升	男	长寿区纪委信访室主任	中共中央纪律检查委员会	2017年9月
全国卫生计生系统先进个人	石敦义	男	长寿区人民医院 急诊科副主任	国家卫生计生委 人社部	2017年8月
2013－2017年度参政议政工作先进个人	董长明	男	长寿区人民医院 疼痛科副主任	九三学社中央委员会	2017年11月
坚持和发展中国特色社会主义学习实践活动先进个人	李彬旭	男	长寿区政协副主席 农工党长寿区委主任委员	农工党中央	2017年11月
民进全国机关建设先进个人	吕兴建	男	民进长寿区委副主任委员	民进中央	2017年4月
民进全国中国特色社会主义学习实践活动先进个人	李佳	女	长寿区司法局副局长	民进中央	2017年7月
重庆市人民好公仆	冯书祎	女	长寿区法院干警	中共重庆市委 重庆人民政府	2017年3月
全市信访先进个人	项利君	女	长寿区信访办副主任	中共重庆市委 重庆市人民政府	2017年5月
	邓松柏	男	长寿区信访办复查科科长		

续表

获奖项目	获奖者姓名	获奖者性别	获奖者工作单位及职务	授奖单位	授奖时间
重庆市劳动模范	杨泽明	男	重庆望变公司董事长	中共重庆市委 重庆市人民政府	2017 年 4 月
	袁佐彬	男	袁佐彬工作室技术总监		
	王礼勇	男	永航钢铁公司电气主管		
	肖大胜	男	双驰门窗公司车间主任		
	王怀	男	怀达食品公司业务主管		
	王刚	男	小康动力公司总经理		
重庆市先进工作者	刘亚敏	女	长寿区委老干部局局长	中共重庆市委 重庆市人民政府	2017 年 4 月
	章露生	男	长寿中学教师		

（中共重庆市长寿区委组织部、重庆市长寿区总工会及有关单位提供）

长寿区第二届“文明家庭（最美家庭)”

第二届“十佳文明家庭（最美家庭)”

1. 王　芳　　凤城街道
2. 高　杰　　石堰镇
3. 何晓华　　洪湖镇
4. 张志容　　渡舟街道
5. 陈　平　　但渡镇
6. 周文彬　　海棠镇
7. 罗　娅　　云集镇
8. 车淑辉　　龙河镇
9. 郎　英　　江南街道
10. 罗玉如　　晏家街道

第二届“文明家庭（最美家庭)”

菩提街道（3 户）：杨俊木、余树成、杨开荣
凤城街道（3 户）：李长福、周明轩、项国林
晏家街道（3 户）：符智慧、吴世英、何玉兰
江南街道（3 户）：田茂和、蒋德勇、武贵兰
渡舟街道（3 户）：江炳文、何素芳、但淑兰
新市街道（3 户）：邹治芬、孙志芳、祝培德
八颗街道（3 户）：余素芬、李如芳、甘长和
但渡镇（1 户）：孔旭明
邻封镇（4 户）：汪金涛、吴水平、雷祥、周朝均
云集镇（1 户）：魏克华
双龙镇（1 户）：黄广君
龙河镇（1 户）：李元碧
石堰镇（2 户）：陈金全、邓建军
洪湖镇（3 户）：杜贤礼、樊文学、周晓玲
万顺镇（1 户）：蔡友书

（摘自长文明委〔2017〕4 号）

长寿区第三届“十大孝星”

第三届“十大孝星”

1. 张树文　　邻封镇
2. 梁隆芳　　云台镇
3. 刘淑蓉　　葛兰镇
4. 潘伶俐　　石堰镇
5. 文春芝　　渡舟街道
6. 姜青平　　凤城街道
7. 蒋德勇　　江南街道
8. 祖　玲　　石堰镇
9. 魏淑兰　　双龙镇
10. 张　峰　　菩提街道

第三届“十大孝星”提名孝星

1. 张夏芳　　渡舟街道
2. 冯永斌　　万顺镇
3. 刘大全　　八颗街道
4. 郭成良　　海棠镇
5. 周素兰　　洪湖镇
6. 车淑辉　　龙河镇
7. 张　琴　　新市街道
8. 汤仕英　　云集镇
9. 刘忠明　　长寿湖镇
10. 杨远胜　　晏家街道

（摘自长寿委宣〔2017〕131号）

长寿区第二届“十大乡贤”

第二届“十大乡贤”

1. 包季安　　邻封镇
2. 马晓鸿　　石堰镇
3. 余贤碧　　万顺镇
4. 杨淑芳　　江南街道
5. 谭克明　　海棠镇
6. 张永良　　渡舟街道
7. 袁其伦　　新市街道
8. 杨志康　　葛兰镇
9. 李则民　　云台镇
10. 吴义全　　洪湖镇

第二届“十大乡贤”提名乡贤

1. 廖荣发　　长寿湖镇
2. 李贵中　　晏家街道

3. 程伯成　　龙河镇
4. 邓承忠　　双龙镇
5. 牟修武　　菩提街道
6. 黄联忠　　邻封镇
7. 龚富贵　　凤城街道
8. 陈长清　　万顺镇
9. 向锡文　　渡舟街道
10. 杨春英　　万顺镇

（摘自长寿委宣〔2017〕75号）

2017年长寿区新评高级专业技术职称人员

表40　　2017年长寿区新评高级专业技术职称人员统计

序号	单位	姓名	资格名称	类别
1	长寿区人民医院	江礼娟	主任医师	正高
2	长寿区人民医院	余霞	主任医师	
3	长寿区人民医院	陈侠	主任医师	
4	长寿区人民医院	张涛	主任医师	
5	长寿区人民医院	向勤	主任医师	
6	长寿区人民医院	傅显芬	主任护师	
7	长寿区中医院	马伟	主任医师	
8	长寿区中医院	李英仆	主任医师	
9	长寿区妇幼保健计划生育服务中心	顾敏	主任医师	
10	长寿区疾控中心	余林成	主任技师	
11	重庆市长寿川维中学校	程晓红	正高级教师	
12	重庆市长寿区教师进修学校	余信华	正高级教师	
13	重庆市长寿区教师进修学校	朱中建	正高级教师	
14	重庆市长寿中学校	陈克超	正高级教师	
15	长寿区土地规划院	陈德凡	正高级工程师	
16	中国共产党重庆市长寿区委员会党校	陈国富	教授	
17	长寿区文化馆	邓刚	群文研究馆员	
18	长寿区文化馆	黄磊	群文研究馆员	
19	长寿区人民医院	高崚	副主任医师	副高
20	长寿区人民医院	张鹏	副主任医师	
21	长寿区人民医院	杨春梅	副主任医师	
22	长寿区人民医院	李妍	副主任医师	
23	长寿区人民医院	张涛	副主任医师	
24	长寿区人民医院	余琼	副主任医师	
25	长寿区人民医院	申迹	副主任医师	
26	长寿区人民医院	刘宇	副主任医师	

续表

序号	单位	姓名	资格名称	类别
27	长寿区人民医院	黄爽	副主任医师	
28	长寿区人民医院	刘妍汐	副主任医师	
29	长寿区人民医院	傅照平	副主任医师	
30	长寿区人民医院	盘毓旻	副主任医师	
31	长寿区人民医院	祝茂盛	副主任医师	
32	长寿区人民医院	张强	副主任医师	
33	长寿区人民医院	周谊	副主任医师	
34	长寿区人民医院	沈全清	副主任医师	
35	长寿区人民医院	张荣	副主任医师	
36	长寿区人民医院	刘琼	副主任医师	
37	长寿区人民医院	肖超	副主任医师	
38	长寿区人民医院	程宗勇	副主任医师	
39	长寿区人民医院	程洪林	副主任医师	
40	长寿区人民医院	余和斌	副主任医师	
41	长寿区人民医院	钟磊	副主任医师	
42	长寿区人民医院	沈雄飞	副主任医师	
43	长寿区人民医院	张华	副主任医师	
44	长寿区人民医院	张雅红	副主任医师	
45	长寿区人民医院	敬晓琴	副主任医师	
46	长寿区人民医院	舒平	副主任医师	
47	长寿区人民医院（临聘）	曾凡特	副主任医师	
48	长寿区人民医院	杨雪梅	副主任护师	
49	长寿区人民医院	黄明秀	副主任护师	
50	长寿区人民医院	伍俊华	副主任护师	
51	长寿区人民医院	邹文秀	副主任护师	
52	长寿区人民医院	程利敏	副主任护师	
53	长寿区人民医院	石小利	副主任护师	
54	长寿区人民医院	吴从玉	副主任护师	
55	长寿区人民医院	黄会娟	副主任护师	
56	长寿区人民医院	陈毅	副主任护师	
57	长寿区人民医院	杨俊霞	副主任护师	
58	长寿区人民医院	程鸿	副主任护师	
59	长寿区人民医院	钟娟	副主任护师	
60	长寿区人民医院	刘明艳	副主任护师	
61	长寿区人民医院	李湘	副主任护师	
62	长寿区人民医院	李林	副主任护师	
63	长寿区人民医院	王智容	副主任护师	
64	长寿区人民医院	韩小红	副主任护师	

续表

序号	单位	姓名	资格名称	类别
65	长寿区人民医院	廖庆鸣	副主任药师	
66	长寿区人民医院	刘新美	副主任药师	
67	长寿区人民医院	张吉	副主任技师	
68	长寿区中医院	刘凤琼	副主任医师	
69	长寿区中医院	李建	副主任医师	
70	长寿区中医院	郑光杰	副主任医师	
71	长寿区中医院	周龙梅	副主任护师	
72	长寿区中医院	郑敏	副主任护师	
73	长寿区中医院	李霞	副主任护师	
74	长寿区疾控中心	江光群	副主任医师	
75	长寿区妇幼保健计划生育服务中心	龚玲	副主任医师	
76	长寿区妇幼保健计划生育服务中心	向莉	副主任医师	
77	长寿区妇幼保健计划生育服务中心	黄敏	副主任护师	
78	长寿区妇幼保健计划生育服务中心	曾小燕	副主任护师	
79	长寿区第三人民医院	赵进华	副主任医师	
80	长寿区第三人民医院	刘益	副主任医师	
81	长寿区第三人民医院	江正军	副主任医师	
82	长寿区第三人民医院	黄振国	副主任医师	
83	长寿区第三人民医院	刘斌霞	副主任医师	
84	长寿区第三人民医院	李雪琴	副主任护师	
85	长寿区第三人民医院	张俊	副主任护师	
86	长寿区第三人民医院	李冬兰	副主任护师	
87	长寿区第三人民医院	王春英	副主任护师	
88	长寿区第三人民医院	王学会	副主任护师	
89	长寿区第三人民医院	张梦静	副主任护师	
90	长寿区第三人民医院	袁丽秀	副主任护师	
91	长寿区第三人民医院	向德芬	副主任护师	
92	长寿区第三人民医院	吴国珍	副主任护师	
93	长寿区第三人民医院	刘莉容	副主任护师	
94	长寿区葛兰镇卫生院	廖建波	副主任医师	
95	长寿区葛兰镇卫生院	余培华	副主任护师	
96	长寿区葛兰镇卫生院	黄琼	副主任护师	
97	长寿区葛兰镇卫生院	蒋碧兰	副主任药师	
98	长寿区葛兰镇卫生院	郑永莉	副主任技师	
99	长寿区凤城街道社区卫生服务中心	雷正英	副主任医师	
100	长寿区凤城街道社区卫生服务中心	吕铜	副主任医师	
101	长寿区渡舟街道社区卫生服务中心	向群	副主任医师	
102	长寿区八颗街道社区卫生服务中心	曹晓楠	副主任中药师	

续表

序号	单位	姓名	资格名称	类别
103	长寿区但渡镇卫生院	杨辉	副主任医师	
104	长寿区长寿湖镇卫生院	蒋红	副主任护师	
105	长寿区石堰镇卫生院	张敏	副主任医师	
106	长寿区石堰镇卫生院	郑秀梅	副主任护师	
107	长寿区万顺镇卫生院	刘建梅	副主任护师	
108	长寿化工有限责任公司职工医院	谭陵斌	副主任医师	
109	长寿化工有限责任公司职工医院	黄萍	副主任护师	
110	长寿化工有限责任公司职工医院	叶洪君	副主任护师	
111	重庆市长寿区特殊教育学校	陈才	高级教师	
112	重庆市长寿区特殊教育学校	高志平	高级教师	
113	重庆市长寿区新市街道教育管理中心	朱济融	高级教师	
114	重庆市长寿区新市街道教育管理中心	孟道芬	高级教师	
115	重庆市长寿区新市街道教育管理中心	陶剑冰	高级教师	
116	重庆市长寿区石堰镇教育管理中心	黄秀英	高级教师	
117	重庆市长寿区石堰镇教育管理中心	陶明辉	高级教师	
118	重庆市长寿区双龙镇中心小学校	王裕兴	高级教师	
119	重庆市长寿区双龙镇中心小学校	程恒	高级教师	
120	重庆市长寿区双龙镇中心小学校	李红斌	高级教师	
121	重庆市长寿区双龙镇中心小学校	张月新	高级教师	
122	重庆市长寿区云台中学校	余永伦	高级教师	
123	重庆市长寿区云台镇中心小学校	焦英俊	高级教师	
124	重庆市长寿区云台镇中心小学校	陶兰	高级教师	
125	重庆市长寿区云台镇中心小学校	张敏	高级教师	
126	重庆市长寿区云台镇中心小学校	龚树权	高级教师	
127	重庆市长寿区云台镇中心小学校	杨儒明	高级教师	
128	重庆市长寿实验中学校	殷明	高级教师	
129	重庆市长寿实验中学校	刘湘丽	高级教师	
130	重庆市长寿实验中学校	黄广惠	高级教师	
131	重庆市长寿实验中学校	余晓梅	高级教师	
132	重庆市长寿实验中学校	聂志强	高级教师	
133	重庆市长寿实验中学校	郝永昌	高级教师	
134	重庆市长寿实验中学校	殷嘉强	高级教师	
135	重庆市长寿实验中学校	王敏	高级教师	
136	重庆市长寿区晶山小学校	蒋小红	高级教师	
137	重庆市长寿区海棠镇初级中学校	陶娅萍	高级教师	
138	长寿区海棠镇建生小学校	柳中平	高级教师	
139	长寿区海棠镇清泉小学校	郑江	高级教师	
140	重庆市长寿区凤城第一小学校	何登惠	高级教师	

续表

序号	单位	姓名	资格名称	类别
141	重庆市长寿区凤城第一小学校	高雄鹰	高级教师	
142	重庆市长寿中学校	彭毅	高级教师	
143	重庆市长寿中学校	袁小利	高级教师	
144	重庆市长寿中学校	徐征	高级教师	
145	重庆市长寿中学校	蒲鸥	高级教师	
146	重庆市长寿中学校	雷新明	高级教师	
147	重庆市长寿中学校	黄龙奎	高级教师	
148	重庆市长寿中学校	傅家森	高级教师	
149	重庆市长寿中学校	吴良才	高级教师	
150	重庆市长寿区黄桷湾小学校	李建梅	高级教师	
151	重庆市长寿区黄桷湾小学校	戴芝彬	高级教师	
152	长寿区云台镇青云小学校	夏平	高级教师	
153	重庆市长寿区桃花九年制学校	杨静	高级教师	
154	重庆市长寿区桃花九年制学校	刘敏	高级教师	
155	重庆市长寿区八颗街道中心小学校	殷志勇	高级教师	
156	重庆市长寿区八颗街道中心小学校	郑余强	高级教师	
157	重庆市长寿区第一实验小学校	陈腊梅	高级教师	
158	重庆市长寿区第一实验小学校	游容	高级教师	
159	重庆市长寿区第一实验小学校	张雪芹	高级教师	
160	重庆市长寿区第一实验小学校	余永梅	高级教师	
161	重庆市长寿区第二实验小学校	陈庆丽	高级教师	
162	重庆市长寿区第二实验小学校	喻可琼	高级教师	
163	重庆市长寿区第二实验小学校	刘玲苹	高级教师	
164	重庆市长寿区第二实验小学校	邹强	高级教师	
165	重庆市长寿区第三实验小学校	李红艳	高级教师	
166	重庆市长寿区第三实验小学校	杨新洪	高级教师	
167	重庆市长寿区洪湖镇中心小学校	罗川	高级教师	
168	重庆市长寿区桃源小学校	余金樯	高级教师	
169	重庆市长寿区桃源小学校	但利娅	高级教师	
170	重庆市长寿区桃源小学校	彭开容	高级教师	
171	重庆市长寿区桃源小学校	张玉霞	高级教师	
172	重庆市长寿区晏家实验小学校	黄玉梅	高级教师	
173	重庆市长寿区晏家实验小学校	杨军	高级教师	
174	重庆市长寿区邻封镇中心小学校	舒惠兰	高级教师	
175	重庆市长寿区黄葛九年制学校	张恩碧	高级教师	
176	重庆市长寿区黄葛九年制学校	戴丽华	高级教师	
177	重庆市长寿川维中学校	杨静	高级教师	
178	重庆市长寿川维中学校	陈旭萍	高级教师	

续表

序号	单位	姓名	资格名称	类别
179	重庆市长寿川维中学校	李茂林	高级教师	
180	重庆市长寿川维中学校	张琼	高级教师	
181	重庆市长寿川维中学校	黄国瑜	高级教师	
182	重庆市长寿川维中学校	郑泽英	高级教师	
183	重庆市长寿川维中学校	刘力	高级教师	
184	重庆市长寿川维中学校	李玲	高级教师	
185	重庆市长寿区葛兰镇中心小学校	朱德香	高级教师	
186	重庆市长寿区葛兰镇中心小学校	陈廷英	高级教师	
187	重庆市长寿区葛兰镇天台小学校	张幼琴	高级教师	
188	长寿区葛兰镇兰山小学校	王勇	高级教师	
189	长寿区葛兰镇白云小学校	戴小林	高级教师	
190	重庆市长寿区渡舟街道三平小学校	夏胜利	高级教师	
191	重庆市长寿区渡舟街道中心小学校	王蓉	高级教师	
192	重庆市长寿区渡舟街道中心小学校	郑学平	高级教师	
193	重庆市长寿区长寿湖镇红光小学校	田维秀	高级教师	
194	长寿区长寿湖镇罗山小学校	马月英	高级教师	
195	重庆市长寿区凤城第三小学校	向美	高级教师	
196	重庆市长寿区凤城第三小学校	周慧	高级教师	
197	重庆市长寿区万顺镇中心小学校	王松轩	高级教师	
198	重庆市长寿区万顺镇中心小学校	汪学斌	高级教师	
199	重庆市长寿区海棠镇中心小学校	钟寿征	高级教师	
200	重庆市长寿区海棠镇中心小学校	付凯中	高级教师	
201	重庆市长寿区江南九年制学校	刘红	高级教师	
202	重庆市长寿区江南九年制学校	张小明	高级教师	
203	重庆市长寿区教师进修学校	邓勇	高级教师	
204	重庆市长寿区洪湖镇中心幼儿园	杜祥玉	高级教师	
205	重庆市长寿区示范幼儿园	周玉梅	高级教师	
206	重庆市长寿区示范幼儿园	黄静	高级教师	
207	重庆市长寿区晏家街道园区幼儿园	樊亦斌	高级教师	
208	重庆市长寿区渡舟街道中心幼儿园	孙莉平	高级教师	
209	重庆市长寿区长寿湖九年制学校	文志伟	高级教师	
210	重庆市长寿区川维小学校	谢盛芳	高级教师	
211	重庆市长寿区石堰镇义和小学校	刘德平	高级教师	
212	重庆市长寿区石堰镇兴隆小学校	陈鹏	高级教师	
213	重庆市长寿区龙河镇中心小校	李敏	高级教师	
214	重庆市长寿区龙河镇实验小学校	杨睿	高级教师	
215	重庆市长寿第一中学校	李立	高级教师	
216	重庆市医药学校	刘金平	高级讲师	

续表

序号	单位	姓名	资格名称	类别
217	重庆市长寿区职业教育中心	邓恩才	高级讲师	
218	重庆市长寿区职业教育中心	樊梨	高级讲师	
219	长寿区晏家街道劳动就业社会保障服务所	袁小琴	高级经济师	
220	长寿区政府投资项目评审中心	韩素兰	高级会计师	
221	长寿区疾病预防控制中心	周小容	副研究馆员	
222	长寿区城市开发投资（集团）有限公司	蒲丽	副研究馆员	
223	长寿区文物管理所	张银轩	副研究馆员	
224	长寿区凤城街道文化服务中心	姜曦	群文副研究馆员	
225	长寿区交通基础设施开发有限公司	吴春苗	高级工程师	
226	长寿农村投资发展有限公司	韦本波	高级工程师	
227	长寿区公路局	史晋岳	高级工程师	
228	长寿区公路局	杨波	高级工程师	
229	长寿区港航管理处	王小武	高级工程师	
230	长寿湖镇农业服务中心	吴秀芳	高级工程师	
231	长寿区林业服务中心	王巨林	高级工程师	
232	长寿区土地房屋征收安置办公室	邓华	高级工程师	
233	长寿区土地房屋征收安置办公室	冉鸿	高级工程师	
234	长寿区农村土地整治中心	余勇波	高级工程师	
235	长寿区土地房屋勘测规划院	何灏	高级工程师	
236	重庆市长寿区建筑设计院	朱李理	高级工程师	
237	重庆市长寿区建筑设计院	李永红	高级工程师	
238	长寿区土地房屋交易所	覃瑜	高级工程师	
239	长寿区生态环境监测站	叶红春	高级工程师	
240	重庆龙辉建设有限公司	唐小辉	高级工程师	
241	重庆中通建筑实业有限公司	成云	高级工程师	
242	重庆未来之家置业有限公司	甘元君	高级工程师	
243	重庆市长寿区公益工程建设管理有限公司	刘刚	高级工程师	
244	重庆长寿经济技术开发区开发投资集团有限公司	张文斌	高级工程师	
245	重庆长寿经济技术开发区开发投资集团有限公司	李华忠	高级工程师	
246	重庆川维石化工程有限责任公司	黄长久	高级工程师	
247	重庆华硕建设有限公司	袁昌勇	高级工程师	
248	重庆华硕建设有限公司	袁摈	高级工程师	
249	重庆华硕建设有限公司	包中平	高级工程师	
250	重庆华硕建设有限公司	车玲	高级工程师	
251	重庆惠顺建筑工程有限公司	黄立	高级工程师	
252	重庆坤飞建设（集团）有限公司	刘进东	高级工程师	
253	重庆世纪之光新材料研究开发有限公司	冉印	高级工程师	
254	重庆市长寿区平安路桥工程质量检测中心	杨柳	高级工程师	

续表

序号	单位	姓名	资格名称	类别
255	重庆欣欣向荣精细化工有限公司	兰军	高级工程师	
256	重庆渝发建设有限公司	郑时梅	高级工程师	
257	重庆渝发建设有限公司	粟坤林	高级工程师	
258	重庆渝发建设有限公司	王晓江	高级工程师	
259	重庆渝凤建设有限公司	袁文胜	高级工程师	
260	重庆长寿开发投资（集团）有限公司	汤鸿涛	高级工程师	
261	重庆智联建筑设备租赁有限公司	黄小峰	高级工程师	
262	重庆市长寿区民家劳务有限公司	赵义融	高级工程师	
263	重庆长寿区葛兰建筑工程有限公司	祝向荣	高级工程师	
264	重庆崄灿建筑工程有限公司	李本利	高级工程师	
265	长寿区水碾电厂	吕广进	高级工程师	
266	长寿区水利电力工程质量监督站	周益	高级工程师	
267	重庆斯泰克瑞登梅尔材料技术有限公司	张文	高级工程师	
268	长寿区农产品质量安全中心	陶丽	高级农艺师	
269	长寿区农业综合开发服务中心	贾静波	高级农艺师	
270	长寿区八颗街道农业服务中心	刘维金	高级农艺师	
271	长寿区凤城街道农业服务中心	傅显君	高级农艺师	
272	长寿区凤城街道农业服务中心	冷志友	高级农艺师	
273	长寿区葛兰镇农业服务中心	韦崇胜	高级农艺师	
274	长寿区石堰镇农业服务中心	金磊	高级农艺师	
275	长寿区云台镇农业服务中心	谢柏树	高级农艺师	
276	长寿区但渡镇畜牧兽医站	王勇	高级畜牧师	
277	长寿区云台镇畜牧兽医站	曾波	高级兽医师	
278	长寿区云台镇畜牧兽医站	刘勋	高级畜牧师	
279	长寿区云集镇畜牧兽医站	何光曦	高级兽医师	
280	长寿区晏家街道畜牧兽医站	戴培勇	高级畜牧师	
281	长寿区晏家街道畜牧兽医站	杨明中	高级兽医师	
282	长寿区青少年业余体校	刘智勇	高级教练	

（重庆市长寿区人力资源和社会保障局）

专家人物

国务院政府特殊津贴专家　乔正荣

乔正荣，男，汉族，1964 年 12 月生，中共党员，国务院政府特殊津贴专家，医学博士，外科学教授、主任医师、硕士研究生导师，重庆市长寿区人民医院（三甲医院）党委书记、院长；重庆市医学会理事，重庆市医学会外科学专委会副主任委员、重庆市中西医结合学会烧伤创伤副主任委员、重庆市医学会血管外科学组委员、重庆市医学会肠内肠外营养学分会委员，重庆市医学会腹壁和疝学组委员，医学检验与临床等杂志编委，重庆市医学会医疗事故鉴定专家组成员。曾任重庆医科大学附属第一医院医务处副处长、普外科副教授，重庆市第八人民医院副院长，重庆市第五人民医院院长助理及普外科主任。

1987 年毕业于重庆医科大学，获医学学士、硕士和博士学位，获得国家公派两次赴纽约大学医学院学习。

在重庆医科大学附一院长期从事普通外科和血管外科的临床、教学及科研工作，发表论文 58 篇（第一作者），获省部级科技进步奖 4 项（第一主研），招收硕士研究生 16 名，指导博士研究生 7 名。

对普通外科、血管外科疾病、肿瘤血管介入、肿瘤外科手术和血管疾病腔内治疗有丰富的临床经验，擅长肝癌、肝硬化、门脉高压症、胆结石、重症胰腺炎、胃癌、结直肠癌、痔疮、腹外疝、颈部包块等普外科疾病的诊治。尤其擅长下肢静脉曲张的微创治疗、动脉硬化闭塞症的血管搭桥和血管腔内介入治疗、深静脉血栓形成、腹主动脉瘤、血管损伤的手术治疗和血管腔内介入治疗。

表 41　　**乔正荣代表性论文与专著（主选）**

序号	题目	发表时间	发表刊物/出版社	国别	备注
1	无创性容积描记在下肢静脉曲张中的意义	1996 年 3 月	中华实验外科杂志	中国	第一作者
2	静脉病皮肤营养障碍时血流动力学和形态学的改变	1998 年 9 月	中国普外基础与临床杂志	中国	第一作者
3	细胞凋亡在下肢静脉曲张发生机理中的作用	2001 年 3 月	中国普外基础与临床杂志	中国	第一作者
4	下肢慢性静脉功能不全皮肤损害与血浆细胞因子水平的关系	2001 年 5 月	中国普通外科杂志	中国	第一作者
5	下肢慢性静脉功能不全的血流动力学评价	2002 年 2 月	重庆医学	中国	第一作者
6	复杂血管损伤外科治疗方法的选择	2002 年 5 月	外科理论与实践	中国	第一作者
7	下肢慢性静脉功能不全发病机理的临床研究	2003 年 5 月	中国普外基础与临床杂志	中国	第一作者
8	Surgical treatment of complicated traumatic aneurysm and arteriovenous fistula	2003 年 6 月	中华创伤杂志：英文版	中国	第一作者
9	急性下肢深静脉血栓形成的诊治	2004 年 1 月	中国普通外科杂志	中国	第一作者
10	PcDNA3. 1/hTM 质粒对真核细胞转染表达的实验研究	2006 年 12 月	中国普通外科杂志	中国	第一作者
11	城市区级医院管理创新与驱动的实践探索	2015 年 10 月	中国医院管理	中国	第一作者

表42　　乔正荣获科技奖励情况（主持或主要参加完成的项目）

获奖项目（或专利、成果等）	奖励名称	授奖单位	获奖等级	获奖年份	排名	证书编号
静脉病皮肤营养障碍与血流动力学关系的研究	科学技术进步奖	重庆市人民政府	三等奖	1997 年度	第一	973145
下肢慢性静脉功能不全和皮肤营养障碍的发病机理研究	科技成果奖	重庆市卫生局	三等奖	2000 年度	第一	2000－3－047
下肢慢性静脉功能不全和皮肤营养障碍的发病机理研究	科学技术进步奖	重庆市人民政府	三等奖	2001 年度	第一	013291
小腿深筋膜下内镜交通支外科的临床研究	科技成果奖	重庆市卫生局	二等奖	2004 年度	第二	2004025

表43　　乔正荣获基金资助情况

获基金资助项目	基金名称	金额（万元）	资助时间	承担项目角色	目前完成情况
静脉病皮肤营养障碍与血流动力学关系的研究	重庆市卫生局自然科学基金	3	1997 年	主研	结题
下肢慢性静脉功能不全和皮肤营养障碍的发病机理研究	重庆市卫生局自然科学基金	5	2000 年	主研	结题
晚期肝癌的序贯治疗	重庆市卫生局重点科研项目	10	2010 年	主研	结题

表44　　乔正荣获荣誉称号及其他奖励情况

荣誉称号及奖励名称	授奖单位	等级	获奖年份	证书编号
政府特殊津贴证书	中华人民共和国国务院		2016 年	政府特殊津贴第 2016022029 号
重庆五一劳动奖章	重庆市总工会		2016 年	
论文《守护生命健康，创新驱动谋高远》2014—2015 年度（全国）经济建设与经济发展理论实践成果“人物风采”系统	中国区域发展研究院 中国区域经济杂志社	特等奖	2016 年	
西部开发报 2015 年度宣传工作	西部开发报社	特别支持奖	2016 年	
论文《应用“三化”管理，创新医院管理模式提升医院内涵建设》	重庆市医院协会区县医院分会	优秀	2015 年	
论文《品管圈活动提升医院门诊医疗质量的文献研究》	重庆市医院协会区县医院分会	优秀	2015 年	
清华大学“西部医院高级管理研修班”优秀学员	清华大学继续研究院	优秀	2013 年	

续表

荣誉称号及奖励名称	授奖单位	等级	获奖年份	证书编号
2011—2012年度"优秀共产党员"	中共重庆市第五人民医院委员会	优秀	2012年	
论文《从医患关系博弈到医患信托关系的确立》	重庆市卫生局党组	二等奖	2008年	
论文《静脉病皮肤营养障碍时血流动力学和形态学的改变》	重庆市医学会	一等奖	2000年	
重庆市1999年优秀大学毕业生（研究生）	重庆市教委	优秀	1999年	

（重庆市长寿区人力资源和社会保障局提供）

文艺人物

（长寿区部分市级以上文艺协会会员）

程小亮

程小亮，男，1977年生于重庆长寿，重庆师范大学在职教育硕士研究生。中国音乐家协会会员，重庆市长寿区音乐家协会主席，长寿教师进修学校中小学音乐教研员，被长寿区政府聘为区政府督学，区教学名师，区学科带头人，区人事考评专家。

多年从事中小学音乐教育教学、师资培训和社会音乐研究工作。参与、组织、策划区内大型文艺节目演出和音乐学术研讨活动50余次；参加市音乐教师基本功全能大赛获一等奖；指导音乐教师、学生获市级一、二、三等奖20余个；论文在省市级刊物发表5篇；已结题的市、区级课题各1个；学术论文获市级一、二、三等奖4篇；被市级主管部门评为先进个人一次，评为区级主管部门先进个人3次；在区向全国原创歌曲征集活动中，创作的《五月寿湖赛龙舟》排名第六，还为区内部分学校创作校歌。

作为长寿区音乐家协会主席，程小亮重视加强协会团队组织建设和会员素质整体提升，相继开展多次有音乐学术价值的会员培训及音乐会专场演出活动，受到会员们认可和老百姓们赞许。

（重庆市长寿区文化艺术联合会提供）

人物传略

蒲殿鳌生平

蒲殿鳌，男，汉族，四川省广安县人，生于1941年11月，大学学历；1960年8月参加工作，1981年1月加入中国共产党，2002年1月退休，退休前曾任长寿县人民政府副县长。

1960年8月至1963年8月，长寿县小五金厂城内分社当工人；1963年9月至1979年1月，长寿县城关电器社任组长、副主任；1979年2月至1981年11月，长寿县机电装配厂任车间主任、副厂长、厂长；1981年12月至1983年1月，长寿县二轻工业局任副局长；1983年2月至1984年7月，长寿县棉纺厂建设指挥部任指挥长、党委书记、厂长；1984年8月至1986年2月，长寿县纺织公司任经理、党委书记；1986年3月至1990年1月，长寿县计划委员会任副主任、主任；1990年2月至1998年2月，长寿县人民政府任副县长；1998年3月至2001年12月，长寿县人民政府巡视员；2002年1月退休。

2017年5月3日因病去世，享年76岁。

获奖情况：

1979年获重庆市革命委员会“重庆市先进工作者”；1981年获中共重庆市委“重庆市优秀党员”；1983年获中共重庆市委、重庆市人民政府“重庆市先进工作者”；1990年获重庆市人民政府“重庆市抗洪救灾先进个人”；1991—1993年连续三年获重庆市人民政府“重庆市安全生产先进个人”；1993—1994年连续二年获重庆市人民政府“重庆市防火先进个人”；1995年获“四川省水上交通安全先进个人”；1980—1988年连续九年获“长寿县先进工作者”；1987年获“长寿县优秀党务工作者”。

发挥作用情况：

先后参加长寿区渝长、长涪、长梁等高速公路（长寿段），长寿湖旅游高速公路和长寿长江大桥工程项目，以及化工园区专用铁路、园区征地拆迁安置房等一批重点工程项目的建设工作。历任工程建设领导小组副组长、工程建设指挥部指挥长、副指挥长、顾问等职。退休后，提出较重大的工作建议、情况反映、工作总结、审计材料等多达200余份，50万字以上。

陈正平生平

陈正平，男，汉族，浙江省武文县人，生于1930年8月，中专学历；1949年3月参加革命工作，1982年2月加入中国共产党，1992年2月离休前是长寿县财政局干部。

1949年3月至1949年9月，在浙江浙东路南游击队二中队配合渡江战役，中国人民解放军第二野战军军政大学学员；1949年10月至1949年12月，西南服务团战士；1950年1月至1954年8月，在长寿县万顺区政府、长寿县税务局工作；1954年9月至1986年9月，长一中长二中、长寿县教委工作；1986年9月至1992年2月，长寿县财政局工作；1992年2月，离休。

2017年2月13日因病去世，享年87岁。

董凯生平

董凯，男，汉族，重庆市长寿区（县）人，生于1927年12月，小学文化；1949年5月参加革命工作，1951年9月加入中国共产党，1980年7月离休。

1949年5月25日，到九兵团27军8师241团3营机炮连服役，1950年任副班长，1951年任班长代理副排长，1951年10月至1953年住院治伤；1953年7月3日，转业到长寿县万顺区称沱乡太平村；1954年2月开始任万顺信用社副主任，1958年大办钢铁在2班五营兼秘书；1959年任长寿县洪湖大公社垭口大队总支书记；1980年7离休。

2017年2月18日因病去世，享年90岁。

（中共重庆市长寿区委老干部局提供）

长寿老人

表45　　2017年长寿区百岁老人情况统计

序号	所属街镇	姓名	性别	出生日期	年龄	健康状况
1	凤城	胡伯卿	男	1915年12月22日	103	一般
2		李光宇	女	1914年12月5日	104	一般
3		陈淑华	女	1917年3月21日	101	一般
4		向维汉	男	1915年9月27日	103	一般
5	晏家	罗术珍	女	1909年1月8日	109	一般
6	江南	李淑芳	女	1918年1月19日	100	健康
7	渡舟	焦玉福	女	1917年3月12日	101	健康
8	新市	黎中明	女	1917年	101	健康
9		江徐氏	女	1912年	106	瘫痪在床
10	长寿湖	方淑兰	女	1916年6月28日	102	良好
11		余杨氏	女	1913年11月1日	105	良好
12	云台	程治芳	女	1918年1月12日	100	
13		彭德扬	男	1917年12月8日	101	较差
14	但渡	熊长寿	男	1916年8月	102	良好
15		邓淑会	女	1917年4月	101	良好
16	邻封	袁淑华	女	1917年12月17日	101	良好
17		刘淑华	女	1917年2月21日	101	良好
18	云集	陈心芳	女	1909年11月2日	109	一般
19		向淑方	女	1917年10月12日	101	一般
20		蒋光吉	男	1917年11月16日	102	良好
21	双龙	郭树成	男	1916年10月24日	102	良好
22	洪湖	黄治成	男	1912年10月19日	106	健康
23		雷官发	女	1916年3月23日	102	健康

（重庆市长寿区民政局提供）

2017 年 11 月，长寿区市级非遗项目《荷叶》传承人收徒仪式

统计资料

❖ 重庆市长寿区2017年国民经济和社会发展统计公报

❖ 2017年重庆市长寿区国民经济主要指标

❖ 2017年重庆市长寿区各街镇人口统计指标

统计资料

重庆市长寿区
2017年国民经济和社会发展统计公报

重庆长寿区统计局

2018年3月28日

2017年，全区上下认真学习贯彻党的十九大精神，全面落实中央和市委、市政府各项决策部署，坚持稳中求进工作总基调，统筹推进“五位一体”总体布局和协调推进“四个全面”战略布局，统筹推进稳增长、促改革、调结构、惠民生、防风险各项工作，经济运行稳中有进、稳中向好，经济社会保持平稳健康发展。

一、综合

全年实现地区生产总值509.9亿元，比上年增长9.0%。按产业分，第一产业增加值46.3亿元，增长3.9%；第二产业增加值280.5亿元，增长11.4%；第三产业增加值183.1亿元，增长6.6%。三次产业结构比为9.1∶55∶35.9。按常住人口计算，全区人均地区生产总值达到61311元，比上年增加6278元。

年末全区常住人口83.75万人，城镇化率64.4%，提高1.08个百分点。年末户籍总人口89.2万人，其中农村居民50.5万人。新出生人口8846人，出生率9.86‰。

城镇新增就业人员21855人，下降4.3%。城镇登记失业人员就业6936人，下降6.4%。年末城镇登记失业率2.9%，上升0.69个百分点。

二、农业

全年实现农林牧渔业及其服务业增加值47.4亿元，增长4.2%。实现农业总产值67.4亿元，增长1.7%。全年粮食播种面积106.3万亩，粮食总产量37.7万吨，粮食综合单产355公斤/亩。蔬菜种植面积21.9万亩，总产量35.4万吨，下降1.8%。水果种植面积37.5万亩，总产量26.2万吨，增长7.9%。出栏生猪64.5万头，下降2%。出栏家禽1134.7万只，增长1%。水产品产量35800吨，增长10.2%。

三、工业

全年实现工业增加值202.8亿元，增长11.8%，占全区地区生产总值的39.8%。年末全区拥有规上工业企业249家，全年实现规模以上工业总产值1051.7亿元，增长27.9%。其中，长寿经开区837.9亿元，增长18.6%；长寿工业园区200亿元，增长97.6%。全年完成规上工业销售产值1027.9亿元，增长27.6%；规上工业产品产销率97.74%。规上工业利润总额40.8亿元，实现税金及附加28亿元，增长27.8%。

全年规上工业企业实现钢材产量442万吨，增长27.1%；粗钢产量411.4万吨，增长41.6%；生铁产量384.1万吨，增长33.5%；焦炭产量167.4万吨，增长39.8%；精甲醇产量185.4万吨，增长2.6%；醋酸乙烯产量52.9万吨，增长10.8%；初级形态塑料产量26.2万吨，增长26.8%；冰醋酸产量41.4万吨，增长10.8%。

四、建筑业和固定资产投资

全年实现建筑业增加值77.7亿元，增长10.3%，占GDP比重15.2%。全年完成固定资产投资总额600.8亿元，增长6.6%。其中工业投资365.1亿元，增长15.7%；房地产开发投资80.8亿元，下降18.4%。全年商品房施工面积426.9万平方米，下降28.9%；商品房销售面积162.7

万平方米，下降23.5%。

五、国内贸易

全年批发和零售业实现增加值23.5亿元，增长10.8%，占全区地区生产总值的4.6%；住宿和餐饮业实现增加值16亿元，增长8.4%，占全区地区生产总值的3.1%。全年实现社会消费品零售总额130.8亿元，增长11.6%。按经营地统计，城镇消费品零售额70.8亿元，增长12.1%；乡村消费品零售额59.9亿元，增长11.1%。按行业统计，批发业26.5亿元，增长10.7%；零售业72.9亿元，增长11.6%；住宿业4亿元，增长10.8%；餐饮业27.3亿元，增长12.8%。

六、外经外贸招商

全年实际利用内资230.7亿元，下降4.7%。实际利用外资1.6亿美元，下降21.7%。全年实现进出口总额108亿元，增长65.6%。

全年招商引资共引进项目153个，项目合同总金额618亿元，实际到位资金245亿元。签约百亿级特大项目4个、十到百亿级重大项目19个、一到十亿级重点项目67个，引进战略性新兴产业项目46个，引资占工业板块38.6%。

七、交通、旅游

全年交通运输、仓储和邮政业实现增加值52.1亿元，增长11%，占全区地区生产总值的10.2%。公路货运周转量60.7亿吨公里，增长17.3%，公路客运周转量6.6亿人公里，下降31.7%；水上货运周转量39.4亿吨公里，增长14.4%，水上客运周转量37万人公里，与上年基本持平。铁路旅客发送量162.6万人次，铁路旅客到达量166.7万人次，铁路货物发送量76.6万吨，铁路货物到达量396.3万吨。

全年实现旅游收入52亿元，增长12%；旅游人数850万人次，增长10.4%。菩提山成功创建国家4A级景区，十里柚香·百里花海、清迈良园核心区基本建成，乡村休闲旅游收入近4亿元。

八、财税、金融

全年地方财政收入91.3亿元，增长1.2%，其中一般公共预算收入36.8亿元，增长1.3%。一般公共预算收入中税收收入27.8亿元，增长1.9%。全年地方财政支出122.5亿元，下降3.7%，其中一般公共预算支出66.8亿元，增长3.3%。

全年金融业实现增加值22亿元，增长3.3%，占全区地区生产总值的4.3%。年末全区金融机构本外币存款余额为508.2亿元，增长2.3%；金融机构本外币贷款余额为294.7亿元，增长0.2%。

九、人民生活和社会服务

全区居民人均可支配收入25821元，增长9.8%。按常住地分，城镇常住居民人均可支配收入32428元，增长8.4%；农村常住居民人均可支配收入14418元，增长8.8%。

脱贫攻坚精准发力。投入3000万元支持10个脱贫村发展，全区新脱贫529户、1316人。支持贫困户发展产业、转移就业，设立3000万元免息免担保金融扶贫产业资金，累计培育40名致富带头人，帮助824名贫困人员实现就业。分类帮扶因学、因病致贫人员，发放教育扶贫款432.4万元、资助贫困户学生4916人次，基本医疗保险实现扶贫对象全覆盖，投入170余万元为建档立卡贫困户购买精准扶贫保险。实施兜底扶贫近1.3万人次，发放低保兜底金287.5万元。

城乡养老保险、医疗保险参保率分别达96%和100%，发放城乡低保金7562万元、医疗救助金3713万元、特困人员基本生活费3627万元、临时救助金662.6万元，使用住房公积金8.2亿元，支持2.1万人购房，新配租公租房3086户，解决7700余人住房困难。

十、教育和科技

全区共有教育机构195个，教职工8040人。其中幼儿园97所，教职工1499人；小学65所，教职工2743人；九年制学校7所，教职工494人；初级中学14所，教职工856人；完全中学8所，教职工2157人；职业学校2所，教职工214人。全区共有在校学生91915人，其中幼儿园在园儿童16363人，小学生38026人，初中学生19458人，高中学生13229人，职业教育学生4696人。全区共有民办教育机构78个，教职工1402人，学生12471人；其中民办幼儿园74个，教职工1230人，在园儿童11144人。中小学校标准化率达90%，幼儿园、义务教育、高中阶段入学率分别达90%、100%和97.8%，高考上线5384人（其中重本上线938人），上线率96.9%。

实施区级科技项目33项、创新奖励219项，万人有效发明专利达3.9件；建成市级研发中心

25个、区级研发中心17个、市级众创空间3家、院士工作站2家，引进院士2名、国家“千人计划”专家2名、高层次人才100名。

十一、文化体育和卫生

2017年成功举办了第二届长寿湖龙舟赛、第八届长寿湖铁人三项赛、首届长寿湖半程马拉松赛和新年登高活动等大型文化体育赛事，举办了2017年新春音乐会、10场全民艺术普及戏曲进校园活动、20场文化进社区演出活动、30场“渝州大舞台”演出等区级文体活动100余场。

投入400万元提档升级19个街镇文化服务中心，建成了19个街镇文图分馆、42个社区综合文化服务中心、8个社区健身点。全面实施“两馆一站一室”免费开放和体育场馆免费低收费开放，服务群众达293余万人次。放映3266场农村社区爱教电影、惠及群众113万余人次，城市影院票房收入达1377.1万元

组织参加全市青少年竞标赛、全国青少年象棋锦标赛，获得金牌35块；5个项目8名本土运动员参加第十三届全运会，创历史之最。

全区现有注册医疗机构543个，其中综合医院20家，民营医院16家，社区卫生服务中心7所，镇卫生院12所、分院10所，村卫生室335个。全区床位总数4624张（其中民营医疗机构床位1165张），执业（助理）医师1895人，注册护士2320人。全区每千人口拥有医院床位6.16张，每千人口卫生技术人员4.95人。

十二、资源、环境和安全生产

2017年长寿区年平均气温为18.4℃，年总降水量为1158毫米，年总日照时数为1114.7小时，城区环境空气质量优良天数达282天。三级河长制覆盖全区所有河库，长江长寿段水体稳定在Ⅲ类水质，龙溪河长寿段水质达到水域功能要求，城区集中式饮用水源地水质合格率达100%；龙溪河流域纳入国家首批水环境综合治理与可持续发展试点，完成50个集中式饮用水源地规范化建设。建成高速公路沿线3公里隔音墙和56.9平方公里噪声达标区。危险废物和医疗废物规范处置率达100%。全区林地稳定在100万亩以上，森林覆盖率达45.5%。

加强立体化、信息化防控体系建设，开展“渝安2号”专项行动，社会治安形势持续向好，全年治安、刑事、暴力、侵财和可防性案件分别下降54%、23.6%、21.4%、27.4%和43.3%。持续推进安全生产“五大行动”，全区安全生产形势保持稳定。国家食品安全示范城市创建取得阶段性进展，人民群众饮食用药安全得到有效保障。

2017年重庆市长寿区国民经济主要统计指标

表46　　2017年长寿区国民经济主要统计指标

地区生产总值	1—4季度	同比±%
全区生产总值（亿元）	509.9	9.0
第一产业	46.3	3.9
第二产业	280.5	11.4
工　业	202.8	11.8
建筑业	77.7	10.3
第三产业	183.1	6.6
其中：批发和零售业	23.5	10.8
住宿和餐饮业	16.0	8.4

续表

农　　业	1—4 季度	2016 年同期	同比 ± %
农业总产值（万元）	673516	662490	1. 7
粮食产量（万吨）	37. 7	37. 3	1. 0
出栏生猪（万头）	64. 5	65. 8	-2. 0
出栏家禽（万只）	1134. 7	1123. 1	1. 0
蔬菜产量（万吨）	35. 4	36	-1. 8
水果产量（吨）	26. 2	24. 3	7. 9

居民收入	1—4 季度	2016 年同期	同比 ± %
全体居民人均可支配收入（元）	25821	23519	9. 8

规模以上工业	1—4 季度	2016 年同期	同比 ± %
工业企业数（个）	249	235	6
工业亏损企业数（个）	41	59	-30. 5
工业总产值（亿元）	1051. 7	822. 1	27. 9
其中：长寿经开区	837. 9	706. 3	18. 6
街镇工业走廊	200	101. 2	97. 6
工业销售产值（亿元）	1027. 9	805. 4	27. 6
其中：长寿经开区	816	690. 7	18. 1
街镇工业走廊	198. 2	100. 2	97. 8
工业产品产销率（%）	97. 74	97. 97	下降 0. 23 个百分点
其中：长寿经开区	97. 39	97. 79	下降 0. 4 个百分点
街镇工业走廊	99. 10	99. 01	上升 0. 09 个百分点

规模以上工业主要产品产量（吨）	1—4 季度	2016 年同期	同比 ± %
生铁	3840952	2877320	33. 5
粗钢	4114022	2905097	41. 6
钢材	4420437	3478461	27. 1
精甲醇	1853967	1806341	2. 6
醋酸乙烯	528826	477425	10. 8
初级塑料形态	261533	206321	26. 8
冰醋酸	414434	373945	10. 8
合成氨	138631	162576	-14. 7
烧碱（折 100%）	172516	190779	-9. 6
化学纤维	20488	18304	11. 9
合成纤维聚合物	157496	141313	11. 5
发动机（千瓦）	22188414	16434054	35. 0
玻璃纤维纱	231870	205383	12. 9

续表

规模以上工业主要产品产量（吨）	1—4 季度	2016 年同期	同比 ±%
水泥	1443029	1298829	11.1
化学药品原药	2854	2507	13.8
焦炭	1673873	1197050	39.8
发电量（万千瓦时）	295678	257929	14.6

规模以上工业企业经济效益	1—4 季度	2016 年同期	同比 ±%
工业产品销售收入（万元）	9969566	7599963	31.2
其中：长寿经开区	7337075	5800621	26.5
街镇工业走廊	1787461	951151	87.9
工业利润总额（万元）	407999	-407896	—
其中：长寿经开区	307817	-472721	—
街镇工业走廊	83096	48604	71.0
工业税金及附加（万元）	280185	219287	27.8
其中：长寿经开区	180851	140306	28.9
街镇工业走廊	42433	29570	43.5

投　　资	1—4 季度	2016 年同期	同比 ±%
固定资产投资（亿元）	600.8	563.5	6.6
其中：工业	365.1	315.6	15.7
其中：房地产开发	80.8	99.0	-18.4

房 地 产	1—4 季度	2016 年同期	同比 ±%
商品房施工面积（万平方米）	426.9	600.2	-28.9
商品房销售面积（万平方米）	162.7	212.7	-23.5

商　　贸	1-4 季度	2016 年同期	同比 ±%
社会消费品零售总额（万元）	1307554	1171249	11.6
按区域分：城镇	708201	632020	12.1
乡村	599353	539229	11.1
按行业分：批发业	265120	239529	10.7
零售业	729131	653290	11.6
住宿业	39896	35995	10.8
餐饮业	273407	242435	12.8
批发零售业销售额（万元）	3770513	3130901	20.4
住宿餐饮营业收入（万元）	388019	334801	15.9

（重庆市长寿区统计局提供）

2017 年重庆市长寿区各街镇人口统计指标

表 47

2017 年重庆市长寿区各街镇人口统计

街镇名称	户数（户）	总人口（人）	出生人数（人）	出生率（‰）	死亡人数（人）	死亡率（%）	自然增长率（‰）
凤城街道	64055	136151	994	7. 34	871	6. 43	0. 91
晏家街道	30514	73230	720	9. 81	453	6. 17	3. 64
江南街道	10167	23071	239	9. 89	174	7. 20	2. 69
渡舟街道	16412	40141	311	7. 46	288	6. 91	0. 55
八颗街道	18284	42981	413	9. 53	365	8. 42	1. 11
新市街道	10073	24618	301	11. 59	195	7. 51	4. 08
菩提街道	31972	58828	939	15. 04	205	3. 28	11. 76
邻封镇	12931	31802	251	8. 19	284	9. 27	－1. 08
但渡镇	7454	18764	130	6. 54	184	9. 26	－2. 72
云集镇	11225	27082	330	11. 93	234	8. 46	3. 47
长寿湖镇	15839	39907	404	10. 41	365	9. 41	1. 01
双龙镇	16477	35113	354	9. 89	292	8. 16	1. 73
龙河镇	17116	39019	311	8. 21	320	8. 45	－0. 24
石堰镇	21559	44151	430	9. 51	398	8. 80	0. 71
云台镇	16108	37706	380	10. 57	305	8. 48	2. 09
海棠镇	12974	35260	288	8. 33	143	4. 13	4. 19
葛兰镇	28074	60803	539	8. 77	525	8. 54	0. 23
洪湖镇	13061	30414	275	8. 98	233	7. 61	1. 37
万顺镇	10836	26652	238	8. 68	182	6. 64	2. 04
长寿区	365131	825693	7847	9. 43	6016	7. 23	2. 20

（重庆市长寿区卫生和计划生育委员会提供）

2017 年春节，长寿区桃源大道灯饰

索 引

索　引

说　明

一、本索引按主题词首字汉语拼音（同音字按声调）顺序排列，若首字拼音相同则按第二字音序排列，以此类推。索引主题词后的阿拉伯数字表示该主题内容所在页码。

二、本索引收录的是分目；条目、《综述》分目和《大事记》《统计资料》等部目的相关内容未做索引。

三、以数字开头的索引词集中放在末尾。

A

B

C

D

F

G

H

J

K

L

M

N

P

Q

R

S

T

W

X

Y

Z